6th Edition

상담심리학

COUNSELING PSYCHOLOGY

이장호
이동귀

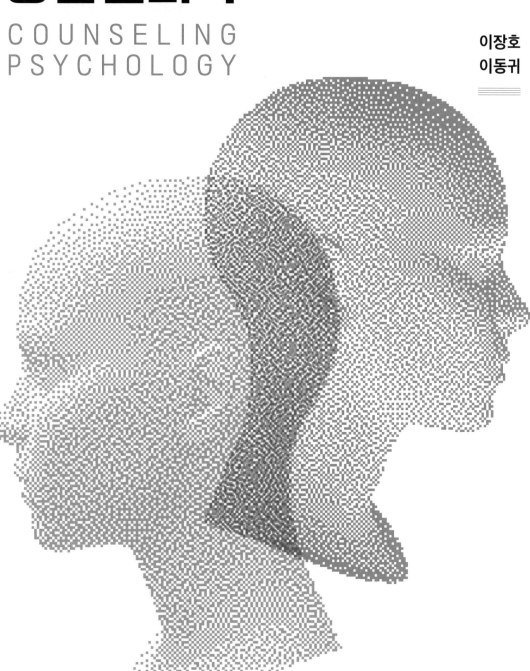

박영story

제 6 판 머리말

작고하신 은사 이장호 교수님(선임필자)이 본서의 초판을 발간하신 지 어언 41년이 지나 이제 6판을 발간하게 되었다. 5판을 발간한 지도 9년 만이다. 먼저 한국 상담 분야의 선구자이자 "원로이기보다 영원한 현역"이기를 바라셨던, 그리운 이장호 교수님의 명복을 빈다. 상담 분야에서 단일한 교재가 판을 거듭해서 6판에 이른 전례가 흔치 않다. 그런 의미에서 본서는 '한국 상담 학습서의 고전이자 현재'라고 말할 수 있을 것이다.

6판에서는 독자층의 요청을 반영하여 2장 [상담의 기초이론] 부분에 최근 각광을 받고 있는 '3세대 인지행동치료'를 추가하였다. 이 접근은 사고가 감정이나 행동을 바꾼다는 전통적인 인지적 접근이나 자극-반응 연합에 기초한 행동수정을 넘어서 사고, 감정, 행동 간의 관계를 일방향적인 영향관계가 아닌 상호적인 영향관계로 재개념화한 것으로, 마음챙김 기반 인지치료(MBCT), 수용-전념치료(ACT), 변증법적 행동치료(DBT) 등을 포함하고 있다. 3세대 인지행동치료에서는 문제를 일으키는 표적에 개입한다기보다는 내담자가 가진 고통을 있는 그대로 바라보고 감싸 안는 것을 중요시한다. 각 치료의 사례부분은 다른 전문서적을 참고하되, 그 핵심 개념과 관점, 그리고 치료 목표와 접근 방향 등을 이해한다면 상담 역량 강화에 도움이 될 것이다.

아울러 13장 [상담 수퍼비전]을 새로이 구성하였다. 수퍼바이지의 전문성 신장을 위해서는 전문가 수퍼바이저의 사례지도감독이 필수적이다. 수퍼비전의 개념, 다양한 이론, 수퍼바이저의 역할 및 기능, 수퍼비전 윤리, 수퍼비전 보고서 및 계약서 양식에 이르기까지 상담 수퍼비전의 제 측면에 대한 독자의 이해를 돕고자 하였다. 끝으로, 6판에서는 활동무대별 상담유형 및 특수문제별 상담유형 관련 내용 중 최신 자료 부분을 업데이트 하였다.

6판 작업을 도와준 연세대학교 상담심리연구실 제자들(손하림, 김서영 박사, 이나희, 이지민, 박동재, 엄태윤 선생)에게 고마움을 전한다. 아울러 박영스토리의 노현 대표님과 배근하 과장의 관심과 수고에 감사드린다.

전문적인 심리상담은 단순히 내담자를 감정적으로 위로하는 것 이상을 의미한다. 상담은 일련의 학습과정으로 새로운 생각, 감정조절, 행동적 실천의 학습을 통해 내담자가 실생활 문제를 해결하고, 더 나아가 자신의 원하는 삶을 주체적으로 살아갈 수 있도록 돕는 성장 과정이다. 모쪼록 본서가 상담을 배우는 이들에게 전문적인 심리상담의 관점과 기법을 배우는 데 유용한 길라잡이가 되기를 바란다.

2023년 1월 이동귀 배상

초판 머리말

상담은 근래 우리나라에서도 학교 장면뿐만 아니라 사회 각 기관의 전문 영역으로 확대되고 있고, 상담의 목적도 문제해결에 치우치기보다 예방, 훈련 및 발달 촉진적인 경향을 띠기 시작했다.

저자가 10여 년 상담을 하면서 상담심리학 분야의 강의를 하는 동안 상담에 관한 우리나라 문헌들이 '개념적'이고 실제와의 거리가 많음을 느껴왔다. 즉 '이론적'이라고 하나 한쪽 관점에 치우치고 포괄적이라고는 하나 상담 장면에는 도움이 적다는 사실이다. 그러면서도 진작부터 상담심리학 입문서를 써 달라는 요청에 부응하지 못한 것은 「체계적인 지식과 실제를 함께 정리하면서 우리나라 자료에다 내 나름대로의 관점을 불어 넣겠다」는 저자의 욕심 때문이었다.

이런 욕심이 저자의 헛된 '완전주의적' 사고방식임을 깨닫고, 곧 보완작업을 하기로 하고 부족한 자료와 정리가 안 된 소견을 엮어서 이 책을 우선 내기로 한 것이다. 그러므로 이 책에서 보완되어야 할 부족한 점은 이론적 기초, 상담의 과정 및 심리학적 접근방법 등 여러부문에 걸쳐 있다. 먼저 이론 부문에서 다루지 못한 것은 서양사람들의 '인지적 접근'과 윤호균, 모리타 등의 '동양적 관점'이며, 상담의 과정부문에서는 상담목표의 설정, 과정의 기초개념, 내담자－상담자 간의 의사소통양식 등에 관한 설명이 빠져있다. 그리고 상담심리학의 기본적인 내용이어야 할 내담자 및 상담자 요인의 평가, 상담효과의 비교 연구 등이 포함되지 못했다. 이들 부족한 내용에 대해서는 상담심리학 전공자 및 고급반 연수자들을 위해 우선 <연구용 참고문헌>을 붙이는 데에 그쳤고, 앞으로의 증보판을 기약하기로 했다. 이렇게 미처 담지 못한 내용에도 불구하고, 새학기 상담심리학 수강생들과 일선 상담자 및 관심 있는 여러분들에게 하나의 안내서가 될 것을 바라는 것은 분명 저자의 또 하나의 욕심일 것이다.

그래도 저자 혼자만의 작품이 아니기 때문에, 여러모로 가르쳐주고 도와 준 분들에게 부끄럼없이 감사를 표해야 할 차례인 것 같다. 우선 오래 전부터 자신의 사례를 익명으로 공개하도록 허용해 준 저자의 내담자들과 강의 중에 많은 자극을 준 제자들의 모습이 떠오른다. 그리고 원고의 집필과정에서 헌신적으로 도와준 동학 후배들이 많았다. 먼저 김정희 교수는 집단상담의 일부 원고를 작성해 주었고, 오수성, 김영숙, 권정혜, 조현춘 교수와 홍창희, 이봉건, 윤관현, 유계식 선생은 부록의 용어해설과 '상담의 유형' 부문의 기초 원고 3분의 1을 만들어 주었다. 자료에 대한 사전협의 및 저자와의 사후 수정과정에서 보여준 이 분들의 전문적인 식견과 창의성에서 많은 것을 배웠다. 또한 깨끗한 책이 되도록 온갖 정성을 쏟아준 박영사의 정진국 씨와 교정 및 참고문헌 작업을 도운 노안녕, 권영목, 임승환, 곽호완 군 그리고 수년 전부터 저자의 녹음자료를 공감적으로 풀어 준 이경임 양에게 감사의 뜻을 보낸다.

아울러 졸고가 끝날 때까지 격려를 보내준 이형득, 이혜성, 홍경자 교수들에게 당초의 협의대로 공저였으면 더 충실한 책이 되었을 걸 하는 아쉬움이 남으면서, 부족한 내용에 대해 구체적인 비판과 편달을 부탁드리는 바이다.

1982년 6월
「만남의 집」에서 만나지 못한 저 자

차 · 례

제 3 장 상담의 방법

제 4 장 상담의 과정

제 5 장 초심상담자의 유의 사항

제6장　집단상담

제 7 장 상담활동에서의 고려사항

제 8 장 활용무대별 상담유형

제 9 장　발달연령별 상담유형

제10장　특수문제별 상담유형

제11장 전문적 상담의 현재와 미래

제12장　상담의 동양적 접근

상담심리학

제1장

상담의 기본개념

'상담'은 현대사회에서 가장 많이 등장하고 있는 용어의 하나이나, 다양한 의미로 쓰이고 있다. 여기서는 이른바 정상인을 대상으로 한 문제해결과 발달촉진적인 '전문적 심리상담'을 다룬다. 상담은 심리치료 및 생활지도와 밀접한 관련이 있으며, 산업발전의 선진사회로 발전할수록 더욱 필요해질 것이다. 독자는 이 장에서 상담의 의미와 다른 영역과의 관계 그리고 상담자의 활동영역에 대해 이해하고, 상담심리학에서 주로 사용하는 용어 및 개념에 대한 정리를 해 주기 바란다.

1 상담의 정의

> '도움을 필요로 하는 사람(내담자)이, 전문적 훈련을 받은 사람(상담자)과의 대화관계
> 에서, 생활과제의 해결과 사고·행동 및 감정 측면의 인간적 성장을 위해 노력하는
> 학습과정이다.'

이상은 선임 필자가 고심 끝에 겨우 정리해서, 강의 첫 시간마다 설명해 주는 상
담의 정의이다. 언뜻 보면 상당히 복잡하게 느껴질지 모르나 상담의 의미와 기본특성
을 포괄하고자 한 것이다. '경험이 있는 사람이 문제를 가진 사람에게 조언을 해 주는
것'이라고 간단히 말하면 될 것을 이렇게 표현한 데에는 몇 가지 이유가 있다.

첫 번째로, 상담에는 세 가지 구성요소가 있다고 본다. 그것은 내담자·상담자, 그
리고 이 두 사람의 대화관계이다. 집단상담 또는 가족상담을 제외하고는 대부분의 상
담이 도움을 청하는 사람과 도와주는 사람 간의 양자관계에서 이루어진다. 그리고 이
관계는 전화·사이버상담을 제외하고는 모두 다 얼굴을 마주 대하는 대화관계이다.

두 번째로, 상담에서 무엇이 이루어지느냐이다. 물론 내담자 쪽에서 도움을 받는
것이겠지만, 무슨 도움을 어떻게 받느냐에 따라 상담의 성질이 달라질 것이다. 필자의
정의에서 '학습'으로 표현한 것은 어떤 의미에서든 상담에서 긍정적 변화가 이루어지
기 때문이다. 즉, 상담의 결과로 과거의 생각·느낌·행동 등에서 학습된 변화가 이루
어진다면 학습이 이루어졌다고 말할 수 있을 것이다. 새로운 변화로서의 학습은 상담
과정 동안 일어날 수 있는 것도 있고, 한참 지난 후에야 나타나는 것도 있을 것이다.

세 번째로, 앞에서 말한 학습의 내용이나 목표를 '생활과제의 해결 및 인간적 성
장'에 두었다. 이것은 상담이 단순한 정보를 얻거나 이야기를 나누어 궁금증을 푸는
정도가 아님을 강조하기 위한 것이다. 다시 말해서 생활상의 문제가 구체적으로 해결
되고, 사고방식이나 행동 측면에서도 전보다 더 향상된 노력(행동)을 하는 것이 상담이
라는 뜻이다. 그리고 상담에서 이러한 구체적인 학습이 달성되기 위해서는 전문가에
의한 체계적인 조력(도움)이 필요한 것이다.

네 번째로는, 상담의 성과는 한두 번의 '대화'보다는, 대개는 여러 번의 면접을 포
함하는 일련의 '과정'을 통해 이루어짐을 강조하고 싶었다. 간혹 한두 번의 면접으로

끝나는 상담도 있기는 하지만, 문제해결 및 발전적인 변화가 있으려면 적어도 7, 8회 이상의 면접이 필요하다는 것이 경험적으로도 입증되고 있기 때문이다.

참고로 상담심리학이 가장 발달되어 있는 미국의 학자들이 상담의 정의를 어떻게 내리고 있는지 보자.

> '치료자(또는 상담자)와의 안전한 관계에서 내담자가 과거에 부정했던 경험을 다시 통합하여 새로운 자기로 변화하는 과정'(Rogers, 1952, p. 70)
>
> '개인적 발달의 방향으로 현명한 선택이 이루어지도록 촉진하는 것'(Tyler, 1969, p. 13)
>
> '내담자의 자기이해, 의사결정 및 문제해결이 이루어지도록 상담자가 전문적으로 도와주는 과정'(Pietrofesa, Leonard, & Van Hoose, 1978, p. 6)

세 사람 중 로저스(Rogers)는 자아개념의 변화를 전문적 도움의 핵심으로 보았으며, 그 변화는 상담자가 조성하는 '긴장이 없는 안전한 분위기'에서 이루어진다는 점을 강조한 것이라고 말할 수 있다. 두 번째 정의에서는 생활과정에서의 합리적 선택을 통해서 개인적 발전을 하도록 도와주는 것을 상담으로 본 것이다. 세 번째 것이 '자기이해 → 의사결정 → 문제해결'의 상담과정을 비교적 잘 반영하는 것 같고, 상담자와 내담자의 상호작용을 중요하게 생각한 것으로 해석된다. 그리고 이 세 번째 정의는 앞의 두 사람 것을 종합해서 꾸민 것 같은 인상을 주고 있다. 또한 로저스는 눈에 띄게 '내면적인 심리'의 변화를 강조한 반면에, 뒤의 두 사람은 생활과제해결의 조력을 포함하고 있어서 필자의 정의에 다소 근접하고 있다고 하겠다.

세 사람의 것과 필자의 정의를 굳이 비교할 의도는 없으나, 한 가지 짚고 넘어가고 싶은 것이 있다. 그것은 표현상으로 분명히 드러나 있지는 않지만 상담에 대한 미국인들의 개념은 다분히 개인중심적인 데 비해서, 필자의 소견은 개인적 발전과 사회적 책임을 모두 포함하는 변화가 이루어져야 한다는 것이다. 그래서 '개인적' 성장이란 말 대신에 보다 포괄적인 '인간적' 성장이라는 표현을 쓰기로 했다. 인간적으로 성숙된 사람은 문제해결중심으로 생각하고 행동할 뿐만 아니라 사회구성원으로서의 책임도 다할 것이기 때문이다. 다시 말해서 상담의 성과를 나타내는 기준은 결국 개인의 자율성과 사회적 책임을 어느 정도로 행동화했느냐에 달려 있다고 볼 수 있을 것이다. 개설적 입문서인 이 책에서는 이런 소견을 구체적으로 반영할 수는 없겠으나, 상담에 대한 필자의 한 시각을 밝혀 두는 바이다.

요컨대 이상의 정의에서 한 가지 분명한 것은 이 책에서 말하는 '상담'이란 우리가 일상적으로 듣는 상담의 용어와는 다소 다른 뜻이 된다는 사실이다. 즉, 오늘날에는 결혼상담, 법률상담, 재테크상담, 장학금상담 등 상담이라는 용어가 수없이 사용되고 있어서, 마치 '상담의 시대'에 살고 있는 느낌마저 들 정도이다. 그러나 여기서 말하는 상담은 행동양식이나 성격적 측면에서 변화를 가져오는 '전문적 심리상담'이고, 일상용어로서의 상담은 주로 조언을 주거나 자문을 하는 '면담'의 성격을 띠고 있다고 하겠다. 용어문제에 대해서는 다른 것과 함께 다음에 따로 다루기로 한다.

1.1 상담과 생활지도, 심리치료와의 비교

상담과 흔히 혼동하거나 중복되는 의미로 사용되는 말이 생활지도와 심리치료이다. 생활지도는 주로 학교 장면에서 사용되는 '교육적 용어'이고, 심리치료는 주로 병원 장면에서 사용되는 '치료적 용어'라고 볼 수 있다. 즉, 생활지도는 학생들이 '학교 내외에서 당면하는 적응·발달상의 문제를 돕기 위해 마련되는 교육적·사회적·도덕적·직업적 영역 등의 계획적 지도활동'을 말한다. 가르치고 육성한다는 의미의 교육이라는 용어로 생각해 볼 때, 학습지도 또는 수업을 통한 교과지도는 '교'(敎)에 해당하고, 학습자(내담자)의 성장과 잠재능력을 북돋워 주는 것을 목적으로 하는 생활지도는 '육'(育)에 비유될 수 있다(황응연·윤희준, 1976, pp. 23~24). 따라서 생활지도의 대상은 학교의 경우 학생 전체이며, 생활지도의 담당은 직책에 따라 학급 담임교사, 교도교사(또는 상담교사), 교감 및 교장 등 전 교직원이 할 수 있는 것이다. 한편 '상담교사'는 상담자로서의 자격을 갖추고 학생 개개인의 문제나 특정 집단을 상담할 뿐만 아니라, 학교에서의 생활지도 계획에 전문적인 자문을 하는 입장이다. 이런 점에서 상담은 생활지도라는 포괄적인 교육지도 활동의 한 부분이라고 볼 수 있다. 생활지도가 학교 장면에서 가장 필요한 지도활동인 것만은 사실이나, 일반 기업체·사회기관·군대·가정에서도 형태를 달리한 생활지도가 실시되고 있는 것이다.

상담과 심리치료의 구별에 대해서는 의견이 분분한 편이다. 어떤 이들은 두 용어를 구별할 필요 없이 같은 의미로 사용하는 것이 좋다고 생각하며, 다른 이들은 반드시 구별되어야 한다고 주장한다. 또 구별한다고 하더라도 어디까지를 상담으로 보고 어디서부터를 심리치료로 보느냐에 대해서는 의견이 더욱 갈라지고 있는 상황이다. 현

재로서 분명한 것은, 첫째로 상담과 심리치료가 명확히 구별되기 힘들고, 둘째로 상담
자가 상담이라고 생각하는 것을 심리치료에서 하고 있는 반면에, '심리치료자'가 심리
치료라고 보는 것을 상담자가 하고 있으며, 셋째로 그럼에도 불구하고 둘은 같지 않다
는 의견이다.

심리치료의 대표적 정의는

'증상을 제거·수정·완화하고 장애행동을 조정하며, 긍정적 성격발달을 증진시킬 목적
으로, 훈련된 사람이 환자와 전문적인 관계를 의도적으로 형성하여, 정서적 문제를 심리
학적 방법으로 치료하는 것이다'(Wolberg, 1977, p. 3).

이런 정의에서는 아직 '전문적인 관계의 형성'과 '심리학적 방법'의 의미가 분명하
지는 않으나 심리치료의 목적·대상·방법이 포괄적으로 표현되고 있다. 따라서 심리
치료가 '규명되지 않은 기법을 비구체적인 문제에 적용하여 예측할 수 없는 결과를 바
라보는 것'이라는 아이젠크(Eysenck, 1961, p. 698)의 말은 행동수정주의자로서의 일방
적 혹평이었다. 한편 심리치료가 상담과 다른 점은 '환자'를 대상으로 '증상'을 다룬다
는 면이고, 비슷한 점은 '전문적인 관계'를 바탕으로 정서적인 문제를 '심리학적으로
접근'한다는 면이다. 또한 상담에서는 정서적인 문제뿐만 아니라, 사고방식·행동양
식·대인관계 등 일상생활의 주요 과제와 요인들을 두루 취급한다는 점이 차이라고 말
할 수 있다. 그러나 앞에서도 말한 바와 같이 심리치료에서는 병원 장면의 환자를 대
상으로 한다는 점이 뚜렷한 차이일 뿐, 상담에서처럼 대인관계와 성격상의 여러 문제
를 고루 다룬다는 점에서 내용의 한계를 분명히 하기 힘들다. 그러므로 상담과 심리치
료의 차이는 '누가 주로 어떤 내담자를 대상으로 하며, 어떤 방법으로 어느 정도까지
접근하느냐'에 달려 있다고 볼 수 있다. 다시 말해서 상담은 이른바 '정상인'을 심리치
료는 '환자'를 각각 주 대상으로 한다. 그리고 상담이 대체로 교육적·상황적 문제해결
과 의식과정의 자각에 주력하는 반면에, 심리치료는 '재구성적'·'심층 분석적' 문제해
결과 무의식적 동기의 통찰(또는 자각)에 역점을 두고 있다고 말할 수 있다.

인간의 문제를 대체로 정보 및 의사결정을 요하는 문제, 행동양식 및 태도의 변화
를 요하는 문제, 사고 및 심리적 갈등의 문제, 그리고 '성격기능의 장애'(또는 정신장애)
등으로 대별했을 경우에 생활지도·상담·심리치료의 상호관계는 [그림 1-1]과 같이
나타낼 수 있다. 이 그림에서 보듯이 세 영역은 기둥이나 말뚝을 박아서 서로 구분될

[그림 1-1] 생활지도 · 상담 · 심리치료 영역의 비교

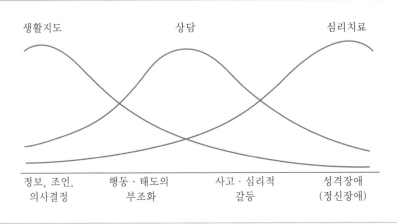

성질의 것들이 아니라, 서로 중첩되는 부분이 있는 곡선으로 비교될 수 있다. 즉 상담에서도 생활지도 및 심리치료의 문제들을 부분적으로 같이 다루고 있는 것이다. 또한이 그림으로 설명한다면, 상담의 전체 문제영역 중 생활지도와 심리치료의 문제와 겹치는 영역이 반 이상이라고도 말할 수 있다.

아마도 세 분야를 비교하는 근거의 하나는 '누가 하느냐'일 것이다. 전문가의 성격적 자질이나 판단력을 말하기는 어렵기 때문에, 통상적인 자격 기준으로 일차적 비교를 할 수 있을지 모른다. 즉, 생활지도는 심리학 · 교육학 · 사회복지학 등 관련분야의학사 및 석사가, 전문적인 상담은 상담심리학 전공의 석사 또는 박사가, 심리치료는주로 임상심리학 전공의 석사 및 박사와 정신건강 전문의가 하는 일이라는 것이다. 그러나 이렇게 비교하는 것도 무리일 수밖에 없는 것이 인간의 정의적 · 행동적 문제를다루는 데 있어서 학위만으로 그 성취도를 가늠할 수 없기 때문이다. 따라서 전문가의자격 기준을 '전문적 · 윤리적 책임을 다할 수 있도록 기대되는 교육 및 훈련 수준'이라고 해석해야 할 것이다. 다시 말해서 적절한 훈련을 받고 전문적 책임을 다할 수 있는 상담자이면, 본인이 원하고 사회적 요청이 있을 경우 생활지도 및 심리치료의 영역에 속하는 문제들도 충분히 다룰 수 있는 것이다.

2 상담자의 활동영역

상담자의 활동영역은 최근에 와서 교육기관에만 국한되지 않고 사회 각층에 파급되고 있다. 2020년 기준 직업상담사 1급 소지자는 817명, 2급 소지자는 6만 2천여 명이며 고용노동부, 공공기관, 취업센터, 커리어컨설턴트 등 다양한 기관단체에서 직업상담사가 활동하고 있다.

이러한 현상은 사회적 · 경제적 발전에 따라 사람들이 이제는 정신건강에 대한 관심이 높아졌고 전문적 상담의 필요를 느끼는 데서 연유된 것이라고 볼 수 있을 것이다. 더 구체적인 이유로는 다음의 두 가지를 들 수 있다. 첫째는 점차 신체적 · 가정적 · 문화적 장애를 가진 사람들에 대한 사회적 관심이 높아진 것이다. 즉, 과거에는 학교 장면에서의 학생문제를 생각하기에 급급했으나, 지금은 신체적 장애나 가정적 문제들에 대해서도 사회기관과 정부에서 보호 및 해결책을 모색하기 시작한 것이다. 그래서 한부모가정지원센터, 지적장애자립지원센터, 미혼모자공동생활시설 등의 이용도가 높아졌을 뿐만 아니라 정부의 지원도 강화되고 있다. 두 번째는 교육계 및 직업 장면에서의 변화이다. 중 · 고등학교 교육이 '4년제 대학 입시준비 위주'에서 점차 고도산업사회의 인력 확보를 위한 '잠재력 개발'의 방향으로 바뀌고 있으며 핵심 인력 육성을 위한 다양한 정책들이 시행되고 있다.

이러한 추세에 따라 중 · 고등학교에서 전문상담교사 및 진로진학교사의 배치를 통하여 학교적응 및 진로, 진학교육이 실시되고 있으며, 각 대학에서도 대학 내 설치되어 있는 취업진로센터나 학생상담센터를 통해 자신에게 적합한 직업선택을 하려는 내담자가 늘고 있다. 또한 사회의 직업 장면에는 기계학습과 인공지능의 발달과 함께 급격한 산업의 변화가 일어나고 있다. 정보통신기술(ICT)의 융합으로 이루어지는 차세대 산업혁명의 시대 흐름을 따라 인공지능, 사물인터넷, 로봇기술, 드론, 가상현실 등을 이용한 직업의 변화가 일어나고 있다.

이러한 생활수준의 향상 및 교육 · 직업 장면의 다양한 변화에 따라 상담자의 활동영역도 그만큼 다양해지게 마련이다. 그리고 활동무대가 달라짐에 따라 상담의 목적과 접근방법도 다소 신축성을 기해야만 하게 되었다. 즉 1대 1의 대면관계에서의 문제해결만이 아니라, 집단 및 단체 소속원들을 위한 훈련 · 평가 · 자문활동은 상담자 및 상담심리학자의 전문 영역으로 확장되고 있다. 따라서 상담자의 활동영역을 말할 때에는 상담활동의 대상, 목적 및 접근방법 등 세 차원의 배합으로 고려하는 것이 바람직하다. 예컨대 같은 직원집단이라도 대면관계에서 문제해결을 위한 상담을 할 수도 있고, 서면 또는 녹화테이프를 통한 훈련을 할 수 있을 것이다. 그리고 같은 개인상담도 대면 또는 비대면 매체를 통해, 예방적 또는 문제교정적 목적이냐에 따라 다양한 활동이 될 것이다. 이렇게 대상, 목적 및 접근방법에 따른 상담자의 다양한 기능을 [그림 1-2] 와 같이 입방체의 그림으로 나타낼 수 있을 것이다.

[그림 1-2] 대상 · 목적 · 방법별 상담자의 기능

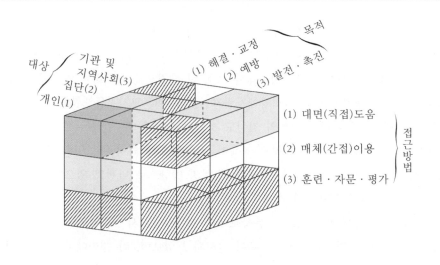

　이 그림의 대상 중 '집단'은 혈연관계로 맺어지는 가족 및 상하관계 등 극히 친숙한 소집단(1차 집단)과 학급 또는 생활안내집단과 같이 공통적 목적과 관심사로 모인 '연합집단'(2차 집단)을 모두 포함한 것이다. 접근방법 중의 '매체이용'은 얼굴을 맞대고 하는 상담이 아니라, 채팅, 모바일 앱, 영상통화 등 각종 통신매체를 통한 상담활동이다. 현재는 스마트폰, 태블릿 PC로도 기본적 상담이 가능하다. 그리고 상담자의 기능에는 상담만이 아니라, 인간관계훈련, 인재채용 및 교육과정 등에 관한 자문 · 평가 활동도 중요한 전문적 기능으로 포함된다.

　　이런 관점에서 보면, 현재 우리나라에서 가장 많은 상담활동은 개인 대상의 문제해결을 위한 직접적 도움이다. 그리고 문제해결 및 성장·촉진적 목적의 집단상담과 화상상담, 모바일 앱 등을 이용한 문제해결적 상담활동이 확대되고 있는 추세이다.

③　용어의 정리

　　상담심리학은 하나의 행동과학인 동시에 심리과학이라고 볼 수 있겠다. 역사가 비교적 짧은데다가 각기 개념과 논리성을 주요 전달수단으로 삼는 학문들이기 때문에, 우리말로 된 이 분야 책들에서 개념 사용상의 혼란이 적지 않았다. 이 책이 상담심리학 입문서로서는 처음 만들어진 책이고 평소에 외래어 사용을 피해 온 선임 필자의 습관 때문에 독자들에게 다소나마 용어상의 혼동이 있을지 모르겠다. 그래서 이 책에서 사용되는 용어들 중에서 기존 자료 및 문헌과 표현이 다른 것들을 중심으로 그 의미와 차이점을 미리 밝혀 두고자 한다. 필자 나름대로는 다음 다섯 가지의 원칙을 준수하려고 했다. 즉,

(1) 외래어나 원어 대신에 가능한 한 우리말을 쓴다.
(2) 의미나 내용을 반영하되 가능한 한 알기 쉬운 표현으로 한다.
(3) 직역보다는 의미의 논리적 타당성을 중시한다.
(4) 심리학·상담심리 분야의 현대적 추세에 따르고 원 저자의 뜻을 존중한다.
(5) 그 밖에 애매한 부분은 『사회과학용어집』(사회학·심리학 편(1986), 임희섭)을 따른다.

　　다음에 열거되는 12개의 용어들은 이상의 '원칙'에 따라 기존 문헌들의 표현과 적어도 부분적으로 다르게 되었다.

・상　담 : '카운슬링'이라고도 표현되나 앞에서 설정한 원칙 (1)에 따라 '상담'으로 통일하되 일반적 상담과 구별이 필요할 때에는 '전문적'이라는 단서를 붙였다.

- **상담자** : '카운슬러' 혹은 '상담사'라고도 표현된다. (1) 참조.
- **내담자** : 특히 병원 장면에서는 '환자'라는 말로 통용되고 있으나, 상담에서는 사람을 환자로 보지 않기 때문에 이렇게 쓴다.
- **귀환반응** : 영어의 피드백(feedback). 상술한 원칙 (1)과 (5) 참조.
- **단계적 둔화** : '체계적 감감법' 또는 '체계적 탈감법'이란 용어로도 사용되었다. (2)와 (3) 참조.
- **반 영** : '반사'. (3) 참조.
- **본뜨기** : '모델링', '모방학습'. (1)과 (5) 참조.
- **심리치료** : '정신치료', '심리요법'. (5) 참조.
- **인간중심 접근** : '내담자중심 치료'로 오랫동안 표현되다가 원 저자 칼 로저스(Rogers)가 1980년대부터 '인간중심 접근'으로 바꾸었다. (4) 참조.
- **자기표현훈련** : '자기주장훈련'. (3) 참조.
- **행동수정** : '행동치료', '행동요법'. (4) 참조.
- **훈 습** : 영어의 'working through'. (1) 참조.

✔ 주요개념

상담심리학/ 임상심리학/ 생활지도/ 심리치료/ 증상/ 인본주의 심리학

✔ 연구문제

1. 전문적 상담의 의미는 무엇인가?
2. 상담의 기본철학이 있다면 무엇인가?
3. 상담이 다른 '도와주는 직업' 활동과 다른 점은 무엇인가?
4. 현대사회에서의 상담자의 기능과 활동영역을 탐색해 보자.
5. 우리나라에서 전문적 상담에 대한 일반적인 인식과 상담자의 활동현황을 알아보자.

상담심리학

제2장

상담의 기초이론

'상담이론'에 관해서는 여러 가지가 이야기 되고 있다. 그리고 이론의 구성요건이나 접근방법에 관한 언급들에 있어서도 각기 일관성이 없어 보인다. 이 장에서는 상담의 접근방법에 관한 대표적 기초이론들인 정신분석, 인간중심의 접근, 행동수정, 인지적 접근, 3세대 인지행동치료, 게슈탈트 상담, 현실치료를 설명하였다. 이들의 구체적 절차와 내용을 보다 잘 이해하기 위해서는 이 장 본문 중의 면접사례를 자세히 읽거나 다른 전문서적을 참고하는 것이 좋을 것이다

이론에 대한 기본관점

이 장의 목표는 상담을 처음 공부하는 사람들이 오늘날의 주요 상담 및 심리치료이론들을 공부하여 최종적으로는 자신의 성격에 적합한 상담의 접근방법을 개발할 수 있도록 도와주는 데 있다. 상담에 대한 관점과 접근방법은 상담자 자신의 가치관과 성격을 바탕으로 발전하는 것이다. 따라서 상담을 처음 공부할 때에는 상담자로서의 자신의 성격과 관련지어서 공부하는 것이 보다 유익할 것이다. 그러므로 이 장에서는 개별적 상담이론의 이해를 강조하기보다는 절충주의적 입장에서 독자 나름대로의 접근방법을 모색해 볼 것을 강조하였다.

현재로서 상담의 여러 접근방법들을 모두 설명할 수 있는 이론은 없다고 말할 수 있다. 학자와 상담자마다 자신의 접근방식이 가장 좋은 방법이며 효과적이라고 생각하고 있다. 예를 들어, 일부 정신분석가들은 행동수정이 근본적 변화를 가져다 주지 못하며 기법 위주의 피상적인 단기치료에 불과하다고 비판한다. 반면 일부 행동주의자들은 정신분석이론이 과학적 근거가 없으며 실제적 치료효과도 없다고 주장하고 있다. 하지만 모든 접근방법에는 그 나름대로 유용한 측면이 있으며, 한 이론을 따른다고 해서 다른 이론을 배척할 필요는 없는 것이다. 하나의 접근방법을 고수하다 보면, 인간행동의 다양한 측면을 소홀히 하기 쉬우며, 저마다의 독특한 삶을 살아가고 있는 내담자들을 효과적으로 상담하기도 어렵기 때문이다. 이 책이 절충주의적 입장을 택하는 것도 바로 이러한 이유에서이다.

상담을 하는 사람들은 대개 어렴풋이나마 상담의 정의와 방법에 대하여 자기 나름대로의 견해를 갖고 있다. 이러한 견해가 상담에 대한 피상적 이해에 그치지 않기 위해서는 주요 이론과 접근방법을 연구하여 자기의 것으로 소화시키는 작업이 필요할 것이다. 특히 주의할 점은 여러 가지 접근방법 중에서 자신의 개인적 소견이나 선입견에 맞는 일부분만을 채택해서는 안 된다는 것이다. 그렇게 되면, 중요한 개념이나 여러 이론적 관점에 따른 다양한 상담기법들을 소홀히 하기 쉽다. 따라서 자기 편의대로 취사선택하지 말고 체계적인 방식으로 여러 접근방법을 통합하려고 노력해야 한다. 즉 보다 개방적인 자세로 여러 이론을 이해하면서 자기에게 적합한 개념과 기법들을 찾으려고 노력할 때 비로소 내담자를 이해하고 도와 줄 수 있는 능력을 갖추게 될 것이다.

이 장에서는 다음의 여섯 가지 이론들을 중점적으로 다루었다. 구체적으로 역동심리학의 이론을 기초로 한 정신분석적 치료와 인본주의 심리학을 기초로 한 인간중심 접근, 학습원리를 응용한 행동수정, 인지적 접근, 게슈탈트 상담, 그리고 현실치료가 그것이다. 먼저 각 이론의 기본개념을 간단히 살펴보고 치료 과정과 기법 및 절차 그리고 실제로 응용되는 측면을 고찰해 보았다. 이 이론 및 치료법들의 유사점과 차이점을 실제 사례에서 비교해 보면 전체적 안목에서 의 이해가 어느 정도 이루어질 것이다. 상담이론을 효과적으로 이해하기 위해서 는 먼저 내담자와의 상담사례를 읽고 나서 주요 이론의 기초개념을 익힌 후 다 시 사례를 읽는 것이 좋을지 모른다. 또한 독자는 기법에 대한 풍부한 이해에 앞서, 성공적 상담을 위해 필수적인 상담자의 성격 및 행동특성이 무엇인가를 항상 살피면서 읽어야 할 것이다. 이런 식으로 읽어 나가면, 여러 방법들을 통 합하여 자기 나름대로의 접근방법을 개발하는 데 도움이 되리라 믿는다.

2 정신분석적 상담·치료 : Psychoanalytic Therapy

정신분석학은 성격발달에 대한 이론이자 인간 본성에 관한 철학이며 심리치 료의 한 방법이기도 하다. 정신분석학은 인간에 대해 결정론과 무의식이라는 두 가지 개념을 기본적으로 가정하고 있다. 즉, 인간의 행동은 어렸을 때의 경험에 따라 크게 좌우되며, 빙산의 대부분이 물 속에 잠겨 보이지 않듯이 마음의 대부분 은 의식할 수 없는 무의식 속에 잠겨 있다는 것이다. 어렸을 때 형성된 무의식 적 갈등을 자유연상이나 꿈의 해석 등의 방법을 통해 의식화시킴으로써, 내담자 로 하여금 자신에 대한 통찰을 얻도록 하는 과정이 바로 정신분석적 치료이다. 다음에는 정신분석의 기본개념과 치료과정 등을 간단히 소개하기로 한다.

2.1 기본개념

1. 인 간 관

　정신분석에서의 인간관은 결정론적이며 환원적이다. 지그문트 프로이트 (Sigmund Freud)는 인간의 행동이 무의식적 동기와 생물학적 욕구 및 충동, 그리고 생후 약 5년간의 생활경험에 의해 결정된다고 보았다. 그러나 프로이트 이후의 신 (新)정신분석학파는 이러한 결정론적 인간관에 반기를 들고 있다. 융(Jung), 아들러 (Adler), 랭크(Rank)와 이들의 동조자인 호나이(Horney), 프롬(Fromm), 설리반 (Sullivan) 등은 프로이트의 생물학적·결정론적 관점에 반대하고, 인간의 행동에는 사회적·문화적·대인관계적 요인들이 포함되어 있음을 강조하고 있다.

2. 성격구조

　정신분석에서는 인간의 성격이 원초아(原初我, id)·자아(自我, ego)·초자아 (超自我, superego)로 구성되어 있다고 본다. 원초아는 심리적 에너지의 원천이 자 본능이 자리잡고 있는 곳이다. 원초아는 '쾌락의 원칙'에 따라 본능적 욕구를 충족시키기 위하여 비논리적이고 맹목적으로 작용한다. 원초아에는 욕망실현을 위한 사고능력은 없으며, 단지 욕망의 충족을 소망하고 그것을 위해 움직일 뿐 이다. 이 과정은 무의식적으로 이루어진다.

　자아는 원초아의 본능과 외부 현실세계를 중재 또는 통제하는 역할을 한다. 자아는 '현실의 원칙'에 따라서 현실적이고 논리적 사고를 하며 환경에 적응한 다. 원초아가 맹목적으로 욕구의 충족을 꾀하는 데 비해 자아는 주관적 욕구와 외부의 현실을 구별할 줄 아는 현실검증의 능력이 있다.

　초자아는 쾌락보다 완전을 추구하고 현실적인 것보다 이상적인 것을 추구 한다. 초자아에는 부모로부터 영향을 받은 전통적 가치관과 사회적 이상이 자리 잡고 있다. 따라서 초자아는 도덕에 위배되는 원초아의 충동을 억제하며 자아의 현실적 목표를 도덕적이며 이상적 목표로 유도하려고 한다.

3. 성격발달

상담이나 심리치료에서 부딪히는 문제들은 크게 세 가지로 나누어 볼 수 있다. 즉, 사랑과 신뢰의 문제, 부정적 감정을 다루는 문제, 그리고 성(性)적인 문제이다. 고전적 정신분석에서는 생후 약 5년간의 생활경험 속에 이러한 문제의 근원이 있다고 본다. 다음은 성격발달에 관련된 프로이트의 심리·성적 발달이론이다.

(1) 구강기

생후 1년간으로 입과 입술을 통해 만족을 얻는 시기이다. 이 시기에 적절한 만족을 얻지 못하면 자신과 타인, 그리고 주변세계에 대해 불신감을 갖게 된다. 결국 남과 접촉하는 것을 두려워하게 되고, 외부세계로부터 고립된 나머지 타인과 깊은 인간관계를 형성할 수 없게 된다.

(2) 항문기

1~3세까지로 배변훈련과 관련된 시기이다. 대소변 훈련을 시킬 때 부모가 보이는 감정이나 태도·반응은 유아의 성격형성에 큰 영향을 미친다. 이 시기에 아동은 분노·적대감 등의 부정적 감정을 수용하는 것을 배우며, 실수를 해 보고 실수해도 괜찮다는 것을 알게 됨으로써 자신을 독립적이고 개별적인 존재로 여기게 된다. 반면 지나치게 엄격한 배변훈련은 아동을 강박적이고 의존적 성격으로 만든다고 본다.

(3) 남근기

3~5세까지로 성기가 주요 관심의 대상이 된다. 이 나이의 아동들은 자신의 육체에 대해 호기심을 갖게 되며 이성과의 차이점을 발견하려고 한다. 이 시기에 아동은 자신의 육체나 성적 발견을 자연스럽고 긍정적인 것으로 받아들일 필요가 있다. 이성쪽 부모에 대해 성적인 유대감정을 느끼는 외디푸스 컴플렉스(Oedipus complex)가 형성되는 것도 이 시기이다. 아들의 경우 어머니에 대한 접근감정 때문에 아버지로부터의 처벌을 두려워하게 되고, 이 두려움을 덜기 위해 아버지를 숭배 또는 모방하는 동일시현상이 생긴다고 해석한다. 그리고 이러한 동일시의 기제를 통해 남성이나 여성으로서의 역할을 학습하게 되고, 부모의

가치를 내면화함으로써 초자아가 발달하게 된다고 보는 것이다.

(4) 잠복기

5, 6~11, 12세까지로 특별한 관심의 대상이나 정욕의 출구가 잘 나타나 보이지 않는 시기이다. 약 6세가 되면 성적인 본능 또는 욕망이 줄어들어 보이고 일종의 '조용한' 기간이 몇 년간 지속된다. 이 기간에 아동은 학교에 들어가며 새로운 학습환경에 부딪히게 된다. 비록 성적인 본능은 억압되지만, 이전 단계의 성적인 기억들은 그대로 남아 있는 셈이며 장차의 성격형성에 영향을 미치는 것으로 본다.

(5) 성기기

12세 전후의 사춘기에서 시작되는 기간이다. 이 기간은 이성과의 성욕발산을 지향하는 것이 특징이며, 처음에는 자애적 행동으로 출발하여 점차 사회화한다. 즉 이성에 대해 매력을 느끼며 입맞춤, 포옹 및 성교행위 등을 통해 성기기 이전부터 있었던 성적 충동을 만족시킨다. 프로이트는 이 기간이 사춘기로부터 노인기까지 연장되는 것으로 보았다. 그리고 이상의 다섯 발달단계 중에서 처음의 세 단계가 특히 개인의 기본성격을 결정하는 바탕이 된다고 해석했다.

한편 신정신분석학파의 에릭슨(Erikson)은 인간의 성장에 따른 사회적 역할의 습득을 중심개념으로 하여 전 생애에 걸친 8단계설을 제시했다. 그리고 12세 이후 청소년기에서의 자아정체감의 형성을 개인의 성격발달과정에서 가장 중요한 과제로 강조하고 있다.

4. 방어기제

이성적이고 직접적인 방법으로 불안을 통제할 수 없을 때, 즉, 불안하거나 붕괴의 위기에 처한 자아를 보호하기 위해 인간이 무의식적으로 사용하는 자기보호적 사고 및 행동수단을 방어기제라 한다. 방어기제는 성격발달의 수준이나 불안의 정도에 따라 여러 가지 형태로 나타난다. 하지만 비현실적이고 무의식적으로 작용한다는 점은 마찬가지이다.

(1) 억 압

의식하기에는 현실이 너무나 고통스럽고 충격적이어서, 무의식 속으로 억눌러 버리는 것을 말한다. 억압(repression)은 다른 방어기제나 신경증적 증상의 기초가 된다. 반면 의식적으로 생각과 느낌을 눌러 버리는 것은 억제(suppression)이다.

(2) 부 인

부인(denial)은 고통스러운 현실을 인정하지 않는 것을 말한다. 사랑하는 사람의 죽음이나 배신을 인정하려 들지 않고 사실이 아닌 것으로 여기는 것이 그 예이다.

(3) 투 사

자신의 심리적 속성이 타인에게 있는 것처럼 생각하고 행동하는 것이다. 자기가 화가 나 있는 것은 의식하지 못하고 상대방이 자기에게 화를 냈다고 생각하는 것이 그 예이다.

(4) 고 착

다음 단계로 발달해 나아가는 것이 불안해서, 현 단계에 그냥 머물러 버리는 것을 말한다. 어른다운 행동과 사고를 해야 할 대학생이 되었는데도 중고등학교 수준의 행동 및 사고방식에 머물러 있는 경우도 그 예이다.

(5) 퇴 행

비교적 단순한 초기의 발달단계로 후퇴하는 행동이다. 동생을 본 아동이 나이에 어울리지 않게 응석을 부리는 것도 한 예이다.

(6) 합리화

현실에 더 이상 실망을 느끼지 않으려고 그럴 듯한 구실을 붙이는 것을 말한다. 예컨대, 먹고는 싶으나 먹을 수 없는 포도를 보면서 '신 포도이기 때문에 안 먹겠다'고 말하는 경우가 그 예이다.

(7) 승 화

사회적으로 인정되는 형태와 방법을 통해 충동과 갈등을 발산하는 것이다. 예컨대, 정육점 주인이나 외과의사로서의 직업선택에는 공격적 충동의 승화(사회화)가 작용할 수도 있다.

(8) 치 환

전혀 다른 대상에게 자신의 감정을 발산하는 것을 말한다. '동대문에서 뺨 맞고 서대문에서 화풀이'하는 격이다.

(9) 반동형성

미운 놈에게 떡 하나 더 준다는 속담처럼 무의식적 소망 및 호오와는 반대되는 방향으로 행동하는 것이다. 실제로 자기를 학대하는 대상인데도, 그 대상을 좋아하는 것처럼 보이는 행동이 그 예이다.

2.2 치료과정

1. 치료목표

정신분석적 치료의 목표는 무의식적 갈등을 의식화시켜서 보다 현실적이고 적응적인 방식으로 대처할 수 있도록 돕는 데 있다. 정신분석에서는 의식되지는 않으나 마음 속에 잠재해 있는 갈등이 해소되지 않으면, 심리적 긴장상태로 남아 있거나 심한 경우에는 여러 가지 증상으로 나타난다고 본다. 이 무의식적 갈등 및 불안정의 배경을 언어표현을 통해 의식화(자각 혹은 통찰)시키면, 긴장 때문에 묶여 있던 에너지가 그만큼 자아기능에 활용됨으로써 개인의 의식 및 행동과정이 원활하게 될 것이다. 언어표현 및 자각이라는 통제가능한 의식화 과정을 통해 억압된 내면감정과 긴장이 발산됨으로써 통제 불능이었던 불안 및 갈등적 심리가 약화 또는 진정된다는 것이다. 다시 말하면, 무의식적 기능인 원초아의 억압(또는 압력)을 약화시킴으로써 의식적 기능인 자아의 힘을 강화(즉, 원

초아 지배적 성격구조에서 자아주도적 성격구조로의 변화)시킨다는 의미에서 정신분
석에서는 '성격구조의 재구성'이라는 말을 쓰고 있다. 요컨대 정신분석은 '무의
식적 내면세계에의 의식화 작업'이며, 그 치료적 목표는 적응적이고 문제해결적
인 자아의 기능을 강화하는 데 있다고 말할 수 있다.

2. 치료자의 기능과 역할

치료자(상담자)는 내담자(환자)로 하여금 과거의 경험과 그때그때의 감정들을 거
리낌 없이 자유롭게 털어놓도록 격려한다. 처음에는 주로 듣는 데에 치중하면서 가
끔 해석을 해 준다. 특히 내담자가 나타내는 심리적 저항에 관심을 가지며, 이야기
중의 불일치되는 점에 주목한다. 내담자가 보고하는 꿈과 자유연상의 의미를 추론하
며, 치료자에 대한 내담자의 감정을 나타내는 단서에 민감하게 귀를 기울인다. 내담
자의 성격구조와 역동관계를 이해하게 되면, 문제의 윤곽이 드러난다고 본다. 치료
자는 내담자에게 자신의 문제에 대한 통찰을 얻도록 함으로써, 내담자가 보다 자신
을 이해하고 자신에 대하여 솔직해지도록 도와준다.

3. 내담자가 겪는 경험

내담자는 치료(상담)의 발전단계에 따라 여러 가지 경험을 한다. 먼저 치료자와
의존적이며 신뢰적인 인간관계를 맺는다. 나아가서 자신의 과거와 무의식에 대한
통찰을 경험하고, 또한 통찰을 방해하는 저항을 경험한다. 치료가 진행됨에 따라
치료자와의 전이관계가 형성되며, 전이관계의 의미를 깨달으면서 대인관계에서의
갈등내용이 해결되는 것을 경험한다. 점차 내담자는 현실적으로 불안에 대처하게
되고, 효과적으로 대인관계를 형성해 나가며 불합리하고 충동적인 행동을 통제할
수 있게 된다.

4. 치료자와 내담자의 관계

치료자와 내담자의 치료적 관계는 '전이'라는 개념으로 설명된다. 전이란 내
담자가 과거의 중요한 인물에게 느꼈던 감정을 치료자에게 투사하는 현상으로

서, 이 전이현상의 해소가 정신분석적 치료의 핵심이다. 치료과정이 깊어지면서 내담자의 어린 시절의 경험과 갈등들이 무의식 속에서 표면 위로 떠오르기 시작한다. 따라서 내담자는 신뢰와 불신, 독립과 의존, 사랑과 증오, 그 밖의 여러 가지 상반되는 감정에 대한 갈등을 회상하게 되고, 그 때의 감정들을 분석자를 대상으로 해서 재경험하게 된다. 이 때에 전이가 발생한다. 가령 과거에 엄격하고 권위적이었던 아버지, 혹은 매정했던 어머니에 대해 맺혔던 감정이 치료자에게 옮겨져 내담자의 눈에는 치료자 역시 똑같은 대상으로 보이게 된다. 물론 전이의 결과 치료자와 사랑에 빠지게 되는 '긍정적 전이'도 일어날 수 있다. 어떻든 치료자는 내담자에게 중요한 인물로서 부각된다.

치료효과가 있으려면, 이러한 전이관계를 파헤쳐서 극복해 나가야 한다. 전이를 이해하고 해결하기 위해서는 '훈습'(working-through)이라는 장기간의 과정이 필요하다. 이 과정을 통해서 내담자는 자신의 무의식적 심리역동에 대한 통찰을 얻게 되며, 결과적으로 과거의 경험과 현재의 대인관계 문제를 이해하게 된다.

한편 치료자가 내담자와의 관계에서 갈등을 느끼고 내담자를 싫어하거나 좋아하게 되는 수가 있다. 이러한 현상을 '역전이'라고 한다. 역전이가 일어나면, 치료자 자신의 감정이 부각되게 되므로 치료에 방해가 된다. 따라서 치료자는 내담자에 대한 자신의 감정에 주의를 기울이면서, 역전이가 일어나지 않도록 조심해야 한다. 그러나 치료자도 인간인 이상 과거의 미련이나 무의식적 갈등에 의한 영향을 안 받을 수 없으므로, 역전이는 치료과정 중에 필연적으로 일어날 수 있는 현상이라고 하겠다. 이러한 가능성을 다소나마 줄이기 위해 정신분석가는 수련기간 중에 개인적 교육분석을 받는다. 이러한 수련과정을 통해 분석가는 자신의 주요한 갈등을 미리 해결하거나, 자신의 욕구나 문제를 치료상황에서 분리해 낼 수 있게 된다.

2.3 주요 기법과 절차

정신분석적 치료의 접근방법은 자유연상·꿈의 분석·저항의 해석·전이의 해석 등으로 분류될 수 있으며, 이들 방법에 공통적으로 적용되는 기본적인 기법은 무의식적 동기에 대한 해석이다.

1. 해 석

정신분석에서의 해석은 자유연상이나 꿈·저항·전이 등을 분석하고, 그 속에 담긴 행동상의 의미를 내담자에게 지적하고 설명하는 기본적 절차이다. 해석을 통하여 내담자는 의식하지 못했던 자료를 분명히 이해할 수 있게 된다.

해석은 다음과 같은 원칙들에 따라 이루어져야 한다. 첫 번째 원칙은 해석을 시도하는 시기의 적절성이다. 왜냐하면 적절하지 못한 때에 해석을 하면 내담자가 거부반응을 일으킬 수 있기 때문이다. 우선 해석하려는 내용이 내담자의 의식수준에 가까이 왔을 때 하는 것이 원칙이다. 두 번째 원칙은 내담자가 소화해 낼 수 있을 정도의 깊이까지만 해석해야 한다는 것이다. 해석의 세 번째 원칙은 저항이나 방어의 저변에 깔려 있는 무의식적 감정 및 갈등의 의미를 해석하기에 앞서 그 저항과 방어가 어떻게 나타나고 있는지를 먼저 지적해 줄 필요가 있다는 것이다.

해석은 명료화해석, 비교해석, 소망-방어해석의 세 범주로 볼 수 있다. 명료화해석은 내담자의 생각과 감정을 구체화함으로써 보다 깊은 탐색이나 해석이 요구되는 어떤 주제에 내담자의 관심을 집중시키기 위한 상담자의 언급이다. 이러한 언급은 질문, 재진술, 가벼운 명령 등의 형태를 취하기도 한다. 비교해석에서는 상담자가 내담자의 두 가지 이상의 사건·생각·감정들을 나란히 대비시킨다. 이 대비되는 사건·생각·감정들은 유사하거나 대조적인 것들이다. 흔히 비교되는 주제는 현재행동과 과거행동, 공상과 현실, 내담자와 다른 사람, 아동기와 성인기, 부모에 대한 태도와 상담자에 대한 태도 등이다. 이런 비교는 반복되어 나타나는 행동·감정양식이나, 모순점을 지적하는 데 사용된다. 소망-방어의 해석은 신경증적 갈등의 소망-방어적 요소를 지적하는 언급이다. 소망과 방어는 이론상으로는 분리된 것으로 취급되지만, 실제로는 이를 분리해서 관찰하거나 다루는 것이 어렵다. 그러나 상담의 초심자들은 우선 가능한 한 방어요소를 먼저 해석하도록 노력해야 한다는 점을 기억해야 할 것이다. 이것은 앞 문단에서 말한 해석의 세 번째 원칙에 해당되는 것이다.

다음은 콜비(Kolby, 1951)의 저서에서 명료화해석, 비교해석, 소망-방어해석의 예를 각각 차례로 발췌·인용한 것이다.

1. 부부문제로 상담을 받는 한 부인이 심한 피로감, 식욕감퇴 등 신체적인 불편감을 느낀 적이 있었다고 이야기하였다. 지난번 면담에서는 남편과의 관계에 대한 여러 문제가 언급되었다. 그들 부부는 같은 분야의 공부를 하고 있는 학생들로 학업면에서 경쟁적이었는데, 부인이 더 우수하였다. 최근에야 이 부인은 남편이 보호받고 통제받고 보살핌을 받아야 하는 어린애와 같은 입장에 있음을 깨닫게 되었다. 부인이 말한 그 증상은, 내담자가 혼자서 다녀온 여행(남편도 가고 싶어했다) 중에 일어났다. 그리고 여행 중 자신이 남편을 버린 '배신자처럼 느껴지기' 시작하였다. 상담자는 증상과 생활경험의 연관성을 명료화하고 이 점에 초점을 맞추고자 하였다.

상: 그래서 남편이 바라는 것을 좌절시킨 데 대해 죄책감을 느낀다는 말씀이신가요?
내: 네, 맞아요. 실제로 남편이 별로 문제를 일으키지는 않았지만, 매우 마음이 아파 보였어요.
상: 아마 부인께서 느낀 피로가 이 점과 관련이 있을 수 있겠네요.

2. 내담자는 아버지에 대한 적개심이 생활 전반에 두드러지게 나타나고 있었다. 이전 면담에서는 상담자에게 자기 아버지의 성격 중에서 특히 반발감이 느껴지는 내용에 관해 적은 것을 보여 주었다. 이번 상담시간에는 아버지에 대해서는 언급하지 않고, 대신 그가 잘 알고 있는 술집에서 어떻게 즐겼는지를 이야기하였다. 종업원들과 단골손님들이 그를 환영하고, 그는 농담을 하면서 여기저기 자리를 옮겨 다닐 때 마치 유명인사라도 된 듯한 기분을 느꼈다고 하였다. 상담자는 아버지에 대한 내담자의 불평 가운데 하나가, 아버지가 친구들 사이에서 유명인사로서 행동한다는 것이었음을 상기하였다. 다음 대화에서 상담자는 내담자의 행동과 아버지의 행동을 비교한다.

상: 보기에 따라서는 그게 ○○씨의 아버지가 행동하는 것과 비슷하지 않을까요?
내: 어떻게 그렇습니까?
상: ○○씨는 아버지가 마치 유명인사라도 된 듯이 행동하는 것이 괴롭다고 말한 적이 있어요. 지금 ○○씨 자신도 때때로 유명인사처럼 행동하는 것을 즐긴다고 말씀하셨고요.

3. 내담자의 남편은 그녀가 항상 잔소리가 많으며 이 때문에 자기가 술을 마시게 된다고 불평한다고 했다. 그러나 그녀 자신은 잔소리가 아니라 남편을 보살피는 모성

애적 관심이라고 느낀다. 이전의 상담과정에서 수집된 바에 의하면, 그녀의 자상한
행동 이면에는 남편에 대한 가학적 충동(소망)이 있음을 알 수 있었다. 그러나 이
에 대해 상담자가 처음 내리는 해석은 그녀의 무의식적 충동(소망)에 대해서가 아
니라 자기방어적 행동에 대한 것이다.

상: 부인께서 남편에게 지나치게 보호적이라고 느끼시나요?
내: 때때로 그럴 때도 있어요. 예를 들어 낮에 태풍이 불면 나는 남편이 그 때 비를
  맞고 있을 이유가 없는데도 공연히 걱정하는 것이죠.
상: 남편에게 그런 공연한 말을 할 때 남편은 부인을 비난하나요?
내: 남편은 그것이 너무 지나치다고 말합니다. 저는 남편을 마치 어머니 같은 정으로
  돌보지만, 그것이 나쁘다고는 생각하지 않아요.
상: 그렇다면 왜 부인의 관심이 지나친 것이라고 생각하시나요? 부인께서는 마치 남
  편이 어떤 위험한 상태에 있는 것을 항상 두려워하는 것 같아요.

2. 자유연상

자유연상을 하는 동안 보통 내담자는 긴 안락의자에 눕고 치료자는 그 옆이
나 뒤에 앉는다. 내담자의 감정이나 주의를 분산시켜 기억과 사고의 흐름을 방
해하지 않기 위해서이다. 치료자는 내담자에게 '가능한 한 마음을 텅 비우고, 아
무리 고통스럽고 꺼림직하고 혹은 우스꽝스럽고 사소한 것이라도 떠오르는 대
로 남김 없이 모두 이야기하라'고 지시한다. 내담자는 이런 자유연상을 통해 과
거를 회상하고 충격적인 상황 속에서 느꼈던 여러 감정들을 발산하게 된다. 이
런 감정적 정화는 내담자에게 일시적 위안을 줄지는 몰라도, 그 자체로서는 커
다란 치료효과는 없다. 내담자가 자유연상을 하는 동안 치료자는 연상의 계열이
나 흐름을 살펴서 무의식 속에 억압되어 있는 주요 자료를 찾아 낸다. 그리고
그것을 내담자에게 설명해 줌으로써 무의식적 심리과정을 점차 이해할 수 있도
록 도와 준다.

다음은 자유연상의 예를 월버그(Wolberg, 1988, p. 669)에서 발췌하여 인용
하니 참고하기 바란다. 내담자는 공포증을 가진 38세의 여성으로, 자유연상을
통해 자신의 무의식적인 갈등의 한 면을 이해하게 된다. 내담자의 언급 뒤에 붙
어 있는 설명은 원저자의 설명이다.

내: 그래서 걷기 시작했어요. 그러다가 박물관 뒤로 가서 공원을 가로질러 가기로 결정했지요. 그렇게 걷고 있는데 아주 흥분되고 신나는 기분이 들었어요. 관목숲 옆에 벤치가 보이길래 거기 앉았는데, 내 뒤로 뭔가 바스락거리는 소리가 들려 겁이 났어요. 숲속에 남자들이 숨어 있지 않나 하는 생각이 들었는데, 언젠가 그 공원에 성도착자들이 있다는 기사를 읽었거든요. 내 뒤에 누가 있는 것 같았어요. 불쾌했지만 한편으론 흥분되기도 했답니다. 아버지 생각이 나는군요. 흥분되는 기분이에요. 발기된 남근이 생각나요. 아버지와 연결되어 있어요. 그 점에 대해 뭔가 생각날 듯한데, 뭔지 모르겠어요. 기억의 가장자리에 머물러 있는 것 같아요. (침묵)

상: 음. (침묵) 기억의 가장자리라구요?

내: (급하게 숨을 쉬며 매우 긴장하고 있는 듯이 보인다.) 어렸을 때 아버지와 함께 잠을 잤어요. 재미있는 느낌이 드네요. 피부가 콕콕 쑤시는 것 같은 재미있는 느낌이 들어요. 이상한 기분인데요. 장님처럼, 뭔가 안 보이는 느낌. 정신이 흐릿해지는데요. 내가 보는 것에 얼룩이 번져가는 것 같아요. 공원을 산책한 이후 이런 느낌이 생겼다 말았다 해요. 마음이 빈 것 같아요. [내담자의 이 반응은 억압의 출현을 가리키는 것으로 볼 수 있다. 억압과 함께 지적 기능이 방해를 받는데, 억압되었던 것이 의식화됨으로써 생기는 불안에 대처하는 방편일 것이다.]

상: 마음이 흐릿해지는 것은, 보고 싶지 않은 것을 마음에서 몰아 내는 방법일 수 있겠네요. [내담자의 증상을 저항으로 해석함]

내: 금방 생각이 났는데요, 아버지는 옷을 벗고 있는 상태에서 돌아가셨어요. 마음 속에 아버지가 보여요. 그렇지만 아무 것도 볼 수가 없었어요. 생각을 분명히 할 수가 없었어요. 나는 자랄 때 남자와 여자의 차이를 알지 못하게끔 자라났지요. 아버지가 무서웠지만, 그래도 아버지를 사랑했어요. 내가 아주 어렸을 때는 토요일과 일요일 밤에는 아버지와 함께 잠을 잤어요. 너무나 따스하고 편안했지요. 그보다 더 따뜻하고 편안한 건 없었어요. 기분도 아주 좋았고. 지금 온 몸이 콕콕 찌르는 것 같아요. 아버지와 함께 잠을 잘 수 있었던 날은 멋진 휴일이었죠. 더 이상은 기억이 안나요. 마음에 얼룩이 있어요. 긴장되고 두려워요.

상: 그 얼룩이 ○○씨의 삶을 오염시켜 왔겠어요. ○○씨는 지금 그 뭔가를 기억해 내는 것이 두려운 모양인 것 같아요. [내담자의 저항에 초점을 맞춤]

내: 예, 맞아요. 하지만 어떻게 할 수가 없어요. 내가 어떻게 할 수 있겠어요? 어떻게?

상: 지금 어떤 생각이 마음에 떠오르시나요?

내: 지난 일요일엔 위통으로 고생했어요. 우울하고 겁에 질렸었죠. 소리내어 울었
어요. 어머니에게 매달리고 싶었어요. 그렇지만 채울 수 없는 욕구를 의식하
는 것만으로 무슨 소용이 있겠어요? 그날 밤 꿈을 꾸었어요. 많은 장교들이
내 여동생의 방에 있었어요. 질투를 느꼈죠. 내게는 관심이 없었거든요. 그러
다가 내가 물 위에 서 있었는데, 다리가 없는 한 남자가 물 위를 걸어왔어요.
아주 자신있게 걷더군요. 그에게 다리는 어디 있냐고 물었더니, 자기가 다리가 있
을 때는 강하고 남자다웠노라고 말하더군요. 그 다음엔 꽃을 봤어요. 그 다음엔 황
폐한 거리에 서 있었어요. 야위고 늙은 말이 도살될 순서를 기다리고 있더군요. 나
는 겁에 질렸고, 메스꺼웠어요. 나는 꽃을 안고 있었는데, 모두들 형편없다고 비난
했어요. 나도 별로 좋지 않다고 느꼈어요. 그게 전부예요.

상: 꿈과 관련해 어떤 생각이 떠오르시나요?

내: 장교들이 내 여동생과 어머니에게는 키스를 했는데, 내게는 안 한 것 같아요.
아버지는 동생과 어머니에게는 모든 것을 주었는데 내게는 아무 것도 안 준
것처럼 생각이 되요. 난 내 동생이 장교들과 함께 있는 방을 들여다 보고 싶
었는데, 어머니가 허락해 주지 않더군요. 미칠 것 같았어요. 꿈에 이런 부분도
있었어요. 상자에 콘돔이 들어 있었는데, 내 동생은 그걸 가져도 좋지만 나는
안 될 것처럼 느껴졌어요. 불구가 된 사람처럼 박탈당하고, 무력하게만 느껴
졌지요. 물 위를 걸은 사람은 틀림없이 나 자신이었을 거에요. 나는 걷긴 했지
만, 마치 절름발이처럼 걸었죠. 강하고 싶어요. 남자들은 강하죠. 아버지는 내
가 강하게 성장하도록 해 주지 않으셨죠. 내 동생은 남편이 있지만, 나는 없어
요. 동생은 모든 것을 가지고 있어요. 나는 아무것도 없어요. 가치 있는 건 아
무것도 없어요. 난 항상 강해지길 바랐어요. 난 남자애가 되고, 또 남근을 가
지는 환상을 자주 그려보곤 했지요. 꿈속의 그 꽃은 아마도 내 여성다움을 가
리키는 건가 봐요. 난 내 자신에게 아무런 가치도 두지 않죠. 이제 알겠군요.
아버지가 내게 관심을 기울여 주지 않은 것에 대해 얼마나 괴로워하고 원망
했는지 알겠어요. [내담자는 계속해서 자신의 근친상간적 소망과 거세불안과
남근선망을 연결지어 나갔다.]

3. 꿈의 분석

수면 중에는 의식적 방어가 약화되므로 억압된 욕망과 감정이 의식표면에
떠오르게 된다. 꿈의 분석은 이러한 꿈의 속성을 이용하여 무의식적 자료를 발
굴하고 정리함으로써, 내담자로 하여금 자신의 내면세계와 문제영역에 대해 통

찰을 얻도록 도와 주는 중요한 절차이다. 프로이트는 '꿈은 무의식에 이르는 왕도'라고 했다. 그만큼 꿈 속에는 무의식적 소망과 욕구 및 공포가 표현되기 때문이다. 자아가 용납할 수 없는 욕구는 위장되고 상징적 형태로 꿈 속에서 표현된다. 따라서 꿈의 내용에는 꿈에 나타난 그대로의 '현재몽'과 그 현재몽이 상징하고 있는 '잠재몽'의 두 가지가 있다. 자아가 의식하기에는 너무나 고통스럽고 위협적인 잠재몽을 덜 고통스럽고 비위협적인 현재몽으로 바꾸는 작업을 '꿈의 작업'이라고 한다. 따라서 치료자의 임무는 현재몽 속에 상징적으로 감추어진 잠재몽의 정체를 밝혀 내는 것이다. 현재몽의 내용에 대해 내담자에게 자유연상을 시킴으로써 잠재몽의 내용에 빨리 접근할 수도 있다.

4. 저항의 해석

치료의 진전을 방해하고 치료자에게 협조하지 않으려는 내담자의 무의식적 행동을 저항이라고 한다. 이를테면 약속을 어긴다거나 특정한 생각·감정·경험들을 털어놓지 않는 것도 저항의 한 형태이다. 내담자가 저항하는 이유는 자신의 억압된 충동이나 감정을 알아차렸을 때 느끼게 되는 불안으로부터 자아를 보호하기 위해서이다. 따라서 내담자의 갈등을 근본적으로 해결하기 위해서는 치료자가 이를 지적해 주어야 한다. 치료자는 내담자가 보이는 가장 큰 저항에 내담자의 주의를 환기시킨 다음, 내담자가 수용할 수 있도록 배려하면서 해석을 가한다.

5. 전이의 해석

내담자가 과거의 중요한 인물에 대해 느꼈던 감정을 치료자에게서 느끼게 되는 것을 전이라고 한다. 전이단계는 정신분석에서 가장 중요한 고비이다. 정신분석적 치료자들은 내담자에 대해 중립적이고 객관적이며 비교적 수동적인 자세를 취함으로써 내담자의 전이를 유도한다. 정신분석이론에 의하면, 전이에 대한 해석은 어렸을 때의 주요 정서적 갈등까지 해결하는 계기가 될 수 있다. 즉 치료자의 해석으로 전이감정이 해소되면, 내담자는 과거의 영향으로부터 벗어나게 되며 보다 정서적으로 성숙한 인간이 될 수 있다.

다음의 예는 내담자의 전이감정을 명료화하고 내담자가 그것을 스스로 이해하도록 돕는 전이해석의 초기 단계를 보여 준다(Wolberg, 1988, pp. 706~707).

상: 전 때로 ○○씨께서 저를 마치 살얼음 위를 걷는 것처럼 조심스럽게 대한다는 인상을 받습니다. 뭔가 아직 이야기하지 않은 어떤 감정을 혹 저에게 느끼고 있지 않은지 궁금한데요.

내: 모, 모르겠어요. 내게도 혼란을 주는 일인데 …… 내 마음 속이 온통 엉클어져 있지만 뭐가 뭔지 모를 때(눈물을 흘림) …… 울고 싶지 않아요 ……. 오늘 왜 이렇게 혼란스러운지 모르겠어요. 정말 모르겠군요. 어제는 그렇게 기분이 좋았는데.

상: 어쩌면 저에 대한 ○○씨의 느낌을 주제로 끄집어 내었기 때문인지도 모르겠네요.

내: (울면서) 화가 나요. 그걸 별로 의식하지 못했어요. 난 당신을 싫어하지 않아요. 그저 좀 화가 났을 뿐이죠.(침묵)

상: 그 감정을 좀 더 이야기해 보시겠어요?

내: 당신에 대해 감정을 느끼고 싶지 않아요.

상: 저에 대해 감정을 느끼고 싶지 않다구요?

내: 예. 이유는 모르겠지만.

상: 감정을 내 보이는 것이 두려워서일까요?

내: 난 틀림없이 친근한 감정을 느끼는 것을 두려워하는 것 같아요.

상: 그러세요?

내: 분명히 그런 것 같아요.

상: 어째서 그런지 궁금하네요.

내: 사실은, 어제 그런 생각을 했어요. 전 …… 그러니까 …… 내가 행동을 잘하면 …… 아마도 당신이 내게 잘해 줄 거라고 …… 그러니까 아버지처럼 말이죠.

상: 그러니까 만약 ○○씨께서 저에게 친근하게 행동하면 말이죠?

내: 예. 그렇지만 난 겁이 나요.

상: 겁이 난다구요? 무엇에 대해서 일까요?

내: 그게 진지하게 받아들여지지 않을 거라는. 그렇지 않을까요?

상: ○○씨가 저에게 친근감을 느낀다면, 저는 물론 ○○씨의 그런 느낌을 진지하게 받아들일 거예요. 혹시 이런 말씀이신가요? 제가 ○○씨를 거절하거나 혹은 ○○씨에게 상처를 입힐지도 모른다는?

내: 제 이야기는, 내 자신의 감정에 대해 부끄러움을 느낄지도 모르겠다, 이건 일방적인 관계일지 모른다는 그런 뜻이에요. 마치 당신이 나를 조롱할 것 같은 느낌이 들어요.

상: 실제로는 제가 어떻게 행동할지 모르지 않아요? 그런데도 마치 제가 ○○씨의 감정을 비웃은 것처럼 느끼셨네요.

내: 내가 만약 감정을 느낀다면 그 감정에 대한 반응이 있을까요?

상: 그 말씀은 제가 같은 감정으로 반응할 것인가 하는 뜻인가요?

내: 맞아요.

상: 제가 만약 그렇게 한다면 그건 ○○씨를 위한 일이 아닐 것 같아요.

내: 저도 그렇다고 생각은 해요.

상: 그러나 ○○씨의 그런 감정에 대해 저에게 털어놓고 이야기를 하신다면, ○○씨의 문제를 해결하는 데 제가 상당한 정도로 도움이 될 수 있을 거예요.

내: (낄낄대면서) 지금 굉장히 바보처럼 느껴져요.

상: 바보같다구요?

내: 난 정말 당신을 아주 좋아해요.

상: (미소지으며) 으음.

내: 그렇게 느꼈어요 ……. 당신이 나를 도와 줄 수 있을 거라고. 그러니까 마치 내가 아버지에게 바라는 것처럼, 당신이 나를 보호해 준다고 느꼈거든요.

6. 정신분석적 상담의 과정

정신분석적 치료·상담의 과정은 내담자(환자)의 문제 및 상담자(치료자)의 접근방법에 따라 다양하기 마련이나, 그 진행과정의 특징을 다음과 같이 정리할 수 있다.

(1) 내담자가 갈등·부정적 감정(불안·죄의식) 등 도움을 필요로 하는 심리적 불편을 말하기 시작한다.

(2) 상담 장면의 행동에서 내담자가 신경증적 증세를 보인다.

(3) 상담자는 자유연상, 꿈의 분석, 최면 등을 통해 내담자의 신경증적 갈등을 탐색한다.

(4) 상담자가 내담자의 언어내용에서 갈등의 핵심, 주제내용과 관련된 행동 측면을 추리한다.

(5) 상담자는 전이현상(장면)에서 내담자의 갈등이 표면화되도록 한다.

(6) 상담자는 내담자의 저항적 언어반응을 해석한다.

⑺ 상담자는 그러한 해석에 대한 내담자의 반응 및 수용을 격려한다(종결작업).

⑻ 신경증의 감소 및 제거가 시작된다.

⑼ 내담자의 부정적 감정이 해소되고 정신 에너지가 해방된다.

⑽ 내담자에게 보다 적절한 언어반응은 물론이고 자아통제력과 통찰이 생긴다.

2.4 프로이트로부터의 이탈 : 신(新)정신분석학파

프로이트를 추종하던 많은 사람들이 그와 결별하고 자기 나름대로의 이론적인 입장을 발전시켜 나갔다. 대표적인 인물로는 융, 아들러, 랭크, 호나이, 프롬, 설리반 등이 꼽힌다. 이들 중 융의 입장은 분석심리학, 아들러의 이론은 개인심리학, 설리반의 방식은 대인관계론적 심리치료라 불리며, '신정신분석학파'라는 범주에서 제외되는 경우도 있다. 그러나 넓은 의미에서는 이들도 신정신분석학파라고 할 수 있다. 이들 모두는 앞서 정신분석의 인간관에서 서술한 바와 같이, 프로이트의 생물학적이고 결정론적인 관점에 반대하며 사회문화적인 요인을 강조한다는 공통점을 지닌다. 여기서는 프로이트로부터의 이탈이 가장 두드러진 아들러의 입장과, 프로이트에 대해 비판적이긴 하지만 여전히 '정신분석'이라는 이름 안에서 활동하였던 호나이의 입장, 그리고 특히 면접기법의 발달에 큰 공헌을 하였던 설리반의 입장을 간략하게 살펴보도록 하겠다.

최근 많은 관심을 모으고 있는 아들러의 개인심리학은 프로이트의 견해와 매우 대조적인 면들이 많다. 개인심리학에서 강조되는 개념들로는 열등감, 보상, 목적, 생활방식, 사회적 관심 등이 있다. 아들러에 의하면, 인간은 본질상 사회적 소속을 원하고 타인에 대한 관심을 가지고 있다. 동시에 인간은 우월감이라는 목표에 도달하려고 하고, 이 과정에서 그 자신의 생활방식을 발전시킨다. 아들러는 초기에는 인간의 열등감과 그에 따른 보상적 욕구에 초점을 맞추었지만, 후기에는 사회적 환경에 대한 적응에 있어서 개인의 창조적인 측면을 더 강조하였다. 치료면에서 개인심리학은 개인의 생활방식과 목표를 다루면서, 개인이 자신을 이해하고 또 자신의 인생에 대해 보다 더 현실적이고 공동체적인 견해를 갖도록 돕고자 한다.

아들러는 프로이트보다 인간에 대해 더 낙관적이었다. 그는 유아기의 심리성적 발달, 거세불안, 외디푸스 컴플렉스 등 프로이트가 중시한 많은 요소들에 대해서 거의 관심을 두지 않았다. 아들러와 프로이트의 주요한 이론적 차이점은 다음과 같다. 첫째, 프로이트가 자신의 이론의 토대를 생물학적인 것에 둔 반면, 아들러의 이론은 일종의 사회심리학적인 기초를 가진다. 그는 생물학적인 본능보다는 사회적 관심을 더욱 중요시하였다. 둘째, 프로이트는 성격형성에서 인과론 혹은 결정론을 강조하였지만, 아들러는 목적론을 강조하였다. 셋째, 프로이트의 이론은 환원주의적이라고 할 수 있다. 즉 인간을 원초아 · 자아 · 초자아, 의식 대 무의식, 성본능 대 죽음의 본능과 같은 서로 상반되는 부분들로 나누어서 보았다. 그러나 아들러의 이론은 총체주의적이다. 개인은 통일된 존재이기 때문에 나누어질 수 없으며, 기억 · 정서 · 행동과 같은 '부분'들은 전체 개인을 위해 활용될 뿐이다. 넷째, 프로이트에게 있어 인간에 대한 연구는 주로 개인내적, 심리내적인 것에 집중되어 있지만, 아들러는 인간을 사회적인 존재로 보고 인간은 오직 대인관계를 통해서만 이해될 수 있다고 생각하였다. 다섯째, 프로이트는 신경증이 주로 성적인 원인을 갖는다고 보았으나, 아들러는 신경증을 학습의 실패이며, 왜곡된 지각의 산물이라고 보았다. 여섯째, 프로이트에게 있어서는 정신내적인 조화를 이루는 것이 상담 혹은 심리치료의 이상적인 목표이다. 즉 '원초아이던 것이 자아가 되게' 하여 확장된 자아를 중심으로 심리구조가 조화를 이루도록 하는 것이 상담의 목표이다. 반면 아들러에게 있어서 이상적 목표는 개인의 확장, 자기실현 및 사회적 관심의 고양이라고 할 수 있다.

아들러는 신프로이트학파뿐 아니라, 엘리스(Albert Ellis)와 같은 인지치료 이론가들과, 매슬로우(A. Maslow), 메이(Rollo May) 등 인본주의 및 실존주의 학자들에게도 많은 영향을 끼쳤다.

신프로이트학파 내의 또 다른 중요한 인물로 호나이(Karen Horney)가 있다. 호나이는 신정신분석학파 중 프로이트의 입장에 비교적 가까운 편이면서, 현대인의 신경증적인 특성과 행동을 쉽게 묘사하고 설명하여 일반 식자층으로부터도 많은 주목을 받았다. 호나이는 본능적 추동을 강조하는 프로이트에 대해서 비판적이었고, 성격의 구조에 대해서도 부정적이었지만, 아들러와는 달리 자신을 정신분석가로 인정하였다. 호나이는 무의식적 동기와 심리적 결정론이라는 정신분석의 기본적인 견해를 수용하였다.

호나이의 중요한 개념 중에는 기본적 불안(basic anxiety)이 있는데, 이것은 잠재적으로 적대적인 세계 내에서 아동이 가지는 무력감 및 소외감과 관련된다. 불안감을 가진 아동은 이러한 고통스러운 상태를 경감시키기 위해 여러 가지 방어나 대응방략을 발전시키려고 한다. 호나이는 신경증 환자들이 보이는 여러 종류의 신경증적 요구들에 대하여 기술한 바 있는데, 힘과 완전과 명성과 애정에 대한 집착 등을 말하였다. 이런 요구들은 불안에 대응하려는 방략으로 볼 수 있지만, 결코 충분하게 만족되지 않는 것들이어서 갈등과 불안은 여전히 지속되게 마련이다. 호나이는 이러한 신경증적 요구들을 세 개의 범주로 나누었다. 그 것들은 각각 사람들을 향한 움직임(moving toward people), 사람들로부터 멀어지려는 움직임(moving away from people), 사람들에 대항하는 움직임(moving against people)으로 명명되었다.

호나이는 치료기법을 체계적으로 제시하지는 않았지만, 신경증을 극복하기 위해서는 자신의 비현실적인 요구들의 이유를 깨닫고 그것들을 점차로 포기하면서 보다 현실적인 관점을 수용해야 한다고 보았다.

한편 설리반은 대인관계의 맥락에서 성격과 심리치료를 설명하였다. 그래서 그의 이론은 정신의학의 대인관계이론으로 불린다. 설리반은 주로 정신분열증 환자들을 대상으로 한 폭넓은 임상경험을 통하여, 자신의 이론을 이끌어 내었다.

설리반은 성격을 대인관계적인 상호작용으로부터 도출되는 추상적인 개념으로 보았다. 그는 성격을 '한 인간의 생활을 특징짓는 반복적인 대인관계 상황의 비교적 지속적인 양상'이라고 정의하였다. 그는 사람은 자신의 대인관계 양상을 자각하는 정도만큼 건강하다고 생각하였으며, 심리치료의 핵심은 문제가 되는 대인관계 방식을 내담자가 자각하도록 돕는 데 있다고 보았다. 상담을 할 때 내담자는 자신의 경험을 매우 추상적이고 막연한 용어로 표현하는 경향이 있는바, 치료자는 이를 가능한 한 구체적인 대인관계의 맥락에서 파악하려고 노력해야 한다. 내담자는 불안을 감소시키고 안전감을 유지하기 위한 방략들(security operations)을 자신도 의식하지 못하는 채 사용하며, 생애 초기의 건강하지 못했던 관계 때문에 현재의 인간관계를 왜곡해서 해석하는 '병렬적 왜곡'(paratactic distortions)을 나타내 보이기 쉽다. 치료자와 내담자는 내담자의 구체적 경험을 함께 검토하면서 대인관계에 반영되는 이런 자각되지 못한 행동들에 관한 가설을 확인(consensual validation)하고, 보다 바람직한 새로운 대인관계 방식을 모색하게 된다.

설리반은 신프로이트학파의 다른 인물들보다 실제적인 면접기법에 많은 관심을 기울이고 또 저술도 하였다. 그의 여러 개념과 면접기법에 관해서는 설리반(Sullivan, 1954), 채프만(Chapman, 1978) 등을 참고하기 바란다.

2.5 정신분석의 현대적 경향

프로이트가 사망한 이후로 정신분석의 이론에는 많은 변화가 일어났다. 20세기 중반에 이르러서는 병리적인 발달과정뿐만 아니라 정상적인 발달과정, 특히 신생아의 발달에 많은 관심이 모아졌는데, 무엇보다도 말러(M. Mahler) 등의 연구는 정신분석이론을 발전시키는 데 큰 공헌을 하였다. 또한 정신분석의 임상 현장이 지난 30~50년 동안에 많은 변화를 보이고 있다. 프로이트 당시의 고전적인 신경증을 보이는 사람이 줄어들고 있는 반면, 자기애적 성격장애나 경계선적 성격장애와 같은 소위 구조적 결함을 가진 내담자가 부쩍 늘어나고 있는 추세이다.

이러한 연구와 임상 장면에서의 새로운 발견에 힘입어 현대의 정신분석은 크게 세 방향으로 학파를 형성하면서 발전해 가고 있다. 첫 번째 흐름은 전통적인 프로이트의 이론에 가까이 위치하고 있으면서도 자아(ego)의 자율적 기능을 보다 강조하는 자아심리학(ego psychology)이다. 이 자아심리학을 발전시킨 주요 인물은 하르트만(Heinz Hartmann)과 그 동료들인데, 이들은 자아를 그 나름의 발달과정을 가지며, 성적 혹은 공격적 추동과 무관한 고유한 활동력을 지닌 적응기관으로 본다. 치료적인 면에서 이들은 내담자의 자율성을 키우도록 돕는 상담자의 역할을 강조하였다.

현대 정신분석의 두 번째 흐름은 고전적 정신분석의 비정통 학파였던 클라인(Melanie Klein) 등에 의해 영국에서 주로 발전된 대상관계이론(object relation theory)이다. 여기서 '대상'은 사물을 의미하는 것이 아니라 '사람'을 의미한다. 전통적인 정신분석이론이 개인내적 심리과정을 중시하는 것에 비해서 대상관계이론은 '대상관계', 즉 타인과의 관계가 심리적으로 내면화된 것을 중시한다. 이 이론은 생애 초기(특히 외디푸스기 이전)의 관계가 한 개인의 건강한 발달에 결정적으로 중요한 영향을 미친다는 것을 강조한다.

　　정신분석의 세 번째 주된 흐름은 코홋(Heinz Kohut)에 의해 미국에서 발전
된 자기심리학(self psychology)이다. 대상관계이론이 자기와 대상의 관계가 심
리적으로 내면화된 것을 강조하는 것에 비하여, 자기심리학은 개인이 자존감과
가치감을 유지하는 데 외적인 관계가 얼마나 큰 영향을 미치는지를 더 강조한
다. 이 이론은 인간이 심리적 안녕감을 유지하기 위해서 다른 사람으로부터의
격려, 지지, 사랑과 같은 반응을 얼마나 절실하게 필요로 하는지를 보여 준다.
이 이론은 상담자의 공감적 반응을 매우 중시하는데, 그러한 점에서 로저스의
인간중심적 접근과의 유사성이 지적되기도 한다.

　　앞서 세 흐름은 서로 배타적이기보다는 보완적인 것이라고 말할 수 있다.
정신분석적으로 상담하는 많은 상담자들은 어느 하나의 학파를 절대적으로 신
봉하기보다는 각 이론적 입장을 절충하면서 내담자의 문제에 맞추어 융통성 있
게 대처하는 경향을 보이고 있다.

2.6 정신분석적 면접의 예

　　이 면접은 다분히 프로이트의 영향을 받은 것으로 보이는 월버그(Wolberg,
1954, p. 461)의 사례이다. 면접중의 내담자는 3개월간의 심리치료 후 매춘부와
의 동거생활을 청산하고 자기 아내에게로 돌아간 중년남자이다. 면접 중에서는
자유연상이나 꿈의 분석은 없었지만, 내담자의 정서적 반응에 대한 분석적 해석
의 예(괄호 안의 치료자 논평부분)를 잘 보여 주고 있다. 또한 이 면접에서는 치료
자(상담자)가 내담자의 말 속에 숨겨진 의미를 계속 탐색했을 뿐 아니라, 내담자
의 저항을 포함한 상담관계에 초점을 두고 있음을 알 수 있다.

　　내: 저는 제가 그 여자(매춘부) 같은 좋지 않은 여자를 가까이하지 말아야 한다는
　　　　것을 알고 있어요. 한 마디로 지각이 없는 사람이죠. 그 여자는 그런 종류의
　　　　사람이에요.
　　상: 그렇지만 ○○씨는 그런 결점에도 불구하고 그 여자를 원하는 것 같이 보이는데
　　　　요. [내면적인 태도를 반영해 줌]

내: 저는 그 여자가 저에게 나쁘다는 것을 알고 있어요. 내 아내가 훨씬 더 진실한 사람이지요. 그렇지만 저는 마음 속에서 그 여자를 떨쳐낼 수가 없어요. 그러나 그 여자에게 돌아가기를 원하지도 않아요. 또다시 복잡한 문제가 생길테니까요. 아직도 그 여자를 자주 생각하기는 해요. 그리고 그 여자가 나를 즐겁게해 주기를 바라구요. 그렇지만 이제는 직장일에 충실할 수 있게 되었고 미술교육을 받기를 원하는 아내를 도와 주고 싶어요.(긴 침묵)

상: 알겠어요.(침묵) 지금 무슨 생각을 했어요?

내: 갑자기 어떤 생각이 떠올랐어요. 제가 지하철 승강대에 서 있는 장면이 상상이 되었어요. 공상이에요. 내 앞에는 한 남자가 서 있구요. 지하철 차가 다가올 때, 제가 그 사람을 밀어 버리는 걸 생각했어요.

상: 그 사람은 어떤 사람인데요?

내: 누군지 모르겠어요. 저는 그 사람의 정체는 알 수가 없었어요. 그 사람은 그저 푸른 옷을 입고 있는 것 같았어요. 어쩐지 저한테는 꺼림칙한 사람 같았어요. 가끔 저는 지하철 승강대에 서 있을 때 자신이 뛰어 내리거나, 어떤 사람이 저를 밀어 버릴 것 같은 두려움을 느껴요.

상: 그렇지만 ○○씨의 상상 속에선 ○○씨가 그 사람을 밀었다고 하셨죠? ○○씨는 그에게 화가 났나요?

내: 아니에요, 그렇지 않아요. … 저는 아무것도 느끼지 못했어요. 단지 그 사람을 밀어뜨리고 싶다고만 느꼈지요.(하품) 오늘은 피로하군요. 사무실에서 복잡한 일이 많았기 때문에 오늘은 피곤한 날이었어요. 저는 오늘의 면접약속을 취소하려고 생각했어요. 저의 비서와 내가 약속하는 것을 잊고 있었지만 사실은 지방의 광고업자와 협의할 게 있었거든요. [이 말은 '저항'인 것 같다]

상: ○○씨는 여기 오는 데 대해서 어떻게 느끼시나요? 여기 오기가 불편하다고 느끼나요? [면접약속의 취소를 원했다는 그의 말을 다룸]

내: (웃으면서) 그래요. 나는 원해서가 아니라 필요하다고 생각되어서 와요. 즐거울 것이 없잖아요.

상: 그러니까 아마 ○○씨는 여기 오는 것을 불쾌하게 여기고 있군요. [시험적인 해석]

내: 아니요, 제가 불쾌하게 여기고 있다는 생각은 안 들어요. 제가 여기에 와야만 한다는 것을 알고 있으니까요. [해석을 부인했다]

상: 으-음.

내: 그렇지만 여기에 오는 데는 많은 문제가 있어요. 시간이 걸리구요. 즐거운 것도 없구요. 그러면서도 제 가족에 대해선 이번 문제를 해결해야 할 책임을 느끼고 있어요.

상: 그렇지만 ○○씨 자신을 위해서 노력한다고 할 때는 어떻게 느껴지시나요?

내: 솔직히 저는 제 가족을 위해서 와요. 간접적으로는 저한테도 혜택이 있겠지요.

상: ○○씨가 여기에 오는 것을 정말 불편하게 여긴다는 생각이 들어요. [권위적인 해석] 아까 말한 상상에 관해 다시 생각해 보아요. 그 상상 속에서 ○○씨는 푸른 옷을 입은 사람에게 공격적인 행동을 했어요.

내: 그래요.

상: 제가 어떤 옷을 입고 있나요?

내: (놀라며) 선생님 옷이 푸른색이군요. [내담자는 놀란 것 같이 보인다]

상: 아마 제가 상상 속의 인물일 거예요. ○○씨는 저에게서 벗어나고 싶어하는 것 같네요. 그리고 ○○씨는 저에게 화를 내고 있는 것 같아요. [시험적인 해석]

내: 아, 거의 잊어버릴 뻔했어요.(주머니에 손을 넣어 수표를 꺼냄) 2주일 내내 가지고 다녔는데 여기 왔을 때마다 당신에게 주는 것을 잊어버렸어요.

상: 거기에는 틀림없이 어떤 이유가 있는 것 같은데요.

내: 선생님은 제가 상담료를 지불하고 싶어하지 않았을지도 모른다는 말입니까?

상: 가능한 이야기라고 생각해요.(침묵)

내: 하지만, 저는 돈을 내려는 생각은 가지고 있었어요. 그저 내는 것을 잊었을 뿐이지요.

상: 사람들이 자주 잊어 버릴 때는 분명한 이유가 있기 마련이에요. ○○씨가 저를 비판적으로 느꼈기 때문에 저에게 수표를 주는 걸 잊어 버린 게 아닐까요? [시험적인 해석] 그런 경우라면 ○○씨께서 저에게 지금 수표를 주는 것이 저에 대해 비판적인 것을 보상하는 셈이 되고요.

내: (웃음) 그래요. 제가 말할게요. 사실은 여기 오는 것에 대해서 불편했었지요. 저는 선생님이 좋은 의도로 말씀하는 것에 대해서도 화가 났어요. 선생님이 저더러 그 여자에게서 떠나라고 말하지는 않았지만, 저는 제가 한 일에 수치심을 느껴 왔어요. 선생님께서 저에게 내 아내가 그 여자보다 더 좋다고 말해 주기를 바라기까지 했어요. 그렇지만, 제기랄! 그 여자에게는 끌어당기는 매력이랄까, 짜릿한 흥분을 느낄 수 있어요. 저로선 돌아갈 수도 없고 앞으로 나갈 수도 없는 입장인 것 같아요.

상: ○○씨의 욕망 사이에는 모순이 있어요. ○○씨가 현재 궁지에 몰린 것은 그 여자에 대한 욕망과 가족에 대한 죄의식과 책임감 사이에서, 오도 가도 못하게 된 결과이지요. ○○씨는 제가 양단 간에 선택을 해 주도록 원하고 있고, 제가 선택해 주지 않으면 화가 날 거예요. [권위적인 해석]

내: 그래요. 무슨 말씀인지 알겠어요. 아주 매력적이긴 하지만, 그 여자와 같이 사는

생활이 저에게 해롭다는 것을 알고는 있지요. 또 내 아내는 원래 질이 좋은 여자
니까 선생님이 추켜세울 필요는 없어요.

상: 지금 제가 ○○씨에게 선택을 해 준다면 문제가 생깁니다. 예를 들어서 ○○씨에
게 그 여자를 포기하라고 말한다면, 저는 ○○씨가 지금까지 대항해 온 억압적인
권위자가 되는 셈이에요. 실제로 ○○씨는 그 여자의 매력을 즐기면서 그런 권위
를 무시하고 ○○씨의 기분대로 하고 싶을 겁니다. 그러면 아마 ○○씨는 저를
무시하려 들 것이고 저희 관계는 나빠지겠지요. 반대로 제가 ○○씨에게 아내를
포기하고 ○○씨의 욕망을 따르라고 한다면 ○○씨는 저를 경멸하게 될 거예요.
그래서 만일 ○○씨께서 그 여자에게 돌아가면 당장은 즐거움을 얻겠지만, 결국
엔 ○○씨에게 해롭게 이야기해 준 것에 대해서 저를 비난할 거예요.

[요약 및 평가]

정신분석적 치료자들은 대체로 앞에서 말한 전통적인 정신분석의 기법과
아울러 사회적·문화적 요인의 영향을 중요시하는 신(新)정신분석학파의 관점
을 흔히 활용한다. 일반적으로 정신분석은 시간과 비용이 많이 들며 숙련된 분
석가의 수도 많지 않으므로, 매우 제한된 치료방법이라 할 수 있다. 더욱이 무
의식을 탐색하고 깊은 수준의 성격변화를 추구하는 분석적 치료의 목표는 일반
상담 장면에서는 부적절한 것이라 하겠다. 하지만 정신분석에 대한 이해를 통
해, 내담자가 겪은 과거 경험의 의미와 현재의 문제에 미치는 영향을 충분히 탐
색해 볼 수 있다. 그러나 과거의 경험을 너무 중요시한 나머지 거기에 얽매여서
는 안 될 것이다. 반대로 현재의 갈등의 중요한 원인이 되는 과거의 경험을 무시해
버린 채 내담자의 성장을 효과적으로 도울 수 있는지도 의심해보아야 한다.

따라서 우리는 정신분석적 개념을 통해 다음과 같은 사실들을 이해할 수 있
다. ① 생후 몇 년간의 체험이 성격형성에 중요한 영향을 미치며, ② 방어기제의
남용은 현실에 대한 효과적 적응을 저해하며, ③ 내담자가 약속을 안 지킨다거
나 일찍 치료를 그만두는 것은 저항의 표시이며, ④ 내담자는 치료자에 대해 전
이감정을 갖게 되는데 이러한 감정의 해소를 통하여 내담자는 정서적 성숙을
기할 수 있다는 점이다.

3 인간중심의 접근 : Person-Centered Approach

인간중심의 접근은 칼 로저스(Carl Rogers)에 의해 창시된 심리치료법이다. 인간에게는 스스로 자신의 길을 발견하고 성장해 나갈 수 있는 잠재능력이 있다는 것이 이 치료법의 기본철학이다. 따라서 인간중심의 접근에서 상담자의 역할은 내담자가 자신의 문제해결능력을 스스로 되찾고 인간적인 성숙을 기할 수 있도록 도와주는 것이다. 이 이론을 70년대까지는 '내담자중심 치료'라고 불렀다.

3.1 기본개념

1. 인 간 관

로저스는 인간이 사회적이고 미래지향적인 존재이며, 자기실현의 의지와 아울러 선한 마음을 갖고 태어난다고 본다. 인간은 본래 부적응상태를 극복하고 정신적 건강상태를 되찾을 수 있는 능력을 갖고 있다고 믿기 때문에, 인간중심의 접근의 상담자는 치료의 진행에 대한 책임을 내담자에게 맡긴다. 상담자는 상담과정에서 최선의 해결책을 다 알고 있는 권위적 존재로 임하지 않는다. 따라서 내담자 역시 상담자의 지시에 따르는 수동적 존재라는 생각을 갖지 않는다.

2. 이론적 특징

인간적 성숙과 자기실현을 추구하려는 동기는 모든 인간에게 내재되어 있다. 따라서 인간중심의 접근은 심리적인 부적응을 겪고 있는 사람들뿐만 아니라, '정상인'에게도 가능성과 잠재력을 실현시킨다는 차원에서 적용될 수 있다. 인간중심의 접근에서 상담자는 내담자를 인간적으로 존중하며, 내담자에 대해 상담자가 느끼는 감정과 생각을 솔직히 나타내고, 내담자의 감정을 공감하고 반영해 준다. 이 이론은 로저스가 10여 년간의 상담경험을 토대로 발전시킨 것이며, 그 후 인간행동과 치료과정에 대한 새로운 연구결과들을 토대로 계속 수정·보완되었다.

3.2 치료과정

1. 치료목표

상담자는 상호신뢰적인 분위기를 조성하여 내담자가 거리낌없이 자기를 공개하도록 함으로써 자신의 내면세계(감정·욕망 및 가치판단 등)를 이해하고, 자신의 문제를 파악할 수 있도록 돕는다. 이런 관계 속에서 내담자는 환경에 대한 자신의 왜곡된 지각을 수정하고, 현실적 경험과 자아개념 간의 조화를 이루며, 그 다음으로 능력과 개성을 최대한 발휘하는 자기실현을 촉진하게 된다.

자기실현을 이룬 사람의 특징은, 첫째로 자기방어를 위해 현실을 왜곡하여 보지 않으며, 둘째로 자신에 대한 올바른 이해에 바탕을 둔 신뢰감과 융통성 있는 마음의 자세를 갖고 있고, 셋째로 실존문제에 대한 해답을 자신 속에서 찾으려 하며 인간적 성숙이 지속적 과정임을 알고 있다는 것이다. 자기실현을 위한 세부적인 치료목표는 상담자의 도움을 받아 내담자가 스스로 결정한다.

2. 치료자의 기능과 역할

내담자에게 중요한 영향을 주는 것은 치료자의 지식이나 이론·기법이 아니라 내담자에 대한 상담자의 태도이다. 상담자는 내담자와 인간 대 인간으로서 친밀한 관계를 유지하면서, 내담자의 성장을 촉진하는 치료적 분위기를 조성한다. 이러한 허용적 분위기 속에서 내담자는 방어적 태도를 버리고 자기 자신을 솔직하게 탐색하게 되며 이런 과정을 통해 자기 이해가 깊어지게 된다.

3. 내담자가 겪는 경험

내담자는 이상적 자기상과 현실적 경험이 서로 일치하지 않은 상태에서 상담자를 찾아오게 된다. 상담 초기의 내담자는 일반적으로 생각 및 태도의 융통성이 결여되어 있고, 자신의 감정을 잘 모르며, 자신의 내면세계를 탐색해 보려 하지 않는다. 또한 다른 사람과 친밀해지는 것을 두려워하며, 자기를 불신하고 상담자에게 의존적 태도를 보인다. 그러나 치료가 진전됨에 따라 내담자는 자신의 감정을 깊고 넓게 탐색할 수 있게 되고, 불안이나 죄책감·수치감·분노 등 과거에 외면했던 자신의 부정적 감정들을 수용하고 표현할 수 있게 된다. 점차 자신의 내면세계에 대한 이해가 깊어짐에 따라, 내담자는 방어적 태도를 버리고 왜곡된 경험의 구속에서 벗어나 보다 자유로운 판단과 결정을 내리게 된다. 이에 따라 자기자신에 대한 신뢰감도 커지며 상담자에 대한 의존적 태도는 사라지게 된다. 이러한 과정을 통해 내담자는 성숙과 자기실현을 이루어간다.

4. 상담자와 내담자의 관계

상담관계의 핵심이 되는 것은 상담자의 세 가지 상담 촉진적 태도이다. 그것은 솔직성과 무조건적 긍정적 존중, 그리고 공감적 이해이다. 상담자의 이러한 태도가 만들어 내는 분위기 속에서 내담자는 성장적 경험을 하게 된다.

(1) 솔직성

솔직성(진솔성, 진지성 혹은 일치성으로 불리기도 함)은 상담자로서 가장 중요한 태도이다. 상담자는 내담자와의 관계에서 느낀 감정과 태도를 긍정적이든 부정적이든 솔직하게 표현할 수 있어야 한다. 상담자가 자신의 부정적 감정을 표현할 뿐만 아니라 내담자가 표현하는 부정적 감정을 받아들일 수 있을 때, 내담자와의 솔직한 의사 및 감정의 교류가 가능해진다.

(2) 무조건적 긍정적 존중

내담자를 한 인간으로 존중하며, 그의 감정·사고·행동을 평가하거나 판단하지 않고, 있는 그대로 받아들이는 것을 말한다. 이러한 태도는 '무조건적'이고 긍정적인 것이어야 한다. 그래야 내담자가 조건화된 자기가치감(예: 공부를 잘해야만 나는 가치로운 사람이다)을 내려놓고 있는 그대로의 자기 자신을 수용할 수 있는 새로운 계기가 마련될 수 있다. 즉, 상담자가 이러한 무조건적이고 긍정적인 태도를 마음과 행동으로 보여 줄 때 내담자는 자유롭게 자신의 감정을 경험하고 표현할 수 있게 된다.

(3) 공감적 이해

치료의 순간순간마다 드러나는 내담자의 경험과 감정을 상담자가 예민하고 정확하게 공감하고 이해하는 것을 말한다. 공감은 동정심이나 동일시와는 다르다. 상담자가 '내담자의 입장이 되어' 내담자를 깊게 주관적으로 이해하면서도, 결코 자기본연의 자세를 버리지 않는 것이 공감이다. 그리고 상담자가 내담자의 감정을 공감하고 있음을 내담자에게 전달할 때 내담자는 자신이 이해받고 있다는 느낌을 갖게된다. 이런 과정에서 내담자는 상담자를 신뢰하고 자신을 드러내 보임으로써 자기탐색과 자기이해의 길로 들어서게 된다.

3.3 주요 기법과 절차

1. 기법의 위치

인간중심의 접근은 앞서 말한 상담자의 세 가지 태도를 강조하면서 기법을 따로 열거하지 않는 경향이 있다. 그러나 인간중심의 접근에 관한 문헌들과 로저스 자신의 상담사례를 보면, 대체로 반영·명료화·공감적 반응 등을 상담자의 주요 기법으로 사용하고 있음이 밝혀지고 있다.

다음에는 이 이론이 발달해 오는 과정에서 어떤 부분에 역점을 두어 왔는지 그 변화과정을 살펴보겠다.

2. 이론의 발달단계로 본 역점

(1) 제 1 단계(1940~1950) : 비지시적 접근

허용적이며 비간섭적인 분위기 속에서 내담자의 감정을 수용하고 명료화해 주는 것이 주요 접근 방법이었다.

(2) 제 2 단계(1950~1957) : 반영적 접근

상담자가 내담자의 감정을 거울에 비추듯 반영해 주는 것이 강조되었다. 내담자의 표현 중 말뜻 자체보다는 감정적 의미에 민감하게 반응하는 것이 중요 시되었다.

(3) 제 3 단계(1957~1970) : 감정경험강조의 접근

상담자가 내담자와의 관계에서 느끼는 자신의 감정을 직접적으로 표현하는 것이 강조되었다. 초기보다 적극성을 띠고 융통성도 커졌으며, 점차적으로 상담 자의 인격과 성격특성이 상담의 중요 요인으로 부각되었다.

(4) 제 4 단계(1970~1980) : 공감적관계 경험의 접근

상담자의 솔직성 · 무조건적 긍정적 존중(배려) · 심층적 이해를 포함하면서도 상 담관계에서의 '공감적 경험과정'을 가장 중요시했다. 즉 어떤 유형의 상담에서든 상 담자의 공감적 태도가 내담자의 변화와 성장의 기본요인이라고 보았다.

3. 인간중심적 상담의 과정

인간중심의 접근에서 '무엇이 어떻게 진행되는가'를 특징적 과정을 중심으 로 요약하면 다음과 같다.

(1) 내담자가 상담자에게 도움을 청한다.
(2) 양자 간에 상담관계(도와 주는 장면 · 절차 등)가 정의된다.
(3) 상담자가 내담자의 정서반응에 대해 반영 · 명료화 등을 하고 자유스러 운 언어표현을 격려한다.
(4) 상담자는 내담자의 부정적 정서반응을 수용 · 인정 · 명료화한다.
(5) 상담자는 내담자의 긍정적 정서반응을 수용 · 명료화한다.
(6) 내담자쪽에서 자기평가와 정서반응 간의 일치(조화)를 탐색 · 정리한다.
(7) 내담자는 문제행동에 대한 대안적 선택과정을 탐색한다.
(8) 내담자는 긍정적 사고를 하기 시작한다.
(9) 내담자는 생활 장면에 관해 더욱 정확하고 완전한 분별을 한다.
(10) 내담자는 보다 통합되고 긍정적 행동(또는 사고)을 한다.
(11) 내담자의 문제 증상이 감소되고 덜 불편해진다.

⑫ 내담자는 도움을 더 이상 필요로 하지 않고, 지각된 자신과 이상적 자신 간의 조화를 얻는다.

3.4 인간중심 접근의 면접 예

이 면접은 로저스의 제자들인 트루악스와 카커프(Truax & Carkhuff, 1967) 의 저서에서 발췌한 것이다. 내담자의 문제와 배경에 관해서는 밝혀져 있지 않고, 내용으로 보아 내담자는 남자로 보인다. 이 사례에서 상담자의 반응은 인간 중심 접근의 특징인 반영과 명료화로 일관하고 있다. 그리고 내담자의 감정에 대한 공감적 이해를 언어적 반응뿐만 아니라, 목소리의 억양으로도 잘 전달하고 있음을 보여 주고 있다.

내: 저—저는 항상 말하기가 두려워요. 저—제가, 어떻게 제가 느꼈는지를 드러내 보이는 것을 말이죠(상담자: 음 …). 그리고 저는, 제 생각에는 …… .

상: (말을 중단시키면서) 감정을 드러내 보이는 것이 '약하다'는 것을 보이는 것 같아서 그런가 보네요(부드럽게, 거의 들리지 않을 정도의 목소리가 되면서). [반영적 명료화]

내: 네—저한테는 그런 것 같아요.(오랜 침묵) 저는 TV가 있는 방에 있었는데요. 갑자기 울 것만 같은 느낌이 들었어요(거의 울 것 같은 목소리).

상: 음. [수용적 경청]

내: …… 그리고—저—저는 그 때 방을 나와서 어디론가 가야 한다고 생각했어요.

상: 음.

내: …… 아무도 없는 곳 말이에요. 제가 울어도 아무도 저를 볼 수 없는 곳 말이에요(수줍어 하면서).

상: 음, 만일에 ○○씨가 이런 벅찬 감정을 드러내 보인다고 할 때는 참아내기가 정말 힘들거예요(슬픔을 띠면서 오랜 침묵). [내면감정의 반영]

내: 그 점이 바로 제가 두려워하는 거예요. 감정을 드러낸 후에는 어쩔 줄 모르고 당황했어요(부끄러워하면서).

상: 음-남자는 울지 않는다는 생각, 성인은 울어서는 안 된다는 그런 심정은 정말 고통스러운 것 같아요(거의 눈물을 머금은 목소리로). [내면감정의 반영]

내: 그래요.

상: …… 또는 적어도 …… . (생각의 표현을 중단한 채)

내: (상담자가 중지한 말을 채우며) 적어도 분명한 이유 없이 말이죠.

상: 음.

내: (긴 침묵) 저―어―저―저는, 분명한 이유가 없어요(단호하게).

상: (감정을 드러내는 것이) 약하다는 걸 드러낼 뿐 아니라, '저 사람 돌았다'는 식의 인상 같은 것을 주게 될 것 같아요(매우 부드럽게). [의미의 명료화]

내: (맞장구 치면서) 그래요.

[요약 및 평가]

인간은 근본적으로 자기실현을 추구하려는 동기와 스스로 자신의 문제를 이해하고 해결할 수 있는 능력을 갖고 있다. 상담자는 솔직한 태도·인간적 존중·공감적 이해를 통해 신뢰하는 허용적인 분위기 속에서 문제해결의 책임과 능력이 내담자 자신에게 있다는 것을 자각시킴으로써 내담자의 자기실현을 돕는다. 상담자는 내담자의 입장에서 내담자의 감정을 반영해 주는 '거울 같은 역할'을 하면서 내담자가 생각하고 있던 문제에 주의를 돌려 내담자 스스로 해결책을 찾도록 유도한다.

따라서 해석이나 진단·무의식의 탐색·꿈의 분석 등을 사용하는 지시적 치료법에 비해 내담자를 그릇되게 인도할 위험성이 적다. 인간중심의 접근은 치료과정과 결과에 대한 계속적 연구를 통해 그 이론이 수정·보완되었다. 이러한 노력은 많은 심리치료자들에게 치료기법과 기본철학에 대한 반성을 촉구하였다.

로저스의 인간관은 사회적으로도 많은 영향을 끼쳤다. '참만남집단'(엔카운터 그룹)을 통하여 집단상담운동에 공헌하였으며, 교사중심이 아닌 학생중심의 인본주의적 교육을 제창하였다. 오늘날 인본주의 심리학의 발전은 로저스에 힘입은 바 크다.

인간중심의 접근의 제한점은 상담자가 치료의 기본철학을 철저히 이해하고 생활화할 수 있어야 한다는 점이다. 따라서 어떤 치료보다도 상담자의 인격과 소양이 중요시된다. 상담자는 내담자에 대한 단순히 수동적이고 비지시적 태도를 취하는 것이 아니라, 내담자의 이야기를 경청하고 공감하면서 상담자 자신의 개성과 성격을 상담 장면에 솔직하고 자연스럽게 표현할 수 있어야 한다. 그렇지 못할 경우 치료상의 어떤 진전도 기대하기 어렵다.

4 행동수정

행동수정은 실험적 연구에서 밝혀진 학습원리를 심리치료에 응용한 것이며, 현재 방대한 심리학 연구에 힘입어 급속도로 발전하고 있다. 행동수정은 객관적으로 관찰할 수 있고 측정가능한 행동을 치료대상으로 삼기 때문에, 치료의 효율성과 성과 및 진전 정도를 객관적으로 평가할 수 있다. 이런 점에서 정신분석적 접근방법과는 대조적이다.

4.1 기본개념

1. 인 간 관

행동주의자들은 인간의 행동이 자연현상과 마찬가지로 일정한 법칙성을 지니고 있다고 가정한다. 인간의 행동은 여러 가지 변인들에 의해 결정되므로, 이 변인들과 행동을 지배하는 법칙을 밝혀 낼 수 있다면 인공위성의 궤도를 예언하고 수정할 수 있듯이 인간의 행동도 예언하고 수정할 수 있다는 것이다.

이러한 전제 아래 행동주의자들은 대부분의 인간의 행동을 학습된 것으로 보며, 학습원리를 통해 인간의 행동을 파악하려 한다. 초기의 행동수정자들은 대부분 엄격한 결정론적 입장에서 조건형성의 원리를 이용하여 문제행동 및 반응의 수정을 주로 다루었다. 그러나 지금은 내담자의 정서, 인지과정의 변화, 즉 감정통제와 사고방식의 수정도 중요시하는 폭넓은 행동수정자들이 많아지고 있다. 특히 현대의 행동수정은 다음 절에 소개될 인지적 접근과 결합되는 경향을 보이고 있는데, 인지행동치료 혹은 행동적 인지치료와 같은 용어의 사용은 그러한 경향을 반영하는 것이라 볼 수 있다.

2. 이론적 특징

겉으로 드러난 구체적인 행동을 변화시키는 것이 행동수정의 특징이다. 부적응행동의 성격에 따라 거기에 맞는 치료기법을 선택하고 구체적 치료절차를 정한다. 행동수정은 치료목표와 치료기법이 명확하기 때문에 치료결과를 객관적으로 평가할 수 있다.

행동수정의 대표적 기본원리는 파블로프(Pavlov)의 고전적 조건형성과 스키너(Skinner)의 조작적 조건형성이다. 고전적 조건형성의 원리를 응용한 기법으로는 단계적 둔감화 등이 있고, 조작적 조건형성의 원리를 응용한 기법으로는 긍정적 강화·행동조성·자기표현훈련·모방학습 및 토큰보상치료 등이 있다.

4.2 치료과정

1. 치료목표

학습된 구체적인 부적응행동을 소거시키고, 보다 효과적이고 바람직한 행동을 새롭게 학습시키는 것이 행동수정의 주요 목표이다. 따라서 행동수정은 증상요법이라고 할 수 있다. 정신분석학파에서는 근본적 원인이 제거되지 않는 한 증상이 대치되어 나타날 수 있다고 행동수정을 비판한다. 하지만 부적응행동이 아무런 부작용 없이 바람직한 행동으로 대치될 수 있음을 행동수정의 추수연구들이 보여 주고 있다.

치료목표와 치료절차를 결정할 때 치료자는 먼저 내담자와의 합의를 거치는 것이 좋다. 왜냐하면 성공적 치료를 위해서는 내담자의 협조와 강한 동기가 필요하기 때문이다. 행동수정에서 흔히 달성되는 주요 목표는 크게 세 가지로 나누어 볼 수 있다.

첫째는 자신의 감정이나 생각 및 희망을 관련된 생활 장면에서 자유로이 표현할 수 있도록 훈련하는 것이다. 둘째는 사회적인 활동을 저해하는 비현실적인 공포를 제거하는 일이다. 셋째는 내담자가 인생에 있어서 중요한 결정을 내리는 데 방해가 되는 내면의 갈등을 해소하도록 도와 주는 것이다. 치료의 목표는 치료자와 내담자의 합의하에 결정되는 것이지만, 가급적이면 치료의 효과를 구체적으로 평가할 수 있는 것으로 한다.

2. 상담자의 기능과 역할

행동수정은 과학적 연구결과를 심리치료에 응용한 것이다. 따라서 상담자는 적극적이고 지시적인 역할을 한다. 상담자는 자신이 내담자의 행동을 수정하고 통제하고 있으며, 의도적이건 비의도적이건 간에 자신의 행동이 내담자의 행동에 커다란 영향을 미치고 있음을 명심해야 한다. 왜냐하면 내담자는 상담자와 동일시한 나머지 상담자의 행동을 모방하거나 상담자의 태도·가치관·신념 등을 자기의 것으로 받아들일 가능성이 있기 때문이다. 아울러 내담자가 보여 주는 바람직한 행동을 적절히 강화해 주지 않으면 심리치료가 실패로 돌아갈 수 있다는 사실에 유의해야 한다.

3. 내담자가 겪는 경험

내담자는 행동수정적 접근방법에 대한 기본적인 이해를 하고 상담자와 더불어 치료목표의 선정이나 결정과정에 적극적으로 참여한다. 그리고 치료자의 지시 아래, 일상생활에까지 확대시킬 수 있는 적극적이고 바람직한 행동반응을 치료 장면에서 연습한다.

4. 상담자와 내담자의 관계

어떤 치료법이든 상담자와 내담자간의 상호신뢰적인 관계가 치료의 기초가 된다. 이러한 관계를 형성하려면 치료자는 내담자를 이해하고 수용해 주어야 한다. 그리고 행동수정에서도 치료관계가 서로 협력하는 관계이며, 치료자가 내담자에게 유익한 수단을 제공해 주는 존재임을 주지시킨다.

4.3 주요 기법과 절차

1. 단계적 둔감화

공포 및 불안을 제거하는 데 쓰인다. 불안과는 양립할 수 없는 이완반응을 끌어낸 다음, 불안을 유발시키는 경험을 상상하게 함으로써 불안유발자극의 영향을 약화시키는 방법이다. 구체적인 절차는, ① 불안을 유발하는 자극을 분석하여 불안의 정도에 따라 불안위계목록을 만들고, ② 근육이완훈련을 시킨 다음, ③ 내담자가 눈을 감고 이완상태에 도달하면 불안위계목록 중 가장 적게 불안을 일으키는 장면부터 상상시킨다. 이런 상상 장면에 대해 내담자가 심히 불안을 일으키면 치료자는 다시 이완상태로 유도하여 불안을 느끼지 않게 될 때까지 이완시키는 과정을 되풀이한다. 이런 식으로 불안위계목록에서 가장 밑에 있는 자극에서부터 가장 위에 있는 자극에 이르기까지 단계적으로 진행한다. 가장 불안이 심한 자극 장면을 상상할 때에도 내담자가 불안을 느끼지 않게 되면 이 치료절차는 끝나게 된다. 이 방법은 대인관계공포·시험공포·신경증적 공포 등 여러 공포증을 제거하는 데 효과적이다. 또한 성불능·불감증 같은 성적 부적응 등을 치료하는 데도 활용된다.

2. 자기표현훈련

주로 대인관계의 문제를 해결하는 데 쓰인다. 불쾌한 감정이나 분노를 제대로 표현하지 못하는 사람, 거절을 잘 하지 못하는 사람, 혹은 애정이나 호감을 잘 표현하지 못하는 사람들에게 아주 효과가 있다. 이 훈련은 특히 치료자와 내담자가 문제된 대인관계상황을 놓고 서로 역할을 바꾸어 가며 자유로이 자신의 감정과 의사를 표현하는 역할행동의 연습을 통해 이루어질 수 있다. 상대방의 입장에서 느낀 바를 서로 이야기하면서 치료자는 내담자가 보다 효과적으로 자기표현을 할 수 있도록 지도해 준다. 이 훈련은 집단적인 훈련방법(프로그램)으로 많이 실시되고 있다.

3. 긍정적 강화

바람직한 행동을 할 때마다 보상을 주어 그 행동을 강화시키는 방법이다. 강화물에는 음식·수면 등 생리적 욕구를 충족시켜 주는 것과 미소·인정·칭찬·돈·선물 등 사회적 욕구를 충족시켜 주는 것이 있다. 치료절차는 먼저 바람직한 행동을 세부적으로 조사하고 내담자 개인에게 보상이 될 수 있는 것을 찾아 낸다. 그런 후에 내담자가 바람직한 행동을 할 때마다 체계적으로 보상을 준다.

4. 행동조성

바람직한 행동을 여러 단계로 나누어 강화시킴으로써, 점진적으로 바람직한 행동에 접근하도록 유도하는 방법이다. 예컨대 초등학교에서 분주하기만 하고 수업태도가 나쁜 어린이를 수업태도가 바람직한 어린이로 변화시키는 교육을 들 수 있다. 교사가 어린이의 분주하고 산만한 행동에 대해서는 관심을 보이지 않는 반면, 교사의 설명에 주의를 기울일 때는 반드시 관심(또는 칭찬)을 보임으로써 점차 바람직한 행동으로 유도할 수 있다.

5. 모방학습

인간은 다른 사람이 행동하는 것을 보고 새로운 행동과 반응을 학습할 수 있다. 이를테면 뱀을 무서워하는 사람이 뱀을 부리는 사람의 행동과정을 관찰한 후 뱀에 대한 공포를 줄일 수 있을 것이다.

6. 토큰보상치료

바람직한 행동을 인정해 주는 것만으로는 별 효과가 없을 때, 토큰(token)을 주어 나중에 음료수, 사탕 및 입장권 등 내담자가 원하는 물건이나 권리와 바꿀 수 있도록 하는 치료절차를 말한다. 어린이 및 지적장애 아동의 행동수정에 유용한 방법이다.

7. 행동수정적 상담의 과정

행동수정적 상담의 과정도 다루어야 할 내담자의 문제와 상담자의 접근방법에 따라 다양하기 마련이다. 여기서는 주로 단계적 둔화를 사용하는 경우의 과정을 요약해 보았다.

(1) 상담자는 내담자의 문제, 증상 및 그의 선행조건(환경)에 관한 자세한 배경을 알아본다.

(2) 상담자는 내담자의 대표적 생활 장면에서의 습관적 반응, 특히 정서적 반응을 자세히 조사한다.

(3) 상담자는 때때로 심리측정 도구(검사, 질문지)를 사용하면서 진단정보를 더 구한다.

(4) 상담자는 내담자에게 문제의 성질을 알려 주고, 문제가 치료중에 어떻게 극복될 수 있는지 설명한다.

(5) 상담자는 상담(치료)계획을 세우고, 실행하는 데에 관련해서 내담자의 이해와 협조를 구한다.

(6) 상담자는 내담자와 함께 불안반응을 억제하기 위한 적절한 반응(이완반응)을 생각해 보고, 단계적 둔화를 위해 불안위계목록을 작성한다.

(7) 내담자는 근육이완기법의 훈련을 받는다.

(8) 내담자는 불안위계목록의 장면을 차례로 상상하는 연습을 한다.

(9) 내담자는 이완반응과 동시에 과거의 불안유발 장면을 반복적으로 상상한다.

(10) 내담자는 더 이상 불안을 경험하지 않을 때까지 불안위계목록상의 다른 장면을 상담자의 지시에 따라 상상한다.

(11) 내담자의 다른 불안 및 공포에 관해서도 위의 절차를 반복한다.

4.4 행동수정 면접의 예

다음 축어록은 행동수정의 첫 면접을 보여 준다. 첫 면접인 만큼 구체적인 치료기법을 적용하기보다는, 내담자의 문제를 확인하고 정의하려는 기본적인 절차를 사용하고 있다. 독자들은 상담자가 특정한 상황에서 내담자가 보이는 문제의 구체적 자극원을 찾으려고 노력하고 있음에 주목하기 바란다. 내담자는 미혼의 여성이다.

상: 어떤 점이 불편하신가요?
내: 저는 너무 예민해요. 항상 신경이 곤두서 있어요.
상: 항상 그러시다고요?
내: 예, 늘 그래요.
상: 언제부터 그러셨나요?
내: 열네 살 때부터 그랬어요.
상: 무엇 때문인지 기억이 나시나요?
내: 잘 모르겠어요. 저도 알고 싶어요.
상: 그렇지만 '열네 살부터'라는 말씀은, 그 이전에는 안 그랬다는 뜻인가요?
내: 글쎄요, 그 이전에도 그랬어요. 다만 지금처럼 심하지 않았다는 것이죠. 기억나는 것은 …… 특히 초등학교 때인데 수업시간에 책을 읽거나 앞에 나가서 뭔가를 해야 할 때가 되면 매우 불안해지곤 했어요. 무척 괴로웠어요.
상: 그러니까 그건 어떤 특별한 상황에서 일어난 일이네요.
내: 그랬었죠. 그런데 지금은 항상 그래요. 집을 나서는 순간부터요.
상: 한번 구체적인 그림을 그려 보세요. 초등학교 시절에는 수업시간에 발표를 해야 되는 때에만 불안해졌다고 하셨죠? 그 때만?
내: 예.
상: 중고등학교 다닐 때는 어땠었나요?
내: 심해졌어요. 남자애들이랑 어울릴 때는 아주 신경이 예민해지곤 했어요.
상: 수업시간에 발표를 해야 되는 상황에서도 더 불안해졌나요?
내: 발표를 해야 되는 전날 밤에는 잠을 잘 수가 없었어요.
상: 그리고 남자애들과 어울릴 때도 불안해지고.
내: 예. 겁이 났어요. 특히 누구를 만나게 될지 모르는 그런 데이트에서는 거의 죽고 싶을 만큼 두려웠어요.

상: 어느 정도는 자연스런 반응이라 할 수 있지 않을까요?

내: 그렇겠죠. 그렇지만 다른 사람은 저처럼 심하지는 않을 것 같아요.

상: ○○씨가 이미 알고 있던 사람과 만난다고 합시다. 그런 경우에는 어떨까요?

내: 글쎄요. 좀 시간이 지나면 다소 마음이 편해질 거예요. 그래도 여전히 신경이 곤두서 있는 상태죠.

상: 여자친구들과 어울릴 때는 어땠나요?

내: 그만큼 심하지는 않았어요. 그래도 약간은 그랬어요.

상: 신경이 곤두서고 불안해지는 다른 경우는 없었나요? 중고등학생 때.

내: 기본적으로 집을 나서면 모든 것이 나를 괴롭혔어요.

상: 모든 것이? 어떤 것일까요?

내: 시험을 치거나, 여러 사람 앞에서 이야기를 해야 할 때. 또, 그저 사람들과 함께 있는 것만으로도 겁이 났어요.

상: 어떤 사람이든지 그냥 함께 있는 것만으로도요?

내: 예. 잘 모르는 사람과 함께 있을 때는 더 괴로웠죠.

상: 방학 때는 어땠어요?

내: 방학 때요? 무슨 말씀이신지 모르겠는데요.

상: 학기중에는 시험을 치거나 해야 되지만, 방학 때는 시험이 없잖아요. 그런 때도 여전히 불안했어요?

내: 약간이요. 그래도 그렇게 심하지는 않았어요. 시험에 대해 생각을 안 해도 되니까요.

　　　 … (중략) …

상: 졸업 후 방사선 기사로 병원에서 직장생활을 시작한 지 4년이 되셨는데, 그 동안 불안의 정도가 어떻게 변했나요?

내: 더 불안해졌어요.

상: 그렇군요. 그럼 요즘 당신을 불안하게 만드는 특별한 일이 있나요?

내: 특별한 일이요?

상: 우선 직장에서의 상황을 살펴보는 데서 출발해보세요.

내: 좋아요.

상: 아까 이야기하신 환자들과 상사 이외에도 또 두려움을 주는 사람이 있나요?

내: 남자들이요. 함께 있게 되면.

상: ○○씨가 일하고 있는 곳에, 말하자면 의과대학 학생 같은 남자들이 들어오면 어떤가요?

내: 그들도 겁이 나요.

상: 그들이 겁이 난다. 어떤 점에서 그런가요?

내: 내가 두려워 하는 것은 …… 나도 모르겠어요. 실제로 그들이 두려운 것은 아니예요. 내가 어떻게 행동할까 하는 점이 두려워요……. 내가 불안해 하는 것이 드러날까봐. 그 점에 대해 아주 많이 생각해요.

상: 그렇다면, 남들에 의해 관찰된다는 점이 두렵다고 말할 수 있을까요?

내: 맞아요. 난 모든 사람이 항상 나를 지켜 본다고 생각해요.

상: 자, 그게 직장에서 일어나는 일이고, 직장 밖에서는 어떤 환경에서 두려움을 느끼나요?

내: 그냥, 외출하는 것이죠. 사람들이 내가 하는 모습을 볼까봐 두려워요. 물건을 못들겠어요. 떨릴까봐 겁이 나거든요. 사람들 눈을 똑바로 쳐다보는 것도 두려워요.

상: 아는 사람의 경우에만 그러나요, 아니면 모든 사람의 경우에 그러나요?

내: 모든 사람의 경우에 그래요.

상: 그러니까 어떤 사람이든 얼굴과 얼굴을 마주하여 쳐다보는 것이 겁이 나는 거네요?

내: 그래요.

상: ○○씨가 거리로 나갔는데, 길 저쪽 편 정류장에 벤치가 있고 그 곳에 사람들이 앉아 무심한 표정으로 ○○씨 쪽을 바라보고 있다고 해요. 그러면 ○○씨는 그들의 존재를 느끼게 될까요?

내: 틀림없이 그럴거예요.

상: 그들이 특별하게 ○○씨를 보고 있는 것이 아닐 수도 있는데도요?

내: 예.

상: ○○씨가 완전히 혼자 있는 상황에서는 마음이 편해지시나요?

내: 예. 집에서도 그래요. 아무렇지도 않아요.

상: 그 말씀은, ○○씨을 쳐다봐도 불편하지 않은 사람이 있다는 뜻이겠네요?

내: 예. 때때로. 왜 그런지는 모르겠어요.

상: 어머니는 어떠세요?

내: 괜찮아요.

상: 어머니가 오랫동안 ○○씨를 쳐다봐도?

내: 예. 좀 바보 같기는 하지만 ….

상: 음... 바보 같은 건 없을 것 같아요. 그 외에 ○○씨를 쳐다봐도 불편하지 않은 사람은 누구인가요?

내: 우리 가족들이요.

상: 누구 누구인가요?

내: 아버지, 어머니, 여동생, 할머니 그래요.

상: 그분들 외에는 당신을 쳐다봐도 불편하지 않은 사람이 없나요?

내: 없어요.

상: 어린 아기들은 어때요?

내: 애기들은 괜찮아요. 아주 나이가 많은 노인도 괜찮구요.

상: 네 살 정도의 남자 아이는 어때요?

내: 괜찮아요.

상: 여섯 살은?

내: 괜찮아요.

상: 여덟 살은?

내: 괜찮아요. 나이가 더 많아야 불편해져요.

상: 열두 살이면 어떤가요?

내: 그 정도 나이부터는.

상: 열두 살 정도? 그 나이 정도부터 불편하다?

내: 예.

　　(이하 생략)

[요약 및 평가]

　　실험실에서 얻어진 학습원리를 이상행동의 치료에 적용한 행동수정은 가장 유망한 치료법 중의 하나이다. 현재 많은 치료자들이 부적응행동을 바람직한 행동으로 유도하는 데 여러 가지 행동수정의 기법을 사용하고 있다. 정신분석학파에서는 행동수정이 증상의 원인을 치료하는 것이 아니라 증상만을 피상적으로 치료한다고 비판한다. 증상의 피상적 제거는 다른 대치증상을 유발시키기 때문에 근본적 치료가 될 수 없다는 주장이다. 하지만 이러한 주장은 아직 입증되지 않고 있다. 공포증·불안신경증뿐만 아니라 야뇨증·약물중독·알코올중독 등은 증상의 근본적 원인에 대한 통찰이 없어도 대치증상이 없이 행동수정으로 대부분 치료되고 있다.

　　행동수정은 구체적인 부적응행동을 수정하는 데는 효과적이지만, 대인관계나 사회적 적응 같은 광범위한 문제에는 적용하기 어렵다. 또한 인생의 의미를 알고자 하며 자기실현을 추구하는 내담자에게도 부적합하다. 이런 경우에는 문제를 세분하거나 간접적 방법을 통해 도움을 줄 수밖에 없다. 행동수정에서는 치료자와 내담자의 관계가 기계적이라는 비판도 있다. 하지만 행동수정이라고 해서 신뢰적 관계의

중요성을 부인하는 것은 아니다. 일부 행동수정자 중에는 '인본주의적 행동수정자'
도 있다.

 ## 인지적 접근 : Cognitive Approach

5.1 인지적 접근의 기본성격

상담과 심리치료에 대한 인지적 접근은 인간의 인지나 사고가 인간의 심리
적 장애의 주요 근원의 하나라는 개념에서 출발한다.

1970년대 중반까지 상담과 심리치료 분야에서의 대표적 접근방법은 정신
분석적 치료, 인간중심의 접근 및 행동수정이었다. 이들 중에서 정신분석은 무
의식적 정서 및 동기가 심리적 장애의 근원이라고 보는 접근이며, 행동수정은
환경자극 및 반응의 유관조건에 대한 잘못 학습된 행동이 장애의 근원이라고
보는 입장이다. 즉, 여러 분파와 변형된 절차들이 있기는 하지만, 대체로 전자는
무의식적 정서를, 후자는 행동을 접근방법의 주요 대상으로 삼았다는 점에서 인
지적 측면(의식과정 및 사고과정)을 소홀히 다루거나 중요시하지 않은 셈이다. 이
들이 정의적 접근 및 행동적 접근이라면, 여기에서 개관하고자 하는 의식 및 사
고과정 중심의 접근은 '인지적 접근'이라고 부를 수 있을 것이다. 심리적 장애의
근원을 인지과정에서 밝히려고 하는 인지적 접근은 인간의 사고가 정서 및 행
동을 중개하거나 선도한다는 전제를 설정하고 있다. 따라서 인지적 상담 및 인
지적 심리치료(이하 인지치료라 부름)의 정의는 인간(내담자, 환자)의 사고과정을
수정·변화시킴으로써 정서적·행동적 장애를 없애는 접근방법이라고 할 수 있
다. 그러나 이렇게 정의되는 인지치료의 범주에는 여러 가지 이론적 개념과 다
양한 절차들이 함께 포함된다. 많이 사용되는 인지행동치료(Meichenbaum, 1977;
Mahoney & Arnkoff, 1978; Kendall & Hollon, 1979)만 하더라도 어떤 것은 처음
부터 행동수정과는 별개로 출발한 것이고, 어떤 것은 종래의 행동수정적 개념
및 절차의 변형으로서 등장하고 있다. 여하튼 인지적 치료의 모든 방법들은 '정

[표 2-1] 인지적 접근의 연보

최초 발간연도	치료법 이름	저자
1962	합리적 정서치료(Rationa-Emotive Therapy)	Ellis
1963	인지치료(Cognitive Therapy)	Beck
1971	자기교습훈련(Self-Instructional Training)	Meichenbaum
1971	불안관리훈련(Anxiety-Management Training)	Suinn & Richardson
1971	문제해결치료(Problem-Solving Therapy)	D'Zurilla & Goldfried
1971	문제해결치료(Problem-Solving Therapy)	Spivack & Shure
1973	스트레스 면역훈련(Stress Inoculation Training)	Meichenbaum
1974	체계적 · 합리적 재구조화(Systematic Rational Restructuring)	Goldfried
1974	개인과학(Personal Science)	Mahoney
1975	합리적 행동치료(Rational Behavior Therapy)	Maultsby
1977	자기통제치료(Self-control Therapy)	Rehm
1979	마음챙김 기반 스트레스 감소(Mindfulness-Based Stress Reduction)	Kabat-Zinn
1983	구조적 심리치료(Structural Psychotherapy)	Guidano & Liotti
1990	심리도식치료(Schema Therapy)	Young
1993	변증법적 행동치료(Dialectical Behavior Therapy)	Linehan
1999	수용전념치료(Acceptance and Commitment Therapy)	Hayes
2002	마음챙김 기반 인지치료(Mindfulness-Based Cognitive Therapy)	Segal, Williams & Teasdale

서장애가 주로 비적응적인 사고과정의 결과이며, 치료의 주요 과제는 이 잘못된 사고과정(또는 인지과정)을 재구성하는 것'이라는 가정을 토대로 하고 있다. 돕슨(Dobbson, 1988, p. 12)은 인지치료의 종류와 연보를 다음 [표 2-1]과 같이 정리하였다.

　이 장에서는 인지치료의 대표적인 유형인 엘리스의 합리적 정서치료, 벡의 인지치료, 마이켄바움의 자기교습훈련을 개관한 다음, 인지치료 전반에 관련된 이론적 문제와 전망을 고찰하고자 한다.

5.2 　엘리스(Albert Ellis)의 합리적 정서치료

　이 합리적 정서치료(Ellis, 1970; Ellis & Grieger, 1977)는 가장 오래된 인지 재구성법이라고 할 수 있으며, 그 내용도 비교적 널리 알려진 것이다.

1. 이론적 근거

정서장애를 유발하는 것은 생활사건 자체가 아니라 사건에 대한 왜곡된 지각 때문이라는 가정에서 출발한다. 그리고 이 왜곡된 지각 및 잘못된 생각의 뿌리에는 비합리적이고 자기패배적인 관념들이 깔려 있다고 본다. 치료에서는 이 비합리적 관념과 생각을 합리적이고 생산적인 것으로 대치하는 작업이 진행된다. 엘리스에 의하면, 인간은 스트레스에 대처하기 위하여 스스로 다짐하는 자기말(self-statement, self-talk)을 배우게 되며, 만일 이 자기말이 비합리적이고 패배적이면 당면한 문제를 해결하기보다는 더 복잡하고 어렵게 만들게 되는 것이다. 물론 신경증 환자나 비적응적인 사람들의 경우, 이 비합리적인 자기말(예: '성인이면 무슨 일에서나 주위의 모든 사람들로부터 인정과 사랑을 받는 것이 절대로 필요하다')을 일상생활 장면에서 항상 의식하거나 의도적으로 연습하는 것은 아니다. 비합리적 관념이나 자기말은 평소에 반복해서 과학습된 것이기 때문에 거의 자동적이고 확산적으로 나타난다고 본다.

2. 주요 절차

합리적 정서치료(Rational Emotive Therapy; RET)는 비합리적 관념을 먼저 규명한 후 이를 보다 합리적인 생각으로 바꾸는 것이 주된 과정이다. 이 치료는 후에 행동치료적인 요소를 추가하여 합리적 정서행동치료(Rational Emotive Behavioral Therapy; REBT)로 불리게 되었으나 여기서는 인지적인 접근을 강조하기 위해 합리적 정서치료에 대해 설명하기로 한다. 이 치료법의 절차는 다음과 같이 요약될 수 있다.

(1) 합리적 정서치료(RET)의 기본철학 및 논리를 내담자가 믿도록 하는 설명과 설득
(2) 면접과정에서 내담자의 자기관찰 및 치료자의 반응(feedback)을 통해서 비합리적 관념을 발견·규명
(3) 치료자는 내담자의 비합리적 관념을 직접적으로 논박하고 문제 장면(또는 좌절 장면)에 대한 합리적 해석을 예시 또는 시범
(4) 비합리적 관념을 합리적 자기말로 대치시키기 위한 인지적 연습의 반복

(5) 합리적 행동반응을 개발·촉진하기 위한 행동과제의 연습

이 치료법의 기본절차는 'ABCDE 모형'(Ellis와 Grieger, 1977)으로도 설명된다. A는 내담자가 노출되었던 문제 장면 또는 선행사건(Antecedents 혹은 Activating events), B는 문제 장면에 대한 내담자의 관점 또는 신념(Belief), C는 선행사건 A때문에 생겨났다고 내담자가 보고하는 정서적·행동적 결과(Consequences), D는 비합리적 관념에 대한 치료자의 논박(Dispute), 그리고 E는 내담자의 비합리적 관념을 직면 또는 논박한 효과(Effect)이다. 이 모형에서의 핵심은 내담자를 정서적으로 곤란하게 하는 것(C)은 선행사건(A)이 아니고 말로 표현되는 내담자의 관념(B)이라는 것이다. 이미 발생한 선행사건 자체는 변경할 수 없는 경우가 많기 때문에 불편한 정서적 행동적 결과를 완화하기 위해서 개인이 노력할 수 있는 부분은 경직되고 비합리적인 신념을 합리적 신념으로 바꾸는 것이다.

한편 이 치료법에서는 내담자 개인을 논박하는 것이 아니고, 내담자의 비합리적 관념이 직접적인 공격대상임을 강조한다. 그리고 비합리적 관념을 합리적 관념으로 바꾸는 과정에서는 지적, 설득, 논박뿐만 아니라 비현실적 생각에 대한 과잉강조, 극적 부정 등의 정서유발기법과 문제 장면에서의 역할연습, 집에 가지고 가서 분석하도록 하는 과제물 및 면접 중의 행동변화에 대한 강화 등 여러 행동기법들이 활용된다.

5.3 벡(Aaron Beck)의 인지치료

좁은 의미에서 '인지치료'라고 하면 벡(Beck, 1963, 1976; Beck, Rush, Shaw & Emery, 1979; Beck, Emery & Greenberg, 1985; Beck & Freeman, 1990)에 의해 개발되고 발전된 치료체계를 가리키는 경향이 있다.

벡의 인지치료는 적응적 사고방식의 개발(또는 교육)을 궁극적 치료목표로 한다는 점에서 합리적 정서치료와 유사한 것이다. 엘리스처럼 정신분석가로서의 배경을 갖고 있는 벡은 자기의 치료방법이 엘리스와 거의 같은 시기에 독립적으로 발전되었다고 말한다(1976, p. 334). 그는 정신분석의 극히 복잡하고 추

상적인 개념과 행동수정의 국부적 접근에서 만족할 수 없기 때문에, 신경증 환자의 인지적 왜곡을 중심개념으로 하는 보다 포괄적이고 일관성 있는 치료방법이 요구되었다고 주장한다. 벡의 이론을 바탕으로 하여 많은 경험적인 연구가 이루어졌으며, 지금은 대표적인 심리치료 이론의 하나로 인정받고 있다. 벡의 접근법은 우울증, 불안, 성격장애 등 많은 심리적 문제에 적용되고 있다.

1. 이론적 근거

벡의 인지적 치료는 인간이 자기의 심리장애를 이해·해결할 수 있는 자각능력과 의식기능을 보유하고 있다는 전제에서 출발한다. 벡은 초기에는 주로 우울증 환자들을 연구하고 치료하였는데, 벡은 이들이 자신과 자신의 미래 그리고 자신의 환경에 대해서 비현실적이고 비관적인 생각을 많이 가지고 있음을 발견하였다. 이런 생각들은 생활 속의 사소한 자극에 의해 매우 자동적으로 생성되는 경향이 있기 때문에 벡은 이를 '부정적인 자동적 사고'라고 불렀다. 이러한 부정적인 사고는 생활사건의 의미를 해석하는 과정에서 체계적인 '인지적 오류'를 범하기 때문에 생겨나는데, 이런 오류 중에는 이분법적 사고, 과잉일반화, 기분에 근거한 추론 등이 있다. 벡은 우울한 사람들이 이와 같은 인지적 오류를 범하는 기저에는 그들이 '역기능적인 가정' 혹은 도식을 가지고 있기 때문이라고 보았는데, 이런 역기능적인 가정은 어린 시절의 경험에 의해 형성된다고 주장하였다(이들 개념을 도식화한 것이 [그림 2-1]에 나타나 있다). 치료자는 환자의 생각 중 왜곡된 부분을 발견하여 시정하도록 돕고 생활경험을 보다 현실적으로 소화하는 대안적 안목 및 태도를 학습하도록 돕는다. 벡(Beck & Emery, 1985)은 자신의 치료법이 비교적 단기간에 좋은 결과를 나타내고, 내담자와의 관계를 중시하며, 내담자 스스로 답을 찾아 가게 하는 소크라테스식의 질문을 사용하고, 문제중심적이며, 교육적·지시적이고, 숙제를 중요시한다고 하였다.

2. 주요 절차

환자의 생각 중 잘못된 관념을 지적하고 교정함으로써 보다 자기 충족적인 생활로 바꾸어 나가도록 하는 인지적 치료의 절차는 다음과 같이 요약될 수 있다.

[그림 2-1] 인지치료에서의 내담자 문제의 개념화

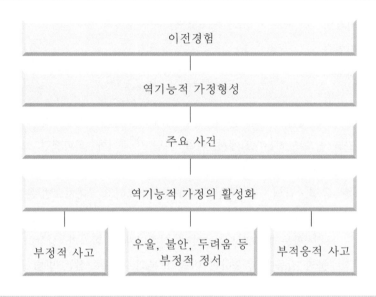

(1) 내담자가 자기의 생각이 무엇인지를 자각케 한다.
(2) 내담자가 자각한 생각 중에서 부정확하고 왜곡된 관념이 무엇인지 규명한다.
(3) 이 부정확한(현실적 근거가 없는) 관념을 대치할 수 있는 정확하고 객관적
    인 인지내용이 무엇인지 발견, 학습토록 한다.
(4) 치료자는 내담자의 인지적·행동적 변화에 대해 피드백과 강화를 한다.

이러한 치료절차에서 활용되는 기법들은 대체로 '추측되는 것과 사실로 확
인될 수 있는 것'의 구별을 포함한 객관적 판단 등을 강조하는 인지적 특성과,
구체적 행동계획 및 단계적 활동과제를 연습토록 하는 행동적 특성을 함께 포
함하고 있다. 그 중 몇 가지 기법을 소개하면 다음과 같다.

(1) 일일활동표
(2) 단계적 과제물

(3) 완수-만족사항 표기법

(4) 인지적 재평가

(5) 대치요법

(6) 인지연습

(7) 가정숙제

이 중에서 '단계적 과제물'은 환자가 쉽게 처리할 수 있는 것(예: 우울증 부인의 경우 달걀을 삶도록 하는 일)에서 점차 어렵고 과거에 회피했던 보다 큰 일을 단계적으로 하도록 하는 것이고, '인지적 재평가'는 환자의 부적응적인 인지내용과 태도를 규명·탐색·검토하는 절차이다. 그리고 '대치요법'은 불행하다고 생각되는 생활경험에 대해 대안적 설명과 접근방식을 설명·토론하는 것이고 '인지연습'은 특정 활동에 포함되는 여러 실행단계를 환자가 상상하도록 함으로써 구체적 장애물과 갈등을 추출하여 이를 토론의 주제로 삼는 방법이다.

다음에 벡(1979)의 면접사례 중에서 생각-감정-행동 간의 관계를 내담자에게 설명하는 부분(사례 1)과 내담자에게 숙제를 부여하는 부분(사례 2)을 참고로 소개한다.

〈사례 1〉

사고와 감정과 행동 간의 관계를 설명하는 방법은 많이 있지만, 그 전형적인 예가 43세된 우울증 환자와 상담자 간의 다음의 대화에 제시되어 있다.

상: 사건에 대한 생각이나 해석방식이 그의 느낌이나 행동에 영향을 줍니다. 예를 들어 어느 날 밤 혼자 집에 있다가 다른 방에서 무슨 소리가 나는 걸 들었다고 해요. 만일 그가 "그 방에 도둑이 들었다"고 생각했다면 어떻게 느낄 것 같나요?

내: 매우 불안하고 공포에 질렸겠죠.

상: 그리고 어떻게 행동했을까요?

내: 숨으려고 애쓰거나 좀 용기 있다면 경찰에 전화를 할 겁니다.

상: 좋아요. 도둑이 소리를 냈다는 생각으로 그 사람은 불안하게 느꼈고 자신을 보호하려는 행동을 했을 거예요. 자 그러면 그 소리를 듣고, "문이 반쯤 열려 있어 바람에 무엇이 떨어졌다"라고 생각했다고 해요. 그는 어떻게 느낄까요?

내: 음, 두려워하진 않겠죠. 뭔가 값진 것이 깨졌다고 생각하면 슬퍼졌거나, 문을 열어

놓은 애들에게 화가 났겠지요.

상: 이런 생각 뒤에 그는 달리 행동했을까요?

내: 물론이지요. 아마 가서 보았을 겁니다. 분명 경찰에 전화도 안 했을테고.

상: 좋아요. 이 예에서 보여 주는 것은 어떤 상황에 대한 해석은 여러 가지가 있다는 거예요. 그리고 그 상황을 해석하는 방식에 따라서 감정이나 행동이 영향을 받게 된다는 거지요.

〈사례 2〉

숙제를 정하는 과정에 내담자가 더 많이 참여할수록 그 내담자는 숙제를 더 효과적으로 실행하게 된다. 또한 내담자가 자신의 참신한 아이디어에서 구체적인 계획을 끌어내도록 돕는 것은 유익한 결과를 가져온다. 이 내담자는 문제해결기술이 필요한 실제 문제와 자신이 마음속에서 만들어 낸 '가짜' 문제를 구분하는 데 어려움을 느끼고 있었다. 상담자는 내담자의 아이디어를 확장하여 내담자가 이 두 종류의 문제를 더 잘 변별할 수 있도록 도와준다.

내: 내가 하루 종일 부정적인 것들을 생각하는 대신에 저녁 7시까지 그걸 연기하고 있다는 것을 아시죠? '수요일 상자'라는 괜찮은 생각이 들었는데요, 일주일 동안의 걱정거리를 종이쪽지에 적은 뒤 상자에다 넣는 거죠. 그리고 수요일에는 그 쪽지 중에 더 문제가 되지 않는 것은 찢어 버리고, 여전히 문제가 되는 것은 다음 수요일까지 상자에 도로 집어넣는 것이죠.

상: ○○씨는 그 기법을 어떻게 사용할 수 있을까요?

내: 마찬가지로 하면 되겠죠.

상: ○○씨의 아이디어에다가 한 가지를 첨가하면 좋을 것 같아요. 우리가 '가짜 문제'와 '진짜 문제'의 차이점에 관해 이야기했던 것을 기억하세요?

내: 예. 진짜 문제는 변화시킬 수 있거나 적응해서 같이 살 수 있는 환경이고요, 가짜 문제는 우리가 우리 맘 속에 만들어 내는 문제이죠. 내가 여자 친구 없이는 살 수 없다고 생각하는 것과 같은 거죠.

상: ○○씨가 문젯거리를 그 수요일 상자에다가 집어 넣기 전에, 종이쪽지에다가 그 문제가 진짜 문제라고 생각하는지 아니면 가짜 문제라고 생각하는지 써 넣으면 어떨까요? 그리고 수요일에 그 쪽지를 끄집어 낼 때, ○○씨의 생각이 바뀌었는지 어떤지 확인해 보세요. 그 다음에 그 문젯거리들을 제게 보여 주시면 좋겠어요.

5.4 자기교습훈련

자기교습훈련(Self-Instructional Training, SIT)은 마이켄바움(Meichenbaum, 1975; 1977)에 의해 개발된 인지 재구성적인 자기훈련이다. 아마도 치료의 인지적 측면과 행동적 측면을 배합한 여러 인지·행동치료 분야에서 주목되는 접근방법일 것이다.

1. 이론적 근거

마이켄바움은 환자의 '자기말'(스스로의 다짐, 마음 속의 독백 등)을 바꾸도록 하는 치료자의 능력이 모든 치료방법에서 가장 중요한 요인이라고 주장한다. 인지 재구성법에서처럼, 여기서도 환자의 사고방식이 치료의 초점이기는 하나 행동치료적 실제 행동연습 절차가 첨가되는 것이 자기교습훈련의 특징이다. 즉 환자의 자기언어를 단순히 토론하는 데 그치지 않고, 치료자가 보다 적절한 자기언어의 본보기를 제시하며, 이를 환자의 역할연습을 통해 연습을 하고, 이렇게 환자가 익혀가는 자기언어를 굳히기 위한 강화기법을 활용하는 것이다.

이 방법의 이론적 근거는 ① 비합리적 자기언어가 정서적 장애의 근원이라는 점과, ② 내면적 언어의 발달은 먼저 타인의 가르침으로 조정되고 차차 자기교습을 통해 행동통제가 가능하게 되며, 이러한 자기언어는 내면적 자기교습으로 내면화한다는 가정이다. 전자는 엘리스(1970)의 가정과 맥을 같이하는 것이라 볼 수 있고, 후자의 가정은 아동의 언어발달 단계와 아동행동에 대한 언어적·상징적 통제원리에 관한 루리아(Luria, 1961)의 이론에서 그 근원을 찾을 수 있다.

2. 주요 절차

자기교습훈련의 접근절차를 단계별로 요약하면 다음과 같다.

(1) 환자의 부적응적 자기말을 자각·규명토록 훈련한다.
(2) 치료자가 보다 효과적인 언어 및 행동방략을 말하면서 시범을 보인다.
(3) 환자가 보다 적절한 자기언어를 크게 말하면서 목표행동을 해 보이고, 그 다음에는 마음 속으로 외우면서 시연한다.

⑷ 치료자의 피드백반응 및 강화 등으로 환자가 문제해결적 자기언어를 구축하고, 당초의 불안유발 인지와 부적응행동을 변화시켜 간다.

이러한 절차로 구성되는 자기교습훈련의 내용은 또 다음과 같은 순서의 실례로 나타낼 수 있다.

⑴ 문제정의 : (예) "가만 있자, 무엇부터 해야 하나?"
⑵ 문제접근 : (예) "먼저 기존 논문들을 찾아 읽고 그 다음에 요약을 해 봐야지."
⑶ 주의집중 : (예) "전체적 흐름을 놓치지 말아야겠군, 그렇지 않으면 논문 복사지 더미에 파묻혀 정신을 못 차릴테니까."
⑷ 대응적 언어 : (예) "아, 이런 논문은 별 내용이 없어. 이런 것들은 치우고 치료효과에 관한 문헌들을 더 읽어야지."
⑸ 자기강화 : (예) "그러고 보니까 그럭저럭 교수님과 약속한 마감시간에 맞출 수 있겠군. 아무튼 나 자신에게 공부가 되어 기분이 좋아!"

5.5 인지적 접근의 종합 및 전망

인지적 접근의 치료는 심리적 장애(문제)와 심리적 교정(치료)의 초점을 내담자의 인지과정(또는 사고방식)에 두고 있다. 물론 정서나 행동의 중요성을 무시하는 것은 아니다. 다만 인지과정을 통해 정서에 접근하는 것이 보다 정확하며, 행동상의 변화도 인지변화에 의한 것이라는 입장을 취한다.

즉, 장애요인 및 치료과정에서 인지적 변인을 중심개념으로 삼고 있다는 점에서 기존의 전통적 치료이론과 다르다고 보겠다. 그러나 치료의 절차와 기법에서는 다른 치료방법과 엄밀히 구별하기 힘들 정도로 중첩되는 부분이 많다. 인지적 치료가 하나의 심리치료 체계로서 주목될 수 있는 또 하나의 측면은, 이 치료법이 보다 포괄적이면서도 구체적인 심리학적 설명개념을 토대로 하고 있으며, 환자의 특성 및 문제별로 다면적 접근방법을 포함하고 있다는 점일 것이다.

다음에 인지적 치료에 관련된 이론적 측면과 앞으로의 전망에 대하여 종합해 본다.

⑴ 인지적 치료는 다른 치료법에서 다루지 않았거나 강조되지 않은 사고과정 또는 그 반영체인 자기언어에의 접근을 통해 검증가능한 가설과 구체적인 치료방략을 제시하고 있다.

⑵ 정신분석적 접근에서의 해석도 '인지적 교육'이라고 할 수 있겠으나, 인지적 치료는 표면화되고 자각될 수 있는 증상 및 장애를 상담치료의 목표문제로 삼으며, 아동기 경험에 대해 거의 관심을 두지 않는 것이 특징이다.

⑶ 인지적 치료는 정형화된 절차에 의존함이 없이 환자(내담자)의 자발적 인지내용을 통해 문제에 접근한다. 부적응의 해소를 환자의 개념체계(태도, 관념, 사고방식 등)를 수정함으로써 이룩한다는 관점이다.

⑷ 인지적 치료기법은 자신의 사고내용과 상념에 대한 내성능력이 갖추어진 사람에게 가장 적합할 것이다. 즉 자신의 생각을 자각·표현할 수 있으며 치료자(상담자)의 교육적 지시와 반응을 어렵지 않게 수용할 수 있는 지적 수준이 요구되는 접근이다.

⑸ 인지적 치료의 범주에 속할 수 있는 어떠한 접근방법도 '순수한 인지적 접근'에서 벗어나고 있다. 합리적 정서치료와 자기교습훈련 등은 대개가 '다요인적 인지-행동접근'(multi-component cognitive-behavioral approach)이라는 명칭이 더 적절할 정도의 복합적 내용을 포함하고 있다.

⑹ 그린버그와 사프란(Greenberg & Safran, 1980; 1981)의 시도와 같이 지각재훈련을 통한 그릇된 부호화 과정의 수정절차 등을 포함하는 정보처리 실험적 연구가 이 분야에서 더 뒷받침되어야 할 것이다. 또한 인지, 정서, 행동현상 간의 관계 및 상호작용에 대한 인지치료의 이론적 설명개념들이 보다 체계화되어야 할 것 같다.

⑺ 최근에는 수용전념치료(Acceptance Commitment Therapy; ACT)로 불리는 접근이 인지행동치료의 틀내에서 활발하게 전개되고 있다. 이 접근에서는 심리적 고통이나 증상 자체를 비정상적으로 보고 회피하기보다는 이 자체를 인간에게 보편적인 경험으로 먼저 수용하고 이를 바탕으로 각 개인이 자신이 바라는 삶을 위해 행동하는 것을 중요시한다. 아울러 마음챙김 기반 인지치료(Mindfulness−Based Cognitive Therapy; MBCT)는 우울증 재발을 방지하기 위해 개발되었는데, 부정적인 자동적 사고에 주목하기보다 사고에 대한

탈중심적인 접근을 강조한다. 두 가지 인지치료 모두 내담자가 스스로를 있는 그대로 받아들이도록 한다는 점에서 공통점이 있다. 더 나아가, 부정적인 정서를 조절하기 어려워하는 내담자들을 위한 변증법적 행동치료(Dialectical Behavior Therapy; DBT) 접근은 인지행동치료의 강점을 적용한 종합적인 성격의 프로그램이다. ACT, MBCT와 유사하게 수용의 중요성을 강조하는 동시에 심리문제에 대한 취약성이 심각한 내담자들이 생활 스트레스에 적응적으로 대처할 수 있도록 돕는 집단 기술훈련과 개인상담을 병행한다. 이하 3세대 인지행동치료에서 자세하게 다루기로 한다.

6 3세대 인지행동치료

6.1 인지행동치료의 제3의 물결

앞에서 문제행동을 수정하기 위한 전통적인 행동치료와 부적응적인 사고과정의 재구성이 목표인 인지치료를 소개하였다. 현대 상담에서는 인간의 행동과 사고(인지)를 개별적으로 다루기보다는 행동수정과 인지적 접근을 결합한 상담이 더 활발하게 이루어지고 있다. 이러한 점에서 인지행동치료는 2세대 접근이라고 볼 수 있다. 인지행동치료는 인간 행동의 학습원리를 고수했던 초기 1세대 행동치료의 한계를 보완하고, 인지치료처럼 사고과정에서 발생한 혼란이 부적응을 초래한다고 가정하는 동시에 개입이 필요한 행동 표적을 구체적으로 설정하여 뛰어난 상담효과를 입증했다(Hofmann et al., 2012).

더 나아가, 인지행동치료의 이론적 근간인 인지매개모델(cognitive mediation model; Quilty et al., 2008)에 대한 경험적 반론이 제기되며 사고과정과 감정 상태의 인과관계를 재평가할 필요성이 대두되었다(Arch & Craske, 2008). 인지매개모델에 의하면 사고가 정서와 행동을 중개 또는 선도하며, 문제를 일으키는 사고과정을 재구성하면 그와 결부되었던 정서 · 행동 문제도 자연히 해결된다고 전제한다. 그러나 인지행동치료의 부흥기였던 1970년대에 뒤이어 80년도 후반에는 인지매개모델의 대전제를 반박하는 연구결과들이 이어지면서(Eveland et al., 2003), 사고와 정서의 발생 순서를 단정할 수 없게 되었다. 대표적으로, 문현미(2005)는 소위 '인지 삼제(cognitive triad, Beck et al., 1979)' 역기능적 신념(자기 자신, 타인과 세상, 미래에 대한 부정적 평가)이 우울한 감정을 유발하기도 하지만, 우울한 감정 상태에서 부적응적인 사고가 활성화될 수도 있다는 점을 알렸다. 다시 말해, 부정적인 사고를 바꾼다고 해서 반드시 감정의 문제가 되는 것은 아니라는 것이다.

이에 따라 3세대 인지행동치료 접근은 인지매개모델이 설명하지 못했던 사고와 정서 간의 관계를 선후관계가 아닌 상호 연관관계로 바라보고 내담자의 문제에 접근한다. 이러한 제3의 물결과 함께 티스데일(Teasdale, 1999)은 부적응적인 사고와 감정을 바꿔야 한다는 관점을 내려놓고, 내담자가 지금−여기에서 자신의 상태를 자각하는 마음챙김 경험(mindful experiencing)을 강조하였다. 내담자의 문제를 개념적으로 이해하고 계획적으로 해결하는 인지행동치료의 다소 경직된 특성을 탈피하고 '수용(acceptance)'에 초점을 두기 시작한 것이다.

이 장에서는 3세대 인지행동치료 접근 방법들이 지닌 공통 특성이자 핵심 치료 기제로서 수용, 마음챙김, 탈융합(defusion)에 대해 다룬다. 아울러, 이러한 치료 기제를 기초로 발전한 상담법 중에서 가장 활발하게 사용되고 있는 '수용−전념치료(ACT)', '마음챙김 기반 인지치료(MBCT)', 그리고 '변증법적 행동치료(DBT)'에 대해 소개할 것이다.

6.2 핵심 치료 기제

3세대 인지행동치료 접근은 사고와 정서 사이의 선후관계 가정을 탈피한다. 무엇이 문제이며 바꾸거나 없애야 하는지를 판단하는 방식을 버리고, 지금−여기에서 일어나고 있는 내담자의 내적 경험에 집중한다. 이러한 점에서 3세대 인지행동치료 접근은 문제를 일으키는 표적에 개입한다기보다는 내담자가 가진 고통을 있는 그대로 바라보고 감싸 안는 것을 중요시한다.

1. 수용

3세대 인지행동치료 접근의 핵심 개념인 수용은 경험 회피(experiential avoidance)에 반대되는 개념으로(Hayes & Wilson, 1994), 내담자가 고통스러운 생각과 감정을 경험할 때 이를 억누르지 않고 경험하도록 한다. 경험을 회피하는 것, 가령 유혹을 느끼지 않기 위해 게임센터, 쇼핑몰 등 충동을 유발하는 장소를 피하려는 시도나 꼬리를 무는 부정적인 생각을 멈추려고 술을 마시는 것은 현실 경험으로부터 유리된다는 점에서 내담자에게 이롭지 않다(Hayes et al., 2006).

수용하기 위해서는 내담자가 자신의 고통스러운 생각과 감정을 가감 없이 자각해야 한다. 핵심 치료 기제로서 수용은 하나의 기법으로 이해하기보다는 내담자가 다양한 환경·상황 안에서 유지해야 하는 기본 태도로 이해하는 것이 적절하다. 예를 들어, 수치스러움을 느낄 때 그 감정을 피하면서 '아닌 척'하지 않고, 수치심을 느끼고 있는 그대로 자신의 상태를 알아차리고 포용하는 것이다.

2. 마음챙김

마음챙김은 3세대 인지행동치료 상담을 받는 내담자가 가장 우선적으로 시도하는 자각(awareness)보다 더 심도 있는 개념이다. 마음챙김이 가능하려면 내담자가 자신의 경험에 온전한(혹은 순수한) 주의(bare attention)를 기울일 수 있어야 하는데, 순수하다는 의미는 고통스러운 생각과 감정을 자각하되 판단하지 않는다는 것을 의미한다(김정호, 2004). 가령 앞서 설명한 수치심을 느끼는 상황에서, 수치를 느끼는 자신이 '가엾다'거나 '예민하다' 등의 어떠한 판단도 내리지 않는 것을 뜻한다.

대개 내담자들은 고통스러운 경험을 할 때 그 이유를 찾거나 타인 또는 과거에 경험했던 일화와 비교하고, 때로는 의미를 부여하려고 한다. 그러나 마음챙김은 내담자가 '비판단적인 관찰자'가 되어서 자신에게 일어나고 있는 것들(고통)을 그저 바라보는 상태를 말한다. 순수한 주의를 기울여 그 누구도 아닌 자기 자신의 고통을 관찰하는 마음챙김은 고도의 연습을 필요로 하기 때문에, 다양한 명상의 형태(예: 비파사나(vipassana), 젠(zen))로 별도의 연습 과정을 필요로 한다(Ivanovski & Malhi, 2007).

3. 탈융합

탈융합은 전통적인 인지(행동)치료와 가장 대조적인 치료 기제라고 할 수 있다. 문제해결에 초점을 두는 인지행동치료(2세대) 접근은 내담자가 지닌 부적응적인 사고과정을 드러내고 문제를 일으키는 왜곡된 생각을 찾는 과정에서 불가피하게 부정적인 사고에 집중한다. 그러나 3세대 인지행동치료 접근은 부적응적인 사고과정을 바꾸려고 하는 대신에 있는 그대로 자각하고 수용하기로 한다(문현미, 2005). 이러한 맥락에서 내담자가 되풀이하는 비합리적인 생각에 대하여 상담자가 논박을 시도하거나, 사고과정 기저의 핵심정서를 발굴하는 작업은 오히려 내담자가 자신의 생각에 대한 판단('합리적인지')을 하게 한다는 점에서 3세대 인지행동치료 접근과는 걸맞지 않다.

가령 내담자의 특정 생각에 접근할 때, 인지적 탈융합 연습은 고통스러운 생각의 내용을 단순한 언어로 받아들이는 것을 뜻한다. 슬픔, 분노 등 부정적인 감정을 불러일으켰던 생각을 마치 자신과 아무런 관계도 없는 간판에 쓰인 글자처럼 하나의 관찰거리로 바라보면서 집착하지 않는 것으로서, '생각에 대한 마음챙김'이라고도 볼 수 있다(Blackledge, 2007).

6.3 3세대 인지행동치료 상담법

이어서 제시하는 세 가지 3세대 인지행동치료 상담법은 전술한 핵심 치료 기제를 공유하면서 동시에 차별적인 특징이 있다. 첫 번째, 수용전념치료는 3세대 인지행동치료의 가장 대표적인 접근으로서 고통스러운 경험을 '기꺼이' 바라보는 것이 핵심이다. 두 번째, 마음챙김 기반 인지치료는 '마음챙김 기반 스트레스 감소(Mindfulness-Based Stress Reduction; MBSR)' 프로그램에 전통적인 인지행동치료의 강점을 접목한 것으로 명칭을 통해 알 수 있듯이 결과적으로 스트레스 감소가 주 목적이다. 끝으로, 변증법적 행동치료는 수용전념과 단계별 기술 훈련을 진행하기 위해 개인 및 집단상담을 겸하는 종합 프로그램이다.

이 장에서 소개하는 상담법 외에 3세대 인지행동치료 접근에 해당하는 치료로는 함수분석 치료(Functional Analysis Psychotherapy; FAP)(Kohlenberg & Tsai, 1991),

통합적 부부행동치료(Integrative Behavior Couple Therapy; IBCT)(Jacobson & Christensen, 1996) 등이 있다.

1. 수용전념치료 : ACT

수용전념치료(이하 ACT)는 Hayes 등(1999)이 '경험 회피 모델(experiential avoidance model; Hayes et al., 1996)'을 기초로 수년간의 기초 연구결과를 참고해 제시한 가장 잘 알려진 3세대 인지행동치료 상담법 중 하나이다. ACT는 다른 어떤 3세대 상담법보다 언어의 중요성을 강조하며, 내담자의 사적 언어에 해당하는 생각과 짝지어진 고통스러운 과거의 경험과 감정에 얽매이지 않도록 돕는다. 전통적인 인지행동치료는 내담자의 고착화된 사고에 개입해서 재구조화하려고 시도하지만, ACT는 생각을 바꾸는 대신에 내담자 스스로가 자각하여 수용할 수 있게 하는 데 중점을 둔다. 고통스러운 사건/경험에 집착하거나 좋고 나쁨을 판단하지 않는 탈융합에 성공해서 자신의 가치에 맞는 행동에 전념할 수 있게 하는 것이 최종적인 목표이다. 이러한 ACT 상담 과정을 [그림 2-2]로 요약할 수 있다.

[그림 2-2] ACT 치료 모델

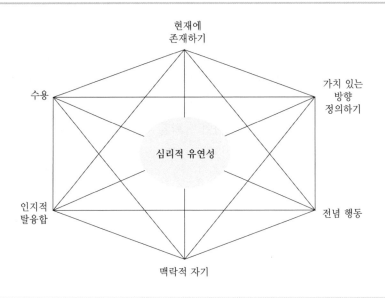

ACT 상담의 진행은 크게 '마음챙김과 수용' 단계, 그리고 '전념과 행동 변화'의 단계로 나뉜다. 마음챙김과 수용 단계(수용, 인지적 탈융합, 지금－여기에 존재하는 맥락적 자기 이해)는 3세대 인지행동치료 접근의 공통 치료 기제로 설명한 전반적인 내용을 포함한다. 이 단계에서 내담자는 고통스러운 내적 경험을 더이상 회피하지 않고, 부정정서를 유발하는 상황·자극과 융합된 언어로서 자신의 생각에 대한 가치 판단을 멈추고, 순수한 주의를 기울여 자신의 상태를 마음챙김하는 자세로 바라본다.

내담자가 자신의 경험을 수용하고 인지적 탈융합에 성공하여 고통스러운 생각과 감정에 집착하지 않게 되었다면, 전념과 행동 변화 단계(현재에 존재하기, 가치 있는 방향 정의하기, 가치에 맞는 전념 행동 실천하기)에서는 내담자에게 고통을 주었던 언어 대신 의미 있는 언어, 즉 '가치'에 집중한다. 내담자의 가치를 발견할 때 중요한 점은 이때도 마음챙김 자세를 유지해야 한다는 것이다. 내담자의 생각과 감정을 바꿔야 할 대상으로 보지 않는 ACT의 대전제를 유지하면서, 내담자의 가치에 당위성을 부여하거나 판단하는 것을 금한다. 예를 들어, 다음 [표 2－2] 좌측 열에 포함된 가치는 마음챙김과는 거리가 먼 것들이다.

고통스러운 생각 또는 감정과 융합된 가치(예: "만약 내가 OO를 중요하게 생각하지 않는다면 패배감을 느끼게 될 것이다. 때문에 나는 OO를 추구해야 한다.")는 부정적인 기억과 거리를 두지 못하고 집착하는 것이기 때문에 전념 행동을 하는 것을 방해한다. 내담자가 순수한 주의를 기울여 자신의 삶에 의미를 주는 가치에 대해서 말한다면, 그것이 반드시 '화목한 관계', '정의 추구', '봉사' 등 사회 통념상 바람직한 종류의 가치가 아니어도 괜찮은 것이다. 내담자가 발견하는 가치가 지금－여기에서 오롯이 자신의 관심과 희망을 반영하고 있다면, 그 가치와 일맥상통하는 단기, 중기, 장기 행동 계획을 세우고 전념하기 위하여 노력할 때 비로소 내담자가 고통에 얽매이지 않을 수 있다.

[표 2-2] ACT 내담자의 가치 비교

융합적 가치	탈융합적 가치
"훌륭한 사람이라면 친구와 싸우지 않아야 한다." "아버지는 내가 부를 추구하기를 바라기 때문에 나도 부에 가치를 두어야 한다."	싸우지 않으려는 것은 '목표'이며, 나의 진짜 가치는 삶에서 신뢰를 나눌 수 있는 가까운 관계를 만드는 것이다. "OO을 목표로 달성함으로써 내가 최종적으로 바라는 것은 XX이다."

2. 마음챙김 기반 인지치료 : MBCT

마음챙김 기반 인지치료(이하 MBCT)는 Segal, Williams와 Teasdale(2002)이 마음챙김 기반 스트레스 해소(MBSR; Kabat-Zinn, 2003) 프로그램과 인지행동치료를 결합한 3세대 인지행동치료 상담법이다(Williams & Kuyken, 2012). MBSR은 3세대 접근의 핵심 치료 기제 중 하나인 마음챙김을 중심으로, 내담자의 일상에서 불가피하게 일어나는 스트레스 사건에 유연하게 대처할 수 있는 능력을 기르는 데 목적이 있고, MBSR을 발전한 MBCT 또한 스트레스 관리라는 상담목표를 공유한다.

MBCT 상담의 목표는 기분 문제(대표적으로 우울)가 반복적으로 재발하는 내담자들의 장기적인 정신건강을 도모하는 것이다(Segal et al., 2002). 3세대 인지행동치료 접근으로서 MBCT는 사고가 감정보다 앞선다는 선후관계를 가정하지 않고, 우울한 내담자의 부정적인 생각, 고통스러운 감정, 그리고 불쾌한 신체적 감각이 상호영향 관계 안에서 공존한다고 본다. 우울 재발에 취약한 내담자는 성공적인 상담이 이루어진 뒤에도 살아가면서 자신의 감정 상태에 약간의 변화라도 일으키는 사건/자극을 만나면 크게 동요하고, 곧 자기비난을 포함한 부정적인 생각들이 이어져서 무력하고 우울한 상태로 돌아가는 모습을 보인다. MBSR과 MBCT는 인지행동치료와 유사하게 내담자의 부정적인 생각에 초점을 맞추지만, 생각을 바꾸려고 시도하는 대신 '흘러가는 사건'으로 바라보기 위하여 마음챙김하고, 내담자가 자기 스스로를 어여쁘게 여기고 허물을 포용하는 자기자비(self-compassion)를 발휘하도록 돕는다. 이로써 내담자가 부정적인 생각에 얽매일지 그러지 않을지를 선택할 수 있게 하는 것이 MBCT의 특수한 강점이다.

[그림 2-3] MBCT 치료 기제

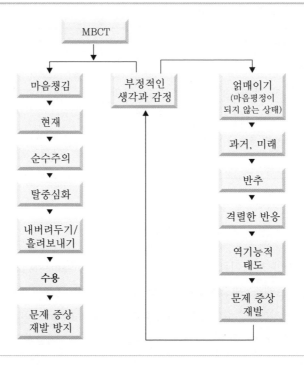

MBCT 상담을 받은 내담자들은 반복적인 연습을 통해 고통스러운 감정과 생각이 때때로 일어났다가 사라진다는 것을 체험하게 된다. 점차 내담자들은 스트레스 사건을 겪을 때, 과거의 고통스러운 경험을 반추하면서 자기 자신을 비난하는 대신, 지금-여기에 머물며 자칫 우울에 빠지게 될 수 있는 위험을 흘려보낸다. 이처럼 문제 증상의 재발을 방지하는 MBCT 치료 기제를 [그림 2-3]으로 표현할 수 있다.

MBCT의 본형은 8~12명으로 구성된 집단상담이며, 각 150분 8회기 동안 심리교육과 실습/연습, 그리고 집단원간 경험을 나누는 토의 활동을 포함한다. MBCT 상담에서 마음챙김은 뒤이어 소개할 변증법적 행동치료와 같이 명상법의 형태로 상담자가 내담자들에게 교육하고, 상담 시간에 다 같이 연습할 뿐만 아니라 내담자에게 보조도구(예: 마음챙김 명상을 돕는 음악 파일)를 제공하고 숙제로 부여한다.

8주간의 집단상담을 마친 후에도 우울 등 문제 증상이 재발할 소지는 잔존한다. 하지만 MBCT는 상담의 결과로서 내담자가 마음챙김을 일상생활의 한 요소로 받아들인다면("weave mindfulness into one's life", 최연희, 변상해(2017) p. 242), 부정적인 감정에 얽매여 자기를 비난하고 과거를 반추하는 악순환에 참여하지 않을 수 있는 결정권을 가지게 된다고 본다.

3. 변증법적 행동치료 : DBT

변증법적 행동치료(이하 DBT)는 리네한(Linehan, 1993)이 경계선 성격장애 (Borderline Personality Disorder; BPD) 내담자를 위하여 3세대 인지행동치료를 중심 으로 구조화한 통합 프로그램이다. BPD의 증상은 종잡을 수 없는 감정 기복과 뿌리 가 깊은 대인관계 문제, 그리고 자살 의도는 없지만 반복되는 비자살적 (non-suicidal) 자해 행동을 동반하기 때문에 상담하기 매우 까다롭다.

이러한 증상들의 공통 원인은 BPD 내담자들에게 스트레스 자극이 보통 사람보 다 훨씬 더 고통스럽게 받아들여진다는 것이다(Glenn & Klonsky, 2009). 가령 타인의 거절 반응은 (모멸적인 방식의 거절이 아니었다고 해도) BPD 경향이 있는 사람에게 극 도로 수치스러운 감정을 유발한다. DBT 상담이 필요한 내담자들은 외부 자극에 의 해 촉발된 감정이 너무 강렬해서 그러한 감정에 휩쓸린 행동('기분-의존적 행동')을 하고(예: 음주), 그로 인해 문제해결이 더 어려워지는 경우가 많다.

강렬한 감정과 역기능적인 행동선택의 악순환에 개입함에 있어서 변증법 (dialecticism)이란, 서로 모순되는 가정이 둘 다 참일 수 있고, 세상에 존재하는 모든 것들은 계속해서 변화하며 상호연결되어 있다는 동양철학적인 개념이다 (Spencer-Rodgers et al., 2004). 변증법적인 관점을 상담에 적용한 DBT의 목표는 '변화와 수용의 균형'이다. 새로움을 의미하는 변화와 현재 상태를 있는 그대로 받아 들이는 수용은 상반되는 특성의 개념이지만, DBT의 관점에서 이 두 개념은 공존하 며 서로 통한다. 수용-변화 외에도 DBT가 서로 통한다고 보는 양극단의 개념들을 [표 2-3]에 제시하였다.

내담자가 원하는 방향으로 변화하기 위해서는 현재 자신의 고통을 일으키는 상 태/상황을 회피하지 않고 있는 그대로 바라볼 수 있어야 한다. 내담자가 분노를 무 조건 억압하거나, 불안과 공포를 피하기 위해 아무것도 시도하지 않을 때, 자신의 현재 상태를 수용하지 못하고 거부하고 있기 때문에 변증법적인 갈등이 발생하며 고 통이 지속된다. '수용이 되지 않으면 변화도 불가능하다'는 뜻이다. 고통스러운 상태 에 대한 체념 혹은 무조건적인 변화 추구는 해결책이 될 수 없기 때문에 DBT는 조

[표 2-3] DBT 양극단 개념

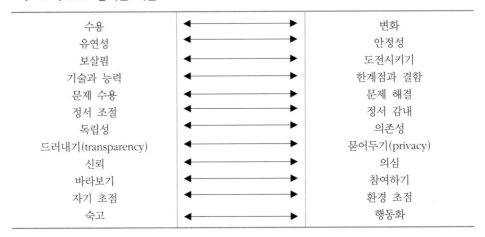

수용	←→	변화
유연성	←→	안정성
보살핌	←→	도전시키기
기술과 능력	←→	한계점과 결함
문제 수용	←→	문제 해결
정서 조절	←→	정서 감내
독립성	←→	의존성
드러내기(transparency)	←→	묻어두기(privacy)
신뢰	←→	의심
바라보기	←→	참여하기
자기 초점	←→	환경 초점
숙고	←→	행동화

화로운 중도의 해결책을 추구하고, 모순적인 상황을 갈등(변증법적 갈등)으로 받아들이는 대신 '지혜로운 마음(wise mind; Linehan, 2015)'을 가지는 것이 중요하다고 본다.

이와 같은 상담목표를 달성하기 위하여 DBT는 [표 2-4]에 제시한 네 가지 모드(mode)의 집단 기술훈련 24주 과정을 실시하며 개인상담을 병행하고, 이에 더해 전통적인 형식의 DBT는 상담기간에 주마다 전문 치료진 자문회의를 가지며, 내담자의 긴급한 필요에 따라 전화 코칭을 진행하기도 한다(Choi, 2018; Linehan, 1993, 2015).

집단 기술훈련의 첫 번째 모드, '마음챙김 기술'은 3세대 인지행동치료 접근의 치료 기제로서 설명하였듯, 내담자가 자신의 고통스러운 생각 또는 감정에 얽매이지 않고 지금-여기에서 비판단적으로 바라보게 하기 위한 것이다. 내담자들은 집단에서 DBT 상담자의 지도를 따라 마음챙김 명상법을 익히고, 평소 생활과 이어지는 다른 훈련과정 중에도 일상적으로 마음챙김을 훈습한다.

두 번째, '고통 감싸기(distress tolerance) 기술'은 내담자 저마다 가장 고통스럽게 느끼는 감정(분노, 수치심, 외로움 등)에 휩싸일 때를 대처하기 위한 것이다. 강렬한 부정정서 상태가 되어도 폭발적으로 화를 내거나 술을 마시는 등의 감정-의존적인 행동으로 이행하지 않고 시간을 벌기 위한 일종의 생존기술이다.

세 번째, '정서조절 기술'은 긍정 정서성을 키우고 부정정서를 조절하는 실질적

[표 2-4] DBT 기술훈련 모드

수용	변화
마음챙김 - 지금-여기에 오롯이 존재하며 수용 능력을 향상시키는 데 초점 **고통 감싸기/고통 감내** - 문제 행동을 이용해 고통스러운 감정을 회피하기보다 인내하려는 힘을 기르는 데 초점	**정서조절** - 삶에 문제를 일으키는 강렬한 감정을 이해하고, 관리하고, 변화시키기 위한 전략들 **대인관계 효용성** - 자기주장적이고 스스로를 존중하며 관계를 돈독하게 만들 수 있는 태도로 다른 사람들과 소통하기 위한 기법들

인 기술들로, 예를 들어 강한 부정정서가 촉발되었을 때 그것에 매몰되지 않고 사실을 확인하기('팩트 체크'), 감정과 반대로 행동하기 등과 같은 기술을 포함한다.

끝으로, '대인관계 효용성(interpersonal effectiveness) 기술'은 사회적인 문제해결을 위한 것이다. 외부 환경 자극에 정서적으로 큰 영향을 받는 경향이 있는 내담자가 자신이 원하는 것을 주장하고, 부드러운 관계를 유지하면서도 때에 따라 타인과 상황의 요구를 거절하기 위한 기술을 익힘으로써 대인관계 안에서 자존감을 지킬 수 있도록 돕는다.

이처럼 전통적인 DBT는 3세대 인지행동치료 접근 중에서 가장 다양한 치료 요소를 이용하는 종합(comprehensive) 프로그램이다. DBT 체계는 기술훈련을 지도하는 상담자(리더와 보조 리더)가 프로그램을 정확하게 수행하는 것을 매우 중요시하기 때문에 국내에는 정통 DBT 실시 교육을 받은 상담자의 수가 제한적이지만(Choi, 2018), 경계선 성격장애뿐만 아니라, 외상 후 스트레스 장애, 섭식장애 및 물질사용장애(중독) 내담자에게도 상담효과가 뛰어나서 점차 더 주목받고 있다(Stoffers-Winterling et al., 2012).

7 게슈탈트 상담

　　게슈탈트 상담은 인간중심 이론과 유사하게 인본주의에 기초를 두고 펄스 (Frederick Perls)에 의해 개발된 상담 및 심리치료 접근으로 '지금 그리고 여기', 즉 현재 이 순간에서의 경험을 통해 내담자의 자신 및 타인의 욕구 그리고 주변 환경의 요구에 대한 자각(혹은 알아차림)을 증진하는 것을 목표로 한다. 정신분석 이론이 현재의 증상에 대한 원인을 과거의 억압된 경험이나 외상에서 찾는 '환원주의'적인 입장에서 무의식을 의식화하는 데 초점을 두는 것에 비해 게슈탈트 이론은 '전체는 부분적인 요소의 합보다 크다'라는 명제에 기반을 둠으로써 '환원적인 요소주의'가 아닌 전체의 형태에 초점을 두는 '형태주의'라고 할 수 있다. 이 이론에서는 쉽게 의식화할 수 없는 무의식이라는 용어 대신 '자각하지 못한 상태'라는 용어를 사용함으로써 우리가 '지금 그리고 여기'에 주의를 기울이면 이를 쉽게 의식화하여 보다 잘 통제 혹은 대처할 수 있다는 점을 강조한다. 또한 의식적인 요소를 배제하고 단순한 자극과 반응 간의 연합과 강화에 의한 학습을 강조하는 행동수정 접근에 비해 한 개인이 현상학적 장에서 경험하는 '주관적인 현실'을 강조한다는 점에서 차이가 있다. 다음에서 게슈탈트 상담에 대해 알아보기로 한다.

7.1 기본개념

1. 게슈탈트의 의미, 그리고 상담과의 관계

　　게슈탈트 상담을 이해하기 위해서는 우선 '게슈탈트'라는 말이 어떤 의미인지 그리고 이 개념이 상담과 어떤 연관성이 있는지를 이해할 필요가 있다. 게슈탈트(Gestalt)는 독일어에서 온 단어로 '전체' 혹은 '형태'라는 의미를 지니고 있으며 동시에 전체를 구성하는 부분들이 어떻게 조직화되는가의 의미로도 사용된다. 상담과 관련지어 생각해보면 게슈탈트는 내담자의 욕구가 충족되어가는 과정에서 경험하게 되는 생각·감정·행동을 포함하는 전체적인 과정이라고 할 수 있으며, 상담자는 내담자가 지금 그리고 여기에서 자신과 타인의 욕구, 그리고 주변의 요구를 자각함으로써 자신의 게슈탈트를 형성하여 성장할 수 있도록 돕는 것이 중요하다.

좀 더 쉽게 설명하기 위해 여러분이 1,000개의 조각으로 된 퍼즐을 맞춘다고 생각해보자. 1,000개의 퍼즐 조각들은 각기 색깔과 모습이 다르고 의미 있는 전체적 형태를 갖추기 전에는 그저 혼란스럽게 펼쳐져 있는 각기 다른 모양을 한 조각들에 불과하다. 게슈탈트가 완성된다는 것은 이 혼란스러운 조각들이 결합되어 누구나 알아볼 수 있는 분명하고 의미 있는 모습의 퍼즐로 맞추어진다는 것을 의미한다. 상담에 오는 내담자는 자기 자신에 대한 많은 조각들을 가지고 오는데 대부분 이 조각들이 체계적으로 맞추어져 있지 않고 혼란스러운 상태로 온다. 일부 조각들끼리는 모양이나 색깔이 연결되어 있기 때문에 쉽게 맞추어지기도 하지만 어떤 조각들, 예를 들어 퍼즐에서 색깔이 잘 구별되지 않는 하늘, 바다, 숲에 해당되는 조각들처럼 도저히 어디서부터 맞추어야 할지 모를 그런 경우도 있다. 이런 경우 인간의 경험과 긍정적인 변화과정에 대한 전문지식을 가진 상담자가 내담자로 하여금 자신의 욕구와 경험 중 어떤 조각을 먼저 맞추는 것이 좋은지를 조력하는 과정이 바로 게슈탈트 상담과정이다. 퍼즐을 맞추어 본 사람이라면 한 면이 일자로 되어 있는 모서리에 해당하는 조각부터 맞추는 것이 유용하다는 것을 알 것이다. 즉, 모서리 조각부터 맞추어야 전체 퍼즐의 범위를 쉽게 알 수 있고 각 조각들의 위치를 가늠하기가 수월한 것처럼 내담자는 전문적인 지식을 지닌 상담자의 도움을 받으면서 자신의 문제, 욕구, 나아가야 할 방향 등에 대한 조각들이 의미 있는 전체 퍼즐, 즉 게슈탈트를 형성할 수 있도록 노력해야 한다.

2. 접촉을 통한 자각 혹은 알아차림

게슈탈트 이론에서 강조하는 중요한 개념이 바로 접촉을 통한 자각 혹은 알아차림이다. 게슈탈트 이론에서 접촉은 인간이 자신과 환경 간의 교류를 통해 경험 혹은 체험하는 것을 의미한다. 인간은 접촉을 통해 경험하고 성장하며 변화한다. 여기서 접촉은 여러 측면에서 일어날 수 있는데, 먼저 자신의 생각·감정·행동에 머물러서 주의를 기울임으로써 자신이 그 순간에 진정으로 원하는 것, 즉, 자신의 욕구에 대해서 알아차리면 접촉을 통한 자각이 일어난다. 그리고 이를 통해서 '있는 그대로의 나'가 될 수 있다고 보았다. 접촉은 자신의 욕구를 자각하는 것뿐 아니라 진술한 의사소통을 통해 타인의 욕구나 관점을 이해하게 되는 경우에도 일어날 수 있으며, 또한 접촉은 주변 환경이 요구하는 것들에 대한 자신의 이해를 증진시킨다. 게슈탈트 상담에서 자주 사용하는 질문은 '당신은 지금 무엇을 회피하고 있는가?' 혹은 '당신은 지금 무엇을 두려워하고 있는가?'인데, 이를 다른 말로 한다면 '당신은 지금 무엇을 접촉하기를(혹은 경험하기를) 회피하고 있는가?'가 될 것이다. 예를 들어, 여러분이 다른 사람들 앞에서 발표하는 상황에 대해 걱정하고 있다면 이 발표불안을 회피하려고만 할 것이 아니라 접촉해서 이 불안이 자신에게 어떻게 경험되는지, 또 자신이 진정 회피하고 있는 것이 무엇인지를 들여다보고 이를 알아차릴 필요가 있다.

게슈탈트에서 말하는 자각은 정신분석 이론에서 말하는 무의식의 의식화와 일견 비교된다. 이 두 개념 모두 통찰을 의미한다는 점에서는 분명 유사하다. 그러나 정신분석에서 무의식을 의식화하는 과정은 한 개인의 아주 어린 시절의 경험까지 들여다보고 이를 해석하고 훈습하는 과정을 거쳐야 하기 때문에 오랜 시간이 걸린다는 점에 반해 게슈탈트 이론에서는 과거 대신 '지금 그리고 여기'에서의 경험에 주의를 기울여 접촉하게 되면 자신 및 타인의 욕구에 대해 쉽게 자각하고 알아차릴 수 있다는 점에서 그렇게 오랜 치료기간을 요하지 않는다는 측면이 다르다.

3. 전경과 배경의 전환

게슈탈트 이론에서 말하는 전경과 배경은 우리가 관심과 주의를 어디에 기울이느냐에 따라 보이는 내용이 달라진다는 점을 강조한다. 예를 들어, 어떤 그림은 하얀색 부분(전경)에 집중해서 보면 컵처럼 보이지만 주의를 전환하여 검은색 부분(배경)에 집중해서 보면 두 사람의 얼굴이 마주하고 있는 모습으로 보인다. 이 경우 전경과 배경 간에 전환이 일어났다고 할 수 있다. 인간은 끊임 없이 주의와 관심을 전환하는데 흥미로운 점은 전경에 집중하면 배경이 보이지 않고 배경에 집중하면 전경이 보이지 않는다는 점이다. 즉, 한 순간에 우리는 한쪽 측면만을 볼 수 있다. 이를 상담의 맥락에 적용해 보면, 내담자는 한 순간에는 자신의 가족에 대한 원망감이 전경에 가득 자리하고 있기 때문에 가족이 자신을 위해서 애써온 점에 대해서 혹은 자신이 가족에게 상처를 준 부분에 대해서는 자각할 수 없다. 내담자의 전경에 떠올라 있는 부분과 배경 사이에 전환이 부드럽게 일어나게 되면 조망 바꾸기를 통해 타인의 욕구나 주변 환경의 요구를 알아차릴 수 있지만 이 전환 과정이 경직되어 있으면 자신의 입장만을 주장함에 따라 갈등이 지속될 수 있다.

7.2 치료과정

1. 심리적 장애의 원인에 대한 이해

게슈탈트 상담에서는 인간의 심리적 고통은 다음과 같은 경우에 발생할 수 있다고 본다. 다음에서 제시하는 내용들은 상호 구별되는 것이 아니라 동일한 원리, 즉 자신의 경험에 대한 접촉이 잘 이루어지지 않은 상황을 다른 각도에서 얘기하는 것이다.

(1) 내담자가 자신의 욕구와 충분히 접촉하지 못하고 자신의 경험을 왜곡해서 지각할 때

(2) 내담자가 타인의 욕구나 주변 환경의 요구와 충분히 접촉하지 못하고 왜곡해서 이해할 때

(3) 내담자가 자신의 욕구를 반영하는 '전경'과 타인이나 주변 환경의 요구를 대변하는 '배경' 간의 조망 바꾸기, 즉 전환을 융통성 있게 잘 하지 못할 때(즉, 자신의 욕구를 충족하는 것에만 집착하여 타인의 욕구나 주변 환경의 요구를 무시할 때)

(4) 자신의 '미해결된 과제'를 자각하지 못하고 이에 압도당하거나 회피할 때; '미해결된 과제'는 여러 가지 부정적인 감정(예: 분노, 고통, 불안, 죄책감, 회한 등)으로 표출될 수 있는데 이러한 '미해결된 과제'가 '지금 그리고 여기'에서 다루어지지 않는다면 이는 자각을 방해하게 된다.

(5) 자신의 실존에 대한 책임 있는 태도를 취하지 않을 때, 즉 자신의 생각, 감정, 행동의 주체가 자신이라는 사실을 망각하고 타인이나 주변을 비난하고 불평을 계속할 때

2. 게슈탈트 상담목표

게슈탈트 상담의 우선적인 목표는 내담자가 자신의 삶에 대한 책임감을 갖도록 하고 자신의 욕구를 회피하지 않고 자각하여 이를 충실히 충족하되 동시에 타인의 욕구나 환경적인 요구를 무시하지 않도록 하는 것이며, 궁극적으로 내담자가 자신의 모습을 수용하고 삶의 주체로서 살아갈 수 있도록 돕는 것이다. 이 과정에서 상담자는 내담자로 하여금 지금 그리고 여기에서 자신의 경험을 더 이상 회피하거나 왜곡하지 않고 이를 자각할 수 있도록 돕는 역할을 한다.

3. 게슈탈트 상담과정

게슈탈트 상담과정은 경험과 체험 중심이기 때문에 정형화된 과정이나 절차가 있는 것은 아니나 일반적으로 (1) 내담자와의 진솔한 관계형성 단계, (2) 내담자의 자각을 촉진하는 단계, 그리고 (3) 내담자가 자각한 것을 실험적으로 적용해보고 훈습하는 단계로 구성된다.

(1) 내담자와 관계형성

게슈탈트 상담이 효과적으로 이루어지려면 상담자와 내담자 간에 진솔한 신뢰관계가 필요하다. 이는 로저스의 인간중심의 접근의 경우와 유사하다. 더 나아가, 게슈탈트 상담에서는 내담자의 자각을 통한 성장이 목적이기 때문에 상담자는 우선적으로 내담자의 욕구에 민감하게 반응하여야 한다. 이 과정에서 상담자 자신이 내담자와의 '지금 그리고 여기'에서 경험하고 자각하는 부분 역시 중요한 의미를 갖기 때문에 인간중심 치료에 비해서 게슈탈트 상담자는 좀 더 적극적이고 개방적으로 자신의 경험을 내담자에게 전달하는 경향이 있다. 즉, 내담자와 상담자 각자가 바라보는 주관적 세계 간에 의미 있는 대화와 소통이 이루어져야 한다.

(2) 내담자의 자각을 촉진하기

게슈탈트 상담에서는 내담자가 자신의 경험에 대해 자각을 하는 것 자체를 치료적이라고 본다. '지금 그리고 여기'에서 경험하는 것에 집중하여 내담자가

'지금 무엇을 느끼고 있는지?, 무엇을 하고 있는지?, 무엇을 회피하려고 애쓰고 있는지?, 무엇을 기대하고 있는지?' 등에 대해 알아차리도록 돕는 것이 중요하다. 이러한 자각을 통해서 내담자는 자신의 '미해결된 과제'를 알아차리게 되며 자각이 생기면 '이 문제에 대해 어떻게 하고 싶은가?, 어떻게 대처하고 싶은가?' 라고 하는 실존적인 질문을 하게 되고 이에 따라 내담자의 '선택'이 일어난다.

(3) 내담자가 학습한 바를 실험적으로 실천하기

내담자가 자신과 중요한 타인의 욕구에 대해 자각하게 되고 '미해결된 과제'를 회피하거나 왜곡하지 않고 직면하게 되면 새롭게 학습한 부분을 상담 장면에서 실험적으로 실연해 보고 자신의 자각을 더 깊게 증진하고 현실 생활에 적용할 수 있도록 훈습하는 단계가 이어지게 된다. 이러한 과정은 내담자가 상담이 종결된 이후 실생활에서 자신의 욕구를 건설적인 방법으로 충족할 가능성을 높이고 상담에서 학습한 바를 실생활에 적용할 때 생기는 방해물들에 대한 대처 능력을 향상할 수 있는 준비가 된다.

7.3 주요 기법 및 상담 예시

1. 자각 증진하기

(1) 언어적 표현을 교정하기

게슈탈트 상담자는 내담자의 모호한 말이나 책임 회피의 말을 들었을 경우 이를 내담자 스스로가 주체적으로 책임을 다할 수 있는 언어로 교정하는 시도를 한다. 다음의 예를 살펴보자.

> 내 1: 올해 들어서 다이어트를 잘 해보려고 마음먹었는데 요즘엔 운동을 많이 못 했어요. 뭐 조만간 나아지겠지요.
> 상 1: 상황이 나아질 것처럼 얘기했는데 '누가' 달라질 거란 말인가요?
> 내 2: 아 저요. 제가 더 열심히 해야겠지요.
> 상 2: '무엇'을 열심히 한다는 것인가요?

내 3: 아. 운동을 열심히 해야겠지요.
상 3: 운동을 '해야 하는' 것인가요 아니면 ○○씨가 운동을 '하고 싶은' 것인가요?

앞서 예에서 보면 게슈탈트 상담자는 내담자가 상황에 의해서가 아니라 자신이 주체적으로 운동을 하겠다는 의지를 함양하도록 도와주고 있다. 게슈탈트 상담에서 내담자가 사용하는 모호하거나 책임을 다하지 않는 말들을 교정할 때 주로 사용하는 기법은 다음과 같다.

⑴ '필요가 있다 혹은 내가 ~해야 한다' vs. '내가 ~하기를 원한다 혹은 내가 ~하기를 선택한다' : 앞서 예에서처럼 운동이 필요하다가 아니라 내가 운동하기를 원한다는 단어를 사용하도록 격려함으로써 내담자의 주체적인 행동적 실천을 돕는다.
⑵ '할 수 없다' vs. '나는 하지 않겠다' : 많은 내담자들이 상황적인 어려움을 들면서 할 수 없다는 식의 무기력한 말을 할 때 실제로 하지 않고 있는 것은 내담자의 선택임을 자각하도록 돕는 방법이다.

(2) 감정에 머무르고 신체 감각을 알아차리기

많은 경우 언어적인 표현보다 비언어적인 측면이 내담자의 실제 경험을 더 잘 반영할 경우가 많다. 예를 들어, 실연을 당한 후에도 '나는 괜찮아'라고 말하는 내담자의 눈에 눈물이 고여 있다든지 아니면 권위적인 아버지에 대해 얘기할 때 오른손 주먹을 꽉 쥐는 모습이라든지 내담자의 비언어적인 표현과 이에 담긴 감정 경험에 대해 내담자 스스로 자각할 수 있도록 돕는 것은 게슈탈트 상담의 중요한 기법이다. 다음의 예를 살펴보자.

내 1: 그날 헤어지던 날 남자친구가 까페문을 열고 들어올 때 그 표정을 잊지 못하겠어요. 제 눈은 마주치지 않고 화난 듯이 이마를 찡그리던 모습… 마치 최후통첩을 하러 오는 사람 같았어요.
상 1: 그 장면을 떠올려 보세요. 지금 무엇을 느끼고 있나요?
내 2: 가슴이 막 뛰고 긴장이 되요… 무서워요…
상 2: 무섭다는 그 느낌에 좀 더 머물러 보세요.

내 3: …… 휴……

상 4: 지금은 무엇을 느끼나요?

내 4: 잘 모르겠어요.

상 5: ○○씨 지금 당신의 입술이 떨리고 있다는 것을 알고 있나요? 또 오른쪽 눈에 눈물이 고여 있다는 것도요…

내 4: 아 그런가요… 아 저는 몰랐어요… 전 지금 마음이 너무 슬퍼요… (울기 시작) … 사귈 때도 늘 제가 그 사람 집 앞에서 기다리곤 했어요. 혹시라도 나를 떠날까봐 또 혼자가 될까봐… 제 모습이 너무 초라해요…

앞서 예에서, 게슈탈트 상담자는 내담자가 자신의 감정에 좀 더 깊이 머무를 수 있도록 하고(상담자 2번 반응), 내담자의 비언어적인 행동을 얘기해 줌으로써(상담자 5번 반응) 내담자로 하여금 두려움 밑에 존재하는 슬픔과 자기연민의 모습을 직면할 수 있도록 함으로써 자각을 증진하도록 조력하고 있다.

2. 통합하기 : 빈의자 기법

이 기법은 게슈탈트 상담의 대표적인 기법 중의 하나로 심리극(psychodrama)에서도 흔히 사용되는 방법이다. 게슈탈트 상담자는 내담자로 하여금 자신의 삶에서 '미해결된 관계'에 있는 누군가가 앞에 있는 빈의자에 앉아 있다고 상상하게 한 후 그 사람과 대화해 보도록 요청한다. 개인상담이 아니라 집단상담의 경우라면 빈의자에 내담자가 말한 그 사람의 역할을 해 줄 구성원이 앉을 수도 있다. '빈의자 기법'은 의자 하나를 사용할 수도 있고 때에 따라서는 의자를 두 개 배치할 수도 있는데 후자의 경우는 내담자의 마음 속에서 경험하는 갈등적인 모습, 혹은 양극단의 모습을 상징적으로 나타낼 경우이다. '빈의자 기법'을 사용해서 내담자가 갈등 관계에 있는 누군가에게 자신의 감정을 표출함으로써 감정의 해소를 경험하도록 도와줄 수 있으며 그 사람 혹은 특정 상황과 접촉할 수 있는 계기를 마련할 수 있다. 또한 때에 따라서는 내담자 자신이 빈의자에 앉아서 그 사람의 입장에서 얘기를 해 봄으로써 조망 바꾸기의 기회를 가질 수도 있다. 이 방법은 '빈의자 기법'에 역할연기를 결합한 방식인데 이 기법이 효과적이 되려면 상담자가 어떤 시점에 내담자와 갈등 관계에 있는 그 사람 간에 역할전환을 시켜야 할지, 즉 역할전환의 시의성이 담보되어야

한다. 다음은 내담자가 자신과 갈등 상태에 있는 형을 빈의자에 앉히고 작업하는 예
이다.

상 1: 자, 이 빈의자 위에 ○○씨 형이 앉아 있다고 상상하시고 그 형에게 하고 싶
은 말을 해 보세요.

내 1: 음… 좀 어색해요…

상 2: 실제로 형이 저 의자에 앉아있지 않기 때문에 충분히 어색하게 느낄 수 있어요.
자 눈을 감고 형이 어떤 모습인지 한번 얘기해 보세요.

내 2: 형은 소파에 앉아서 TV에서 골프채널을 보고 있어요.

상 3: 자 좋아요. 눈을 뜨고 TV를 시청하고 있는 형의 모습을 떠올리고 형에게 한 번
얘기해 보세요.

내 3: 형… 날 좀 봐… 늘 내가 형한테 먼저 얘기해야만 하는 거야? 내가 말하면 뭐라
고 대답을 좀 했으면 좋겠어… 우린 가족이잖아… 남들처럼 형하고 친하게 지
내고 싶은데 형은 친구들하고는 얘기도 자주하면서 어떻게 가족인 나나 엄마하
고는 얘기도 안하고 지낼 수 있어? 너무 하잖아… 어떻게 그렇게 차갑게 대할
수 있어?

상 4: ○○씨 지금 목소리가 떨리지만 좀 작아서 잘 안들리는 것 같아요. 조금 큰 소
리로 형에게 '가족인데 어떻게 이렇게 차갑게 대할 수 있어?' 라고 다시 말해
보세요.

내 4: (조금 더 큰 목소리로) '형은 나하고 엄마한테 어떻게 이렇게 차갑게 대하는 거
야. 이건 너무하잖아'

상 5: 자 이번엔 자 여기 또 하나의 의자 위에 올라가서 좀 더 큰소리로 형에 대한 불
만을 얘기해 보세요.

내 5: (새로운 의자 위에 올라가서 앞에 있는 의자를 내려다보며 좀 더 큰 목소리로) 우
린 가족이잖아… 형한테는 우리가 형 친구들보다도 중요하지 않은 그런 존재
야? 도대체 내가 뭘 그렇게 잘못했길래 이렇게 무시하는 거야. 정말 화가 나!!

상 6: 자 ○○씨 지금 얘기해 보니 어떤 느낌인가요?

내 6: 어… 속이 시원해요… 한 번도 이렇게 형한테 얘기를 하지 못했어요. 뻥 뚫
린 느낌… 그리고 어쩌면 형이 내 마음을 잘 모를 수도 있다는 생각이 들었
어요… 그 동안 한 번도 얘기하지 않았으니까…

상 7: 자 그럼 이번에는 그 의자에서 내려와서 형이 앉아 있는 그 의자에 앉아 형
의 입장이 되어 ○○씨가 했던 얘기, '도대체 내가 뭘 그렇게 잘못했길래 이
렇게 무시하는 거야… 정말 화가 나'에 대답해 보세요…

내7: (형이 앉아있던 그 의자로 옮겨와서 앉은 후)… ○○야… 미안하구나… 나는 그냥 집에 있는 것이 답답했어… 별로 하고 싶은 얘기도 많지 않고… 너랑 엄마는 서로 친하고 얘기하는 것을 좋아하지만 나는 집에서는 방해받지 않고 좀 내 공간을 갖고 싶었어. 하지만 네가 이렇게 화날 만큼 힘들어하는지는 몰랐어… 미안해.

상8: ○○씨 수고했습니다. 형의 입장이 되어 얘기해 보니 어떤가요?

내8: 흠… 제가 형을 잘 모를 수도 있겠다는 생각이 들었어요… 저와 엄마가 친하고 얘기도 많이 하는 만큼 형이 소외감을 느꼈을 수도 있다고 생각이 드니까 오히려 제가 미안한 마음이 들어요… 한 번 형과 차분히 얘기를 해 봐야겠어요…

앞서 예에서, 게슈탈트 상담자는 첫째, 내담자가 '빈의자 기법'에 대해 어색하게 느끼자 좀 더 몰입할 수 있도록 배려하고(상담자 2, 3번 반응), 감정의 정화감을 경험하도록 돕기 위해서 내담자로 하여금 자신의 좌절감을 과장해서 얘기하도록 하고(상담자 4번 반응), 권위적인 형에게 좀 더 수월하게 대화하도록 하기 위해 의자 위에 올라가서 얘기하도록 하며(상담자 5번 반응), 역할연기(역할전환)를 통해 조망 바꾸기를 해 보도록 격려하고 있다(상담자 7번 반응). 이러한 과정을 통해서 내담자는 자신의 마음 속에 있는 감정요소들을 잘 통합해서 의미 있는 전체로 자각할 수 있는 계기를 마련할 수 있다.

8 현실치료

현실치료는 글래서(William Glasser)에 의해서 개발된 접근으로 개인이 현실적이고 책임감 있는 방식으로 자신의 욕구를 충족하도록 돕는 상담 이론이다. 글래서는 현실치료를 특히 학교 혹은 보호감호시설에 있는 사람들, 그리고 약물중독자 등을 돕는 데 활용한 바 있다. 인간중심 접근이나 게슈탈트 상담이 내담자의 감정에 비교적 중점을 두었고, 인지적 접근이 내담자의 생각에 중점을 두었다면, 현실치료는 내담자의 '행동적 실천'에 초점을 둔 접근이라고 말할 수 있다. 정신분석이 과거의 경험과 행동의 이유에 중점을 두었다면, 현실치료는 현재의 행동과 대처, 즉 어떻게 할 것인가에 좀 더 중점을 둔다는 점에서 차이가 있다. 현실치료에서는 자신의 행동변화를 통해서만 욕구 충족이 가능하며 직접적인 통제가 가능한 행동을 현실적인 방법으로 변화시킴으로써 성공적인 정체감을 획득하고 자신의 삶에 책임을 다하도록 돕는 것을 중요시한다.

8.1 기본개념

1. 기본적인 욕구와 선택

현실치료 이론에서는 인간의 기본적인 욕구를 생존, 소속감, 권력, 자유, 즐거움의 다섯 가지로 가정하며 인간은 이 욕구들을 충족시키려고 행동하게 된다. 이러한 다섯 가지 기본적인 욕구는 자동차로 비유하면 엔진에 해당하며 이는 각 개인이 원하는 바(바람)에 의해 조종된다.

현실치료에서는 감정이나 사고보다 행동을 강조하며 이러한 행동을 하는 것 밑바탕에는 인간을 선택자로 보는 시각이 존재한다. 즉, 현실치료의 입장에서 보면 어떤 사람이 우울한 감정을 느끼는 것은 우울해지는 것이 아니라 '우울하기를 선택한 것'이라고 본다. 역설적인 것은 '우울하다'라고 얘기할 때보다 '내가 우울함을 선택했다' 라고 인지하게 되면 우울을 느끼는 경향도 줄어든다는 것이다. 그렇다면 왜 때로 인간이 자신을 고통스럽게 하는 방향으로 행동을 '선택'하는 것일까? 현실치료에서 볼 때 이러한 행동을 선택하는 것에는 뭔가 대안적인 이득이 있다고 본다. 예컨대 우울하기를 선택하게 되면 타인의 지지나 위로를 받거나 타인의 행동을 내가 원하는 방향으로 조성할 가능성이 높아지고 그렇지 않았을 경우에 비해 화를 낼 수도 있었던 상황을 직면하지 않아도 되기 때문이다.

2. 전(全) 행동

현실치료에서 행동을 설명하기 위해 사용되는 개념인 전 행동(Total behavior)은 활동하기, 생각하기, 느끼기, 그리고 생리적 기능을 포함한다. '활동하기'는 움직임이 있는 활동(예: 걷기, 말하기 등)을 말하며, '생각하기'에는 꿈과 공상 등도 포함되며, '느끼기'는 긍정적인 혹은 부정적인 감정들을 지각하는 것을 말하고, '생리적인 기능'은 모든 신체 기능(예: 땀 흘리는 것)이 포함된다. 이 중에서 현실치료에서는 활동하기와 생각하기에 비해서 상대적으로 느끼기와 생리적 기능은 개인의 통제를 덜 받는 것으로 간주되며 개인이 원하는 바(Want)가 앞서 소개된 기본적인 욕구 및 전 행동을 구성하는 제요소를 조종하는 것으로 개념화된다. 요점은 우리가 행동을 바꾸기 위해서는 활동하기와 생각하기를 먼저 바꾸고, 그 결과로 느끼기와 생리적 기능이 변화될 수 있다는 것이다.

8.2 치료과정

1. 심리적 장애의 원인에 대한 이해

현실치료에서는 인간의 심리적 고통은 인간이 자신의 욕구를 건설적으로 충족하지 못한 일들이 축적되면서 패배적인 정체감이 형성되었기 때문이라고 본다. 이러한 패배적인 정체감의 형성, 즉 자신이 무가치하다고 느끼게 되면 힘든 상황을 만났을 때 타인이나 주변 환경 탓을 하고 자신의 행동을 스스로 통제하지 못하며 자신의 삶에 책임을 다하지 못함으로써 부정적인 결과가 반복되는 악순환을 경험하게 된다. 여기서 '책임을 다한다'는 개념에 주목할 필요가 있는데 이는 어쩔 수 없이 '책임을 진다'는 의미가 아니라 자신에게 부여된 책임을 회피하지 않고 능동적이고 주체적으로 자신이 할 수 있는 부분을 찾아 실천한다는 의미를 내포하는 것이다.

2. 현실치료의 상담목표

현실치료의 목표는 개인이 다섯 가지 심리적 욕구(생존, 소속감, 권력, 자유, 즐거움)를 현실적인 토대 위에서 건설적이고 책임을 다하는 방향으로 충족함으로써 성공적인 정체감을 형성하고 주체적인 삶을 영위할 수 있도록 돕는 것이다. 자신의 욕구를 알아차리고 책임 있게 충족하는 방식은 게슈탈트 상담의 목표와도 일맥상통하는 부분이 있다. 단, 게슈탈트 상담에서는 감정 경험을 중요시하는 데 반해 현실치료에서는 구체적인 행동적 실천을 중요시하고 감정 및 사고는 행동의 변화에 따라오는 부산물로 간주하는 경향이다. 현실치료는 현재의 행동에 초점을 맞추는 일종의 심리교육법이기 때문에 정신분석에서 말하는 무의식의 의식화나 인지적 접근에서처럼 비합리적 인지를 논박하는 것을 강조하지 않는다.

현실치료에서는 내담자에게 자신이 원하는 바(바람)를 직접 물어보는 것을 중요시 하며 이를 통해 심리치료의 목표를 수립하고 내담자의 바람을 따라가면서 내담자가 충족시키기를 원하는 심리적 욕구를 구체적으로 이해하게 된다고 설명하며 내담자가 이 욕구를 실제로 충족하기 위해 어떤 행동을 취하고 있는지에 관심을 둔다.

3. 현실치료의 상담과정

현실치료의 상담과정은 크게 다섯 단계로 구성되며 흔히 이를 RWDEP라고 부른다. 여기서 R은 관계(Relationship), W는 바람(Want), D는 행동(Doing) 또는 방향(Direction), E는 평가(Evaluation), 그리고 P는 계획하기(Planning 또는 Plan)를 의미한다. 각각에 대해서 좀 더 자세히 설명하면 다음과 같다.

(1) 친밀한 관계 형성

현실치료자 우볼딩(Wubbolding)은 현실치료에서 상담자가 내담자와 친밀한 관계를 형성하기 위해서는 행동적인 측면에서 먼저 수용적인 자세로 앉고, 시선을 마주치고, 공손함과 열정적인 태도로 내담자를 대하고 상담의 규칙을 준수해야 한다고 제안한 바 있다. 아울러 내담자의 말을 잘 따라가고 있다는 느낌을 전달하는 것이 중요하며 이를 위해 재진술 기법이 유용하게 사용된다고 제안한다. 내담자가 상담자와의 약속을 지키지 않았을 때 이를 비난하거나 혼내는 것은 바람직하지 않다. 인간중심 접근에서처럼 현실치료에서도 상담자가 내담자를 우호적이고 따뜻하게 대하는 것이 중요하며 특히 상담자와 내담자 간의 이러한 친밀감의 형성이 내담자의 심리적 욕구 중 하나인 소속감을 충족시키는 중요한 토대가 될 수 있다. 이 과정에서 필요하다면 현실치료자는 상담자 자신에 관한 정보들 역시 개방할 필요가 있다. 그러나 잊지 말아야 할 것은 상담의 초기라 하더라도 내담자의 감정에 지나치게 초점을 두기보다는 내담자의 행동에 초점을 둘 필요가 있다는 것이다.

(2) 내담자의 바람, 욕구를 탐색하기

현실치료의 두 번째 단계는 내담자가 현재 바라는 것, 즉 내담자의 욕구를 구체적으로 탐색하는 것이다. 현실치료 상담자는 내담자의 심리적 욕구 중 특히 어느 부분에서 내담자가 불충분하다고 생각하는지를 파악하고 내담자로 하여금 자신이 상담과정을 통해서 달성하기를 원하는 목표를 구체적으로 생각해 보도록 격려한다. 이러한 목표는 현실적으로 달성 가능할 정도로 구체적일 필요가 있다. 때로 내담자가 이 단계에서 자신이 원하는 바를 잘 모를 수도 있다. 이러한 경우에 상담자는 내담자에게 지나치게 부담을 주지 않도록 유의하고 일단 자신이 원하는 바를 알게 되는 것을 초기 상담목표로 설정할 수도 있다.

(3) 내담자의 현재 행동을 탐색하기

현실치료의 세 번째 단계는 내담자가 자신의 바람, 욕구를 충족시키기 위해서 현재 구체적으로 어떤 행동을 하고 있는지를 탐색하는 것이다. 즉, 내담자에게, '당신이 원하는 것을 얻기 위해서 지금 당신이 구체적으로 어떻게 행동하고 있는가?'에 대해서 질문하는 것이다.

(4) 내담자의 행동을 평가하기

현실치료의 네 번째 단계는 내담자가 자신의 바람, 욕구를 충족시키기 위해서 현재 하고 있는 행동이 효과적인지의 여부를 면밀히 평가하는 것이다. 중요한 것은 평가를 하는 주체가 상담자가 아니라 내담자 자신이라는 점이다. 이 때 상담자가 활용할 수 있는 질문은, '당신이 지금 하고 있는 행동이 당신에게 도움이 되는가?', '당신의 현재 행동을 통해서 당신이 원하는 바를 달성했는가?', '당신이 원하는 것이 현실적으로 달성 가능한가?'와 같은 것들이다. 예를 들어서, 학업성적 부진으로 고통 받는 내담자가 성적을 올리는 것을 원하면서도 매일 TV만 계속 보고 있다면 이 행동은 전혀 도움이 되지 않는 것으로 평가될 것이다.

내담자가 자신의 바람을 달성하려는 마음은 있었으나 비효율적인 행동을 계속함으로써 실질적인 변화에 이르지 못한 경우 상담자는 다음과 같은 점에 유의해서 반응해야 한다.

(1) 내담자가 계획지키기에 실패한 후 변명을 늘어놓는 것을 허용치 않는다.

(2) 내담자가 비효율적으로 행동했다고 해서 이를 비난하지 않는다.

(3) 내담자에 대해 포기하지 않고 지속적인 격려와 인내심으로 대한다.

(5) 계획세우기

내담자가 자신의 바람대로 효과적인 행동을 하지 못한 경우 상담자는 내담자를 포기하지 않고 보다 나은 대안적인 행동계획을 수립할 수 있도록 돕는다. 이 때 현실치료에서는 대략적인 방식으로 계획을 수립하는 것을 지양하고 보다 구체적이고 현실적으로 계획을 재수립함으로써 그 계획이 달성될 가능성을 높이는 것을 중요시한다. 예를 들어, 내담자가 적어도 1주일에 3일은 운동을 하려고 계획을 세웠음에도 불구하고 늘 늦잠을 자서 헬스클럽에 가지 못하는 상황에 있다고 하자. 이 경우 현실치료자는 내담자의 계획이 달성될 수 있도록 내담자에게 내일 아침 몇 시에 일어날 계획인지, 알람시계는 있는지, 알람시계를 어디에 둘 것인지, 알람시계를 몇 개나 둘 것인지, 알람시계 이외에 또 어떤 안전장치(예: 어머니에게 깨워달라고 한다)가 있는지 등을 매우 구체적으로 확인하고 내담자가 이러한 행동을 실제로 실천하도록 격려하는 것이 필요하다. 기억할 것은 대충 세운 계획은 실제로 달성될 가능성이 낮고, 더욱 큰 문제는 한번 계획이 어긋나기 시작하면 목표달성에 대한 자신감 역시 저하된다는 점이다. 요점은 내담자가 구체적인 행동으로 옮길 수 있도록 자세히 물어봐주고 내담자를 그 계획 수립과정에 적극 참여하도록 격려함으로써 그 관심의 정도를 높이는 일이다.

8.3 주요 기법

현실치료에서 주로 사용되는 기법은 현실치료에서만 사용되는 독특한 기법들은 아니며 다른 심리치료 이론에서도 흔히 활용되는 것들이다. 그럼에도 현실치료에서는 행동의 구체적인 실천측면에서 구체적이고 확실한 기법들을 선호하는 경향이다. 현실치료에서 주로 사용하는 기법으로는 직면시키기, 비유 사용하기, 역설적 기법 등이 있다. 이 중 역설적 기법은 본 저서 제3장 '상담의 방법'의 '역설적 의도' 편에서 자세하게 소개되기 때문에 여기서는 생략한다.

현실치료의 여러 기법 중 여기서 소개하는 기법들은 천성문 외(2013)의 '현실 심리치료' 부분의 내용 일부를 참고하여 본서의 제2저자가 재구성하였다.

1. 직면시키기

앞서 언급했듯이 현실치료에서는 내담자가 계획달성에 실패했을 때 내담자의 변명이나 합리화를 허용하지 않고 동시에 포기하지 않고 보다 구체적인 대안 계획을 수립하도록 돕는다. 이 과정에서 주로 사용되는 것이 바로 직면시키기 기법이다. 다음의 예를 살펴보자.

> 내 1: 지난번에 선생님하고 얘기할 때 오늘까지 제가 관심 있는 대학원 수강과목 목록을 작성해 보겠다고 했는데, 다시 생각해 보니 대학원 목록을 작성해 봐도 지금 경제 형편으로는 어차피 가기도 어려울텐데 하는 생각이 들고 중요하지 않은 일인 것 같아서 그냥 두었어요.
>
> 상 1-1: ○○씨 경제적 상황이 어렵다는 점에 대해서 지난 시간에 함께 얘기한 바가 있었고 그럼에도 ○○씨가 대학원에 진학하고 싶은 마음이 많고 우선적으로 할 수 있는 일부터 해보겠다고 말한 것을 기억해요. 대학원에 진학하고 싶은 마음이 ○○씨에게 중요한 부분인 것 같은데 어떤가요?

상담자는 내담자를 비난하거나 따지는 느낌을 주지 않도록 유의하면서 동시에 내담자가 했던 말이나 행동을 사실적으로 직면시킬 수 있다. 또는 내담자가 상담자의 직면 반응에 대해 강하게 반발하는 모습을 보인다면 내담자와 논쟁하지 않고 다음과 같이 얘기할 수도 있다.

> 상 1-2: 경제적인 형편때문에 대학원에 진학하는 것에 대한 중요성이 줄어든 것 같네요. 그렇다면 ○○씨에게 지금 중요한 일은 무엇인가요?

2. 비유 사용하기

비유 사용하기는 현실치료에서 내담자가 바라보는 세계에 대한 이해를 확장하는 효과가 있다. 즉, 현실치료에서 비유를 사용할 때는 내담자가 상징적으로 혹은 비유적으로 사용한 언어의 범위를 벗어나지 않고 그 결을 따라서 반응함으로써 내담자의 참조준거에 대한 상담자의 이해를 전달하는 방식이다. 예를 들어, 내담자가 "저는 제가 가끔씩 온 세상을 어깨로 떠받치고 있는 그리스 신화에 나오는 아틀라스 같은 느낌을 받아요."라고 말하면서 내담자 자신의 과중한 책임감과 피로감을 호소했다면, 이에 대해 상담자가 "그 아틀라스는 언제 쉬나요?" 혹은 "아틀라스가 되어 짐을 이고 있을 때 당신은 주로 무엇을 느꼈나요?"처럼 반응할 수 있을 것이다. 이 과정에서 상담자는 유머 감각을 활용할 필요가 있다. 이는 내담자가 원래 계획했던 일들이 잘 달성되지 않았을 때 내담자의 좌절감을 완화시킬 수 있으며 또한 상담 장면이 안전하다는 것을 내담자가 경험하도록 돕는 효과가 있고, 결과적으로 상담자와 내담자 간의 친밀함을 증진시킨다.

8.4 현실치료 상담 사례

이하에서 현실치료의 상담과정을 잘 나타내주는 RWDEP에서 관계형성(relationship) 부분에 이어 WDEP가 어떻게 활용되는지를 예시하고자 한다. 이 사례는 본서의 제2저자인 필자가 이전에 수업시간에 상담시연을 했던 내용을 바탕으로 한 것이나 내용을 전면 각색했고 내담자의 개인적인 정보를 전혀 드러내지 않는 방향으로 재구성한 것임을 밝혀둔다.

상 1: ○○씨가 지난 시간에 같이 자취하고 있는 친구가 집안일을 ○○씨한테만 떠맡기는 것 같아 불편하다고 얘기했던 것 같은데 맞나요?

내 1: 예, 둘 다 대학교 마지막 학기라 바쁘고 지치는데 설거지도 항상 제가 하고, 음식물 쓰레기도 제가 버리고, 세탁기 돌려놓고 자기 빨래를 꺼내지도 않고 그래서 짜증나요.

상 2: 흠. 같이 사는데 자기 할 일을 하지 않고 ○○씨에게 민폐를 끼치는 것 같아 화가 나는군요. 그럼 ○○씨가 이 상황에서 원하는 것은 무엇일까요?

내 2: 저는 그 친구가 좀 더 가사일을 분담하고 좀 더 책임감 있는 모습을 보여주 었으면 좋겠어요.

상 3: 그런 생각이 들 수 있을 것 같은데, 지금 그 친구가 어떤 방향으로 변하는가에 대해서는 우리가 강요할 수는 없으니까 잠깐 그 부분은 내려놓고 ○○씨 자신 이 이 상황에서 원하는 것은 무엇일까요?

내 3: 저는 그 친구와 같이 살면서 느끼는 이 불편한 마음이 줄어들고 우리 둘 사이에 긴장감이 줄어들기를 바래요.

상 4: 좋아요. ○○씨가 원하는 것은 그 친구와 불편한 상황이 완화되는 것이네요. 그 렇다면 ○○씨가 바라는 것이 이루어지도록 지금 ○○씨는 구체적으로 어떤 행 동을 하고 있나요?

내 4: 글쎄요. 그 친구가 양심이 있다면 적어도 알아서 가사일을 분담해야 하지 않 을까요?

상 5: 혼자 일하자면 억울하고 불공평하다는 생각이 들 수 있을 것 같아요. 그런데 그 친구가 어느 날 갑자기 가사일에 적극 가담하는 모습으로 바뀌기를 기대하는 것 이외에 ○○씨가 현재 하고 있는 행동은 어떤 것이 있나요?

내 5: 흠. 사실 짜증나서 얘기도 잘 안한지 2주 정도 됐어요. 특별히 제 편에서 노 력하고 있는 행동은 없는 것 같네요.

상 6: 그렇다면 불편한 마음으로 그 친구가 전향적인 모습으로 변모되기를 기대 하는 것 이외에 따로 노력하고 있는 부분은 없는 상태이네요. 어떠세요? 지 금 ○○씨가 하고 있는 행동이 ○○씨가 바라는 상태로 가는데 도움이 되고 있나요?

내 6: 아니요. 그냥 불편한 상태가 쭉 이어지고 있어요. 속상하네요.

상 7: 친구와 불편한 상태에 있으면 답답하고 힘이 빠질 수 있지요. 한가지, 실제로 이 상황을 ○○씨가 바라는 방향으로 바꾸는데 그냥 가만히 불편한 상태로 있는 것이 별 효과적이지 않다면 뭔가가 달라져야 한다는 것을 의미하는 것이 아닐까 요? 혹시 이 상황에서 ○○씨가 할 수 있는 일은 무엇이 있을까요?

내 7: 흠… 말씀을 들어보니까 지금처럼 뾰로통해 있어서는 상황이 호전되기는 어렵겠네요. 흠. 어떻게 해야 하나. 생각해보니 아무래도 그 친구와 속을 터 놓게 얘기를 해야 할 것 같아요. 아무 말도 하지 않고 늘 제가 집안일을 하니까 그냥 으레 당연하게 생각하는 것 같아요. 솔직히 얘기를 해봐야겠어요.

상 8: 그 친구와 얘기를 해봐야겠다는 생각이 들으셨네요. 그럼 언제 얘기해 볼 수 있을까요?

내8: 그 친구가 이번 주말에 지방에 다녀오니까 다음 주 쯤 얘기해 볼 수 있을 것 같아요.

상9: 구체적으로 다음 주 무슨 요일 몇 시쯤 얘기할 수 있을까요?

내9: 흠. 그렇게 구체적으로 생각해 보지는 않았는데… 아마 화요일 저녁이 좋을 것 같아요. 한 8시 쯤. 그 땐 우리 둘 다 집에 오니까요.

상10: 좋아요. 그럼 다음 주 화요일 저녁 8시 쯤 그 친구와 허심탄회하게 이 상황에 대해서 얘기할 계획이시네요. 그 친구와 얼굴을 마주했다고 생각하고 먼저 어떤 얘기부터 시작하는 것이 좋을까요?

내10: 음… 처음부터 꺼내기 힘든 주제를 얘기하기는 좀 그렇고 일단 요즘 어떻게 지내는지 서로 얘기할 것 같아요. 그 다음에 '사실 우리 둘 다 바쁜데 집안일을 주로 내가 맡아하면서 좀 지친 것 같다'라고 말할 것 같아요.

상11: 좋아요. 상당히 구체적으로 계획을 세우게 됐네요. 다음 주 화요일에 이런 얘기를 할 확률이 얼마나 될까요? 1부터 10점 척도에서 1점 쪽으로 갈수록 가능성이 낮은 것이고 10점으로 갈수록 가능성이 높다고 할 때 어느 정도인가요?

내11: 음… 한 7점 정도일 것 같아요.

상12: 상당히 이루어질 가능성이 높은 거네요. 혹시 이 확률이 7에서 10점으로 높아지기 위해서 어떤 것이 더 있으면 좋을까요?

내12: 음… 제가 그 친구 보고 다음 주 화요일 저녁에 차를 한 잔 하자고 미리 얘기하면 좋을 것 같아요. 주말되기 전에 문자를 해야겠어요.

상13: 계획한대로 잘 이루어지기를 바라요. 다음 주 목요일 상담시간에 다시 얘기해 보기로 해요.

앞서 예에서, 현실치료 상담자는 첫째, 내담자의 바람(Want)을 확인하는 반응을 한다(상담자 2, 3번 반응). 이 과정에서 주목할 것은 내담자가 자신이 원하는 것을 묻는 상담자의 질문에 자기 자신이 아닌 다른 사람이 변하는 것을 원한다는 반응을 보였을 때 이를 상담자가 내담자 자신의 목표 쪽으로 교정하였다는 것이다. 타인의 반응은 통제할 수 없는 것이기에 타인을 바꾸려고 하는 노력은 그 시작부터 실패를 포함하고 있다고 할 수 있다. 상담자는 5번 반응에서 내담자가 자신이 원하는 것을 달성하기 위해 구체적으로 하고 있는 행동(Doing)을 확인하였고, 이어서 상담자 6번 반응에서 내담자가 현재 하고 있는 행동이 자신이 원하는 바를 달성하는 데 도움이 되는지를 평가(Evaluation)하도록 하고 있음을 알 수 있다. 아울러 상담자 7번 반응에서 대안 행동을 계획·모색하도록(Planning) 격려하고 있다. 유의할 점은 상담자가 내담자로 하여금 대안 행동을 계획할 때 보다 구체적으로 실천계획을 세우도록 조력하고 있다는 점이다. 그냥, 대충, 조만간과 같은 말을 허용하지 않고 보다 구체적으로 언제 어떤 행동을 할지에 관해 내담자를 더 관여시킬수록 그 행동이 이루어질 가능성은 높아진다는 점을 명심하라. 끝으로 상담자는 내담자의 계획이 얼마나 달성될지의 정도를 척도질문을 통해서 구체화함으로써 내담자의 계획이 실제로 실천될 수 있도록 조력하고 있음을 알 수 있다.

9 상담이론들에 대한 종합적 이해

9.1 상담이론들의 공통점과 차이점

앞에서 개관한 정신분석적 심리치료, 인간중심의 접근, 행동수정, 인지적 접근, 게슈탈트 상담, 현실치료 및 3세대 인지행동치료 접근은 모든 심리상담에 영향을 미치고 있는 기초 이론들이라고 할 수 있다. 이 이론들은 기본가정, 주요 개념, 접근 절차 및 치료목표 등에 있어서 차이점을 보이고 있다. 가령, 정신분석적 접근에서는 무의식적 동기를, 인간중심적 접근과 게슈탈트 상담에서는 주관적 경험세계를, 행동수정적 접근에서는 생산적 행동(반응)의 형성을 반면에 현실치료에서는 행동적 실천을 그리고 인지적 접근에서는 부적응적인 인지를 각각 기본적 접근대상으로 삼으며, 행동수정과 인지적 접근을 접목한 인지행동치료에서 더 나아간 3세대 접근법들은 문제 사고를 바꾸거나 없애는 대신, 내담자의 자각을 높이고 수용하며 마음챙김하는 것에 집중한다.

그러나 이들 이론들은 결국 인간에 대한 기본 관점과 무엇을 강조하느냐에 따라서 접근방법이 달라지고 있을 뿐이다. 즉, 어떠한 관점과 방법에 의하든, 상담의 결과로서 나타나는 것은 대체적으로 비슷함에도 불구하고 그 표현과 강조점에서 차이가 있을 뿐이라고 할 수 있다. 요컨대 모든 상담이론들의 접근방법에서 공통적으로 나타나는 것은, 첫째는 상담과정의 노력은 자기이해의 촉진이며, 둘째로 상담의 결과는 대인관계의 학습과 불안 및 긴장의 감소로 집약되며, 셋째로 상담자의 개입은 내담자의 수준 및 문제의 속성에 맞게 그리고 점진적으로 진행되며, 넷째로 상담자와 내담자의 신뢰 혹은 협력 관계의 확립이 이러한 개입을 가능케 하는 중요한 토대라는 점이다.

상담심리학의 입문서인 본서에서는 앞에서 다른 일곱 가지 접근 외의 여러 가지 상담관계이론과 접근방법에 대한 개별적인 설명은 생략하기로 했다. 이들 기타 이론들에 대한 구체적인 학습은 코시니(Corsini, 2002, 김정희 역) 등을 참고하기 바란다.

9.2 상담이론들의 강조점 비교

앞에서도 말한 바와 같이 여러 상담이론들의 제각기 다른 모습들은 '무엇을 더 강조하느냐'에 따른 것이라고 볼 수 있다. 그래서 상담이론들이 강조하는 차원은 대체로 이성적·감정적·행동적 및 통찰적(또는 자각) 차원 등의 네 차원에서 비교해 볼 수도 있을 것이다.

다음의 [그림 2-4]에서 이들 네 차원에서의 상담이론들의 상대적 위치를 그려 보았다.

[그림 2-4] 주요 상담이론들의 강조점의 상대적 위치

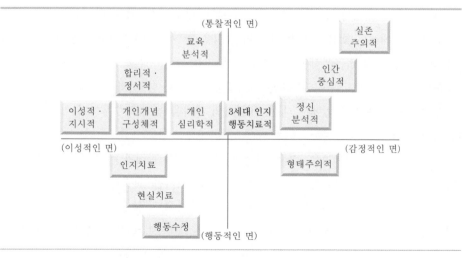

9.3 이론공부를 시작하는 초심자들을 위하여

다양한 상담이론들을 처음으로 접하는 초심자들은 다음과 같은 두 가지 극단적인 반응을 보이기 쉽다. 한 극단은 상담에 대한 자신의 선입관과 일치하거나 영향력 있는 선배가 적극 추천하는 한 가지 이론에만 몰입해서 그것을 마치 유일한 진리인 양 여기며, 상담 장면에 그 원리를 고지식하게 적용하여 내담자를 그 틀에 맞추려고 애쓰는 것이다. 어떤 한 이론에 정통하여서 그것을 실제 상담에 능숙하게 응용하는 것은 물론 잘못된 일이 아니다. 어떤 의미에선 특정 입장에 정통한 상담자들이 많이 있어야 전체 상담계가 상호자극을 주면서 발전할 수 있다. 그러나 상담의 초심자로서 한 가지 접근에만 배타적으로 집착하는 것은, 전문가로 성장하는 데 필수적인 '열린 마음'과 폭넓은 경험의 가능성을 미리 막아 버리는 결과를 가져올 것이다.

초심자들이 보이기 쉬운 또 다른 극단적인 모습은 이론 무용론(無用論)에 빠져 모든 이론 공부를 도외시하고 현장경험에만 관심을 쏟는 것이다. 대개는 한두 권의 이론입문서를 읽고 상담을 해 보려다 뜻대로 되지 않을 때 이런 모습을 보이는 듯하다. 그러나 대표적인 이론들을 공부해서 그 중요한 개념과 기법을 정확하게 이해하지 않고서는 결코 자기 개성에 맞는 이론을 형성해 나갈 수 없다. 모든 새로운 것은 옛 것을 바탕으로 해서 만들어지는 법이다. 영향력이 있는 많은 이론들이 기존의 이론에 깊은 식견을 가진 전문가에 의해 제안되고 발전되었다는 사실을 기억해 두어야 할 것이다.

그러므로 처음 상담이론을 접하는 초심자들은 이론 공부를 게을리해서도 안 되고, 한 이론에 교조주의적으로 매달려서도 안 된다. 아울러 한 이론에 매혹당했다가 실망하고 다른 이론에 매달려 보다가 또 다시 좌절에 빠지는 지적 방황은 혼자만 겪는 일이 아니라는 사실을 알아야 한다. 많은 선배들이 그런 과정을 통해서 자신의 입장을 구축하였다. 그러나 그렇게 자기 나름의 이론을 확립하거나 자기의 성격에 어울리는 입장을 취사선택하기까지는 많은 경험과 시행착오의 축적이 있어야 한다. 그것은 서서히 이루어지는 일이다. 그러므로 끈기가 필요하다. 꾸준하게 이론 공부와 상담 실제에 정진하기를 바란다.

마지막으로 이론과 실제의 관계에 대하여 언급하는 것이 필요할 것 같다. 초심자들이 이론 공부에서 배운 바 그대로 상담에 임하려고 노력하는 것은 바람직한 태도이다. 그러나 반드시 그 이론대로 상담이 진행되거나 긍정적인 결과를 쉽게 얻을 수 있을 것이라고 기대하지 않는 것이 좋다. 현실의 복잡함이 이론을 뛰어넘기 때문이다. 내담자마다 독특한 배경을 가지고 있고, 독특한 문제를 가지고 상담을 요청한다. 아무리 뛰어난 이론이라도 상담효과에 영향을 미치는 모든 복잡한 요인들을 다 포괄할 수는 없다. 또 동일한 이론에 바탕을 둔 동일한 기법을 사용하더라도 상담자의 성격과 경험수준에 따라 결과에 현격한 차이를 가져올 수 있다. 따라서 상담을 공부하는 사람들은 이론 공부와 아울러 사례지도(수퍼비전)를 받아야 할 필요가 있다. 이 사례지도를 통해서 선배 상담자의 농축된 경험을 간접 체험할 수 있고, 자신이 하고 있는 상담의 장단점을 파악할 수 있으며, 이론과 실제의 격차도 줄여 나갈 수 있을 것이다.

✔주요개념

인지치료/ 인지적 행동치료/ 인지적 재구성법/ 자기교습훈련/ 인지적 행동조정/ 자기말/ 합리적 정서치료/ 종속변인/ 통제집단/ 처치효과/ 치료집단/ 행동연습/ 생체귀환반응/ 일일활동표/ 완수−만족사항 표기법/ 인지적 재평가/ 대치요법/ 인지연습/ 가정숙제/ 절충주의/ 정신분석적 치료/ 인간중심의 접근/ 자유연상/ 원초아/ 자아/ 초자아/ 쾌락원칙/ 현실원칙/ 방어기제/ 억압/ 신경증적 증상/ 부인/ 투사/ 고착/ 퇴행/ 합리화/ 승화/ 치환/ 반동형성/ 전이관계/ 훈습/ 심리역동/ 역전이/ 교육분석/ 해석/ 저항/ 감정적 정화/ 공감/ 반영/ 치료적 분위기/ 이상적 자기상/ 솔직성(또는 진솔성)/ 긍정적 존중/ 공감적 이해/ 수용/ 명료화/ 대면집단(엔카운터 그룹)/ 행동수정/ 조건형성/ 부적응행동/ 단계적 둔감화/ 긍정적 강화/ 행동조성/ 자기표현훈련/ 모방학습/ 토큰보상치료/ 소거/ 이완반응/ 역할행동/ 지금 그리고 여기/ 자각/ 게슈탈트/ 접촉/ 전경과 배경/ 미해결 과제/ 빈의자 기법/ 기본 욕구/ 전(全) 행동/ RWDEP/ 3세대 인지행동치료/ 수용/ 마음챙김/ 순수 주의/ 탈융합/ ACT/ MBSR/ MBCT/ DBT

✔연구문제

[정신분석적 치료]

1. 과거 경험의 영향이 얼마만큼이나 중요한가? 과거를 탐색하지 않고서는 성인의 문제를 해결할 수 없는가?
2. 내담자의 무의식적 동기나 갈등을 직접 다루지 않을 때도, 상담자는 무의식의 개념을 중요시해야 하는가?
3. 내담자의 방어기제를 해체해 버린다면 어떻게 될 것인가?
4. 정신분석이론 중에서 인간의 성숙을 위해 적용될 수 있는 측면은 어떤 것인가?
5. '훈습'의 의미는 무엇인가?

[인간중심의 접근]

1. 인간에게 자기실현동기와 문제해결능력이 있다는 인간중심의 접근의 인간관에 동의하는가?
2. 상담자의 솔직성·긍정적 존중·공감적 이해만으로 치료가 성공할 수 있는가?
3. 내담자의 과거나 진단 등의 예비지식 없이 효과적 상담이 가능한가?
4. 내담자의 인생관이 상담자의 인생관과 근본적으로 다를 때 상담자의 가치판단을 억제할 수 있을까? 내담자에게 솔직하면서 동시에 수용적 태도를 취하는 것이 가능한가?

[행동수정]

1. 행동수정이 개인적 성숙을 추구하는 사람에게도 적용될 수 있다고 생각하는가?
2. 행동주의자들은 행동이 변하면 태도도 따라서 변한다고 주장한다. 반면 정신분석학파에서는 행동이 변하려면 통찰과 자각을 통해 태도가 먼저 변해야 한다고 주장한다. 독자의 견해는 어떠한가?
3. 참으로 학습원리가 인간의 모든 행동을 설명해 줄 수 있다고 믿는가?

[인지적 접근]

1. 상담과 심리치료에서 사용되는 인지치료의 발전배경에 대해서 생각해 보자.
2. 전통적 치료이론과 인지치료 접근의 공통점과 차이점에 대해서 논의해 보자.
3. 인지치료의 유형에는 어떤 것이 있는가?
4. 엘리스의 합리적 정서치료에 특히 적합한 내담자의 유형에 대해서 생각해 보자.
5. 상담과 심리치료에서 자기교습훈련이 갖는 의미는 무엇인가?

[3세대 인지행동치료]

1. 행동수정, 인지치료와 3세대 인지행동치료 접근의 차이는?
2. 3세대 인지행동치료 접근에서는 내담자의 고통스러운 생각과 감정을 어떻게 해야 한다고 보는가?
3. ACT 상담 과정은 크게 어떠한 단계로 나뉘는가?
4. MBCT 상담은 어떠한 치료 체계를 이용해 기분문제의 재발을 방지하는가?
5. DBT 집단 기술훈련의 4가지 모드는 무엇이며, 각 어떤 초점을 가지는가?

[게슈탈트 상담]

1. 게슈탈트 상담에서 말하는 '자각하지 못함'과 정신분석적 치료에서 말하는 '무의식'은 어떻게 다른지 생각해 보자.
2. '전경과 배경의 전환'과 심리적 적응은 어떤 관계가 있는가?
3. 게슈탈트 상담과 인간중심의 접근에서 상담자의 역할은 어떤 차이가 있는가?
4. '게슈탈트'라는 개념이 상담과 관련해서 사용되는 의미는?

[현실치료]

1. 행동수정과 현실치료에서 '행동'을 강조하는 방식의 차이는?
2. RWDEP는 각각 어떤 것을 의미하는지 생각해 보자.
3. 현실치료와 정신분석적 치료 간의 중요한 차이점은 무엇인가?

[상담의 기초이론 종합]

1. 정신분석적 치료, 인간중심의 접근, 인지적 접근 및 행동수정, 게슈탈트 상담, 현실치료, 그리고 3세대 인지행동치료 접근의 기본개념·치료과정·방법·적용한계 등을 비교해 보자.
2. 성공적인 상담을 위한 상담자의 바람직한 성격 및 행동특성을 탐색해 보자.
3. 이 장에서 다룬 일곱 가지 주요 접근 외에 중요한 상담이론 세 가지를 탐색해 보자.
4. 동양문화에 적합한 상담의 접근방법이 있다면 어떤 것인가?
5. 상담이론의 구성요건은 무엇인가?

상담심리학

제3장

상담의 방법

상 담의 접근방법을 면접방법과 문제별 접근방법으로 나누어 설명했다. 문제별 접근방법에 관해서는 가능한 한 선임 필자의 상담사례를 예시했다. 보다 자세한 절차의 이해는 개인상담의 기록 및 녹음 내용의 검토를 통해 가능할 것이다. 그리고 여기서는 각 접근방법의 심리학적 근거와 효과의 검증은 다루지 않았다. 상담의 방법은 어느한 이론에 매이지 않고 '인간과 문제를 동시에 다양하게 접근하는 방식'이 되어야 한다. 또한 '어떤 문제를 가진 어떤 내담자에게 언제, 어떻게 접근하느냐'에 따라 상담방법의 가치가 평가될 것이다.

1 하나의 관점

"선생님은 어떤 이론적 입장이십니까?", "당신이 주로 사용하는 상담치료 방법은 무엇입니까?"

이것은 1974년 초 선임 필자가 미국서 수학하고 돌아온 후 자주 들어 본 난처한 질문들이었다. 난처했던 이유는 '굳이 어느 특정 이론에 매이지 않고 주로 사용하는 방법도 없다'는 나의 관점을 대개 이해하지 못하거나 받아들이지 않았기 때문이었다. 나의 관점을 이해하지 못한 사람들은 적어도 한 가지 주요 이론의 철저한 훈련을 받았으면 그러지 않을 것이라는 주관적인 판단이 작용한 듯하고, 받아들이지 않는 이들은 심지어 '비법'을 공개 안 하려는 태도로 의심하기도 했다. 상담과 심리치료에서 어느 한 가지 이론과 몇 가지 방법으로는 충분치 않다는 나의 생각은 지금도 변함이 없다.

우선 2장에서 개관한 여섯 가지 주요 이론만 하더라도 그렇다. 가령 어떤 행동장애를 조건형성의 원리로 제거했다고 해서, 모든 문제행동이 조건형성으로 변화될 수 있다고 생각해서는 안 될 것이다. 그런 생각은 마치 아스피린을 먹고 두통이 없어졌으니까, 두통의 원인은 혈관 속에 아스피린 요소가 부족하기 때문이고, 두통이 생길 땐 아스피린만 주면 된다는 식의 생각과 다름이 없다. 프로이트식의 정신분석은 내면적 역동관계에 집중하는 나머지 분명한 행동문제를 소홀히 한다. 가령 알코올중독·강박적 장애행동·공포반응은 내면적 태도뿐만 아니라 문제행동 자체에 주목해야 할 것이다. 또한 로저스식의 접근방법은 직접적이고 구체적인 조언과 지도를 요하는 내담자에게는 적합하지 않은 것이다. 아울러 일부 독자는 현실치료가 증상의 기저에 놓인 원인은 다루지 않고 표면적인 행동실천의 문제에만 초점을 두고 있어서 한계가 있고 게슈탈트 상담의 경우 치료과정이 너무 추상적이어서 구체적인 문제해결에 대한 조언을 원하는 내담자에게 환영받지 못할 것이라고 말한다. 요컨대 '숙련된 상담자'는 어느 한 이론에 매이지 않고, 실제 경험을 토대로 내담자에 따라 다양한 접근방법을 활용한다. 이 말은 필요에 따라 지시적이 될 수도 있고 비지시적일 수도 있다는 의미도 포함한다.

또 어떤 이들은 '문제중심'으로 접근해야 한다고 하는 반면, 다른 사람은 '인간중심'으로 접근해야 한다고 주장한다. 그러나 분명한 것은 문제가 인간의 전부는 아니고,

문제를 떠난 인간을 생각할 수도 없다는 것이다. 굳이 '중심'이란 말을 쓴다면 '인간 그리고 문제중심적' 접근이라고 해야 타당할 것이다. 즉, 너무 인간적으로 하다 보면 문제해결이 불충분할 것이고 너무 문제의식에 사로잡히다 보면 인간 자체의 속성을 무시함으로써 결국은 지속적인 성과를 거두지 못할 것이다.

상담의 접근방법이 다양해야 하는 이유는 바로 인간의 속성에서 찾을 수 있다. 즉 인간은 신체와 정신을 가지고 있으며, 느끼고 생각하고 행동하는 존재이다.

내담자의 문제도 느낌에만 있는 것이 아니고 생각과 행동에도 얽혀 있다. 또한 행동에 주로 문제가 있는 것 같아도 사고방식과 감정에 문제가 있을 수 있는 것이다. 따라서 한 내담자와의 상담에서 행동·사고·감정 및 인간관계 등의 측면으로 다양하게 접근해야 할 것이다. 다만, 먼저 어느 측면을 어느 정도로, 어떻게 접근하느냐 하는 것은 내담자의 지적 수준과 문제의 속성에 맞추어 선택·조정되어야 할 것이다.

이러한 관점 —굳이 이름을 붙인다면 '합리적 인간주의'접근이라고나 할까— 에서 이 장이 엮어졌다. 상담면접의 기본이라고 볼 수 있는 촉진관계에 관한 설명은 생략했고 주로 내담자의 문제별 접근방법을 소개했다. 실제 사례중심으로 알기 쉽게 설명했으므로 각 방법의 이론적 기초나 관련 연구결과에 관해서는 가능하면 다른 전문서적을 참고하기 바란다.

2 면접의 기본방법

상담을 위한 면접에서 기본적으로 활용하는 방법들이 있다. 즉, 내담자의 문제와 상담의 목표에 관계없이 모든 면접에서 공통적인 기본방법을 말한다. 이 기본방법에는 경청·개방형 질문·바꾸어 말하기·요약·반영·명료화·직면, 그리고 해석 등이 포함된다. 이들의 자세한 내용에 관해서는 선임 필자의 『상담면접의 기초』(1995)를 참고하기 바란다. 여기서는 그 중에서 기본이 되는 경청·반영·명료화·직면을 약술한 후, 해석의 의미·유형·일반적 지침 등을 설명하기로 한다.

2.1 경 청

경청이란 내담자의 말과 행동에 상담자가 선택적으로 주목하는 것을 뜻한다. 물론 상담자는 내담자의 말과 행동 하나하나를 그냥 흘려 보내서는 안 된다. 그렇다고 상담자는 내담자의 모든 말과 행동에 주목하여 반응할 수도 없다. 따라서 상담자가 경청한다고 할 때 관건이 되는 것은 상담자가 상대적으로 더 비중을 두어야 할 내담자의 말과 행동을 선택하여 그것에 주목한다는 것이다. 즉, 선택적으로 주목함으로써 내담자가 특정 자기문제에 대해 탐색하도록 한다. 이 때 상담자가 선택적으로 주목한 것이 내담자의 진술의 흐름에 부합되는 것이어야 함은 물론이다.

내담자의 말과 행동을 경청하는 것은 상담을 성공적으로 이끄는 주요 요인이다. 또한 내담자는 상담자가 경청하는 것을 좋아한다. 경청은 내담자로 하여금 생각이나 감정을 자유롭게 표현할 수 있도록 북돋워 주며, 자신의 방식으로 문제를 탐색하게 하며, 상담에 대한 책임감을 느끼게 한다. 상담자가 경청을 할 때, 적극적으로 선택하여 듣는 것만이 중요한 것은 아니다. 상담자는 자신이 내담자의 말을 주목하여 듣고 있음을 전달해 줄 필요도 있다. 이를 위해 상담자는 내담자가 말할 때 진지한 관심을 나타내는 눈길을 보냄으로써 그와 함께 하고 있음을 알리며, 상담자가 관심이 있음을 나타내는 자연스럽고 이완된 자세를 취하며, 내담자의 말을 가로막든가 내담자의 발언 중에 질문을 던지거나 새로운 문제를 제기하지 않도록 하는 것이 필요하다.

2.2 반 영

반영은 내담자의 말과 행동에서 표현된 기본적인 감정·생각 및 태도를 상담자가 참신한 다른 말로 부연해 주는 것이다. 이것은 내담자의 자기이해를 도와 줄 뿐만 아니라, 내담자로 하여금 자기가 이해받고 있다는 인식을 주게 된다. 그런데 내담자가 한 말을 앵무새처럼 그대로 다시 반복하는 식으로 반영을 해 주면 내담자는 자기의 말이 어딘가 잘못되지는 않았나 하고 생각하게 되거나 상담자의 그러한 반복에 지겨움을 느끼게 되기 쉽다. 그래서 가능한 한 다른 말을 사용하면서 관심을 가지고 이해하고자 하는 태도를 보여야 한다.

흔히 내담자의 감정은 '큰 저류가 있지만 표면에는 잔 물결만이 보이는 강물'에 비유된다. 즉 내담자의 감정은 수면상의 물결처럼 겉으로 보이는 표면감정이 있고 강의 저류처럼 보이지는 않으나 중심적인 내면감정이 있는 것이다. 이런 비유로 말하자면, 상담자는 잔 물결 속에 감추어져 있는 저류와 같은 내담자의 내면적 감정을 정확히 파악하여 내담자에게 전달해 주어야 한다.

(1) 반영해 주어야 할 주요 감정

상담자들이 내담자의 중심적인 내면적 감정을 잘 반영할 수 있기 위해서는 먼저 인간의 주요 감정을 분류해서 생각하는 것이 도움이 될 것이다. 대체로 인간의 느낌이나 감정은 크게 세 가지로 나누어 볼 수 있다. 즉, 긍정적인 감정, 부정적인 감정, 그리고 긍정적인 감정과 부정적인 감정이 동시에 병존하는 양가적 감정이다. 긍정적인 감정은 개성을 발휘하는 방향의 것이고, 부정적인 감정은 일반적으로 개성을 구속하거나 자기파괴적인 성질의 것이다. 반면에 양가적 감정은 같은 시간, 같은 대상에 대해 둘 혹은 그 이상의 서로 상반되는 감정들이 공존하는 경우이다.

상담을 하다 보면 내담자의 말이나 행동에 한 가지 감정이나 느낌이 아니라 동일한 대상에 대해 모호하고 양면적인 느낌이 깔려 있는 경우를 접할 수 있다. 상담자로서는 이렇게 서로 일치하지 않는 감정 혹은 느낌의 상태를 발견하여 내담자에게 반영해 주는 것이 필요하다. 그리하여 내담자가 동일한 대상에게 갈등적인 감정과 태도가 있음을 자각하도록 함으로써 내면적 긴장의 원인을 덜어 주게 되는 것이다.

(2) 행동 및 태도의 반영

상담자는 내담자가 말로써 표현하는 것뿐만 아니라 자세, 몸짓, 목소리의 어조, 눈빛 등에 의해 표현되고 있는 것도 반영해 주는 것이 필요하다. 특히 내담자의 언어표현과 행동단서가 차이가 나거나 모순을 보일 때에는 이를 반영해 주는 것이 필요하다.

(3) 반영의 문제점

상담자가 반영반응을 할 때 주의해야 할 것은 내담자의 말과 행동 중 어떤 것을 선택하여 어느 정도의 깊이로 반영할 것이냐의 문제가 있다. 일반적으로 이러한 선택의 기준은 내담자가 표현한 말과 행동에 담긴 감정과 생각 중 가장 중요하고 강한 것이 어떤 것이냐에 따른다. 이 때 중요한 점은 내담자가 말로 표현한 수준 이상으로 깊이 들어가지 않는다는 것이다. 내담자가 분명히 표현하지 않은 수준으로 언급하는 것은 명료화나 해석이 되기 쉽다.

주의해야 할 또 다른 문제는 이러한 반영반응을 언제 하는 것이 가장 바람직한가 이다. 대개 상담의 초심자들은 내담자의 말이 다 끝나기를 기다렸다가 반영을 하는 수가 많은데 반드시 그럴 필요는 없다. 경험 있는 상담자라면 의미 있는 느낌에 초점을 맞추기 위해 가끔 내담자의 말을 중단할 수도 있는 것이다. 그러나 여기에는 말을 너무 빨리 막아서 내담자의 감정흐름을 중단시킬 위험도 있다.

2.3 명 료 화

명료화는 내담자의 말 속에 내포되어 있는 뜻을 내담자에게 명확하게 해 주는 것이다. 명료화는 내담자가 말하고자 하는 의미를 상담자가 생각하고, 이 생각한 바를 다시 내담자에게 말해 준다는 의미에서 내담자의 말을 단순히 재진술하는 것과는 차이가 난다. 다시 말해서 명료화는 내담자의 실제 언어표현에서 나타난 감정 또는 생각속에 암시되었거나 내포된 관계와 의미를 내담자에게 보다 분명하게 말해 주는 것이다.

이 때 내담자에게 언급해 주는 내용 단위의 의미와 관계는 어디까지나 내담자의 표현 속에 포함되었다고 상담자가 판단한 것이다. 즉 명료화의 자료는 내담자 자신은 미처 뚜렷이 자각하지 못하는 의미 및 관계이다. 내담자가 애매하게만 느끼던 내용이나 자료를 상담자가 말로 분명하게 표현해 준다는 점에서, 내담자에게 자기가 이해를 받고 있으며 상담이 잘 진행되고 있다는 느낌을 갖게 해 준다. 또한 내담자로 하여금 미처 생각하지 못했던 측면을 의식하도록 하는 자극제가 되는 것이다.

2.4 직   면

직면은 내담자가 모르고 있거나 인정하기를 거부하는 생각과 느낌에 대해서 주목하도록 지적하는 것이다. 가령 내담자가 모르고 있는 과거와 현재의 연관성, 행동과 감정간의 유사점 및 차이점 등을 지적하고 그것에 주목하도록 하는 것이다. 직면은 내담자의 변화와 성장을 증진시킬 수도 있는 반면, 내담자에게 심리적인 위협과 상처를 줄 수도 있다. 그만큼 직면은 강력한 것이다. 따라서 상담자는 직면반응을 사용할 때 시의성, 즉 내담자가 그것을 받아들일 수 있는 준비가 되어 있는지를 면밀히 고려해야 한다. 또한 상담자의 직면반응은 내담자를 배려하는 상호신뢰의 맥락에서 전달해야 하며, 내담자에 대한 상담자의 좌절과 분노를 표현하는 수단으로 사용되어서는 안 된다.

상담자는 다음과 같은 상황에서 내담자를 직면시킬 수 있다. 첫째, 내담자 스스로 는 못 깨닫고 있지만 그의 말이나 행동에서 어떤 불일치가 발견될 때 상담자는 이와 같은 불일치를 지적할 수 있다. 둘째, 내담자로 하여금 자신의 욕구에 의해서만 상황 을 바라볼 것이 아니라 상황을 현실 그대로 볼 수 있도록 하는 데 직면반응이 사용될 수 있다. 달리 말하자면, 상담자는 직면반응을 통해 내담자로 하여금 그가 경험하고 있는 상황에 대한 대안적인 참조 틀을 가지게 함으로써 기존 경험의 왜곡을 해소하도 록 할 수 있다. 그리고 직면반응은 내담자가 상담에서 어떤 화제를 이야기하는 것을 피하거나 다른 사람의 의견이나 생각, 느낌 등을 받아들이려 하지 않을 때, 이를 내담 자에게 이해시키는 데에도 사용될 수 있다.

직면반응을 할 때 주의해야 할 것은 단순히 내담자의 부정적 측면에 초점을 맞추 거나 내담자의 자신의 한계를 깨닫도록 하는 것이 직면반응의 목적의 전부가 아니라는 점이다. 직면반응에는 내담자가 미처 깨닫지 못했거나 발휘하지 않은 능력과 자원을 지적하여 주목케 하는 것도 포함된다. 그리고 이러한 직면반응은 내담자가 상담자를 신뢰하고 있고, 상담자가 내담자의 성장과 변화를 진술하게 배려하는 분위기에서 이루 어지는 것이 바람직하다.

〈반영 · 명료화 · 직면 및 해석의 비교〉

한편 해석은 내담자가 말한 경험내용에 새로운 의미와 관련성을 부각하여 언급하 는 것이다. 즉 내담자가 미처 자각하지 못하고 있는 의미와 관련성을 상담자가 지적해 주는 것이라고 말할 수 있다.

다음은 내담자의 꿈 이야기에 대해서 반영 · 명료화 · 직면 및 해석이 어떻게 다르 게 나타날 수 있는지를 예시한 것이다.

내: 지난 밤에 저는 꿈에 아버지와 사냥을 갔는데, 제가 글쎄 사슴인 줄 알고 쏘았는데, 나중에 가까이 가 보니까 아버지가 죽어 있었습니다. 그래서 깜짝 놀라 잠을 깨었습

니다. '디어 헌터'(Deer Hunter)라는 영화를 본 지 며칠 안 되서 그런 꿈을 꾸었는지 모르겠어요.

① 반 영 : "그런 끔찍한 꿈을 꾸고 마음이 상당히 당황하셨을 것 같아요."

② 명료화 : "꿈이었겠지만, 총을 잘못 쏘아서 아버지를 돌아가시게 한 죄책감 같은 것을 느꼈을 것 같아요."

③ 직 면 : "너무 권위적이고 무관심한 아버지가 혹시 일찍 사고로 세상을 떠났으면 하는 생각이 마음 구석에 있었을 수도 있겠네요."

④ 해 석 : "부모에게 효도해야 한다는 동양문화권에서 볼 때 그런 꿈을 꾸었다는 사실에 ○○씨 마음이 심란하셨을 것 같아요. 그리고 한편으로는 권위적 존재에 대한 적개심을 간접적으로나마 인정하고 표현했다는 의미도 있을 것 같아요."

2.5 해 석

상담에서의 해석은 내담자에게 어떤 의미를 전달하고자 하는 상담자의 시도라고 볼 수 있다. 해석은 내담자가 보이는 행동들간의 관계 및 의미에 대한 새로운 가설을 제시하는 것이다. 즉, 내담자로 하여금 과거의 생각과는 다른 각도에서 자기의 행동과 내면세계를 파악하게 하는 것이다. 해석의 의미나 범위는 전문가들에 따라 다르게 설명된다. 예를 들면 고전적 정신분석가들은 반영과 명료화도 해석의 범주 속에 포함하는 경향이고, 어떤 분석적 치료자들은 주로 내담자를 저항의 본질에 직면시키려 하는 언급만을 해석으로 간주한다. 또한 '인간중심 치료'의 상담자들은 일반적으로 해석은 피하고, 주로 명료화나 감정의 반영을 사용한다. 이들은 해석이 저항을 조장하며 상담자에게 너무 많은 치료적 책임을 갖게 한다고 주장한다. 그러나 실제로는 감정의 반영도 대부분 온화한 해석이라고 볼 수 있는 것이다.

감정을 반영할 때에는 항상 내담자가 제시한 자료 중에서 선택하되 내담자가 표현한 것 중에서 가장 정서적인 색채를 띤 감정들을 반영한다. 감정반영에서는 어느 감정이 가장 내담자에게 중요하고 의미가 있는가를 판단하여야 하고, 감정의 명료화에서는 내담자가 원래 제시한 것보다 더 많은 의미를 추가하여 반응한다. 따라서 상담자가 내담자의 감정을 반영하고 명료화하는 것은 해석적인 반응과 전연 별개의 것이라고 볼 수 없고, 모두가 하나의 연속체에 속한다고 보아야 할 것이다. 앞의 예문에서 나타났듯이 상담자의 반영·명료화·직면 및 해석은 각기 다르게 표현되지만, 반응내용의 정도(수준) 및 범위의 차이가 있을 뿐이라고 말할 수 있다.

다시 말해서 내담자의 내면세계에 접근하는 깊이의 정도는 '반영 → 명료화 → 직면 → 해석'의 순이라고 말할 수 있다. 또한 내담자가 의식하지 못하는 의미까지 지적·설명해 준다는 면에서도 해석이 가장 어렵고 무의식에 관한 '분석적 전문성'을 요하는 것이다. 정신분석적 관점에서 말하면 명료화는 방어기제를 분명히 인식시켜 주는 것이고, 직면은 방어기제의 원인적 불안을 자각시키는 것이고, 해석은 그 방어와 원인적 불안 간의 관계 및 결과적 의미를 의식화시키는 것이다. 분석적 해석을 중심으로 하는 심리치료가 '통찰지향적 치료'라고 불리는 이유도 여기에 있다고 하겠다.

해석이 이렇게 '무의식적 동기 및 원인적 불안의 지적·설명'으로 정의된다면, 보통의 상담 장면에서 아무 내담자에게 적용될 것이 아니라고 보겠다. 즉, 문제해결 및 행동변화를 더 요하는 일반적 내담자들에게는 정통적인 의미의 해석만으로 일관해서는 안 되고, '명료화적 해석'이 상담 장면에 보다 적합하거나 더 많이 활용될 수 있다고 보겠다.

명료화적 해석은 감정·사고·행동 간의 관계를 다루는 '연합형'과 표현된 내용에서 시사되는 관념 및 의미를 다루는 '시사형'으로 나누어 생각해 볼 수 있다.

2.6 해석의 일반적 지침

해석의 방법은 행동 및 성격변화의 원리와 가정에 따라 결정되는 것이기 때문에, 해석방법의 일반적 지침을 말하기는 힘들다. 그러나 사례에 따라 적절히 활용할 수 있는 기본지침을 다음에 소개한다.

1. 해석의 대상

면접 초기에서는 상담에 대한 잘못된 기대와 미온적인 태도를 해석해야 할 필요가 있다. 이 때의 해석은 상담과정을 밝혀 주고 내담자가 앞으로 유의해서 노력해야 할 영역을 제시해 주는 것이다. 상담이 진행됨에 따라 내담자의 방어기제들이나 문제에 대한 생각·느낌 및 행동양식 등을 해석의 대상으로 삼는다. 처음에는 내담자가 미처 자각하지 못하고 있는 것들을 설명해 주다가 상담이 진행됨에 따라 방어기제와 상담태도들의 어떤 측면이 효과적이고 비효과적인지를 구체적으로 해석한다.

상담의 후반기에는 내담자 자신이 스스로 해석을 할 수 있도록 북돋워 주기 위해 약간 일반적인 내용을 해석하면서 해석의 횟수를 줄이는 것이 보통이다. 이와 같이 해석의 대상과 내용은 상담과정의 단계에 따라 달라진다.

2. 해석의 시기

해석을 하는 데 있어서 가장 중요한 것은 시기의 문제이다. 해석은 내담자가 받아들일 준비가 되어 있다고 판단될 때 조심스럽게 하는 것이 중요하다. 즉 내담자가 거의 깨닫고는 있으나 확실하게 개념화하지 못하고 있을 때에 해석을 해 주어야 가장 효과적이다.

다시 말해서 내담자가 스스로 거의 깨달은 후에 해석을 하거나, 내담자가 스스로 해석을 내리도록 인도하는 것이 가장 현명하다. 내담자가 받아들일 만한 준비가 안 되어 있을 때 해석하면 내담자는 심리적인 균형이 깨지고 불안해질 수 있다.

대개 상담의 초기 단계에는 감정의 반영이 지배적이며, 그 다음에 내담자의 성격과 태도를 명료화하는 해석을 한다. 흔히 구체적인 내용의 해석과 보다 심층적인 해석은 상담관계가 형성되는 중반기까지는 보류한다. 일반적으로 내담자의 성격을 파악하지 못했을 때나 해석의 실증적 근거가 없을 때에는 해석을 하지 말아야 한다.

[그림 3-1]은 이상에서 말한 해석의 기법과 상담과정 간의 관계를 표시한 것이다.

[그림 3-1] 해석의 시기

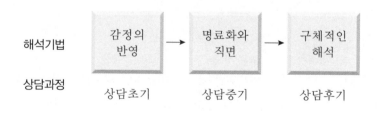

3. 해석의 제시형태

(1) 잠정적 표현

상담자가 판단한 내용을 단정적으로 해석해 주기보다는 암시적이거나 잠정적인 표현으로 제시한다. 예를 들면 "그것이 바로 ○○씨의 문제입니다"라고 말하지 않고 "그것인 것 같은데요", 혹은 "○○씨는 그 점을 가장 고려해야 할 것 같습니다"라고 말한다.

또는 "~하기 때문에 ○○씨께서 그렇게 느끼는 것입니다"라고 말하기보다는 "○○씨께서 그렇게 느끼는 한 가지 이유로 ~라고 생각해 보는 것이 좋을지 모르지요"라고 말한다. 또한 내담자의 저항을 줄이기 위하여 다음과 같이 암시적이고 부드러운 표현을 쓴다.

"아마 ~하지 않아요? ~할 것 같은데요", "~라고 생각하세요", "~인지 궁금한데요", "~에 찬성하는지요?", "이것이 적당한 것 같군요."

다음은 해석의 적절한 표현양식과 부적절한 표현양식 몇 가지를 소개한다.

〈적절한 표현양식〉

"이 생각에 찬성하는지요?"
"이렇게 말하는 것이 옳을까요?"
"○○씨는 ~라고 생각하는 것 같군요."
"○○씨는 이것이 유일한 해결책이라고 느끼는군요."

〈부적절한 표현양식〉

"저는 ○○씨께서 ~게 해야 한다고 생각합니다."
"○○씨께서 꼭 해야 할 것은~"
"제가 ○○씨라면 ~게 하겠는데요."
"그것을 하는 데는 단 한 가지 ~하는 길밖에 없습니다."
"저는 ○○씨께서 ~하기를 원합니다."
"○○씨는 ~하도록 노력해야 할 거예요."
"만약 ~하지 않는다면, ○○씨는 후회할 거예요."

(2) 점진적 진행

상담의 해석은 내담자의 생각보다 뒤늦어서도 안 되지만 너무 앞서도 바람직하지 않다. 그래서 내담자가 생각하거나 느낀다고 믿는 방향으로 한 걸음 정도 앞서서 점차적으로 진행하여야 한다. 예를 들면,

내 1: 아버지께 그러한 이야기를 하기가 무척 힘들어요.

상 1: 그런 말을 하면 아버지가 불쾌하게 나오실 것 같은 두려움이 있을 것 같아요.

내 2: 그래요, 그러나 나는 아버지께 직접 말씀드릴 필요를 느낍니다.

상 2: 그건 긴장되고 용기가 필요한 일이에요. 그런데 ○○씨는 그걸 말씀드려야 하겠다고 생각하고 있네요. 그렇게 하는 것이 ○○씨의 마음을 정리하고 아버지로부터 올바른 이해를 받을 수 있는 길이라는 말이네요. 아버지께 이야기하고 나면 마음이 한결 가벼워지시겠어요.

내 3: 예, 일단 말씀드리고 나면 더 이상 심각하게 고민할 것 같지 않아요.

상 3: 그런 것이 마음의 부담을 청소하는 과정이라고 할 수 있을 것 같아요.

(3) 반복적 제시

필요하고 타당한 해석이 내담자로부터 저항을 받게 되면, 상담자는 적절한 때에 다른 부수적인 경험적 증거를 제시하면서 해석을 반복해야 할 필요가 있다. 흔히 내담자들은 처음의 해석을 이해 또는 수용하지 못하다가 나중에 이해하는 경우가 많기 때문이다.

상: 오늘 ○○씨께서 그렇게 한 것을 보면, '형이 집에 없어야 내가 마음놓고 지낼 수 있겠다'는 느낌이 있는 것 같네요.

내: 반드시 그런 것은 아니에요. 형과 대화가 잘 될 때도 있으니까요.

상: ○○씨의 자존심을 건드리지 않는 화제의 경우에는 대화가 그런대로 괜찮게 진행될 것 같아요. 그렇지만 역시 형이 집에 없어야 ○○씨께서 열등감을 덜 느끼고 마음도 편하실 것 같아요.

(4) 질문형태의 제시

해석은 내담자를 관찰하여 얻은 예감이나 가설을 바탕으로 하는 것이기 때문에 가

능하면 사실 제시형태로 표현하기보다는 질문형태로 하며, 내담자 스스로가 해석을 하도록 하는 것이 바람직하다. 해석적 질문형태는 선도적 질문, 의미탐색적 질문, 해석적 질문 및 직면적 질문의 네 가지가 포함된다. 예를 들면,

> 선도적 질문 : 그런 생각에 대해 조금 더 이야기해 보겠어요?
>
> 거기에 대해서는 말하고 싶지 않은가요?
>
> 의미탐색적 질문 : 그게 무슨 뜻이죠?
>
> 그것은 ○○씨에게 어떤 의미를 주는 것이죠?
>
> 해석적 질문 : ○○씨께서 지금 여자들을 믿지 못하게 된 것이 어머니가 자네를 잘 돌보지 못했기 때문이라고 생각하시나요?
>
> 직면적 질문 : ○○씨는 그렇게 스스로를 계속 학대해도 괜찮다고 생각하시나요?

(5) 감정적 몰입을 위한 해석

흔히 초심자들은 내담자의 생각이나 내면적 동기만을 해석하려는 경향이 있다. 즉 해석이 주로 지적인 차원에 국한되는 것으로 잘못 생각하는 것이다. 그러나 유능한 상담자는 지적인 차원보다는 감정적 차원에 초점을 맞춘 해석을 한다. 예를 들면,

> 상 1: ○○씨는 그 친구들에 대해 마치 무관심한 제3자인 것처럼 이야기하는데, 그 친구들과 같이 있을 때는 어떤 걸 느끼시나요?
>
> 상 2: ○○씨는 그 남자가 결혼한 것에 대해 이야기를 할 때마다 석연치 않은 표정을 보이는 것 같은데…… ○○씨께서 아직도 그 사람이 떠나간 것에 대해 상처를 받고 있다는 느낌이 제게 들어요. 혹시 저의 그런 느낌이 거리가 먼 것인가요?

2.7 해석의 제한점

해석을 하는 데 있어서 중요한 제한점은 해석이 내담자에게 불안과 위협을 주는 경우이다. 내담자가 새로운 지각과 이해를 받아들이려 하지 않을 때는 저항이 일어날 수도 있다. 이 때 해석은 내담자의 자기탐색을 감소시키는 결과를 초래할 수 있는 것이다. 또한 해석 때문에 내담자가 자신의 문제를 지나치게 주지화하는 경향을 초래할 수 있다. 다시 말해서 주지화는 내담자가 자기의 내면적 감정을 드러내지 않으려는 방

어수단으로 이용될 수 있는 것이다. 그러나 앞에서 설명된 해석의 일반적 지침을 따르고, 내담자의 수준과 문제의 특성에 대한 예민한 감각을 갖는 한 이러한 제한점은 상당히 극복될 수 있는 것이다.

3 문제별 접근방법

여기서는 내담자의 문제를 상담에서 어떻게 다루어 나갈 것인지를 주로 다루었다. 상담의 궁극적인 목적이 내담자의 문제를 해결하는 데 있다고 볼 때, 내담자 문제에 대한 해결과정은 상담의 핵심적인 과정인 것이다. 상담에서 직접적으로 다루어야 할 주요 문제는 물론 내담자가 호소하는 문제증상(예를 들어 두통, 불면, 긴장, 우울 등)일 것이다. 그러나 그러한 문제증상을 해소하기 위해 상담자가 나름대로 파악한 내담자의 '원인적 문제'는 따로 있을 수 있고, 어떤 의미에서는 그러한 원인적 문제의 존재에 대한 내담자와의 합의 및 그것의 해결이 상담의 궁극적 목표가 될 수 있다.

그러나 내담자의 호소문제에 깔려 있는 원인적 문제를 파악하여 그것을 해결하는 방식에는 상담이론에 따라 차이가 난다. 예를 들어 행동주의적 입장은 원인적 문제에는 별로 관심을 두지 않고 문제행동 그 자체만을 해결하려는 입장인 반면, 다른 이론들은 내담자 문제의 '원인'이 되는 배경을 이해하는 방식에 있어서 비합리적 신념이나 태도, 부정적 자아개념, 무의식적 갈등 등 그 강조점에 있어서 차이가 난다. 여기서는 내담자의 직접적인 호소문제에 대한 해결방법보다는 상담자에 의해 파악된 문제에 대한 해결방법을 주로 다루되, 어느 특정 이론에 얽매이지 않고 문제에 대한 해결방법이 비교적 뚜렷이 확립된 것들을 중심으로 소개했다. 이에 덧붙여 내담자의 문제를 파악하는 방식과 그것의 해결방법에 있어서 융통성 있고 포괄적인 입장을 취하고 있는 라자루스(Lazarus)의 중다양식 치료를 문제별 접근방법의 '대안적 방법'으로 소개한다.

3.1 자아개념(자기평가)의 수정

자아개념은 자기 자신에 대한 평가내용이다. 자기를 긍정적으로 보면 행동과 감정이 만족스럽고, 부정적으로 받아들일수록 부자연스럽고 비효과적인 행동결과를 초래할 것이라는 가정이 성립된다. 그래서 많은 학자들이 자아개념 또는 자존감이 행동기능에 영향을 미치는 주요 요소라는 논리를 인정하고 있다. 따라서 상담에서도 내담자의 부정적인 자아개념을 긍정적인 것으로 변화시키는 노력이 상담의 최종목표는 아닐지라도 최소한 중요한 과정적 목표가 될 수 있는 것이다.

자아개념 또는 자기평가의 형성은 인간이 성장하는 과정에서 부모·동료·학교·교사들과 같은 '중요한 타인'들이 자기를 어떻게 보고 믿는가에 따라 많은 영향을 받는다고 볼 수 있다. 즉 자기에게 커다란 영향을 미치는 타인들이 자기를 긍정적으로 보면 자아개념이 긍정적인 방향으로 형성되기 쉽고, 부정적으로 보면 부정적인 방향의 자아개념이 형성되기 쉬운 것이다. 이렇게 주위의 중요한 타인들의 평가적인 태도를 어떻게 받아들이느냐가 자아개념의 내용과 방향을 결정하는 중요한 요인이 된다. 이러한 관점에서 상담자가 내담자를 긍정적으로 대하고 내담자의 잠재능력을 긍정적으로 인정한다면, 내담자 자신도 자기를 긍정적으로 받아들이고 자기의 능력에 대해 자신감을 회복하게 될 확률을 높여 줄 것이라는 가정이 성립된다. 물론, 이 가정은 내담자가 상담자를 어렸을 때의 부모나 학교 선생님처럼 중요한 존재로 받아들여야 하고, 한두 마디의 긍정적 평가만이 아닌 성실한 믿음과 공감적 이해로 일관된 상담자의 태도를 전제로 한 것이다. 이러한 과정에서는 상담자를 신뢰하고 경청하는 이른바 바람직한 상담관계와 내담자의 자율적 능력을 존중하면서 그의 내면적 경험세계를 이해하는 것이 핵심이 되게 마련이다. 바로 이러한 관점과 철학에서 출발한 것이 로저스의 인간중심의 접근인 것이다. 즉, 상담자 쪽에서 정확히 공감, '비소유적인 온정'(또는 '무조건적인 긍정적 존중') 및 솔직성을 꾸준히 내담자에게 전달하면 내담자가 보다 긍정적이고 바람직한 자아개념을 가지게 된다는 것이다.

한편 자아개념 및 자기평가는 사람이 자신에 대하여 갖는 개념적 기술이라는 입장을 취할 수 있다. 이 입장에 따르면 자아개념은 자신에 관한 이론이기 때문에, 이 '자기이론'을 바꾸는 것이 자아개념을 바꾸는 길이 된다. 자기에 관한 과거의 개념적 진술이 사실과 일치하는가를 알아보고, 그렇지 않을 경우에는 관찰된 사실에 입각하여 새로운 개념적 진술을 하도록 하는 것이다. 다시 말해서 자기에 대한 개념적 진술을 뒷받침하는 구체적 자료를 찾아보도록 하거나, 개념적 진술 자체를 수정한다는 것이 이 접근방법의 골자이다.

이러한 접근방법을 취하는 상담자는 다음과 같이 물을 수 있을 것이다.

"○○씨는 줄곧 자신이 무능력하고 쓸모없다고 말하는데, ○○씨에 관해 그러한 결론을 내리게 된 근거를 보여 줄 수 있을까요?"

이렇게 물어 봄으로써, 내담자가 현재 자기에 관한 개념진술을 뒷받침하는 증거를 검토하도록 하는 것이다. 그리고 내담자가 자기의 개념진술에 맞는 경험자료를 말해 오면, 다음과 같이 반응함으로써 내담자가 제시한 증거가 불충분함을 알아차리도록 도와 줄 수 있을 것이다.

"○○씨께서 말한 사례에서 혹시 다른 결론을 내릴 수도 있을 것 같아요. 그런 경험에서 물론 ○○씨께서 자주 잘못을 저지르는 사람이라고 이야기할 수도 있다고 생각되어요. 그러나 그것만으로는 ○○씨께서 무능력하고 쓸모없는 존재라는 단정을 내릴 수가 없을 것 같아요."

또는,

"지난 주에 이어 ○○씨는 오늘도 자기가 다른 동료들보다 열등한 존재라고 말하고 있으시네요. 열등하다는 것은 ○○씨께서 자신에 대해 내리는 평가인데, 저는 ○○씨에 대해 그렇게 믿지 않아요. ○○씨께서 자기 자신을 그렇게 믿는 것처럼 저도 믿을 수 있도록 구체적인 증거를 말씀해 주실 수 있을까요?"

이렇게 질문함으로써 내담자가 자기 개념 언급의 타당성을 상담자에게 입증하도록 할 수 있을 것이다. 또한 주위의 '의미 있는 사람들'이 내리는 평가를 쉽게 받아들이는 내담자에게는 다음과 같이 내담자 자신의 생각 또는 평가에 대해 관심을 돌리도록 하는 것이 바람직하다.

"그래요, ○○씨께서 말한 것으로 보아 아버지는 ○○씨가 뒤떨어진 학생이라고 생각하시는 것 같아요. 그러나 저는 ○○씨 자신이 ○○씨에 대해서 어떻게 생각하는지 알고 싶어요."

이러한 상담자의 말에 대해 "저 자신도 그렇게 생각해요"라고 하면 그렇게 생각하게끔 되는 근거를 말하도록 요청한다. 많은 경우에 "저 자신은 잘 모르겠어요"라든가 "생각해 보지 않았어요"라고 대답하기도 한다.

이런 경우에는 최근의 경험 중에서 비교적 자기 자신이 뒤떨어졌을지도 모른다고 생각한 적이 있는가를 물어 보고, 그런 기억이 없으면 부모나 주위 사람의 평가에 영향을 받게 되는 경위를 이해해 주면서 자기에 대한 긍정적인 개념을 갖도록 도와 주는 것이다.

흔히 내담자들은 긍정적이고 성공적인 경험은 잘 기억하지 못하거나 무시하면서도, 부정적이거나 실패한 경험만을 상기해서 자기에 대한 개념을 부정적인 쪽으로 끌고 가는 경향이 있다. 이것은 단점과 부족한 점을 주로 지적하고, 장점이나 바람직한 방향의 노력에 대해서는 별로 주의를 기울이지 않는 교육풍토나 가정환경에서 그 원인을 찾을 수 있다. 따라서 상담자로서는 내담자가 자기에 대해 긍정적인 개념을 갖도록 조그만 노력이나 경험이라도 바람직한 것에 눈을 돌리도록 하는 노력이 우선 필요하다. 때로는 장단점이나 열등감에 대한 내담자의 개념을 수정하도록 촉진하거나 자기 스스로의 생각이 가장 중요하다는 것을 강조함으로써 지금까지 무시했던 일련의 성공적인 경험들을 자기 것으로 받아들이도록 도와 줄 수 있다. 이렇게 내담자가 몇 가지 긍정적인 경험을 생각해 내기도 하고 또는 더욱 경험하도록 촉진함으로써 보다 긍정적인 자기개념을 갖도록 도와 주는 것이다.

3.2 비합리적 사고의 교정

비합리적 사고의 교정방법으로 널리 알려진 것이 2장에서 인지적 접근의 하나로 다룬 '합리적 정서치료'이다. 엘리스(Ellis & Harper, 1961)가 발전시킨 이 방법은 인간의 공포·분노·죄의식 등 정서문제의 원인이 비합리적이고 불합리한 생각이라는 논리를 바탕으로 하고 있다. 따라서 내담자의 공포·불안 등을 제거하기 위해서는 그런 정서에 관계되는 내담자의 불합리한 생각을 노출시키고, 그 불합리한 생각이 어떻게 해를 끼치고 있는지를 인식시키고, 그리고 보다 합리적이고 현실적인 사고를 하도록 가르쳐야 할 것이다.

비합리적 사고(또는 신념)의 대표적인 예는 '성인은 자기가 한 모든 일에서 타인의 인정과 사랑을 받아야 한다', '일이 계획대로 안 되면, 끔찍하고 비극적이다. 이보다는 좋아야 하는데' 등이다. 이런 생각의 비합리적 비현실적 속성이 바로 좌절감·소외감·불안 등의 정서적 문제와 불만스러운 행동결과를 초래한다고 볼 수 있다. 한편 '물론 매사에 주위 사람들의 인정과 사랑을 받는다면 즐거울 것이다. 그렇지만 반드시 그렇게 되지도 않고 그래야 할 필요도 없다', '일이 뜻대로 안 된 것은 억울하다. 그러나 억울하다고 해서 불평만 할 것이 아니라, 결과를 있는 그대로 일단 받아들여야 발전이 있을 것이다' 등은 바람직한 합리적 사고의 예인 것이다.

내담자는 자기의 정서적 문제가 과거나 외부조건보다는 위에서 예를 든 것과 같은 자신의 비합리적 사고 때문임을 상담자로부터 배운다. 이 접근방법에서는, 상담자가 상당히 지시적이고 적극적일 수밖에 없다. 엘리스의 '합리적 정서치료'에서는 지시뿐만 아니라, 내담자의 '자기패배적'사고의 모순을 지적·논박한다. 그리고 비합리적 생각을 버리고 합리적 사고를 하도록 격려·설득하며, 때로는 달래기도 하고 명령도 한다. 특히 내담자의 잘못된 생각을 지적하고 합리적 생각을 갖도록 설득하는 과정에서는 'ABC의 도식'을 활용한다. 여기서 A는 선행사건, B는 내담자의 생각 또는 신념, 그리고 C는 내담자의 정서반응 및 행동이다. 이 도식을 그림으로 표시하면 [그림 3-2]와 같다.

[그림 3-2] 비합리적 사고 교정의 과정

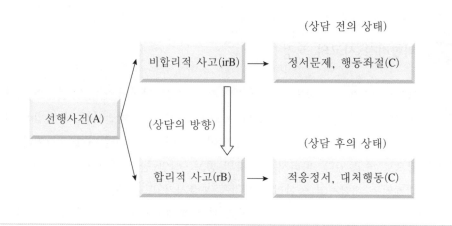

다음에 이 접근방법을 예시하는 엘리스(Ellis, 1962)와 필자의 면접사례를 발췌하여 소개하기로 한다.

〈사례 1〉

상: ○○씨는 그 사람들이 ○○씨를 좋아하지 않았기 때문에 기분이 나빴다고 생각하나요?

내: 바로 그래요.

상: 그러나 ○○씨께서 생각하시는 그 이유 때문에 불쾌했던 것은 아니에요.

내: 그 때문에 기분이 나쁘지 않았다니요? 아니에요, 저는 기분이 나빴어요.

상: 제 말이 맞아요! ○○씨는 다른 사람이 자기를 좋아해 주지 않았기 때문에 기분이 언짢았다고 다만 생각할 뿐이에요.

내: 글쎄요, 그러면 제가 왜 기분이 나빴나요?

상: 그 이유는 매우 간단해요. A, B, C로 간단히 설명되지요. 'A'는 그 사람들이 ○○씨를 좋아하지 않았다는 사실이에요. ○○씨가 그 사람들의 태도를 정확하게 관찰했고, ○○씨를 좋아하지 않았다는 것이 상상만이 아니라 사실이었다고 생각해보세요.

내: 그 사람들이 나를 좋아하지 않은 것이 분명해요. 그 사람들의 태도에서 분명히 알 수 있었으니까요.

상: 좋아요. 그들이 ○○씨를 좋아하지 않았다는 것을 가정하고 'A'라고 부르자고요. 이제 'C'는 ○○씨께서 기분 나빴다는 사실이에요. ○○씨께서 그렇게 느꼈으니까 분명한 사실로 가정을 해야지요.

내: 그렇겠지요.

상: 좋아요. 그러면 'A'는 그 사람들이 ○○씨를 좋아하지 않았다는 사실이고 'C'는 ○○씨의 불쾌한 기분이에요. 이제 'A'와 'C'를 알겠지요? 그리고 ○○씨는 그 사람들이 ○○씨를 좋아하지 않았다는 'A'가 ○○씨의 불쾌감인 'C'를 일으켰다고 가정하고 있습니다. 그러나 그렇지가 않아요.

내: 그렇지 않다고요? 그러면 무엇이 원인이죠?

상: 'B'예요.

내: 'B'가 무엇입니까?

상: 'B'는 ○○씨께서 그 사람들과 만나는 동안 '○○씨가 자신에게 다짐했던 것'이에요.

내: 제 자신에게 다짐하다니요? 저는 아무것도 다짐하지 않았는데요.

상: ○○씨는 그러셨어요. 그러지 않았다면 ○○씨께서 기분 나빴을 리가 없어요. 외부적인 원인으로 ○○씨의 기분을 상하게 만들 수 있는 것은, 가령 ○○씨의 머리 위로 벽돌 조각이 떨어지는 것 같은 사건뿐이에요. 그런데 그런 돌발 사건은 일어나지 않았잖아요. 그러니까 분명히 ○○씨의 기분이 상하도록 ○○씨 스스로 다짐했거나

혼자 그렇게 생각한 것이 틀림없어요(Ellis, 1962, p. 162).

〈사례 2〉

이 내담자는 전공학과가 정해지기 전인 1학년 때 선임 필자의 '분담 지도학생'으로서 서너 차례 만나 본 적이 있었던 3학년 남학생이다. 총 12회의 상담 중 전반부는 내담자의 비합리적 사고방식을 고치는 데 주력했고, 후반부는 새 이성관계의 역할연습이 중심이었다. 다음은 이 내담자와의 상담 중 2회 면접을 발췌한 것이다.

상: 무엇 때문에 우울해졌다고 생각하시나요?

내: 글쎄요. 매사가 우울한 일뿐이죠. 지난 번에도 말씀드렸지만, 학교에서 돌아가는 일도 그렇고, 책을 봐도 집중이 안 되고, 친구들을 만나봐도 재미 없구요. 대충 그래요.

상: 학교에 대한 불만은 지난 시간에 같이 이야기했지만 다음에 다시 이야기하기로 해요. 오늘은 ○○씨의 부모와의 관계, 교우관계, 이성교제 등, 그런 인간관계 측면에서 생각해 보고 싶은데, 어떠신가요?

내: 그러죠, 뭐.(침묵)

상: 제가 먼저 이야기의 방향을 제시해도 괜찮을지 모르겠네요. 최근의 인간관계에서 신경이 쓰였거나 실망했던 사례가 있으면 자세히 이야기해주세요.

내: 별로 생각나는 게 없어요. 집에서도 괜찮고, 친구들도 많은 편이고, 그런데…….

상: 그런데요?

내: 1학년 때부터 사귀던 여학생과 얼마 전에 헤어졌어요. 대수롭지 않은 일이죠.

상: 대수롭지 않아도 마음에 걸리는 일인 것 같네요?

내: 마음에 걸리는가 봐요. 그 애와 다니던 생각을 하면서 가끔 잠을 설쳤으니까. 그리고 친구들도 내가 그 애와 헤어진 다음부터 우울해 보인다고 말한 생각이 나요.(침묵)

상: 그래서 어떠세요……?

내: 갈피를 잡을 수가 없어요. 어제는 괜찮았지만 그저께 밤에는 서너 시간밖에 못잤어요. 가까운 친구들은 저보고 그 애를 잊어버리고 만사를 쉽게 생각하라고 충고하죠. 하지만 그런 말보다 쉬운 게 세상에 또 어디 있어요? 기분전환을 위해 제 나름대로는 노력했지요. 지난 주말엔 교외로 빠져 나갔어요. 고등학교 친구들과 화끈하게 놀았지요. 그러나 집에 오자마자 다시 우울해지더군요.

상: 그렇다면, 지금 다시 생각해보아요. 무엇이 ○○씨를 우울하게 하는지.

내: 그걸 모르겠어요. 다만 그 애와 헤어진 다음부터 정말 우울해진 것 같아요.(침묵)

상: 제가 말씀 드려볼게요. ○○씨 입장이 다음의 어느 경우에 속할지 생각해보세요. 우울해지는 데는 본질적으로 세 가지 경우가 있어요.

첫째는 자기의 실수에 대해 지나칠 정도로 자기 비난을 하는 경우에요. 어떤 잘못을 저지르곤 큰 죄를 범한 것처럼 자책하고 자신을 증오하고 자신의 실수를 용서하지 못한 채 괴로워하기 때문에 우울해져요. 이것이 가장 흔한 우울증의 경우에요.

둘째는 자신을 불쌍하게 여기는 경우에요. 자신을 '살아 있는 컴퓨터'로 간주하고 항상 최선을 다하기 때문에 그 대가를 지불받지 않으면 안 된다고 생각하는 것이에요. 그러나 세상은 그다지 공정하지 못해서 받아야 할 대가만큼 받지를 못하니까 세상이 잘못됐다고 느끼거나 자기 연민에 빠지는 이것이 두 번째의 우울증의 경우에요.

셋째로는 다른 사람에 대한 원망이나 불만, 적개심 등을 표현하지는 못하고 속으로 끙끙 앓기만 하면서 우울해지는 경우에요. 부당하게 신경질을 내는 부모나, 최선을 다했는데도 야단만 치는 교수나, 잘 해 주었는데도 냉랭하게 나오는 여자친구나, 사리에 맞지 않는 일을 강제적으로 시키는 어른이나, 이런 대상에 대해서 제대로 자기 의사나 감정표현을 하지 못하고 '별 수 없다'고 후회하고 있을 때에요. 이상의 경우에선 다 우울해지기 마련이에요. 비록 우울증의 원인은 다양하더라도 그 양상은 비슷하게 보여요.

내: 글쎄요. 전 내 자신을 비난하도록 나쁘게 대가를 받을 만한 행동을 하지 않았어요. 그 애는 내가 정말 완벽한 남자라고 늘 말하곤 했어요. 그리고 내가 신경쓴 것은 그 애를 만날 때마다 즐거운 시간을 가지려고 애쓴 거예요⋯⋯.(내담자의 말을 중단하면서)

상: 그러면 우울해진 원인이 앞에서 말한 경우 중 어느 것이라고 생각하시나요?

내: 전 다른 사람을 별로 싫어하거나 비난하지도 않아요. 게다가 나 자신을 별로 질책하지 않는 편이에요. 확실히 장담할 수는 없지만.

상: 좋아요. 그럼 ○○씨는 그 여자친구와 헤어진 것에 대해 자신을 책망하고 있으신가요?

내: 그렇지는 않다고 생각해요.

상: 그럼 그 여자를 원망하시나요?

내: 천만에요. 그 애는 자기가 원망을 받을 일을 하지 않는 너무 똑똑한 아이죠.

상: 그렇다면 이제 뭐가 남았을까요?

⋯⋯(중략)⋯⋯

내: 글쎄요. 제가 우울한 건 인정해요. 그리고 나를 즐겁게 혹은 우울하게 만드는 것도 바로 나 자신에게서 나온다고 생각은 해요.

상: 그렇죠.

내: 만일 좋은 시간을 보내고 있고 내가 즐겁다면 즐거운 일을 찾을 수도 있고, 나를 즐겁게 해 줄 상대도 찾을 수 있겠지요.

상: 맞아요. 그런데 ○○씨는 지금까지 우울증을 스스로 만들어 냈다는 생각은 안 드시나요? 사실 ○○씨를 우울하게 하고 있는 것은 학점이 나쁜 것도 아니고 여자친구를 잃은 것도 아니라는 점이요.

내: 글쎄 우울증에 대해 혼자서만 괴로워하고 있었다는 생각은 들지만, 그러나 그 이유는 그 여학생과 최근에 일어난 일 때문일 거예요.

상: 아뇨. ○○씨를 괴롭히는 일과는 상관없어요. '애인을 잃었으니까 괴롭다'고 생각될 수도 있기는 하지만, 바로 그런 생각이 잘못이라고 생각해요. '애인이 떠났다'는 사건자체와 ○○씨의 괴로움은 별개로 보아야 한다는 것이죠.

내: 뭐라고요? 그게 어떻게 가능할 수가 있습니까?

상: 비합리적인 생각을 버리면 가능할 거예요. 다시 말해서 생각을 잘못하니까 우울해진 거지요, 연애에서 좌절했기 때문이 아니에요. 즉 우울하다고 생각하면 할수록 우울해지는 거예요. ○○씨에게 일어난 사건 자체가 우울하게 만드는 건 아닌 것이죠. 아까도 말했지만 ○○씨 자신을 질책하거나 불쌍히 여기거나 아니면 남을 원망하는 경우에만 우울증은 생기니까요.

내: 그렇다면 선생님 말씀은 그 애가 나를 만나 주지 않는다는 사실 자체가 나를 우울하게 한 건 아니란 뜻인가요?

상: 맞아요. 그 사람을 못 만난다는 것이 너무도 비극적인 일이라고 자신에게 정의를 내리니까 우울해진 것이죠. 왜냐하면 ○○씨는 그런 일이 안 일어나기를 바라고 있었고 세상 일이 자기 뜻대로 돌아가야 한다고 생각하고 있었기 때문이죠.

내: 그것이 무슨 잘못인가요?

상: 그런 생각은 비합리적일 뿐 아니라 상식적으로도 맞지 않기 때문이에요.

내: 여자친구를 잃은 것 때문에 우울해졌는데 그것이 대체 무슨 어리석은 점이 있나요?

상: 먼저 ○○씨의 그런 생각이 자신을 낙담케 했고, 둘째로 그 괴롭다는 고통은 스스로 부과한 것이고, 셋째로는 그럼에도 떠난 사람이 돌아오지는 않잖아요. 또 그 사람이 ○○씨를 다시 사랑하지 않으리라는 증명을 할 수도 없는데, 그런데도 ○○씨는 마치 인생이 끝장난 것처럼 생각하고 다시는 희망이 없다고 생각하고 있으세요.

내: 그러면 어떻게 하란 말입니까?

상: 다른 방식으로 자신을 생각해 보는 거예요. 그 사람이 없다면 과연 인생이 끝인가 철저히 자문해 보세요. 실연했다고 꼭 상처를 입어야만 하는가를 분석해 보세요. 옛날 같은 생각은 멀리 쫓아 버리고 논리적이고 적극적인 생각으로 바꾸어 보아요. 그

러면 틀림없이 기분이 좋아질 거예요.

내: 글쎄요. 그럼 그런 적극적인 생각이 구체적으로 무엇이죠?

상: 자신을 가지세요. 예를 들어, ○○씨가 살아가는 데는 밥과 잠자리와 옷이 필요한
거지만, 그 여자의 사랑이 꼭 필요한 것은 아니잖아요. 혹시 그 여학생이 죽는다면,
○○씨도 따라 죽을 건가요?

내: 물론 아니죠.

상: 좋아요, 그러니까 ○○씨는 다시 연애를 어떻게 할까를 생각할 차례예요. 그 여학생
을 사랑했었다면 마찬가지로 다른 여자도 사랑할 능력이 있다는 거예요. 지난 사건
을 경험으로 하면 앞으로는 더 만족스런 관계를 만들 수 있는 확률이 높을 거예요.

(이하 생략)

물론 이 면담으로 내담자의 비합리적 사고방식이 완전히 교정된 것은 아니다. 3회
면접에서의 '역할연습'을 통해 내담자의 원망과 분노가 어느 정도 발산됨으로써, 잠을
오랫만에 푹 잘 수 있었고 실연사건에 대한 '재해석' 작업이 실효를 거둘 수 있었다.

3.3 역설적 의도

'고독에서 헤어나려거든 고독 속에 파고들어가서 고독을 음미하라'고 한 독일의
시인 릴케(Rilke)의 말이 있다. 우리가 어떤 인물이나 환경에 대한 공포를 느낄 경우,
공포를 느끼지 않으려고 애를 쓰면 쓸수록 더 두렵게 되는 경우가 많다. 그래서 두렵
게 생각되는 대상이나 상황을 오히려 의도적으로 생각하고, 공포스런 감각을 과장되게
의식화하면 두려움이 많이 줄어들 수 있다.

역설적 의도는 '두려워하다 보면 두려움이 오히려 증가하는 반면, 두려움의 내용
이나 증상을 적극적으로 표현하면 두려워하는 것이 어리석은 것으로 느껴진다'는 가정
을 근거로 한 것이다. 즉, 프랭클(Frankl, 1960)이 발전시킨 이 방법은 예기적 불안을
회피하거나 집착하지 말고 바로 직면하도록 하는 것이다. 직면하되, 예상되는 불안 및
공포를 의도적으로 익살을 섞어 과장되게 생각하고 표현하면 그 불안에서 해방된다는
것이다. 다시 말해서 불안 및 공포에 매달려 있던 태도에서 자기의 불안 및 공포가 얼
마나 어리석은지 객관적 입장에서 보도록 하는 '증상과 태도의 분리'를 겨냥한 것이다.

프랭클은 실존주의 입장에서 이 방법을 제시하고 있으나, 그 원리는 행동수정의

부정적 연습과 유사하다고 볼 수 있다. 즉, 상담이나 심리치료 장면에서는 내담자를 두려워하는 사태에 집중적으로 노출시켜도 실제 생활 장면에서처럼 부정적 결과가 오지 않으므로 두려움이 소거되는 것이다.

다음에 이 방법을 사용한 두 가지 사례를 소개하기로 한다. 이 사례들은 이장호와 윤관현의 상담기록을 요약한 것이다.

〈사례 1〉

외아들로 대학 4학년 남학생인 이 내담자의 문제는 다음과 같이 열거되었다. '여러 사람 앞에 서면 당혹감이 앞선다', '특히 시험을 치를 때는 손이 빳빳해진다', '키가 작고 성기도 작아서 목욕탕에 가는 것이 두렵다', '고등학교 재학 때에는 나보다 못했던 친구가 고시에 합격했는데 나는 처음부터 원했던 학과에 들어오지도 못했다는 사실에 열등감을 느낀다', '항상 원칙이나 행동기준이 없으면 불안하고, 집중력도 없다' 등이다.

상담자는 내담자의 완전주의와 열등감을 제거하되, 완전주의는 역설적 의도를 통해서 그리고 열등감은 자기수용의 촉진을 위한 면담에서 해결하기로 방침을 세웠다. 제3회 면접에서 내담자는 자기의 열등감의 속성과 이를 보상하려는 완전주의 때문에 모든 생활이 긴장과 불안으로 점철되어 있음을 인식했다. 내담자가 이렇게 자신의 문제를 어느 정도 객관적으로 볼 수 있게 되었을 때, 역설적 의도를 도입하기로 하고 다음과 같이 설명했다.

'인생이란 계속적인 과정이기 때문에 어느 순간에 못 한 일은 다음에 다시 할 수도 있다.'

'그리고 좀 못 할 수도 있지 않느냐, 못 해도 큰 일이 날 것은 없다. 오히려 못 하도록 노력해 보는 배짱으로 살아 보라'

'시험 치를 때 글씨를 잘 쓰려고 하고, 시험을 못 보면 어떻게 하나 하고 걱정하기 때문에 손이 빳빳해진다. 시험장에서 '이 시험 망쳐도 좋다'는 배짱을 가지고 부딪혀 보라'

'남들 앞에서 긴장하거나 떨 때에는 '실수하면 어떠냐, 좀 더 떨고 당황한 모습을 보여 보자'는 식으로 생각하라.'

내담자는 4회 면접에서 국민교육헌장을 갈겨쓰는 연습을 했다. 보통 17분 걸리는 데 갈겨쓰니 7분밖에 안 걸렸다. '심리적 변화의 효과가 이렇게 큰지는 몰랐다'고 역설적 의도의 효과를 이야기하기 시작했다. 여기서 신체적·심리적 긴장은 많이 이완되었으나, 남에게서 인정을 받고자 하는 욕망과 열등감의 관계를 중심으로 한 3회의 추가 면접을 했다. 상담의 종결과정에서 내담자가 보고한 변화는 다음과 같았다.

'우선 책을 볼 때 모르는 것이 있어도 그냥 지나갈 수 있게 되었다. 자세한 부분에 집착하지 않으니까 전체적 이해력이 높아지고 집중력도 향상되었다.'

'실수를 해도 옛날처럼 과민하지 않고 대범해진 것 같다.'

'항상 쫓기는 듯한 긴장감에서 벗어나게 되었고 쉽게 흥분하던 것도 줄어들었다.''나 자신을 보는 눈이 바뀌어 가고 있다. 전에는 완벽한 기준에 나 자신을 비교했고 남들도 완벽한 것으로 잘못 생각했었다. 이것이 열등감을 갖게 한 원인의 하나였다.'

'역설적 의도 방법으로, 나의 사고방식이 수직적인 방식에서 수평적으로 바뀌었다.'

〈사례 2〉

이 내담자는 선임 필자의 공개강의를 듣고 연구실을 찾아 온 40대 이혼녀였다. 내담자의 문제는 '쉽게 불안을 느끼고 자주 허탈감에 빠져 있다', '집에 혼자 있을 때마다 강도가 들어올 것 같은 공포에 시달리고 있다'는 것으로 집약되었다. 이혼한 지 얼마 안 되는 이 내담자의 불안과 고독감은 인정되었으나, 다른 면에서는 대체로 적응을 잘 하고 있는 것으로 판단되었다. 상담자는 1, 2회의 면접에서 내담자의 외로움과 불안에 공감적 이해를 표시하고, 생활계획의 구체적인 측면에 관해 의논했다. 이 과정에서 어느 정도의 자신감을 회복한 내담자는 "그래도, 강도가 들어올 리는 없는데 제가 왜 무서워하죠?"라고 물었다.

3회 면접부터 내담자로 하여금 그러한 두려움을 과장해서 나타내 보이도록 했다. 즉

"강도가 문을 열고 들어온다고 상상하고 계세요. 부인은 지금 놀라서 부들부들 떨고 있으세요. 식은 땀을 흘리면서……."

"○○씨의 목에 식칼을 들이댄 후, 강도가 부인을 밧줄로 꽁꽁 묶어 놓았습니다. 그리고 장농을 뒤져서 부인의 패물과 현금을 닥치는 대로 챙기고 있습니다. 부인은 너무 무서워 아예 눈을 감아 버렸고, 그래도 다리가 덜덜 떨리고 있습니다. 다리를 그렇게 떨어보세요."

"강도가 이제는 그렇게 무서워 꼼짝 못하고 얼굴이 새파래진 부인을 강간하려고 덤벼듭니다……."(내담자가 여기서 중단시킴)

내담자는 이 과정에서 거의 실제 장면에서처럼 무서운 표정으로 손을 떨고 있다가 '이게 무슨 꼴이에요? 그만하세요 선생님!' 하고 상담자의 지시를 제지한다. 즉 지시에 따라 의도적 반응을 보이던 내담자가 자신의 불안이 우습다는 것을 경험하게 된 것이다. 이런 절차를 다음 면접에도 반복했고, 내담자가 집에 있을 때도 연습하도록 했다. 상담은 불과 4회 면접으로 끝났지만, 내담자는 처음의 공포를 완전히 제거했고 지금은 전화상담기관의 자원 상담자로 활약하는, 선임 필자의 친구가 되었다.

3.4 역할연습

역할연습은 개인 및 집단상담에서 많이 활용된다. 본뜨기(모델링)와 유사한 성질의 것이지만, 별도로 취급되어야 할 중요한 상담방법이다. 역할연습은 한 마디로 실패의 위험부담이 없는 모의 장면에서 새 행동반응을 연습하는 것이라고 말할 수 있다. 즉 문제가 되는 생활 장면을 상담 장면에 재현하여 관계인물의 입장에서 바람직한 행동반응을 학습하는 절차이다. 따라서 역할연습이라는 용어보다 '행동시연'이라고 부르는 것이 더 적절할지 모른다. 내담자는 역할연습을 통해서 자기 행동에 대한 교정을 스스로 또는 다른 역할자의 피드백을 통해 교정할 수 있다. 예측되는 곤란한 대인관계의 처리방식을 익힐 수 있고, 자기와 생활배경이 다른 사람들의 감정과 경험을 이해할 수 있게 된다. 이와 같이 역할연습은 내담자 행동에 구체적이고 정확한 변화를 가져올 수 있게 하는 것이다.

다음에 역할연습의 시행절차를 간단히 살피기로 한다. 먼저 상담의 목적·내담자 문제의 정의·상담목표에 따른 방법에 관해 합의가 이루어진 후에 역할연습의 취지와 기본절차를 내담자에게 설명한다. 그런 다음에 '문제 장면'의 주요 역할을 배정한다. 대개 상담자가 내담자의 생활환경 중의 주요 인물의 역할을 맡게 된다. 이 주요 인물은 내담자의 행동을 변화시키는 데에 관련되는 어떤 인물이라도 좋으나, 대체로 내담자의 부모, 직장의 상사, 배우자 또는 연인일 경우가 많다.

그리고 배정된 역할자의 전형적 행동양식과 최근에 실제로 있었던 대화내용을 알아보고 그 과정을 분석한다. 실제 장면에서 있었던 주요 인물과의 상호작용에 대한 분석은 내담자 및 그 주요 인물의 위치와 각자의 감정을 보다 구체적으로 이해시키고, 미처 표현되지 않았던 기대와 감정내용이 무엇인가를 파악하는 데에 있다. 그리고 내담자가 실제로 한 것과 달리 어떤 행동반응을 하고 싶은가를 알아보고 역할연습에서 시도할 행동 및 대화 장면을 설정한다.

다음에 상담자는 주요 인물의 역할을 하고 내담자는 자신의 역할을 하면서 새로운 행동반응을 가능한 한 실감나게 연습한다. 어느 정도 의미 있게 연습이 진행되면, 상담자와 내담자는 역할을 서로 바꾸어 다시 연습을 진행하기도 한다. 이 연습은 내담자가 실제 장면에서 할 수 있었던 바람직한 행동을 보다 안정시키고, 새로 시도하고자 하는 행동반응이 성공적으로 수행될 것으로 판단될 때까지 진행한다.

역할연습에서 내담자가 바람직한 행동을 큰 부담 없이 할 수 있게 되었거나, 또는 그렇지 못한 경우에는 진행된 연습과정에 대한 토의를 하는 것이 좋다. 토의과정에서 내담자가 어떤 부담이 있었고 시도하고자 했던 행동이나 표현의 어떤 점이 힘들었는지를 검토하고 보다 적절한 방향을 모색·정리한다.

그리고 나서 내담자로 하여금 실제 생활 장면에 가서 연습한 행동을 실천에 옮기도록 한다. 다음 상담면접에서 실제 환경에서의 실천이 어느 정도 되었는지 검토하고 필요한 조정과 추가연습을 하기도 한다.

이러한 역할연습의 절차에서는 상담자 이외의 훈련된 다른 사람으로 하여금 주요 인물의 역할을 맡도록 하기도 한다. 그리고 역할연습의 효과를 높이기 위해서 때로는 책상·전화 같은 도구를 사용할 수도 있다. 요컨대 내담자의 생활환경에 가능한 한 가깝게 인물·도구 및 상황 등을 설정하는 것이 바람직하다. 다음은 역할연습의 예를 필자의 사례에서 소개하기로 한다.

〈사례 1〉

대학 3학년 남학생으로서 성적도 괜찮은 편이고 학교생활에 대해서도 대체로 만족하는 편이었다. 상담 신청서에는 '대인관계 및 성격문제'가 상담의 목적으로 기입되어 있었다. 그러나 면담이 진행됨에 따라서 구체적인 문제가 이공계 대학교수인 아버지에 대한 의사표시 및 감정표현의 부족으로 압축될 수 있었다. 내담자는 아버지의 신경질적인 반응이나 비판적인 대답에 위축되고 있으면서도, 마음 속에서 일어나는 불만이나 적개심을 소화하지 못하고 있었다. 상담자는 이러한 내담자의 심정을 명료화하면서 권위적인 아버지와의 상호관계를 실제 대화 장면에서의 과정을 중심으로 검토한 후 역할연습을 하기로 했다.

앞에서 설명한 순서대로 역할연습을 2주일 동안 3회에 걸쳐 상담면접에서 실시했다. 내담자는 전보다 큰 부담 없이 아버지에게 용돈을 요청할 수 있게 되었고, 아버지에게 인사말도 건네게 되었다. 특히 상담자가 아버지 및 내담자의 역할을 하며 대화 장면을 연습·검토하는 과정에서 내담자는 아버지의 마음을 이해 또는 어느 정도 수용할 수 있게 되었고, 아버지를 대할 때의 불안이나 불만이 현저하게 감소되었다. 역할연습을 중심으로 한 불과 3회의 상담이었지만, 내담자는 '아버지도 만족스러워 하시며 감사의 표시로 전해 드리라'고 말씀했다면서 양주 한 병을 상담자에게 선물한 사례였다.

〈사례 2〉

선임 필자의 상담심리학을 수강한 대학 4학년 여학생으로부터의 자기의 남동생을 상담해 달라는 청을 받고 내담자를 만났다. 고등학교 1학년인 내담자는 학교성적이 우등권에 들어 있었으나, 공부하는 과정에서 아무런 만족을 느끼지 못하고 부모와 누나의 요구에 그저 수동적으로 책상에 붙어 있다고 했다. 그리고 식탁에서나 부모들에게 퉁명스럽게 '예', '아니오' 식의 단답형 대답이나 '그저 그렇다', '잘 모르겠다' 식의 모호하고 회피적인 말만 한다는 것이었다. 내담자는 상담이 처음엔 과히 내키지 않는 듯한 자세였다.

상담자는 우선 내담자와의 면접과정에서, 이야기를 걸어 보고 싶었으나 정작 마주칠 때에는 오히려 이쪽에서 얼굴을 돌리고 마는 초등학교 동창 여학생과의 대화를 역할연습하기로 했다. 상담자와 내담자 사이의 역할연습으로 어느 정도 진전은 있었으나 내담자가 확신을 갖지는 못했다. 그래서 누나로 하여금 상대 여학생의 입장에서 내담자와 같이 역할연습을 두 번 하도록 하고 그 과정과 연습 후의 소감을 검토하였다. 즉 상담자가 옆에서 관찰하면서 내담자의 언어반응 중 바람직한 것은 격려하고, 소극적이고 불안정한 면에 관해서는 세 사람이 같이 토의하였다. 이런 후에 다시 누나와 같이 역할연습을 실시한 다음, 실제 장면에서 실천에 옮기도록 했다. 내담자는 그 후에 그 여고생으로부터 예상 외의 부드러운 반응을 받았으며, 또한 서로 월 1회 정도의 '만남'까지 약속했다고 좋아했다. 이렇게 내담자의 가장 큰 관심영역이 만족됨으로써 부모와의 바람직한 대화관계를 위한 제2단계 역할연습에서도 소기의 성과를 쉽게 거둘 수 있었다. 외아들인 이 내담자의 행동변화에 고무되어, 부모들의 요청에 따라 가족상담까지 진행한 사례였다.

3.5 본 뜨 기

인간은 다른 사람의 것을 본뜸으로써 새 행동과 태도를 배울 수 있다. 새로운 언행이나 태도를 배우기 위해서 반드시 그 행동을 처음부터 직접 시도해 볼 필요는 없다. 처음부터 스스로 시도하기보다, 타인을 관찰함으로써 많은 것을 효과적으로 배울 수 있다. 즉 타인의 본보기를 따름으로써 새로운 행동·신념·가치관 및 태도 등을 학습한다. '중요한 타인'의 모범을 따르거나 타인의 행동을 관찰함으로써 배우는 것은, 스스로 처음부터 시도하는 경우보다 위험부담이 적다는 이점이 있다. 다시 말해서 내담자들이 과거와는 다른 행동 및 태도를 보이고 싶어도, 흔히 그 결과에 대해 자신이 없거나 부정적 반응이 되돌아올지도 모른다는 두려움에 사로잡힌다. 또한 새롭고 바람직한 행동을 어떻게 시도해야 할지 막연한 경우도 허다하다. '본뜨기'는 이렇게 새로운 행동을 시도하는 데에 따르는 불안을 제거해 주고 실제 행동의 수행절차를 안내해 주는 것이다. 인간이 성장하는 과정에서 많은 본뜨기와 관찰학습이 이루어지고 있음을 우리는 잘 알고 있다. 예컨대, 아동은 부모들을 본보기로 하여 여러 가지 동작·태도·언어반응·정서표현 등을 학습한다.

이러한 본뜨기의 성질을 더욱 이해하기 위해서는 그 요인과 유형을 생각할 필요가 있다. 먼저 본보기가 이루어지는 관계와 특성을 살펴보아야 할 것이다. 관찰자와 본보기(모델)의 관계가 친밀할수록 관찰자가 본보기의 행동을 본뜰 확률이 높다고 할 수 있겠다. 그리고 양자 간의 공통점 또는 유사성이 크면 클수록 본뜨기 행동이 더욱 쉽게 이루어질 것이다. 본보기나 모범 인물의 특성은 대체로 관찰자보다 높은 지위나 명예를 가졌거나, 더 많은 경험을 했거나 행동에 대해 자신을 가지고 있다는 점이다. 예컨대 노래와 운동을 처음 시작하는 사람들은 이미 잘 아는 사람의 행동과 기술을 모방함으로써 배우는 것이다.

본뜨기의 유형은 묵시적인 것과 현시적인 것, 또는 직접적인 것과 대리적인 것으로 나눌 수 있다. 묵시적인 본뜨기는 학습자가 의식하지 못하는 사이에 본보기의 행동을 배우는 것이다. 예컨대 내담자가 처음에는 불안한 모습으로 상담을 시작했으나 상담자의 조용하고 편안한 자세를 모르는 사이에 닮아 가는 것이다. 이와 반대로 현시적인 본뜨기는 학습자가 스스로 모방하고 있음을 자각하는 경우이다. 예컨대 역할학습을 통해 다른 사람에 대한 바람직한 행동반응을 연습할 때에는 그러한 행동을 의식적으로 하는 셈이다. 직접적인 본뜨기는 실제 환경 장면에서 타인의 행동을 관찰하고 모방하는 것이다. 예컨대 개를 무서워하는 어린이에게 부모가 개를 어루만지는 행동을 어린이 앞에서 먼저 보여 준 후, 어린이로 하여금 스스로 시도하도록 옆에서 지켜 보는 것이다. 대리적인 본뜨기에서는 학습자로 하여금 본보기가 되는 제3자의 행동을 관찰하고 본뜨게 하는 것이다. 예컨대 물을 무서워하는 어린이에게 자기 또래의 다른 어린이가 물장난을 하는 영화장면이나 녹화자료를 보여 주는 식이다. 이 경우, 한 어린이가 처음에는 물을 무서워하여 다른 어린이들이 물장구를 치면서 노는 것을 보기만 하다가 차츰 물가로 다가가는 녹화자료 장면을 보여 주는 것이다. 상담에서는 내담자가 배워야 할 적당한 행동 장면을 보여 준 후, 내담자에게 무엇을 관찰했고 어떻게 생각하는지를 묻고 그 내용을 토의한다. 매개물을 통한 대리적 본뜨기의 절차는 독서요법의 절차와 유사하다고 하겠다. 즉,

(1) 상담자는 내담자의 생활 장면이나 욕구를 반영하는 본보기 행동이 담긴 시청각 자료를 선정하여 보인다.
(2) 내담자가 이 자료를 듣고 본 내용과 소감을 상담자와 토의한다.
(3) 내담자가 자료 속의 보기행동과 유사한 새 행동을 상담 장면에서 스스로 시도해 본다.
(4) 그 다음 실제 장면에서 새 행동을 시도해 보도록 하고 그 결과를 검토·강화한다.

본뜨기에 관계되는 변인으로서는, 보기행동에 대한 주목, 보기자극의 식별성, 본뜨기의 동기 등이 있다. 이들 관계변인에 대한 자세한 내용은 반듀라(Bandura, 1971)를 참고하기 바란다.

본뜨기에 관계된 원리와 방법은 최근의 많은 연구결과에서 그 타당성이 입증되고 있다. 따라서 상담과정에서 앞으로 많이 활용되어야 할 것으로 기대된다. 물론 모든 내담자의 문제에 '만병 통치약'과 같은 효과를 기대할 수는 없다. 요컨대 대개의 상담 장면에서 상담자가 의식하든 의식하지 못하든 내담자에게 본보기가 된다는 점에서, 상담자는 본뜨기와 관찰학습의 원리를 체계적으로 활용하여 상담효과를 높여야 할 것이

다. 상담자로서는 먼저 자신의 행동·태도·가치관 등의 속성을 충분히 자각하고 있어
야 하고, 내담자의 모방이 내담자의 최선의 이익에 가깝도록 하는 책임을 느껴야 할
것이다.

특히 녹화 또는 녹음자료(동영상)와 같은 매개체를 사용하지 않는 경우에는, 상담
자 자신이 본보기의 역할을 더욱 효과적으로 수행할 수 있으며 상담관계가 하나의 바
람직한 인간관계의 본보기가 된다는 점을 기억해야 할 것이다. 가령 내담자의 문제가
타인과 대화능력이 부족하다든가 자기의 감정을 바람직하게 표현하지 못하는 것이라
면, 상담 장면에서의 상담자의 언어행동을 본보기로 하여 내담자가 학습하게 될 것이
다. 또한 촉진적인 상담관계가 하나의 훌륭한 인간관계라는 점에서 상담자는 공감적
인 이해, 비소유적인 온정, 솔직성 등을 행동으로써 내담자에게 본보기를 제시하는
셈이다.

3.6 자기표현훈련

이 방법의 기본취지는 대인관계에서의 억제된 생각과 감정을 적절한 방식으로 표
현하도록 함으로써, 적극적이고 생산적인 생활태도를 갖추도록 하는 것이다. 이 훈련
은 관료적 집단사회 속에서의 인권회복의 필요성, 여권운동에 따른 행동변화의 방법으
로서, 그리고 갈등과 피해의식을 줄이는 '비공격적인' 대화방법의 필요성에서 출발되
었다고 볼 수 있다. 비교적 짧은 횟수의 면접이나 저렴한 비용의 집단연수를 통해서
구체적인 효과를 거둘 수 있기 때문에 근래에 많이 활용되는 상담방법이다. 우리나라
에서도 홍경자(1982)가 대학생을 대상으로 한 5회의 집단훈련에서 그 효과를 입증한
바 있다.

자기표현훈련이 필요한 경우는 일반적으로 대인관계에서의 소외감·피해의식·대
중공포 및 이에 따르는 불안과 고독감이 문제가 되는 경우이다. 이것을 보다 구체적인
행동 예를 들어 열거하면 다음과 같다.

(1) 남의 시선을 회피함
(2) 상대방의 잘못을 지적·언급하기를 두려워함
(3) 모임이나 회의에서 구석 자리만을 찾는 습관

(4) 자기를 비난하는 소리를 듣고만 있는 것

(5) 불만·적개심 등의 표현을 주저하는 것

(6) 지나치게 변명하고 사과하는 태도

(7) 지배적인 인물에 대해 전혀 반박을 못하는 것

(8) 좋아하거나 사랑하는 대상에게 애정을 표시하지 못함

(9) 타인을 칭찬할 줄도 모르고 칭찬받을 줄도 모름

(10) 친구의 비합리적 요구를 거절하지 못하는 태도 등

특히 관료적이고 '권위적 사회'에 사는 현대인들은 자기의 의사·감정 및 욕구의 표현을 지나치게 억제하는 경향이 있다. 즉, 타인의 눈치를 보거나 부정적인 반응이 되돌아올까봐 지나치게 자기를 억제한다. 이렇게 지나치게 억제하는 사람은 불안정하거나 긴장을 느끼기 마련이다. 자기표현훈련은 이러한 불안과 긴장을 감소시키기 위한 표현반응을 연습함으로써 과도한 긴장과 억제를 줄인다. 다시 말해서 자기가 말하고 싶은 것을 말하도록 내담자를 훈련시키는 절차이다. 이 훈련에는 감정표현이나 감정을 나타내는 안면표정, '나'라는 주어의 강조, 칭찬을 피하지 않고 받아들이는 것, 타인의 의견에 이의를 제기하는 것, 그리고 표현의 자발성을 높이는 훈련 등이 포함된다.

이렇게 훈련하기 위해서는, 내담자에게 ① 자신이 인간으로서의 기본 권리가 있고, ② 스스로 결정할 권리가 있고, ③ 타인으로부터 침해받지 않을 권리가 있으며, ④ 자신의 생각과 감정을 표현할 권리 등이 있음을 인식하도록 먼저 격려해 줄 필요가 있다. 이러한 '자기권리'에 대한 인식을 새롭게 한 다음에, 내담자의 '문제 생활장면'에 관련된 자기표현의 행동(또는 언어반응)을 상담자의 지시에 따라 연습한다. 즉 상담이라는 비위협적인 장면에서 먼저 연습을 한 다음 실제 생활 장면에 활용하는 것이다. 또한 실제 장면에서 어느 정도로 자기표현이 효과적으로 될 수 있고 또 되었는지 상담자와 같이 검토하게 된다.

〈사 례〉

지방 출신의 한 남학생이 동급생들의 요구를 거절하지 못한 것에 불만스러워했다. 첫 면접에서 그러한 실례를 최근의 경험 중에서 다음과 같이 끄집어 낼 수 있었다.

첫째는 자기의 비상금 20,000원을 친구가 '우리 사이에 그럴 수 있느냐'는 식으로 조르기 때문에, 싫으면서도 몽땅 빌려 준 후 갚아 달라는 말을 못했다.

둘째는 형님이 집안에서 자기 일이 아닌 데도 '이걸 가져오라', '저걸 치우라'는 식으로 심부름을 시킬 때, 형님이 싫어할까 봐 할 수 없이 순종했다.

셋째로 친구가 집에 와서 마냥 시간을 보내고 앉아 있을 때 '할 일이 있으니까 오늘은 이만 가 주었으면 좋겠다'는 말을 하고 싶었지만 못했다.

상담자는 이 세 가지 상황에 대해 내담자와 같이 역할연습의 형태로 하고 싶은 적절한 언어반응을 하나하나 연습시켰다. 즉, 상담자가 내담자의 친구나 형의 역할을 하면서 실제로 어떤 말을 할 수 있는지를 내담자가 만족할 만한 정도까지 연습을 시켰다. 상담실에서 이와 같이 자기표현연습이 된 후에, 유사한 실제 생활 장면에서 어느 정도 표현이 되었는지를 검토했다. 내담자는 전보다 쉽게 자기의 감정과 생각을 표현하게 되었고, 4회의 면접 끝에 '우울증까지 없어졌다'고 보고했다.

자기표현훈련에서는 이 사례에서처럼 상담자와의 연습뿐만 아니라, '자기표현적인' 제3자를 등장시키거나 녹화자료(동영상)를 통한 본뜨기, 단계적 행동연습, 비합리적이고 회피적인 사고방식의 교정 등 여러 가지 접근방법이 활용된다. 그리고 필요에 따라 내담자로 하여금 '적절한 요구', '정당한 거부', '자연스러운 감정표현'에 관한 행동일지를 적도록 한다.

3.7 비생산적 관념의 제거

강박적으로 비생산적 관념에 빠지는 내담자에게 활용된다. 즉 바람직하지 못한 줄 알면서도, 떨쳐 버릴 수 없는 생각에 사로잡히게 되는 내담자에게 필요한 방법이다. 내담자들은 흔히 자기의 문제가 '어쩔 수 없는 것'이라고 스스로 다짐해 버린다. 이런 '스스로의 다짐'은 결국 자신에게 불리한 '비생산적 관념'이다. 또한 내담자로서는 자기의 관념(또는 생각)이 비생산적인 줄 알고 억제하려고 애쓰지만, 계속 떠오르기 때문에 그런 관념을 떨쳐 버릴 수가 없는 것이다. 따라서 이러한 비생산적 관념을 생산적이고 현실적인 것으로 바꾸어 주는 것이 상담자의 임무라고 하겠다. 다시 말해서 상담자는 잘 억제하지 못하는 관념을 효과적으로 억제하도록 도와 주어야 할 것이다.

상담자는 먼저 내담자로 하여금 자주 떠오르는 생각을 갖도록 요청하고, 그 생각이 떠오르고 있을 때에 손가락으로 신호하도록 한다. 그런 때에 상담자는 예고 없이 '그만!'이라고 소리를 친다. 책상을 두드리며 이렇게 소리치면 대개의 내담자들이 놀라게 되며, 조금 전에 가지고 있던 관념이 사라졌음을 보고한다. 그리고 나서는 미리 선정해 두었던 긍정적인 생각이나 활동을 생각하도록 지시한다. 나중에는 내담자 스스로 '그만!' 하고 소리를 치도록 하고, 그 다음 단계에서는 마음 속으로 '그만!' 하고 자신에게 명령하도록 한다. 이러한 단계적 절차에 의해서 훈련이 거듭됨에 따라, 내담자는 평소에 자꾸 떠오르던 부정적인 생각을 떨쳐 버리게 되고 보다 적극적이고 긍정적인 생각을 갖게 된다. 다음에 한 실제 사례를 들기로 한다.

〈사　례〉

20세의 대학 3학년 여학생인 이 내담자는 자기의 교우관계가 원만하지 않으며, 아직까지 이성교제가 없다고 했다. 장차 결혼하지 않고 독신생활을 하고 싶다고 말했다. 대학 입학 후 여러 번 회합('미팅')에 나갔으나 자기 마음에 드는 남학생 앞에서는 제대로 대화를 이끌지 못했다고 말했다. 그러면서도 표면으로는 그런 일이 '별로 신경이 쓰이지 않는 것'으로 넘겨 버렸다. 최근에는 동급생들이 주선하는 모임에 참여하기가 싫어서 아프다거나 공부할 것이 밀려 있다는 핑계를 대고 나가지 않았다. 그러나 사실은 나가고 싶었다는 것이다. 상담자와의 이야기에서 내담자는 남학생들과 마주 앉을 때의 불안이 자기가 '혹시 상대방의 마음에 안 드는 말이나 행동을 할 것 같은 두려움'으로 압축된다는 사실을 시인하게 되었다.

이 여학생에게 관념봉쇄의 방법을 사용하기로 했다. 먼저 내담자로 하여금 눈을 감고 남학생 앞에서 불안하게 만드는 생각을 머릿속에 떠올리도록 지시하였다. 자기가 '못나서……' 혹은 '말을 잘못 하지나 않았나……' 하는 생각이 떠올랐다고 신호해 왔을 때에, 상담자는 '그만!' 하고 명령했다. 그리고 다른 긍정적인 장면을 생각하도록 하는 절차를 반복했다. 그런 다음에 내담자 스스로 생각하고 마음 속으로 '그만!' 하고 다른 장면을 생각하도록 연습을 시켰다. 이런 절차를 거치는 동안에 이 여학생은 남학생들과 만날 때의 부정적인 생각과 불안이 훨씬 덜하게 되었다. 그 후 이 여학생은 학회(서클)에서 알았던 한 남학생을 전화로 불러내서 만날 수 있을 정도가 되었다. 이 사례에서는 그 남학생이 내담자와 교제를 하고 싶지 않다는 태도를 보였기 때문에 2회의 추가면접에서 내담자의 좌절감을 별도로 다루어야 했다.

3.8 단계적 둔감화

이 방법은 2장에서 그 기초개념이 소개된 바 있으나, 상담 장면에서 사용되려면 자세한 절차를 알아야 할 것이다. 여기서는 이 방법의 기초과정을 소개한 다음에 이완 훈련과 단계적 둔감화의 시행절차에 관해서 설명하기로 한다.

이 방법은 바람직하지 않거나 비적응적인 불안 및 공포반응을 감소·제거시키는 데 주로 사용된다. 불안 및 공포반응은 자극조건에 의해서 유발되고, 그런 반응이 계속되는 것은 '자극조건(예: 권위적 인물, 시험) → 반응(예: 적개심, 불안)'의 연결, 즉 조건형성이 이루어졌기 때문이다. 그리고 '일반화의 원리'에 따라서 불안을 처음 유발했던 자극조건과 유사한 다른 장면에서도 불안반응이 일어나게 된다. 그러므로 불안반응의 제거는 '불안유발자극 → 불안반응'의 연결고리를 깨는 것이며, 여러 자극조건에서 경험되는 불안의 강도에 따라 단계적으로 접근하는 것이 효과적일 것이다. 이것이 바로 단계적 둔감화의 기본원리라고 할 수 있다.

단계적 둔감화 방법을 사용하는 데에는 세 가지의 기본 단계가 있다. 첫째로 경험되는 불안강도의 순서에 따라 자극 장면 및 조건의 순서를 정한다(불안위계목록의 설정). 둘째로 충분히 이완되도록 훈련한다. 셋째로 이완상태에서 각 반응위계의 장면을 상상하도록 하는 것이다. 흔히 부작용이 있기 마련인 약물대신에 내담자를 이완시키는 가장 강력한 방법으로서 '근육 긴장이완법'을 활용한다. 이 방법은 내담자로 하여금 몸의 여러 근육부분을 바짝 긴장케 한 후에, 갑자기 풀어 놓도록 반복훈련하는 것이다. 근육긴장의 강도·순서 및 지속시간을 면밀히 통제함으로써 내담자는 과거의 어느 때보다 깊은 이완상태에 들어가도록 한다. 여기에서의 깊은 이완상태는 불안상태와 서로 상치되는 것이다. 즉, 이완과 불안은 서로 배타적인 반응이기 때문에, 어떤 특정 자극조건에 대해 이완반응이 훈련되면 그런 조건에서 불안반응이 다시 일어나는 것을 방지 또는 억제하게 되는 것이다. 이를 '상호억제의 원리'라 한다.

상담자는 불안에 따른 긴장대신에 이완이 되도록 관련된 불안자극조건을 단계적으로 통제한다고 말할 수 있다. 앞에서 말한 근육 긴장이완법에 의하여 깊은 이완상태가 훈련되면, 내담자로 하여금 '불안반응위계'에 따라 불안이 경험되는 각 장면을 상상하도록 지시한다. 상담자는 이런 상상 장면의 지속시간과 순서를 면밀히 통제함으로써, 내담자의 불안반응을 대치시킬 수 있다. 더 자세히 말하면 상담자는 먼저 내담자가 불안을 가장 덜 느끼는 장면부터 잠깐씩 상상하도록 하고 나중에는 오래 상상하도록 한다. 그리고 다음에 불안을 더 느끼는 다른 장면을 같은 식으로 상상하도록 지시한다. 즉, 내담자가 어떤 심상(心像)에 대해 여러 차례의 시도에서 불안을 경험하지 않는다면, 다음 불안 장면의 심상을 가지도록 하는 것이다. 이런 식으로 불안이 가장 약하게 경험되는 장면의 심상에서 가장 강하게 불안이 경험되는 장면의 심상까지 진행된다. 이렇게 해서 불안반응위계의 상위 장면까지 진행되면, 그러한 장면에서 경험되던 불안반응이 거의 제거되게 된다.

다음에 점진적 이완훈련과 단계적 둔감화의 순서와 절차를 자세히 설명하기로 한다.

(1) 점진적 이완훈련

상담자는 먼저 내담자에게 상담의 효과를 얻기 위해서는 이 훈련이 우선적으로 필요한 절차임을 설명해 주어야 한다.

내담자를 푹신푹신한 장의자에 앉히고, 내담자의 다리는 뻗도록 하며, 머리를 의자에 기대도록 하고, 양팔은 의자 팔걸이에 얹도록 하거나 좌우로 편안히 놓이도록 한다. 다시 말해서 몸의 어떤 부분도 압박이 거의 없도록 앉히거나 눕히는 것이다. 또한 조용한 방에서 해야 하며 방 안의 전등은 희미하게 하는 것이 바람직하다. 이렇게 한 후 다음과 같은 지시로 이완훈련이 시작된다.

"의자 팔걸이를 꽉 잡으십시오. 꽉 잡고 있는 손의 감각에 신경을 집중하시기 바랍니다. 먼저 어떤 감각이 오는가를 알아보십시오. 손에 닿는 감각이라든가 그 밖의 여러 감각이 느껴질 것입니다. 자, 이제 의자에서 손을 떼시고 이완된 상태에서 풀어진 근육의 감각에 주목하십시오. 이제부터는 ○○씨 몸의 다른 부분도 차례차례로 해 볼 것입니다. 제가 말하는 대로 각 근육부분을 바짝 죄었다가 풀면서, 바짝 긴장했을 때와 완전히 근육을 풀어 놓을 때의 감각의 차이에 주목하시기 바랍니다. 이렇게 계속 연습하시는 동안, ○○씨는 점점 편안해지면서 과거의 어느 때보다 더욱 편안해질 것입니다. 자, 오른쪽 주먹을 꽉 쥐시고 오른 팔뚝의 근육이 떨릴 때까지 꽉 죄이십시오. 팔뚝과 손가락 마디에 닿는 긴장감을 느끼십시오(약 5초에서 7초 동안 주먹을 꽉 쥐도록 한다). 자, 이젠 주먹을 펴시고 긴장을 푸십시오. 긴장을 풀고 난 다음의 팔뚝과 주먹의 편안해진 감각을 느끼십시오. 주먹과 팔뚝에서 풀어지고 시원해져 오는 느낌을 만끽하십시오(이 상태로 약 10초에서 20초 동안 이완시킨다). 자, 다시 ○○씨의 오른쪽 손과 팔뚝을 꽉 죄이십시오. 그러면서 손과 팔의 근육에서 느끼는 긴장감에 주목하십시오. 꽉 끼인 손가락 마디마디와 팔뚝에서 느껴지는 감각에 정신을 집중하시는 것입니다. 자, 이제 손을 완전히 풀어 놓으십시오. 그리고 손과 팔뚝의 풀어진 감각을 느끼십시오. ○○씨의 손과 팔은 이제 점점 이완되어 가고 과거의 어느 때보다 편안한 상태가 되었을 것입니다. 우리가 이것을 연습할 때마다, 아무런 긴장이 없이 점점 더 편안하고 포근한 상태가 될 것입니다"(오른손과 팔뚝이 완전히 이완상태가 되면, 내담자로 하여금 손가락으로 신호를 하도록 한다. 보통 2회 내지 4회의 연습 후 이런 상태에 도달한다).

이와 같은 절차로, 내담자로 하여금 손과 양팔을 의자에 놓은 채로 오른쪽 팔꿈치와 어깨까지의 부분을 죄이도록 지시한다. 이러한 식으로 처음했던 오른쪽 손과 팔뚝만큼 이완될 때까지 연습을 시킨다. 내담자를 이완상태에 들어가도록 이끌기 위해 필요에 따라 다음과 같은 말을 해 줄 수 있다.

"○○씨는 무감각한 상태에 있는 것처럼 느껴지거나 얼얼해질 것입니다."
"○○씨는 아무런 힘을 안 들인 채 편안한 기분이 돼 있을 것입니다."
"근육의 긴장을 풀어 버리고 어떻게 시원해지는지를 느끼십시오."
"포근하고 편안한 기분을 가지실 것입니다."
"그저 의자 속에 푹 파묻혀 계십시오."
"○○씨께서 점점 더 근육을 이완하실 때마다 따뜻하고 무거운 듯한, 상쾌한 기분이 몸 속에 스며들 것입니다."
"점점 더 깊게, 무거워지는 듯하면서, 더 편안해질 것입니다."
"숨을 내뿜을 때마다 점점 더 편안해질 것입니다."
"근육을 풀어 보십시오. 그러면 풀어지는 상태에서 점점 더 편안해질 것입니다."
"○○씨의 숨결이 더 수월해지고 규칙적으로 되는 것 같습니다. 아무런 힘도 안 들이는 것 같고……."
"○○씨의 몸이 대단히 무거운 듯하면서, 조용하게 느껴질 것입니다."
"그저 숨을 뿜어 내버리시면서, 가라앉는 기분을 즐기시는 겁니다. 숨을 내쉴 때마다 ○○씨 몸의 근육들이 편안해질 것입니다. 계속 편안히, 자유롭게 숨을 쉬면서 나른한 기분에 젖어 있으십시오."
"계속 편안한 상태에서 조용하고 상쾌한 기분으로 계십시오. ○○씨의 팔, 손, 어깨, 다리, 얼굴, 어깨의 근육들이 풀어져 있도록 하십시오."
"숨을 길게 들이쉬고 내쉬십시오. 다시 들이쉬고 길게 내쉬십시오."
"○○씨 ~의 근육을 완전히 푸시고 아까 ~의 근육처럼 풀어지게 하십시오."
"이젠, 완전히 이완상태에 있다는 것이 어떤 기분인지 아시게 되었습니다."

이렇게 오른쪽 손·팔·이두근을 이완시킨 후에 내담자의 다른 근육 부분을 같은 방식으로 훈련한다. 대체로 오른손잡이의 경우는 오른쪽 손과 팔을 먼저 이완훈련한 다음 왼쪽 손과 팔을, 그리고 왼손잡이의 경우에는 왼쪽 손과 팔을 한 다음에 오른손과 팔을 이완시킨다. 그 다음에 하게 되는 다른 근육부분에 대한 이완훈련은 다음과 같은 지시로 진행될 수 있겠다.

"앞 이마와 얼굴 윗부분의 근육을 최대 한도로 조이거나 찡그리십시오. 이제 풀어 버리십시오. 앞 이마에서 긴장감이 없어지는 것을 느끼실 것입니다."
"눈을 꽉 조이면서 감으시고, 코를 찡그려 보십시오. 더 조이시고 찡그리면서, 거기에 따르는 긴장감을 느끼십시오. 이제 풀어 버리세요. 눈, 코와 얼굴 전체에 퍼져 가는 편안한 상태를 느끼십시오. 얼굴의 근육을 풀었을 때의 편안한 상태와 아까 꽉 조이셨을 때의 긴장감의 차이를 느끼시게 될 것입니다."
"턱을 윗 가슴팍에 꽉 대면서, 목 쪽에서 오는 긴장감을 느끼십시오."
"양 어깨를 앞으로 힘껏 젖히고 가슴팍 등의 근육이 점점 죄어 들어가는 것을 느끼십시오."
"○○씨의 배를 안으로 잡아들이고 등뼈까지 밀어붙이십시오. 그리고 뱃가죽이 조여 들어가는 것을 느끼십시오."
"오른쪽 윗다리(넓적다리)의 근육을 바짝 죄이십시오. 넓적다리의 윗부분의 근육과 의자에 닿은 아랫부분의 근육이 서로 꽉 조이도록 하십시오."
"발가락을 앞으로 쭉 내밀고, 발뒷꿈치가 마루에 닿으면서 오른쪽 다리를 안으로 굽히십시오. 오른쪽 종아리의 안쪽에서 무엇이 밀어붙이는 것 같은 압박감을 느끼십시오."
"같은 방법으로 왼쪽 넓적다리에 긴장을 주었다가 푸십시오."

근육부분을 긴장시키고 이완시키는 데는 대체로 두 번 정도는 반복할 필요가 있다. 그러나 어떤 경우에도 바람직한 이완상태까지 가기 위해 긴장이완과정을 서너 번 해야 할 때도 있다. 대개의 경우 바짝 죄일 때에는 숨을 들이쉰 채로 가만히 있도록 하고, 조인 근육을 풀 때에는 숨을 내쉬도록 하는 것이 훈련이 잘 된다. 만일 4회 정도까지 해도 이완이 안 되면 다음 순서로 넘어갔다가 다시 되돌아오는 것이 바람직하다. 또한 너무 오래 근육을 죄어서 근육통 같은 것을 느낄 때에는 몇 초쯤 긴장시간을 단축시켜서 하는 것이 필요할 것이다.

그리고 이완훈련을 끝마칠 때에는 최면에서 사용하는 숫자세기식으로 다시 훈련

전 상태로 오도록 한다. 예컨대,

> "이제부터 하나에서 넷까지 수를 세겠습니다. 내가 하나라고 말할 때에 다리를 움직이기
> 시작하십시오. 둘, 손가락과 손을 움직이십시오. 셋, 머리를 움직이십시오. 넷, 눈을 뜨
> 시고 똑바로 앉으십시오."

그리고 내담자가 비교적 원래의 상태가 될 때까지는 의자에서 일어나도록 해서는
안 되며, 또한 상담실을 떠나기 전에 기분이 괜찮은가를 물어 볼 필요가 있다.

이완훈련은 하루에 약 세 시간 이상의 간격으로 두 번씩, 한 번에 15분 정도로 집
에서 연습하도록 지시한다. 이 연습은 내담자가 혼자 있을 때에 하는 것이 바람직하다.
또한 하루의 연습 중 두 번째는 잠들기 전에 누워서 하는 것이 좋다고 내담자에게 일
러 줄 수도 있다.

내담자가 상담자와 만나서 하는 이완훈련 시간이 두어 번 지나면, 대개의 경우 이
완상태가 처음보다 수월하게 이루어진다. 이 때에 상담자는 이완훈련의 지시를 다음과
같이 바꾸어서 할 수 있다. 즉

> "양팔을 쭉 뻗고 주먹을 점점 꽉 조여서 쥐십시오……. 이제 주먹을 풀어 버리십시오."
> "처음 방법과 같은 식으로 얼굴, 목, 가슴, 배부분을 차례로 하고, 발가락을 앞쪽으로 하
> 고 양다리를 쭉 뻗으십시오. 그리고 다리의 모든 근육을 최대 한도로 조이십시오…….
> 더 바짝 조이십시오……. 자, 이제 풀어버리시고 편안하게 놓아 두십시오."

(2) 단계적 둔감화

단계적 둔감화는 높은 곳, 물, 협소한 곳, 어두운 곳, 수험 장면, 생소한 사람과의
면담 등에 대한 공포 및 불안을 극복시키기 위해 이완훈련과 함께 많이 사용되는 방법
이다. 내담자는 먼저 점진적인 이완훈련을 받고, '불안유발자극의 위계목록'을 만든 다
음에 이들 불안 장면에 대해 차례로 둔감화훈련을 받게 된다.

여기서 말하는 불안유발자극의 위계목록은 경우에 따라 실제 자극일 수도 있으나
대체로 불안경험에 관련된 경험 · 장소 · 사진 또는 인물이 될 수도 있다. 내담자에게
다음과 같이 설명한다.

〈절차에 대해서〉

"이제부터 우리가 할 방법은 단계적 둔감화라고 부르는 것입니다. 이 방법은 완전히 이완되어 있는 상태에서 불안을 느끼는 장면을 마음 속으로 상상하는 것입니다. ○○씨는 과거 어느 때보다 편안한 상태에서 이것을 하게 됩니다. 혹시 이 방법의 목적이 최면술이 아닌가 생각될지도 모르겠지만, 그렇지 않습니다. 이것을 하는 동안에 ○○씨는 결코 최면되지는 않고, 단지 아주 편안한 상태에 있을 뿐입니다. 편안하게 근육을 이완시키는 것 자체가 긴장을 감소시킵니다. 그러나 최대 한도로 편안한 상태가 되려면 집에서 두어 번씩 이완훈련을 하는 것이 필요합니다."

〈불안위계목록의 구성에 대하여〉

"사람마다 비교적 더 긴장하게 되는 생활 장면이 있습니다. 여기 제가 가지고 있는 카드들에는 긴장을 경험하는 장면이 씌어 있는 것입니다. 이 카드들을 보고 ○○씨가 생각하기에 가장 편안한 장면에서부터 차례차례로 가장 긴장을 느끼는 장면의 카드까지 배열해 주십시오. 그러니까 제일 나중에 나오는 카드의 장면이 ○○씨가 가장 많이 긴장을 경험하는 것이 됩니다."

두 번째 이완훈련 시간에서부터는 내담자가 얼마나 분명하게 심상을 가질 수 있는가를 다음과 같이 미리 알아본다.

"이제 ○○씨가 사물을 마음 속으로 얼마나 그려 볼 수 있는가를 알아봅시다. 눈을 감고 ○○씨가 잠들기 전에 요 위에 다리를 쭉 뻗고 누워 있는 자신을 마음 속으로 그려 보십시오. 그 장면이 상상이 됩니까? 지금 ○○씨가 마음 속으로 상상하는 것이 무엇인지 생각해 보십시오. 자, 이제 그 장면을 지워 버리고 그저 편안한 자세로 계십시오."

이 때 내담자의 상상은 가능하면 생생한 기억내용처럼 분명해져야 바람직하다. 처음엔 잘 되지 않지만 연습을 몇 번 하고 나면 전보다 분명한 심상을 갖게 된다. 여기서 주의할 것은 눈을 감고 상상을 할 때에 자신을 단순히 바라보는 식이 아니라, 마치 그 장면에 자기가 있는 것처럼 실감 있게 상상하도록 강조해 주어야 한다는 것이다.

다음 내담자에게 미리 마련된 불안위계목록(불안유발 장면의 순서)에 따라 가장 긴장을 덜 느끼는 항목부터 심상을 가지는 순서를 시작할 것이라고 예고해 준다. 그리고 만일 도중에 불편하거나 또는 긴장이 되면 즉각 오른 손가락으로 신호를 해 주도록 일러 준다. 이렇게 내담자가 불편하다는 신호를 해 오거나 상담자가 보기에 내담자가 긴장해 있을 경우에는, 내담자로 하여금 그 순간에 상상하던 장면을 지워 버리고 그저 편안하게 쉬도록 일러 준다. 그리고 내담자가 어느 근육부분에 긴장을 느꼈는가를 물어 보아서, 그 부분에 대한 긴장-이완훈련을 실시해서 편안한 상태가 되도록 한다. 그런 다음에, 다시 그 장면에 대한 심상을 갖도록 하여 긴장을 보고하지 않으면 불안위계목록의 다음 단계로 넘어간다. 이 때 새 장면에 대해서 먼저 심상을 갖도록 하고 긴장신호가 없으면 그 전 단계의 불안유발 장면으로 되돌아가 먼저 3∼5초 동안 상상하도록 하는 방식도 좋다. 즉 이렇게 짧은 동안의 상상에서 불안이 없음을 확인한 다음, 좀 더 깊게 상상하는 훈련을 하고 다음 단계로 넘어가는 것이다. 어떤 단계에서라도 불안이 경험되면, 이런 식으로 처리될 수 있다. 그러나 같은 장면에 대해서 한 번 이상 되풀이해서 불안하다는 신호가 있으면, 처음보다 얼마나 덜 불안한가를 묻는다. 또한 흔히 장면과 장면 간의 구분이 너무 차이가 크다고 판단될 때에는 단계 중간에 새로운 장면을 삽입하여 진행할 필요가 있다.

단계적 둔감화의 절차는 다음과 같이 요약해서 말할 수도 있다.

(1) 불안 장면을 묘사한 각 항목을 약 5초 동안씩 세 번 연속해서 제시한다(도중에 불안하다고 신호가 없는 경우).

(2) 불안하다는 신호가 있으면, 30∼35초 동안 쉬게 한 후 약 10초 동안 다시 제시한다.

(3) 두 번째 제시까지 불안신호가 없을 경우에는 20초 동안 쉬고, 세 번째는 약 15초 동안 제시한다. 이와 같은 식으로 각 항목을 마치면서 다음 항목으로 넘어간다.

불안위계목록의 첫 항목(장면)은 아주 쉬운 것으로 해야 내담자가 이 방법에 대해 자신이 붙게 되고 익숙해진다. 다시 말해서 아주 편안한 상태에서 쉬운 장면을 상상하고 불안 없이 그 장면을 지워 버릴 수 있어야 이 방법에 대한 기본경험을 얻게 된다. 따라서 상담자는 임상적 감수성을 발휘하면서, 언제 이전 항목으로 돌아가고 언제 다음 항목으로 넘어갈지를 순간순간 적절히 판단하면서 진행하여야 이 방법은 성공한다.

이완훈련을 시작하면서 내담자에게 장면을 가능한 생생하게 상상하는 것이 중요하다는 것을 강조해야 하고, 도중에 불편하거나 긴장이 느껴지면 손가락으로 신호하는 것을 매번 상기시킬 필요가 있다. 그리고 매번 시작할 때에는 전번 시간에서 불안 없이 마친 항목이나 그 다음 항목을 가지고 시작하며, 훈련을 끝낼 때는 불안 없이 마친 장면의 상상을 마지막으로 해야 한다. 그리고 이런 둔감화 훈련은 대개 5회 정도의 면접시간으로 모든 불안 장면을 마칠 수 있다.

위에서 이 방법의 절차를 자세히 설명하였으므로 다음의 사례 소개에서 불안위계 목록의 작성과 내담자의 반응을 중심으로 요약했다.

〈사 례〉

이 사례는 선임 필자의 강의를 들은 분의 소개로 시작된, 내담자로서는 '마지막으로 해 본다'는 유료상담이었다. 대학을 졸업한 20대 초의 미혼인 내담자는 심한 우울증으로 두 번의 자살기도를 했고 밤마다 수면제 없이는 잠을 청할 수 없었다. "누구도 날 사랑하지 않을 것이고, 저는 구제불능이에요"라고 말하는 이 내담자의 문제는 자학적 자아개념과 대인관계에서의 불안을 중심으로 여러 가지 형태로 나타나고 있었다. 그러나 상담자의 주목을 끈 것은, 6년 전에 죽은 양모에 대한 공포가 내담자를 괴롭히고 있다는 사실이었다. 어렸을 때 극히 신경질적으로 내담자를 학대했던 "양모에 대한 기억은 지울 수가 없고, 오늘밤 꿈에도 나타날까봐 두렵다"고 내담자가 2회 면접에서 말했기 때문이었다. 그래서 상담자는 먼저 다음과 같이 양모와 관련된 내담자의 불안위계목록을 작성했고, 이완훈련을 한 후 4회의 면접에서 단계적 둔감화를 실시했다.

⑺ 초등학교에 들어가기 전, 양모가 부부싸움 끝에 칼을 들고 내담자를 부엌까지 쫓아와 "너도 죽고 나도 죽자"고 덤벼들던 장면.

⑻ 중학교 3학년 때, 남학생과 같이 걸어갔다고 하여 여러 사람 앞에서 양모에게 머리채를 잡혀 집안으로 끌려 들어가던 장면.

⑷ 초등학교 4학년 때, 학교에서 늦게 돌아왔다고 하여 자기 키보다도 긴 빗자루로 얻어맞던 장면.

⑹ 초등학교 1학년 때, 자연 교과서를 분실했다고 철사 파리채로 살갗에 피가 맺히도록 맞던 장면.

⑴ 초등학교 1학년 때, 저녁 식탁에서 밥을 잘 먹지 않는다고 숟가락으로 머리를 얻어맞던 장면.

⑸ 아버지가 돌아가신 날 밤, 유해 앞에서 울고 있던 내담자에게 "너 때문에 아버지가

죽었다!"고 양모가 눈을 흘기던 장면.

⑶ 중학교 2학년 때, 담임교사 댁에서 과외공부를 허락 없이 하고 왔다고 동급생 앞에서 뺨을 맞던 장면.

⑵ 고등학교 1학년 때, 병석의 양모가 내담자가 사다 준 과일 통조림을 내던져 통조림의 내용물이 내담자의 머리 위에 떨어지던 장면.

(이상은 내담자가 말해 준 순서이고, ⑴~⑻의 번호는 같이 합의하여 정한 불안의 강도 및 단계적 둔감화작업의 순위임)

한편 내담자가 단계적 둔감화의 절차를 어떻게 받아들이고 상담자의 지시에 얼마나 잘 따르느냐에 따라 이 방법의 성패가 달려 있다고 보겠다. 특히 위의 내담자와 같이 여성인 경우, 남성 상담자 앞에서 반듯이 누워 눈을 감은 채로 하는 근육이완훈련부터 거북하게 받아들일 수 있을 것이다. 이완훈련에 대한 내담자의 반응을 당시의 녹음과 내담자의 일기에서 참고로 발췌했다.

"……행동수정요법으로 근육을 긴장시키고 이완시켜야 하는데, 선생님 앞이라 처음엔 망설여지고 부끄러웠다. 그렇지만 난 그보다 더한 것이라도 시도해서 몸과 마음이 건강해지고 싶었다. 상담을 하고 나올 때는, 몸이 나른하고 머리가 좀 아프고 어지러웠다. 처음이니까 그렇겠지 생각하면서도, 자꾸 지난 일을 기억해 내야 되는게 싫고 두려웠다 ……."

"……선생님은 나의 말문을 열게 하고, 또 가끔 너무 예리해요. 그렇지만 문제를 극복하기 위한 구체적인 방법을 제시해 주어 참 고마워요. 지금까지 다른 전문가에게서는 '뭐 뭐해야 한다. 뭐뭐해서 그런 겁니다'는 식의 그럴 듯하지만 추상적인 이야기만 들어서 신물이 났었거든요."

이 사례는 추수면접까지 모두 18회로 종결되었다. 내담자는 상담이 끝난 지 5개월만에 결혼했고, 지금은 귀여운 아기의 엄마로서 전공분야의 직장생활을 만족스럽게 하고 있다. 물론 단계적 둔감화만으로 이런 성과를 본 것은 아니다. 4회의 면접시간 중이 방법으로 양모에 대한 공포기억을 거의 제거했고, 별도로 과식문제에 대해서 3회의 상담면접을 했다. 그 뒤에 "관악 교정이 아름다운 걸 전에는 느끼지 못했었다. 이제는 나무 하나하나가 예쁘게 보인다"고 말하기까지는 총 7, 8회의 '전통적인' 면접과정이 있었다.

3.9 의사결정의 촉진

　인생은 끊임없는 선택과 의사결정으로 점철되는 과정이라고 말할 수 있을 것이다. 상담실을 찾는 내담자들은 실제로 의사결정의 문제를 가지고 있다. 비록 '어떤 방향결정의 문제가 있다'고 직접 말하지는 않더라도, 상담이 진행됨에 따라 의사 및 행동방향의 모색 또는 결정이 내담자 문제의 초점임을 상담자가 느끼게 된다. 내담자들이 가지고 있는 의사결정의 문제는 장래의 교육계획, 직장선택, 배우자 결정 등 여러 가지가 있다. 이러한 문제들은 순간적인 충동이나 직관만으로 결정지을 수도 없거니와 감정적인 이해만으로 해결되는 것도 아닐 것이다.

　의사결정의 과정은 일반적으로 ① 문제의 규명, ② 목표의 결정, ③ 문제에 관련된 조건의 기술, ④ 가능한 방안 및 대안의 설정, ⑤ 이 방안들의 예상결과, ⑥ 이 예상결과에 관련된 가치판단, ⑦ 가치판단에 의한 가장 바람직한 방안의 선택, ⑧ 이 선택된 방안의 실천, ⑨ 실천결과의 평가 등 9개의 단계로 나누어 볼 수 있다. 이러한 의사결정 과정은 의사 및 행동방향의 결정문제를 가진 내담자를 돕는 데에 직접 활용될 수 있는 기초과정이 된다. 즉 상담자는 다음과 같은 9개의 목록에 따라 내담자의 의사결정을 도와 준다.

(1) 먼저 내담자로 하여금 자기의 문제가 무엇인가를 규명하도록 한다.

(2) 내담자가 내려야 할 결정사항과 수반되는 목표에 관해 분명히 자각하도록 한다.

(3) 목표를 달성하기 위한 잠재적 방안(해결책)들을 모두 생각하도록 한다.

(4) 이 방안들에 관련되는 필요한 정보들이 무엇인가를 생각하도록 하고, 이 정보들을 어떻게 활용할 것인가를 검토하도록 한다.

(5) 이 방안들의 실현가능성과 바람직한 정도를 평가하도록 한다.

(6) 결정에 관련된 내담자의 특성이나 조건을 생각해 보도록 한다.

(7) 심리검사자료가 있을 경우에 자신에 관한 기타 정보와 검사결과를 종합하여 타당한 예측을 하도록 조력한다.

(8) 앞서 생각해 본 방안들이 실천에 옮겨질 경우, 있을 수 있는 결과들이 어떤 것인지 생각해 보고 예측하도록 조력한다.

(9) 이렇게 예측되는 결과가 얼마나 바람직한지 바람직하지 못한지를 평가하도록 하고, 평가의 가치기준을 생각하도록 조력한다.

이상의 과정은 기초적인 과제별로 분석하여 생각하는 것이 중요하다고 보겠다. 내담자의 문제진술은 대개 현재 만족하지 못하고 있는 상태에 관한 것인 반면, 의사결정의 목표는 현재의 문제가 해결될 경우 장차 만족스럽게 생각할 수 있는 조건을 말하는 것이다. 가령 어떤 학생이 "요즈음 공부도 잘 되지 않고 사기가 떨어져 있다"고 말한다면 현재의 만족스럽지 못한 상태를 문제로 진술하는 것이고, "어느 대학에 가야 할지를 결정하지 못하겠다"고 말하는 학생은 의사결정의 문제를 가진 것이다. 즉 후자의 경우에는 결정을 못 하고 있는 것이 문제이고 그의 목표는 가장 자기에게 알맞은 대학에 진학하는 것이다. 이 경우에 상담자는 학생이 말하는 '가장 알맞다'는 의미가 무엇이며, 그 다음에 자기에게 적당한 대학을 선정하는 기준에는 어떤 것들이 있는지를 탐색하도록 도와 주게 된다. 이를 위해서 내담자와 함께 여러 가지 가능한 방향을 생각해 보고 관련정보를 정리한 후, 내담자의 능력과 가치관에 가장 합당한 선택을 하도록 도와 주는 것이다.

의사결정을 돕는 상담과정에서 가장 중요한 기초작업은 내담자가 자기 자신과 환경조건에 관한 탐색 및 자각을 하도록 촉진시키는 일이다. 자기 자신에 대한 탐색과 자각은 자기에 대한 올바르고 정확한 평가를 내리도록 하는 길이기 때문이다. 자신에 대한 탐색 및 자각에 포함되어야 할 것은 ① 자신의 지적 발달수준, ② 구체적인 기술 및 경험의 발달수준, ③ 자신의 적성 및 자질, ④ 여러 가지 흥미 분야, ⑤ 대인관계상의 특징 등이다.

이러한 자기탐색 및 자기자각은 내담자와의 상담과정에서 이루어지는 자연스러운 토의와 심리검사 결과를 중심으로 한 토의에서 촉진되도록 하여야 할 것이다. 특히 검사결과를 놓고 토의할 때에는 자신 속의 특성 비교(어떤 분야에 내가 더 익숙한가?)와 타인과의 비교(내가 어느 것을 남보다 더 잘 하는가?)를 다 같이 생각해 보도록 조력하는 것이 바람직하다.

한편 환경조건에 대한 탐색 및 자각은 기본적으로 두 가지 단계로 나누어 생각하는 것이 효과적이다. 첫 단계는 내담자의 중요한 환경적 특징이 무엇인가를 생각하는 것이고, 두 번째 단계는 각 환경적 특징의 바람직한 수준(또는 조건)을 생각하는 것이다.

의사결정의 촉진을 위한 상담에서는 상담자가 내담자에게 필요한 정보만을 제공하는 역할에 그쳐서는 안 될 것이다. 그보다는 상담자가 '어디서 어떻게 정보를 구할 수 있고, 보다 현명한 결정을 내리기 위해 이 정보들을 어떻게 활용할 것인가'를 알고 있어야 하는 것이다. 요컨대 상담자의 가장 중요한 역할은 내담자로 하여금 여러 가지 정보로부터 '어떤 예측과 결론을 내리는 것이 타당한가'를 자각하게 하고, 이 자각을 토대로 바람직한 의사결정을 하도록 조력해 주는 것이다.

✔ **주요개념**

경청/ 개방형 질문/ 바꾸어 말하기/ 반영/ 양가적 감정/ 명료화/ 직면/ 비소유적 온정/ 자기 이론/ 비합리적 사고/ 역설적 의도/ 부정적 연습/ 독서요법/ 역할연습/ 귀환반응/ 본뜨기/ 대중공포/ 행동일지/ 혐오치료(또는 혐오훈련)/ 단계적 둔감화/ 불안위계목록/ 이완훈련

✔ **연구문제**

1. 해석의 종류와 해석을 할 때의 지침은 무엇인가?
2. 인간중심의 접근에서는 해석적 기법을 전혀 사용하지 않는다고 보는가?
3. '면접방법'과 '문제해결적 방법'은 서로 어떤 관계에 있는가?
4. 인간의 문제를 크게 정서·행동·사고의 세 측면으로 나누어 볼 때 상담에서 이들 각 측면을 다룰 수 있는 방법들을 생각해 보자.
5. 이 장에서 언급되지 않은 상담방법 세 가지를 찾아 설명해 보라.

상담심리학

제4장

상담의 과정

이 장에서는 상담의 일반적 과정, 첫 면접 및 상담의 종결 절차
를 다루었다. 상담의 단계별 검토는 상담의 과정을 파악하는 데 도움
이 될 것이다. 그러나 이것은 '정형적'상담의 경우에만 해당되는 것
이고, 위기상담·전화상담 등 '비정형적'상담의 과정은 다른 양상을
띠게 마련이다. 또한 상담과정의 초기에서는 대체로 촉진적 관계의
형성이 요구되고, 후기에서는 상담목표에 따른 평가 및 실천행동의
검토가 중요할 것이다.

상담의 진행과정

상담은 내담자와 만나기 시작해서 종결될 때까지 여러 번의 면접을 거치는 하나의 과정이다. 때로는 한두 번의 면접으로 내담자의 관심사와 문제가 해결될 수도 있겠으나, 교육기관에서의 상담만 하더라도 대체로 5, 6회 이상에서 20여 회까지 상담면접이 진행될 수 있는 것이 상식이다. 그러므로 상담과정의 지속시간에 따라 그 진행과정이 달라질 수 있겠다.

그러나 1, 2회의 면접으로 끝나든 20회 이상의 장기상담이든 그 과정을 단계적으로 구별해 볼 수 있다. 이 상담과정의 단계는 문제의 정의에서부터 바람직한 행동의 실천에 이르는, 상담자와 내담자의 공동노력의 특징들을 나누어 본 것이다. 실제 상담과정에서는 이런 분류가 분명하지 않고 서로 중복되거나 생략되는 경우도 있다. 그러나 이렇게 단계적으로 생각하는 것이 상담과정의 이해에 도움이 될 뿐만 아니라, 실제로 상담을 효과적으로 진행시키는 하나의 지침이 될 수도 있는 것이다. 다음에 설명되는 7단계의 상담과정은 촉진적 관계의 형성, 목표설정, 내담자의 자각 및 합리적 사고의 촉진, 행동계획, 그리고 상담결과의 평가 등을 중심으로 하고 있다.

다음에 각 단계별로 간단히 설명하겠다.

1) 1단계 : 문제의 제시 및 상담의 필요성에 대한 인식

먼저 내담자에게 자신의 걱정거리, 문제, 찾아온 이유를 말하도록 한다. 내담자들은 문제에 대한 책임감을 회피하고 남을 비난하거나 자신이 운명의 피해자란 느낌에서, 전문적인 상담의 필요성을 절실히 느끼지 못하는 경우가 있다. 그러므로 문제의 배경 및 관계요인을 토의한 후, 내담자가 상담과정에 적극적으로 참여하도록 해야 한다. 진행전략은 내담자의 말을 주목하면서, 그의 비언어적 행동을 관찰하고 문제가 무엇인지 파악하도록 하는 것이다. 아울러 상담에 대한 내담자의 기대와 느낌을 명료화할 필요가 있다.

2) 2단계 : 촉진적 관계의 형성

이 단계에서는 솔직하고 신뢰로운 관계를 형성하는 것이다. 내담자가 상담자에게 느끼는 전문적 숙련성·매력·신뢰성 등은 상담효과에 대한 긍정적 기대를 갖게 하는 요인이다. 상담의 촉진적 관계를 형성하는 데에는 상담자의 공감적 이해·성실한 자세·내담자에 대한 수용적 존중 및 적극적인 경청 등이 필요하다.

3) 3단계 : 목표설정과 구조화

이 단계에서는 상담과정의 방향과 골격을 분명히 한다. 내담자들은 흔히 상담자가 자신의 문제를 직접 해결해 주기 바라거나, 문제에 대한 해답 및 행동방향을 제시해 줄 것을 기대한다. 따라서 내담자가 상담에 대한 확실한 인식을 함으로써, 상담의 다음 진행과정에 대한 두려움이나 궁금증을 줄일 수 있게 된다.

구조화는 상담의 효과를 최대한도로 높이기 위해 상담의 기본성격·상담자 및 내담자의 역할한계·바람직한 태도 등을 설명하고 인식시켜 주는 작업이다. 다시 말해서 하나의 '내담자 교육'이다. 구조화에 포함되는 사항은 ① 상담의 성질, ② 상담자의 역할과 책임, ③ 내담자의 역할과 책임, ④ 상담의 목표 등이다. 아울러 시간과 공간적인 제한사항도 덧붙인다.

이러한 사항들을 전달할 때는, '강의식'이 아니라 요점을 간단히 설명하는 식으로 한다. 예컨대 다음과 같이 말할 수 있다.

> "먼저 상담이 어떤 것인지를 말해야 할 것 같네요. 상담이란 ○○씨 자신을 보다 잘 이해하고 문제를 가능한 한 구체적으로 해결하도록 노력하는 과정이라고 생각합니다. 먼저 ~에 대해 생각나는 것을 자유롭게 그리고 구체적으로 말해 주세요. ○○씨가 이야기한 모든 것은 비밀을 지켜 드립니다. 우리가 오늘 이용할 수 있는 시간은 약 45분이고, 1주일에 1회씩 계속 만나기로 하지요. 궁금한 부분이 더 있으실까요?"

구조화는 상담 초기에만 하는 것은 아니다. 과정이 진행됨에 따라 상담관계에 대한 재구성(재조정)을 할 필요를 느끼면, 그때그때 다시 밝혀 내담자가 이해하고 실천하도록 한다.

4) 4단계 : 문제해결의 노력

이 단계에서는 우선 문제에 관한 내담자의 감정표현을 촉진하고, 제시된 문제를 다시 구체적으로 정의한다. 특히 문제의 성질을 명확히 하고 어떤 방법과 절차를 이용할 것인가를 먼저 결정해야 한다. 이 과정은 내담자 문제의 성질이나 상담에 대한 요구 및 상담자의 이론적 입장에 따라서 달라지게 마련이다.

문제해결의 노력은 일반적으로 다음과 같은 과정을 거치게 된다.

(1) 문제에 대해 명확히 정의한다.

(2) 문제해결을 위한 방향과 가능한 방안을 정한다.

(3) 문제해결방안에 관련된 정보를 수집한다.

(4) 수집된 자료를 바탕으로 대처행동을 의논한다.

(5) 검사와 심리진단자료 등을 참고로 바람직한 행동절차 및 의사소통의 실제 계획을 수립한다.

(6) 계획된 것을 실제 생활과정에서 실천해 본다.

(7) 실천결과를 평가하고 행동계획을 수정·보완한다.

이 과정에서 현재의 '문제행동'과 바람직한 '목표행동'에 대한 내담자의 자각과 문제해결과정에서의 실제 노력을 촉진하는 것이 필요하다. 이를 위해 문제 및 상담목표에 관련된 내담자의 감정 및 생각을 탐색·정리하는 것이 바람직하다. 내담자의 관심사, 문제의 형성배경, 충격적인 경험, 방어기제와 습관적 행동, 상담효과 등에 관련된 느낌 등이 주로 탐색·정리의 대상이 된다. 이런 것들을 탐색·정리하지 않으면, 내담자의 긴장·불안 때문에 문제해결과정이 기계적이 되고 충분한 효과를 거두기 힘들다. 그리고 이 탐색과정에서 정신병리적 요인 또는 기질적 장애 때문에 상담만으로는 부적합한 사례를 발견하게 되면 필요한 부수적 조치를 취할 수 있게 되는 것이다.

한편 감정소통에는 다음과 같은 장단점이 있음을 유의해야 한다.

[장　점]

(1) 강한 신체적 긴장을 일으키는 감정으로부터 해방시킨다.

(2) 정서적 압력으로부터의 해방을 통해 과거에 외면했던 감정을 받아들임으로써, 안정감과 문제해결에 대한 용기를 얻게 된다. 다시 말해서 방어에만 매어 있던 정서적 에너지를 창의적으로 활용할 수 있게 된다. 예를 들면 아버지와의 싸움에 대해 충분한 감정표현을 한 내담자는, 자기의 공격적인 감정과 행동을 구체적으로 논의할 수 있게 된다. 즉, 공격성을 그대로 표현하는 대신 대화를 통해서 해결하려는 여유가 생긴다.

[단　점]

(1) 감정표현을 하게 되면 기분이 안정되어, 문제의 원인파악 및 행동변화에 대한 필요성을 덜 느끼게 된다. 여기서 효과적인 상담을 위해서는 내담자에게 어느 정도의 불만이 남아 있어도 무방하다는 가정이 성립될 수 있다.

(2) 내담자가 자신을 이해받기만 하고 바람직한 행동의 실천이 없으면 습관적인 문제행동과 비합리적 사고방식이 지속된다. 즉, 매주 상담을 통해서 불쾌한 감정이 해소되기 때문에 문제행동과 사고방식이 오히려 지속되는 모순이 생길 수 있다.

5) 5단계 : 자각과 합리적 사고의 촉진

자각은 자신과 생활과정에서의 주요 경험 및 사건들을 이전보다 분명히 그리고 통합된 시야에서 재인식하는 것이다. 내담자가 상담목표에 도달하기 위해 필요한 자기이해와 합리적 생각을 갖출 때까지 상담에 적극적으로 참여하도록 한다. 이 단계에서 고려할 것은 내담자들이 자기탐색 및 사고방식의 변화요구에 대한 심리적 부담 때문에 상담을 도중에 그만두려고 하거나 직접·간접의 '저항'이 생길 수 있다는 점이다. 이러한 심리적 부담과 저항은 상담의 목표행동에 대한 상담자·내담자 간의 개념 차이, 목표행동을 위한 수행기술의 부족, 또는 상담자·내담자 두 사람 사이의 의사소통문제의 차원에서 탐색·조정되어야 할 것이다.

6) 6단계 : 실천행동의 계획

자각과 합리적 사고의 달성만으로 상담이 끝나는 것은 아니다. 상담 중에는 앞으로 모든 문제가 잘 해결될 것 같지만 실제 생활에 부딪혔을 때는 당황하는 경우가 많다. 내담자의 새로운 견해나 인식이 실생활에서 실현되도록 내담자의 의사결정이나 행동계획을 도울 필요가 있다. 이 단계에서 이루어져야 할 목표는 내담자의 구체적인 행동절차를 협의하고 세부적인 행동계획을 작성하는 것이다. 예를 들면 배우자를 어떻게 선택하고, 직장에서의 인간관계 및 교우관계를 어떻게 할 것인가, 또는 앞으로의 갈등적 상황에 어떻게 대처할지를 구체적으로 의논한 후 바람직한 판단기준을 확인하여 실제 행동과정을 계획한다.

7) 7단계 : 실천결과의 평가와 종결

종결은 주로 내담자와 상담자의 합의에 의하여 이루어진다. 내담자가 종결을 희망하더라도 아직 불충분하다는 판단이 들 경우에는, '잘 대처해 나가는지 서로 확인해 보기 위해' 상담을 당분간 계속하도록 권유하는 것이 바람직하다. 또한 내담자로서는 상담을 종결한 후 '다시 문제가 발생하지 않을까', '혼자서 해결할 수 있을지'에 대해 불안해 하는 경우가 있다. 상담의 종결이 심지어 자기를 배척하는 것으로 오해하는 내담자도 있으므로 상담자는 내담자가 이러한 문제에 갑자기 직면하지 않도록 서서히 종결시킨다. 즉 종결 무렵에는 2주일이나 3주일의 간격을 두고 만나는 것이 바람직하다.

종결에 앞서 그 동안 성취한 것들을 상담목표에 비추어 평가하거나 목표에 도달하지 못한 이유를 토의해야 한다. 종결에 즈음하여 상담의 전체 과정을 상담자가 요약할 수도 있고 내담자가 요약하게 할 수도 있다. 아울러 문제가 생기면 다시 찾아올 수 있다는 추수상담의 가능성을 제시한다. 상담결과가 만족스럽지 못한 경우에는 상담과 상담자의 한계에 대해서 명백히 밝히고, 필요하면 다른 기관이나 다른 상담자에게 의뢰하는 것이 바람직하다.

2 상담체제(과정)의 모형

앞에서 설명한 것은 상담의 일반적 진행과정이었다. 이 진행과정을 상담자의 역할 면에서 다시 체계적으로 이해할 필요가 있다. 왜냐하면 상담이 반드시 앞에서 말한 7단계의 순서대로만 진행되는 것이 아니기 때문이다. 내담자가 실천한 행동결과가 만족스럽지 못할 경우에는 문제를 재정의하고 상담의 목표를 다시 설정해야 한다. 따라서 상담결과는 최종 단계의 평가로 충분하다고는 볼 수 없다. '중간평가'가 있을 수 있으며 '최종 단계에서의 평가'도 경우에 따라서는 두 번 이상 한다. 다시 말해서 상담과정이 당초에 설정했던 목표에 도달했으면 한 번의 평가로 상담과정이 종결되지만, 그렇지 않을 경우에는 2차적인 상담과정을 거쳐야 하고 이 2차적인 노력의 결과를 다시 평가하게 되는 것이다.

이러한 과정을 하나의 흐름도의 형식으로 나타낼 수 있다. 이 모형도는 대체로 문제평가 · 목표설정 · 1차 상담과정 · 2차 상담과정 · 종결작업의 다섯 부분으로 구성되어 있다. 상담과정의 1차 평가에서 만족스러운 성과가 확인되면 종결작업으로 연결되고, 불만족스러우면 2차 상담과정으로 연결된다. 그리고 이 2차 과정의 성과가 적을 때에는 문제평가 등의 주요 단계를 처음부터 다시 밟도록 되어 있다. 이런 흐름도는 상담관계의 복잡한 현상을 너무 단순화하는 오류를 범할 수도 있겠으나, 상담에서 '무엇을', '언제', '어떤' 방법과 순서로 접근하느냐를 비교적 알기 쉽게 보여 준다고 하겠다.

[그림 4-1]에 제시되어 있는 상담과정의 모형도의 각 단계별 내용은 다음과 같다.

[그림 4-1] 상담과정의 모형도

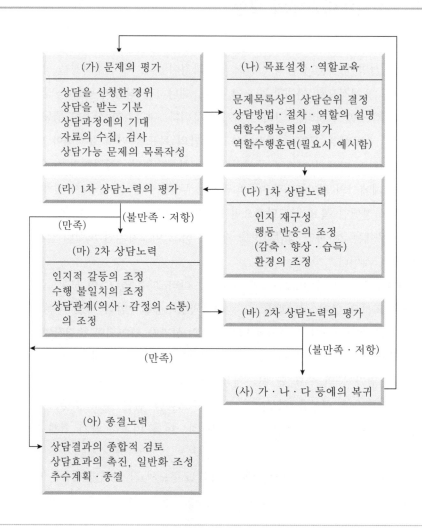

(가) 문제의 평가

상담을 신청한 경위
상담을 받는 기분
상담과정에의 기대
자료의 수집, 검사
상담가능 문제의 목록작성

(나) 목표설정 · 역할교육

문제목록상의 상담순위 결정
상담방법 · 절차 · 역할의 설명
역할수행능력의 평가
역할수행훈련(필요시 예시함)

(라) 1차 상담노력의 평가

(다) 1차 상담노력

인지 재구성
행동 반응의 조정
(감축 · 향상 · 습득)
환경의 조정

(만족)

(불만족 · 저항)

(마) 2차 상담노력

인지적 갈등의 조정
수행 불일치의 조정
상담관계(의사 · 감정의 소통)
의 조정

(바) 2차 상담노력의 평가

(만족)

(불만족 · 저항)

(사) 가 · 나 · 다 등에의 복귀

(아) 종결노력

상담결과의 종합적 검토
상담효과의 촉진, 일반화 조성
추수계획 · 종결

1) 문제평가

문제평가를 위해 상담자가 해야 할 일은 첫째, 이 내담자가 왜 그리고 어떻게 상담실에 오게 되었는가를 밝히는 것이다. 이는 내담자가 상담실에 오게 된 경위와 동기 및 상담에 대한 기대를 탐색, 명료화함으로써 가능하다. 둘째, 이 내담자

와의 상담목표를 어떻게 설정하며, 각 목표들을 달성하기 위해서 어떻게 해야 할
지를 정하는 것이다. 이를 위해서는 내담자에 관한 자료를 수집해야 하고 그 자료
중 상담가능한 문제의 목록을 작성하는 것이 바람직하다. 내담자의 생활배경 등에
관해 묻거나 심리검사를 통해 얻은 자료를 상담에 활용하기 위해서는 '수행－기대
간의 불일치의 관점'에서 여러 자료와 정보를 고찰하는 것이 요구된다. 즉, 상담자
는 내담자가 "무엇을, 어떻게, 어느 정도로 기대하고 있는데, 그의 실제 수행결과
와는 얼마나 거리가 있고, 그 거리에 대해서 어떻게 느끼고 행동하며 생각하는가"
를 탐색하여 분명히 해야 할 것이다.

2) 목표설정 및 역할교육

상담에서 다룰 문제들의 목록을 정한 다음에는, 그러한 문제들 중 어느 문제를 먼
저 다룰 것인지를 내담자와 협의, 결정해야 할 것이다. 다음에 상담자가 할 일은 내담
자에게 상담시간에 관한 약속, 상담기간에 관한 예정, 유료상담인 경우 상담비의 액수
등의 상담절차와 내담자가 준수해야 할 사항을 분명하게 정하는 것이다. 한편, 내담자
는 실제 상담에서 이루어지는 것과는 동떨어진 여러 가지 기대를 갖고 상담자와 만나
기 때문에, 효과적인 상담을 위한 바람직한 기대와 역할을 하도록 내담자를 '교육'하는
것이 필요하다.

3) 1차 상담노력

상담노력은 내담자의 세계관을 변화시키거나 명료화시키는 인지 재구성, 세계에
대한 내담자의 환경대처행동을 변화시키거나 효율적으로 수정하는 행동반응의 조정
및 내담자의 인간관계 환경의 변화 등으로 압축할 수 있겠다.

(1) 인지 재구성

인지 재구성은 생활경험에 영향을 주는 내담자의 인지구조를 변화시키고 대안을
발견하려는 상담노력이다. 본격적인 상담노력은 내담자가 세계와 자기에 대해 가지고
있는 왜곡된 지각을 교정하는 데에 집중되는 것이 사실이다.

또한 많은 연구자들이 인지구조가 얼마나 정서에 결정적인 영향을 미치고 있는지

를 밝힌 바 있다. 결국 인지적 재구성은 우울이나 불안한 감정을 낳게 되는 비합리적 견해나 사고를 합리적으로 바꾸어 놓는 것이라 할 수 있다.

(2) 행동반응의 조정

행동반응의 조정은 내담자의 행동양식 중에서 바람직하지 못한 반응의 빈도를 줄이는 반응감축, 바람직한 반응의 빈도를 늘이는 반응증대, 그리고 새로운 반응을 훈련시키는 반응습득의 세 가지로 구별할 수 있다.

먼저 반응감축에 있어서 생각해야 할 것은 내담자의 반응양식 중 어떤 것이 바람직하지 못하며 변화되어야 할 반응인가를 구체적으로 규정하는 일이다. 여기서 반응감축은 측정될 수 있는 반응확률의 감소를 의미할수록 바람직하다.

반응증대는 바람직한 반응의 빈도를 촉진하는 것이라고 말할 수 있다. 내담자의 어떤 반응이 증대되어야 할 것인지를 결정한 다음에는 그 반응을 유지 또는 보강할 수 있는 효과적인 강화요인을 주의해서 선택해야 할 것이다.

반응습득은 내담자가 갖추지 못하고 있거나 실천하지 못하고 있는 반응을 발견하여 훈련하는 것이다. 내담자에게 필요한 새로운 반응을 훈련하는 데에는 훈련목표가 될 반응을 단계별로 구분하여, 각 단계별로 내담자 스스로 통제할 수 있을 때까지 강화한 후 다음 단계로 넘어가는 점차적인 행동조성과, 또한 새 반응을 습득하는 데에 포함된 내담자의 즉각적인 위험 및 저항을 줄이면서 새로운 반응을 습득시키기 위해서, 상담자가 먼저 시범을 보이는 관찰학습방법이 바람직하다.

(3) 환경의 조정

내담자의 행동변화를 위해서는 내담자가 생활하는 환경을 조정하는 것이 가장 효과적일 때가 많다. 생활환경이 내담자의 행동에 미치는 영향은 막대하기 때문에 면접 위주의 상담만으로는 불충분한 경우가 많다. 상담자는 내담자에게 도움이 될 지역사회 내의 가능한 모든 사회기관을 활용할 수 있어야 한다. 또한 내담자의 문제해결을 위해 내담자의 문제를 실질적으로 유지, 강화하고 있는 주위의 주요 인간관계를 조정하는 것도 또 다른 환경조정적 상담노력이라고 볼 수 있겠다.

4) 2차 상담노력

1차 상담노력으로 상담자와 내담자가 최초에 설정한 상담목표와 관련하여 만족스런 상담결과를 얻은 것으로 합의가 되면 종결노력으로 연결될 것이다. 그러나 치료적인 상담의 경우 대부분 1차 상담노력만으로 불충분하고 2차 상담노력까지 해야만 한다.

1차 상담결과로 나타나는 내담자의 불만족은 심리치료에서 말하는 저항과 상통하는 개념이라 볼 수 있다. 내담자가 구두로 보고하는 불만족이나 행동으로 나타나는 저항들은 내담자의 주관적 갈등이 아니면 상담자와의 관계 및 환경적 요인과 관련되는 것으로 보는 것이 타당할 것이다. 이러한 생각을 기초로, 저항이라는 복잡한 현상을 각 요인에 따라 효과적으로 접근할 수 있을 것이다. 가트만과 레이블럼(Gottman & Leiblum, 1974)은 우선 저항을 내담자의 주관적 요인에 의한 것과 환경과의 상호작용 함수에 의한 것으로 나누었다.

내담자의 주관적 요인으로서의 저항에는 변화에 대한 내적 갈등과 역할기술 부족에 기인한 것이 있다. 내적 갈등으로서의 저항을 처리하기 위해서는 내담자의 지각, 감정, 인지구조를 탐색하거나 '해석'을 활용해야 할 것이며, 역할기술 부족에 기인한 저항을 다루기 위해서는 내담자들의 상담이나 상담자에 관한 기대를 재조정해야 함은 물론, 보다 바람직한 내담자 역할을 재교육할 필요가 있다.

한편, 환경과의 상호작용 함수로서의 저항에는 환경에 의한 결과적 반응으로서의 저항과 상담관계에서 원인을 찾을 수 있는 저항이 있다. 환경에 의한 결과적 반응으로서의 저항은 내담자가 장애행동을 함으로써 즉각적인 만족과 주위의 중요인물로부터 주목을 받게 된다는 가설에 근거를 두고 있다. 이러한 저항을 다루기 위해서는 장애행동의 발생에 관련된 변별적 자극을 변화시키고, 계속 보상이 되지 않도록 행동의 강화결과를 조정하고, 보상 또는 만족스러운 결과를 성취하는 대치 수단을 교육시켜야 할 것이다. 상담관계에 기인한 저항은 상담자에 대한 내담자의 수용, 애정 및 통제의 문제에서 발생한다고 볼 수 있다. 이러한 점에서 저항을 다루기 위해서는 내담자가 상담자를 어떻게 보는지, 상담자를 보고 어떤 사람을 떠올리는지, 상담자와의 관계에 대한 느낌 및 기대 등의 측면을 탐색해야 하는 것이다.

5) 종결노력

종결의 문제가 과거에는 직관적 처리의 문제로 인식되는 경향이 있었고, 일부 분석적인 치료자들에게는 심리치료가 개인의 성장을 위한 '종결 없는 과정'으로 받아들여지고 있기도 하다. 그러나 상담이나 심리치료가 너무 오래 지속되면 지나친 의존성이 생기기 쉽고, 너무 갑자기 종결되면 면접 외의 다른 장면으로 일반화가 되지 못하기 때문에 어느 쪽도 바람직하지 못하다. 따라서, 상담자는 '언제 종결할 것인가?', '종결을 위한 준거로 무엇을 사용할 것인가?', '누가 종결을 결정할 것인가?', '어떻게 종결을 할 것인가?' 등을 설정한 목표수준에 따라 내담자와 구체적으로 검토해야 할 것이다.

3 상담의 첫 면접

'첫인상이 중요하다'는 말이 있듯이, 첫 번째 만남에서의 행동이 모든 인간관계의 결과에 중요한 영향을 미친다. 특히 많은 고객을 다루는 전문직에 종사하는 사람들은 첫 만남에서 고객의 배경·능력·요구사항 등을 가능한 한 정확히 파악하는 것이 얼마나 중요한가를 잘 알고 있다. 가령 연극배우나 연기인들은 첫 번째 무대에서의 연기가 관중의 인기를 얻고 제작 담당자로부터 재출연 교섭을 받거나 못 받을 수도 있는 중요한 열쇠임을 안다. 그리고 선거 유세장의 정치가·법정의 변호사·판매사원·광고업자들도 첫 만남에서의 경솔한 언행이 실패의 주요 원인임을 다 잘 알고 있다.

그러나 상담 분야에 종사하고 있는 사람들은 '내담자와의 첫 번째 만남'인 첫 면접의 중요성에 대해서 비교적 인식이 부족하거나 철저하지 못한 경향이다. '여러 번 만나야 할 것이니……' 하는 안일한 생각을 가지고 있는 분들이 많고, 또 실습훈련에서도 첫 면접에 대한 체계적인 지도가 흔히 부족한 실정이다. 이러한 면에서 다음부터 첫 면접의 기본성격·관계변인 및 첫 면접에 대한 평가기준 등을 살펴보기로 한다.

상담의 첫 면접은 상담의 목적으로 내담자와 상담자가 만나는 첫 번째 만남이다. 과거에 이미 심리검사·자료제공·접수면접 등을 통해 만났다 하더라도 이런 것은 첫 면접으로 간주되지 않는다. 다시 말해서 상담의 첫 면접은 공식적인 상담과정의 첫 번째 만남을 의미하는 것이다. 내담자는 빨리 도움을 얻기 위해 상담자를 찾는 사람이고, 상담자는 필요로 하는 도움을 줄 수 있는 훈련을 받은 사람이다.

상담하는 장소는 상담실이나 상담을 위한 사무실이 될 것이다. 내담자와 상담자가 서로 인사를 교환하면서 자리에 앉은 다음에 상담자가 할 일은 내담자가 이야기를 시작하도록 돕는 것이다. 즉 상담자는 "어떻게 도와 드릴까요?", "무슨 이야기부터 시작하고 싶습니까?"와 같은 선도적 반응을 보인다. 내담자가 스스로 찾아왔든 다른 사람이 보내서 왔든, 첫 면접은 대부분의 경우 이런 식으로 시작될 수 있다. 그러나 내담자가 다른 사람에 의해 의뢰되어 온 경우 의뢰자와 내담자에 관해 사전에 의논이 있었으면 좀 다르다. 즉 이런 경우에는 대체로 상담자가 내담자에 관해서 알고 있는 바를 먼저 이야기해 주어야 하며, 그 다음에 앞에 말한 적절한 선도적 반응을 보이는 것이다.

1) 첫 면접의 목표

첫 면접에서는 두 가지 주요 목표가 있다. 그것은 ① 내담자로 하여금 자기가 말하고 싶은 것을 안심하고 이야기할 수 있는 분위기의 조성이고, ② 내담자로 하여금 상담자가 경청하고 있고 그의 말을 이해하고 있음을 인식하도록 하는 것이다.

상담면접이 내담자에게 얼마나 가치 있는 경험이 되느냐 하는 것은 첫 면접에 관련된 여러 변인들에 의해 많이 좌우된다. 이 첫 면접의 변인들은 상담과정의 후기 단계에까지 커다란 영향을 미친다. 이 변인들 중 어떤 것은 내담자에 관련된 것이고 다른 것은 상담자 자신에 관련된 변인들이다.

2) 첫 면접에 관련된 내담자 변인

상담의 본질, 상담자의 역할, 상담에서 의논될 일과 안 될 일 및 상담이 도움이 되는지의 여부 등에 관한 내담자의 기대·태도·행동 등이 상담과정의 현재와 미래에 커다란 영향을 준다. 즉 내담자의 어떤 기대는 상담과정을 촉진하지만, 어떤 기대는 상담과정을 상당히 방해하게 된다. 내담자의 기대가 장애가 될 때에는 상담자가 이를 표면화하여 솔직하게 다루어야 한다.

(1) 바람직한 기대

첫 면접에서 내담자의 바람직한 기대는 다음과 같은 것들이다. 비록 난처한 것이라도 자기를 괴롭히는 문제를 공개적으로 솔직하게 말해야 한다는 것, 자기 자신과 자기의 문제에 관련된 요인들에 관해서 적어도 상담자만큼은 이해하려고 노력해야 한다는 것, 자기 자신이 상담과정에서 적극적인 참여자라는 것, 비록 불안하게 만드는 이야기라도 말하는 것이 더 유익하다는 것, 상담은 자기검토와 자기성찰의 과정이라는 것, 상담자는 문제를 해결해 주는 것이 아니라 내담자 스스로 해결하도록 돕는다는 것, 그리고 상담은 적어도 두 번 이상의 면접을 필요로 한다는 것 등이다.

또한 첫 면접의 시작부터 내담자가 다음의 행동경향을 보이는 것이 바람직하다. 자기성찰과 자기검토, 완전한 솔직성과 공개적인 태도, 감정·신념·가치에 관한 자각, 상담자의 반응에 대한 빠른 이해, 그리고 깨달은 것을 행동차원으로 연결시키는 것 등이다. 이러한 바람직한 기대와 행동경향의 내담자들은 대개 똑똑하고, 표현력이 있으며 자기성찰적이고 사회적 인기와 수용성을 가지고 있다고 볼 수 있다. 그러나 상담을 청하는 내담자들 중에 이런 내담자는 얼마 되지 않는 것이 사실이다.

(2) 비생산적인 태도와 행동경향

많은 내담자들이 이런 바람직한 기대나 행동경향과는 정반대의 개념과 태도로 첫 면접에 임하게 된다. 그래서 어떤 내담자는 자기 자신은 이야기를 많이 하거나 성찰을 할 필요가 없다거나, 도움의 책임은 상담자에게만 있다거나, 자기는 상담자의 전문적인 지시를 받는 수동적 입장이라거나, 상담자는 충분히 믿을 만한 사람이 못 될 것이고 상담 장면이 안전한 곳이 못 된다는 생각 등을 한다.

이러한 내담자들의 기대와 통하는 것으로서, 흔히 내담자에게서 다음과 같은 행동경향이 발견된다. 즉 침묵하거나 말을 한다 하더라도 저항적이거나 방어적인 경향, 성찰을 회피하려는 경향, 거짓말(속임수), 빗대어 말하는 경향, 상담자의 반응을 통해서도 자기 감정을 깨닫지 못하는 경향, 의논된 내용을 새롭고 효과적인 방향으로 정리하지 못하는 경향, 그리고 자기의 문제인데도 남의 탓으로 돌리는 경향 등이다. 이러한 내담자의 태도와 첫 면접에서의 행동경향이 상담과정을 방해하는 것이라면, 상담이 촉진될 수 있도록 먼저 내담자의 그런 태도와 행동경향을 변화시키는 것을 중요한 과정목표로 삼아야 할 것이다. 다시 말해서 내담자가 이와 같은 태도와 행동경향을 가지고 있는 한 상담은 별로 진전이 없을 것이다.

(3) 바람직하지 못한 기대

상담에 대한 오해와 잘못된 선입견뿐만 아니라 어느 정도 빗나간 기대와 생각에 대해서도 첫 면접에서 탐색해 볼 필요가 있다. 이러한 내담자의 기대 중에는 상담자가 자기를 치료해 줄 것이라는 기대가 포함된다. 이런 내담자는 상담자의 기능을 의사들의 기능과 같을 것으로 생각한다. 내담자의 잘못된 점이 고쳐지고 상담자가 하는 일은 마치 '마술지팡이로 건드리기만 하면 된다'는 식의 생각을 하는 사람도 없지 않다. 이러한 선입견 때문에 상담과정에서 내담자가 책임을 회피하게 된다면, 상담이 크게 방해를 받기 마련이다. 이러한 선입견이 의학적 접근에서 적절할 수도 있고 그렇지 않을 수도 있지만, 효과적인 상담에서는 결정적으로 적절하지 않다.

상담과정은 관계된 모든 사람들이 적극적으로 참여하고, 참여책임을 받아들일 때에만 잘 진행되는 것이다. 앞에서 말한 내담자의 선입견은 바람직하지 못한 기대라고도 볼 수 있다. 내담자가 상담을 받으러 온다는 사실 자체가 어느 정도 상담자와 내담자의 관계를 의존적 형태로 만들기는 한다. 그러나 상담자의 전문적 노력에 힘입어 내담자의 상태가 향상되는 것은 사실이나, 내담자는 상담자의 전문적 노력에만 의존하는 단순한 수혜자가 아닌 것이다.

어떤 내담자들은 심리분석을 받을 것이라는 기대를 갖고 오기도 한다. 즉 상담자가 전문적 독심술에 의해서 자기의 마음을 꼭 집어 낸다는 생각이다. 그러므로 이런 내담자에게는 상담자가 두려운 존재가 되며, 상담을 받는다는 것이 불안한 상황이 된다. 또한 자기의 생활 측면에 난처한 점이 있다고 생각하고, 상담자가 그러한 비밀을 파헤쳐낼 것으로 생각하기도 한다. 사적인 문제를 의논하는 것이 사실이기는 하지만 내담자에게 두려운 일이 되느냐 안 되느냐는 상담자가 그러한 문제를 어떻게 다루느냐에 달려 있을 것이다.

상담과정을 상당히 방해하는 또 다른 내담자의 예상은 벌을 받을지도 모른다는 생각이다. 이런 예상은 타인이 의뢰해서 온 경우나 과거에 사고를 저지른 적이 있는 내담자들에게서 발견된다. 이들의 예상은 자기가 저지른 사고나 부당한 행동에 대하여 상담자가 벌을 줄 것이라고 생각하는 것이다. 예컨대 학교 상담실에 불려 온 학생은 상담자가 왜 자기를 보자고 하는지 잘 몰라서 당황하게 된다. 그래서 자기가 과거에 한 어떤 잘못 때문에 벌을 받을지도 모른다는 예상을 하기 쉽다. 내담자의 이와 같은

당황과 부적절한 기대는 첫 면접과 다음 면접의 진행과정에 중요한 영향을 미치
게 마련이다.

(4) 도움을 청하는 이유

스스로 상담자의 도움을 청하는 이유는 여러 가지가 있을 것이다. 어떤 내담자는
마음에 심한 상처를 받아서 다른 사람과 의논하지 않고는 더 이상 일상 생활을 제대로
이끌어 가지 못하기 때문이다. 어떤 내담자들은 자기의 진로, 장래의 교육, 결혼문제
와 같은 중요한 결정을 의논하기 위하여 상담자를 찾는다. 또 어떤 내담자들은 자기
의 새로운 생활환경에 잘 적응하지 못하고 있음을 알기 때문에 스스로 상담자를 찾기
도 한다.

이렇게 어떤 내담자들은 스스로 찾아오는 반면, 어떤 사람들은 타인의 권유에 의
해 찾기도 한다. 그리고 이들은 기꺼이 상담실에 오기도 하지만 어떤 때에는 마지못하
거나 구속받는 기분으로 오기도 한다. 상담자에게 자발적으로 찾아왔느냐 아니면 타인
의 의뢰 때문에 왔느냐는 상담의 내용에 상당한 영향을 미친다. 그러나 어느 쪽이든
상담과정의 큰 줄거리는 비슷하다고 말할 수 있다.

3) 첫 면접에 관련된 상담자 변인

첫 면접과 상담과정 중에서 상담자의 뜻대로 조작할 수도 있고 통제할 수도 있는
유일한 도구는 바로 상담자 자신과 자기의 행동이다. 내담자를 돕는 것이 상담자의 과
제이긴 하지만, 내담자가 기꺼이 응하지 않고 상담이 무엇인지를 알지 못하고 있으면
상담자의 어떠한 노력도 소용이 별로 없을 것이다. 내담자의 이런 용의성은 상담자와
의 상호작용의 결과로 나타나는 것이며, 이런 상호작용은 상담자 스스로의 행동에 의
해서만 통제될 수 있는 것이다. 상담자의 이 행동변인은 언어적인 의사소통과 비언어
적인 의사소통을 다 같이 포함하는 것이다.

상담자의 태도와 행동이 내담자가 자유롭게 표현할 수 있는 분위기를 조성하는 정
도에 따라 내담자는 자기 자신을 표현할 것이다. 또한 상담자의 행동이 내담자에 대한
이해를 보이는 정도에 따라, 내담자는 상담자의 말을 경청하고 받아들이려 할 것이다.
다시 말해서 첫 면접의 목표달성은 상담자의 태도와 행동에 의해 직접적인 영향을 받

는 것이다. 상담자의 촉진적인 행동이 내담자에게 미치는 영향을 다음과 같이 요약할
수 있다.

상담자의 편안한 자세는 상담 분위기를 부드럽게 한다. 상담자의 경청은 내담자가
주목의 대상임을 알게 한다. 상담자의 이해반응은 내담자가 말하는 것이 중요하다는
것을 알게 한다. 그리고 상담자의 인내는 내담자로 하여금 자신이나 환경에 관한 이야
기를 서둘러서 할 필요가 없음을 알게 하고 다음 면접에 다시 오고 싶은 동기를 갖게
한다.

4) 첫 면접의 성공 여부를 평가하는 기준

상담자가 첫 면접의 성공도를 측정하기 위해 다음과 같은 질문형식의 기준을 생각
해 볼 수 있다.

⑴ 내가 이 면접에서 얼마나 편안했는가?

⑵ 내담자는 이 면접에서 얼마나 편안하게 보였는가?

⑶ 나 자신이 편안한 상태에 있었는가? 혹은 내가 편안한 자세의 시범을 보여 주
  었는가?

⑷ 내담자가 긴장을 느끼지 않는 것으로 보였는가?

⑸ 내가 주의 깊게 경청하려고 노력했는가?

⑹ 내가 경청하고 있다는 것이 내담자의 반응·행동으로 입증되었는가?

⑺ 내담자가 말하는 것을 이해했으며, 이해했음을 내담자에게 전달해 주었는가?

⑻ 내가 이해하고 있다는 것을 내담자가 나의 행동을 통해서 알았는가?

⑼ 내가 내담자의 말을 잘 이해하지 못했을 때, 이해하려고 내담자에게 도움을 청
  했는가?

⑽ 내담자 쪽에서 자기를 이해하도록 나를 도와 주었는가?

⑾ 내담자로 하여금 스스로 말하도록 하지 않고 혹시 심문하는 듯한 질문들을 하
  지는 않았는가?

⑿ 내담자가 '핵심을 이야기해야 한다'는 압력을 느끼지 않았는가?

⒀ 내담자가 상담을 받으려는 동기를 보였는가? 그리고 내담자의 그런 욕구를 내
  가 만족시켰는가?

⑭ 예컨대 내담자가 자유로이 자기에 관해 이야기할 수 있도록 긴장이 되지 않는 편안한 분위기를 조성했는가?

이상과 같은 원리에 맞게 항상 행동하기는 쉬운 일이 아니다. 많은 상담자들이 상담에 관한 자기의 기대나 소견을 말하고 이에 대한 내담자의 이해와 지원을 바라게 된다. 만일 상담자의 기대가 정확하지 못하면 상담관계에 심각한 긴장을 초래할 수도 있다. 내담자가 상담자를 찾는 이유는 도움을 받기 위해서이다. 어떤 측면의 도움을 바라고 어떻게 도움받기를 원하는지에 관해서는 내담자가 스스로의 방식과 적합한 시간을 결정하게 되는 것이다. 따라서 상담자는 내담자에게 투사될지도 모르는 자기의 기대를 통제하면서, 먼저 내담자의 말을 경청하고 이해해야 할 것이다.

첫 면접에서 내담자는 상담자의 도움에 힘입어 자기에 관련된 일, 자기가 살고 있는 세계, 그리고 자기를 이해하고 도와 주는 데에 필요한 것들을 상담자에게 말한다. 따라서 내담자가 상담에서 소득이 있으려면, 상담자와 공개적으로 그리고 솔직하게 말하고 싶은 느낌을 가져야 한다. 특히 자기를 괴롭히는 일들 —상담자 이외의 사람에게 공개하기 난처한 일들— 에 관해서 송두리째 이야기하고 싶다는 느낌이 들어야 하는 것이다.

내담자들이 처음 상담을 받기 시작할 때에는 상담자와 어떻게 이야기해야 할지 잘 모른다. 그러므로 상담의 초기 단계에서 내담자들은 흔히 자기의 고통과 난처한 기분을 회피하기 위하여 자기를 괴롭히는 일에 관해서 이야기하기를 꺼려한다. 대신 난처하지 않고 긴장이 안 되는 일들에 관해서 우선 이야기하게 된다. 따라서 상담의 초기 단계에서 내담자가 자기의 문제를 이야기할 수 있도록 긴장없이 편안하게 느끼도록 도와 주는 것이 상담자의 가장 중요한 과제라고 말할 수 있다.

상담자가 내담자의 이완을 촉진하고 억제를 감소시키는 몇 가지 방법은 다음과 같다.

⑴ 상담자가 먼저 긴장되지 않게 보여야 한다. 상담자가 긴장하지 않고 있다는 것을 보이는 매개체로는 어조, 말하는 속도, 말의 유창함, 자세, 특히 눈과 입을 통한 안면표정, 시선의 초점 등이 있다.

⑵ 경청하고 주목한다. 중도에 말을 끊지 않고 스스로 말하고 싶을 만큼 말하도록 한다. 최대한 내담자의 말을 이해하고 있음을 전달한다.

(3) 상담의 초기 단계에서는 질문 및 요구를 하지 않고, 내담자의 행동에 대한 평가를 하지 않으며, 또한 내담자가 말하는 내용 중 애매한 부분을 분명하게 설명하도록 요구하지도 않는다. 내용의 명료화 자체도 중요하지만, 초기 단계에서는 내담자 자신이 자유롭게 이야기하는 것이 더 중요하다고 하겠다. 이 단계에서 상담자가 이해하고 싶은 것에 대해 명확하게 말할 것을 요구하면 내담자 쪽에서 중요하게 여기는 이야기의 진행을 막게 된다.

내담자가 상담자를 대할 때 편안하고 안심이 되면, 그렇지 않을 때보다 다음 면접에 다시 올 가능성을 높여 주는 것이다. 내담자가 상담자와의 접촉에서 어떤 소득을 갖도록 하기 위해서는 이런 조건들이 절대적으로 갖추어져 있어야 한다. 다시 말해서 첫 면접에서 상담자는 바로 이런 조건들을 촉진해 주는 입장에 있다고 하겠다. 요컨대 첫 면접은 내담자가 '제대로 찾아왔었구나' 하는 생각으로 떠나게 되었을 때 성공적이라고 말할 수 있을 것이다. 유능한 상담자는 평소에 익혀 둔 상담의 접근방법, 면접 중의 생산적인 행동으로써 첫 면담에서부터 내담자에게 상담관계와 방향에 확신을 준다.

4 상담의 종결

내담자의 인간적 성장은 어느 한 시점에서 끝나는 것이 아니고 끊임없이 계속되는 과정일 것이다. 따라서 어떠한 상담사례도 '이제는 필요 없다'거나 '완전히 해결됐다'는 의미로는 종결될 수 없다. 그리고 실제로도 내담자의 문제가 완전히 해결된 다음에 상담이 종결되기보다는, 처음에 기대했던 목표와 상담관계의 한계와 타협되어 종결되는 것이 보통이다. '상담관계의 한계'에는 내담자 및 상담자의 사정, 상담에 투여되는 시간 및 경제적 여건 등 여러 가지가 있을 수 있다. 이런 점에서 상담의 종결을 '언제·어떻게·어떤 기준'에 따라서 하느냐가 중요하다. 다음에 상담의 종결이 상담자와 내담자에 의해 제안되는 경우로 나누어 종결의 적절한 기준과 절차 등을 살펴보기로 하겠다.

일반적으로 말해서 상담의 종결은 당초에 세웠던 목표에 비추어 상담의 진행결과가 성공적이었거나 실패했을 때에 이루어진다. 상담과정의 성공 여부를 평가하기 위해서, 상담자는 우선 진행과정과 내담자의 변화 정도를 검토하며 내담자의 생활배경의 주요 인물(부모·교사·배우자 등)들로부터 평가자료를 얻기도 한다. 이러한 검토 및 참고자료를 근거로, ① 먼저 상담의 접근방법 및 절차가 성과를 거두지 못했다는 판단이면 다른 방법과 절차를 강구하고, 성과가 있었다는 판단이면 필요에 따라 다른 구체적인 목표를 세워 상담을 계속하고, ② 성과가 있었고 다른 상담목표가 없다면 상담을 종결하게 된다.

상담의 효과에 대한 실질적인 평가에서는 정규적인 면접이 끝난 후, 시간이 경과되어도 내담자의 변화가 안정성이 있는지를 확인해야 할 것이다. 따라서 이러한 추수과정은 정규적인 면접 후 시간적으로 간격을 둔 별도의 것이긴 하나 완전한 상담과정에서 빠뜨릴 수 없는 부분이다. 물론 추수면접이 필요하지 않도록 하는 것이 이상적이라고 말할 수 있고, 또 그렇게 하도록 노력을 해야 한다. 그러나 대부분의 경우 정규적인 면접과정에서 모든 것을 완전히 끝낼 수는 없고, 어느 정도의 기간 동안 실제 생활에서 경험한 것을 토대로 다시 검토하거나 조정하는 것이 보다 유익한 것이다. 따라서 상담을 종결할 때에는 앞으로도 상담자와 다시 의논할 수 있고 실제 생활에 관련된 도움을 어느 때이고 다시 청할 수 있다는 것을 내담자에게 밝혀 두어야 한다.

상담이 종결될 무렵에는 내담자에게 몇 가지 특징적인 감정상태가 일어난다. 상담자는 종결에 따른 내담자의 감정을 예민하게 이해하여야 하며, 이에 대해 적절하게 반응할 준비가 되어 있어야 한다. 종결에 따른 내담자의 감정은 주로 상담과정이 어느 단계에 와 있는지, 당초에 설정한 목표가 얼마나 달성되었는지에 따라 다르게 나타난다. 다음에 종결상황의 기본적인 유형과 종결에 따른 내담자의 특징적 감정 및 그 처리방법들을 설명하고자 한다.

1) 상담자에 의한 조기 종결

상담의 목표를 달성하기 전에 외부적인 원인 때문에 상담자가 내담자와의 면접을 종결해야 하는 경우가 간혹 발생한다. 예를 들면 학교 장면에서는 학기가 끝난다든지, 내담자가 전학을 간다든지, 상담자가 다른 학교로 전근하는 등의 경우이다.

이러한 경우라도 내담자와 심리적으로 긴밀한 관계가 아직 형성되지 않았다면 별로 심각한 어려움은 없다. 그러나 일단 밀접한 관계가 형성되었을 경우에는 예정보다 빠른 종결이 내담자에게 격앙된 감정을 불러일으킬 수 있다. 즉 밀접한 상담관계가 형성되어 극히 비밀스런 일까지도 털어놓을 수 있을 때에 종결이 되면, 내담자에게 놀라움과 실망감을 불러일으키기 쉽다. 경우에 따라서는 내담자가 상담자에게서 배신을 당했다고 느끼고 화를 낼 수도 있다. 이런 경우 상담자가 내담자로 하여금 내면세계를 개방하게끔 했다는 점에서는 상담의 효과가 긍정적이긴 하나 아직 새로운 의식을 받아들이고 대처하도록 돕지는 못한 셈이다. 이유가 어떻든 내담자에게 이러한 고통스러운 반응을 일으키면서 관계를 너무 일찍 종결시키는 책임은 상담자에게 있다. 따라서 상담자는 내담자와 함께 조기 종결에 따른 내담자의 감정들을 다루어야 한다. 즉 그러한 감정을 이해, 수용하고 종결에 따른 사후 대책을 미리 의논하여야 한다.

한편 상담자가 내담자로부터의 강렬한 정서적 반발에 위협을 느끼거나 일찍 종결하는 것에 대한 죄책감을 느끼게 되면 내담자의 심정을 정확히 이해할 여유가 없고, 결과적으로 내담자의 정서적 반응을 제대로 다루지 못하고 회피하게 된다. 이러한 회피는 극히 부적절한 처사이며 내담자의 발전을 저해하는 행동이다. 다시 말해서 상담자는 조기 종결에 따른 내담자의 감정을 다루어야 하고, 그러자면 상담자 자신이 안정되어야 한다. 상담자가 안정되지 않으면 상담자에 대한 내담자의 부정적 정서반응을 자연스럽게 다룰 수 없기 때문이다.

조기 종결에 따른 내담자의 정서반응을 다루는 원리와 절차는 상담의 다른 과정에서 내담자의 정서반응을 다루는 것과 같다. 즉, 상담자는 솔직하고 개방적이며 내담자를 평가하지 말고 그대로 수용하여야 한다. 상담자는 조기 종결에 따른 자신의 심정을 "나도 이렇게 된 것을 좋아하지 않습니다", "이렇게 되지 않기를 바랬습니다", "○○씨의 심정을 잘 이해하겠습니다", "마음이 다소 상했지만 ○○씨의 느낌을 그렇게 솔직히 이야기해 주니 내 마음이 다소 편안해집니다"라고 이야기할 수 있다. 상담자의 이런 말은 내담자에게 지지감을 주게 된다. 다른 예를 들면, "나도 이 일 때문에 마음이 좋지 않다는 것을 알아 줬으면 좋겠습니다. 우리 둘 사이의 관계가 나에게도 상당한 의미가 있었기 때문에 벌써 끝내야 한다고 생각하니 기분이 별로 좋지 않습니다. 중도에서 이렇게 끝내야 하다니 무척 섭섭합니다"라고 내담자와의 관계에 대한 상담자 자신의 감정을 표현하는 것도 도움이 된다.

만일 상담자가 상담의 초기 단계에서 곧 떠나게 될 것이라는 사실을 알고 있을 경우에는 그러한 예정을 내담자에게 알려 줄 의무가 있다. 이렇게 미리 예고를 하면 상담자가 떠날 때에는 그리 당황하지 않고 이에 대한 마음의 준비를 할 수 있기 때문이다. 그러나 이러한 상황을 예측하지 못했을 경우에는 다른 상담자와 상담을 계속할 수 있을지를 검토해 보는 것이 필요하다. 상담자는 이러한 과정에서 내담자의 분노와 배신당했다는 감정에 대해 특히 주목해야 한다. 상담자로부터 다른 전문가를 만나는 것이 좋겠다는 제안을 받을 때, 내담자는 강한 저항으로 반응하는 수가 있기 때문이다. 비록 실망과 저항의 정서반응을 자세히 표현하지는 않더라도 내담자의 심정은 다음과 같다고 볼 수 있다.

"왜 지금까지 이야기된 것을 딴 사람에게 되풀이합니까? 저는 당신을 믿었고 그래서 마음 속으로 의지해 왔었는데……. 이제는 다른 어떤 사람과 이런 관계를 맺을 수는 없다고 생각합니다. 서로 신뢰하는 관계를 잃는다는 것은 너무나 고통스럽습니다. 저는 다른 사람과 계속하고 싶지 않습니다. 게다가 그 분 역시 나중에 제 곁을 떠난다면 어떻게 되겠습니까? 그러면 다시 한번 더 배신을 당하게 되는 거죠?"

이것이 조기 종결이라는 '선고'에 처음 접했을 때 내담자가 흔히 보이는 초기 반응이다. 그러나 다음 면접에서 어떤 내담자들은 다시 생각해 보고 다른 상담자와 계속할 뜻을 밝히기도 한다. 다른 상담자에게 의뢰할 경우 새로 만나게 될 상담자를 소개하면서 믿음직하며 유능한 사람이라는 것을 강조할 필요가 있다. 물론 상담자 자신이 실제로 신뢰할 만한 유능한 사람을 추천해야 한다는 것을 전제로 한다.

내담자가 새로운 상담자와 상담을 계속할 의사가 없을 때에는 상담자는 그런 결정을 받아들여야 한다. 그러나 내담자가 장래의 생활에서 심한 장애가 있을 것이라는 생각이 들면, 내담자의 결정을 그대로 받아들여서는 안 되고 대안을 모색하도록 권고해야 한다. 모색한 대안의 결과를 예측하는 것만으로도 가치가 있는 것이다.

2) 내담자에 의한 조기 종결

이번에는 내담자가 상담이 도움이 되지 않는다고 생각하고 상담을 거부하는 경우이다. 상담에 대한 내담자의 거부적 태도는 상담과정의 어느 단계에서도 일어날 수 있다. 어떤 내담자는 상담의 초기에 거부적 반응을 보이기도 하고, 어떤 내담자들은 상담의 중반부나 종반부에 와서 보이기도 한다. 이러한 거부적 반응은 말로 표현하기도 하지만 다음 면접에 오지 않음으로써 나타낼 수도 있다. 흔히 "이제 혼자서도 해결할 수 있기 때문에 상담을 더 이상 계속할 필요가 없을 것 같다"고 말한다.

내담자로서는 이러한 이야기를 충분히 할 수 있으며, 상담이 자기에게 더 이상 도움이 안 된다고 생각할 때에 더욱 그렇다. 특히 상담의 초점을 내면세계 및 성격기능에 둘 때 내담자가 이러한 부정적 반응을 보이는 것은 심층적 탐색에서 노출되는 자신의 내면 상태를 받아들이기를 두려워하고 있음을 시사하는 경우가 많다. 이러한 상황에서는 상담자가 내담자에게 거부당한 데 대한 자신의 감정을 우선 정확히 파악하는 것이 중요하다. 이러한 상황에서는 상담자가 두려움이나 분노 등의 정서적 반응을 보이게 될 수도 있다. 특히 훈련 중인 상담자는 내담자에게 거부당하는 것이 자기의 무능함을 나타내는 것으로 생각하고 불안해질 것이다. 상담이 도움이 되지 못한다는 내담자의 생각은 상담목표의 달성에 심각한 장애가 될 뿐만 아니라, 상담자에게 불안이나 분노를 일으킬 수도 있는 좌절적인 상황이다. 불행히도 상담자의 이러한 정서반응 때문에 상담과정이 잘 진행되지 못하는 경우가 많다.

요컨대 상담자와 내담자의 관계에서 긴장이 발생하면, 그 긴장을 피하는 것보다는 개방적으로 다루는 것이 좋으며 긴장에 대하여 솔직히 반응하는 것이 모르는 체하거나 억제하는 것보다 오히려 긍정적인 결과를 가져올 수 있다.

3) 상담의 성공 여부를 결정하는 기준

앞에서 언급한 바와 같이 상담의 성공 여부를 평가하기 위해서는 성공의 기준이 설정되어야 한다. 원칙적으로 상담이 성공적이려면 내담자의 행동에 변화가 일어나야 한다. 그래서 성공의 기준을 설정하는 데에는 상담에서 기대하는 내담자의 행동과 그러한 행동들이 일어날 상황들을 고려해야 한다. 다음에 내담자의 문제에 따라 상담의 성공기준이 어떻게 설정되어야 하는지를 몇 가지 예에서 살펴보기로 한다. 내담자의 제시문제의 내용이나 달성목표의 기준이 다양할 수 있겠으나 여기서는 성공기준의 설정사례를 보인다는 취지에서 될수록 간단히 요약했다.

〈예 1〉

내담자의 문제 : 학교에서 시험을 치를 때마다 너무 긴장하기 때문에 많은 시간을 소비하여 공부하지만 시험결과는 '늘 잡친다'고 했다.

성공기준: 내담자가 시험을 치를 때에 심한 불안을 느끼지 않고 시험결과도 공부한 만큼 거의 나왔다고 보고하는 것.

〈예 2〉

내담자의 문제 : 자기가 친해지고 싶은 친구들이 있지만, 아직 한 사람도 사귀지 못해서 외롭다고 했다.

성공기준 : 내담자가 방과 후 사귀고 싶은 급우와 운동장 같은 곳에서 같이 놀고 학급의 동료집단에서 그를 자연스럽게 받아들여 주었다고 보고하는 것.

〈예 3〉

내담자의 문제 : 내담자가 수업 시간에 다른 학생과 마찰을 일으키고, 쉬는 시간에도 싸움을 자주 하기 때문에 담임교사가 의뢰해 왔다.

성공기준 : 약 3주일 동안 내담자가 누구하고도 싸우지 않고, 수업 시간에도 다른 학생과 마찰을 보이지 않았다는 담임교사의 통고.

〈예 4〉

내담자의 문제 : 항상 위축되어 있고 다른 사람 앞에서 자기의 생각을 잘 말하지 못한다고 했다.

성공기준 : 내담자가 자기의 의견을 적극적으로 먼저 표현할 수 있고 다른 사람이 반대하는 것에 대해서도 자기의 입장을 분명히 밝혔다는 사례를 보고할 때.

〈예 5〉

내담자의 문제 : 자기 자신에 대해서 자신감이 없고 무슨 일에서도 남보다 열등하다고 생각했다.

성공기준 : 내담자가 최선의 노력을 했지만, 자신의 기대에 못 미치는 결과를 얻었어도 자기가 쓸모가 없다거나 무능하다고 생각하지 않을 때.

이상의 다섯 가지 사례에서 내담자의 문제 중 성공적인 상담의 기준을 어떻게 설정하는가를 간단히 예시한 셈이다.

그러나 실제 과정에서 주의해야 할 점은 첫째로 내담자가 일반화하거나 분명히 의식하지 못하는 문제를 상담자가 행동적 차원에서 구체화시켜야 하고, 둘째로 내담자가 제시하는 문제영역 중 가장 중요하면서도 성취가능한 목표를 중심으로 기준을 설정해야 하고, 셋째로는 내담자에게 너무 계량적 분석의 인상을 주지 않으면서도 상담자의 접근방식은 '언제, 누구와, 어디서, 어떻게 하여, 어떤 결과로 나타났고, 결과를 어떻게 받아들이는가?' 식의 이른바 6하 원칙에 따르는 것이 바람직하다는 것이다. 여하튼 이렇게 설정한 목표기준에 따라서 상담의 결과가 어느 정도로 달성되었는가를 내담자와 같이 확인하는 것이 상담의 종결 단계에서 가장 중요한 일이라고 하겠다.

✔ 주요개념

촉진적 관계/ 구조화/ 상담의 목표행동/ 정신병리적 요인/ 기질적 장애/ 반영적 선도반응/ 임계사태/ 시의성/ 추수면접

✔ 연구문제

1. 상담은 대체로 어떤 단계를 거쳐 종결에 이르게 되는가?
2. 상담의 첫 면접에서 해야 할 일은 무엇인가?
3. 상담의 종결기준 및 종결절차를 설명해 보자.
4. 구조화의 목적과 그 내용은 무엇인가?
5. 촉진적 관계를 형성하기 위한 상담자의 특성은 무엇인가?
6. 약 30분 이내에 끝나는 비형식적 상담의 과정은 어떻게 진행되는지 알아보자.

초심상담자의
유의 사항

이 장에서는 소심한 초심상담자가 상담을 진행할 때 조우하게 될 여러 가지 애로사항을 알아보고 이에 효과적으로 대처할 때 도움이 될 제언들을 요약하였다. 먼저 상담에 오는 내담자들이 흔히 느끼는 불안을 네 가지로 정리하였으며, 초심상담자들이 흔히 경험하는 불안 및 실수를 11가지로 요약한 후 각각에 대한 대처 방안을 제시하였고, 끝으로 초심상담자와 상담전문가가 경험하는 어려움과 대처방식에서의 차이를 김지연, 한나리 및 이동귀(2009)의 연구 결과를 중심으로 설명하였다. 이를 통해서 초심상담자들이 보다 더 자신감을 가지고 상담에 임하게 되기를 기대한다.

내담자가 느끼는 불안

상담에 오는 내담자는 다양한 종류의 불안을 경험하고 상담의 초기에 이러한 불안을 어떻게 다루는가에 따라서 상담의 성과가 달라질 수 있다. 기본적으로 내담자의 초기불안에 대해 상담자가 둔감하면 다음과 같은 측면에서 문제가 될 수 있다.

(1) 내담자는 상담자가 자신을 충분히 이해하지 못한다는 생각을 하게 되고, 따라서 충분하고 솔직한 자기개방을 할 수 없다. 초기 상담에서 상담의 신뢰관계 구축을 위해서 중요한 것은 상담자가 내담자의 고민과 아픔을 '듣고 있다'는 것을 전달하는 것이다.

(2) 내담자는 기본적으로 상담자가 자신의 문제를 잘 해결해 줄 수 있는가에 관심이 있는데, 자신의 불안에 대해 상담자가 잘 이해하지 못한다면 상담을 통해 나아질 수 있다는 희망을 갖기 어렵다. 상담의 성과에 대한 희망을 고취하는 것은 상담의 치료적 요인 중의 하나이다.

(3) 내담자의 고유한 성격특성과 역동에 대한 깊은 이해를 할 수 없다. 내담자가 상담에서 보이는 불안은 내담자의 성격특성 및 호소 문제를 이해하는 중요한 자료가 됨을 기억하자.

이 절에서는 상담에서 내담자가 흔히 경험하는 불안에 대해 소개한다.

1.1 상담자가 나를 이해할 수(혹은 도울 수) 있을까?

내담자는 상담에 오기 전 나름대로 스스로 문제를 해결하려는 노력을 하거나 가족이나 친구들에게 자신의 고민을 이미 얘기했을 가능성이 있다. 그럼에도 불구하고 상담에 왔다는 사실은 이러한 자구책이나 주위 사람들의 조언만으로는 문제가 쉽게 해결되지 않았거나 아니면 아무에게도 고민을 털어놓지 못했을 가능성이 있다. 즉, 내담자는 자신의 내적 자원(예: 대처 능력)과 외적 자원(예: 주변 사람들의 지원)이 모두 고갈되었을 때 상담에 찾아오는 경우가 많다. 따라서 이런 경우, 자신의 문제가 해결될 수 있는지, 특히 처음 보는 상담자가 자신의 어려움을 잘 이해할 수 있을지에 대해 회의적일 수 있다. 어떤 내담자는 이러한 불안으로 인해 자신의 고민을 **빽빽**하게 적은 일기장이나 메모를 상담에 가지고 와서 상담자에게 자신을 잘 이해해 달라는 메시지를 전달하는 경우도 있다. 요점은 자신을 가장 잘 아는 내담자 자신이나 부모 혹은 친구와 같은 가까운 사람들도 문제를 해결하지 못했는데 과연 생면부지의 상담자가 내담자를 잘 이해할 수 있는가 하는 것이다. 내담자의 이러한 불안은 다음과 같은 질문 혹은 반응으로 나타날 수 있다.

- 전에 저와 같은 문제를 다루어 보신 적이 있으신가요?
- 혹시 우울증의 치료에 대해 최근 ○○신문 기사를 보신 적이 있으신가요?
- 혹시 실례지만 선생님 나이가 어떻게 되세요?
- 가능하면 여자 상담자를 원한다고 말씀드렸는데요(남자 상담자 배정시).
- 선생님은 동성애에 대해서 어떻게 생각하세요?
- 선생님은 종교가 있으신가요?

이러한 질문을 받았을 때 상담 경험이 적은 초심상담자는 대개 당황하기 쉽다. 특히 내담자와 비슷한 연령대이거나 혹은 내담자가 상담자보다 나이가 많은 경우에는 더 그렇다. 중요한 것은 이러한 질문 자체가 내담자의 상황이나 성격을 이해하는데 유용한 자료일 수 있다는 점이다. 다음 세 가지의 원칙을 기억하는 것이 도움이 될 것이다.

(1) 내담자가 상담자의 전문성을 시험하고 있다는 느낌에 반발하여 내담자에게 방어적이거나 퉁명스럽게 대하는 것은 도움이 되지 않는다. 이 경우 상담자가 얕보이지 않겠다는 생각에 지나치게 자신의 전문지식을 자랑하거나 경력을 강조하는 모양새는 좋지 못하다.

(2) 내담자의 질문에 대해서는 솔직하게 대답을 하되 상담자 자신의 신상에 대해 지나치게 길게 늘어놓지 않는다. 상담은 내담자의 문제해결과 학습을 위한 장이지 상담자에 대한 '인물탐구' 시간이 아님을 명심하라. 위의 예에서, 우울증 치료에 대한 최근 신문기사를 본 적이 없는데도 본 적이 있는 것처럼 얘기하기

보다는 본 적이 없다면 솔직하게 본 적이 없다고 얘기하고 오히려 그 기사를 보고 내담자가 어떤 생각이 들었는지를 물어봄으로써 대화를 심화할 수 있을 것이다.

(3) 지나치게 길게 답하지 말고 이러한 질문을 하는 내담자의 마음을 헤아리는 반영 반응을 하거나 궁금했던 이유나 의도에 대해 탐색하는 것이 필요하다. 앞서의 예를 들면, 특히 여자 상담자를 원했던 이유에 대해서 물어볼 수 있을 것이고 필요하다면 여자 상담자로 변경할 수 있다는 융통성 있는 태도가 바람직하다.

1.2 상담에서 얘기한 것이 밖으로 새어나가지는 않을까?

내담자의 이러한 불안은 충분히 자연스러운 것이다. 상담에서 중요한 기본 사항 중의 하나가 바로 '비밀보장'이다. 상담에서 내담자가 얘기하는 내용은 내밀한 개인적인 비밀을 포함할 수 있기 때문에 상담자는 사전에 비밀보장의 원칙에 대해 설명하고 아울러 다음과 같은 비밀보장의 예외에 대해 충분히 내담자와 논의할 필요가 있다.

(1) 내담자가 자살/자해할 위험성이 충분할 때
(2) 내담자가 다른 사람을 살해하거나 혹은 상해를 입힐 가능성이 있을 때
(3) 내담자 주변에서 다양한 형태의 학대(아동학대, 노인학대 등)가 진행 중임을 알게 되었을 때

내담자의 이러한 불안을 완화하기 위해서는 상담자가 다음과 같은 태도를 보이는 것이 바람직하다.

(1) 상담 중에 다른 내담자의 사례를 이야기하거나 이전 상담 경험에 대해 얘기하지 않는다. 현재 내담자와 비슷한 사례가 있었다고 하더라도 부지불식간에 이전 내담자 얘기를 하는 순간 내담자는 솔직한 자기공개를 할 수 없게 될 것이다. 아울러 내담자는 자신이 상담자에게 한 인간으로 간주되기보다 '하나의 사례'에 불과한 존재로 인식될 수 있다는 생각을 하게 되어 상담자에 대한 신뢰

에 금이 갈 수 있기 때문에 이점에 유의해야 한다.

(2) 상담실을 벗어나서 사례지도감독자나 사례회의의 경우를 제외하고는 어떤 경우에도 내담자에 대한 얘기를 하지 않는다. 상담자가 식당 같은 곳에서 친구와 얘기하는 도중 내담자와의 상담에 대해 무용담처럼 얘기하고 있는데 돌아보니 내담자가 뒷좌석에서 식사하다가 이를 엿듣고 있는 소름끼치는 장면을 상상해 보라.

(3) 내담자를 상담실 밖에서 만날 개연성이 큰 경우(예: 대학생 내담자와 대학교 내 상담센터에서 일하는 상담자)에는 상담의 초기에 내담자에게 상담실 밖에서 조우했을 때 상담자가 인사를 먼저 해도 괜찮은지에 대해 처음부터 확인하는 것이 바람직하다. 어떤 내담자들의 경우는 자신이 상담을 받고 있다는 사실을 주변 사람들에게 숨기고 싶을 수도 있다. 또한 내담자가 상담 회기에 안 왔을 경우 어떤 번호로 연락을 하면 좋은지, 또 메시지를 남겨도 되는지 등에 대해 사전에 확인할 필요가 있다. 특히 내담자가 가족들에게도 자신이 상담을 받는다는 사실을 숨기고 싶을 수도 있음에 유의할 필요가 있다.

(4) 집단상담의 경우 개인상담에 비해 참여자가 많기 때문에 비밀보장이 잘 지켜지지 않을 개연성이 높으므로 집단상담 중간 중간, 그리고 종결하기 전에 비밀보장의 준수의무에 대해 반복적으로 강조할 필요가 있다.

1.3 상담자에게 너무 의존하게 되는 것은 아닐까?

상담의 특성상 내담자가 상담자에게 정서적으로 의존하는 경험을 하게 될 개연성이 높다. 즉, 가까운 가족이나 친구도 자신을 잘 이해하지 못했는데 처음 만난 상담자가 자신의 고민과 아픔을 잘 이해한다는 생각이 들면 그동안 닫아 두었던 마음을 열고 상담자에게 점차 의존하게 되는 것이 어쩌면 자연스러운 과정일 수 있다. 물론 상담이 진행됨에 따라 이러한 의존에서 벗어나 내담자가 자율성을 갖게 되고 상담을 종결할 무렵에는 자발적이고 적극적으로 자신의 문제를 해결할 수 있는 주체로 성장하는 것 자체가 상담의 중요한 성과지표이다. 그런데 대인관계에서 많은 어려움을 경험한 내담자들의 경우에는 누군가에게 의존하게 되는 것을 원하면서도 동시에 이렇게 의존하게 되면 자신을 잃어버리고 결국엔 버림을 받을지 모른다는 두려움 역시 가지고 있을 수 있다. 즉, 대인관계에서 거부되는 것에 대한 두려움이 큰 내담자일수록 이러한 유기불안을 많이 경험할 수 있는데 상담자와의 관계에서도 이러한 상처를 반복하게 될까봐 두려워할 수 있다. 이들은 어렸을 때부터 주 양육자와의 관계에서 불안정 애착을 경험했을 가능성이 높고 부모나 선생님과 같은 권위적인 대상으로부터 인정받지 못하면 자신이 가치롭지 않다는 일종의 '조건화된 자기 가치감'을 가지고 있을 가능성이 높다. 이러한 내담자들은 상담에서도 상담자의 인정과 사랑을 갈구하기 때문에 상담자의 일거수일투족에 관심을 보이고 상담자의 눈치를 보기 쉽다. 정작 자신이 무엇을 원하는지에 관심을 두고 이를 달성하기 위해 노력하기보다는 상담자를 기쁘게 하기 위해 애쓰면서도 동시에 상담자가 자신을 싫어하면 어떻게 하나 하는 불안을 경험하기 쉽다. 이러한 내담자와 상담할 때 상담자는 다음과 같은 점들에 유의해서 반응해야 한다.

(1) 내담자가 상담자에게 의존하는 마음이 생기거나 잘 보이고 싶은 마음이 생길 수도 있다는 수용적 태도를 견지한다. 내담자가 경험하는 욕구나 불안을 빨리 소거시키려고 하면 할수록 내담자는 더 집착하게 될 수 있음을 이해하고 이러한 불안을 수용하고 반영하는 것이 중요하다.

(2) 인본주의 상담가 칼 로저스(Carl Rogers)가 얘기한 '무조건적 긍정적인 존중'의 태도, 즉, 내담자에게 '어떤 특정한 방향으로 행동하지 않아도 괜찮다', 즉 '있는 그대로의 내담자의 모습을 보여도 괜찮다'는 메시지를 전달한다. 이럴 때만이 상담자를 기쁘게 하는 데 사용되는 에너지가 내담자 자신이 원하는 모습으로 성장하는데 올바로 사용될 수 있을 것이다.

(3) 이러한 내담자일수록 상담의 종결에 대한 저항이 클 수 있으므로 종결을 계획할 때 충분한 시간을 두어야 하고 이별에 대한 내담자의 불안을 상담 장면에서 충분히 다루어야 한다.

(4) 중요한 점은 '의존하느냐, 의존하지 않느냐'가 아니라 '어떤 경우에는 의존해도 괜찮고 어떤 경우에는 의존하는 것이 좋지 않은지'를 분별하는 법을 배울 필요가 있다는 점을 이해시킨다.

1.4 상담에서 원치 않는 상황이 발생하면 어떻게 하나?

이러한 유형에 속하는 불안에는 다음과 같은 여러 가지가 포함될 수 있다.
- 상담자에게 창피한 모습(예: 울어서 부은 모습)을 보이면 어떻게 하나?
- 상담 도중에 통제할 수 없는 눈물이나 화가 나면 어떻게 하나?
- 내가 말하고 싶지 않은 부분을 얘기하도록 강요하면 어떻게 하나?
- 나도 잘 모르는 문제 많은 모습을 상담자가 알아차리면 어떻게 하나?

이러한 불안은 예민하거나 잔걱정이 많은 내담자들에게서 흔히 보이며 대인관계에서 수치심을 많이 느끼는 내담자들도 이 범주에 속할 수 있다. 이들은 특히 자신이 타인에게 어떻게 보이는가에 민감하다. 아울러 자신의 행동에 대한 통제감을 중요하게 생각하고 심한 경우에는 이러한 통제감을 상실할지도 모른다는 신경증적 불안을 보일 수 있다. 앞서 언급한 '조건화된 자기 가치감' 역시 이 유형의 불안과 관련이 될 수 있는데 타인 앞에서 부끄러운 모습을 보이는 것에 대한 저항이 심한 경우가 여기에 속할 수 있다. 특히 자신이 보이고 싶어 하지 않는 모습을 상담자가 알아차릴까봐 염려하는 특성은 상담의 중기에 내담자가 흔히 보이는 저항과도 맥이 닿아 있다. 중요한 것은 이러한 불안을 얘기할 수 있는 안전한 상담분위기를 조성하는 것이며 이러한 불안을 다루는 것이 이 내담자의 성격특성 및 역동을 이해하는 중요한 자료가 된다는 점을 이해하는 것이다.

상담자는 내담자가 자신이 원하는 수준 이상으로 자기개방을 하도록 압력을 넣지 않도록 주의해야 한다. 아울러 내담자들이 흔히 보이는 상담에 대한 부정확한 기대에 대해 상담 초기에 내담자와 논의할 필요가 있다. 즉, 상담에서 모든 것을 있는 그대로 솔직하게 얘기해야만 하는 것도 아니며 내담자가 '자신만의 속도와 자발성을 바탕으로 얘기하고 싶은 데까지 얘기하면 된다'는 메시지를 전달하는 것이 중요하다. 이는 내담자가 자신의 삶에서 주체적으로 결정할 힘이 있다는 것을 인식하도록 돕는다. 때로 상담자들이 내담자를 좀 더 잘 이해하겠다는 의도에서 자신도 모르게 질문공세를 퍼붓거나 "왜 그렇게 했나요?"와 같은 질문을 할 경우가 있는데 이는 내담자의 불안을 고조시키고 저항을 유발할 위험이 있다. 특히 자주 "왜?"라는 질문을 하면 내담자는 뭔가 대답해야 한다는 압박감을 느끼고, 자신도 왜 그런지 잘 모르는 경우에는 혼란스러워하며, 무엇보다 내담자의 경험세계에 대한 탐색보다 상담자가 자신이 알고 싶은 점을 확인하는, 즉, 상담자의 욕구를 충족시키는 결과를 가져올 수 있기 때문에 유의할 필요가 있다.

 ## 2 초심상담자의 불안과 실수 및 대처방안

이장호, 금명자(2006)는 '상담연습교본'에서 상담실습 경험이 없는 상담전공생들과 상담경험이 1년 정도 된 초심상담자들의 경험에 대해서 정리한 바가 있는데 이 중 몇 가지를 발췌·수정하면 다음과 같다.

먼저 상담실습 경험이 없는 상담전공생들의 반응을 보자.

- "내담자에게 도움을 주지 못할까봐 두렵다.
  아는 것과 행동하는 것은 별개 같다."
- "내담자가 내 의도대로 따라오지 않으면 화를 낼까봐 겁이 난다."
- "내담자를 눈에 띄게 변화시켜야 한다는 강박적 압력이 있는 것 같다."
- "능력이 없어서 내담자의 상태가 더 악화되면 어떻게 하나 걱정된다."
- "할 말이 없어서 침묵이 길어지게 되면 당황스러울 것 같다."
- "지금껏 배웠던 상담이론들이 실습과는 상관이 없을 것 같아서 무섭다."

그 다음 상담경험이 1년 정도 된 초심상담자들의 반응은 다음과 같다.

- "어느 시점에서 어떤 방법으로 개입해야 될 지를 잘 모르겠다."
- "매 순간 내담자는 문제해결을 요구하는데 어떻게 대응할지 모르겠다."
- "내담자 얘기에 대한 적절한 반응을 생각하느라 내담자의 얘기를 놓친다."
- "미처 경험해보지 않은 사건을 내담자가 얘기했을 때는 쉽게 당황한다."

이러한 반응들은 초심상담자들이 상담과정에서 경험하는 불안과 애로사항들을 잘 보여준다. 많은 초심상담자들이 이러한 경험에 공감을 할 것이다. 이하에서 초심상담

자들이 상담에서 흔히 느끼는 불안과 실수, 그리고 이에 대한 대처방안에 대해서 설명
하고자 한다.

2.1 내담자가 다시 안 오면 어떻게 하지?

초심상담자가 상담전문가로 성장하는 과정에는 최소한 수년의 시간이 걸리며 성
장과정 역시 직선적이지 않고 때로는 성장이 둔화되거나 좌절을 경험하는 경우도 발생
한다. 필자는 특히 상담수련생들을 교육하면서 이들이 상담전문가로 성장하는 과정에
서 특히 자신의 상담능력에 대한 자신감이 특히 중요한 요소임을 반복적으로 확인하였
고, 이를 '자신감의 계곡'이라고 부른다. 즉, 상담수련생들이 이 자신감의 계곡을 뛰어
넘지 못하면 '나는 상담에 재능이 없어' 혹은 '상담은 정말 갈수록 어려운 학문이야'
등의 말을 하면서 좌절하는 경우가 많다.

특히 초심상담자일수록 내담자가 상담 초기에 상담을 그만두는 경우가 반복해서
발생하면 상담에 대한 자신감이 급격히 떨어진다. 이런 일이 반복되면 상담자는 내담
자를 이해하는데 주의를 기울이기보다는 상담 장면에서 자신의 수행에 대해 지나치게
예민하게 되고 내담자가 하는 부정적인 피드백에 영향을 많이 받게 된다. 내담자가 상
담시간에 사전 연락 없이 나타나지 않으면 자신감이 부족한 상담자는 자신이 지난 상
담시간에 뭔가 잘못했는지를 곱씹어 보면서 자책하게 되고 이러한 반추과정은 상담자
의 자신감을 더 저하시키는 악순환으로 작용하게 된다.

내담자의 증상이나 상태가 호전되지 않으면 상담자는 자신이 부족해서 이러한 결
과가 생겼다고 쉽게 귀인을 한다. 이렇게 되면 심약한 상담자일수록 다음과 같은 생각
에 빠지기 쉽다.

⑴ "만일 이 내담자가 나같이 실력 없는 상담자를 만나지 않고 유능한 상담자를
만났더라면 벌써 상태가 좋아졌을 텐데…"
⑵ "내가 이 내담자를 계속 만나는 것이 비윤리적인 것은 아닐까?"

또한 "내담자가 나를 싫어하게 되면 어떻게 하나?"에 민감한 상담자도 자신감의
계곡에서 떨어져서 허덕일 수 있다. 물론 상담자도 사람이기 때문에 내담자로부터 인

정을 받고 싶은 마음이 생기는 것은 자연스럽다. 그러나 이러한 정도가 지나쳐서 내담자의 평가를 두려워하는 상담자라면 자신의 성격적 특성이나 미해결된 과제에 대해서 '교육분석'이나 수퍼비전을 받음으로써 이러한 경향성이 내담자의 문제를 객관적으로 이해하고 효과적으로 상담 작업을 하는데 방해가 되지 않도록 해야 할 것이다.

이러한 낮은 자신감의 문제로 고민하는 상담자라면 다음을 기억하기를 바란다.

(1) 상담자가 상담과정에서 자신의 수행에 대해 지나치게 예민하지 않기까지는 일정한 시간이 필요하다. 필자의 관찰에 의하면 상담전문가의 지도하에 최소한 3년 정도 전일제로 상담실습을 해야만 상담수행 자체에 대한 불안으로부터 비교적 자유로울 수 있다.

(2) 어떠한 상담전문가도 한 때는 초심상담자 시절이 있었다. 자신의 상담 수준에 맞는 상담을 하고 이에 대해서 적극적으로 지도감독을 받는 것이 중요하다. 초심상담자가 자신의 상담능력을 오랜 기간 동안 상담을 해온 전문가나 대가의 경우와 비교하는 것은 지나친 기대라는 점을 인식해야 한다.

(3) 교과서에 나오는 상담 개입전략이 실제 상담 장면에서도 그대로 적용될 수 있을 거라고 단순하게 기대해서는 안 된다. 실제 상담은 교과서에 나오는 것처럼 축약적이고 성공적으로 진행되지는 않는다. 때로 상담자가 내담자의 의도를 파악하지 못하는 경우도 생기고 내담자의 문제가 재발할 수도 있다. 즉, 상담 과정에 대한 보다 현실적인 기대를 할 필요가 있다.

(4) 내담자가 상담자를 싫어할 수도 있음을 수용하라. 때에 따라 상담자가 내담자의 핵심문제를 다루려고 하면 내담자가 자동적으로 저항과 방어적인 태도를 보일 수 있는데 이러한 부정적인 피드백을 상담자 자신의 능력 부족으로 여겨버리면 내담자의 문제를 객관적으로 그리고 더 심화해서 다룰 기회를 놓치는 우를 범할 수 있다.

2.2 수퍼비전을 받을 때 잘못한 부분은 숨기고 싶다!

초심상담자들의 상담능력이 증진되기 위해서는 상담전문가에 의한 사례지도감독(이하 수퍼비전으로 칭함)이 필수적이다. 그런데 초심상담자들에게 수퍼비전은 양날의 검과 같은 작용을 할 수 있다. 수퍼비전은 주로 상담수련생이 자신이 상담한 사례를 내담자의 동의를 얻은 후 녹음 혹은 녹화하고 녹취록(축어록) 혹은 비디오테이프를 사례지도감독자(이하 수퍼바이저)와 함께 검토·논의하는 방식으로 이루어진다. 전문가에 의한 수퍼비전은 상담수련생이 자신의 장점과 더 개발해야 할 점을 학습하는데 가장 효과적인 방법이며 전반적인 사례관리, 상담자 개입방법에 대한 분석 및 대안 탐색, 상담자의 개인적인 성격특성과 상담방식 간의 관계에 대한 이해, 내담자 문제에 대한 개념화(이를 흔히 '사례개념화'라고 한다) 등을 논의할 수 있다. 수퍼비전 스타일은 수퍼바이저의 이론적 조망에 따라서 다양할 수 있다. 예를 들어, 어떤 수퍼바이저는 격려를 잘하는 스타일일 수도 있고 또 다른 수퍼바이저는 상담자의 실수에 대해 매우 엄격하게 지적하는 스타일일 수도 있다. 수퍼비전을 받는 상담수련생의 성격특성에 따라 이 중 한 가지 스타일을 더 선호할 수도 있지만 일반적으로 수퍼비전을 받은 이들은 자신의 상담에 대한 수퍼바이저의 평가를 두려워하는 경향을 보인다.

지금은 그런 경향이 많이 없어졌지만 이전에는 수퍼비전을 '슬퍼비전(수퍼비전 하면 슬퍼진다)' 혹은 '술퍼비전(수퍼비전에서 받은 스트레스를 술로 푼다)'이라고 부를 만큼 수퍼비전을 준비할 때 상담수련생들은 많은 심적 부담을 느낄 수 있다. 일례로 상담녹음 테이프를 녹취록으로 만드는 과정은 50분 상담 기준 최소 6시간 정도의 시간이 소요되며 녹취록으로 푼 상담 회기 이외의 회기도 요약을 해야하고 내담자의 인적사항, 가족관계, 행동관찰, 상담목표, 상담전략, 내담자의 주 호소 문제 요약, 내담자의 장점과 단점, 상담진행사항 요약, 사례개념화, 수퍼비전에서 배우고 싶은 내용 등을 보고서 형식으로 작성하는 데에도 상당한 시간을 요한다. 상담 녹취록을 만드는 과정에서도 일반적으로 상담훈련생은 자신이 상담과정에서 한 말에 대해 "그때 내가 왜 이런 말을 했을까?"와 같은 자책감이나 부끄러움을 경험할 수 있다.

그런데 이러한 우려가 실제로 수퍼비전을 받을 때 현실화될까봐, 즉 상담내용에 대해서 수퍼바이저가 혹평을 할까봐 두려워진다. 이러한 두려움은 실제로 한두 번 수퍼바이저의 부정적인 피드백을 받게 되면 더 커지게 된다. 아울러 수퍼바이저의 평가에 예민한 상담수련생일수록 수퍼바이저의 지적사항을 지나치게 의식하여 수퍼비전 이후 맞이 하는 상담회기에서 이 지적사항을 염두에 두고 수퍼바이저의 조언을 내담자에게 무작정 적용하려고 할 수 있는데, 이 때문에 상담이 순조롭지 않게 흘러갈 수 있다.

이러한 맥락에서 흔히 보이는 현상은 수퍼비전 준비 보고서를 작성할 때 상담수련생이 자신이 잘못한 부분은 빼고 잘한 부분만 보고하는 것이다. 이러한 방식의 문제는 첫째, 상담자가 솔직하게 자신의 상담을 제출하지 못하고 거짓말을 한 것 같은 부담감을 경험할 수 있다는 것이고, 둘째, 자신이 잘못한 부분을 수퍼바이저에게 보여주지 않음에 따라 같은 실수를 반복하는 우를 범할 수 있다는 데 있다. 상담자는 수퍼비전의 원래 목적, 즉, 수퍼비전이 상담자의 실수를 지적해서 상담자를 우울하게 만드는데 목적이 있는 것이 아니라 이를 통해서 상담자가 내담자를 더 잘 이해하게 되고 보다 효과적인 상담개입을 하는 방안을 학습하는 것이라는 점을 기억해야 한다. 아울러 수퍼바이저는 초심상담자들이 수퍼비전에 대해 보일 수 있는 부담감과 두려움에 대해 충분히 이해하고 보다 안전한 신뢰관계에서 상담자들이 자신의 어려움을 솔직히 얘기할 수 있는 분위기를 형성하는 것이 필요하고 동시에 상담자가 잘못한 부분에 대한 건설적인 논의뿐 아니라 상담자가 잘한 부분에 대해 구체적으로 격려하는 것이 바람직하다.

2.3 상담자의 과도한 자기개방

상담 내용을 녹취록으로 작성한 것을 분석해 보면 이것이 초심상담자가 실시한 상담인지 아니면 상담전문가가 실시한 상담인지 쉽게 알 수 있는데, 그 중 한가지 지표는 바로 상담자와 내담자가 말한 내용의 길이이다. 물론 대화의 길이가 상담능력을 평가하는 절대적인 기준은 아니지만 경험상 초심상담자의 상담은 대개 상담자가 말을 길게 하고 그 다음 내담자가 한두 마디 말을 한 후 다시 상담자가 말을 길게 하는 패턴이 반복되거나 아니면 상담자와 내담자가 거의 수다 수준으로 한두 마디씩 말을 교환하는 경우가 많다. 반면에 상담전문가의 상담에서는 일반적으로 내담자의 말이 길고 상담자의 말은 비교적 짧은 경우가 보통이다. 이는 상담이 내담자의 내면으로 여행을 통해 내담자의 문제해결과 새로운 학습(새로운 생각, 감정조절, 행동실천)이 일어나도록 조력하는 과정이기 때문에 가능하면 상담자의 말보다 내담자의 말이 더 많이 얘기되는 것이 바람직하다는 전제와 관련이 있다.

초심상담자의 말이 긴 경우는 여러 가지 이유가 있겠지만 그중 가장 흔히 보이는 실수는 바로 상담자가 자기 경험을 얘기하는 경우(이를 '자기개방'이라 한다)이다. 왜 초심상담자일수록 자기개방 반응을 많이 할까?

(1) 많은 경우 초심상담자는 내담자에게 "나도 그런 경험이 있다. 따라서 내가 당신의 경험을 이해한다"라는 말을 전달함으로써 친밀감이 형성된다고 생각하는 경향이 있다. 이는 아마도 사회생활에서 자기개방을 통해 동질감과 친밀감을 형성해 본 경험에 근거할 수 있는데 문제는, 이런 접근이 상담에서 내담자가 자기 내면세계를 탐색하는 시간을 뺏을 수 있다는 데 있다. 과연 상담자의 개인 경험이 내담자의 경험과 일치할 수 있을까? 정말 개체가 다른 사람이 서로 꼭 같은 경험을 할 수 있을까? 아마도 어떤 내담자는 이렇게 방어적으로 반문할 것이다. "그래요? 정말 선생님이 제가 겪은 경험을 똑같이 이해하실 수 있을까요?" 공감적인 태도를 견지하는 것과 실제로 공감을 하는 것은 차이가 있고 "이해한다. 공감한다."와 같은 말은 조심해서 사용해야 한다. 어쩌면 상담자가 말할 수 있는 최대는 "이해하고 싶다. 공감하고 싶다"일지 모른다.

(2) 상담자가 자기개방 반응을 흔히 하는 데에는 상담과정을 통제하는 데 대해 자신이 없기 때문일 수도 있다. 어떤 상담자는 자신이 불안할 때마다 자기 얘기를 하면서 이러한 불안을 은폐하는 경향이 있다.

(3) 또 다른 경우는 상담자가 자기개방을 하면서 은연중에 내담자에게도 자기개방을 강요하는 경우가 있다. 즉, "나는 솔직하게 내 얘기를 했으니 내담자 당신도 자신의 얘기를 하세요"와 같은 일이 발생할 수 있다는 것이다. 물론 이렇게 되면 내담자가 부담을 느끼게 되고 상담자의 바람과는 반대로 내담자가 대화를 자꾸 회피하는 부작용이 생길 수 있다. 솔직하게 얘기한다는 것의 의미가 모든 것을 다 얘기해야 한다는 것으로 변질되게 되면, 예를 들어, 상담자가 내담자에게, "왠지 ○○씨를 만나면 나한테 거짓말을 한다는 느낌이 들어요. 말할 때마다 눈을 깜박거리는 것도 신경쓰이고. 눈 깜박거릴 때마다 뭔가를 숨기는 것 같아요"와 같은 반응을 보이는 것은 솔직하다는 것을 넘어서서 잔인하리만치 솔직한 것이다. 이런 반응은 내담자에게 상처가 되므로 당연히 지양해야 한다.

상담자가 자기개방을 하는 이유가 친밀감을 빨리 형성하기 위해서든 혹은 자신이 불안하다는 사실을 숨기고 싶은 것이든, 아니면 내담자의 자기개방을 독려하는 것이든, 지나친 상담자의 자기개방 반응은 내담자의 경험에 대한 탐색과 심화에 장애가 될 수 있음을 기억하라.

2.4 상담에 없는 제3자의 얘기에 초점 맞추는 문제

초심상담자의 열이면 여덟, 아홉이 보이는 또 다른 특징은 상담자가 상담에 없는 제3자(예: 내담자의 여자친구)의 얘기에 초점을 두고 반응하는 것이다. 다음의 예를 보자.

상 1: 어떤 얘기를 하고 싶으세요?

내 1: 제 여자친구는 늘 자기중심적이에요. 자기는 밥 한번 안사면서 늘 제가 밥을 살 때까지 기다려요. 한 번을 밥 사는 것을 못 봤어요. 제 지갑이 자기 지갑인 줄 안다고요.

상 2: 오호 상당한데요. <u>여자친구가</u> 또 어떻게 이기적으로 행동했나요?

내 2: 지난번에는 생일날 비싼 케익을 사줬더니 글쎄 손편지를 함께 안줬다고 신경질을 내잖아요. 요즘 손편지를 쓰는 사람이 어디 있어요? 뭐 편지 쓰면서 자기를 생각하는 시간까지 선물하는 것이라나 뭐라나.

상 3: 흥미롭네요. <u>여자친구가</u> 또 어떻게 하던가요?

어떤가? 이 사례에서 뭔가 이상하지 않은가? 여기서 상담자가 말하는 방식을 잘 살펴보면 내담자의 경험에 대해 이해하거나 공감하는 반응보다는 상담에 없는 제 3자인 내담자의 여자친구에 대한 탐색 반응(상담자 반응 2와 3; 주어가 <u>여자친구</u>임에 주목하라)에 집중하고 있는 것을 알 수 있다. 이런 경우에는 내담자가 자신의 내면세계를 들여다 볼 수 있는 기회가 줄어들고 상담시간 중 대부분이 상담에 없는 제3자에 대한 '인물 탐구'에 낭비될 수 있다는 데 문제가 있다. 내담자는 문제해결이나 새로운 학습을 하는데 아무런 도움을 받지 못한다. 그러면 초심상담자는 왜 이런 반응을 하는 것일까? 아마도 이는 내담자가 말하는 사건이나 경험에 대해서 상담자가 충분히 알아야만 효과적인 반응을 할 수 있을 것이라는 상담자의 잘못된 기대 때문일 수 있다. 사건을 충분히 이해해야 한다는 것은 내담자의 바람이 아니라 바로 상담자 자신의 욕구나 불안의 다른 모습일 수 있음을 이해하라.

그러면 상담자는 어떻게 반응하는 것이 바람직한가? 다음 예를 보라.

상 1: 어떤 얘기를 하고 싶으세요?

내 1: 제 여자친구는 늘 자기중심적이에요. 자기는 밥 한번 안사면서 늘 제가 밥을 살 때까지 기다려요. 한 번을 밥 사는 것을 못 봤어요. 제 지갑이 자기 지갑인 줄 안다고요.

상 2: 여자친구가 데이트할 때 일방적으로 ○○씨에게만 돈을 내게 해서 불공평하다고 생각하시는 거네요. 여자친구의 이런 행동 중에서 <u>○○씨는</u> 어떤 점이 특히 불편하게 느껴지나요?

내 2: 저는 그 애가 제 경제적 사정에 대해서는 전혀 배려하지 않으면서 자기 이익만 챙기는 것 같아서 얄미워요. 시골에서 올라오는 돈 가지고 학비내고 생활비 내면 빠듯한데 그래도 데이트 할 때는 궁색 맞게 안하려고 나름 애쓰고 있는데. 저 집에서는 라면으로 끼니 때울 때가 많아요. 휴.

상 3: 경제적 부담이 심한 상태에서도 ○○씨 나름대로는 여자친구에게도 최선을 다하고 있는 건데 전혀 몰라주니까 섭섭하고 울적해지시는 거네요. <u>○○씨가</u> 여자친구와의 관계에서 바라는 것은 어떤 것일까요?

이 사례에서 상담자의 반응(2, 3)에는 주어가 <u>○○씨</u>(즉, 내담자)로 시작하고 있음에 주목하자. 즉, 상담자는 상담에 없는 제 3자인 내담자의 여자친구에 대한 인물탐구가 아니라 그 사건에 대한 내담자 자신의 마음에 대한 공감반응 후 내담자가 자신의 내면 속의 마음, 더 나아가 내담자의 바람(Wants)을 좀 더 깊이 인식하고 이야기할 수 있도록 초점을 맞추고 있다. 대인관계심리치료 전문가인 에드워드 테이버(Edward Teyber, 2002)는 이를 '내부초점화를 통한 변화'라고 불렀는데 상담이 효율적이 되려면, 즉 내담자의 새로운 학습을 조력하려면 이처럼 내담자의 내면세계에 대해 초점을 맞출 필요가 있음을 명심하라.

2.5 질문을 남발하면서 불안을 감추기

초심상담자가 흔히 범하는 또 다른 실수는 질문을 계속하면서 자신의 상담능력에 대한 불안감을 숨기는 것이다. 아래 상담 예를 살펴보자.

상 1: 어떤 얘기를 하고 싶으세요?

내 1: 제 남자친구는 만날 때는 괜찮은데 게임만 하면 연락이 안 되요. 그러면 전화를 자꾸 하게 되고 많은 때는 30통씩 전화를 할 때도 있어요. 이런 제가 문제가 있나요?

상 2: 남자친구가 어떤 게임을 주로 하는지 아세요?

내 2: 음. 잘은 모르는데 롤인가 뭔가 하는 것 같아요.

상 3: 남자친구는 누구와 게임을 하나요? 그리고 주로 언제 하나요?

내 3: 고등학교 친구 몇 명과 게임하는 것 같아요. 주로 주말에 해요. 저는 주말에 데이
트하려고 기대하고 있는데.

상 4: 주말에 데이트를 꼭 해야 하는 이유가 있나요?

내 4: 아니 저도 주중에는 할 일이 많으니까요. 주말에 저는 남자친구랑 데이트 약속이
잡힐까 봐 일부러 다른 약속도 안 잡는데.

상 5: 이전 남자친구들을 만날 때도 연락이 안 되면 이렇게 전화를 자주 했던 적이 있나요?

내 5: ……

이 예를 보면 상담자 반응의 대부분은 마침표로 끝나는 평서문이 아니라 물음표로
끝나는 질문이다. 이처럼 질문공세를 퍼붓게 되면 내담자는 이해받는다는 느낌보다는
취조당하는 느낌이 들 수 있기 때문에 문제가 된다. 게다가 상담자 반응 3에서는 이중
질문을 함으로써 내담자에게 대답해야 하는 부담을 가중하고 반응 4에서는 이유를 묻
는 질문을 함으로써 내담자가 뭔가 잘못하고 있다는 느낌을 줄 우려가 있다. 무엇보다
이러한 질문을 통해서 간단한 정보 이외에 내담자의 내면적인 욕구나 바람에 대한 탐
색 및 이해가 전혀 이루어지지 않고 있다는 점이 특히 문제이다. 내담자 5에서는 상담
자가 갑자기 왜 옛날 남자친구 일을 생뚱맞게 물어보는지 의아한 느낌이 들 수 있고
향후 상담 과정이 매끄럽지 않을 수 있음을 예견케 한다.

그러면 이 초심상담자는 왜 질문공세를 퍼붓고 있는 것일까? 한 가지 가설은 앞서
도 언급했던 것처럼 모든 정보를 정확히 알아야 내담자의 문제를 해결해 줄 수 있다는
상담자의 욕구 때문일 수 있다. 또 다른 가능성은 상담자가 내담자의 얘기에 대해서
적절한 반응을 할 자신감이 없기 때문에 계속 질문을 함으로써 내담자가 대답으로 상
담시간을 보내고 있는 경우이다. 정보수집 욕구가 강한 경우는 수퍼비전을 통해서 상
담자 자신의 욕구의 근원과 이러한 욕구가 상담장면에서 내담자와의 상호작용에 어떤
영향을 미치는가에 대해 자각하도록 도울 수 있을 것이다. 후자의 경우, 즉, 내담자의
말에 적절히 대답하기 어려워 반응 순서를 내담자에게 넘기는 경우라면 상담자의 기본
적인 반응연습이 불충분한 데 원인이 있기 때문에 적극적 경청 및 공감반응훈련을 집
중적으로 실시하는 것이 바람직하다.

2.6 침묵이 생길까봐 두렵다!

초심상담자는 흔히 내담자의 침묵 반응에 대해 어떻게 처리해야 할지 몰라 당황한다. 다음의 예를 살펴보자.

상 1: 아버지가 출소하신다는 얘기를 들었을 때 어떤 생각을 했어요?

내 1: 걱정이 많이 됐어요. 특히 아버지가 돌아와서 엄마와 저를 또 때리면 어떻게 하나… 너무 무서워요…

상 2: 전에 아버지가 ○○씨 어머니를 때리고 ○○씨가 막 말리다가 뺨을 맞았다고 했던 것 같은데 그 때를 다시 떠올릴 수 있겠어요?

내 2: …… (침묵 1분 25초)

상 3: 음. 그 장면을 떠올리는 게 힘들면… 최근에 어머니하고 다퉜다고 했는데 어떤 일 때문이었어요?

내 3: 엄마한테 아버지가 우리를 못 찾도록 이사가자고 그랬는데 엄마가 전셋값이 올라서 이 집 나가면 갈 데가 없다고 해서 제가 짜증을 냈어요. 그럼 어떻게 하냐고.

상 4: 역시 아버지가 출소하는 것하고 관련이 있는 것 같네요. 아버지가 집에 와서 다시 폭력을 휘두를까봐 걱정된다고 했는데 그 얘기를 다시 해볼까요?

내 4: …… (침묵 1분 42초)

상 5: 음. 그럼 ○○씨가 최근 고민하는 진로문제를 얘기해 보기로 해요. 지난번에 인턴십 준비한다고 하지 않았나요?

위 예에서 상담자는 내담자가 최근 경험하고 있는 걱정에 대해 초점을 맞추고 있지만 내담자가 강한 정서 경험을 개방할 준비가 덜 된 상황에서 급하게 내담자의 자기개방을 독려하고 있고 그 결과, 내담자 반응 2번과 4번에서 내담자가 침묵하는 상황을 맞게 된다. 내담자의 이러한 침묵은 초심상담자에게는 두려움을 유발할 수 있는데, 그 이유는 첫째, 내담자가 침묵을 하게 되면 초심상담자일수록 자동적으로 자신의 상담능력이 부족해서 상담 과정이 매끄럽지 않다는 생각 때문에 위축될 수 있고, 둘째, 내담자가 말하고 싶어 하지 않는데 상담자가 지나치게 강요하면 내담자에게 폐를 끼칠 수 있다는 생각이 들기 때문이다. 특히 평상시에 다른 사람에게 폐를 끼치면 안 된다는 가치관을 가진 상담자일수록 내담자의 침묵 후에 계속 얘기하도록 독려하는 것에 부담을 느낄 수 있다. 상담자의 이러한 불편감은 내담자의 침묵 이후 상담자가 주로 화제를 전환하게 되는 결과를 낳는데 (상담자 반응 3번과 5번) 이는 내담자의 내면적 경험이 심화되지 못하고 분절되도록 하기 때문에 일반적으로 도움이 되지 않는 반응이다.

내담자가 침묵할 때 상담자는, 첫째, 상담자와 내담자 간에 발생하는 침묵도 하나의 반응이며 이를 서로 간에 '나누고 있다'는 것을 이해할 필요가 있다. 물론 내담자의 침묵에는 여러 가지 다양한 종류가 있을 수 있는데, 내담자가 상담자의 말에 대해 불편감을 느끼는 경우라면 이 부분에 대해서 내담자와 진솔한 얘기를 나누어 볼 필요가 있다. 만일 내담자의 침묵이 내담자 내면 속에서 부담이 되기는 하지만 중요한 장면을 떠올리거나 소화하기 위한 경우라면 이 침묵을 상담자가 깨트리는 것은 바람직하지 않다. 이동귀(1992)의 연구결과에 의하면, 내담자가 상담자의 말에 대해 도전받았다고 속으로 생각할 때 상담자가 추가적으로 맥락에 맞게 탐색하려는 의도로 반응하는 것이 상담 직후 내담자가 평가한 상담의 깊이 및 순조로움과 유의한 정적 상관관계가 있었다. 문제는 상담자가 내담자가 보이는 침묵의 성격을 파악할 수 있는 안목이 있는가의 여부이다. 둘째, 침묵이 있은 후 불가피하게 상담자가 침묵을 깨트려야 할 경우, 다른 화제로 바로 전환하기보다는 침묵시간 동안 어떤 생각을 했는지에 대해 내담자에게 물어보는 것이 필요하며 물론 이 때 압박감을 주지 않도록 조심할 필요가 있다.

2.7 내담자와 사적인 관계에 빠진다면?

상담에서는 내담자가 다른 사람들에게 얘기하지 못했던 개인적인 비밀얘기들을 할 경우가 많기 때문에 상담의 초기에 내담자가 상담자에게 의존하게 되고 그 과정에서 상담자에게 친밀감을 느끼는 경우가 발생할 수 있다. 때에 따라서 내담자가 이전의 제3자(예: 권위적인 아버지)와의 관계에서 미해결된 감정을 상담자에게 투사하여 상담자를 대할 때 마치 그 사람을 대하듯이 할 경우가 있는데 이를 '전이 감정'이라고 하며, 반대로 상담자가 자신의 개인적 관계에서 미해결된 감정(예: 맺어지지 못한 첫사랑에 대한 아쉬움)을 그 사람의 이미지를 닮은 내담자에게 투사하는 경우를 '역전이'라고 한다. 상담이론에 따라서 이러한 전이 및 역전이 감정을 적극적으로 다루는 경우(예: 정신분석이론)도 있고 그렇지 않은 경우(예: 인간중심이론)도 있다. 여하튼 이러한 여러 가지 경우로 내담자와 상담자의 관계가 전문적인 관계에서 사적인 관계로 바뀌게 될 경우가 있는데 이는 상담자의 윤리문제로 비화될 수 있기 때문에 각별한 관심을 요한다.

상담 경험이 많지 않은 초심상담자, 특히 미혼의 상담훈련생들이 미혼의 이성 내담자와 상담을 하는 경우 다양한 개인적인 감정이 생길 수 있고 이를 인식하지 못하게 되면 상담의 효과성이 현저히 떨어질 뿐 아니라 여러 가지 원치 않는 복합적인 윤리문제들이 발생할 수 있다. 몇 가지 예를 다음에서 살펴보기로 하자.

〈사례 1〉

미혼의 남성 상담자 A는 미혼의 여성 내담자 B를 만나서 상담 초기 우호적이고 친밀한 상담관계를 형성하는 데 성공하였다. 그런데 내담자가 상담자에게 점차 이성적인 호감을 느끼게 되었고 상담자도 이런 내담자가 싫지 않았다. 점차 상담시간이 정해진 시간보다 길어지고 상담 장면은 마치 연애하는 분위기가 형성되었다. 내담자는 상담자에게 상담실은 답답하니 자신이 잘 아는 전통찻집에서 차를 한잔 하자고 제안하고 상담자도 한 번쯤 분위기를 바꾸는 것도 좋겠다고 생각한 끝에 밖에서 차를 같이 마시면서 상담을 하게 되었고 그 후 상담시간 이외에도 문자나 전화로 연락하는 일이 잦아지게 되었다. 급기야, 내담자가 상담자에게 자신이 잘 아는 지인이 사진전시회를 하는데 함께 보러가자는 제안을 하게 되었고 상담자는 이 시점에서 수락을 해야 할지 말아야 할지를 고민하게 되었다. 상담자는 급기야, "이 내담자가 이성으로서 좋은 감정이 들고 이런 사람을 놓치면 평생 후회할 것 같은데 단지 상담자 내담자로 만났기 때문에 개인적인 관계를 맺으면 안된다는 것은 너무 가혹한 게 아닌가? 지금 이 시점에서 상담관계를 끝내고 개인적으로 사귀면 안될까?"하는 생각을 하게 되었다.

이 상담자는 지금 내담자와 '이중관계'에 빠져 있는 것으로 상담자의 윤리요강에 위배된다. 이러한 관계는 내담자의 문제를 객관적으로 이해하고 내담자가 자신의 문제를 주체적으로 해결하도록 촉진해야 하는 상담자의 전문적인 의무를 방기하는 것이다. 상담자가 잊지 말아야 할 것은 내담자가 상담자를 좋아하게 된 데에는 상담자의 이성적인 매력뿐 아니라 상담관계의 속성상 누구에게도 말하지 못했던 비밀을 전문적인 지식과 양식을 가지고 있다고 여겨지는 상담자에게 얘기할 수 있었다는 것이 큰 역할을 했다. 상담자와 내담자 간에는 권력에서 차이가 있으며 상담자는 자신의 지위를 내담자를 조력하는 전문적인 위치 이외에 내담자로 하여금 자신에게 호감을 갖도록 의식적, 무의식적으로 유도했을 가능성을 배제할 수 없다. 독자 중 일부는 '미혼 남녀 두 명이 비록 상담관계로 만났지만 서로 사랑에 빠질 수 있는 것 아니냐', '상담관계가 문

제가 되면 이를 그만두고 개인적으로 만나면 되지 않느냐', 혹은 '이상형을 그대로 놓
친다면 인생에서 후회가 남지 않겠느냐'고 강변할지 모른다.

그러나 이러한 생각에는 문제가 있다. 첫째, 한 번 상담관계로 만났다는 사실은
변하지 않으며 이러한 제약 조건은 설령 이 두 사람이 상담을 그만두고 개인적인 연인
관계로 되었다고 해도 계속 영향을 줄 수 있다. 예를 들어, 연인관계가 된 후 싸움을
하게 되었다고 하자. 상담자였던 남자가 내담자였던 여자에게 이렇게 말을 한다. "넌
전부터 그게 문제였어. 네가 나한테 상담 받을 때 네 전 남자친구에게도 지금 나한테
하는 것처럼 겉으로는 순종적인 척하면서 속으로는 비난하는 이중적인 태도를 취했었
잖아." 내담자였던 여자가 이 말을 들으면 어떨 것 같은가? 상담자였기 때문에 믿고
했던 말들이 부메랑처럼 다시 돌아와 상처가 되지 않겠는가? 둘째, 상담에서 한 번 내
담자와 개인적인 관계로 빠진 경험이 있는 상담자는 다음번에도 또 다른 내담자와 이
러한 관계에 빠질 위험성이 없다고 말할 수 없다. 한 번 넘은 선을 또 다시 넘지 말라
는 법이 있는가?

〈사례 2〉

상담자의 동생이 가전제품을 납품하는 중소기업을 운영하고 있는데 내담자의 아버지가
가전제품을 판매하는 대기업 사장인 것을 알게 되었다. 상담자와 내담자의 관계를 친밀
한 편이었고 상담도 순조롭게 잘 진행되고 있었다. 상담자는 "내담자에게 부탁해서 가능
하면 내담자 아버지 회사에 상담자 동생이 운영하는 중소기업에서 전자제품을 납품하면
좋겠다"고 생각하고 있다. 어차피 결정은 내담자 아버지가 내리는 것이고 상담자 동생
회사 제품의 질도 좋고 한데 가련하면 서로 좋게 비즈니스를 하도록 잘 얘기해 주면 어
떨까?

이 사례 역시 상담자가 내담자와의 전문적인 관계의 중요성을 망각하고 사적인 관
계로 변질되는 경우이다. 상담자가 내담자에게 다양한 '개인적인 청탁'을 하게 되는 경
우는 예외 없이 윤리적인 위반사항이다. 내담자는 상담자와 비즈니스 혹은 사적인 관
계로 얽히기 위해서 상담에 온 것이 아니라 자신의 심리적 어려움을 전문적인 능력을
지니고 있는 상담자의 도움을 받아 해결하고 성장을 도모하기 위해 왔다는 사실을 잊
어서는 안된다.

우리나라 문화에서는 상담자와 내담자가 개인적인 연락처(휴대폰 번호, 이메일 주소

등)를 교환하고 문자나 메신저 등으로 연락을 취하는 경우를 흔히 볼 수 있다. 그러나 이러한 방식은 상담관계가 전문적인 관계에서 사적인 관계로 변질되게 할 위험요소를 안고 있다. 가능하다면 상담자는 상담소의 안내 데스크 전화번호를 내담자에게 알려주고 모든 연락은 상담소를 통해서 이루어지도록 하는 것이 바람직하다. 그렇지 않을 경우 내담자들 중에는 일과시간 이외에 상담자에게 개인적으로 연락을 할 경우가 발생할 수 있으며 이후에 상담자가 책임을 져야 할 상황이 생길 수도 있다. 예를 들어, 한 내담자가 새벽 1시에 상담자에게 문자를 보내서 "지금 죽고 싶어요. 선생님만이 저를 이해하실 수 있을 것 같아서 연락드려요. 전화 통화할 수 없을까요?"라고 한다면 어떻게 되겠는가?

내담자와 개인적인 관계에 빠지지 않기 위해서 초심상담자는 다음과 같은 점들을 고려할 필요가 있다. 첫째, 내담자가 선물을 사가지고 왔을 때 마음을 담은 조그만 선물일 경우를 제외하고는 가능하면 받지 않는 것이 바람직하다. 각 상담소에 따라서 선물로 받을 수 있는 가격범위나 종류에 대한 기준이 있을 경우 이를 준수하여야 한다. 단, 선물하는 내담자의 마음에 상처가 되지 않도록 잘 얘기하고 선물하는 마음에 대한 감사를 표하는 것 역시 필요하다. 지나치게 반복되는 선물공세의 경우에는 그 의도를 파악하는 것이 중요하며 필요시 내담자와 이 문제에 대해서 솔직하고 정중하게 얘기할 것을 권한다. 둘째, 내담자와의 신체적 접촉(소위 스킨십)을 하는 것을 지양해야 한다. 특히 상담자와 내담자의 성(性)이 다를 경우에는 더욱 더 신중하게 처신해야 한다. 특정 문화에 따라서 관습적으로 허용되는 접촉(예: 악수, 가벼운 포옹) 역시 다른 문화에서는 다른 의미를 지닐 수 있으므로 이런 점에 유의해야 한다. 아울러 내담자의 신체 특성(예: 머리 스타일의 변화나 옷, 장신구 등)에 관한 언급을 할 때도 관례적인 범위를 넘어서서 친밀한 느낌으로 언급하는 것은 바람직하지 않다.

2.8 상담의 목표와 과제를 내담자와 논의하지 않는 문제

초심상담자를 교육하면서 흔히 발견하는 상담자의 실수는 이들이 상담에 대한 구조화 및 상담목표 설정과정에 내담자를 참여시키지 않는다는 것이다.

첫째, 상담자는 상담의 목표, 과제 등에 대해 상담의 초기에 내담자와 구체적으로 합의를 하는 것이 필요한데, 많은 초심상담자들은 상담목표를 너무 애매하고 추상적으로 설정하거나 상담자 혼자서 상담목표 및 과제를 설정하는 우를 범하기 쉽다. 상담의 과정은 내담자의 내면세계로 여행을 떠나서 내담자가 그 과정에서 자신의 문제를 해결하고 새로운 학습을 통해 성장하도록 하는 것이다. 그런데 상담목표가 분명치 않다면 마치 지도나 나침반 없이 여행을 떠나는 것과 마찬가지이며 이렇게 되면 상담 회기 간에 연속성이 없이 각 회기마다 얘기되는 내용이 산발적이 될 가능성이 높고 또한 언제 상담의 목표가 달성되는지 알 수 없기 때문에 상담의 종결시기를 알 수 없다는 문제가 생기게 된다.

따라서 초심상담자들이 흔히 상담 회기를 시작할 때 "지난주는 어떠셨어요?" 혹은 "이번 주는 어떤 얘기를 하고 싶으세요?"와 같이 습관적으로 말하는 것은 바람직하지 않다. 그 이유는 이렇게 질문하면 상담 회기 간에 연속성이 없이 각 회기마다 두드러지는 사건 중심으로 대화가 진행될 가능성이 높기 때문이다. 즉, 내담자가 이번 주는 여동생과 싸운 얘기를 하고 다음 주는 중간고사를 못 봐서 우울하다는 얘기를 하는 식이다. 이렇게 되지 않기 위해서는 상담의 목표와 세부 과제들이 구체적으로 설정되어야 하고 이 과정에서 내담자의 적극적인 참여를 유도할 필요가 있다.

다음의 사례를 살펴보자.

〈사례 3〉

계부에 의해서 성추행 피해를 당한 여중생 내담자가 있다. 상담자는 자신의 사례개념화 및 전문적인 식견에 따라서 상담목표를 '내담자의 욕구를 인식하고 타인과의 관계에서 느끼는 감정을 표현하여 심리적응을 도모한다'와 같이 설정하였다.

이러한 상담목표는 여러 가지 측면에서 문제가 있다. 우선 상담목표 자체가 구체적이지 않고 애매하기 때문에 실제로 어떤 방식으로 이를 달성해야 할지가 불확실하다. 또한 이 목표 설정과정에서 내담자와 적극적으로 논의하지 않았기 때문에 내담자는 자신이 상담에서 또 일상생활에서 어떤 방향으로 노력을 기울여야 하는지 알기 어렵다. 노력이 없으면 실제로 변화도 없는 것은 너무나도 당연한 일일 것이다. 내담자가 상담을 통해서 긍정적이고 실질적인 변화를 달성하기 위해서는 상담 회기 내에서 사고·감정·행동상의 새로운 학습을 하기 위해 의식적으로 노력을 해야할 뿐 아니라 이러한 변화가 공고해지기 위해서는 상담시간 이외에 일상생활에서도 지속적인 노력을 하는 것이 매우 중요하다. 이를 '학습의 전이'라고 하는데 만일 내담자가 상담의 목표와 자신이 수행해야 할 과제를 명확히 모른다면 어떤 방향으로 노력을 경주해야 하는지를 알 수 없고 따라서 실질적인 변화는 요원할 것이다.

앞서 사례에서 바람직한 상담목표 및 과제수립의 예는 아래와 같다.

[상담목표]

(1) 성추행 피해자인 내담자의 안전 확보 및 재발방지를 도모한다.

(2) 성추행 피해와 관련된 부정적인 사고 및 정서 경험을 완화한다.

[과제/전략]

(1) 성추행 피해 재발방지를 위한 안전교육(청소년문화센터 주관)을 1회 실시한다.

(2) 내담자 모(母)를 대상으로 한 성추행 피해 재발방지 교육(1회)

(3) 성추행 가해자(계부)에 대한 부정적인 생각/감정을 수용/공감하고,

　　3-1. 상담시간에 비언어적 및 언어적으로 표현하여

　　　　　감정의 정화감을 얻도록 한다(미술치료, 점진적 노출기법 등).

　　3-2. 부정적인 생각/감정이 들 때 대처행동 연습하기

　　　　　(사고중지법, 호흡/신체이완 훈련, 자기주장 훈련 등 교습)

　　3-3. 3회기 단위로 성과 및 과제를 내담자와 함께 점검한다.

상담자는 내담자를 상담목표 설정과정에 적극 참여하도록 격려하고 보다 실질적인 변화가 생길 수 있도록 구체적이고 달성 가능한 목표를 수립할 필요가 있다. 상담과정에서 '내담자에게 주도적인 역할을 부여하는 것'은 문제해결을 향한 내담자의 동기수준을 높이는 데 기여하며 추후 비슷한 문제가 다시 발생하였을 때 내담자의 대처능력을 향상시키는 효과가 있다.

상담자와 내담자 간의 신뢰관계를 상담목표 및 과제에 대한 상담자-내담자 간의 합의 개념으로 설명한 것이 바로 '작업동맹'이다. 원래 환자의 건강한 자아와 협력 관계를 구축하는 것의 중요성을 강조한 이 개념은 정신분석이론에서 말하는 '치료적 동맹' 개념에서 유래하였는데 환자가 아닌 내담자를 주 대상으로 하는 상담의 맥락에서 상담자와 내담자 간의 '동등한 협력관계'를 강조하기 위해 그 명칭이 변하게 되었다.

작업동맹을 구성하는 세 하위차원이 다음과 같다.

⑴ 상담목표에 대한 상담자와 내담자 간의 합의 정도

⑵ 상담목표를 달성하기 위한 구체적인 과제에 대해 상담자와 내담자 간에 합의한 정도

⑶ 상담자와 내담자 간의 정서적 유대감의 정도

상담과정 및 성과에 관한 연구들을 보면 상담의 초기, 특히 3회기 직후에 내담자가 보고한 작업동맹 점수가 전체 상담이 끝난 후의 성과와 밀접한 관련이 있는 것으로 나타났다. 이는 상담목표 및 과제를 내담자와 함께 협력적으로 설정하는 것이 내담자의 긍정적인 변화에 중요한 요소임을 시사하는 것으로 이해될 수 있다.

둘째, 초심상담자일수록 상담의 제반 요건에 대해 내담자에게 알려주는 것, 즉 '구조화'를 잘 못하는 경향이 있다. 구조화와 관련해서 고려할 사항들은 다음과 같다.

⑴ 내담자에게 상담료를 지불하는 시기 및 방식에 대해 구체적으로 얘기하지 않으면 내담자가 상담료를 체납하는 경우에도 괜히 돈 얘기 하는 것이 편치 않아서 상담자가 고민에 빠질 수가 있다. 상담은 전문적인 심리서비스를 제공하는 것이므로 당연히 상담료를 받는 것이 원칙이며 이러한 부분을 명확히 해 두는 것을 상담자가 너무 이익에 민감하다는 쪽으로 해석하지 않는 것이 필요하다.

⑵ 내담자가 상담시간을 취소하기 위해서는 정해진 시간(예: 상담 예약일 하루 전 오후 5시)까지 상담소 혹은 상담자에게 알려야 하고 이 시간이 지나면 상담을 취소하더라도 상담료가 부과됨을 확실히 안내할 필요가 있다.

⑶ 상담시간 이외에 내담자가 응급사항이 있을 경우 어떤 방식으로 상담자에게 연락을 취할 수 있는지, 또 상담시간 이외에 상담소를 직접 방문해서 상담을 요청할 경우에도 상담자의 일정이 맞지 않으면 상담을 할 수 없다는 점도 사전에 안내할 필요가 있다.

⑷ 내담자가 정해진 시간 동안 연락 없이 상담시간에 오지 않았을 때는 어떠한 절차를 통해서 상담사례를 종결하게 되는지에 대해 안내할 필요가 있다.

⑸ 앞서도 언급한 바 있지만 대학상담센터와 같은 곳에 근무하면서 대학생 내담자를 상담하는 경우에는 상담시간 외에 캠퍼스에서 상담자와 내담자가 서로 조우했을 때 상담자가 먼저 인사를 건네도 괜찮은지 사전에 확인할 필요가 있다.

어떤 내담자는 자신이 상담 받고 있다는 사실을 주변 사람들이 알지 않기를 바랄 수 있기 때문이다. 같은 맥락에서 내담자가 상담시간에 오지 않았을 경우 상담소 쪽에서 연락을 취할 때 전화 메시지를 남겨도 되는지에 대해서도 사전에 확인하는 것이 바람직하다.

(6) 내담자가 이전에 다른 상담자로부터 상담을 받은 경험이 있었을 경우 필요에 따라 상담자가 내담자의 이전 상담자에게 연락해서 의견을 나누어도 되는지 사전에 내담자의 동의를 받을 필요가 있다.

(7) 내담자에게 비밀보장과 비밀보장의 한계 등에 대해 분명히 알려주고 문의 사항이 있는지 확인하는 절차가 필요하다.

이하는 상담자의 역할에 대해 구조화할 때 사용할 수 있는 문장의 예이다.

상담을 시작하기 전에 상담자인 저와 ○○씨의 관계 및 역할에 대해서 먼저 안내 말씀을 드릴께요. 우리 상담에서 중요한 것은 ○○씨가 자신이 해결하고 싶은 문제에 대해서 분명한 목표를 세우고 이를 달성하는 과정에서 새로운 생각이나 감정조절, 혹은 행동적 실천을 할 수 있도록 우리 두 사람이 함께 노력하는 거라고 생각해요. 이 과정에서 상담자인 저의 역할은 ○○씨에게 이렇게 저렇게 하라는 직접적인 조언을 하는 것이 아니라 ○○씨가 문제해결 과정에서 자신이 바라는 바를 좀 더 잘 이해할 수 있도록 하고 상담에서 새롭게 배운 것을 일상생활에 잘 적응할 수 있도록 돕는 촉진자의 역할을 하는 것입니다. ○○씨는 자신이 생각하고 느끼는 것을 자유롭게 말씀하시면 되고 저는 거기에 대해서 비판이나 판단을 하는 대신 ○○씨가 경험하는 것을 잘 이해하고 전문적인 지식을 동원하여 ○○씨가 주체적으로 문제를 해결할 수 있도록 최선을 다해 도울 것입니다. 제가 드린 말씀이 이해가 되시는지요? 혹시 질문 있으세요?

2.9 상담자의 가치·도덕을 내담자에게 강요하는 문제

상담자의 상담능력은 크게 세 가지로 구성된다고 알려져 있다.

(1) 상담자 자신에 대한 자각능력
(2) 상담 및 인간변화과정에 대한 지식

(3) 대화법을 포함한 실제 상담과정을 이끌어가는 기술

이 중 상담자가 자신의 가치, 선호, 특성, 장·단점, 상담자와 내담자 간의 역동 등에 대해 알아차리는 자각능력은 특히 상담자의 개인 특성으로 인해 상담 과정에 부정적인 영향이 없도록 하는데 중요하다. 이 절에서는 초심상담자가 자신이 선호하는 인생의 가치나 도덕률 등을 은연중에 혹은 외현적으로 내담자에게 주입하는 실수를 범하는 경우에 대해 논의하고자 한다. 다음 상담 사례를 보자.

〈사례 4〉

유부남 내담자 A씨는 현재 아내 이외에 다른 유부녀 B와 1년 정도의 혼외관계를 맺고 있는데 이에 대한 죄책감으로 고통 받고 있다.

내 1: 선생님, 정말 괴로워 죽겠어요. 그 사람[B]과 만나는 시간은 좋은데 집에서 아내와 아이들의 얼굴을 볼 때마다 죄책감이 들고. 그러면서도 B를 만나면 내가 해줄 수 있는 게 별로 없다는 생각에 미안하고. B는 아무 것도 바라지 않는다고 하지만 힘들어 하는 것을 알 수 있어요.

상 1: 두 사람 모두 만날 수 없다는 것은 ○○씨도 잘 알고 있는 것 아닌가요? 이럴 줄을 모르고 혼외관계를 맺는다는 것은 잘 이해가 안 되네요. 생각해 보세요. 만일 ○○씨 아내분이 ○○씨 몰래 다른 남자와 혼외관계를 맺고 있다면 어떨까요?

내 2: 휴. 참기 힘들 것 같네요.

상 2: 너무 불공평한 것 같지 않나요. 아내분이 다른 남자를 만나는 것은 안 된다면서 ○○씨가 다른 여자를 만나는 것은 된다면 너무 이중적인 것 같네요. 그리고 그 여자분(B)의 가정에 대해서도 한 번 생각해 보세요. 그 남편과 아이들의 마음은 또 어떨까요? 그들의 고통이 ○○씨에게는 느껴지지 않나요?

내 3: ……

이 사례에서 상담자는 자신의 도덕적 가치, 즉 '불륜은 죄악이다'라는 것을 내담자에게 주입시키고 있는 것을 알 수 있다. 문제는 이러한 접근이 내담자로 하여금 상담자가 자신의 고통을 잘 이해하지 못한다고 느끼게 하고, 상담자로부터 질책 받는 느낌이 들까 봐 솔직한 자기개방을 하기 어렵게 한다는 데 있다. 내담자가 제자리로 돌아가기를 바라는 상담자의 의도와는 달리 상담이 조기 종결 될 가능성이 높다는 데 있다. 물론 상담자도 사람이기 때문에 완전히 가치중립적이 된다는 것은 불가능하며 자

신도 모르게 자신의 가치나 선호하는 도덕률을 내담자에게 주입할 가능성을 완전히 배제할 수는 없다. 그러나 상담자의 주관적 가치가 내담자의 심리적 고통을 이해하는 데 방해물이 된다면 상담자는 이러한 가치들이 내담자와의 관계, 그리고 상담의 성과에 어떤 영향을 미치고 있는지에 대해 깊이 검토할 필요가 있고 필요한 경우 수퍼비전을 받을 필요가 있다. 상담에 오는 내담자는 기본적으로 비난받기 위해 오는 것이 아니라 이해받기 위해 오는 것이라는 점을 기억해야 한다. 위 사례의 경우 내담자 마음 속에서 양가감정, 즉, 이미 아내와 가족에 대한 미안함과 내연녀에 대한 미안함이 공존하고 있기 때문에 죄책감과 자책감으로 고통 받고 있는데 상담자가 이러한 고통에 대한 이해 반응을 바탕으로 내담자가 자신의 향후 행보에 대한 심도 있는 검토를 할 기회를 제공하기보다 도덕적으로 내담자를 훈계함으로써 그 죄책감을 심화시키는 것은 아무에게도 도움이 되지 않는다. 상담자 자신의 훈계 욕구를 충족시키는 것 이외에는. 어떤 사람의 적절치 못한 행동에 대해서는 찬성하지 않되 그 사람 전체를 비난하는 일은 지양해야 하며 상담자 자신의 가치관과 다를 경우에도 내담자가 바라보는 관점에서 그 혹은 그녀의 심리적 고통을 이해할 수 있음을 기억할 필요가 있다. 또한 상담자는 내담자 자신이 자발적으로 의지를 가지지 않는 상황에서 압력을 가해 내담자의 삶을 바꿀 수는 없다는 사실을 직시하여야 한다.

2.10 문제를 이해하기 전에 해결해 주려는 오류

초심상담자, 특히 지적 능력이 뛰어난 상담자들이 흔히 범하는 실수는 내담자의 마음을 이해하기에 앞서 문제를 빨리 해결하려고 하는 것이다. 특히 문제를 진단하고 문제를 유지시키는 조건을 확인하고 문제를 해결하기 위해 필요한 자원을 확인하는 등, 소위 단계별 해결방안을 조언하고 싶어 하는 상담자 일수록 이러한 경향성이 높다. 다음 사례를 살펴보자.

〈사례 5〉

내담자는 36세 직장인 여성 B씨로 직업과 육아를 병행하는 것의 어려움을 토로하고 있다.

내 1: 선생님, 제가 20대 중반에 지금 직장에 입사한 이후 지금 차장이 될 때까지 지난 10년 넘게 정말 회사일에 최선을 다하면서 살아왔어요. 제 여자 동기들 중에 지금 회사에 남아 있는 사람이 저 밖에 없고 그동안 여자라는 이유로 배제되지 않으려고 안간힘을 썼지요. 이제 어느 정도 자리를 잡았고 회사에서도 인정을 받고 있는데… 작년에 딸아이를 낳고 나서 모든 게 엉망이 되어 버렸어요. 아이는 특히 밤에 잠을 잘 안자고 울고… 저도 잠이 부족해서 정신이 없고 회사일도 집안일도 쌓여만 가고… 아이는 정말 예쁜데 좋은 엄마가 못되는 것 같아 미안하고… 주위에서는 회사를 그만두고 육아에 전념할 것을 권하는데 힘들게 들어간 회사를 대책 없이 그만둘 수도 없고… 직장일과 육아 두 가지 중 하나를 선택해야 하는 이 상황이 너무 힘드네요.

상 1: 직장일과 육아를 둘 다 하실 수 있는 방안을 생각해 보셨나요?

내 2: 그 둘 다 잘 할 수 있으면 정말 좋겠지요. 그런데 아무리 생각해도 쉽지 않을 것 같아요. 하나를 하면 다른 것은 포기해야만 할 것 같아요.

상 2: 그러면 직장일을 할 때의 장점과 단점, 그리고 육아에 전념할 때의 장점과 단점을 비교해서 그 중 그래도 장점이 더 큰 쪽을 택하면 되지 않을까요?

내 3: 그것도 해 보았는데요. 한쪽으로 정했을 경우 다른 쪽을 선택하지 않는 것을 나중에 후회하게 되지는 않을까 걱정이 되요.

상 3: 그러면 직장일을 계속하시는 것은 어때요? 요즘 직장 나와서 다시 직장을 구하기가 하늘의 별 따기라는 것 잘 아시잖아요. 어차피 아이를 키우려고 해도 돈이 필요하고 맞벌이를 하는 것이 대세이니까요.

내 4: 그런데, 선생님, 제가 TV에서 발달심리 교수님이 얘기하는 것을 들어보니까 아이를 키울 때 5세 이전의 시기에 엄마와의 애착이 잘못 형성되면 나중에 자라서 대인관계가 문제가 많다고 하던데요. 나중에 이 아이가 자라서 엄마가 그 때 왜 자기를 잘 안 돌봐줬다고 원망하면 어떻게 하죠?

상 4: 그러면 아무래도 육아에 전념하시는 것이 좋겠네요. 직장은 나중에 또 기회가 있겠죠.

내 5: 그런데, 선생님, 제가 일하는 직장에서 저를 기다려 줄 것 같지가 않아요. 이 직장 얻으려고 그리고 지금 이 자리까지 오느라 정말 쉬지 않고 열심히 살았는데요. 직장일을 하지 않고 집에만 있으면 너무 허무할 것 같아요.

상 5: ……

앞서 사례에서 상담자는 내담자의 문제를 A(직장일) 혹은 B(육아) 중 하나를 선택할 때 생기는 양가감정 문제로 보고 이에 대해 적극적으로 문제해결 방안을 조언하고 있음을 알 수 있다(상담자 반응 1, 2, 3, 4번). 이 가운데 내담자로 하여금 A, B 각각을 선택했을 때의 장·단점을 비교하도록 하는 방법을 흔히 '손실 대(對) 이익 비교 방식'이라고 하며 때로는 유용하게 사용되는 방법이기도 하다. 그러나 이 사례에서는 별 소용이 없을 것으로 보인다. 내담자는 상담자가 제시한 문제해결 방법 중 어느 하나에도 수긍하는 반응을 보이지 않고 소위 딴지를 거는 반응을 하고 있다. 아울러 상담자 반응에서 특징적인 다른 한 가지는 내담자의 마음을 이해하는 공감 반응이 전혀 없다는 점이다. 이처럼 공감 반응이 빈약한 상태에서 그리고 내담자의 문제를 깊이 이해하기 전에 너무 빨리 문제를 해결하려는 시도를 하는 경우 도와주려는 상담자의 의도와는 상관없이 개입의 효과가 없을 경우가 많다.

위의 예를 살펴보면, 상담자는 A(직장일) 혹은 B(육아) 중 하나를 선택해야 하는 문제, 소위 'A or B'의 문제로 너무 빨리 규정해 버렸지만 사실은 이 내담자의 마음속에서는 A, B 둘 다 포기하기 어려운 문제, 즉 'A and B'의 문제라는 점을 간과하였다는 데 첫 번째 문제가 있다. 둘째, 상담자 반응 3번과 4번에서 상담자는 A, B 중 어느 한 쪽을 빨리 선택하도록 조언하는 실수를 범하고 있다. 이 경우처럼 A와 B가 각각 50 : 50 정도로 비슷한 크기의 중요성을 지니는 경우에 상담자가 어느 한 쪽을 편들어서 빨리 결정을 내리도록 하면 대개 내담자는 상담자가 말한 반대쪽을 강변하는 경향이 있다. 이는 동기강화상담의 창시자인 밀러와 롤닉(Miller & Rollnick, 2002)이 말한 '한쪽 편을 드는 함정'에 빠지지 않도록 조심하라. 요점은 A, B 둘 다 쉽게 버리기 어려운 내담자의 마음의 일부이기 때문에 섣불리 한 쪽을 포기하기 어렵다는 데 있다.

그러면 이런 경우 상담자는 어떤 태도를 취하는 것이 바람직할까?

(1) 내담자가 A, B 선택으로 고통 받고 있다면 A, B 둘 다 내담자의 마음을 구성하는 축이라는 점을 이해하고 선택의 고통에 대한 공감 반응을 하는 것이 중요하다. 또한 양가감정이 빨리 없애버려야 할 대상이 아니라 뭔가 변화가 일어나기 전의 단계라는 점을 인식할 필요가 있고 내담자가 변화를 향해 노력하는 과정에 있음을 말해 줄 필요가 있다. 그 이유는 현 상태에서 변화할 필요가 없다면 이러한 양가감정 자체가 아예 생기지 않았을 것이기 때문이다.

(2) 이렇게 A와 B가 비슷한 중요성을 차지하고 있을 때는 너무 빨리 A, B 중에서 선택해야 한다는 부담을 잠깐 내려놓고 내담자로 하여금 자신이 인생에서 중요하게 생각하는 것들, 다른 말로 하면 내담자가 중요하게 생각하는 사람, 사

물, 가치 등을 탐색해 보는 것이 도움이 될 수 있다. 예를 들어, 이러한 가치명료화 과정을 통해서 위 사례의 내담자가 자신이 직장여성이 되었던 이유, 즉, 자신은 가정주부로서 평생을 희생하면서 눈물짓던 자신의 친정어머니와 같은 방식의 인생은 절대 살지 않고 전문직 여성이 되겠다고 다짐했던 때를 떠올리게 될 수 있다. 이 때, 앞서 얘기된 선택, 즉 직장일 대(對) 육아 간의 결정을 다시 바라보게 하면 내담자가 자신이 정말 원하는 것을, 즉, '아무래도 직장일을 포기할 수는 없을 것 같다'는 결론에 도달하게 될 수 있다. 내담자의 마음 속에서 A, B 중 어느 한 쪽을 선택하게 되면 나머지 대처방안이 기준점을 중심으로 재편되기 마련이다.

2.11 내담자가 자살하고 싶다고 말하면 어떻게 하나?

초심상담자들이 상담과정에서 가장 두려워하는 것 중의 하나가 바로 내담자의 자살 및 자해와 관련된 위험을 평가하고 다루는 부분이다. 초심상담자들이 흔히 범하는 실수는 내담자가 자살이나 자해에 관한 생각을 하고 있다는 징후가 있을 때 상담자가 이를 적극적으로 다루기보다는 회피하고 다른 주제로 전환하는 것이다. 이는 내담자가 막상 자살이나 자해와 관련된 얘기를 꺼냈을 때 이를 효과적으로 다룰 자신이 없어서이다. 자살충동이 있는 내담자는 마치 바람이 가득한 풍선과 같아서 잘못하면 터져버릴 수 있다. 이들을 상담할 때 중요한 관건은 상담자가 풍선이 터지기 전에 바람을 조금씩 빼줄 수 있는가이다. 이런 측면에서 보면, 자살충동이 있는 내담자와 상담할 때 초심상담자들이 자살과 관련된 논의 자체를 회피하는 것은 위험하며 오히려 이 주제와 관련해서 내담자가 자신의 마음에 가득한 충동을 상담자에게 얘기하도록 격려하는 것이 중요하다. 초심상담자일수록 자살과 관련된 주제를 논의하게 되면 내담자에게 있는 자살충동을 오히려 높게 될까봐 걱정하는 경우가 있으나 대부분 자살충동을 보고하는 경우는 내담자가 누군가에게 도움을 요청하는 경우이고 따라서 이와 관련된 논의를 회피하는 것은 이러한 내담자의 노력에 찬물을 끼얹고 내담자 혼자 자살충동과 씨름하게 하는 그런 결과를 초래할 위험성이 있다.

실제로 자살시도 경험이 있는 내담자들을 대상으로 이들에게 상담자가 어떻게 대했을 때 자살충동을 극복하는데 도움이 되었는지를 개념도 방법을 사용해서 알아본 폴

슨과 월스(Paulson & Worth, 2002)에 의하면, 자살충동이 있는 내담자들의 상담에서 받은 도움은 다음과 같은 유목으로 정리되는 것으로 나타났다.

   ⑴ 내담자 자신에 대한 자각능력과 책임의식의 계발
   ⑵ 자살행동에 대한 이해의 증가
   ⑶ 자신에 대한 새로운 정체감의 발달
   ⑷ 무망감과 절망감의 극복
   ⑸ 긍정적 변화를 위해 자신의 감정을 활용하는 방법을 알게 됨
   ⑹ 긍정적인 상담관계의 경험
   ⑺ 상담자가 내담자를 신뢰하고 존중받고 있다고 느끼게 함

   이러한 점들을 볼 때, 자살충동이 있는 내담자를 상담할 때 상담자는 긍정적인 상담관계의 확립을 통해서 신뢰감과 존중의 분위기를 확립함으로써 내담자가 자신의 무망감과 절망감을 털어놓고 얘기할 수 있도록 격려하고 자살행동에 대한 이해 및 삶을 영위해야 할 책임감을 고취시키는 것이 중요함을 알 수 있다.
   자살사고나 충동을 보고하는 내담자들의 위험성을 평가할 때는 포프와 바스케츠(Pope & Vasquez, 1998)가 제시한 위험요인을 참고하라. 이 자료는 미국인을 대상으로 한 것이므로 한국인의 경우와는 다소 차이가 있을 수 있으나 자살위험을 높이는 여러 요인에 대한 이해를 도울 것이다.

자살 위험요인

1. **(자살하겠다는) 직접적인 언어적 경고** : 이는 종종 자살시도를 하기 전에 보고된다. 경계선적 성격장애, 연기성 성격장애, 부정적인 전이감정 때문이라고 단정하지 말고 충분하게 탐색해야 한다.

2. **(자살)계획** : 구체적이고 접근가능하며 치명적일수록 자살 위험성이 높음.

3. **이전 자살시도 경험** : 자살 위험성을 현저하게 높임.

4. **간접적인 자살암시의 말 또는 행동** : "사라져 버리고 싶다" "죽으면 어떻게 될까?" "내 장례식에 참가하면 어떤 기분일까?" 자살할 도구를 구하려 한다는 언급 등에

주목.

5. **우울증** : 우울증이 있으면 그렇지 않은 경우보다 자살 위험성이 20배.

6. **무망감** : 자살의도와 밀접한 관련이 있음.

7. **알코올 남용** : 많은 자살상황에서 알코올 남용이 보고되고 있음.

8. **특정한 임상 집단** : 이전에 치료자와 성관계 경험이 있을 경우, 근친상간 경험, 고문 당한 경험 등이 있으면 고(高)위험군에 속함.

9. **성별** : 남성이 여성보다 자살 성공률이 3배 높음.

10. **연령** : 나이가 많을 경우 자살시도가 더 치명적인 방식으로 진행됨.

11. **인종** : 백인이 다른 인종에 비해 자살률이 가장 높음.

12. **종교** : 카톨릭이나 유대교보다 개신교가 높은 자살률을 보임.

13. **혼자 사는지의 여부** : 다른 사람과 같이 살거나 파트너가 있거나 자녀가 있으면 자살률이 상당히 줄어듦.

14. **사별** : 자살자의 50%가 지난 3년 이내에 어머니가 죽은 경우이고 22%가 지난 5년 이내에 아버지가 죽은 경우였음. 특히 남자의 경우 결혼한 경우보다 배우자가 사별한 경우 자살률이 훨씬 높으나 여성의 경우는 배우자가 사별했다고 해서 이혼이나 별거에 비해 더 유의하게 높은 자살률을 보이지는 않음.

15. **실직** : 자살 위험성 증가.

16. **건강상태** : 질환이나 신체적 통증, 수면 및 섭식장애, 에이즈(AIDS) 등이 있으면 자살 위험성 증가.

17. **충동성** : 충동통제력이 낮으면 자살 위험성 증가.

18. **경직된 사고** : 자살자의 많은 수가 '모 아니면 도' 식의 이분법적 사고를 보임.

19. **스트레스 사건** : 부정적인 스트레스 사건을 많이 경험할수록, 그리고 여러 번 성폭행 피해 경험이 있을 경우 자살 위험성 증가.

20. **병원에서 퇴원** : 입원 환자의 경우 주말을 이용해서 가족을 만나러 병원을 나가거나 퇴원한 경우 자살 위험성 증가.

흔히 자살 충동이 높은 내담자들과 작업할 때 상담자들이 '자살방지(혹은 금지)계약서' 같은 것을 활용하는 경우가 많은데 이는 특별히 법적인 효력이 있는 것이 아니며 대부분 내담자의 자살 가능성에 대한 상담자 자신의 불안을 낮추려는 시도에서 이루어진다.

'자살방지계약서'의 일반적인 구성은 다음과 같다.

(1) 내담자가 자살충동이 생겼을 때 이를 자기 혼자만 다루려고 하지 말고 먼저 신뢰할 만한 사람(예: 상담자, 가족, 혹은 친구)에게 연락해서 도움을 요청하겠다는 약속

(2) 가까운 지인과 통화가 안 됐을 때는 자살예방센터의 24시간 응급전화로 연락하겠다는 약속

(3) 자살을 하지 않겠다는 다짐

(4) 내담자와 상담자 둘 다 서명한 후 사본은 내담자가 휴대하도록 한다.

물론 이러한 내용도 중요하지만 이 계약서를 작성하는 '과정'을 통해서 내담자가 실제로 자살할 위험성에 대한 평가, 그리고 자살생각에 대해서 상담자와 얘기할 기회를 갖는 것, 그리고 자살하지 않겠다는 의지를 재확인하는 것이 보다 중요하다. 최근에는 '자살방지계약서'라는 명칭보다는 '삶의 의지에 대한 계약서'와 같은 명칭을 사용하는 경향이 있다. 즉, 자살을 하지 않겠다는 의미보다 삶을 적극적으로 살겠다는 의미로 재해석하는 것이 보다 긍정적이고 효과적이라는 관점이 우세하다.

2.12 내담자가 말한 내용을 있는 그대로 믿는 오류

초심상담자들이 범하는 또 다른 실수는 내담자가 말한 내용을 말한 그대로 믿는 것이다. 다음을 살펴보자.

첫째, 내담자가 상담에 와서 처음 얘기한 '주호소 문제'는 물론 내담자가 왜 지금 상담에 왔는가를 이해하는 중요한 자료이지만 때로는 이 문제가 핵심적인 문제가 아닐 수도 있다. 예를 들어, 우울증이나 알코올 문제로 상담을 받으러 온 내담자들 중에 상담이 진행됨에 따라 다른 문제(예: 동성애, 만성적인 꾸물거림증 등)가 핵심문제로 대두되는 경우가 있다.

다음의 사례들을 참고하기 바란다.

〈사례 6〉

내담자 A는 우울증과 알코올 문제로 상담에 왔다. 음악을 전공하는 대학생으로 자신이 지적으로 뛰어나다는 생각을 가지고 있었다. 내담자의 주호소문제가 우울한 기분과 알코올 남용 문제였기 때문에 처음 몇 회기 동안 상담자는 우울증의 감소와 알코올 남용 정도를 진단하는 데 중점을 두고 상담을 진행하였다. 그런데, 4회기 때 이르러 내담자는 상담자의 서가에 꽂혀 있는 '동성애 문제 상담 요람'을 가리키며 사실은 자신이 동성애 문제, 특히 부모님에게 자신이 동성애자라는 것을 얘기하지 못하는 것과 자신이 다니는 교회에서 동성애에 대해 우호적이지 않다는 점이 자신을 고통스럽게 한다는 얘기를 끄집어 냈다. 즉, 우울과 알코올 문제는 사실 표면적인 증상이었던 것이다.

〈사례 7〉

내담자 B는 20대 중반의 대학생으로 주 호소 문제가 우울과 무력감이었다. 정신과에서 약물치료를 받으면서 동시에 상담을 병행하고 있었고 상담의 초기에는 주로 우울증과 관련된 에피소드를 중심으로 다루었으나 별 진전을 보이지 않았다. 그런데 상담이 5회기 쯤 지났을 때, 상담자는 내담자가 특히 학업수행과 관련된 만성적인 꾸물거림증으로 인해 무기력한 상태에 있다는 것을 새롭게 알게 되었다. 즉, 내담자는 졸업을 앞둔 마지막 학기였고 이미 취업할 회사도 결정되었는데 마지막 학기에 듣는 수업에서 낙제를 하면 애써 얻는 취업의 기회도 날아갈 위기에 몰려 있었던 것이다. 내담자의 핵심문제는 우울증 그 자체라기보다는 시험공부를 해야 하는 상황에서도 교과서를 펴보기는커녕 축구나 인터넷 서핑과 같은 시험과 전혀 관련 없는 일로 꾸물거리는 것이었는데 전에도 이런 경향이 있었지만 특히 마지막 학기에 더 심해졌던 것이다. 내담자는 자신이 시험공부를 하고도 낙제를 받아서 무능력한 사람으로 밝혀질까 봐 두려워하면서도 시험을 앞두고 오히려 딴 일을 하는 자멸적인 행동 특성을 보였다. 상담을 통해서 내담자가 이렇게 꾸물거리는 이유가 시험결과가 안 좋게 나왔을 때를 대비한 구실 만들기(예: "이번엔 시간이 부족해서 이렇게 된 것이지 내가 실력이 없는 것은 아니야")와 관련되고 기저에는 자신의 낮은 자존감을 보호하려는 의도가 있었다는 점이 부각되었고 이는 긍정적인 변화의 중요한 단초가 되었다.

〈사례 8〉

내담자 C는 사회불안을 주 호소문제로 상담소에 왔다. 그런데 상담소에서 실시하는 여러 가지 심리검사 중 미네소타 다면적 성격검사(MMPI)에 대한 내담자의 반응을 살펴보던 상담자는 이상한 반응패턴을 발견하였는데, 그것은 성(性)과 관련된 부정적인 경험을 묻는 질문에 내담자가 모두 '그렇다'로 대답한 것이었다. 이 부분에 대해서 2회기 상담 때 내담자에게 질문한 결과, 내담자가 6개월 전쯤 데이트 상황에서 성폭행을 당한 적이 있었고 사실은 이 문제를 다루기 위해서 상담에 왔지만 상담자가 남자라서 얘기를 해야 하나 말아야 하나 고민하고 있었다는 것을 알게 되었다. 만일 상담자가 내담자의 주 호소 문제에만 집중하고 있었다면 이 내담자에게 중요한 핵심적인 문제를 이해하지 못했을 것이다.

둘째, 때로 내담자가 자신의 증상을 설명하기 위해 반복적으로 사용하는 용어에 대해서 초심상담자일수록 아무런 생각 없이 지나가는 경향이 있는데, 이는 내담자를 정확하게 이해하는 데 방해가 될 수 있다. 다음 사례를 살펴보자.

〈사례 9〉

상담수련생에게 사례지도를 하는 수퍼바이저 A는 상담수련생 B가 내담자 C와 상담한 녹취록을 검토하는 과정에서 흥미로운 사실을 발견했다. 그것은 내담자가 반복해서 자기가 '우울하다'라는 말을 반복하는 것이었다. 내담자 파일을 검토해보니 이 내담자가 4년 전 주요기분장애로 진단받은 병력이 있고 이번 상담에 왔을 때 주 호소 문제 역시 우울한 기분이라고 적은 것으로 나타났으며 이에 따라 상담수련생 역시 상담목표를 내담자의 우울증 경감으로 적어놓았다. 그런데 수퍼바이저가 상담 녹음파일을 여러 번 들어보고 내담자의 반응을 분석해 보았을 때, 내담자가 현재 우울하다는 느낌을 받을 수 없었다. 그래서 수퍼바이저는 상담자로 하여금 내담자에게 벡우울질문지(Beck Depression Inventory; BDI)를 한 번 실시하도록 조언했고 그 결과, 놀라운 사실이 드러났다. 그 내담자는 BDI의 우울점수가 일반 대학생 평균보다 훨씬 낮았던 것이다. 즉, 전혀 우울하지 않았던 것이다. 그렇다면 우울 감소를 목적으로 지금 진행하는 상담은 도대체 어디로 가고 있는 것인가?

이 사례에서 알 수 있듯이 초심상담자들은 흔히 내담자가 자주 묘사하는 증상이나 반응에 대해서 확인하는 절차 없이 몇 가지 정보에 기초해서 있는 그대로 당연히 받아들이는 우를 범할 수 있다. 물론 내담자가 자주 사용하는 말은 그 자체로 중요한 의미를 가질 수 있고 귀기울여 들어야 하지만 상담자는 동시에 내담자의 상태에 대한 보다 정확한 평가와 이해를 도모할 필요가 있다. 이런 측면에서 상담자는 가설 검증을 하는 '과학자와 같은 사고방식'을 견지하는 것이 바람직하다. 물론 이 말은 단순히 내담자의 말을 의심의 눈초리로 바라보라는 말과는 궤를 달리하는 것이다.

 ## 3 초심상담자와 상담전문가의 어려움과 대처방식의 차이

이 절에서는 상담의 경력이 짧은 초심상담자들과 상담전문가들은 각각 어떤 다른 어려움을 경험하는지, 또 이러한 어려움을 어떻게 차별적으로 대처하는지를 살펴볼 것이다. 초심상담자와 상담전문가의 반응을 비교·분석해 봄으로써 초심상담자들이 향후 어떤 방향으로 성장해 가는지에 대한 유용한 정보를 얻을 수 있을 것이다. 이하의 내용은 김지연, 한나리 및 이동귀(2009)의 논문[1] 에서 중요 부분을 발췌하여 재구성한 것이다.

3.1 상담자 전문성 발달 관련 연구들

상담전문가로 성장하는 데는 많은 시간과 노력이 필요하며 이 과정을 이해하는 것이 상담자 교육훈련의 방향을 결정하는 데 있어서 매우 중요하다. 상담자 전문성의 발달 과정은 상담 연구의 중요한 주제 중의 하나이며, 현재까지는 주로 발달 과정에서 드러나는 핵심요소를 탐색하는 방향으로 진행되어 왔다.

그 중 스코볼트와 론스테드(Skovholt & Ronnestad, 1992)는 5년간 100명의 상담자 및 심리치료사를 대상으로 상담전문가로 성장해 가는 과정에서 나타나는 다양한 주제들을 정리하였다. 이 중 핵심적인 두 가지 주제는 다음과 같다.

---

1 김지연·한나리·이동귀(2009), 초심상담자와 상담전문가가 겪는 어려움과 극복방안에 대한 개념도 연구, 상담학연구, 10(2), pp. 769~792.

(1) 첫 번째 주제는 '독립적인 상담자로 성장해 가는 개별화과정'과 관련된다. 개별화란 상담과 관련된 지식, 상담자로서의 역할, 내담자에 대한 개념화 등에 대해 본인만의 고유한 인식체계를 형성해가는 것을 말한다. 예를 들어, 초심상담자들은 무비판적으로 책이나 강의의 내용을 받아들이고 훈련 기관에서 상담자 역할, 업무스타일, 개념화 등에 대해 배워 나가는 데 반해 상담 경력이 쌓여갈수록 지속적인 자기 성찰을 통하여 외부의 지식보다는 내부에 체득된 지식 및 개인의 성격과 인지 구조 내에 통합된 지식을 습득하게 된다. 따라서 상담자로 성장해 가는 과정은 관련된 전문지식을 수동적으로 학습하는 것으로부터 자신만의 이해의 틀을 형성하고 주체적으로 지식을 통합해 가는 여정이라고 할 수 있다.

(2) 두 번째 주제는 '성장 과정 자체의 특징'과 관련된 것이다. 상담자로 성장해 가는 과정은 상담소 내에서만 폐쇄적으로 이루어지는 것이 아니다. 초심상담자들은 수퍼바이저, 교수, 동료 상담자, 내담자 등에 의해 영향을 받는다. 동시에 이론과 연구, 본인의 사생활, 사회문화적 환경과 같은 확대된 영역에 의해서도 영향을 받는다. 아울러, 상담자로 성장하는 과정은 일정한 학습과정을 따르지만 개인마다 성장에 필요한 시간이나 양상이 다르게 나타날 수 있다. 성장은 오랜 시간 천천히, 그러면서도 갑작스럽게 일어나지만 초심자 때 경험하게 되는 불안은 점차 편안함과 자신감으로 대체되는 것이 일반적이다.

제닝스와 동료들(Jennings, Goh, Skovholt, & Hansen, Banerjee-Stevens, 2003)은 관련된 연구들을 재검토하면서 상담자의 성장과정에서 핵심적인 요인들을 좀 더 구체적으로 정리하였다. 이 요인들은 크게 네 가지로 분류되었다.

(1) 첫 번째는 '경험'이다. 상담자들은 경험이 쌓여갈수록 방대한 양의 상담 관련 지식을 습득하게 되고, 그 지식을 활용함에 있어서도 일정한 체계를 구축함과 동시에 여러 관련 변인들 간의 상호작용을 고려하게 된다(Martin, Slemon, Heibert, Hallberg, & Cummings, 1989).

(2) 두 번째 요인은 상담자 개인의 '성격특징'이다. 상담자의 성격은 내담자와의 관계의 질을 결정하고 이는 다시 상담성과로 이어질 수 있다(Luborsky, McLellan, Woody, O'Brien, & Auerbach, 1985). 상담전문가가 되기 위해서는 전

문성에 가치를 부여하면서도 겸손하게 노력하고, 자신을 드러내면서도 고독을 즐기는 등 모순되는 듯 하지만 유연한 성격과 자신의 모습을 있는 그대로 수용하는 통합적 성격을 갖는 것이 필요하다(Skovholt, Jennings, & Mullenbach, 2004).

(3) 세 번째 핵심요인은 미국심리학회에서 교육, 연구, 실습 등에 걸쳐 최근 강조하고 있는 다문화주의(미국심리학회, 2002)와 관련되는데, 다양한 문화를 수용하고 그 차이를 존중할 수 있는 능력이다.

(4) 마지막 요인은 상담자가 모호하거나 불확실한 상황에 대해 인내하는 능력이다.

최현국(2020)은 '상담자 발달'의 중요 요소를 선행연구결과들을 참고하여 다음과 같이 정리하였다.

(1) 첫 번째는 '상담에서의 자기성찰'이다. 상담자가 실천적 지식이 있을 때 모호한 상황들에 대처할 수 있는 전문성이 발달하게 되는데(Schon, 1983), 이러한 실천적 지식은 경험과 상담자의 자기성찰을 필수적으로 요한다. Skovholt와 Ronnestad(1992) 또한 상담자가 높은 수준의 성장을 이루기 위해서는 지속적이고 전문적인 자기성찰의 중요성을 강조하였다. 상담자의 자기성찰은 이론과 기법의 기술적 지식을 통합하도록 돕는 중요한 역량이며 이를 통해 상담자의 전문성을 신장할 수 있다.

(2) 두 번째는 '수퍼비전 경험과 기술적 발달'이다. 수퍼비전은 초심 상담자가 놓인 발달 단계에서 성장할 수 있도록 도울 뿐만 아니라 발달 과정상의 한 단계에서 다음 단계로 넘어갈 수 있도록 촉진하는 역할을 한다(Longbill, 1982). 수퍼비전은 상담자에게 지속적인 자기성찰의 경험을 제공하는데, 이는 인지적 발달과 기술적 발달을 이루는 데 유익하다.

(3) 세 번째는 '의식적인 집중 훈련과 전문성 발달'이다. 상담자는 의식적인 훈련을 통해 자신의 성장을 계속해서 도모하여야 하고, 이러한 과정에서 넓고 깊은 경험과 지식을 축적하며 자신만의 기술을 발달시킬 수 있다. 집중적이고 의식적인 훈련에는 상담실습, 수퍼비전, 자기성찰 등이 포함되어 있으며, 이러한 훈련의 반복이 상담자의 성장에 중요한 요소가 된다.

스코볼트와 제닝스(Skovholt & Jennings, 2004)는 상담전문가들을 면담함으로써 그들의 인지적, 정서적 및 관계적인 특성을 구분하였다.

(1) 먼저, 인지적인 특성으로는 상담전문가들은 지속적인 학습을 중요시하고, 오랜 시간 동안 축적된 경험을 보유하고 있으며 복잡하고 모호한 문제에 좌절하기보다는 이를 성장의 기회로 활용한다.

(2) 두 번째는 정서적인 특징인데, 상담전문가들은 자신에 대해 자각하고 성찰하며, 방어적이지 않고 타인의 피드백에 대해 개방적인 태도를 취한다. 또한 정서적으로 안정되어 있고 자신의 개인적인 삶과 전문가로서의 삶이 일관적이되도록 노력하며 내담자에게 더 나은 성장을 제공할 수 있도록 자신의 정서적인 건강에도 관심을 가진다. 끝으로 관계적인 측면에서 상담전문가는 좋은 대인관계 기술을 가지고 있으며 타인의 말을 잘 들어주고, 관찰하며 그들의 복지를 중요시한다. 이들은 이를 통해 상담 장면에서 효율적인 작업동맹을 형성하는 능력이 있다.

마틴과 동료들(Martin, Slemon, Hiebert, Hallberg, & Cummings, 1989)은 상담전문가의 특징을 사례개념화 방식의 측면에서 언급하였다. 초심상담자들이 상담 장면에서 일어나는 구체적인 내용 중심의 사례개념화를 하는 데 반해 상담전문가들은 보다 종합적이고 포괄적인 정보를 활용하여 사례개념화를 한다. 이는 내담자들이 상담 장면에서 언급하는 고민에 대해 보다 깊고 의미 있는 내적인 해석을 할 수 있도록 도와주는 효과가 있다. 끊임없이 학습하는 인지적 특성, 스스로를 성찰하고 심리적 건강을 유지하는 정서적 특성, 원활하게 상호작용하는 대인관계적 특성을 보유하고 아울러 포괄적인 사례개념화를 하는 능력을 계발하는 일은 매우 어려운 일이다. 상담 장면에서의 전문성은 단순한 양적, 시간적 성장을 뛰어넘은 역동적이고 복잡한 현상이며(Skovholt & Jennings, 2004) 따라서 상담전문가로 성장하는 과정에는 끊임없이 새로운 도전들이 찾아오고, 이를 극복하기 위한 지속적인 노력이 필요하다.

스코볼트와 론스테드(Skovholt & Ronnestad, 2003)는 초심상담자가 겪는 어려움을 다음과 같이 정리하였다.

⑴ 높은 수행 불안

⑵ 지도감독자의 평가에 대한 걱정

⑶ 내담자와의 적절한 정서적 교류를 유지하는 어려움

⑷ 부적절하거나 불충분한 사례 개념화

⑸ 너무 높은 기대수준

⑹ 긍정적인 지지를 해 줄 수 있는 멘토의 부족

국내 연구로는 초심상담자들이 회기 내에서 경험하는 어려움과 대처과정에 대한 질적 분석 연구(김길문, 2003)에서 초심상담자들은 내담자들의 비협조적인 반응 및 태도, 상담에 대한 불만 표현, 종결 의사 표현 등을 힘들게 생각하였으며 이런 어려움이 발생하는 이유를 내담자의 특성, 상담자 자신의 개인적인 특성, 상담자의 핵심 문제와 관련된 역전이, 상담자로서의 전문성 및 임상 경험 부족, 상황 및 환경의 영향 등으로 귀인하였다. 아울러 이러한 어려움을 겪을 때 초심상담자는 자신의 상담 능력에 대한 회의, 분노, 당황 및 부담감 등을 경험하는 것으로 보고하였다.

3.2 초심상담자와 상담전문가의 비교 연구의 필요성

상담에 대한 경험이 쌓이면서 초심자들이 겪는 어려움 중 상당 부분은 해결이 되겠지만, 경험이 많은 상담전문가라고 해서 어려움이 없는 것은 아니다. 무엇보다도 상담전문가로의 성장 과정은 완성단계가 정해져 있다기보다는 생애에 걸친 학습과정이다. 상담전문가들은 초심자들이 흔히 겪는 상담진행과 관련된 어려움을 크게 겪지는 않을 수 있지만 그들 나름대로 또 다른 종류의 어려움을 겪을 수 있다. 경험이 많은 상담자들은 자신의 전문적인 판단에 대한 믿음이 있고, 자신의 일에 대해서 편안하게 생각하고 만족해하며, 자신의 내담자와 좋은 작업 동맹을 맺고 있다고 느끼기 때문에 (Ronnestad & Skovholt, 2003) 상담을 진행하는 측면에서는 비교적 수월하지만 초심자와는 다른 문제, 예를 들어 내담자가 제시한 표면적인 주 호소 문제를 넘어서서 심층적으로 이해하는 것과 같은 보다 포괄적인 어려움을 호소할 가능성이 있다.

상담자로의 성장 과정에 대한 연구가 다수 진행되었음에도 불구하고, 전문성의 발달 수준별로 어떤 어려움을 겪는지에 대한 비교연구는 드물다. 초심자의 어려움과 경험이 많은 상담자의 어려움이 그 정도나 내용상에 차이가 있다는 것을 경험적으로 확인하는 것은, 역동적이고 복합적인 상담자 성장 과정의 특징을 이해하는데, 그리고 이를 바탕으로 효과적인 상담자 교육 훈련 프로그램을 개발하는 데 도움을 줄 수 있다. 상담전문가들은 자신의 여러 가지 일화적인 증거에 근거하여 자신이 초심자였을 때 보다 더 나은 상담 능력을 갖추었다는 것을 인식하고 있으나, 이를 뒷받침해주는 경험적인 연구들은 느리게 진행되었다(Skovholt & Ronnestad, 2004).

이에 김지연, 한나리 및 이동귀(2009)는 개념도 방법을 사용해서 초심상담자와 상담전문가가 경험하는 어려움을 각 집단별로 심층적으로 이해하고 더 나아가서 그런 어려움을 극복하는 데 도움을 준 요인들을 조사하였다. 초심상담자와 상담전문가가 어떤 공통적인 혹은 상이한 어려움을 겪고 또 이를 어떻게 차별적으로 극복하는지를 알게 되면 초심상담자에서 상담전문가로 발전하면서 어떤 점들이 달라지는지를 알 수 있으며, 이는 상담자의 성장과정이 전문가가 되어가는 과정임을 보여줄 수 있는 근거가 될 수 있을 것으로 기대하였다. 또한 상담전문가들이 수련의 과정을 거치면서 찾아낸 그들만의 노하우가 무엇인지를 이해한다면 초심상담자들이 숙련된 상담자로 성장하는 데에 많은 시사점을 줄 수 있을 것이다.

이전 연구에서 상담자가 겪는 어려움을 알아보기 위한 방법의 일환으로 김길문(2003)은 반구조화된 면접 질문지를 개발한 바 있는데 이 질문지는 역전이의 구조를 기원, 유발 자극, 표현, 관리, 영향의 5개 요인으로 구성한 헤이즈(Hayes)와 동료들(1998)의 연구와 이를 바탕으로 한 사례 연구(Rogenberger, 2002), 질적 연구에서의 인터뷰 방법(Kavle, 1998)을 토대로 작성되었다. 그러나 이 질문지는 상담자의 어려움 경험을 상담자가 지금까지 상담했던 회기 중에 가장 힘들었던 회기의 어려움과 그 정도를 묻는 것으로 한정하였다는 제한점이 있었다. 또한 어떤 요인이 상담자의 성장에 도움을 주었는가에 대한 구체적 연구 노력도 부족하였다. 도움 요인을 알아보기 위한 가장 근접한 시도로 강현주와 장성숙(2006)이 제작한, 상담에서 도움이 되었던 경험에 관한 질문지가 있지만 이 질문지의 문항을 살펴보면, 내담자의 상담 동기, 내담자와 합의한 목표, 내담자의 도움된 경험, 이 경험에 영향을 미친 내담자의 태도와 반응, 나타난 긍정적 변화, 상담지속 이유와 상담자의 강점, 상담의 아쉬운 점 등이 총 8문항으로만 구성된 한계가 있었다. 또한 이 질문지는 상담 회기 내에서, 그리고 내담자와 관련된 도움 경험에만 집중했다는 한계가 있었다.

이러한 한계점을 극복하기 위해서 김지연 외(2009)는 상담 회기와 직접 관련된 어려움뿐만 아니라 상담 장면 내·외에서 포괄적으로 초심상담자와 상담전문가가 어떤 어려움을 겪고 있으며, 이러한 어려움을 극복하는 데 도움을 준 요인들을 질문지에 대한 응답을 통해서가 아닌 면접에 기초해서 면접대상의 경험을 심도 있게 탐색할 수 있도록 해주는 개념도 방법을 이용해서 분석하였다. 개념도는 구조화된 개념화 과정의 한 방법으로, 사람들이 자신들의 세계를 이해하고 해석하는 데 사용하는 개념을 이해하기 위한 것이다. 이 방법에서는 탐구 대상이 직접 생각 및 연구 질문에 대한 자신의 경험을 이야기하고, 이를 핵심문장으로 정리하고 참여자들이 직접 의미 있는 군집으로 분류함으로써 특정한 현상에 대한 이해 당사자들의 개념적 구조를 시각적으로 표현할 수 있다는 장점이 있고(Kane & Trochim, 2006), 상담 장면에서도 유용하게 사용되고 있다(민경화, 최윤정, 2007).

3.3 김지연, 한나리 및 이동귀(2009) 연구 요약 : 초심상담자와 상담전문가가 느끼는 어려움과 대처방식의 차이

김지연 외(2009) 연구의 대상과 주요 결과 및 시사점을 요약·제시하면 다음과 같다.

1. 연구대상

이 연구에서는 초심상담자 8명(여자 7명, 남자 1명)과 상담전문가 8명(여자 8명)을 대상으로 진행되었다. 초심상담자는 상담경력이 1년에서 1년 반 사이였고, 서울에 위치한 대학교 내 학생생활상담소에서 실습 또는 인턴과정에 있는 사람들이었다. 연구 참여 시점까지 만난 내담자 수는 평균 7명($SD=7$), 회기는 평균 62회기였다($SD=56$). 연령은 최소 24세에서 최대 29세로 평균 26.6세($SD=1.9$)였고, 석사를 마친 1명의 참가자 외에는 모두 석사과정 중이었다. 상담전문가는 상담경력이 6년에서 16년 사이(평균 8년 11개월)이었고, 연령은 최소 30세에서 최대 45세로 평균 36.6세($SD=4.7$)이었다. 학력은 석사 1명, 박사 5명, 박사과정 재학 2명이었다. 한국목회상담협회 상담전문가 자격증 보유자 1명을 제외하고, 모두 한국상담심리학회 상담심리사 1급 자격증을 보유하고 있었다.

2. 연구절차

연구 절차는 케인과 트로침(Kane & Trochim, 2006)에 의해서 제시된 개념도 실행
과정에 따라서 진행되었다.

(1) **개념도 준비단계** : 연구자들이 연구 아이디어를 구체화하고, 연구 대상을 선정
하며 연구 주제가 되는 초점 질문을 선정하였다. 이 연구에서 선정된 '초점 질
문'은 두 가지였다. "상담을 하거나 상담자의 길을 걷는 데 있어서 겪는 어려
움에는 어떤 것들이 있습니까?"(상담 관련 어려움 질문)와 "이러한 어려움을 극
복하게 해주는 요인들은 무엇입니까?"(어려움 극복 질문)로 두 가지였다.

(2) **연구 참가자들로부터 아이디어를 산출하고 연구자들이 이를 종합·편집하는 단계** :
이 연구에서는 초심상담자들을 대상으로는 집단면접을 약 2시간 동안 실시하
였고, 상담전문가들과는 약 30분 동안의 개별 면접을 실시하여 상담 관련 어려
움 질문과 어려움 극복 질문에 대한 답변을 청취하였다. 연구 참여 및 면접과
정에 대한 녹음에 대해 사전 동의를 구했다. 면접을 마친 후, 연구자들을 포함
하여 박사 과정에 있는 연구자 1명과 심리학을 전공하고 있는 석사과정 연구
자 2명으로 이루어진 연구팀이 면접 내용을 기오르기(Giorgi, 1985)의 질적 분
석의 4단계를 바탕으로 핵심문장을 정리하였다.

(3) **진술문의 구조화단계** : 연구 참여자들에게 연구팀에 의해서 정리된 핵심문장들
을 분류하고 평정하는 작업을 요청하였다. 참가자들은 자신이 속한 집단에서
나왔던 핵심문장들 중에서 비슷한 것으로 생각되는 것끼리 묶고 하나의 범주
로 분류하였다. 분류 시 두 개의 문장 이상이 하나의 범주를 이루어야 하며,
전체 범주는 2개 이상이어야 한다(Paulson & Worth, 2002; Paulson, Truscott, &
Stuart, 1999)는 제약 조건을 적용하였다. 이 과정이 끝난 후, 참가자들은 각 핵
심문장의 중요도를 5점 리커트 척도(1 = 전혀 중요하지 않다, 5 = 매우 중요하다)
상에 평정하였다.

(4) **개념도분석단계** : 이 단계에서는 다차원 척도법(MDS: Multi-dimensional analysis:
MDS)과 위계적 군집분석(Hierarchical cluster analysis)을 실시하여 개념도를 만

들었다. MDS에 의해서 점으로 표시된 핵심문장들 중 군집분석결과 같은 군집으로 묶인 문장(점)들을 선으로 연결하여 개념도를 완성하였다.

3. 주요 연구결과

(1) 초심상담자들과 상담전문가들의 어려움에 대한 개념도

초심상담자들이 상담자들이 겪는 어려움에 대한 개념도는 총 4개의 군집으로 이루어져 있었다(그림 5-1 참조).

[그림 5-1] 초심상담자의 어려움 개념도

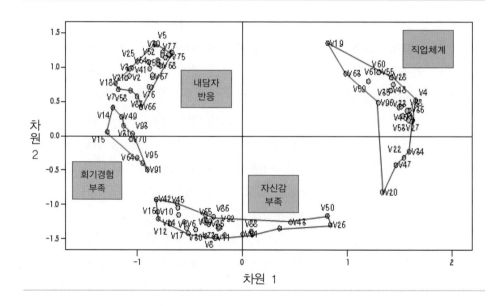

(1) 자신감 부족
(2) 내담자의 반응
(3) 직업체계
(4) 회기경험 부족

[표 5-1] 초심상담자의 어려움 군집과 핵심문장의 예[2]

군집	번호	문장	중요도	평균
군집 1: 자신감 부족	1	상담이 지지부진할 때	4.75	3.64
	8	나는 상담을 너무 못 해 라는 생각이 드는 것	4.50	
	9	내담자에게 내가 한 반응이 효과가 있을 것이라는 확신이 없는 것	4.38	
	16	장기상담에서 내담자가 변화가 없다고 하는 것	4.13	
	51	실습기간 동안 충분히 배우지 못했다는 느낌이 들어서 이 상태로 나가서 상담을 할 수 있을까 하는 생각이 드는 것	4.13	
	85	나 자신이 상담에 대한 지식과 경험이 많지 않아 자신이 없을 때	4.13	
군집 2: 내담자 반응	18	내담자가 옛날의 증상이 다시 일어난다고 하는 것	4.25	3.44
	76	내가 애를 쓰고 노력하고 있는데 내담자가 종결되기도 전에 종결할 때	4.25	
	83	내담자와 한참 주제에 대해 얘기해서 뭔가 진행되는 것 같았는데 다음 시간에 다시 원점으로 돌아갈 때	4.25	
	94	종결을 앞두고 너무 의존하는 내담자	4.00	
	52	내담자가 잘 이해 받지 못했다는 반응을 보이는 것	3.88	
	58	장기상담에서 내담자가 좋아졌다가 다시 원상태로 왔다고 하는 것	3.75	
군집 3: 직업 체계	27	수련기간 동안 수입 없이 지내야 하는 것	4.25	3.63
	29	상담자로서의 비전이 그려지지 않는 것	4.25	
	36	상담자로서의 역할모델 찾기가 힘든 것	4.25	
	63	대학상담소임에도 불구하고 학생들이 많이 가져오는 이슈에 대한 가이드가 없는 것	4.25	
	71	상담하는 사람들의 성숙하지 못한 모습을 보는 것	4.13	
	37	상담자가 공부하는 것에 비해 너무 대가가 없는 직업이라는 생각이 드는 것	4.00	
군집 4: 회기 경험 부족	49	회기가 진행될수록 문제를 명료화하고 해결책을 제시해주어야 한다는 부담이 커지는 것	4.00	3.40
	64	예상치 못한 종결에 대해 어떻게 대처해야 할 지 모르는 것	4.00	
	15	내담자의 역전이에 대한 대처를 어떻게 할 지 모르는 것	3.63	
	14	내담자가 당황스러운 질문을 했을 때 어떻게 할 지 모르는 것	3.50	
	93	내담자와 관련된 정보를 탐색하는데 적절한 선을 긋기가 힘든 것	3.50	
	95	내가 내담자에게 변화를 강요할 때	3.38	

개념도(그림 5-1)를 전체적으로 살펴보면, 내담자의 반응과 회기경험 부족에서 오는 어려움의 거리가 가깝고, 이 두 군집은 직업체계에 대한 불만족과 분리되어 있으며, 자신감 부족으로 인한 어려움은 중간에 분포하고 있다. 이는 초심상담자들이 내담자의 반응이나 회기경험 부족과 같은 상담 회기 내의 어려움을 경험하는 동시에 상담직업체

2 지면 관계상 핵심문장 대표적인 것을 각 군집당 최대 6개까지 제시하였음. 이하 동일한 방식.

계라는 환경적 배경에서 오는 어려움도 함께 경험하고 있다는 것을 의미한다. 상담에 대한 자신감 부족은 이 중간에 위치하면서 다른 군집에 비해 아래쪽에 있는데 이것은 다른 군집이 인지적, 환경적 요인인 데에 반해 자신감 부족은 정서적이고 내부적인 요인이기 때문인 것으로 보인다.

초심상담자들이 평정한 군집별 중요도를 보면 가장 중요하게 생각하는 것은 자신감 부족($M = 3.64$)이었다. 이것은 상담실력, 상담기술 등에 대해 상담 초심상담자들이 상담에 임하면서 스스로에 대해 갖는 긍정적 느낌이 중요하면서도 취약하다는 것을 암시한다. 다음은 상담직업체계에 대한 불만족(3.63)이었는데, 수입구조, 자격증제도, 슈퍼비전 등에 대해 느끼는 것들이었다. 내담자의 부정적이거나 당황스러운 반응(3.44), 상담 회기경험 부족에서 오는 어려움(3.40)은 상담 회기 내에서 구체적 대처방법과 관련된 지식이 부족해서 오는 것으로 시간이 지나면 해결될 가능성이 있기 때문에 상대적으로 중요도가 낮게 평정된 것으로 보인다.

상담전문가들의 어려움은 다음 세 개의 군집으로 나타났다(그림 5-2 참조).

[그림 5-2] 상담전문가의 어려움 개념도

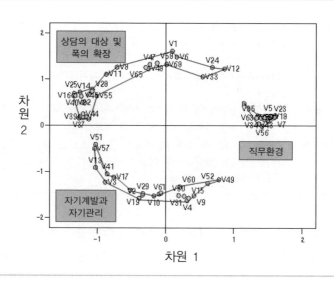

(1) 상담의 대상 및 폭의 확장

(2) 자기계발과 자기관리

(3) 직무환경

[그림 5-2]를 살펴보면, 상담의 대상 및 폭의 확장에서 오는 어려움과 직무환경에서의 어려움 군집은 위쪽에 배치되었지만 자기계발과 자기관리의 필요성은 아래쪽에 배치되었다. 이것은 상담자라는 직업이 관련된 지식을 습득하고 직무자체를 잘 수행하는 것이 필요함과 동시에 스스로를 끊임없이 보살피고 발전시켜가는 것이 필요하다는 것을 보여준다.

[표 5-2] 상담전문가의 어려움 군집과 핵심문장의 예

군집	번호	문장	중요도	평균
군집 1: 상담의 대상 및 폭의 확장	24	상담이라는 게 변화가 확 보이는 것이 아니라는 것	4.13	3.29
	68	내가 하는 상담이 효과적인가에 대한 생각	4.13	
	47	내가 하는 개입이 제대로 하는 것인지에 대한 고민	4.00	
	25	자살하겠다는 내담자를 만났을 때	3.88	
	58	유료상담의 경우 대가를 받는 만큼 내가 잘 하고 있는가에 대한 의구심이 드는 것	3.88	
	65	내담자가 왜 안 좋아지냐는 불평을 할 때 내가 지금 제대로 도와주는지에 대한 의문이 드는 것	3.75	
군집 2: 자기계발과 자기관리	3	내담자의 변화에 대해 상담자 스스로 희망을 저버리는 경우	4.00	3.01
	52	상담자로서 발전하고자 하는 욕구를 기질적으로 갖고 있지 않으면 안주하게 되는 것	3.75	
	2	상처 받은 사람을 계속 돌보다보니 Burn out되는 것	3.50	
	29	상담에 대한 매너리즘이 느껴질 때	3.50	
	31	성장하는 상담자가 될 것인가, 머물러 있는 상담자가 될 것인가를 스스로 결정해야 된다는 것	3.50	
	67	Burn out되지 않기 위해서 노력해야 된다는 점	3.50	
군집 3: 직무환경	18	학력에 비해 대우가 낮은 것	4.00	3.12
	50	계약직 교직원으로서의 상대적 박탈감	3.63	
	32	상담이 어떤 것인지에 대한 인식이 없는 사람들과 일해야 한다는 것	3.50	

56	학력이나 경력에 따른 대우에 대한 나의 기대치에 비해 실상 은 그렇지 않을 때	3.50
36	상담소 소장님이 상담에 대해 잘 모르는 분인 경우 설득할 일이 있을 때	3.38
59	나는 상담 회기를 길게 하고 싶은데 현실적인 여건상 상담을 단기에 끝내야 하는 경우	3.38

(2) 초심상담자와 상담전문가의 어려움 극복 요인에 대한 개념도

초심상담자의 어려움 극복 요인 개념도는 모두 다섯 개의 범주로 이루어졌다(그림 5-3 참조).

[그림 5-3] 초심상담자의 어려움 극복 요인에 대한 개념도

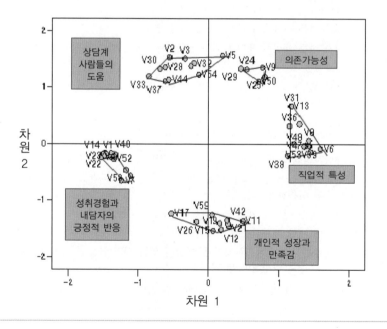

(1) 성취경험과 내담자의 긍정적인 반응
(2) 상담분야 사람들의 도움
(3) 직업적 특성

(4) 의존가능성

(5) 개인적 성장과 만족감

초심상담자의 어려움 극복 요인 개념도를 살펴보면 크게 상, 하로 도움이 되었던 요인들의 영역이 나눠진다는 것을 알 수 있다. 우선, 위쪽은 대체로 다른 사람들로부터 얻는 도움 요인과 직업의 긍정적 특성에 대한 영역들이 가깝게 위치하고 아래쪽은 상담과정의 긍정적인 요소들로부터 오는 만족감 요인들이 나타나고 있다. 중요도 평정을 살펴보면, 초심상담자들이 아래쪽의 영역을 위쪽 영역보다 더 중요하게 평가했다는 것을 알 수 있다. 초심상담자들은 성취경험과 내담자의 긍정적인 반응(4.19)을 가장 중요한 극복 요인으로 평가하였는데, 이는 상담의 어려움 평정에서 자신감 부족은 가장 중요한 것과 연결이 될 수 있을 것이다. 즉 초심상담자들은 상담이 잘 되어간다는 느낌과 내담자의 긍정적인 반응을 통해서 자신감을 얻고 이를 통해 많은 힘을 받는다는 것을 알 수 있다. 그 다음으로 중요하게 평정한 것은 상담을 통해 얻는 개인적 성장과 만족감(3.81)이었다. 이를 통해서 초심상담자들이 자신감이 부족하고 상담자의 길에 대한 불확실한 느낌을 감소시키는 요소를 중요하게 평정하고 있다는 것을 알 수 있다. 그 다음으로 중요하게 평정한 것은 상담분야 사람들의 도움(3.80)이었고, 이는 초심상담자들은 실질적인 도움을 통해서 어려움을 극복해가는 것이 큰 도움이 된다는 것을 알 수 있다. 그 다음으로 많은 차이를 보이며 중요하다고 평정된 것은 의존가능성(3.50)과 직업적 특성(3.14)이었다. 이는 초심상담자들이 인지적인 요인들에 의한 도움을 가장 덜 중요하다고 평정했다는 것을 알 수 있다.

전체적인 중요도 평정을 종합해보면 초심상담자들이 외적인 요소(다른 사람의 도움, 직업적인 특성)보다는 상담 과정에서 느끼는 내적인 요인들(자긍심, 보람 등)을 더 큰 어려움 극복 요인으로 지각하고 있다는 것을 알 수 있다.

[표 5-3] 초심상담자의 어려움 극복 요인 군집과 핵심문장의 예

군집	번호	문장	중요도	평균
군집 1: 성취경험과 내담자의 긍정적인 반응	10	내담자가 변하는 모습을 볼 때	5.00	4.19
	4	내담자가 '선생님이랑 얘기하니까 나아지는 것 같아요'라고 말했을 때	4.63	
	23	내담자가 나를 믿을 때	4.50	
	40	내담자가 변하는 모습을 보면서 내가 힘을 받을 때	4.50	
	52	내담자가 '상담하고 변했어요'라고 말했을 때	4.50	
	58	시간이 지날수록 내담자와의 신뢰가 쌓이고 정이 들어서 극복되는 것	4.50	
군집 2: 상담분야 사람들의 도움 (11문장)	46	자기 나름의 이론을 설명해 주는 상담가를 만나서 도움을 받았을 때	4.50	3.80
	2	동료상담자들로부터 공감을 받았을 때	4.50	
	5	다른 사람 케이스 컨퍼런스 보면서 도움을 얻어서 내 사례에 대입해 보고 극복했을 때	4.38	
	32	내가 생각했던 상담자의 모습을 가지고 있는 사람을 볼 때	4.25	
	28	동료상담자와 얘기하면서 서로 이해할 때	4.25	
	37	나만 어려워하는 것이 아니라는 것을 알았을 때	4.13	
군집 3: 긍정적인 직업적 특성	48	상담이라는 직업은 관리 받는 것이 아니고 어느 정도 재량껏 할 수 있는 것	4.00	3.15
	36	감동적인 상담관련 책을 보았을 때	3.88	
	38	인간에 대해 알아가게 해주는 책을 보았을 때	3.88	
	47	상담자에게는 자기만의 공간(방)이 있다는 것	3.88	
	8	내가 초심이라는 것 자체	3.50	
	13	상담관련수업 중에 너무 좋은 수업을 경험했을 때	3.50	
군집 4: 의존 가능성	9	초심이라는 이유로 도와달라고 하면 사람들이 도와줄 때	3.63	3.40
	24	슈퍼바이저가 있다는 것	3.63	
	25	초심이라는 이유로 실수가 용서가 될 때	3.50	
	29	슈퍼비전에서 방향을 제시해 주었을 때	3.50	
	50	의뢰(Refer)할 수 있다는 것	2.75	
군집 5: 개인적 성장과 만족감	17	인간의 변화가 가능하다는 것을 경험했을 때	4.50	3.81
	11	여러 사람들의 아픔을 보게 되고 겪게 되면서 인간에 대한 애정이 생기는 것	4.25	
	16	상담을 하면서 내 자신을 보게 된 것	4.13	
	42	상담하면서 내가 변한 것을 느꼈을 때	4.13	
	59	나의 장점을 잊지 않으려고 노력하는 것	4.13	
	12	내가 배운 공감이 실제 대인관계 하는 것에 도움이 될 때		

상담전문가의 어려움 극복 요인 개념도는 다음 네 개의 범주로 이루어졌다(그림 5-4 참조).

(1) 상담분야 사람들과 자료
(2) 내적 경험과 내담자의 인정
(3) 상담 장면 외에서 얻는 충전
(4) 개인적 성장과 만족감

[그림 5-4] 상담전문가의 어려움 극복 요인에 대한 개념도

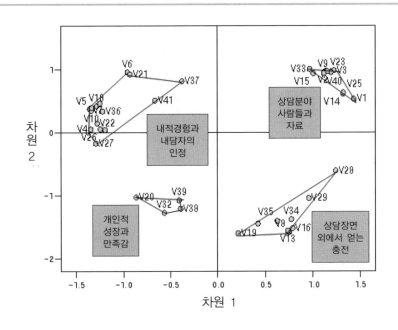

상담전문가의 어려움 극복 요인 개념도를 살펴보면 초심상담자들의 경우와는 다르게 거리상으로는 묶이지 않고 각각 독립적으로 위치해 있다는 것을 알 수 있다. 하지만 중요도 평정상으로는 군집들이 상, 하로 묶이게 된다. 중요도 평정을 보면 상담전문가들은 위쪽에 위치한 군집들인 상담분야 사람들과 자료로부터 받는 도움(3.86)을 가장 중요하게 평정하였고 그 뒤로는 내적 경험과 내담자의 인정(3.62)을 중요한 것으

로 평정하였다. 반면에 이 두 영역에는 좀 더 뒤떨어진 점수 차이로 아래쪽의 군집들
인 상담을 통해 얻는 개인적 성장과 만족감(3.53)과 상담 장면 외에서 얻는 충전(3.50)
을 비슷한 중요도로 평정하였다. 이는 상담전문가들은 외적인 극복 요인들(사람들이나
자료로부터 얻는 도움)과 내적인 극복 요인(자긍심)들을 모두 다 중요하게 생각한다는 것
을 알 수 있다.

[표 5-4] 상담전문가의 어려움 극복 요인 군집과 핵심문장의 예

군집	번호	문장	중요도	평균
군집 1: 상담분야 사람들과 자료	1	교육 분석을 받는 것	4.75	3.86
	2	동료들과 내 사례에 대해서 이야기하는 것	4.50	
	3	관련 책을 읽고 구체적인 정보를 얻는 것	4.13	
	9	나보다 숙련된 선배들이 조언을 해줄 때	4.25	
	12	상담분야에 있는 좋은 사람들을 만났을 때	4.00	
	14	상담을 받는 것	4.25	
군집 2: 내적 경험과 내담자의 인정	4	누군가의 마음의 상처를 낫게 해준다는 생각	2.75	3.62
	5	내담자들이 상담자에게 권위를 부여해 주는 것을 느낄 때	2.00	
	6	종결 후 내담자가 잘 지내고 있다는 것이 확인될 때	3.75	
	7	내담자가 가지고 있는 자원이나 힘을 스스로 느끼는 과정에 동참했다는 기쁨	4.25	
	10	내담자가 감사하다는 마음을 표현해 줄 때	3.38	
	11	내담자와 진짜로 만났다는 느낌이 들 때	4.25	
군집 3: 상담 장면 외에서 얻는 충전	8	가족과 보내는 시간을 통해서 에너지를 충전하는 것	3.88	3.50
	13	휴일에 온전히 쉬는 시간을 갖는 것	3.75	
	16	생활을 단순화 시키는 것	2.63	
	19	상담가라는 직업이 가사와 병행하는 것이 어렵지 않다고 느 낄 때	2.63	
	28	정기적으로 모이는 친목그룹에서 지지를 얻는 것	3.75	
	29	나를 성찰해보는 혼자만의 시간을 갖는 것	4.00	
군집 4: 개인적 성장과 만족감	20	사람에 대한 흥미로 상담을 시작했는데 그 흥미가 채워진다 고 느끼는 것	3.25	3.53
	32	상담가라는 직업이 퇴직과 재취업이 비교적 자유롭고 수월 하다는 것	3.25	
	38	좌절을 통해서 배울 때	3.75	
	39	모호함을 견디는 것을 배웠을 때	3.88	

4. 논의 및 시사점

김지연 외(2009)의 연구에서는 초심상담자와 상담전문가가 어떤 어려움을 겪고 있으며, 이러한 어려움을 극복하는 데 도움을 준 요인들을 개념도 방법을 이용해서 조사하였다. 그 결과, 초심상담자와 상담전문가들의 발달 단계에 따라 공통적 혹은 차별적인 경험을 하고 있음이 나타났다.

먼저, 초심상담자들은 '상담에 대한 자신감 부족'을 가장 큰 어려움으로 보고하였다. 즉, 이들은 자신이 상담자라는 직업에 맞는 사람인지, 자신의 상담 실력이 괜찮은지에 대한 확신이 없고 따라서 내담자의 반응이나 태도에 민감한 특성을 보였다. 아울러 상담자라는 직업을 가져도 괜찮은지 확신을 갖기 위해 상담 직업 체계에 대해서도 관심을 보였다. 이러한 특성은 다지(Dodge, 1982), 그레이터 (Grater, 1985), 스톨텐버그와 델워스(Stoltenberg & Delworth, 1987)가 언급한 초심상담자들의 만연한 불안을 반영하는 것으로, 초심상담자들은 상담이 지지부진할 때나 내담자에게 변화가 없다고 느낄 때 많이 어려워하고, 자신의 상담관련 지식이나 경험에 대해 확신이 없는 모습을 보였다. 이러한 전반적인 자신감과 관련된 문제들은 경험이 쌓일수록 해결이 되는 것으로 보인다. 왜냐하면 상담전문가들에게서는 이러한 기본적인 문제들이 크게 부각되지 않기 때문이다. 상담전문가들은 이보다는 구체적인 상담개입방법이 특정한 내담자에게 적절한 것인지에 대해서 고민할 때가 많다고 보고하였다. 이것은 시간이 지날수록 내가 상담을 해도 되는지, 한다면 잘 할 수 있는지에 대한 의문은 사라지지만 여전히 내담자에게 효과적인 상담을 제공하고 있는지에 대해서는 완벽한 확신을 갖기 어렵다는 것을 의미한다.

상담자의 성장과정에서 내담자는 지속적으로 중요한 영향을 미치는데(Skovholt & Ronnestad, 1992), 초심상담자들은 특히 내담자들이 보이는 세부적인 언어반응이나 행동반응, 상담에 대한 부정적인 태도 등으로 인해 당황하며, 구체적으로 어떻게 대처해야 될 지에 대해 막막해 하는 것으로 나타났다. 그렇지만 상담전문가들은 그런 부분적인 어려움보다는 경계선 성격장애나 반사회성 성격장애가 있는 내담자들을 상담하면서 경험하는 어려움, 내담자를 표면적인 증상을 넘어서서 한 개인의 성격, 환경, 주관적인 경험 등을 포괄한 전인적인 측면에서 파악하는 것이 어렵다는 점을 호소하였다. 이는 초심상담자들이 비교적 사회적으로 잘 기능하는 내담자를 배정받는 경우가 많은

데 반해 상담전문가들은 상대적으로 만성적이고 힘든 내담자들을 만나는 경우가 많고 이에 따른 부담이 적지 않은 것으로 보인다. 동시에 상담과 인간에 대한 이해의 깊이가 깊어지면서 내담자가 보이는 가시적인 문제를 해결하는 것에서 더 나아가 내담자 전체를 이해하고 성과를 내야한다는 부담을 느끼는 것으로 보인다.

초심상담자와 상담전문가 모두 상담직업체계 및 환경에서 오는 어려움에 대해 이야기하였지만 그 내용에서는 차이가 있었다. 초심상담자는 이제 막 상담분야에 발을 내딛은 하위집단으로서 수익구조, 역할모형의 부재, 슈퍼비전 등 상담분야 내부 체계에 대한 불만족을 표시하였다. 이에 반해 상담전문가들은 이미 상담분야 내에서 비교적 안정적인 지위를 갖고 있기 때문에 상담분야 내부보다는 외부적 환경에서 오는 어려움에 대해 주로 언급하였다. 학력에 비해 대우가 낮은 점, 상담에 대한 인식이 없는 사람들과 근무해야 한다는 점 등이 그 예이다. 이것은 상담경험이 쌓일수록 내부의 문제보다는 사회적 인식이나 처우에 대해 더 관심을 갖는다는 것을 보여준다.

상담전문가들은 자기계발과 자기관리의 필요성에서 오는 어려움에 대해서도 언급하였다. 예를 들어, 소진되지 않도록 자기를 잘 관리해야 한다는 점, 내담자가 변화할 수 있다는 믿음을 저버리지 않아야 한다는 것, 끊임없이 자기를 발전시키기 위해 투자하고 매너리즘을 주의해야 한다는 것 등이었다. 이러한 내용은 초심상담자에게서는 나타나지 않았던 내용으로, 상담자의 발달 과정은 시간이 지남에 따라 고갈되고 정체된 시기가 올 수 있다는 것(Edelwich & Brodsky, 1983)을 보여준다. 그리고 이런 시기가 될수록 스스로를 잘 관리하고 완전히 숙련된 상담가로 발전할 수 있도록 끊임없이 노력해야 한다(Skovholt & Ronnestad, 1992)는 것을 시사한다.

다음으로 초심상담자와 상담전문가의 어려움의 극복 요인에 관해서는 다음과 같이 논의할 수 있다. 우선, 초심상담자들의 극복 요인들 중 '성취경험과 내담자의 긍정적 반응'요인은 상담전문가들에게서도 '내적 경험과 내담자의 인정'요인으로 비슷하게 나타났다고 할 수 있다. 그러나 그 내용에 있어서는 중요한 차이가 있었다. 초심상담자들의 핵심문장들을 살펴보면 내담자의 언어적인 긍정적 피드백(예: 내담자가 '선생님이랑 얘기하니까 나아지는 것 같아요'), 내담자 또는 상담자의 행동과 그 결과(예: 내담자가 하기 어려운 얘기를 나한테 해줬을 때; 직선적으로 말하는 것이 두렵게 느껴졌는데 실제 말을 해 본 결과 성공 및 성취감을 느끼는 것) 같이 긍정적인 성과가 외현적으로 드러나는 경우가 주를 이루었다. 이에 반해 상담전문가들의 경우에는 내담자의 행동이나 언어적 반응과 같은 외적인 요소들이 아닌 상담자 내적으로 느껴지는 내용에 대한 중요성을 보고하였고(예: 내담자가 가지고 있는 자원이나 힘을 스스로 느끼는 과정에 동참했다는 기쁨) 구체적인 행동과 그 결과에 대한 내용이 아닌 상담과정 전체에 대한 긍정적 느낌을 중요시 하였다(예: 내담자와 진짜로 만났다는 느낌이 들 때). 이는 초심상담자에서 상담전문가로 성장할수록 외적으로 보이는 것에서 내적으로 느껴지는 내담자와의 참만남 및 성장과정을 중요하게 생각하며 이러한 참만남을 향해 상담을 이끌어 갈 힘이 생긴다는 것을 의미한다. 론스테드와 스코볼트(Ronnestad & Skovholt, 2003)의 연구에서도 역시 상담자의 발달 단계가 진행될수록 인지적인 초점이 바뀌면서, 초심상담자들은 외적인 경험을, 상담전문가들은 내적인 경험을 신뢰한다는 것으로 나타났다.

둘째, 초심상담자들과 상담전문가들 모두 타인으로부터 얻는 도움을 어려움 극복요인으로 보고하였다. 이때, 초심상담자들은 '자기 나름의 이론을 설명해주는 상담자를 만나서 도움을 받았을 때'와 같이 상담의 회기를 진행하는 데 있어서의 구체적인 세부 지식을 얻는 것이 도움이 되었음을 보고한 반면, 상담전문가들은 '교육분석을 받는 것'과 같이 더 깊은 차원에서 자신에 대한 통찰을 얻는 것과 관련된 내용을 도움요인으로 보고하였다. 이는 초심상담자에서 상담전문가로 발전할수록 회기 내에서의 대처방식에 관해서는 경험이 늘면서 자연스럽게 지식이 쌓여가고, 점점 상담과정을 보다 전체적인 맥락, 즉 상담자 자신과 내담자의 상호작용 속에서 일어나는 것들을 볼 수 있게 되면서 보다 깊은 차원의 도움을 필요로 하며 충족시키기 위해서 노력한다는 것을 보여준다고 할 수 있다. 초심상담자와 전문상담자 모두, 동료들과 사례에 대해서 얘기하거나 어려움을 공감받는 것을 도움요인으로 보고하였는데, 이는 두 집단 모두에게 동료들의 지지가 중요한 정서적 지지 요인으로 작동한다는 것을 알 수 있다.

셋째, 초심상담자들은 '상담이라는 직업은 (누군가에게) 관리 받는 것이 아니라 어느 정도 재량껏 할 수 있다는 점'과 같은 상담과 관련된 긍정적인 특성을 어려움 극복요인으로 언급하였다. 하지만 흥미롭게도 이러한 요소들은 상담전문가들에 의해서는 언급되지 않았다. 상담전문가들은 내담자와의 상호작용, 또는 개인적으로 얻는 만족감과 같은 요인들을 주로 언급하였다. 이는 상담자의 정체성을 형성하는 과정에 있고 상담이라는 직업에 입문한지 얼마 되지 않은 초심상담자들은 아직 실질적인 상담 경험이 많지 않아서 외적으로 보이고 인식되는 인지적인 요인들이 중요하게 떠오르지만, 상담자라는 직업을 갖게 되고 경험이 쌓이면 재량껏 할 수 있다거나, 근무 시간이 길지 않다는 점 등과 같이 상담 직업의 외형적인 측면보다는 내담자와 만나고 유능한 상담자로 성장하는 과정에서 스스로 느껴지는 내적이고 정서적인 요인들이 상담자라는 직업의 가장 큰 장점과 힘이라고 생각하는 것으로 나타났다.

넷째, 상담전문가들은, 초심상담자들과 달리, 상담 장면 외에서 얻는 에너지 충전을 도움 요인으로 얘기하였다. 이는 상담자로서 자신의 정신건강을 돌보는 것의 중요성을 인식한 것으로 보인다. 이러한 결과는 스코볼트와 제닝스(Skovholt & Jennings, 2004)의 연구에서, 상담전문가들은 정신적으로 건강하며 자신의 정서적인 안녕감이 일의 질에 영향을 준다는 것을 자각하고 있어, 정서적 안녕감을 유지하기 위해서 신경을 쓴다는 점과 일치한다. 마지막으로, 초심상담자와 상담전문가 모두 개인적인 성장과 만족감을 어려움 극복 요인으로 보고하였고 그 내용에 있어서도 큰 차이가 나타나지 않았다. 이는 인간의 변화가 가능하다는 것을 경험하는 것과 좌절을 통해서 배우는 것과 같은 점들을 초심자이든 전문가이든, 내담자와 만나고 헤어질 때까지 하나의 상담 과정이라는 것을 통해서 경험하고 배울 수 있는 점들임을 보여준다.

✔ 주요개념

비밀보장/ 조건화된 자기가치감/ 무조건적 긍정적 존중/ 수퍼비전/ 사례개념화/ 자기개방/ 내부초점화를 통한 변화/ 이중관계/ 작업동맹/ 상담능력/ 동기강화상담/ 한쪽 편을 드는 함정/ 초심상담자/ 상담전문가/ 자살방지계약서/ 삶의 의지에 대한 계약서/ 개념도

✔ 연구문제

[내담자가 느끼는 불안]

1. 비밀보장의 예외조건은 무엇인가?
2. 내담자의 불안과 조건화된 자기가치감은 어떻게 관련되는가?

[초심상담자의 불안과 실수 및 대처방안]

1. 초심상담자가 흔히 경험하는 '자신감의 계곡'은 무엇이고 어떻게 극복하는가?
2. 상담자의 과도한 자기개방이 상담에 도움이 되지 않는 이유는?
3. 상담에 없는 제3자에 대한 얘기를 하는 것이 상담과정에 미치는 효과는?

[초심상담자와 상담전문가의 어려움과 대처방식의 차이]

1. 상담자의 전문성을 구성하는 요소는 무엇인가?
2. 초심상담자와 상담전문가를 구분할 수 있는 중요한 차이는 무엇인가?
3. 개념도 방법의 절차는 어떻게 되는가?

집단상담

집 단상담은 최근에 와서 많은 주목을 받고 있는 상담의 중요한 접근이다. 이 장에서는 개인상담, 집단지도, 집단치료 및 인간관계 훈련집단과의 차이점을 밝히고, 집단상담의 과정, 상담자의 역할과 접근방법을 설명한다. 집단상담을 세분하면 아동집단, 청소년집단, 성인집단, 노인집단, 학생집단 또는 지도자(또는 관리자)집단 등으로 더 깊이 고찰할 수 있겠으나 여기서는 이 모든 집단에 공통적으로 적용되는 원리와 접근방법만을 다루었다. 또한 보다 전문적인 연구를 위해서는 다른 문헌의 집단상담 사례를 검토하는 것이 바람직할 것이다. 우리나라에서 집단상담적 활동은 대인관계훈련, 긴장대처훈련, 심성개발훈련의 형식으로 많이 실시되고 있다.

집단상담의 정의

집단상담은 한 사람의 상담자가 동시에 몇 명의 내담자들을 상대로 각 내담자의 관심사·대인관계·사고 및 행동양식의 변화를 가져오게 하려는 노력이다. 다시 말하면, 집단구성원 간의 상호작용적 관계(역동적 관계)를 바탕으로 내담자 개개인의 문제해결 및 변화가 이루어지는 '집단적 접근방법'이다. 집단상담에서는 전문적인 훈련을 받은 한 명의 상담자가 동시에 4~10여 명의 내담자들과 대인관계를 맺게 된다. 집단상담은 내담자들의 병리적 문제보다는 주로 발달의 문제를 다루거나 생활과정의 문제를 다룬다. 즉, 대인관계에 관련된 태도·정서·의사결정과 가치문제 등에 초점을 맞춘다.

집단상담의 일차적 목표는 개인으로 하여금 자기이해와 대인관계의 능력을 향상시키고, 생활환경에 보다 건전하게 적응할 수 있도록 하는 것이다. 이 목표를 달성하기 위하여 흔히 개인의 감정 문제를 먼저 다룬다.

집단상담과 비슷한 것으로서 인간관계 훈련집단(T그룹, 감수성훈련 등)과 집단치료를 들 수 있다.

1.1 인간관계 훈련집단

인간관계 훈련집단은 미국에서 1947년 대인관계기술과 의사소통상의 감수성을 계발하기 위하여 '전국훈련연구소'(NTL)라는 이름의 조직에서 시작한 것이다. 훈련집단은 대개 10~12명으로 구성되는 비형식적(비구조적) 집단으로, 대인관계와 행동양식의 검토 및 학습이 강조된다. 집단원들은 다른 사람에게 미치는 영향력을 인식하는 것을 배우며 다른 사람들이 어떻게 자신을 보는가를 배운다. 즉, 집단구성원들은 흔히 자유로운 분위기에서 서로의 장·단점을 파악하게 된다. 훈련집단의 특징은 세 가지로 요약될 수 있다. 첫째로 대인관계 및 자기이해의 실험적 학습이며, 둘째로 '학습하는 방식'을 배우는 데 초점을 두고, 셋째로 훈련과정에서는 즉각적인 생각·느낌·반응 등을 강조한다.

훈련집단과 유사한 것으로 감수성훈련 또는 참만남집단(엔카운터 그룹)이 있다. 훈련집단이 집단역학의 원리를 바탕으로 조직 내 인간관계 및 생산적 풍토에 초점을 두고 있는 반면, 감수성훈련은 정서적 경험의 솔직한 표현, 직관적 체험의 확대를 통한 인간적 성장에 초점을 더 두고 있다. 감수성훈련과 참만남집단은 칼 로저스의 인간중심이론에 많은 영향을 받았다.

1.2 집단치료

집단치료는 한 사람의 치료자(상담자)가 동시에 4, 5명 이상의 내담자(환자)들을 상대로 심리적 갈등을 명료화하며 '문제행동'을 수정해 가는 일련의 집단면접을 말한다. 집단상담에서보다 더 심한 장애를 가진 사람을 대상으로 하며 보다 깊은 성격상의 문제를 다룬다.

주로 병원 장면에서 이루어지는 집단치료는 다음의 네 가지 특성을 통하여 정의되기도 한다. ① 집단은 주로 '치료적 목표'를 갖는다. ② 보다 나은 자기이해를 통해 심리적 긴장을 감소시킨다. ③ '치료자'는 허용적이고 지지적 역할을 한다. ④ 비적응적 태도의 변화 및 심리적 문제해결에 주된 관심을 둔다.

1.3 집단의 분류 및 비교

[표 6-1]은 10가지의 차원에서 구별이 되는 다양한 집단의 내용이다. 그러나 실제로는 이들이 명확하게 구별이 되는 것은 아니며, 어느 정도 중복되는 부분이 있다.

[표 6-1] 집단의 분류

차원＼범주	지 도 집 단	훈 련 집 단	상 담 집 단	치 료 집 단
1. 보편적 이름	토론집단, 정보제공 및 생활안내집단, 경력(진로) 및 직업지도집단	훈련집단, 대인관계 실험실, 감수성훈련, 참만남집단	집단상담 소집단 대화	집단치료, 집단요법
2. 집단원의 종류	취급되는 영역과 필요성에 의해 자진 또는 타인이 선발	대인관계 경험 및 정서적 성장을 위해 자진 또는 타인의 추천	적응문제 때문에 자진 또는 타인의 의뢰	이상행동 때문에 자진 혹은 타인의 의뢰
3. 크기(인원)	10~80	8~30	6~12	4~8
4. 초점	교육적·직업적·개인적 정보제공과 생활계획	자기노출과 피드백, 지금-여기의 상호작용	관찰할 수 있는 비적응적 행동, 집단원 간의 상호작용에 의한 문제해결	집단 내·외에서의 비적응적 행동, 집단원의 심리적 갈등
5. 목표	생활계획과 의사결정의 촉진을 위한 환경적·개인적 요인에 대한 지식의 증가	바람직한 대인관계의 체험적 학습 및 정서적 순화	자기탐색을 추진하기 위한 환경을 제공하고, 문제 해결·대안적 행동의 탐색·실천	성격적 변화·이상행동의 수정
6. 지도자	지도책임자(상담자·교사 및 교수 등)	훈련자(교육자·심리학자·사회복지사 등)	상담자(심리상담사·집단상담 전문가 등)	치료자(임상심리학자·정신과 의사·심리상담사·사회복지사 등)
7. 지도 형태	지도자가 집단방향과 내용을 정함	구성원의 요구에 따라 지도자가 집단과정을 안내·촉진	지시적 또는 집단중심적 접근	치료자의 훈련배경·환자의 문제에 따라 다르나 대체로 분석적·지시적 접근
8. 지도 기간	전달된 정보·자료의 성질에 따라 1~7, 8회	보통 1~10일간 지속	5~25회 정도 지속	보통 7, 8회~30회 동안 지속
9. 면접 시간	20~50분	1일에 8~12시간 정도	1~2시간 정도	1~2시간 정도
10. 장소	교육기관(중등학교·산업체·대학의 교실 및 강당)	산업·종교·교육·의료기관의 회의실, 주로 숙박형식수련회	교육기관의 상담실 및 일반 상담소	병원 정신과 및 임상 진료실

1.4 구조화된 집단 프로그램

근래 우리나라에서는 '집단상담이란 구조화된 프로그램에 따라 운영되는 집단훈련'이라는 인식이 확산되고 있다. 이러한 개념상의 혼란은 집단훈련이 지니는 유용성과 용이성에서 비롯된 것으로 보인다. 집단상담은 상당한 훈련을 받고 경험을 쌓은 상담자에 의해 이루어지는 전문적인 활동이다. 이에 비하여 구조화된 집단훈련은 집단지도자의 경험과 지식이 그리 풍부하지 않더라도 주어진 프로그램의 지침을 성실하게 따르기만 하면 큰 무리 없이 진행될 수 있다. 또한 집단훈련은 일반적인 집단상담보다 많은 수의 내담자가 참여할 수 있다는 장점도 있다. 훈련된 상담자가 부족한 현실에서 가능한 한 많은 수의 잠재적 내담자에게 접근하기 위해서는 이러한 집단훈련의 개발과 보급이 장려되어야 하며, 또한 지도자훈련도 강화되어야 할 것이다.

그러나 기본적으로 집단훈련과 집단상담은 구별되어야 한다. 집단상담에서는 주로 개인의 대인관계적인 감정과 반응양식이 집중적으로 탐색·명료화되고 수정되는데, 이러한 절차들은 상담자의 안내하에 집단참여자 자신들에 의해 제기되고 검토된다. 즉 집단상담에서는 상담자가 '안내자' 혹은 '촉진자'의 역할을 한다. 반면, 집단 프로그램의 내용과 절차는 지도자가 주도적으로 기획하고 이끌어 가며, 개인적인 문제나 태도보다는 집단 공통의 관심사가 주로 다루어지고, 동일한 학습 및 훈련목표에 따라 진행된다.

[표 6-2]는 현재 우리나라에서 개발되어 실시되고 있는 집단훈련 프로그램들 등의 일부를 보여 준다.

[표 6-2] 구조적 접근의 집단훈련 프로그램들(일부)

프로그램 이름	주 목 적	기　간	대상/인원	개발자	수록문헌
잠재력 개발을 위한 집단상담 프로그램	개인의 잠재력 향상	2시간×10회	대학생/10명 이하	이혜성	대학생활연구 (한양대, 1988)
학습습관 향상을 위한 집단상담 프로그램	학습부진아의 성적향상	50분×12회	중학생/?	서병완	〃
대학생의 스트레스 대처훈련 프로그램	스트레스에 대한 대처방안 교육	2시간×5회	대학생/15~20명	원호택	〃
자기명료화를 위한 집단상담 프로그램	가치관 확립	90~120분×12회	대학생/?	이형득 이수용	〃
부끄러움 극복훈련 프로그램	부끄러움으로 인한 대인관계 곤란 개선	2시간×10회	중학생 이상 /10~20명	설기문	〃
관계증진을 위한 의사소통기법 훈련	바람직한 의사 소통기법 훈련	90분×15회	대학생/7~14명	장혁표 박성우	〃
마음의 대화 프로그램	바람직한 의사 소통기법 훈련	2시간×8회	대학생/?	박성수 유성경	한국카운슬러 협회 집단상담 워크숍(1990)
진로탐색 프로그램	진로정보획득 및 희망직업 선정	?×15회	고교생 이상/?	이재창 김원중	〃
비행청소년 지도를 위한 집단상담	비행청소년의 선도	90~120분×9회	청소년/5명 내외	구본용	대학생활연구 (한양대, 1992)
가족기능화 훈련 프로그램	지지, 규제, 양육 등 가족기능의 강화	90~120분×11회	한 가족 전체 /10~15명	김선남	워크북 (경상대, 1993)

2 개인상담과 집단상담의 비교

2.1 공통점과 차이점

개인상담과 집단상담이 서로 상반되는 것이라고 생각하는 경우도 있으나 실제로는 그렇지 않다. 개인상담이건 집단상담이건 효과적인 상담이 되려면 상담자는 '촉진적' 조건을 조성해야 한다. 개인상담과 집단상담에서 공통적으로 갖추어야 할 기본적 조건들은 다음과 같다.

(1) 가치 있는 개인으로 수용이 되는 것
(2) 자신의 행동에 대한 책임감을 갖는 것
(3) 인간행동에 대한 이해를 심화시키는 것
(4) 개인의 정서적 생활의 다양성을 탐색하고, 충동적 정서를 통제하는 것
(5) 자신의 관심과 가치를 검증하고, 그 결과를 실제 생활과정과 행동계획에 통합시키는 것

그러나 실제적인 면에서는 개인상담과 집단상담에 차이점이 있다. 내담자에 따라서는 집단상담보다는 개인상담이 더 잘 적용되는 경우가 있으며, 그 반대의 경우도 있을 수 있다. 예를 들면 내담자가 매우 복잡한 위기적인 문제를 가졌거나, 전반적으로 대인관계의 '실패자'일 때는 오히려 개인상담을 하는 것이 좋다. 또한 집단 앞에서 이야기하는 데 대한 두려움이 너무 커서 집단상담에 참여할 수 없거나, 남의 인정과 주목에 대한 욕구가 너무 강하기 때문에 집단상황에 맞지 않는 경우도 있다. 집단상담에서 이런 내담자들을 절대로 받을 수 없다기보다는, 특히 초심자들의 경우에는 어떤 내담자가 집단상담에 더 적합할 것인가에 대한 참고로 삼아야 할 것이다.

2.2 집단상담에서의 경험

집단상담에서는 개인상담에서 얻기 어려운 몇 가지 경험을 하게 된다. 내담자들은 개인의 과거나 집단 밖에서의 사건보다는 서로의 인간관계에 더 관심을 가지게 된다. 즉, 다른 사람들이 어떻게 생각하며, 어떻게 느끼는가에 주의를 기울이고 타인의 감정과 생각을 존중할 수 있게 된다. 집단상담을 받는 사람들은 개인상담을 받는 사람들보다 '지금 그리고 여기'에 더 집중하는 경향이 있다. 그들에게는 현실검증이 가장 중요한 과제이다. 즉, 집단 내에서의 자신의 감정과 사고 등을 자유스럽게 표현하는 동시에 다른 사람들의 평가적 반응에 접하게 된다. 학자에 따라서는 집단 내에서의 독자적 변화보다 집단의 상호작용에 의한 변화를 강조하기도 한다. 즉 내담자가 다른 사람의 이야기를 듣고, 거기에 몰입하며, 보다 생산적으로 반응하는 것을 배우는 것이 중요하다는 의미이다. 집단에서 도움을 받은 사람은 적어도 한두 명의 다른 내담자를 도우려는 성실한 노력을 하게 된다. 다른 사람이 집단 내에서 자신의 문제를 솔직하게 토의하는 것을 관찰하는 가운데 쉽게 문제를 내놓을 수 없었던 사람들도 저항이 감소되고, 보다 쉽게 자신을 개방할 수 있게 된다. 또한 한 사람의 상담자를 여러 사람이 대하는 집단 장면이기 때문에 내담자에 따라서는 상담과정에 천천히 참여할 수 있고, 위협을 느끼는 내담자는 일시적으로 후퇴할 수도 있다.

전반적으로 집단상담 장면은 일상적인 사회과정 장면보다 안전하게 느껴진다. 다시 말해서 집단상담은 깊은 인간관계를 형성하면서도 개인의 주도성을 크게 요구하지는 않는다. 즉, 집단경험은 다른 사람에 대하여 보다 깊이 배울 수 있도록 도와 주면서도 일상적인 대인관계에서의 부담은 주지 않는다.

3 집단상담의 준비 및 구성

상담집단을 구성할 때에는 기본적으로 갖추어야 할 요소들이 있다. 우선 이 집단이 무슨 목적으로 구성되는가를 분명히 알아야 한다. 집단의 목표가 정해지면 그 목표에 따라 내담자들을 선정하고, 집단의 크기 및 만나는 빈도, 상담시간의 길이, 물리적 장치 등을 결정한다. 그리고 집단을 '폐쇄집단'으로 할 것인가, '개방집단'으로 할 것인가, 언제까지 지속할 것인가 등을 정한다.

3.1 집단구성원의 선정

집단원을 선정하는 데 있어서는 성별·연령·과거의 배경·성격차이 등을 고려하여야 한다. 흔히 흥미나 문제가 비슷한 사람들을 모아야 한다고 생각하나 반드시 그렇지는 않다. 때로는 문제의 다양성이 집단의 경험을 더 풍부하게 할 수도 있다. 연령과 사회적 성숙도에 있어서는 동질적인 편이 좋으나 성(性)은 발달수준에 따라 고려하는 것이 좋다. 아동의 경우에는 남녀를 따로 모집하는 것이 좋으며, 청소년기 이상에서는 남녀가 섞인 집단이 더 바람직하다. 학생들의 경우에는 같은 또래끼리 만나는 것을 더 편하게 생각하지만, 성인들의 경우에는 다양한 연령층이 모임으로써 서로의 경험을 교환할 수 있는 이점이 있다.

집단상담에서는 효과를 얻을 수 있는 사람들을 선정하는 일반적 지침이 있다. 즉 내담자는 반드시 도움을 받기를 원해야 하고, 자기의 관심사나 문제를 기꺼이 말해야 하며, 집단 분위기에 잘 적응하는 내담자일수록 좋다. 상담자는 집단원이 되고자 하는 내담자들을 미리 하나씩 면담하여, 집단의 목표에 적절한지 또는 내담자들에게 가장 적합하도록 집단을 어떻게 구성할지를 결정해야 한다. 그리고 예정된 상담집단의 기능이 무엇이며, 집단원들에게 무엇을 기대하고 있는지를 알려 준다. 그런 후 집단상담의 구성원이 될 것인지의 여부는 내담자가 스스로 결정하게 한다.

이 밖에도 집단원을 선정할 때에는 개인의 배경과 성격에 주의를 기울여야 한다. 지나치게 공격적이거나 수줍은 사람은 상담집단이 제 기능을 발휘하기 어렵게 만든다. 또한 보다 정직하게 자기개방을 하게 하려면 친한 친구나 친척들을 같은 집단에 넣지 않는 것이 좋다. 요컨대 집단상담의 목적과 기능에 따라 내담자들을 선정하는 것이 중요하다.

3.2 집단의 크기

상담집단의 크기를 결정함에 있어서는 집단의 목표와 내담자들에게 기대하는 몰입 정도를 고려해야 한다. 적절한 집단의 크기에 대해서는 학자에 따라 주장이 다르나, 일반적으로 6~7명에서 10~12명의 수준이 보통이다. 때로는 5~8명의 구성원이 바람직할 경우도 있다.

집단의 크기가 너무 적으면 내담자들의 상호관계 및 행동의 범위가 좁아지고 각자가 받는 압력이 너무 커지므로 오히려 비효율적이다. 이와 반대로 집단의 크기가 너무 커지면 내담자들의 일부는 전적으로 참여할 수 없게 되고, 상담자가 각 개인에게 적절한 주의를 기울이지 못하게 된다. 때로는 큰 집단의 구성이 불가피할 경우도 있다. 학교나 교정기관, 교회 등에서의 집단지도(프로그램)에는 흔히 20명 이상이 한 집단에 속하게 된다. 이러한 집단에서는 구성원들이 '상담경험'보다는 오히려 '교육적 경험'을 하게 된다. 이런 지도집단의 구성원들은 상담자(지도자)에게 많이 의존하게 되고, 상담자가 구성원을 개별적으로 배려하기보다는 집단 전체에 관심을 기울이게 된다. 그러나 이런 집단에서도 행동의 상호수용이나 개인적 성찰면에서는 좋은 성과를 거둘수 있다.

3.3 모임의 빈도

집단상담에서는 1주일에 한 번 혹은 두 번 정도 만나는 것이 보통이다. 문제의 심각성이나 집단의 목표에 따라 모임의 빈도를 증감시킬 수 있으며, 때로는 불가피한 주위 여건 때문에 일정이 변경될 때도 있다.

집단을 구성하는 이유가 빠른 해결을 보아야 하는 급박한 문제 때문이라면, 어느 정도 진전이 보일 때까지는 매일 혹은 격일로 만날 수 있다. 때에 따라서는 격주 혹은 그 이상의 시간 간격으로 만날 때도 있으나, 집단상담자들은 대체로 한 주일 이상의 간격을 두고 만나는 것은 좋지 않은 것으로 보고 있다. 상담시간 사이에 어느 정도의 간격을 두는 이유는 상담경험에 대하여 생각해 볼 기회를 주기 위한 것이라고 말할 수 있다.

3.4 모임의 시간

집단상담의 적절한 시간량은 내담자의 연령이나 모임의 종류 및 모임의 빈도에 따라 달라진다. 1주일에 한 번 만나는 집단은 한 시간에서 한 시간 반 정도로 지속되는 것이 필요하며, 2주일에 한 번 만나는 집단이라면 한 번에 두 시간 정도가 바람직하다. 청소년의 경우라면 한 시간 내지 한 시간 반 정도가 좋으나, 아동의 경우는 20～40분 정도가 적당하다. 학교 장면에서는 학교의 수업시간의 길이와 일치하게 하는 것이 보통이다.

집단상담의 일반적인 시간보다 더 오랫동안 한 모임을 계속하는 것을 '연속(마라톤)집단'이라고 한다. 연속집단에서는 한 번에 15～20시간 혹은 그 이상을 계속한다. 이렇게 장시간 지속되는 집단과정에서는 구성원 각자가 다른 사람의 생각과 감정을 탐색하고, 서로의 관계를 이해하고, 모험적인 대인관계에 대한 반응양식을 효과적으로 배우게 된다.

상담시간에 대하여 반드시 한정된 원칙이 있는 것은 아니지만, 일단 정해진 시간은 반드시 지킬 필요가 있다. 일반적으로 시간의 통제가 없으면 내담자들이 정해진 시간을 넘기는 경향이 있으므로 상담자는 이런 가능성에 대하여 주의해야 한다. 상담집단이 습관적으로 시간을 넘기는 것은 바람직하지 않기 때문이다.

3.5 집단모임 장소

집단상담을 하는 방은 너무 크지 않으며 외부로부터 방해를 받지 않아야 한다. 효과적인 참여를 위해서는 모든 집단원이 서로 잘 볼 수 있고 잘 들을 수 있어야 한다. 원형으로 앉는 것이 일렬로 앉거나 장방형으로 앉는 것보다 효과적이다. 의자는 등받이가 있는 것으로 하며, 각 내담자가 자기의 의자를 골라 앉도록 하는 것이 바람직하다. 책상을 사용하는 것은 장단점이 있다. 둥근 책상에 둘러 앉으면 보다 안정감을 느끼게 되지만, 자유스러운 상호작용을 하는 데 방해가 된다. 따로 상담실이 있는 기관에서는 녹음시설을 해 놓는 것이 좋다. 특히 초심자에게는 집단상담의 녹음자료(테이프)를 들으면서 자신의 접근방법을 향상시키는 노력을 하는 것이 중요할 것이다.

3.6 집단참여에 대한 준비

집단상담을 시작할 때는 내담자들을 적극적으로 참여시키는 노력이 대단히 중요하다. 가능하다면 개별면담을 통해 비현실적인 기대와 불안을 줄이고, 적극적인 자세로 참여하도록 준비시키는 것이 좋다. 사전 면담은 상담자에게 집단원들에 대해 미리알고 집단구성의 균형을 맞출 수 있는 기회가 된다.

집단상담에 참여하는 내담자가 자발적으로 오는가 혹은 비자발적으로 오는가에 따라서, 참여에 대한 준비가 다를 것이다. 경우에 따라서는 학교 및 교정기관에서 교사 또는 지도책임자가 '문제인'을 지정하여 집단상담에 참여하도록 권하는 경우가 있다. 이 때에는 왜 상담실에 오게 되었는가를 분명히 알려 주는 것이 좋다. 그 외의 경우에는 대부분이 자발적으로 상담에 응하게 되며 집단에 참여할지의 여부는 개인 스스로 결정하게 된다. 물론 자기 스스로 결정해서 집단에 참여할 때, 보다 더 참여의식과 책임감을 느끼게 된다.

3.7 폐쇄집단과 개방집단

집단의 목표에 따라 집단의 운영을 폐쇄형으로 할 것인가 혹은 개방형으로 할 것인가를 미리 정해야 한다. 폐쇄집단은 상담이 시작될 때 참여했던 사람들로만 끝까지 밀고 나가는 것이다. 도중에 탈락자가 생겨도 새로운 구성원을 채워 넣지 않는다. 대개 학교에서의 집단상담은 이 형태를 취한다. 이러한 집단은 여러 가지 장점을 갖고 있으나 집단원이 도중에 탈락할 경우 집단의 크기가 너무 작아질 염려가 있다. 개방집단은 집단이 허용하는 한도 내에서 새로운 사람을 받아들이는 것이다. 이 때에는 집단원 간에 의사소통이나 수용·지지 등이 부족해지거나 갈등이 일어날 수 있다. 새로운 구성원을 받아들일 때에는 반드시 집단 전체가 그 문제를 충분히 논의해야 한다. 이러한 논의를 통해 집단의 기본적인 특성을 분명히 유지할 수 있다. 새로운 집단원은 간혹 집단의 흐름을 방해하는 경우도 있으나 오히려 집단과정에 활기와 도움을 줄 수도 있다.

4　집단상담의 과정

특별한 목표를 달성하기 위해 구성된 집단은 몇 개의 단계를 거쳐 진행되기 마련이다. 집단상담에서는 ① 참여 단계, ② 과도적 단계, ③ 작업 단계, ④ 종결 단계의 네 단계를 거치는 것이 보통이다.

4.1　참여 단계

상담자는 상담집단의 분위기를 형성하고 유지시키는 책임이 있다. 즉, 각 구성원들에게 왜 이 집단에 들어오게 되었는가를 분명히 해 주고 서로 친숙하게 해 주며, 수용과 신뢰의 분위기를 형성하여 집단상담에서 새롭고 의미 있는 경험을 가지도록 이끌어 준다. 구성원들은 자유로이 각자의 의견과 느낌을 나누도록 격려된다. 이 시기에는 상담자의 적극적인 참여가 필요하지만 교사와 같이 가르치는 역할을 하는 것은 아니다. 상담자는 내담자들로 하여금 스스로 집단의 '규범' 준수와 상호협력적인 자세를 갖추도록 함으로써 효율적인 집단 분위기를 형성할 수 있다. 상담자 자신의 말과 행동은 집단상담의 분위기를 만들고 유지하는 데 도움이 되는 것이라야 한다. 그렇게 하기 위해서는 상담자가 상담을 시작하기 전에 각 구성원들이 남의 말을 깊이 듣고, 다른 사람이 말할 수 있도록 도우며, 자기 문제에 관련된 감정을 공개하고, 바람직한 행동을 탐색 · 실천하는 데 시간을 보내도록 권유할 필요가 있다. 또한 상담자 자신은 인간행동에 대한 자기의 신념과 태도를 분명히 알고 있을 필요가 있다. 집단지도자 자신이 스스로 이러한 신념과 태도를 행동으로 나타낼 때 내담자들도 다른 사람의 다양한 신념을 받아들이게 되고, 신념과 견해의 차이를 존중하게 됨으로써 개인의 존엄성도 수용하게 된다.

상담자는 이 참여과정을 촉진시키기 위해 다양한 경험과 접근방법을 활용할 수 있다. 집단을 시작하는 방법이나 집단구성원들이 서로 경험을 나누도록 하는 '최선의 방법'이란 없다. 앞에서 이야기되었던 집단구성원의 지침도 중요하기는 하지만, 사람들에게 도움을 주는 방법과 과정에 대한 상담자의 이해와 경험이 더 중요하다고 볼 수 있다. 상담자로서 기본적으로 알아야 할 원리가 있다면, 그것은 ① 각자가 자신의 감정을 가지고 있으며, ② 자기 스스로 무엇을 할 것인지를 결정해야 하고, ③ 상황 자체보다는 상황에 대해 어떻게 생각하고 행동하느냐를 탐색하는 것이 중요하다는 것 등이다.

상담자가 집단의 목표를 분명히 하고 친숙하도록 하기 위해 기울여야 하는 노력의 정도는 성숙도 및 구성원들의 저항의 정도에 따라 다르다. 집단의 구성 단계에서 목표를 충분히 설명할 수 없었거나 상담자에 대해 긴장감이나 적대감이 있을 때에는 집단의 목표를 분명히 밝히고 이해시키는 노력부터 다시 해야 한다. 구성원들이 집단상담에 참여하기를 자발적으로 원했던 경우에는 이 참여 단계가 한두 시간에 끝나는 경우도 있다.

4.2 과도적 단계

참여 단계는 한 번의 모임으로 완료되는 경우도 있고 보다 어려운 집단에서는 5~6회가 소요되기도 한다. 과도적 단계는 참여 단계와 엄격하게 구분되지는 않는다. 말하자면 참여 단계에서 생산적인 작업 단계로 넘어가도록 하는 '과도적' 과정이라고 볼 수 있다. 그리고 이 단계의 성공 여부는 주로 상담자의 태도와 기술에 달려 있다고 말할 수 있다.

과도적 단계의 주요 과제는 집단원들로 하여금 집단에 참여하는 과정에서 일어나는 망설임·저항·방어 등을 자각하고 정리하도록 도와 주는 것이다. 자기의 행동결과에 대한 예측은 쉬운 일이 아니다. 집단상담에서 무엇을 얻을 수 있을지 잘 모르는 집단원들은 불안해하거나 다른 사람 앞에서 자기를 드러내 놓기를 두려워한다.

이 단계에서 다른 사람을 관찰은 하지만 스스로의 진정한 참여가 없는 구성원은 집단과정에서의 '방해적 존재'가 된다. 예컨대 집단 내에서 다른 사람들과 다르게 보이는 '방관자'가 있다. 상담자는 이런 사람이 고립되거나 완전히 집단에서 떠나는 것을 방지하기 위해 집단원들로 하여금 그를 이해하고 받아들이도록 노력한다. 또 다른 유형의 인물은 쉽게 거부당하는 사람이다. 이런 사람은 집단의 초기 과정에서 유별난 행동으로 주목을 끌거나 다른 사람에게 충격을 주려 한다. 집단의 구성원들은 대개 그런 행동을 액면 그대로 받아들여 쉽게 그를 거부한다. 그러나 상담자는 그런 언행의 내면적 의미를 파악하고, 다른 집단원으로 하여금 그 내담자가 기대하는 것이 무엇인지를 묻도록 한다. 어떤 의미에서는 직선적으로 적대적인 집단원이 집단과정의 진실한 가치를 여러모로 경험하도록 해 준다. 즉, 지도자(상담자)를 공격하거나 집단의 전체적 여론에 도전함으로써, 집단 내 상호작용의 역학관계를 명료히 하는 촉진제가 되는 것이다. 다시 말해서 숙련된 지도자는 이런 공격과 도전을 집단의 상호작용 과정을 정착시키는 데 활용한다.

과도적 단계에서 상담자는 구성원들 간의 진정한 느낌이 교환되도록 격려하는 데 노력을 집중해야 한다. 개인적 느낌의 토의가 위험하지 않다는 것을 보여 주어야 한다. 집단원들은 과도적 과정에서 느낌과 지각내용의 상호교류가 얼마나 이로운가를 배우게 된다. 진정한 느낌과 생각을 점진적으로 나누게 되면, 다른 사람이 자기를 알도록 허용함으로써 비생산적인 방어를 줄일 수 있는 것이다.

초기의 불안이 어느 정도 감소되고 나면 각 집단원은 집단 속에서의 자기의 위치와 얼마나 집단을 잘 이용할 수 있을지에 대한 가벼운 불안을 경험하는 단계에 들어간다. 이 시점에서 상담자는 집단원들의 수용도 및 준비도에 따라 자신의 지도력을 '적절히 그리고 제때에' 발휘하여야 한다. 상담자는 스스로 개방적이 되고, 경우에 따라 자기의 감정을 다른 사람들과 나누고, 자기의 행동의미를 탐색함으로써 집단에서 서로 믿을 수 있다는 것을 말뿐만 아니라 직접 시범으로 보여야 한다.

집단상담자는 집단의 발달(진전과정)에 대한 자신의 판단과 느낌이 있어도, 먼저 집단원들로부터의 귀환반응(feedback)을 듣는 것이 바람직하다. 즉, 상담자로서는 집단원들이 각자의 행동을 어떻게 자각하며 집단을 어떻게 보는가에 대해 알아야 한다. 과도적 단계에서는 각 집단원 자신이 '효율적인 지도자'가 되는 것을 배우도록 상담자가 돕기도 한다. 작업 단계로 넘어가는 신호의 하나는 집단원들이 이런 지도력을 보일 때이다. 작업 단계에 들어서면 지도자의 기능은 어느 정도 완화된다. 다시 말해서 작업 단계에서는 지도자가 주로 '촉진자나 요약자'로서의 역할만 하면 된다고 볼 수 있다.

4.3 작업 단계

작업 단계는 상담집단의 가장 핵심적인 부분이다. 앞 단계들이 잘 조정되면 작업 단계는 매우 순조롭게 진행되고, 지도자는 한 발 물러나서 집단원들에게 대부분의 작

업을 맡길 수도 있다. 집단이 작업 단계에 들어가면 대부분의 집단원들이 자기의 구체
적인 문제를 집단에 개방하고 활발히 논의하며 바람직한 관점과 행동방안을 모색한다.
집단원들이 자기 자신을 위해 어떻게 집단을 이용하며, 다른 사람들을 돕기 위해 어떻
게 자기의 생각과 기술을 활용할 것인가에 대해 분명히 알게 되었을 때 작업 단계에
들어섰다고 볼 수 있다.

　상담자는 구성원들이 대인관계를 분석하고 문제를 다루어 나가는 데 자신감을 얻
도록 도와 주는 존재라고도 말할 수 있다. 우유부단한 구성원이 자기에 대한 결정을
집단이 내려 주기를 바라는 경우가 있어도 스스로 자기의 행동을 먼저 선택하도록 권
장하는 것이 바람직하다. 상담자는 다른 집단원에 의해서 내담자 스스로의 생각이나
선택이 좌우되는 것을 막아야 할 것이다. 집단원이 어떤 결정을 하거나 자기의 생각을
행동으로 옮기려고 할 때 집단원들이 뒷받침해 주어야 하지만, 그렇다고 대신 결정을
해 주어서는 안 된다. 행동계획이 실패하거나 부분적으로만 성공하더라도, 집단으로서
는 관련 상황을 토론 · 이해했다는 경험적 이점이 있는 것이다.

　작업 단계에서는 높은 사기와 분명한 소속감을 갖는 것이 특징이다. 집단원들은
이것이 '우리 집단'이라는 느낌을 갖는다. 집단의 모임에 빠지지 않으려 하고, 집단에
와서 문제해결을 매듭짓기 위해 스스로의 결정을 보류하기도 한다. 이 시점에서는 집
단원들이 전반적인 규칙을 알게 되고 집단 내에서의 언행에 대해서는 스스로 책임을
져야 한다는 것을 알게 된다. 그리고 집단의 각 구성원들끼리 서로 열심히 도우려 한
다. 상담자는 이 단계에서 서로 경쟁적으로 도우려 하거나, '명석한 통찰과 처방'만을
제공하는 분위기가 되지 않도록 주의해야 한다.

　작업 단계에서는 통찰만으로는 행동을 변화시키기에 충분하지 않다. 행동의 실천
이 필요하다. 그러기 위해서는 집단원들로 하여금 실천의 용기를 북돋워 주고 특히 어
려운 행동을 실행해야만 하는 구성원에게 강력한 지지를 보내도록 한다. 집단상담이
개인상담보다 유리할 때가 이런 경우이다. 즉, 한 개인이 직면한 문제를 다른 동료가
이해하고 공감해 주며, 각자의 비슷한 경험에 비추어 문제를 같이 해결하려는 노력이
이루어지기 때문이다. 그러나 집단원이 된다는 것만으로는 개인에게 행동변화를 보장
해 주는 것은 아니다. 어떤 사람들은 쉽사리 집단상담에서 처신하는 '요령'을 배우지
만, 문제해결이나 자기발전에는 아무런 혜택을 받지 못한다. 그리고 내담자들은 흔히
집단상담자가 변화를 가져다 줄 것으로 기대하고 자기들은 소극적으로 따르기만 하면
되는 것으로 생각하기 쉽다.

4.4 종결 단계

집단상담의 종결 단계는 어떤 면에서는 하나의 '출발'이라고도 볼 수 있다. 즉 상담자와 집단원들은 집단과정에서 배운 것을 실제적 생활에 어떻게 적용할 것인가를 실천하게 된다.

종결해야 할 시간이 가까워지면, 집단관계의 종결이 가까워 오는 데 대한 느낌을 토의하는 것이 필요하다. 종결의 시기를 미리 결정하지 않았던 집단에서는 언제 집단을 끝낼 것인가를 결정해야 한다. 미리 정해진 한계가 없을 때에는 얼마나 오랫동안 만나야 할지를 결정하기가 어렵다. 어떤 시점에서든 상담자가 집단을 종결할 필요가 있다고 느껴지면 이를 공개적으로 정직하게 집단원들과 토론하여야 한다. 어떤 경우에는 점진적인 종결이 제안되기도 한다. 즉, 매주 만나던 집단이 2주일에 한 번이나 한 달에 한 번씩으로 만나는 횟수를 늦추어 가다가 끝내는 방법이다. 상담자의 시간은 제한되어 있는 경우가 많으므로, 집단원들은 정규적인 상담이 끝난 후 자기들끼리만 모이기를 원할 수도 있다. 이 때에는 반드시 집단에 대한 각자의 책임을 미리 재교육해 두는 것이 중요하다.

학생들로 이루어진 집단에서는 집단이 끝날 때쯤에는 정도의 차이는 있지만 거의 예외 없이 거부당했다는 느낌을 받게 된다. 상담자가 아무리 노력을 하더라도 젊은이들이 경험하는 이 부정적인 느낌을 막을 수는 없다. 그러나 적어도 그들에게 관심이 있다는 것을 보여 주고, 서로 돌보아 주도록 해 줄 수는 있다. 그래서 집단이 더 이상 모이지 않을 때도 집단원 간의 유대관계가 지속되도록 노력하는 것이 필요하다. 집단원간의 의미 있는 관계가 형성되었을 경우에는 종결을 섭섭하게 여기는 현상이 필연적이라고 할 수 있다. 종결 단계에서는 대부분의 사람들이 집단의 구성원이 됐던 것을 만족해 하며 집단에서 자유롭게 자기의 감정·두려움·불안·좌절·적대감과 여러 가지 생각을 무엇이든 표현할 수 있었던 것에 만족한다. 실제로 집단상담의 주요 목표의 하나는 친밀하게 돌보아 주는 인간관계가 가능하다는 것을 체험하는 것이다.

상담자는 집단과정의 모든 단계에서 각자의 행동에 대한 자기통찰을 향상하도록 강화한다. 그러나 특히 종결 부분에서는 앞으로의 행동방향에 대해 주의를 기울이도록 상기시킨다. 이 단계에서 적용되는 기본적 원리는 집단에서 경험하고 배운 것을 일상생활에서 적용할 수 있다는 것과, 자신을 보다 더 깊이 알고, 자신과 타인을 수용하면서 살아갈 수 있다는 것이다.

5   집단과정별 상담자의 개입반응

5.1 집단회기를 시작하고 마감하는 개입반응

훈련중인 집단상담자들은 집단회기(모임)를 시작하고 마무리할 때 비효율적으로 하는 경우가 많다. 예를 들어, 회기의 초반부에 상담자가 이전 회기에 대한 아무런 언급도 없이 한 집단원에게 재빨리 초점을 맞추는 것을 종종 볼 수 있다. 집단구성원들은 지난 회기 이래 집단의 바깥에서 실제로 무엇을 했는지에 관해 발언할 기회를 짧게라도 가질 수 있어야 한다. 그 외에도 이번 회기에서 각자 원하는 것을 짧게 언급하도록 하는 것이 유익하다. 한편, 한 집단회기를 마감하는 것은 시간이 다 되었음을 알리는 것 이상의 무엇이 필요하다. 집단상담자는 진행과정을 요약하고, 통합하고, 집단에서 배운 것을 바깥 상황에 적용하는 방법을 찾을 수 있도록 집단구성원들에게 자극을 주는 것이 필요한 것이다.

다음에 나오는 개입반응(진술, 질문)들은 상담자가 집단회기를 개시하고 마감할 때 사용해 볼 수 있는 것들이다. 이 목록을 자주 읽고 여러 경우에 사용해 보면 도움이 될 것이다. 이러한 구절을 기계적으로 사용하기보다는, 시기에 맞게 적절한 표현으로 활용해야 할 것이다.

1. 집단회기를 시작할 때의 개입반응들

〈지난 회기와 연결시킬 때〉

· 모임에 대해 그 이후에 어떤 생각이 들었습니까?
· 지난 회기에 관해 얘기를 나누고 싶군요.
· 지난 회기에서 배운 것을 활용해 보았습니까?
· 지난 주 우리는 …의 이야기를 끝내지 못했었지요.
· 여러분은 지난 회기에서의 자신의 모습과 오늘이 어떻게 달랐으면 좋겠습니까?

〈집단참여 목적을 분명히 하고자 할 때〉

· 오늘은 우리 집단이 본격적으로 시작되는 날입니다. 앞으로 12주 동안에 당신이 변화
 시키고 싶은 것이 있는지 얘기해 보고 싶군요. 당신은 어떻게 달라지고 싶습니까?

· 눈을 감으십시오. 지금부터 두 시간은 당신을 위해 있다는 것을 생각하십시오. 오늘
 이 집단에서 자신이 바라는 것과 자신이 기꺼이 하고자 하는 것이 무엇인지 스스로에
 게 물어보십시오.

· 오늘 이 자리에 있다는 것이 당신에게 어떻게 느껴집니까?

· 당신이 오늘 집단에 참여하지 않는다면 어떨 것 같아요?

〈문제를 의식화하고 그것에 몰입하도록 할 때〉

· 돌아가면서 이번 회기에서 다루고 싶은 주제가 무엇인지 각각 짧게 이야기해 봅시다.

· 돌아가면서 "오늘 나는 …함으로써 적극적으로 이 집단에 몰두할 수 있을 것 같다"는
 문장을 완성해서 말해 주면 좋겠군요.

· "지금 나는 …"라는 문장을 완성시켜 봅시다. ○○씨의 경우에는 어떨까요?

2. 집단회기를 마감할 때의 개입반응들

〈미진한 감정의 표현과 정리를 촉진할 때〉

· 우리는 오늘 의미가 깊은 시간을 가졌습니다. 누군가 석연치 않거나 채 정리 안 된 기
 분을 느끼고 있지는 않은지 궁금합니다. 지금 기분이 어떤지 말해 보시겠어요?

· 오늘 끝내기 전에 여기에 있는 다른 사람들에게 무언가 말하고 싶은 사람이 있습니까?

· ○○씨는 이번 시간에 별로 말이 없었던 것 같습니다. 이번 시간이 당신에게 어땠는
 지 말해 주시겠습니까?

〈회기를 요약, 정리할 때〉

· 오늘 회기에서 배웠다면 무엇을 배웠습니까?

· 오늘 우리가 탐색했던 핵심 주제를 ○○씨가 요약한다면 무엇일까요?

· 끝내기 전에 이번 회기에 대한 나 자신의 소감을 나누고 싶군요.

〈집단 밖에서의 연습을 촉진할 때〉

· 나머지 10분 동안 다음 1주일의 계획을 얘기해 봅시다. 오늘 나왔던 이야기와 관련해
 서 여러분 각자 집단 밖에서 해 보고 싶은 것은 무엇입니까?

- ○○씨가 생각해 보았으면 하는 숙제는 …입니다.
- 돌아가면서 다음 문장을 완성해 말했으면 하는데, "집단 밖에서 연습할 필요가 있는 한 가지는 …이다"라고 말이에요.

5.2 집단의 초기 · 참여 단계에서의 개입반응

다음의 상담자 반응들은 신중하게 선택하고 시기에 적절하게 사용한다면, 집단의 초기 단계에서 집단구성원들이 개인적인 문제를 의미 있는 방식으로 검토할 수 있도록 하는 촉진제로 활용될 수 있다. 이 반응들을 단순히 기계적으로 사용할 것이 아니라, 구체적인 집단구성원들의 수준과 상담자 개인의 취향에 적합하게 사용하기를 바란다. 아래에 나오는 반응들은 초기 단계에서 사용되는 것들이지만 한 상담집단에서 한꺼번에 다 사용되는 것은 아니다.

- ○○씨는 지금 집단 중에 있는 누구를 가장 의식하고 있습니까?
- ○○씨는 지금 이 방안에 있다는 것이 어떻게 느껴지십니까?
- ○○씨는 이 집단에서 무엇을 가장 얻고 싶은가요?
- ○○씨가 지금 말한 것을 얻기 위해서 무엇을 해야 한다고 생각합니까?
- 당신에 관해서 우리가 알아줬으면 하는 것은 무엇입니까?
- ○○씨가 자기 나름대로 자신을 우리에게 소개한다면 어떻게 소개하겠습니까?
- 이 집단에서 무슨 기대를 갖고 있습니까?
- ○○씨 친구 중의 한 명이 이 집단에서 당신을 소개한다면, 어떻게 ○○씨를 이야기 할까요?
- 어떤 사람이 보내서 지금 이 집단에 참여하고 있는 것이라면, 그 사실에 대해 어떻게 느끼십니까?
- 혹시 이 집단에 대한 어떤 두려움이나 의심이 있는가요?
- 자신의 가장 곤란한 근심거리를 지금 여기서 공개한다면, 어떤 일이 일어날 것이라고 생각합니까?
- 어떤 것이 가장 부담됩니까? 혹은 어떤 것이 가장 희망을 느끼게 합니까?
- 생활 중의 어떤 점을 이번에 변화시키고 싶습니까?
- 이 집단에서 도움을 받게 될 것인지 아닌지는 이 집단에 기꺼이 참여하고자 하는 여러분의 태도에 달렸습니다.

· 중요한 것은 지속되는 생각이나 느낌을 표현하는 것입니다.
· 스스로를 일찌감치 몰입시키기를 바랍니다. 더 기다리면 기다릴수록 몰입하기가 더 어려워질 것입니다.

5.3 집단의 과도적 단계에서의 개입반응

상담집단의 과도적 단계는 집단과정에서 특히 도전적인 기간이다. 집단구성원들의 방어가 높아지는 때이므로, 상담자는 저항이 굳어지지 않도록 개입을 신중하게 해야 한다. 상담자가 어떤 태도와 어떤 어조로 이 반응들을 전달하는가에 따라 집단구성원들이 기꺼이 모험을 감수하고 도전하려는 의욕의 정도가 달라진다.

· 여러 번의 회기 동안 ○○씨는 침묵하고 있었다고 여겨지는데, 궁금한 것은 무엇이 ○○씨를 집단에 계속 참여하도록 했는지, 그리고 당신이 할 수도 있었음직한 반응들이 무엇이었을까 하는 것입니다.
· 집단에서의 이런 침묵은 나에게 부담이 되는군요. 여기서 이야기되어야 했는데 이야기를 하지 않은 것이 있다면 무엇인가요?
· 지금처럼 계속하기를 바랍니까?
· 지금처럼 계속되기를 원치 않는다면, 무엇 때문인지요?
· 지금처럼 계속된다면, ○○씨가 상상할 수 있는 가장 나쁜 일이란 무엇일까요?
· 이 집단에서 어려움을 겪고 있다면, 혼자만 생각하지 말고 그것을 표현하려고 애쓰기 바랍니다.
· 이것이 당신의 생활을 변화시킬 수 있는 마지막 기회라고 생각하십시오.
· 이 시점에서, 우리의 집단이 어디로 진행해 가고 있는지 점검해 보고 싶습니다.
· 아마도 ○○씨에게는 이 집단 내에서의 상황이 집단 밖에서 부딪히는 상황과 유사한 점이 있을 것 같은데, 그런 점들을 우리에게 이야기해 주면 좋겠군요.
· 이 집단 내에서와 일상생활 속에서 ○○씨는 어떤 점이 같습니까?
· 나는 이번 회기 동안 질문이 많아서 힘들었는데, 여러분이 어떻게 그런 질문들을 하게 되었는지 누가 이야기를 해 주겠어요?
· 타인의 문제해결책을 이야기하고 충고하는 것보다, 당신이 씨름하고 있는 문제에 대해 더 많이 이야기하기를 바랍니다.
· ○○씨는 누구에게 미진한 일이 남아 있습니까?

- 만약 집단이 여기서 끝난다면, 후회가 없겠습니까?
- ○○씨, 변화가 쉽사리 이루어질 것이라고 기대하면서 무슨 해결책을 바라고 나를 주목하고 있을까봐 염려스럽습니다.
- 지금과 같은 행동방식을 남은 생애 동안 계속한다면 어떻게 되겠습니까?
- ○○씨, 지금의 그 긴장을 어떻게 처리하겠습니까?
- 여기서 몇 명은 몰입되기를 몹시 꺼리는 것 같은데, 이것에 대해서 이야기를 하고 싶군요.
- 내가 상담자의 역할을 하는 데 너무 열심이고, 이 회기의 결과에 대해 너무 많은 책임을 가지고 있는 것처럼 여겨지는군요. 여기서 우리 각자의 책임감에 대해서 논의해 보고 싶군요.
- 몇 분이 지루하다고 말했지요. 그 지루함을 없애려면 무슨 일을 하면 좋을까요?
- ○○씨가 제시한 많은 문제들 때문에 압도당한 느낌이예요. 잠시동안 ○○씨 자신에게 집중해 보세요. 바로 지금 한 문제만을 끄집어 낸다면, 그것은 어떤 것이 될까요?
- ○○씨(화제를 독점하는 구성원)는 매우 이야기하길 좋아하는군요. 아직 몇몇 사람의 이야기를 내가 못 들었다는 것이 마음에 걸리는군요.
- 이 집단에서 ○○씨는 상당히 말이 없었다고 생각되는군요. 다른 사람을 관찰하면서 많은 것을 배울 수 있다고 말했지만, 나는 ○○씨가 관찰하고 있는 것이 무엇인지, 그리고 그것이 어떻게 당신에게 영향을 주고 있는지가 궁금하군요.
- 이런 경험은 어렵고 불편하다는 것을 압니다. 포기하지 말기를 바랍니다. 이야기를 더 계속한다면, 지금보다 더 명확해지고 이해가 깊어지게 될 것이라고 믿습니다.

5.4 집단의 작업 단계에서의 개입반응

다음의 상담자 반응들은 집단이 작업 단계에 이르렀을 때 도움이 되는 것들이다. 이 반응들도 역시 단순히 기계적으로 사용되어서는 안 될 것이며, 적절한 시기에 집단 흐름의 맥락에 맞추어서 한다면 건설적인 개입반응이 될 수 있다. 예를 들어, 한 집단 구성원이 어떤 중요한 것을 고려하고 있지 못하다면, "○○씨가 더 말할 것이 있다고 생각되는군요"라는 말로 개입할 수 있다. 만일, 이러한 간단한 개입들이 적절히 도입된다면, 집단구성원들이 집단에 계속 참여하고 싶은 의욕이 강화될 수 있을 것이다.

- 여러분들은 지금 무엇을 하고 싶은 건가요?

· 지난 회기에서 일어난 일에 관해, 우리 함께 나눌 만한 것이 무엇인지 말해 보세요.

· 그 외에 덧붙일 것이 있나요?

· ~한 것이 ○○씨에게 어떠한 영향을 미쳤나요?

· 이 문제가 당신과 어떤 관련이 있나요? ○○씨의 행동이 당신에게는 어떠한 영향을 미쳤나요?

· ○○씨가 지금 이 순간에 어떤 느낌과 생각을 가지고 있는지 말해 줄 수 있어요?

· 나는 당신이 … 할 때가 좋아요.

· 여러분이 지금 이 순간에 … 하다는 것을 나는 알고 있어요.

· ○○씨에게 얼마나 잘 통하는지를 알아보기 위해, 이 실험을 한 번 해 볼 수 있겠어요?

· ○○씨는 울면서도 동시에 말할 수 있습니다. 계속 말씀해 보세요.

· ○○씨, 당신의 어머니가 지금 이 자리에 계시다고 상상해 보세요. 어머니에게 어떤 말을 하고 싶으세요?

· 그에게 그렇게 질문을 퍼붓는 대신에 그저 당신의 느낌이 어떤지를 말해 주세요.

· 나는 ○○씨가 … 하다는 것을 지금 주목하고 있어요.

· 당신이 여러 사람들에게 속을 내보인 것 때문에 당혹스럽고 긴장이 된다고 말했지요? 이제 이 방을 한 번 둘러보고, 당신이 가장 의식하고 있는 사람들을 자세히 살펴보세요.

· 나는 ○○씨가 … 한 것에 관심이 있어요.

· ○○씨의 눈에는 지금 눈물이 어려 있군요. 지금의 심정을 이야기한다면 어떤 것인가요?

· 어떻게 하면 지금까지 여러 사람이 말해 준 것을 ○○씨가 기억하도록 할 수 있을까요?

· ○○씨는 말을 하기 전에 속으로 생각을 많이 하는군요. 말하기 전의 그 생각들을 그대로 한 번 말해 보세요.

· 이번 회기 동안에 ○○씨는 많은 감정들을 경험했을 것 같아요. ○○씨는 자신에 관해 무엇을 배웠습니까?

· 중 · 고등학교 시절에 당신은 자신에 관해 어떤 결정을 내렸습니까?

· ○○씨가 어렸을 때에는 살아남기 위해서 그렇게 할 수밖에 없었다는 것을 이해하겠어요. 그런데 지금도 그러한 관점이 적절할까요?

· 당신이 꾼 꿈들의 등장인물이 되어 보세요. 연극을 하는 것처럼 그 사람들의 목소리를 한 번 내 보세요.

· 이 상황에 대해서 말만 하지 말고, 그것이 실제로 일어나고 있다고 생각하고 한번 행동으로 따라가 보세요.

· 만약 ○○씨의 아버지가 지금 여기에 계시다면, 그분에게 하지 못했던 어떤 말을 할

수가 있겠어요?

· ○○씨는 부모가 ○○씨에게 주입시켜 온 말씀들을 계속 대변하고만 있어요. 지금의 시점에서 ○○씨 자신이 주체적으로 생각한다면 어떤 말을 할 수가 있나요?

· "나는 …할 수 없다"라고 말하는 대신, "나는 …하지 않겠다"라고 말해 보세요.

· 방금 배운 것들을 연습하기 위해, ○○씨는 다음 회기까지 무엇을 할 수 있나요?

· 나는 여러분들 각자가 이 집단에 참여하면서 세웠던 목표들을 어떻게 달성할 수 있다고 생각하는지, 그리고 여러분이 바라는 변화가 구체적으로 어떤 것인지를 생각해 보는 것이 중요하다고 생각해요.

· 나는 우리가 처음에 작성했던 상담계약서의 내용을 변경시킬 필요가 있는지를 한 번 검토해 보고 싶어요.

5.5 집단의 종결 단계에서의 개입반응

집단의 종결 단계(응고화 단계)에서는 집단구성원들이 집단에서 그 동안 배웠던 것들을 일상 생활에 적용할 수 있는 방법들을 생각해 보고, 아직 완결되지 않은 작업들이 무엇인지 검토하고, 이별과 관련된 느낌들을 토로하는 것 등이 중요하다. 다음의 문장들은 집단의 종결 단계에서 상담자가 자주 사용하는 반응들이다.

· 이 집단에서 ○○씨 자신에 관해 배운 것들 중 가장 중요한 것은 무엇입니까?

· 여기 있는 사람들에게 하고 싶은 말이 있습니까?

· "이제, 우리 모임이 끝나간다"는 사실에 대한 당신의 느낌은 어떠한가요?

· 나는 여러분들이 집단에서 배운 것들을 잊어버리는 경향이 있다는 것을 알고 있어요. 그래서 나는 배운 것들을 여러분이 기억할 수 있도록 몇 가지 방법들을 말해 주고 싶어요.

· ○○씨는 여기에서 배운 것들을 어떤 식으로 연습할 건가요?

· ○○씨가 어떻게 달라졌다고 생각하세요? 말로 하지 말고 직접 보여 주세요!

· ○○씨는 집단 밖의 누구와 이야기를 하고 싶은가요? 그 사람이 ○○씨의 어떤 말을 들어줬으면 좋겠어요?

· ○○씨는 지금 어떤 결정을 내리고 있나요?

· 지금으로부터 1년 뒤에 이 집단이 다시 모인다면, ○○씨는 그 동안 어떤 성과를 이루었다고 말하겠어요?

· 이 집단이 끝났을 때, ○○씨는 제일 먼저 누구를 만나고 싶은가요?

- ○○씨가 우리 집단의 진행결과를 비판한다면, 그것은 어떤 것인가요?
- 당신이 얻은 통찰을 행동으로 옮기기 위해서는 어떤 단계들이 필요할까요?
- 여러분들이 이 집단을 떠난 뒤에 현실에서 부딪힐 수 있다고 생각되는 상황들 중에서 몇 개의 장면을 골라서 어떻게 대처할지를 역할연습해 봅시다.
- ○○씨는 자기가 목표로 한 바를 어느 정도나 이루었나요?
- 이 집단의 성과에 관해 ○○씨가 미흡하다고 느끼는 요소가 무엇이고, 또 그러한 불만족스런 결과가 나오기까지 ○○씨가 어떤 역할을 했는지를 한 번 생각해 봅시다.
- 이 연습을 더 효과적으로 한다면, 그것을 어떻게 달리할 수 있을까요?
- 이 집단에서 ○○씨가 다른 사람들과 친밀감을 느끼지 못하도록 한 것이 무엇인가요?
- 이 집단에서 ○○씨가 자신에 관해 무엇을 배웠습니까? 그러기 위해서 ○○씨는 무엇을 했나요?
- 이 집단에서 배운 것들 중에서 일상생활에 가장 잘 적용될 만한 것이 무엇인가요.
- 우리 주변의 중요한 사람들과 이야기를 하게 될 때, 초점은 상대방들이 아니라 우리 자신에게 두어져야 한다는 사실을 기억하세요.
- 여러분이 이 집단에서 경험한 신뢰와 친밀감은 우연히 그냥 일어난 것은 아닙니다. 거기에는 여러분이 기여한 바가 분명히 있습니다. 그것이 무엇인지 한 번 살펴봅시다. ○○씨 경우에는 무엇을 기여했습니까?

5.6 집단상담의 방법과 기법

여기서 방법이라 함은 집단상담의 진행 및 생산적인 분위기를 촉진하는 방식이고, 기법은 주로 개인상담에서와 유사한 성격의 면접기법을 말하는 것이다. 촉진적 진행방식에는 참여자들의 자기소개, '누가 먼저 무엇을 말한 것인가'의 합의, '내 생애에 가장 중요한 세 사람', 구두편지(이상 집단상담의 초기), 2인조 및 3인조의 분임토론, 역할연습, '자기패배적 행동의 소득을 말하기', 일방적 의사전달, 대인관계의 모험을 경험하기(이상 중반기), 발전적인 것과 더 개선되었으면 싶은 것, '생의 마지막 20분', 가상적 재회 등(이상 종반기)이 활용될 수 있다.

이러한 방법들은 어디까지나 집단과정과 생산적 분위기를 조성·유지하기 위한 것이며, 방법 자체에 얽매여서는 안 될 것이다. 자칫하면 재미있는 듯한 분위기는 형성될지 모르나 상담의 목적을 달성하는 데는 결코 충분하지 않기 때문이다. 그러므로 이런 방법을 적절히 활용하면서 상담자의 문제해결적인 면접기법이 병행되어야 하는 것이다.

집단상담에서의 면접기법으로 다음의 12가지를 말할 수 있다.

(1) 감정·행동·인지적 내용의 반영 및 명료화(집단 분위기와 내담자 개인)

(2) 초점 자료의 탐색(또는 질문) 및 요약

(3) 직면적 태도의 촉진

(4) 반복적 표현

(5) 관찰된 정보의 제공(또는 설명)

(6) 생산적 참여행동의 촉진 및 격려

(7) 비생산적 흐름(또는 행동)의 조정

(8) 침묵의 자연스러운 처리 언급

(9) 비언어적 행동에 대한 언급

(10) 간결하고 의미 있는 의사소통의 시범

(11) 해석적(집단의 흐름과 개인행동) 언급

(12) 바람직한 종결의 유도

이상의 면접기법들은 이른바 무의식적 동기에 대한 심층분석이 거의 없고, 내담자 개인뿐만 아니라 집단 전체의 흐름이나 과정을 동시에 다룬다는 면에서 개인상담의 기법과 차이가 있다. 이들에 대한 실제 반응 예와 앞에서 말한 방법들의 구체적 내용에 관해서는 선임 필자의 다른 책(이장호, 1986, pp. 225~247)을 참고하기 바란다. 여기에서는 다만 바람직하지 못하고 비생산적인 상담자의 면접반응 몇 가지를 예시하기로 한다.

· "그렇게 너무 자기의 감정표현에 인색해서는 안 되요. 집단상담에서는 불쾌한 감정을 검토하여 없애 버리는 곳이지. 왜 그렇게 화가 났었는지를 속시원히 말해 보라구."(감정표현의 과잉강조)

· "잠깐, 자네들이 지금 무얼하고 있는지 지적해야겠어. 지금까지 서로 상대방을 위해 설명하고들 있는데, 이것은 집단상담의 초기에 많이 생기는 현상이지. 그러나 각자가 서로 변호하거나 의존적이 되어서는 안 되지……. 자 다시 이야기를 계속하라구."(지나치게 지적하며 권위적인 개입)

- "왜 질질 끄는 대신에 당장 실천을 하지 않는가?" "왜 가만히 앉아만 있고 자기 문제를 말하지 않나?" "왜 모두들 다른 사람의 눈치만 보고 있나? 다른 사람의 부정적 반응이 그렇게 두렵나?" "당신은 항상 그런 태도를 취합니까?"(구체적인 사례와 행동결과를 통한 자기이해 및 바람직한 대안행동의 탐색을 막는 질문들)
- "너는 자신이 지능이 높다고 하면서 여기서 보이는 행동은 현명하지 못한 것 같아. 다른 사람들은 어떻게 생각하지?"(내담자의 생각·행동의 불일치를 부적절하게 직면시킴)
- "내 생각에는 우리가 장호에 관한 이야기에 너무 시간을 많이 보냈다고 봅니다. 각각 다른 의견들을 마구 이야기하는 바람에 더욱 착잡해져 있을 겁니다. 그러니 그 문제는 장호가 집에 가서 스스로 생각하도록 하고, 다른 사람의 이야기로 넘어가는 것이 좋겠습니다."(상담자 자신의 초조감에 의한 부적절한 요약 또는 무책임한 화제의 유도)
- "당신이 1차 심사에서 탈락되었다고 해서 감독에게 그렇게 반발하는 것은 의존갈등 때문입니다. 원천적으로는 자기의 실력수준에 대한 현실감각이 없이 상황의 책임을 가장 가까운 사람에게 전가하려는 투사심리죠."(비록 정확한 관찰에 의한 것이라도 전문적 용어를 나열한 '우둔한' 해석임)
- "너무 그렇게 상심하지 말아요. 누구나 문제와 고민을 가지고 있지요. 당신은 배신당했다고 느끼며 상대방의 졸렬한 행동을 원망하고 있지만요, 우리와 같이 상담을 하는 한 기운을 내세요. 우리가 그 심정을 이해하고 있어요. 이 손수건을 줄테니 눈물을 닦아요."(진정한 도움이 아니고, 감상적이며 피상적인 격려)
- "여러분이 적극적으로 참여하지 않으면 귀중한 시간을 낭비하고 있는 겁니다. 이렇게 침묵만 지키는 것은 비생산적입니다. 나로선 말을 꺼내도록 강요하지 않을 테니까 잘 판단해서 하세요."(내담자들에게 부담을 더 주는 침묵의 처리기법)
- "자네는 상당히 초조하게 보이는군. 시선이 안정되지 않은 것 같고 손을 아까부터 자꾸 비비고 있으니 말이야."(비언어적 행동의 의미를 탐색하기보다는 외형적 관찰을 지적하는 데 그치고 있음)

5.7 집단상담자의 자질과 책임

근래 학교 장면에서는 집단상담을 많이 시도하고 있고 기업체에서도 감수성훈련 등의 형태로 인간관계능력의 향상을 위한 집단연수가 많이 이루어지고 있다. 이렇게 집단상담 형태의 지도 및 교육이 증가될수록 집단상담자의 자질과 책임의 중요성도 커지게 마련이다. 충분한 전문적 훈련과 자질을 갖추지 않은 상담자가 이끄는 집단상담은 단순히 '신기하고 재미있는 모임'에 불과하거나 내담자들(또는 집단구성원)에게 혼란과 부정적 행동을 유발하는 경우가 있기 때문이다.

일반적으로 말할 수 있는 집단상담자(또는 집단지도자)의 자질로서는, ① 인간행동의 깊은 이해력, ② 행동 및 태도의 의미를 명료화시키는 능력, ③ 집단에의 몰입 및 상호교류의 속도 · 깊이를 관리하는 능력, ④ 행동변화를 위한 실천노력을 촉진하는 능력, ⑤ 책임 있게 문제와 상황에 적합한 윤리적 판단 및 의사결정을 하는 능력 등이다. 이러한 자질은 단순히 인간관계와 개인상담의 경험이 많다고 해서 자연적으로 구비되는 조건은 아니며, 그 밖에 인간행동의 의미에 대한 통찰력과 집단역동에 관한 전문적 지식 등을 더 갖추어야 하는 것이다.

적절한 훈련배경과 자질을 갖추지 않고 집단상담을 하는 경우에는 흔히 다음과 같은 현상들이 생긴다.

(1) 비생산적이고 신경증적인 행동의 묵인 또는 강화
  · 비관련 · 무의미 자료에 관한 논의
  · 이론적 언급 및 설명식 발언
  · 타인에 대한 비방 및 합리화 위주의 발언
  · 상담자 · 내담자로서의 기계적인 역할수행 등
(2) 침묵의 지지 또는 지속화
(3) 감정적 표현의 과잉강조
(4) 발산 또는 고백 위주의 경향
(5) 피상적인 융화 · 응집력의 중요시 등

집단상담자는 내담자들이 집단압력에 억지로 순응하게 하지 말고 필요 없이 집단과정을 연장시키지 않으며, 집단에서 오고 간 사적인 정보들이 외부에 누설되지 않도록 할 중요한 책임이 있다. 또한 가능한 한 충분히 사전 소개와 준비를 해야 하며, 경우에 따라 종결 후의 추수집단면접 및 개인상담을 동시에 실시해야 될 때도 있다.

6 집단상담과정의 사례

　이제 집단상담의 실제적인 모습, 즉 상담자와 집단구성원들 간의 상호작용이 '무슨 말로 어떻게 이루어지고 있는가'를 살펴볼 차례이다. 그러나 사례연구를 통해 실질적이고도 현실적인 상담의 과정을 검토할 수 있는 것이 사실이기는 하지만, 이 때에 항상 문제가 되는 것은 검토자료로서의 사례들에 한계가 있다는 점이다. 왜냐하면, 사례연구가 가능한 축어록 자료들은 대개 일부 상담자들에 의해서 접촉이 편리한 특정 내담자들을 대상으로 한 부분적인 것들이기 때문이다. 또한 집단참여자들의 개인적 정보를 보호하고 그들의 동의를 얻어야 검토자료로서 공개할 수 있다는 윤리상의 문제가 있기 때문이기도 하다. 따라서, 이 장의 사례는 집단상담의 다양한 성격과 과정을 충분히 반영하는 것으로 볼 수는 없다. 우선, 공개모집에 의한 이질적인 상담집단이 아니라는 점에서 그렇고, 상담자가 평소에 지도교수로서 비교적 잘 알고 있는 집단구성원들이기 때문에 상담의 과정이나 내용이 일반적인 집단상담의 경우와는 다른 점이 많다. 그러나 이러한 제한점에도 불구하고 집단상담의 기본적인 성격을 이해하는 데는 실질적인 도움이 되리라고 믿는다. 독자들은 특히 상담자의 개입반응과 집단원들의 소감 및 논평 등을 검토함으로써 이 사례의 진행과정과 집단상담자의 역할을 파악하기를 바란다.

● 집단사례의 개요

집단사례의 개요

상담자 : 이장호 교수

집단원 : 호(남), 금(여), 정(여),
　　　　김(여), 이(여), 심(여), 최(여)
　　　　– 이상 모두 7명 중, 호·금·정은 임상, 상담 및 성격심리학 박사과정이고,
　　　　　나머지 4명은 임상 및 상담심리학 전공의 석사과정 수료자들이거나 재학생들임

장 소 : 서울대 학생생활연구소 상담실

기 간 : 1986년, 5회 한정기간으로 진행

6.1 축어록(제 2 회)

1. 상담자: '김'이 지난번 상담회기가 어떤 내용으로 진행되었는지 한번 얘기해 주세요.	지난 회의 요약으로 집단과정을 시작.
2. 김: 집단상담의 분위기에 대한 반응들과 이 집단상담에서 각자가 무엇을 하고 싶은지에 대해서 얘기했어요.	
3. 상담자: 다른 사람은 덧붙일 것이 없어요? 중요하다고 생각되는 것이 있으면 얘기해 보세요. '정'은 첫 번째 집단상담에 참여하고 난 후의 소감이 어떤가요?	개인의 중요성을 나타내면서 다른 구성원들이 함께 참여하게 한다. 내용보다는 감정에 주목하게 한다.
4. 정: 집단상담이 개인의 문제해결을 위해 좋은 방법이고, 앞으로 내 문제를 표현해서 도움을 받았으면 좋겠다는 생각이에요.	
5. 상담자: ('정'의 발언 내용을 재진술함) 이번에도 역시 지난번에 얘기한 3가지 규칙을 지켜야 합니다. 다시 말하면, 첫째, 실습이지만 자기 문제에 대한 솔직한 제기와 이 집단 내의 타인과의 관계에 대한 현장학습적 태도를 유지해 주어야 하겠고, 둘째, 여기서 언급되는 내용에 관해 비밀을 유지하고, 셋째, 매 상담회기가 끝난 다음에는 일기를 쓰도록 하세요. 이제는 2번째 회기니까 개인적으로 문제의식을 갖고 적절하게 경청하고 반응을 하는 촉진적 과정이 되었으면 좋겠군요. 역시 지난번과 같이 순서 없이 이야기하면 됩니다. ……(긴 침묵)……	(반영) 재구조화(강조의 역할을 한다).
6. 상담자: '최'는 지금 어떤 상태에 있어요? 지금 가만히 있을 때, 어떤 생각이 오고 갔는지 얘기해 보세요.	침묵에 대한 처리의 시범을 보이면서, 침묵할 때의 생각과 감정을 표현하게 한다.
7. 최: 그냥 있고 싶어요.	저항.
8. 상담자: 누구한테 얘기를 듣고 싶어요? ……(침묵)……	저항에 대한 탐색과 더불어 집단에 참여하게 한다.

9. 상담자: '최'는 끝까지 가만히 있을 건가요?	직면.
10. 최: 잘 모르겠어요.	계속 저항.
11. 정: '최'가 이야기해 주었으면 좋겠어요.	타인('최')에게 의지하기보다는 자신의 이야기를 하도록 선도.
12. 상담자: '정'이 이야기해 볼래요?	
13. 정: 지난번에 오늘은 각자가 자기 문제에 대해 얘기하기로 암묵적으로 동의가 되었으니, 지난번에 말하지 않은 사람이 얘기해 주었으면 좋겠어요.	
14. 상담자: 모두가 다른 사람이 말하기를 기다리려 하고 자기 문제를 먼저 꺼내는 것을 힘들어 하는 것 같군요.	집단원들의 심리에 대한 언급(반영).
15. 정: 저는 제 자신에 대해 말하기는 그렇게 힘들지 않아요. 다른 사람들이 자기의 솔직한 모습을 보여 주지 않는다는 안타까움이 있네요.	계속 타인의 발언을 기대하며 상담자의 말 14를 이해 못 하고 있다.
16. 상담자: '정'과 '최' 두 사람이 이야기했는데, 두 사람의 언어행동에 대해서 내가 느끼기에는, '정'은 목소리가 크고, '최'는 작고 가라앉은 목소리이므로 듣기가 수월하군요. '최'의 이야기를 경청하는 데는 더 노력을 기울여야 하겠어요. '정'의 이야기는 다른 사람들이 자신을 드러내놓지 않는 것이 안타깝다고 그랬습니까? "너 혼자 안타까와라" 이런 거예요? 어떻게 된 거예요? ……(침묵)……	행동에 대한 즉시적 반영. 구조화와 행동의 모범을 넌지시 제시한다. '정'의 생각을 명료화시키려고 함.
17. 상담자: 난 이럴 때 담배를 피우면 긴장이 덜 되고, 덜 심심해요.	
18. 이: 전 그렇게 생각하지 않아요. 오히려 상담자가 얼마나 답답할까 하는 생각이 듭니다. 우리가 서로 많이 알기 때문에 피상적이고 말을 아무렇게나 못 하고 서로에 대해 이야기하는 것이 조심스럽고 힘들어 하는 것 같군요. 그래서 무얼 해야 할지 모르겠습니다. 어떻게 풀어나갈까 하는 생각이 듭니다.	역시 직접적인 참여보다는 저항을 표시한다.
19. 상담자: 본인이 얘기가 잘 안 풀리겠다고 판단하는 것은 아닌가요?	직면.

20. 　이: 안 풀리겠다고 판단하는 것은 아니고, 잘 풀려갔으면 좋겠다고 생각합니다.

21. 　호: 자주 만날 수 있는 사람들이기 때문에, 여기가 오히려 딱딱하게 여겨집니다. 동료들이 후배이지만 다른 여자들처럼 느껴지고, 선생님도 더 선생님같이 느껴집니다. 그래서 집단의 한 구성원이라는 생각이 와닿지 않아요. 이야기하면 할 것도 같다는 생각이 드는데, 더 딱딱하게 느껴지는군요. 너무 엄숙하게 있으니까 오히려 힘이 들어요. 이야기를 잘 해야 되겠다는 생각 때문에, 더 어렵지 않겠느냐 하는 생각이 들고 남이 기분 상하지 않게 하려고 노력해야 한다는 생각이 들어요.

22. 상담자: 지난번의 '금'의 경우는 어떤가요?

집단에 초점을 맞춤.

23. 　호: 지난번은 비교적 좋았어요. 나는 그런 식으로 이야기하기는 어려울 것 같아요. 장난기섞인 말과 농담을 많이 하기 때문에 그런 것들이 이런 자리를 좀 어렵게 만드는 요인이 되요.

24. 상담자: 앞으로는 어떻게 하겠어요?

스스로의 적극적 행동에 대해 이야기하게끔 하여 책임을 느끼게 한다.

25. 　호: 관찰하면서 끼어들 기회를 찾아보겠어요. 제 이야기를 하기가 익숙치 않고 남을 이해시키기가 어렵습니다.

26. 상담자: 익숙치 않은가요, 하고 싶지 않은가요? 그것을 헤아리는 것도 좋을텐데……

직면시키며 탐색하게 한다.

27. 　정: 여기로 뛰어들어오면 좋겠는데……

28. 　호: 어디로 뛰어들죠? 이 가운데로요? '정'은 동기가 있다고 하지만, 과연 "이야기가 받아질 수 있을까"하는 생각이 들어요. 그래서 망설여집니다.

29. 　정: 누구 이야기 말입니까?

28, 30은 초기 집단에서 있는 일반적 감정이다.

30. 　호: 내 이야기가 받아들여질 것인지, 아닌지 걱정이 되요.

31. 　금: 저는 동기가 없는 것도 아니고 몸을 사리는 것도 아니에요. 지난번 회기에서 신체적으로 상당히 피곤했

어요. 싫다고 느껴졌고, 양보해야 되겠다고 생각했
어요. 지금은 외면을 하고 있으니 마음이 편해요.

32. 상담자: '호'는 '금'의 이야기에 대한 반응을 보여 주세요.

피드백을 하게 한다.

33.   호: 지난번에 '금'은 자신의 이야기를 충분히 이야기할
수 있다는 믿음을 느꼈다는 얘긴가요?

34.   금: 내 얘기가 믿어진다는 것, 이해된다는 것까지는 신
경쓰지 않았어요. 내가 나 스스로를 생각해 보는 것
으로 만족해요. 다른 사람이 믿고 안 믿고는 생각하
지 않았어요.

35. 상담자: '금'이 다시 한 번 얘기해 줄 수 있어요? 내가 보기
엔, 자기 이야기가 이 그룹에서 이해가 되고 전달이
되고 믿어지는 것 같아요. '금'이 이야기하는 데는
그런 것을 생각하지 않고 표현하는 데 목적을 두었
다고 했는데, 그것을 생각하면 어떻게 되겠어요?

**직면과 탐색을 하게 한다.
문제를 좁혀가고 있다.**

36.   금: 남들이 내 말을 관심 있게 들어 주고, 반응을 보여
주었다는 생각은 들어요. 그것이 믿음이라고 생각할
수 있을까요?

37. 상담자: 믿음이라는 의미에 너무 집착하지 말아요.

38.   금: 집착하는 것이 아니라, 남들의 반응이 그냥 그대로
받아들여져요.

39.   호: 지난번 '금'이 이해를 받았다고 생각 못 했어요. 씁
쓸한 기분이었을 것이라고 생각이 되요.

40.   금: 다른 사람들이 관심을 갖고 반응을 하려고 노력하고
있다고 생각했어요.

41.   호: 그런 식으로 들렸다면 다른 사람의 반응이 와닿지
않은 모양이죠? 그냥 그 사람이 그런 이야기를 하는
구나, 그냥 그런 느낌을 가지고 있구나라고 생각한
것이 아닌지요. 그런 식의 느낌을 가지고 간 것이라
고 추측이 됩니다.

**일반적인 추측보다는 개인적
인 피드백을 하게 하여 집단
에 몰입하게 한다.**

42. 상담자: '호'의 느낌은?

43.	호:	제 느낌은, 진지하게 노력은 했지만 속시원한 게 없었다는 것입니다.

44. 상담자: '호'는 자신이 시원하게 느끼지 못했나요?

45.   호: 서로의 감정이 오고 간 점이 부족했던 것 같아요.

46. 상담자: 부족했던 것이 상호관계에 대한 이야기인데, '호'는 | 집단참여에 대해 직면케 한다.
기여를 했다고 생각하나요?

47.   호: 저는 기여하지 못했습니다. 노력은 안 했습니다. 그
냥 관계만 이야기했지, 별로 신경써서 해 주지 못했
다는 생각이 듭니다.

48.   이: ('금'을 보면서) 피곤하게 보이네요.

49. 상담자: 피곤해 보이는 '금'의 현재 모습에 대해서 "너 피곤 | 단순묘사(관찰)보다 의미에
하구나"라는 말 다음은 뭐예요? | 주목케 함.

50.   이: '피곤할 것 같다'는 얘기죠.

51. 상담자: 그 다음은? 그래서 뭐가 어떻다는 말이죠?

52.   이: 그래서요. "내가 너한테 관심 있다"는 걸 보여 준 | 상담자의 초기개입에 대한
거죠. 반응을 하나 하고 나면 상담자가 그것에 대해 | 저항.
서 캐고 하니까 대화가 자꾸 끊어지는 것 같아요.
그렇게 하지 말고 그냥 자연스럽게 연결되도록 내
버려 두면 좋겠어요. 죽이 되든 밥이 되든 그냥 내
버려 두고 해 나가는 것이 좋을 것 같아요.

53.   호: 상담자의 개입이 흐름을 끊는 것이 아니라고 생각되
요. '이'는 무언가 당황스러웠어요?

54.   이: 네, 당황스러웠어요. 흐름이 끊긴다는 생각이 들었
어요. "그 얘기 왜 내뱉어. 왜 그런 쓸데없는 얘기
하고 있어"라고 말하는 것 같이 여겨졌어요.

55.   금: 끊긴다기보다는 네 얘기를 해 주길 촉구한다는 뜻이 | 53, 55. 둘 다 자기개입보다
라고 생각해요. 당혹한 것이 흐름이 끊긴 것이라고 | 는 '이'에 대해 해석하고 분
생각하는지, 아니면 그냥 공격을 받았다고 느끼는지 | 석해 보려는 자세를 취하고
가 궁금한데요. | 있다.

56. 상담자: 다른 사람들에게도 해당되는 표현문제인데, '괜찮아 | 표현에 대한 구조화.

보인다'가 아니고 그 다음 의미의 단계로 들어가야
한다는 것입니다. 인상묘사의 그 단계를 넘어서 깊
이 들어가야 합니다.

57.　　금: 전 "얘기 안 해도, 쉬어도 좋아"라는 이야기를 해
　　　　주길 바랬어요.

58.　　금: 피곤하다는 생각으로 내 문제를 포기할 수는 없어
　　　　요. 조금만 시작하면 살아날 수 있을 것 같아요.

59.　　호: '금'은 이 집단에 대해 책임감을 많이 느끼고 있는
　　　　것 같아요.

60.　　금: 네, 이 집단에 대해 책임감을 느끼고 있어요.

61.　　최: '금'이 너무 약해졌다는 느낌이 들어요. '금'이 이 집 | 61, 62. '최'와 '금'의 정서적
　　　　단에서 가장 약한 것 같아요. 화살이 한 방향으로 | 관계가 표현되기 시작된다.
　　　　가는 것 같아요. 집단상담인데 여러 방향으로 갔으
　　　　면 좋겠어요. 내가 '금'의 이야기를 시작해서 '금'이
　　　　집단상담의 중압감을 혼자 받는 것 같아요. 그대신
　　　　나는 편하긴 하지만, 그래서 나한테 화살이 오지 않
　　　　았지만……

62.　　금: 그 얘기 전부를 받아들일 수는 없어요.

63. 상담자: '금'은 남의 이야기를 들어 보고 기다려 보는 것이 | 직면.
　　　　좋지 않겠어요? '금'은 좀 기다려 두고 보는 것이 | 발언자의 교체를 유도.
　　　　필요해요. 다른 사람에게로 돌아가면 어떨까요?

64.　　최: 얘기하는 것이 두려워요. 뭔가 툭 터질 것 같아요. | 64, 66. 자기개방.
　　　　누구에게든 집중이 되면 문제가 나오지 않을 수 없
　　　　어요. 문제가 나오면 상처받으면 어떡하나, 자기의
　　　　안정감을 잃으면 어떡하나 하는 생각이 들어요.
　　　　'금'에게 질문이 가니까 그것이 나한테 오면 어떻게
　　　　하나 하는 두려움이 생겨요.

65. 상담자: 최'의 말은 만일 그 상황이 나한테 닥치게 되면 불 | 명료화.
　　　　안할 것이라는 말인데, 그것은 내가 그 상황이 된다
　　　　면 그렇게 될 것이라는 표현일 겁니다.

66.　　최: 저는, 하필이면 내가 그 얘기, '금'에 관한 이야기를
　　　　해서 계속 진행하고 있기 때문에 부담감을 느끼고

있어요.

67. 정: '최'는 '금'을 아프게 여기면서 왜 도와 주겠다는 이
       야기를 안 하죠? 구체적으로 도와 주려는 얘기를요.
       자신의 이야기를 하면 '금'에게로의 주의집중이 분
       산될 수 있을텐데.

68. 최: 그 말을 받아들일 수 없는 것은, 나에게 오면 얼마
       나 불안할까라는 느낌을 갖고 있기 때문이죠. 오늘
       은 기분이 좋고 여유가 생겼어요. 굳이 내가 꺼내지
       않아도 되겠다고 생각했어요. 불안하다고 호소해서
       주의집중을 받고 싶지는 않아요.

69. 정: 마음이 편하다면서 왜 자기 문제를 내놓지 않죠?

70. 최: 굳이 내가 하고 싶지는 않아요.

71. 상담자: '최'를 이해하면서…….

72. 호: 화살이란 말이 공격을 받는다는 의미로 들리는데요.
       이런 마음을 갖는 사람들 앞에서 어떻게 이야기할
       까 두렵군요. 이야기를 하면 마치 큰 일이 난 것처
       럼 여기고 있어요.

73. 상담자: '최'가 그렇다는데 '호'도 그렇다는 것인가요?   개인적 탐색요구.

74. 호: 저는 그래서는 안 되고 용감해야 된다고 생각합니다.

75. 상담자: 스스로 용감해질 수 있어요?   개인적 직면.

76. 호: 네, 용감해질 수 있습니다.

77. 상담자: 그 대답을 듣고 싶었어요.

78. 상담자: 1주일이 길면 1주일에 2번 해도 좋아요. 1시간이 지   집단과정의 '현재와 지금'에
       나도록 지난번 '금' 얘기의 여운을 갖고 이렇다 저   초점.
       렇다 하면서 보냈군요.

79. 호: 사실 어떤 것을 얘기할지 막연해요. 요즘 심각하게
       느끼는 일도 없어서 뭘 이야기할지 모르겠어요.

80. 정: ('최'의 자기문제 노출에 대한 요구를 계속)

81. 상담자: '최'의 얘기는 '정'의 문제와 같은 간단한 문제가 아   '최'에게 반영, '정'에게 직면.
       니에요. '최'의 얘기는 "내 얘기를 꺼내면 눈물이 나

올 것 같다"는 그런 얘기인 것 같은데, 난 좀 기다
리고 싶다는 뜻이죠. 누가 이야기를 먼저 꺼내면 자
신도 이야기를 하겠다는 것은 '정'의 편한 자세입니
다. 선배면 선배답게 모범을 보이는 게 좋을 듯 한
데요.

82.	이:	제가 하겠습니다. 조금 전에 '금'에게 '답답하다'고 이야기한 것에 대해 '정이 없다'는 반응을 들었어요. 정이 없다는 것을 보여 주지 않기 위해 '금'한테 '피곤해 보인다'는 말을 했어요. '피곤해 보인다'가 간단한 말은 아니에요. 나는 남에게 상처를 주는 사람이라는 얘기를 많이 들었어요. (후배와의 경험에 관한 이야기) 아까 얘기를 들었을 때 남에게 상처를 주는 버릇이 아직 남아 있는 것이 아닌가 하는 생각이 들었어요.	'이'의 자기탐색이 여기서 시작.
83.	상담자:	그 버릇에 대해 이 집단에서 이야기하고 싶어요?	용의성을 점검해 참여를 촉발시킨다.
84.	이:	'정이 없다'는 얘기를 듣고 당황했어요. 네, 그렇습니다.	
85.	상담자:	그걸 보여 주세요.	
86.	이:	아까의 경우도 당한 경우인데, 둘('금'과 '정')이 저를 공격했어요.	
87.	금:	제게 무슨 말을 해 주기를 기대한 거였는데, 그것을 왜 공격한다고 생각하죠? 그 말 다음 생각을 해 보라는 뜻이었는데.	'이'의 반응에 대해 개인적 언급을 하기보다는 해설을 한다.
88.	이:	다른 사람이 저를 어떻게 보는지 알아보고 싶어요.	
89.	상담자:	알아보는데, 어떻게 알아보죠?	자발적 경험을 유지.
90.	이:	조금 지난 후에 아까 그 얘기를 왜 했느냐를 물어봐요.	
91.	상담자:	이 집단에서는 그 순간의 느낌을 먼저 이야기한 다음에 물어 봐야 됩니다. 듣고 나서 그것에 반응을 해야지, 스무고개식이 아닙니다. '피곤해 보인다'는	구조화. 생생한 경험을 하게 한다. 그리고 이렇게 지시한다 해

말 다음에 질문 전후의 관계에 대한 의미탐색을 해
야 합니다. 남에게 상처를 준다는 것을 이 자리에서
보여 주세요. 어떻게 하는지 그것을 객관적으로 볼
수 있게 해야 도와 줄 수 있어요.

서 생생한 경험이 촉발되지
는 않는다.

92. 상담자: '심'은 아직까지 한 마디도 안 했는데. 지금까지 돌
아간 것을 보고 난 느낌을 말해 보세요.

참여하지 않은 단원에게 참
여기회를 부여.

93.　　심: 이번 주에는 내 이야기를 하기로 했는데…… 지난
주 '금'을 보면서 친구관계에서 문제해결을 한 게
아니라 피상적이라고 정죄하고 간 듯한 느낌이 들
었어요. 정말 그렇게 하면, 그 다음에 나아지는지
의문스러워요.

94. 상담자: 그 다음의 말이 중요해요. 나는 이렇게 하고 싶고,
이렇게 해 주었으면 좋겠다는 말이.

구조화.

95.　　심: 그래도 상담이라는 것이 우리 집단에서 되어지나 싶
은데, 어떻게 해야 할지 모르기 때문에 더 이상 말
씀드릴 수 없어. (침묵) '이'가 남에게 상처를 준
다고 말했는데, 지난번 '금'에 대한 '답답하다'는 말
이 정확하게 지적됐다고 생각했어요. 그렇게 이야기
했을 때 일단 내가 그렇게 생각하고 나면 그 다음에
오는 감정을 수용해야 할 것 같아요. 어떤 말을 한
다음 남에게서 오는 말이 문제가 될까요? 내 말에
남이 무슨 얘기를 하더라도, 내 말에 남이 나쁜 인
상을 갖더라도 그것이 사실이기 때문에 그것을 받
아들여야 한다고 생각해요. 남으로부터 나는 남에게
상처를 준다는 말을 들었을 때, 나는 남에게 상처를
주는 사람이라고 생각할 필요는 없는 것 같아요. 사
실이 그렇다면 문제로 느낄 것이 아닌 것 같아요.

96.　　이: 내가 그렇게 느낄 필요가 있다는 것인가요?

97.　　심: 지엽적인 이야기를 한 것 같군요. 제가 그렇게 느꼈
다면, 그때는 그럴 상황이었다고 생각할 수 있을 것
이라는 말이었어요.

98.　　이: 후배가 나에게 대한 태도가 어색했어요. 그 이유를
나중에 알았고, '심'이 그런 경우라면 어떻게 하겠

어요?

99.	심: 자신이 남에게 상처를 줄 목적이 아니었다면, 그 때는 그런 상황이었다고 말할 수 있을 것 같아요. 타인의 피드백이 내가 고민해야 될 문제가 아니라고 생각해요.	
100.	이: 아까 두 사람('금'과 '정'을 가리킴)이 한 얘기가 나에게 상처를 주었어요.	100, 102. 자기개방.
101.	정: (표현의 문제에 대한 내용을 설명해 주려 함)	
102.	이: "너는 왜 그렇게 인간이 냉정하냐"고 말하는 것 같아요.	
103.	심: 정말 상처를 줄 목적이 아니었다면 그 피드백 때문에 "나는 왜 이런 사람일까"라고 고민할 이유는 없는 것 같아요. 나중에 다시 화해할 수 있잖아요.	
104.	정: 피드백이 중요해요. 상대가 어떤 느낌을 받는지가 중요해요.	
105.	이: 그 얘기 듣고 나도 상처를 받았어요. 지금도 또한 당황했고요.	자기개방.
106.	상담자: 당황했다는 것과 상처받았다는 것은 다른 거죠. 지금 돌아가고 있는 흐름이 조금전 지나간 얘기를 하다 보니 상담의 생산성이 없는 것 같군요. 흐름에 신경쓰죠. '심'은 '금'이 정죄받는 것 같다고 느꼈는데, "내가 그런 상황이라면, 내가 정죄받는 기분이다"라고 말하는 것이 차라리 나아요. 본인이 정죄받는다고 느끼는지 아닌지는 모르죠. 그런 점을 좀 생각합시다. 덧붙이면 여러분 모두 다 정죄를 받아본들 어때요? 또, 받는다고 하면 그것이 무엇을 의미하나요? 중요한 것은 "나는 정죄받는 것이 안타깝다"고 그 당시에 표현했어야 그 생각이 검증된다는 것입니다. '심'은 그 당시 그런 이야기를 하지 않고 1주일을 지냈어요. 즉각적으로 이해를 표시하고 미안한 감을 표시하고, 그런 표현이 중요하다는 거죠. '정죄받는다'라는 말을 한 후 그 다음에 어떡하	명료화. 구조화. 적극적인 경험자세, 즉시성 (즉시적인 표현).

느냐를 얘기해야 해요. 오늘도 이렇게 하고 끝날 거
예요? (불만스러운 목소리) 상담의 책략에서 개인상
담의 상담동기를 높이기 위해서 상담시간을 빨리
끝내는 것이 있잖아요. 시간도 다 되었는데 끝내
죠 뭐?

107.   이: 선생님의 말씀이 좀 화가 나신 것 같은데요.

108. 상담자: 상당히 화났다고만 이야기하지 말고, 자기의 느낌   구조화.
          을 이야기하고 그 느낌이 맞는지 아닌지 확인하면
          서, 자기탐색을 해야 되요.

109. 상담자: 추측이나 가정을 이야기하는 대신 상대방의 말에
          무엇을 느끼고, 어떻게 처리하고 싶은지를 이야기하
          도록 해요. "저 사람을 보는 것이 내 마음이 아닌
          가"하는 식으로 자기 마음을 읽지 말아요. 느낌의
          방향과 정도를 표현하는 것이 자기탐색에 좋고, 자
          기를 객관화시키는 것이 필요해요. 우리 집단의 성
          격상 이런 과정이 있기 마련이므로, 이런 상태를 이
          해는 해요.
          ……(침묵)……

110. 상담자: '김'이 한 번 발언해 보세요.   집단원의 협조를 요구.

111.   김: 사람들이 나를 어떻게 보고 있는지 듣고 싶어요.
          제 자신에 관해 답답하다고 느끼는데, 남들이 어떻
          게 느끼는지 돌아가면서 얘기해 주면 좋겠어요.

112. 상담자: 돌아가면서 얘기 안 해 준다면?   직면.

113.   김: 해 줄 거라고 생각합니다.

114. 상담자: 내가 막으면 어떡할래요?   직면.

115.   김: 그 일을 막아버린다고요? 막으신다면 두고 보지요.

116. 상담자: 이 모임은 대외 이미지 평가회가 아니라는 생각이   구체적 실례를 든 구조화.
          듭니다. 가령 "나는 나 자신이 어떻다고 느끼고 있
          는데, 이 경우에 특별히 누군가에게 나에 관한 느낌
          을 듣고 싶습니다"라는 식으로 누구에게 요청하는
          게 더 좋아요.
          ……(긴 침묵)……

117.   김: 저는 사람을 대할 때 제한을 둡니다. 겉으로는 아무렇지도 않지만 제 마음속으로는 제한을 두기 때문에 답답합니다. 그런 태도가 과연 좋은가? 이 정도까지 생각하고 있어요. 아직 고쳐야 된다고 생각하지는 않아요. 그러지 않을 수 있다면, 더 좋겠다고 생각합니다.

118. 상담자: 요청해서 이야기하기 힘든 모양이죠?   반영.

119.   김: 이야기하기 힘드냐구요?

120.   정: 무얼 도와 주어야 될지를 얘기해 줘요.

121.   금: 자신에 대한 느낌에 대해 궁금해요. 그 기준이 무엇인지.

122.   김: 어떤 기준을 가지고 하느냐구요?

123. 상담자: 기준이 문제가 아닙니다.   흐름의 정리.

124.   김: 이런 식으로 얘기해서는 안 될 것 같다는 느낌이 들어요. 제가 한 번 정리해 보고…….

125. 상담자: 두 사람, '금'과 '김'이 정리해 보세요. 된다, 안 된다가 아니고…….

126.   김: 안 될 것 같다는 생각이 들어요. 선생님께서 그 말씀하신 것을 들으니, 남의 이야기를 안 들어 보려고 하는 것이 제 문제가 아닌가 하는 생각이 들어요. 얘기를 해 놓고 보니 제가 평소에 남의 이야기를 안 들어도 된다는 식으로 살지 않았나 하는 생각이 들어요.

127. 상담자: 시간이 없는데, 모임이 끝나는 대로 다음 내용을   (과제물의 형식으로 집단원 생각해 보세요.   으로서의 역할교육)

집단원들에 대한 당부내용 :
• 주인공은 자기노출, 자기분석에 관해서 정리해 오되, 내가 어떻게 느끼느냐를 분석한다.
• 이 집단에서 내가 목적하는 바를 남들이 어떻게 보는지 살펴보고, 각자 생활 속에서 일어나는 일들에 대해 문제의식을 느끼도록 한다.

- 매 회기에 대한 본인의 참여내용을 정리한다.
- 상담자가 나간 후 진행과정에 관해 인지적 차원에서 토론을 한다.

6.2 회기 흐름

상담자는 '김'을 지명하여 지난 주 상담시간의 내용을 회상, 보고하게 하였고, '정'을 지명하여 집단상담에 참여한 후의 소감을 이야기하게 하였다. 그리고 적극적 참여, 비밀유지에 관한 구조화의 흐름과 개인별 소감을 써서 제출할 것을 언급하였다. 그 후 5분여 동안 침묵이 있었다. 상담자가 침묵에 대한 느낌을 '최'에게 물음으로써 침묵은 깨졌으나, 침묵에 대한 느낌은 교환되지 않았다. 상담자는 침묵을 집단원들이 자기 이야기를 꺼내기를 어려워하고 있는 것으로 해석하여 집단원들의 느낌을 선도하였으나, 지난 주에 대한 느낌과 이제는 준비가 되어 있다는 식의 이야기만 오고 갔다. 그러면서 상담자는 계속 집단상담의 참여자세나 방식에 대해 구조화하였다. 예를 들면, 타집단원에 대한 자신의 느낌을 이야기할 것, 상황에 대한 개인적 지각과 개인적 의도를 표현할 것, 과거보다는 '지금-여기'에 초점을 맞출 것 등이다. 마지막으로 '김'에게 이야기하게 하였고, '김'은 자신에 대한 타인의 평가를 원했으나 상담자로부터 문제제기 방식에 대해 지적받았으며, 상담자가 집단상담 시간에 대해 학습적 검토방식을 제시하고 끝맺었다.

6.3 개인별 회기소감

금: (지난주의 주인공) 자기탐색적이지 못한 반응에 대해 상담자로부터 지적받고 기다렸다가 반응할 것을 권유받았을 때, 다른 내담자에게 도움을 주려는 행위가 저지당한 느낌이었고, 공개적으로 저지당해 창피했다. 그러나 "권하고 싶어요"라는 상담자의 말로 약간은 감소될 수 있었다. 그러나 그런 느낌을 전달하지는 못했다. 그러니까 끝까지 찜찜했고 나중에 '김'이 비슷한 상황에 처했을 때 상담자에게 화가 났다. 마지막에 '김'이 상담자에 의해 저지당했을 때 '김'이 순순히 넘어가서 이에 대해 의아해 했으나 표현하지 못했다. '이'에 대해서는 개인적 불만이 생기기 시작했다. 목소

리, 집단에 대한 설명과 논평 등등이 건방지게 보였고 답답해 보였다. 집단상담이 전혀 자유롭지 못했다. 의식하고 나를 제한시켜야 되기 때문에 긴장되었다.

이: (자기개방을 많이 한 집단원) 상담자가 너무 빨리 진행시키려 하여 소극적 개입과 혼란 등이 있는 것 같았으나, 나름대로 개입의 이점을 알 것 같다. 상담자는 나에게 객관적인 평가가 아니라 그 뒤에 있는 자기의 느낌을 이야기하고 성찰해 볼 것을 권하였다.

김: (소극적 태도의 마지막 주제자) 구성원들의 상호작용에 대한 경청은 열심히 했으나 거의 참여하지 못했다. 겨우 종결 직전에 상담자의 지적으로 참여하게 되었으나, 문제의 제시방식이 적절치 못하다는 반응을 듣고 당황스러웠다. 나 자신의 문제가 제시되어야 동등하게 참여할 수 있을 것 같은 압력을 느껴 침묵을 지키게 되었으며, 내가 하고자 하는 반응이 너무 끼어들기가 어려웠다는 점도 있다. 상담자가 마지막에 나에게 던진 말은 여러 번이었는데, 거의가 나의 반응이 적절하지 못했기 때문에 지적하여 나를 직면시키려 하였다.

호: (유일한 남자 집단원) 나의 반응은 대개 자신의 탐색을 해 보라는 상담자의 피드백으로 돌아왔다. 분위기 형성을 위해 얼마나 노력했는지 반성하게 되었다. 그러나 어떻게 해야 기여할 수 있을지에 대한 구체적인 방법이 떠오르지 않는다. 내 이야기를 꺼내 놓으면 안 될 것 같다는 느낌이 들기도 했다. 집단원들이 집단상담을 통해 자신의 어려움을 해결하고자 하는 것이 일차적인 목표가 아니기 때문에 내담자의 역할을 수용하기 힘든 것 같다.

6.4 상담자의 회기논평

2회에서는 집단상담자의 접근방법과 개입반응들의 여러 형태가 예시되고 있다. 그 중에서도, 전 회기와의 화제연결 방식, 집단규범의 반복전달, 발언자의 지명, 최초 지명자의 발언불응 —침묵 또는 자기표현을 주저하는 태도— 방관자 등에 대한 처리, 주요 발언자에 대한 피드백 유도, 전체 집단 분위기에 관한 반영 및 명료화, 집단적 저항의 처리방식으로서의 회기 종결가능성의 제시, 그리고 과제물 형태의 집단적 역할교육 등이 상담자의 개입반응들에서 나타나고 있다.

대체로, 이 회기에서의 집단원들의 행동특성은 아마도 집단상담의 준비-과도적 단계에서의 일반현상인 '탐색-방황-저항'으로 특징지을 수 있을 것이다. 이런 특성들이 발견된다고 볼 수 있는 부분은 다음의 것들이다.

(1) 시간적으로 빠른 이타적 발언과 막연한 내용의 피드백을 상담자가 지적하자, 좌절감(자존심의 손상)과 불만이 태동('금').

(2) 상담자의 적극 개입에 긴장을 느끼며, 자신의 감정성찰에 대한 필요성을 인식('이').

(3) 반응의 부적절성에 대한 상담자의 개입(지적)에 당황, 그리고 침묵('김').

(4) 집단 분위기의 형성에 기여해야 하겠으나 그 방법이 막연하다는 생각, 그리고 자기표현과 집단원으로서의 역할수행에 관한 방황('호').

✔ 주요개념

집단구성원 간의 역동적 관계/ 인간관계 훈련집단/ 감수성훈련/ 비구조적 집단/ 참만남 집단(엔카운터 그룹)/ 귀환반응/ '지금'과 '여기'/ 마라톤 집단/ 폐쇄집단/ 개방집단/ 집단의 과도적 단계/ 집단의 작업 단계/ 집단역동/ 바람직한 집단풍토/ 권위형 지도/ 민주형 지도/ 집단중심형 지도/ 개인사례 중심접근/ 공통관심사 중심접근/ 집단중심접근/ 분석적 접근/ 경험학습적 접근/ 집단과정/ 집단상담자의 자질

✔ 연구문제

1. 개인상담과 집단상담의 장단점을 비교해 보자.
2. 중등학교, 대학 및 산업체에서 유용하게 활용될 수 있는 집단상담(또는 집단연수) 방법에 관해서 알아보자.
3. 훈련집단(T그룹), 참만남집단(엔카운터 그룹) 등의 이론적 배경과 접근방법을 알아보자.
4. 집단상담의 활용유형(아동, 청소년, 학생, 관리자집단 등)에 따라 목표 및 접근방법의 특징을 알아보자.
5. 집단상담의 성과와 집단풍토 및 집단역동의 관계를 설명해 보자.
6. 집단상담의 준비 · 구성 · 과정별 상담자의 접근방법을 설명해 보자.
7. 집단상담의 효과는 어떻게 측정하는가?

상담활동에서의
고려사항

상 담자가 어떤 가치관을 가지고 내담자를 대하느냐에 따라 상담의 기본적 방향이 달라질 수 있다. 또한 상담자로서는 상담과정에서 발생할 수 있는 여러 가지 윤리적 문제들에 대해 나름대로의 기준들을 가지고 있어야 한다. 상담결과에 영향을 주는 요인들로서는 내담자 요인, 상담자 요인, 그리고 상호작용 요인이 있다. 이들 요인은 상담에서의 가치 및 윤리문제와 더불어 상담자라면 반드시 고려해야 할 상담에서의 주요 문제들인 셈이다.

1 상담에서의 가치문제

인간은 끊임없이 선택하는 존재이다. 크게는 자기 인생의 진로나 연간 계획으로부터 작게는 하루 일과나 매순간의 행동결정에 이르기까지 인간의 삶이란 선택의 연속이다. 이렇듯 끊임없는 선택에는 '무엇이 바람직한가?'하는 가치판단이 작용하게 마련이다. 가치는 명시되었건 함축되었건 개인으로서나 집단으로서나 인간 생활의 목표·수단 및 방법의 선택에 있어서 기초가 되는 판단개념을 말한다.

다시 말해서 가치란 인간 생활의 책임과 행동과정에서 무엇이 바람직한가를 결정하는 데 유용한 가설적 판단기준이다. 따라서 우리의 모든 사고와 행동은 가치와 연관되어 있다고 볼 수 있으며, 이것은 상담자와 내담자의 관계에서도 마찬가지일 것이다. 즉, 상담자나 내담자가 하는 모든 말과 행동에는 가치판단이 포함되어 있는 것이다.

상담은 상담자가 내담자 스스로 자기의 가치를 탐구하고 분석·종합하는 기회를 가질 수 있도록 개방적인 대화의 분위기를 제공하는 것이다. 따라서 상담관계에서 실질적 의미가 발견되려면, 상담자의 가치와 내담자의 가치 사이의 상호작용 및 내담자가 생활과정에서 겪는 가치갈등에 대해 민감한 이해가 이루어져야 할 것이다.

다음에 상담자의 가치관과 상담관계에서 내담자의 가치의식 및 상담에 작용하는 일반적인 가치들에 대해서 살펴보기로 한다.

1.1 상담에 대한 상담자의 가치관

앞에서 말한 바와 같이 상담은 내담자에게 스스로 자기의 가치를 탐구·분석·종합할 수 있도록 개방적인 대화의 분위기를 제공한다. 이러한 분위기의 상담관계를 조성하기 위해서는 상담자가 자신의 가치를 먼저 아는 것이 필수적일 것이다. 과연 상담자 자신들은 상담관계에 대해 어떠한 가치를 부여하고 있는가?

아마도 일반적으로 합의된 가치를 알아보려면 그 분야의 전문단체가 채택한 윤리강령을 살펴보는 것이 가장 좋을 것이다. 윤리강령이란 일반적으로 지지를 받은 가치에 기초를 둔 행동지침이기 때문이다. 한국상담심리학회와 미국상담학회(ACA)의 윤리

강령에는 상담에 관한 가치가 다음과 같이 나타나 있다. 즉

(1) 상담자는 인간 존재의 가치 · 존엄성 · 잠재력 및 교육성을 깊게 믿는다.
(2) 개인의 행동이 자신이나 타인에 대해 심각한 정도로 파괴적이지 않는 한, 개인의 자유로운 선택과 결정의 권리를 존중한다.
(3) 내담자의 복리증진을 위해 노력하고 내담자의 인간적 존엄성을 존중한다.
(4) 위의 세 가지 점을 기초로 하여 객관적이고 적절한 사회봉사에 힘쓴다.

이러한 내용들은 상담의 기본정신을 간단하게 표현한 것이다. 그러나 초점은 개인에게 바람직한 것과 사회적으로 바람직한 것 사이에 어떻게 균형을 취할 것인가의 문제일 것이다.

1.2 내담자의 가치에 관련된 상담자의 역할

최근에 와서 특히 가치문제에 관련된 상담자의 역할에 관심이 커졌으며 다양한 이론들이 제시되었다. 그러나 상담상황이나 상담자 자신의 능력에 관계없이 상담자 스스로 자기의 가치관을 신중히 고찰해야 한다는 점에서는 모든 이론들이 일치하고 있다. 반면 상담 장면에서 내담자가 제시하는 가치문제를 어떻게 다룰 것인가에 대해서는 전문가들 간에 의견차가 심한 것 같다.

미국의 경우 1910년부터 1940년대까지는 내담자로 하여금 일반적으로 받아들여지고 있는 보편적 가치를 취하도록 상담자가 영향력을 발휘할 책임이 있다고 보았다. 즉 상담자의 가치중립성이란 불가능하다는 것이 일반적인 견해였다. 그러나 1940년경부터 1960년경까지의 시기에는 상담자의 적극적인 가치개입에 대한 반동이 로저스(Rogers)를 중심으로 일어났다. 로저스가 역설한 것은 다음과 같다.

(1) 삶에 있어서 개인의 직접적 경험이 최고의 권위를 가진다.
(2) 개인은 천부적으로 자기 통제력과 자아실현의 능력을 지니고 있다.
(3) 내담자를 이해하는 최선의 방법은 내담자 고유의 내면적 준거에 의해 이해하는 것이다.

따라서 상담자는 상담관계에 있어 비지시적 역할을 수행해야 하며 가치에 관한 한 중립적으로 남아 있어야 한다는 논리가 성립되었고, 이 논리는 당시에 많은 지지를 받았다.

뒤이어 1960년대부터 상담자들은 비지시적인 모형에 대한 대안을 모색하기 시작했다. 그리하여 상담자는 내담자의 세계에 개입하여, 내담자가 자기의 문제를 규명하고 목표를 설정하며 대안적 행동을 선택하도록 도와야 한다고 보게 되었다. 이러한 접근방법은 1940년대까지의 적극적 개입과는 성격이 다른 것으로, 앞의 두 종류의 중간형이라고 볼 수 있다. 즉 적극적으로 개입을 하되 상담자(또는 사회)가 옳다고 생각하는 가치를 내담자에게 주입시키는 것이 아니라, 내담자에게 바람직한 가치관의 형성을 도와 주는 것이다. 다시 말해서 최근에는 내담자의 신념·생활방식의 선택 및 재구성에 바람직하다고 판단되는 특정 가치관을 직접 촉진하는 경향을 띠고 있다.

1) 내담자의 가치와 상담자의 역할

여기서는 각기 다른 입장을 표명하고 있는 대표적인 학자 세 사람의 의견을 중심으로 내담자의 가치와 상담자의 역할 사이의 관계를 검토하기로 한다.

윌리암슨(Williamson, 1958·1966)은 내담자의 가치에 관해 상담자가 매우 적극적인 역할을 수행해야 한다는 입장을 취한다. 즉, 상담자는 내담자가 자신의 가치를 명료화하도록 도와주어야 함은 물론, 더 나아가서 적합한 가치를 가르치기까지 해야 한다고 주장한다. 이와는 대조적으로 로우(Lowe, 1959·1969)는 상담자가 특정 가치를 다른 가치에 비해 선호해서는 안 된다는 견해이다. 특히 내담자의 도덕적 자유를 탐색하는 과정에서 상담자가 '정신건강 개념'이나 증상 분류적인 심리학 용어를 맹종하는 것이 가장 큰 장애요인이 된다는 점을 지적한다. 또한 개인적인 경험의 의미는 경험자 자신인 내담자의 의미가 되어야 하며, 결코 상담자나 치료자의 가치에 의해 판단·해석·통제될 수 없는 것이라고 말한다.

한편 피터슨(Peterson, 1970)은 상담자가 내담자로 하여금 자신의 가치를 이해하도록 도와야 하지만 동시에 내담자가 자신의 주관적 세계와 객관적 세계를 종합할 수 있도록 도움을 주어야 한다고 믿는다. 그리고 상담자는 내담자에게 어떤 가치를 왜 제공하는지 명확히 알아야 한다는 점을 강조한다. 내담자 개인의 가치와 자유로운 선택을 존중하는 상담의 궁극적인 가치는 민주사회의 기본이념을 반영하는 것이긴 하지만, 이러한 가치가 현대 산업사회의 현실적 가치와 전혀 갈등을 일으키지 않는 것은 아니다. 상담자와 내담자는 다 같이 자기의 주관적 가치와 소속기관(또는 학교)·직업 및 사회에 대한 책임 사이의 갈등을 겪고 있으며 이러한 갈등은 끊임없이 상담과정에 개입되기 마련이다. 따라서 상담자로서는 자기의 역할 중 어떤 것이 주관적 행위이며 어떤 것이 객관적 행위인지를 인식하고 있어야 하며, 내담자에게 의미 있는 가치란 내담자 자신의 경험으로부터 나온다는 것도 인식하고 있어야 할 것이다. 또한 내담자로서는 스스로의 경험적 가치를 추구할 뿐만 아니라 자기가 객관적인 세계 속의 일부분으로서 존재하고 있다는 사실도 인식하고 있어야 한다. 피터슨은 이렇게 자기와 사회(타인)를 동시에 존중하는 책임감은 자기와 타인을 다 같이 고려한 주체와 객체의 변증법적 과정을 통해서 형성되며, 상담자의 임무는 이 변증법적 과정을 촉진해 주는 데 있다고 주장한다.

2) 갈등적 주장의 근거

전체적으로 이 세 사람의 입장을 비교한다면, 윌리암슨은 다분히 가치교육 지향적이고, 로우는 가치중립 지향적이며, 피터슨은 가치활용 지향적이라고 말할 수 있을 것이다. 이처럼 상이한 입장은 상담이 이루어지고 있는 상황·내담자의 특성 및 상담자의 인간관의 맥락에서 이해가 가능할 것이다. 상담의 상황이란 어디(학교·법원·사회기관의 상담실 등)에서 상담이 이루어지고 있느냐는 것이며, 내담자의 특성이란 내담자의 문제유형 및 성숙수준(아동·청소년·성인 등) 등을 말하며, 상담자의 인간관이란 상담자의 인간 본성에 관한 주요 가정(성선설–성악설, 자유의지론–결정론 등)들을 포함하는 것이다.

윌리암슨의 입장에서는 관심의 초점을 학교상담에 두고 정상적인 발달과업을 해결하려 하는 젊은이들을 내담자로 고려했다고 볼 수 있다. 특히 발달과정상의 인간은 외부환경으로부터 많은 통제를 받아야 한다는 관점에서, 적절한 가치관을 모색하는 내담자에 대해 상담자가 사회적 책임이 있음을 주장한 셈이다. 로우의 입장에서는 여러 유형의 상담자 가운데 특히 정신건강에 관심이 있는 상담자 및 이에 관련된 상담상황과 '보다 의미 있고 충족된 삶'을 자유롭게 추구하는 성인을 내담자로 생각했다고 볼 수 있다. 즉, 성인 내담자는 실존적 선택과정에 있어서 자유로울 수 있기 때문에, 상담자의 역할은 비지시적이어야 바람직하다는 것이다. 한편 피터슨은 상담상황을 중·고등학교 및 대학으로 제한하지는 않고, 자유로운 선택능력이 있는 존재로서 내담자를 파악하면서도 내담자가 속한 객관적 세계를 고려하고 있는 것이다. 따라서 상담자의 역할은 순수한 치료자나 교육자가 아닌 중간적 위치에 있다고 보는 것이다.

3) 가치갈등의 해결

가치갈등의 해결방향은 결국 상담에서 내담자의 가치를 무엇으로 이해하며 상담자가 어떠한 역할을 할 것인가의 문제로 귀착된다. 앞에서 언급한 여러 의견상의 차이는 내담자에게 바람직한 가치를 교육할 것이냐, 내담자 스스로 자기 가치를 형성하도록 할 것이냐, 아니면 주관적 가치와 객관적 가치를 통합하도록 할 것이냐의 문제로 요약된다.

이 세 가지 방향은 서로 완전히 상반된 내용이라기보다 서로 보완적이며, 다만 접근방법의 강조점이 다를 뿐이라고 생각된다. 따라서 상담자가 어느 쪽에 비중을 두느냐가 문제이며, 이런 비중 및 방향의 선택은 상담자의 인간관·근무상황 및 내담자의 특성에 따라 정해질 것이다. 이러한 맥락에서 다음의 네 단계를 포함하는 접근방법을 생각할 수 있겠다.

첫째로 상담자는 자신의 인간관이 어떤 것인가를 가능한 한 명확히 파악하고 있어야 한다. 가령 인간에 대한 자기의 생각이 환경결정론적인가 혹은 자유의지론적인가를 아는 것은 상담자 자신의 역할을 이해하는 데 많은 도움이 된다.

둘째로 상담자는 자기가 처한 상담상황의 본질을 파악해야 한다. 그리하여 상담상황이 사회적 요구에 어느 정도 부응해야 하는가에 주의를 기울여야 한다.

셋째로 상담자는 자기가 만나는 내담자들의 성숙수준과 보편적인 문제유형을 파악해야 한다. 그리하여 내담자의 성숙도와 문제의 특성에 따라서 상담자가 어떤 역할을 하는 것이 적합한가를 찾아야 한다.

마지막으로 앞의 세 단계에서 수집한 정보들을 종합하여 구체적인 대처방안을 모색해야 할 것이다.

이와 같은 접근방법은 우선 상담에 관련된 상담자 자신의 인간관을 명확히 해 주고 상담상황을 파악할 수 있도록 하며 내담자에 관한 개념 및 가정을 규명함으로써, 실제 상담 현장에 적용할 상담자의 구체적인 역할을 결정할 수 있게 한다. 또한 상담자는 자신의 가치와 상담상황 및 내담자의 특성에 따라 앞서 말한 여러 가지 이론적 관점들을 참조할 수도 있을 것이다.

1.3 상담관계에 적용되는 인간적 가치들

그러면 상담자와 내담자에게 다 같이 좋은 영향을 미치며 상담의 효과를 높여 주는 가치에는 어떠한 것들이 있는지 살펴보겠다. 보이와 파인(Boy & Pine, 1972)은 14개의 철학적 가치들을 상담의 맥락에서 논의했으나, 여기서는 7개의 주요 인간적 가치들로 집약해서 설명한다. 이런 가치들은 상담관계에서 보편적으로 존재하는 것들이라고 볼 수 있다.

(1) 인간은 자기 생활의 결정자이며 자유로운 선택능력을 가지고 있다

상담과정의 초기에는 내담자들이 문제의 원인을 다른 사람이나 외부적 상황에 돌리는 경향이 많다. 이것은 문제의 속성이나 원인을 타인과 외부적 상황에 투사시킴으로써 자신의 행위에 대한 책임감으로부터 해방되고자 하기 때문이다.

상담은 이러한 내담자들로 하여금 타인이나 상황이 다소 영향을 미쳤다 할지라도, 스스로가 자신의 운명과 행동을 변화·통정할 수 있는 자유 의지의 소유자임을 깨닫게 함으로써 문제의 해결을 촉진시킨다. 또한 상담자의 역할은 내담자가 스스로 변화·공개·방어 및 의존 여부의 선택 능력을 가지고 있다는 신념을 토대로 한다. 내담자는 외부적 상황에 단순히 반응·적응하기보다는 자신의 상황적 경험과 지각내용을 토대로 자기 자신과 사회관계를 새로이 창조할 수 있음을 배운다. 그리하여 자기의 선택과 변화가 단순히 외부적 힘의 함수가 아니라 자신의 생각·감정 및 관점에 의하여 보다 의미 있게 이루어지고 있음을 터득하게 된다.

(2) 인간은 자기와 타인에 대한 책임을 완수함으로써 발전이 있다

자신과 타인에 대해 개인적인 책임을 지는 것은 쉬운 일이 아니다. 그리고 무거운 짐을 지지 않은 채 일을 쉽게 해치우려는 것이 인간의 속성인지 모른다.

상담 초기의 내담자들은 적극적인 문제해결을 위해서 자신의 생각과 행동이 변화해야 한다는 것을 알게 되지만 이런 변화에 따르는 부담과 고통을 회피하려는 경향이 있다. 상담자 쪽에서도 내담자가 부담을 감수하고 스스로 책임 있는 노력을 하도록 도와야 한다는 것을 알지만, 내담자에게 간단히 행동방향을 가르쳐 주는 것이 훨씬 쉽다는 것을 느끼게 된다.

자신의 문제에 부담스럽게 직면하기보다는 적당히 회피하는 이런 경향은 개인적인 성실성이나 책임감을 다하지 못하는 것이다. 상담자의 책임은 내담자의 생활양식에 바람직한 변화가 오도록 촉진하며, 내담자로 하여금 한 인간으로서 이해·존중되고 있음을 느끼도록 하는 행동적 자극과 반응을 보여 주는 것이다. 이러한 상담관계에서 내담자는 자신의 행동에 대한 책임감과 주위의 주요 인물들에게 미치는 영향을 점차 받아들이기 시작한다. 상담관계란 완전히 이타적인 관계는 아니며, 상담자와 내담자가 자신들과 자신들의 사회를 동시에 향상시키기 위해 만나는 관계일 것이다. 따라서 이기심과 이타심이 융합된 상태에서 자신과 서로에게 책임을 질수록 바람직할 것이다. 요컨대 내담자가 타인의 존엄성과 가치를 존중하기 시작할 때에 스스로의 자아가 확대되고, 바람직한 인간관계도 맺을 수 있는 것이다.

(3) 인간은 사랑과 평화와 우애를 지향하며 상담관계에서도 이것들이 촉진되어야 한다

성공적인 상담관계를 경험한 내담자는 일상 생활과 대인관계에서 보다 평화스럽고 다정한 사람이 된다. 상담자는 타인에게 어떻게 행동하는 것이 바람직한지를 보여 주는 입장이다. 즉 내담자에 대한 상담자의 행동은 사랑·평화·우애에 관한 인간성의 구현이어야 한다.

(4) 자아의 확대 및 성장을 위해서는 자신과 타인에 대해 개방적이어야 한다

인간은 자기의 내면적 세계를 흔히 감추고 주로 외면적 역할로서만 사회관계를 유지함으로써 자아의 성장을 가로막고 있다. 즉 '인간다운 면'을 숨기고 역할만 수행해 가는 경향이 있다. 상담관계에서의 인간다움이란 상담자와 내담자가 자신들의 능력·성격·회로애락과 가치관 등을 드러내놓을 준비가 되어 있음을 의미한다. 내담자의 개방성과 성실성은 상담자의 개방성과 성실성에 의해 유발 또는 촉진되는 것이다.

사회는 우리에게 가면을 뒤집어쓰고 위장할 것을 가르쳐 왔다. 그러나 상담관계에서는 '겉치레나 간판'이 허용되지 않으며 내담자가 자신의 내부에서 솟아나는 감정적 태도들을 개방적으로 표현할 때에만 상담자의 노력이 의미 있는 결실을 맺게 되는 것이다. 있는 그대로 그리고 느끼는 대로 공개하려면 용기가 필요하며 부담과 모험이 따

르지만, 자신과 타인에게 개방적일 때에만 개인적인 성장이 이루어질 가능성이 높아지는 것이다.

가령 상담자와 함께 '느껴지는 자아와 바라는 자아 사이의 간격'을 메꾸고 융합시키는 작업을 함으로써, 바람직하고 본질적인 충족감 및 성취감을 느끼게 된다. 그리고 이런 충족감과 성취감은 기계적이고 역할적인 가면을 없애는 데 따르는 부담과 모험을 보상하고도 남는 것이다. 이렇게 자신과 타인에 대해 개방적이면, 내담자의 지각내용이 왜곡되지 않고 새롭고 다양한 현실적 사실들로 채워지며, 결과적으로 내담자의 자아가 확장된다.

(5) 자신의 기본적인 신념과 행동양식을 정기적으로 반성해 봄으로써 인간적 성장을 가져온다

인간관계에서 경험되고 교환되는 내용은 개인의 기본적 신념(또는 가치관)과 행동양식을 반영해 준다. 즉 한 개인이 해답을 구하는 문제, 습득하고자 하는 기술, 큰 비중을 두고 있는 가치, 또는 자신이 지니고 있는 이상 등은 결국 그의 존재론적 관심(예: '나는 누구이며, 나와 내가 살고 있는 세계 사이에는 어떤 관계가 있는가?' 등)으로부터 나온다고 볼 수 있다.

인간은 이러한 존재론적 관심과 자기의 행동양식에 대한 회의를 보다 명료화하기 위해 때로는 혼자서 반성하는 시간을 가질 필요가 있다. 명상과 반성의 시간을 통해 자신의 신념과 가치와 행동양식을 비판적으로 검토하여 봄으로써, 보다 확대되고 성장하는 자아를 발견 또는 창조할 수 있는 것이다. 이러한 반성과 검토가 상담자와의 만남에서 더욱 촉진되는 과정이 상담일 것이다. 다시 말하면 상담과정에서 내담자는 스스로 자기의 신념·가치·행동양식에 대해 자유롭게 의문을 던지며 검토하게 된다. 이러한 내담자 스스로의 회의와 검토를 통해 보다 확대된 자기인식이나 바람직하다고 생각되는 행동에의 의지 및 생에 대한 보다 분명한 통찰이 나오게 되는 것이다.

(6) 인생에 있어서 죽음과 불안은 불가피한 것이며 죽음과 불안에 어떻게 대처하고 준비하느냐가 중요하다

죽음과 운명에 관한 불안은 인간에게 있어 가장 근원적인 것이며 불가피한 것이다. 자신의 죽음을 예견하고 운명에 종속되어 있음을 느끼게 되면 인간은 실존적인 불안을 경험하게 된다. 이렇게 생의 한계성에 부딪혔을 때, 인간은 무능력하고 무기력해

지며 포기 상태가 되거나 자신의 무력함에 대한 불안을 은폐하기 위해 신경증적인 공격성 및 조작적인 활동성을 보이기도 한다. 상담관계의 경우, 내담자들은 자신들의 상황이나 문제에 대해 아무런 힘도 행사할 수 없다고 불평하거나 또는 타인을 공격적으로 대하거나 이용함으로써 자신의 불안을 관리하려고 한다.

바람직한 상담관계에서는 내담자로 하여금 삶의 문제들을 은둔상태나 신경증적 활동을 통해 은폐하는 대신, 믿음과 유대를 지속하며 사랑 및 신뢰에 대한 욕구를 발견하고 강화하도록 한다. 피조물로서의 수동적 존재로부터 자신의 창조주로서의 주체적 인간 존재로 나아갈 수 있다는 신념과 능력을 깨닫도록 한다. 다시 말해서 내담자는 자신과 주위 사람들의 생활에 활력을 주고 자신의 삶을 확장시키는 경험을 스스로 창조할 수 있음을 발견해 갈 것이다.

(7) 상담자는 자기의 인간적 가치관을 끊임없이 검토하며 이를 토대로 내담자를 만나야 한다

상담과정에서는 상담자의 인간관 및 생활관이 직접, 간접으로 나타나기 마련이다. 인간적 가치와 태도의 표현이 '삶'이라면 상담도 이러한 삶의 한 측면이기 때문이다.

자기 자신과 자기의 상황 및 인간관계를 끊임없이 검토하는 과정에서, 상담자는 자신의 인간적 가치관과 생활태도를 검토하며 변용해 나갈 수 있다. 자기의 인간적 가치를 보다 분명히 알고 그 가치가 자기의 행동에 어떤 영향을 미치고 있는지 예민하게 검토하는 것은 상담자의 바람직한 자세이다. 이렇게 자기의 인간적 가치관에 대한 자각과 검토를 통하여 상담자는 자신의 성장을 가져올 뿐만 아니라 내담자의 가치관에 대한 폭넓고 민감한 이해가 가능해질 것이다. 성직자의 경우에 신앙에 대한 구체적인 신념의 재확인이 없이는 성실한 목회활동을 계속할 수 없듯이, 상담자 또한 자기의 인간적 가치관을 정리하고 이를 자신과 내담자에게 보다 의미가 있도록 끊임없이 구체적으로 검토함 없이는 성공적인 상담을 수행할 수 없을 것이다.

2   상담에서의 윤리문제

변호사나 의사 등과 같이 다른 사람들을 도와주는 입장에 있는 사람들이 모두 그러하듯이, 상담자 또한 상담을 할 때 고려해야 할 윤리적 문제들이 있다. 상담관련 문헌이나 학회 등에서 상담자의 윤리적 문제에 대한 지침들을 제공하고 있기는 하지만 그것들은 매우 포괄적이어서 일선 현장의 상담자들로서는 그러한 지침들이 실제적인 윤리문제의 해결에 별다른 도움이 되지 않는 경우가 많다. 따라서 실제 상담에서 발생할 수 있는 다양한 윤리적 문제들에 대한 구체적이고도 명확한 윤리적 지침들을 찾기란 현실적으로 어려운 실정이다. 또한 실제 상담에 종사하고 있는 상담자들 중의 상당수가 대학이나 병원 등과 같은 공공기관이나 사설 상담센터 등에 소속되어 있음으로 인해, 상담을 바라보는 시각과 상담에 대한 가치 면에서 소속기관과 상담자들 간에 갈등이 발생할 수 있다. 그리고 다른 사람 혹은 기관에 의해 의뢰된 내담자의 경우와 상담과정에서 내담자가 자살이나 다른 사람에 대한 신체적 위해 의사를 암시한 경우, 상담자가 어느 정도까지 비밀을 보장해야 하는지와 같은 문제도 자주 발생하는 것이 현실이다.

상담자의 윤리문제와 관련하여 생각할 수 있는 하나의 원칙은 상담자는 내담자의 권리 및 상담자 자신의 상담에 대한 윤리관의 중요성을 충분히 인식하고 있어야 하며, 어떤 경우에라도 내담자의 인간으로서의 가치는 존중받고 보호되어야 한다는 것이다. 여기에서는 상담자가 고려해야 할 몇 가지 윤리적인 원칙들과 쟁점들을 소개하고자 한다. 이 절의 목적은 상담에서 발생할 수 있는 윤리적 문제에 대한 명백한 기준들을 제시한다기보다는 실제 상담에 종사하고 있거나 그러한 생각을 가지고 있는 사람들이 가능한 윤리적 쟁점들에 대해 더 생각해 봄으로써 윤리문제에 대한 건전한 견해를 갖도록 돕는 데 있다.

2.1   상담자의 책임

상담자는 우선 내담자에 대한 책임이 있다. 즉, 내담자가 호소하는 문제들을 해결함으로써 내담자의 복리를 증진시켜야 할 의무가 있다. 그러나 만일 내담자가 상담관계로부터 별다른 이익을 얻지 못함이 확실하다면 어떻게 해야 하는가? 이에 대한 대답은 상담자는 그러한 관계를 종결하도록 시도해야 한다는 것이다. 하지만 상담자는 내담자가 나아지지 않는다고 믿지만 내담자가 종결을 거부할 때에는 어떻게 해야 하는가?

한 가지 예를 들어 보기로 한다. 20대 후반의 한 여성이 상담자와 10회에 걸쳐 상담을 계속해 오고 있다. 그녀는 상담시간에 꼬박꼬박 오기는 하지만 상담에서 이야기할 것이 정말 없다고 이야기한다. 그리고 그녀는 상담시간 중이나 그 외의 일상생활에서 자신의 변화를 위해 노력할 뜻이 별로 없어 보인다. 상담자는 여러 번에 걸쳐 그녀가 상담에 노력을 기울이게 하려고 시도하였고, 그녀의 이러한 무성의를 직면시키기도 하였으며, 진행되고 있는 상담이 그녀에게 도움이 되고 있지 않다는 것에 대해 같이 이야기하기도 하였다. 내담자는 상담자의 이러한 말에 동의를 표하긴 했지만, 그 이후에도 별다른 변화 노력 없이 계속 상담시간에 나타났다. 결국 상담자는 더욱 강제적으로 되었고, 상담관계를 종결하는 것이 최선이라고 판단했다. 하지만 그녀는 이의를 제기하고 상담을 끝내기를 원치 않는다고 말한다. 이 때 상담자는 어떻게 해야 하는가? 상담자가 그녀의 이의를 받아들여 상담을 계속하기로 한다면, 그 상담은 얼마나 오래 지속되어야 하는가? 만일 그 내담자가 상담자로서가 아니라 친구로서 계속 만나고 싶다고 한다면 상담자는 어떻게 해야 하는가?

이와 비슷한 상황에서, 상담자가 내담자와의 상담을 계속 진행시켜 나가는 것이 부적절하다고 생각하거나 상담에서 제공되는 도움의 유형이나 기간이 너무 제한되어 있다고 생각하기 때문에 내담자가 다른 상담자에게 의뢰되어야 한다고 판단될 때 상담자는 어떻게 해야 하는가? 또 다른 예를 들어 보기로 한다. 고등학교 2학년인 한 남학생이 그 학교에 소속되어 있는 상담자를 일주일에 한 번씩 석 달 동안 만나고 있다. 그리고 그는 상담이 자신에게 매우 도움이 된다고 생각한다. 상담자 또한 내담자가 호전되고 있다는 데 동의하지만 그가 고려해야 할 다른 몇 가지 현실적인 문제점들 또한 인식하고 있다. 즉, 그는 그 학생뿐 아니라 학교 학생들 전체에 대한 상담에 응해야 하기 때문에 한 학생에게 할애할 수 있는 상담시간이 제한되어 있고, 그 학교는 장기상담은 허용하지 않으며 장기상담이 필요한 경우에는 학교 밖의 다른 상담자에게 의뢰해야 한다는 방침이 있으며, 그 남학생이 겪고 있는 정서적 문제는 집중적이고도 장기적인 상담을 필요로 할 만큼 심각하다. 이러한 현실들 때문에 상담자는 그 학생에게 다른 상담자에로의 의뢰를 제안하고 그 이유를 설명한다.

이 때 그 내담자가 다음의 두 가지 방식 중의 한 가지로 반응한다고 가정해 보자. 첫째, 그는 상담자의 권유를 받아들여 다른 사설 상담기관의 상담자와 만나는 데 동의할 수 있다. 이 경우, 내담자에 대한 학교 상담자의 책임은 끝나는가? 이에 대한 한 가지 지침은 그 학생이 다른 상담자를 만나기 시작할 때까지 내담자의 복리에 대한 상담자의 책임은 지속된다는 것이다. 물론 그 이후에도 기존의 상담자는 다른 상담자와 긴밀한 협조 관계를 유지해야 한다. 둘째로, 그 내담자가 상담자의 권유를 거절하고 다른 상담자와 만나는 것을 원치 않는다고 말할 수도 있다. 이 때 상담자는 그 내담자와의 상담관계를 종결해야 하는가? 아니면, 그와 계속 만나면서 그가 상담자의 의뢰 제안을 받아들이도록 계속 설득해야 하는가?

이에 대한 가능한 한 가지 지침은 내담자가 상담자의 의뢰 권유를 받아들이지 않을 때 상담자는 관계를 지속하는 데서 생겨날 수 있는 내담자, 상담자 자신, 그리고 상담이라는 직업 자체에 대한 가능한 위해를 주의 깊게 검토해야 한다는 것이다. 또한 내담자에 대한 전문적인 도움이 가능하지 않다고 판단될 때 상담자는 상담관계를 아예 시작하지 않거나 즉시 그 관계를 종결해야 한다. 그리고 이 두 경우 모두 상담자는 적절한 대안을 제시해야만 한다. 그러나 상담자가 전적으로 내담자의 복리를 위해 노력하는 것과 이런 도움을 제공하는 데 있어서 상담자가 처한 현실, 그리고 상담자 자신의 한계를 다루는 것 사이에는 미묘한 갈등이 있을 수 있다. 이것이 하나의 쟁점이 될 수 있으며, 상담에 종사하는 사람들로서는 이에 대해 평소에 충분한 숙고를 해 둘 필요가 있다.

2.2 내담자와의 관계

상담자는 내담자와 새로운 상담관계를 시작하기 전에 상담의 목적과 목표, 상담에서 사용되는 기법, 상담에서 서로 지켜야 할 규칙들, 그리고 상담관계에 영향을 미칠 수 있는 여러 가지 가능한 제한점들에 대해 내담자에게 미리 알려 주어야 한다. 즉 상담자는 예비 내담자에게 상담을 시작하려는 그의 결정에 영향을 미칠 수 있는 상담관계의 주요 측면들에 대해 미리 알려 주어야 한다는 것이다. 여러 가지 요인들이 내담자의 결정에 영향을 미칠 수 있다. 예를 들어, 상담면접을 비디오나 녹음기로 기록하는 것이 내담자에게 영향을 미칠 수 있다. 또한 어떤 상담기관들은 상담교육을 책임진 수퍼바이저가 실제 상담을 관찰할 수 있도록 상담실에 일방 거울을 설치하기도 한다. 그리고 상담을 통해 내담자에 관해 새롭게 알게 된 사실에 대해 가족이나 관련 있는 기관에 알려 주어야 할 경우도 있다. 이러한 경우들에서 상담자 혹은 그가 속한 기관이 어떤 방침을 가지고 있는지가 내담자의 결정에 영향을 미칠 수 있다. 따라서, 상담자는 예비 내담자들에게 이러한 정책이나 상담관계상의 한계점들을 미리 상세하게 알려 주는 것이 바람직하다.

상담자와 내담자 간의 관계와 관련하여 또 한 가지 문제가 될 수 있는 것은 상담자와 내담자 간의 치료적 관계와 사회적 혹은 사적인 관계가 과연 양립할 수 있느냐는 것이다. 일반적으로, 우호적인 친구관계 또한 치료적일 수 있지만, 상담시간 동안에는 치료적 관계로 그리고 상담시간 이외에는 개인적인 관계를 유지하는 것과 같은 이중적 관계는 바람직하지 않다. 왜냐하면 상담자가 내담자와 개인적인 친분관계를 계속 유지하는 것이 상담자로서의 치료적 활동에 영향을 줄 수 있기 때문이다. 통상적으로 상담자들이 자신의 가족들과는 상담관계를 맺지 않는 이유 중의 하나가 서로 간의 관계가 너무 밀착되어 있어 한 사람의 문제가 다른 사람의 문제와 서로 얽혀 있는 경우가 많기 때문이다. 개인적인 관계와 상담관계를 동시에 유지하는 것의 또 한 가지 문제점은 대개 상담자는 내담자에 비해 상담관계에서 더 많은 영향력을 행사하는 위치에 있다는 것이다. 따라서 상담자는 개인적 관계에서 생겨난 미묘한 문제들에 대해 상담시간 중에 부당한 영향력을 내담자에게 행사할 위험성이 있는 것이다.

따라서 상담자는 내담자에 대한 자신의 개인적 욕구와 영향력을 충분히 자각하고 있어야 하며, 어떠한 경우에도 상담관계에서 생겨난 내담자의 신뢰와 의존을 상담자 자신을 위해 이용해서는 안 된다. 그리고 상담자는 내담자와 이중적 관계 혹은 상담자 자신의 전문적 판단에 영향을 미칠 수 있는 다른 관계를 맺지 않도록 노력해야 한다. 그러나 사회적 관계와 전문적 관계를 동시에 유지하는 것에 나름대로의 장점이 전혀 없는 것은 아니다. 예를 들어, 동료상담의 경우 상담을 시작하기 전 혹은 상담과정에서 생겨난 상담자와 내담자 사이의 우정은 긍정적인 상담결과로 이끄는 상호 간의 신뢰를 형성하는 데 긍정적으로 작용하기도 한다. 하지만 아무래도 중요한 것은 상담자는 자신과 내담자의 개인적 욕구를 항상 자각하고 있어야 하며, 상담관계 이외의 다른 관계가 미칠 영향을 정확하고 솔직하게 평가할 수 있어야 한다는 것이다.

상담관계와 관련하여 마지막으로 언급할 것은 상담자와 내담자 사이의 성(性)적 혹은 애정관계이다. 물론 이러한 관계는 앞서 언급한 개인적 혹은 사회적 관계 이상으로 상담자가 피해야 할 성질의 것이다. 대부분의 상담관련 윤리조항들에도 상담자는 내담자와 성(性)적인 혹은 애정적인 관계를 가져서는 안 된다는 것을 명시적으로 밝히고 있으며, 상담자들 또한 이에 동의하고 있다. 이에는 몇 가지 이유가 있다. 첫째, 상담자는 내담자에 비해 상담에서 더 우월한 위치에 있다. 즉 내담자는 도움을 받으러 온 사람이며 상담자는 내담자에게 전문적인 도움을 주는 위치에 있다는 것이다. 내담자들은 상담자에게 공포, 두려움, 절망, 환상, 과거의 비밀, 희망, 성적인 욕구나 갈등 등과 같은 자신의 내면적이고도 깊은 이야기들을 하게 된다. 따라서 상담자가 이러한 내담자의 취약한 부분들을 해결하는 것을 도와주는 대신에 그것들을 이용하려 한다면 그것은 명백히 비윤리적인 것이다. 상담자와 내담자 사이의 성적 혹은 애정관계가 바람직하지 못한 또 다른 이유는 그것이 내담자에 대해서는 상담자에 대한 의존성을 조장할 위험이 있고 상담자에 대해서는 내담자에 대한 객관성을 상실하게 할 위험성이 있다는 것이다. 또한 내담자로서는 상담자가 자신의 욕구를 만족시키기 위해 자신을 이용하고 있다는 느낌을 가질 수도 있다.

상담이 지속됨에 따라 내담자는 상담자에 대해 애정적인 관심을 가질 수 있다. 그리고 정신분석이론에서는 그러한 애정적인 전이가 상담관계에서 일어나기 마련이며, 이를 어떻게 해결하는지가 상담의 성패를 좌우한다고 말하기도 한다. 그러나 상담자에 대한 내담자의 애정적인 관심과 둘 간의 애정적인 관계는 명백하게 구분되어야 한다. 전자는 치료적인 맥락에서 처리되어야 할 문제이지만 후자는 치료에 전혀 도움이 되지 않는 것이기 때문이다. 따라서 상담자는 우선 내담자에 대한 상담자 자신의 성적인 욕구를 잘 파악하고 있어야 하며, 그것이 상담관계에 미치게 될 영향에 대해서도 항상 자각하고 있어야 한다. 그리고 그것이 상담자 자신의 힘으로 잘 해결될 수 없을 때에는 다른 전문가의 도움을 받거나 상담관계를 종결해야 한다.

2.3 비밀보장의 문제

상담에서 드러난 내담자에 관한 정보들은 일종의 위임된 비밀정보이다. 즉 그러한 정보는 비밀이 지켜지는 조건하에서 얻어진 정보인 셈이다. 만일 내담자가 상담에서 자신이 말한 내용에 대한 비밀이 지켜지지 않을지도 모른다는 생각을 가진다면 순조로운 상담의 진행은 불가능해질 것이다. 상담자로서는 상담에서의 비밀보장을 내담자에게 약속해야 할 것이며, 또한 약속된 비밀은 반드시 지켜져야 한다. 대부분의 상담자들은 비밀보장의 본질적인 가치에 대해서는 모두 동의하고 있다. 하지만 때로 내담자와 관련된 사실들에 대해 비밀을 지킬 수 없는 어쩔 수 없는 사정들이 생기기도 한다. 다음과 같은 상황들에서 상담자가 어떻게 하는 것이 최선이겠는지를 생각해 보자.

(1) 어떤 상담자가 20대 여성과 석 달 동안 만나고 있다. 그녀는 심한 우울을 겪고 있으며, 자신에게 남은 것은 절망뿐이라고 말한다. 그녀는 자살에 관한 이야기를 자주 하며, 심지어는 상담자에게 자살을 시도하는 구체적인 방법들에 대해 말하기도 한다. 이 때 상담자는 이와 같은 사실을 그녀의 가족들에게 알려야 하는가? 그리고 내담자에게는 어떻게 말해야 하는가?

(2) 한 내담자가 상담자에게 자신이 학교 실험실에서 비싼 실험장비를 훔쳤다고 말했다고 하자. 그리고 그 학교는 상담자가 소속된 학교이기도 하다. 만일 학교 당국자가 상담자에게 그 내담자에 관해 이야기해 줄 것을 요청하였다면, 상담자는 어떻게 해야 하는가? 그리고 내담자에 대해서는 어떻게 대해야 하는가?

(3) 상담시간 중에 한 소년이 자신의 친구에게 심각한 신체적 위해를 가할 계획이라고 말한다면, 상담자는 그 소년에게 어떤 말을 해 주어야 하는가? 그리고 소년의 계획을 누구에게 어떤 식으로 알려야 하는가?

(4) 어떤 상담자가 부모에 의해 의뢰된 어린 아동과 상담을 하고 있다. 상담이 몇 회 진행된 다음 부모가 찾아와서 상담이 어떻게 진행되고 있는지를 물었을 때, 상담자는 어떤 정보를 제공할 수 있으며, 또 어떤 정보는 제공할 수 없는가? 그리고 부모에게 이야기하기 전에 상담자는 아동에게 어떤 말을 해 주어야 하는가? 만일 아동이 상담자에게 아무런 이야기도 하지 말 것을 요구하면 어떻게 해야 하는가?

일반적으로 비밀보장의 약속은 내담자가 자신이나 타인, 혹은 사회에 대해 심각한 위해를 가할 것이 분명한 상황에서는 지켜지지 않을 수 있으며, 그 경우 상담자는 적절한 절차를 거쳐 이를 관련된 기관이나 사람들에게 알릴 수 있다. 하지만 '자신이나 타인에 대한 심각한 위해'에 대해 상담자가 적절한 판단을 내리기란 생각보다 그리 간단한 일이 아니다. 예를 들어, 내담자가 언어적으로 표현하지는 않았지만 자살을 시도

하거나 타인을 해치려 한다는 인상을 상담자가 받았을 경우에는 어떻게 하는가? 상담자는 그러한 생각이 들 때마다 이를 다른 사람이나 기관에 알려야 하는가? 그것은 전적으로 상담자 자신의 건전한 전문적 판단에 달려 있는 문제이다. 하지만 상담자로서는 선배 혹은 동료 상담자, 또는 자신에 대한 지도감독을 맡고 있는 전문가에게 이를 의논하는 방법을 활용할 수 있다.

비밀보장의 문제는 상담관계에 직접적인 영향을 미치는 것이기 때문에, 상담자로서는 비밀보장의 문제와 관련한 제반 사항들에 관해 상담 초기에 내담자와 진지하게 이야기를 나누는 것이 바람직하다. 즉 상담자로서는 자신이 지킬 수 있는 비밀보장의 한계를 내담자에게 분명하게 알려 주어야 할 책임이 있는 것이다. 만일 내담자가 자신이 말한 것은 어떠한 경우에라도 외부로 누설되지 않을 것이라고 생각하고 있다면, 상담자는 상담에서 비밀이 지켜지지 않을 수도 있는 상황들이 있다는 것을 내담자에게 설명해야 한다.

2.4 상담자의 윤리문제에 대한 몇 가지 지침들

여기서는 상담에서의 윤리문제에 대한 몇 가지 지침들을 제시하고자 한다. 하지만 이 지침들이 절대적인 것은 아니다. 따라서 이 지침들을 실제 상담 장면에 적용하기 위해선 각 상담자마다 이 지침들에 대한 충분한 숙고와 검토가 있어야 할 것이다. 상담자의 직업적 혹은 윤리적 문제에 대한 명확하고도 최종적인 대답이란 있을 수 없다. 대신에 그것들은 끊임없이 검토되어야 할 문제인 것이다.

(1) 상담자는 자신이 어떠한 개인적 욕구를 가지고 있는지, 상담을 통해 자신이 얻는 바가 무엇인지, 그리고 자신의 욕구와 행동이 내담자에게 어떠한 영향을 미치는지를 분명히 자각하고 있어야 한다.

(2) 상담자는 자신이 소속한 기관이나 조직에서 채택하고 있는 윤리적 규준들에 대해 알고 있어야 하지만, 그러한 규준들을 실제 상담에 적용시키는 것은 다름 아닌 자신이며, 따라서 상담자 자신의 독자적인 판단이 중요하다는 점을 인식하고 있어야 한다. 또한 상담자는 많은 문제들에는 분명한 대답이 없을 수 있으며 적절한 대답을 찾는 책임이 자신에게 있음을 알고 있어야 한다.

⑶ 상담자에게는 내담자의 복리에 대한 책임이 있으며, 내담자를 자신의 욕구충족을 위해 이용하는 일이 있어서는 안 된다.

⑷ 상담자는 치료적 관계를 명백히 해칠 수 있는 내담자와의 어떠한 다른 관계를 가져서는 안 된다.

⑸ 상담자에게는 내담자의 비밀에 대한 보장과 상담관계에 부정적인 영향을 미칠 수 있는 다른 문제들에 대해서도 내담자에게 알려 줄 책임이 있다.

⑹ 상담자는 자신의 가치관, 태도 등을 자각하고 있어야 하며, 이러한 가치와 태도가 상담관계 및 내담자에게 어떠한 영향을 미치는지를 인식하고 있어야 한다.

⑺ 상담자는 상담의 목표, 기법 및 절차, 그리고 상담관계를 시작함으로써 내담자에게 닥칠지도 모르는 위험과 내담자가 상담을 시작하려는 결정을 내리기 전에 고려해야 할 다른 요인들에 대해서도 미리 내담자에게 알려 주어야 한다.

⑻ 상담자는 자신이 제공할 수 있는 전문적인 도움의 한계를 잘 알고 있어야 하며, 내담자에게 적절한 도움을 주지 못하고 있다는 판단이 내려질 때에는 지도감독자의 도움을 받거나 내담자가 다른 상담자에게 상담을 받을 수 있도록 의뢰해야 한다.

⑼ 상담자는 상담과정에서 자신이 내담자에게 모델이 될 수도 있다는 점을 알아야 하며, 따라서 상담자 자신의 생활에서 내담자에게 영향을 미칠 수 있는 일이나 행동을 인식하고 있어야 한다.

✔주요개념

윤리강령/ 가치중립지향/ 변증법적 과정/ 가치교육지향/ 가치활용지향/ 환경결정론/ 자유의지론/ 자아강도/ 정신분열증/ 편집증/ 내담자 요인/ 상담자 요인/ 상호작용 요인/ 상담자의 책임/ 치료적 관계/ 개인적 관계/ 사회적 관계/ 동료상담/ 비밀보장/ 위임된 비밀정보/ 상담자의 욕구

✔연구문제

1. 상담과정에서 상담자가 지켜야 할 윤리는 어떤 것인가?
2. 로저스(Rogers)는 상담자가 내담자의 가치를 어떻게 이해해야 한다고 보았는가?
3. 상담자가 지켜야 할 윤리적 원칙과 쟁점들에는 어떤 것들이 있는가?
4. 상담결과에 영향을 주는 요인에는 어떤 것들이 있는가?

상담심리학

제8장

활용무대별
상담유형

이 장에서는 상담이 많이 활용되는 열한 가지 유형의 영역을 다루었다. 주로 '활용무대'별로 나누었으나, 엄밀한 의미에서 위기상담은 따로 취급될 성질의 것이다. 이 중에서도 특히 전화와 컴퓨터를 통한 위기상담과 가족상담 및 산업상담이 앞으로 우리나라에서 더욱 필요한 영역이라고 하겠다. 여기서 다루지는 못했으나 상담활동의 다른 주요 무대로서는 국가트라우마센터, 자살예방센터, 각급 교정시설 등 여러 사회복지 및 교육적 수용시설이 있다.

1 가족상담

1.1 가족상담의 필요성

1) 가정적 위기

가정에는 시시각각의 '위기'가 닥치게 마련이다. 우선 가족구성원의 상실로부터 오는 위기를 꼽을 수 있다. 즉, 가족 중에서 권위적 존재인 부모가 사망하거나 배우자가 병으로 사망하는 경우, 자녀가 군복무 중 혹은 교통사고 등으로 목숨을 잃는 경우 등이다. 다음으로 예기치 않았던 가족의 증가를 생각할 수 있다. 가령 직장 생활을 통한 경제적 안정과 학문을 계속 탐구하기 위해 가족계획을 해 오던 부부 사이에 원하지 않았던 임신이 되었거나, 계모 또는 계부가 새로 등장하는 경우 및 시골에 살던 노부모가 자식의 아파트에 입주하는 경우 등이다.

또 다른 가정적 위기는 사기의 하락 또는 가정 내 평화가 깨진 데서 생긴다. 가령 배우자가 부정한 일을 저지른다거나, 이혼 전후의 파란, 알콜중독, 불신을 자아내는 습관적 행동, 자녀의 비행 또는 사고, 가정의 불명예가 되는 사건의 발생 등으로 가정의 평화와 사기는 땅에 떨어지고 만다. 이런 여러 가지 원인에서 오는 가정적 위기는 식구들의 생활양식을 혼란시키고 주요 생활과정에서 큰 좌절감을 안겨 주기 마련이다.

2) 문제가족의 발생

가족상담이 필요한 또 다른 이유는 가족 중에 이른바 '문제식구'(또는 문제 내담자)가 있을 경우이다. 즉, 다른 식구들이 보기에 불안하고 고집스럽고 모자라고 비사교적인 것 등으로 판단되어 전문가의 도움을 받게 되는 경우이다. 여기서는 특별히 정신과 의사나 임상심리학자의 치료를 요하는 정신병리의 소유자를 말하지는 않는다. 정신과 병동에 입원 중인 환자의 가족을 상담하거나 입퇴원 전·후에 전 가족을 상대로 하는 가족치료 등에 관해서는 다른 서적을 참고하기 바란다. 여기서 말하는 대상은 '환자'가 아니며 '문제가 있는 것으로 간주되는 가족구성원'을 말한다. 이런 가족은 대체로 자기 자신을 정확히 이해하거나 느끼지 못함으로써 다른 식구와 의사소통을 잘 하지 못하거나 갈등을 일으킨다. 또한 어렸을 때나 몇 년 전에 형성된 기대수준 및 자기상에만 의존하고 '현재 여기'에 살고 있지 않는 수가 많다. 즉 현실 감각이 적고 과거의 환영 속에 안주하고 있는 경우이다. 그리고 자신을 비교적 이해하고 현실 감각도 있으나 필요한 행동 및 사고방식이 발달되지 않은 경우도 있을 것이다.

3) 가족관계 및 의사소통의 문제

마지막으로 아버지, 어머니, 자녀 간의 심리적 삼각관계, 아버지, 어머니, 두 자녀 간의 심리적 사각관계, 또는 시부모ㆍ남편ㆍ아내 간의 감정적 삼각관계 속에서, 자기 나름대로의 '적응수단'이지만 다른 가족이 보기에는 문제행동으로 느껴지는 가족이 있을 수 있다. 이 경우에 다른 식구들은 문제로 삼지만 본인이 문제시하지 않는 사례보다는 다른 식구와 본인이 다 같이 문제시할 때에 더욱 가족상담의 필요를 느끼게 되는 것이 사실이다.

요컨대 가족 중 누가 어떤 상태에 있든지 가정적 균형이 불안정하고 식구들이 자주 당황하거나 긴장을 느낄 때에 가족상담과 같은 전문적인 노력이 요구된다. 예를 들어,

(1) 가족 중 어느 두 사람의 관계 때문에 다른 사람이 계속 긴장과 소외감을 가질 경우
(2) 모든 식구들이 서로 대화가 통하지 않고 서로 간에 오해를 자주 산다고 생각될 경우
(3) 집에 들어와 있는 시간이 계속 불만족스럽고 밖에 있는 시간보다 긴장을 더 느낄 경우
(4) 식구 중 한 사람이 '문제'라고 생각되어 다른 식구들과의 관계가 계속 불안정한 경우
(5) 식구 중 한두 사람의 존재(위치)가 갑작스럽게 변화함으로써 가족 전체에 불안을 가져올 경우
(6) 또는 가정에 중대한 영향을 미치는 외부 사건의 발생으로 식구 전체가 긴장 속에 빠져 있을 경우 등이다.

1.2 가족상담의 원리

1) 가족체제의 문제성

가족의 '문제'는 한 사람에 대한 정신병리학적 관점에서보다는 다른 가족들과의 관계에서 이해되고 다루어진다. 즉, 가족 중 한 사람의 문제는 가족 전체의 문제성을 반영하는 것으로 간주한다. 예컨대 한 자녀가 흥분 상태에서 조용한 상태로 바뀌면 어머니가 흥분하고, 자녀와 어머니가 조용해지면 아버지나 다른 자녀가 흥분하는 식이다. 하나의 가족원을 이해하기 위해서는 가족체제 전체의 심리적 특성을 염두에 두어야 한다.

2) 문제 원인으로서의 가족관계

가족관계가 식구들의 내면적인 심리의 산물(또는 투사)이기보다는 내면적 심리과정이 가족관계의 산물이다. 가령 아내가 남편으로부터 심리적으로 학대받고 있다거나 남편의 공격적인 충동을 아내가 만족시켜 주고 있다고 생각하는 것은 가족관계를 내면적 심리의 함수관계로 보는 것이다. 그러나 가족상담에서는 부부관계 또는 가족관계가 심리적인 학대·피학대 또는 공격·수용 등의 행동을 계속하게 만들고 있다는 것이 유력한 견해이다.

3) 현재 상황에 초점

상담자가 현재의 상황을 이해할 수 없을 경우와 가족들이 과거의 맥락에서 이야기해야 쉽게 진행될 수 있다고 생각할 경우에만 과거의 사건이나 경험을 묻고 듣는다. 즉, 현재 일어나고 있는 양상은 과거로부터 지금까지 오랫동안 반복되고 있다는 전제 아래 현재의 양상에 상담의 초점을 맞추는 것이다. 대개 가족상담의 초기 과정에서는 부모와 자녀들이 다 같이 자기의 입장을 이해시키기 위해서 상담자를 향하여 많은 과거의 경험을 털어놓는다. 이렇게 과거에 관한 이야기를 상담자가 듣는 것은 가족상담에의 심리적 투자의 기회를 준다는 의미에서 초기에는 필연적인 과정이라고도 볼 수 있다. 그러나 상담자는 "그런 과거의 경험이 현재 당신 행동에 어떻게 연결되는가?"라고 묻는 방식으로 반드시 현재의 상황에서 생각을 정리하도록 촉진시켜야 한다.

4) 진단에 앞서 관심사의 처리

처음부터 가족문제에 대한 자세한 진단과 평가를 내리려고 하기보다 가족상담에 대한 각 식구들의 기대를 알아보고 현재의 가장 큰 관심사를 이해·수용하는 것이 필요하다. 가능한 한 자세하고 철저한 진단을 추구하는 것은 대개 상담자의 불안과 막연한 심정을 덜기 위한 것이고, 당장은 가족의 이익을 위한 것이 아닌 경우가 많다. 다시 말해서 처음부터 '문제적인 측면'을 탐색하는 상담자는 저항을 받기 쉬운 것이다. 우선 가족들로 하여금 가족상담을 시작하니까 무언가 기대할 만한 것이 있다는 생각이 들도록 하는 것이 중요하다. 실제로 가족관계에서의 변화나 의사소통의 촉진을 위한 것이 아니면 심리적 진단은 큰 의미가 없다. 통상적인 정신의학적 분류가 사용되지 않는 것은 그런 것이 개인 환자에게만 적용된다는 이유뿐만 아니라 가족상담과는 아무런 관계가 없기 때문이다.

5) 감정노출보다 생산적 이해

가족관계에서의 부정적인 감정을 노출시키거나 내면적 욕구를 지적하기보다, 바람직하지 못한 행동 및 심리를 이해하는 방향으로 또는 긍정적인 표현으로 어떻게 그런 행동이 필요했던가를 해석한다. 흔히 가족상담을 처음 하는 상담자는 식구들이 서로 얼마나 싫어하거나 불만스러워 하는지를 사실화하고 표현시키는 것이 중요하다고 생각한다. 그러나 내면적인 적개심을 분명하게 하는 것이 가족상담의 목적이 될 수도 없고, 가족문제를 해소하는 첩경이라는 보장도 없는 것이다. 오히려 가족상담은 적개심이 생기는 관계적 장애를 해소한다는 명제에서 출발하여야 한다.

따라서 노련한 가족상담자는 과거와 다른 행동을 시도하도록 설득하는 경우에만 기술적으로 해석적 반응을 하고, 그 외에는 별로 하지 않는 것이다. 또한 바람직하지 못한 특정 상호관계를 수정하기 위해 서로 간의 갈등을 명료화하는 데에는 적극적으로 임하지만 대체로 부정적인 측면은 강조하지 않는 것이 원칙이라고 말할 수 있다.

6) 경험 · 사건보다 목표행동

가족 내에서 무슨 일이 일어나고 있고 어느 식구들 간에 어떤 갈등이 있는가에 초점을 두기보다, 구체적인 상담목표로 보아서 어떤 결과가 일어나고 있는가에 주목한다. 경험이 적은 상담자는 흔히 가족역사, 부부 간의 심리적 갈등을 포함한 가족역학, 가족 간의 복잡한 상호작용 등에 너무 신경을 쓰는 나머지 상담의 목표를 달성하기 위한 노력을 게을리 하는 수가 있을 것이다. 즉, 서로 얽히고 설킨 심리적 지원 및 갈등관계 자체에 '재미'를 느끼고 이를 뒷받침하는 여러 경험적 일화를 듣는 데 많은 시간을 소비할 수 있다.

7) 가족생태 및 행동양식의 발달

단순히 식구들 간의 감정 및 의사표현이 향상되고 전보다 자유스러워지는 것만을 상담의 목표로 삼기보다 가족생태(또는 가족풍토)의 변화와 구체적인 행동변화에 초점을 두는 것이 바람직하다. 여기서 말하는 생태적 변화나 행동의 구체적 변화는 결코 상담자가 목표 및 결과를 과학적으로만 설정하고 평가해야 한다는 의미는 아니다. 그보다는 가족관계가 변하고 있는지의 여부와 이와 관련된 증거가 없다면 즉시 다른 접근방법을 사용해야 할 것이다. 상담자의 접근방법은 가족의 문제 및 가족구성에 따라 달라질 수 있을 뿐만 아니라, 상담과정에서도 필요에 따라 달라져야 하는 것이 가족상담의 특징이라 하겠다. 가족문제를 식구 하나하나의 문제로 보거나 성인(부모) 한 사람과 자녀의 문제로 나누는 식의 접근방법은 이미 낡은 방법인 것이다. 가족의 생태학적인 테두리에서 새롭게 문제를 정의하고 새로운 방법을 모색하는 것이 최근의 경향이다.

8) 의사소통체계의 변화

가족치료방법의 발달에 중요한 공헌을 한 사티어(Satir)의 '의사소통체계의 접근방법'을 간단히 소개하기로 한다. 사티어에 의하면 가족치료란 의사소통체계를 수정하는 과정이며, 의사소통훈련이 가족치료의 주요 내용이라고 한다. 가족집단의 의사소통은 항상 표면적 의미와 상대방에 대한 정서적(또는 의도적) 의미를 다 같이 포함하고 있으며, 가족상담은 주로 이 의미들의 수준과 양식을 다루는 것이라고 볼 수 있다. 사티어가 분류한 다섯 개의 의사소통양식은 다음과 같다.

(1) 표면적 의미가 동의적인 것과 정서적 의미가 기쁘게 하거나 회유적인 것
(2) 표면적 의미가 이의적인 것과 정서적 의미가 책망적이거나 공격적인 것
(3) 표면적 의미가 화제를 바꾸는 것과 정서적 의미가 무관심하거나 후회적인 것
(4) 표면적 의미가 합리적인 것과 정서적 의미가 관용적인 것
(5) 표면적 의미가 자기에 관한 보고인 것과 정서적 의미가 다른 사람을 위해 자리를 만들어 주는 것

가족상담은 앞서 의사소통양식 중 다섯 번째 양식으로 바꾸는 작업이라고 볼 수 있다. 자기의 의사를 분명하게 말하되 마음으로는 다른 식구의 입장을 경청하고 받아들일 수 있도록 한다는 것이다. 만일 한 가정의 의사소통양식에 있어서 아버지가 '회유형'이고 어머니가 '책망형'이고 아들이 '후퇴형'이라면, 이 가정은 분명히 '문제가정'이라고 말할 수 있는 것이다. 흔히 가족갈등의 주요 원인은 분명한 의미를 전달하지 않고서도 전달한 것처럼 착각하여 상대방의 반응에 실망하거나, 정서적 의미를 미처 받아들이지 못하고 표면적 의미에만 반응하여 상대방을 실망시키는 데서 오는 것이 사실이다. 이러한 의미에서 가족상담은 의사소통의 정확한 의미전달 및 받아들이는 태도의 훈련이라고도 말할 수 있다. 그리고 상담자는 이러한 훈련에서 바람직한 의사소통의 본보기 역할을 한다고 볼 수 있다.

1.3 가족상담자의 역할

가족상담에 임하는 상담자는 먼저 참여하는 식구들이 상담자에 대한 신뢰를 갖도록 하여야 할 것이다. 이 신뢰는 상담자가 '우리 집의 갈등적인 분위기를 조정해 줄 수 있는 전문가', '우리 가정의 문제를 우리 식구들과 함께 해결해 나가도록 도와주는 사람'이라는 기대와 이러한 기대에 부합되는 상담자의 책임감 및 자신 있는 태도에서 비롯된다고 볼 수 있다. 다시 말해서 상담자는 식구들이 가족상담에 대해서 불안해하지 않고 긍정적인 기대를 갖도록 하여야 한다.

다음으로 중요한 역할은 식구들로 하여금 다른 사람에게 가능한 한 자유롭게 말하

고 질문하며 궁금한 것을 알아볼 수 있는 분위기를 조성하는 것이다. 왜냐하면 대개의 가족관계에서는 공개적 표현에 대한 두려움과 모른다는 것에 대한 두려움 및 만족시켜 주지 못하는 것에 대한 죄책감이 원만한 의사소통과 상호이해를 가로막고 있기 때문이다. 가령 '내가 질문하거나 말해 버리면 아버지가 당황할 것이고, 나도 못된 자식이 되거나 난처해질 것'이라고 생각하며, '내가 어머니로서 딸의 일을 다 알고 있어야 하는데 모른다는 사실이 밝혀지면 내가 무슨 꼴이 될까? 그냥 짐작으로 넘어가자'는 마음이 생기고, '내가 남편의 기대를 만족시켜 주지 못하고 있는데 어떻게 이야기한담! 상담자가 파악해 줄 때까지 기다려 보자'는 식의 소극적인 심리가 작용하는 것이 보통이다. 따라서 상담자는 식구들이 의사표현을 두려워하지 않고 이해하지 못한 것은 확인하도록 하여, 결코 위축되거나 방관하지 않도록 하는 분위기를 조성하는 것이 필요하다.

1.4 가족상담의 경향과 전망

이제 가족상담은 정신건강 분야에서 그 자체로 중요한 하나의 영역으로 인식되고 있는데, 가족상담의 경향을 요약하면 다음과 같다.

첫째, 부부상담과 가족상담을 구분하는 전통이 희미해지고 대신 부부 및 가족상담을 합쳐서 하나의 새로운 영역으로 보려는 경향이 뚜렷해지고 있다.

둘째, 전공에 관계없이 가족상담 분야에 종사하는 많은 사람들이 자신들을 가족상담자라고 이야기할 만큼 이 분야가 각광을 받고 있다.

셋째, 부부관계, 동거인 관계, 양부모 가족문제, 동성애자 집단, 부모－자녀 간 문제, 이혼한 사람들, 보호관찰자 및 구류자 가족 등을 포함하는 광범한 인간관계들을 다루는 분야에서 가족상담이 선호되고 있다.

1980년대 후반 이후 1990년대 초반에 이르면서 가족상담에서는 개개인의 문제를 개별적으로 치료하는 것보다 인간관계 맥락 내에서 구조적으로 개인을 치료하려는 점을 특히 강조하고 있다. 또한 최근 가족상담은 이론적으로 구조적 치료, 사티어 경험적치료, 해결중심단기치료를 중심으로 발전하면서 동시에 이와 관련된 다양한 가족치료 워크숍이 개최되고 있다. 또한 최근 가족상담은 가족치료와 관련된 많은 번역서와 이론서 출판이 증가하고 있으며 대학에서 학위논문으로 가족치료 모델과 임상결과에 대한 주제가 늘어나고 있다.

과거 미국에서 900명의 가족상담자들을 대상으로 실시한 한 조사에 의하면, 대부분의 가족상담자들이 어느 한 이론보다는 절충주의적 접근을 주로 사용하고 있었으며, 그 중에서도 대상관계이론과 미누친(Minuchin) 등에 의해 개발된 구조적 가족치료 (Structural Family Therapy)[1]를 절충적으로 사용하고 있는 것으로 보고되었다. 가족상담을 받으러 오는 내담자들의 주된 문제는 부부관계의 어려움과 부모-자식 간의 갈등 문제, 알콜과 약물 남용, 그리고 자녀의 학교적응문제 등의 순이었다. 이 조사결과가 시사하는 바는 오늘날 가족상담은 결코 하나의 통합적인 것이 아니라는 점이다. 즉 한두 가지의 이론과 임상적인 방법이 가족상담 전체를 대변하는 것으로 보기 어렵다. 따라서 2000년대 가족상담에서의 과제는 다양한 여러 내담자 집단에 대해 효과적으로 치료하기 위해 여러 이론 및 임상적 방법들을 어떻게 통합하는가 하는 문제이다.

우리나라에서는 가족상담이라는 분야가 하나의 독립적인 분야로 인정되면서 가족치료 자격증에 대한 관심이 높아지고 가족치료 관련 상담소나 기관이 늘어나고 있다. 이것은 가족치료에 대한 일반인의 요구도가 높아지고 있으며 가족치료 전공자의 증가를 반영한 것이다. 이제 가족상담은 개인상담의 한계를 극복하고, 가족관계뿐만 아니라 대인관계 문제를 보다 효율적으로 다루기 위한 분야로 발전했으며, 치료대상과 이론 및 연구 등에서 확장되고 있다.

1.5 가족상담의 도입 및 진행의 예시

앞에서 밝혔듯이 가족상담자는 가족 스스로 가족 내의 문제를 해결하도록 돕는다. 이 단락에서 여러분은 특히 가족상담의 시작 및 도입 단계가 어떻게 진행되는가의 예를 볼 수 있을 것이다.

먼저 여러분은 가족상담의 시작 단계에서 상담에 참여하기를 꺼리는 구성원이 있을 때 상담자가 어떤 태도를 취하는가를 볼 수 있을 것이다. 이하의 대화문은 사티어의 공동가족치료(Conjoint Family Therapy, 1983)에서 발췌, 요약했음을 밝혀 둔다.

---

1 이 치료는 미누친(Miniuchin, 1967)이 개발한 접근법으로 역기능적인 가족구조를 재구성하여 그 구조가 동맹과 제휴를 할 수 있는 구조가 되도록 바꾸는 것을 목적으로 한다. 이 접근법에서는 가족 내에서 문제가 되는 행동을 강화하고 있는 가족 간 '현재의' 상호작용에 초점을 둔다는 것이 주 특징이다.

부　인: 가족상담에 대해서 들어 본 적이 있어서 이렇게 오게 됐어요. 선생님이 저희 가족을 도와주실 수 있을까요?

상담자: 무엇이 문제인가요?

부　인: 저희 애 문젠데요. 그 아인 학교생활이 엉망이에요. 이제껏 그렇게 큰 문제는 없었는데 요즘 들어 문제가 생겼어요. 글쎄, 새로 온 선생이 제 아이에게 심하게 대한다더군요. 전 잘 모르겠지만 학교에서 제 아이가 아무것도 안 하려고 한다고 하더군요. 그것 때문에 학교에서 여러 번 저에게 불평을 했어요. 애가 많이 긴장하고 있다고 말들 하더군요.

(중　　략)

상담자: ○○부인, 부인의 말씀을 들어 보면 부인이 원하는 대로 일이 잘 안 되는 것 같네요. 우리는 이 가족상담을 통해서 이 문제를 자세히 살펴보고 좀 더 잘 이해하려고 노력할 거예요.

부　인: 저희 부부는 그 애한테 해 줄 수 있는 것은 뭐든지 해 줬습니다.

상담자: 저는 아드님 문제가 부인을 얼마나 혼란스럽게 하고 있고 부인이 이 문제를 해결해 보려고 무척 애쓰고 있다는 것을 알아요. 아시다시피 여기서는 가족상담을 하기 때문에 제 생각에는 먼저 당신네 부부를 만나야 한다고 생각해요. 부인의 가족이 누구누구인지 말씀해 주시겠어요?

부　인: 저희 가족은 아들 ○○와 딸 ○○, 그리고 저희 부부입니다.

(중　　략)

상담자: 제가 앞서 말씀드렸듯이 여기서는 가족상담을 합니다. 그래서 저희는 먼저 부모 되시는 두 분을 뵐 겁니다. 제가 부인과 남편 되시는 분을 함께 만날 약속을 지금 하도록 해요. 그 다음에 아이들을 만나 볼지 결정하는 게 좋을 것 같네요.

부　인: 그런데 제 남편이 여기 오려고 할지 모르겠어요. 제 생각엔 그이는 안 오려고 할텐데요. 남편에게 물어보지는 않았지만. 그이는.

상담자: 저희는 부인의 남편으로부터 그분만이 얘기해 줄 수 있는 정보를 얻었으면 해요. 저는 당신 부부 두 사람을 모두 만나는 것이 무척 중요하다고 생각해요. 남편에게 말씀드리세요. 아버지와 어머니가 빠진 가족은 가족이 아니라고요. 남편으로부터 도움을 받는 것이 무척 중요합니다.

(중　　략)

부　인: 음, 제가 남편에게 여기 오자고 얘기해 보죠. 선생님은 언제 시간이 나십니까?

다음의 예는 가족상담자가 가족 내의 상호작용과정을 어떻게 명료화하는가를 보여 주고 있다. 이 상담자는 남편의 비언어적인 행동을 지적하고 그것의 의미를 두 부부가 서로 탐색하고 서로의 감정에 직면하게끔 유도하고 있으며, 이 예의 끝부분에서 아들의 행동방식을 이와 관련시킴으로써 가족 내의 구조적인 상호작용을 명료화하고 있다. 여러분은 이 상담자가 '지금 그리고 여기'에서의 단서를 통해 가족 내의 상호작용을 바라보고 있음을 주목해서 보기 바란다.

상담자: (남편에게) ○○씨, 저는 당신이 조금 전 얼굴을 찡그리는 것을 보았습니다. 그게 지금 이 시점에서 당신이 화났다는 것을 나타내는 걸까요?

남　편: 저는 제가 얼굴을 찡그렸다는 사실을 몰랐는데요.

상담자: 사람들은 때때로 자신도 모르게 어떤 표정을 짓거나 소리를 지르곤 해요. 바로 지금 ○○씨는 무엇을 생각하고 또 느끼고 있었는지 말할 수 있는 데까지 한 번 말씀해 보세요.

남　편: 저는 제 아내가 조금 전 말한 것을 되새겨 보고 있었습니다.

상담자: 부인의 말씀 중 특히 무엇에 대해 생각하고 있으셨나요?

남　편: 제 아내는 자기가 시끄럽게 얘기하고 있을 때 제가 그 점을 자기에게 얘기해 줬으면 하고 바랐다고 했는데, 저는 그 점에 대해 생각해 보고 있었습니다.

상담자: 그 점에 대해서 ○○씨는 뭘 생각하고 있으셨나요?

남　편: 저는 제 아내에게 말하려는 생각은 전혀 없었습니다. 단지 저 여자가 미쳤구나 하고 생각했었죠.

상담자: 음, 그러면 당신이 얼굴을 찡그린 것은 아마도 부인은 ○○씨께서 뭔가를 해 주기를 바라고 있고 ○○씨는 부인의 이런 바램을 모르고 있었기 때문에 ○○씨께서 혼란스러웠다는 점을 말해 주는 것 같군요. ○○씨는 얼굴을 찡그림으로써 자신이 혼란스러웠다는 것을 알려 주고 있었다고 생각하시나요?

남　편: 예, 저는 그렇게 생각합니다.

상담자: ○○씨 생각에 이전에도 이런 상황에 놓인 적이 있으셨나요? 다시 말해 부인의 말이나 행동으로 인해 ○○씨께서 혼란스러웠던 적이 있으셨나요?

남　편: 예, 예, 여러 번 그랬었죠.

상담자: ○○씨께서 혼란스러울 때 그것을 부인에게 말해 본 적이 있으셨나요?

부　인: 저이는 한 번도 그런 걸 말한 적이 없어요.

상담자: (부인을 향해 미소지으며) 잠깐만요, ○○부인, 당신 남편이 자신이 한 행동에 대해서 어떻게 생각하는지 들어봅시다. ○○씨 당신은 자신이 혼란스러울 때 부인에게 이를 알리는 것에 대해 어떻게 생각하십니까?

남　편: 전 제 아내가 알고 있으리라 생각하는데요.

상담자: 자 그러면, 부인이 알고 있는지를 물어 보는 장면을 생각해보아요.

남　편: 그런 걸 물어 보는 건 어리석은 짓입니다.

상담자: (미소지으며) 제 생각에는 이 상황에서는 부인이 바로 이 자리에 있고 ○○씨가 뭘 물어 볼지 확실히 들었기 때문에 물어 본다는 게 어리석게 보일 수도 있습니다. 부인은 뭘 물어 볼지 이미 알고 있을 테니까요. 하지만 저는 당신 부부 두 사람이 서로 뭘 원하는지에 대해 정확히 알고 있을까 하는 의심이 들어요. 제 생각에는 서로가 상대방이 뭘 원하는지 알려고 애쓰지 않는 것처럼 보이네요. ○○부인, 아까 당신 남편이 얼굴을 찡그린 데 대해 제가 지적했던 그 장면으로 다시 돌아가 볼까요? ○○씨는 그 때 남편이 얼굴을 찡그리고 있다는 걸 알아차렸나요?

부　인: (불평하면서) 예, 남편은 항상 그런 표정을 짓곤 했죠.

상담자: 남편이 얼굴 찡그리는 걸 보면서 ○○씨는 어떻게 받아들였나요?

부　인: 남편은 여기에 있고 싶어 하지 않아요. 신경쓰지 않으려 하죠. 아무 말도 하지 않죠. 늘 TV를 보거나 아니면 아예 집에 있지를 않아요.

상담자: 그것 참 궁금하네요. ○○부인 당신의 말을 들어 보면 당신 남편이 얼굴을 찡그릴 때 당신은 이것을 남편이 "난 당신을 사랑하지 않아, 당신에겐 관심도 없어"라고 말하는 것처럼 받아들였나요?

부　인: (화가 나서 울면서) 전 모르겠어요.

상담자: 음, 당신 두 사람은 서로가 사랑하고 있고 서로 필요로 한다는 것을 분명하게 전달하는 방법을 아직까지 배우지 못한 것 같아요. 모든 사람은 서로 필요로 하고 있다는 사실을 분명하게 상대방에 전달하는 방법을 배워야 해요.(아들에게) ○○야, 넌 네가 부모님을 필요로 한다는 것을 어떻게 전달하는지 알고 있니?

아　들: 그게 무슨 말이에요?

상담자: 음, 예를 들어 네가 엄마를 좋아한다고 느낄 때 그걸 엄마에게 어떻게 알리니? 누구나 항상 같은 느낌을 가지는 건 아니거든. 엄마가 네 곁에 있어서 기쁠 때 넌 그것을 어떻게 표현하니?

아　들: 전 엄마 말을 잘 듣죠. 공부도 열심히 하고 제 할일도 알아서 하죠.

상담자: 알겠다 애야, 그러면 넌 네가 집에서 공부하는 것이 엄마가 네 곁에 있어 기쁘다는 걸 엄마에게 알리는 방식이구나.

(후　략)

2 부부상담

2.1 부부상담의 현황

우리나라에는 '결혼상담소'가 많이 있으나 대부분이 결혼할 상대를 찾아 주거나 짝지어 주는 역할만을 하고 있다. 여기서 다루고자 하는 부부상담은 '가족상담'의 한 분야라고 할 수 있겠으나, 부부간의 심리적 갈등 및 적응문제를 전문적으로 해결하는 별도의 접근방법으로서 설명하고자 한다. 먼저 이 분야가 가장 앞서 있는 미국에서의 현황이 어떤지 소개하기로 한다.

과거에는 부부상담을 주로 목사, 사회사업가, 그리고 공공복지기관 및 종교단체의 자원상담자들이 해 왔다. 그러나 현재는 캘리포니아 등 많은 주에서 부부상담이 특수한 분야로 인정되고 있고, 면허를 가져야만 부부 및 가족문제 상담소의 광고를 내게 되어 있다. 부부 및 결혼문제를 담당하는 상담자는 전문적인 훈련과정을 거치는 것 이외에 미국 성교육 상담자협회와 전국 가족관계협의회와 같은 전문분야 학회에 가입하고 있어야 한다. 많은 정신과 의사와 심리학자들이 사무실 및 자택에서 운영하는 개인 상담소에서 가족관계와 부부문제를 상담하고 있으며, 사회사업가들도 주 근무처인 공공복지기관에서 저소득층 및 중류가정의 부부문제를 상담해 주고 있는 실정이다. 그 밖에 목사들은 교회 안팎에서 특히 남녀 간의 결혼 전 관계와 신앙문제를 중심으로, 의사는 성(性)과 피임문제를, 그리고 변호사는 특히 이혼과 관련된 법적 문제를 상담해 주는 것은 우리나라와 비슷하다고 보겠다.

미국의 미네소타에는 심리학자·사회사업가들의 전문적 상담기능을 주축으로 하고 판사가 주관하는 '조정 재판소'(concilation court)가 있으며, 우리나라의 경우 심리학자·변호사·가정주부 등으로 구성된 비상임위원제도가 운영되고 있다. 또한 미국과 유럽의 몇몇 선진국에서는 최근 성(性)문제와 성관계 향상을 전문적으로 하는 개인상담과 집단치료가 활발하다. 성에 대한 올바른 지식을 주입하고 온갖 교육적인 매체를 동원하여 성적 문제를 치료하는 이 성상담치료 분야에서 두드러지게 활동해 온 사람은 매스터즈와 존슨(Masters & Johnson, 1970)이다. 이들이 기본적 연구를 바탕으로 사용하는 주요 방법은 '감각 초점'(sensate focus)이라고 불리는 것인데, 이것은 부부 간의 상호접촉행동의 확대 및 정기적 대화를 수반하는 유쾌한 신체감각의 계발을 체계화한 것이다.

2.2 이혼과 부부상담에 관련된 문제들

1. 조정과정으로서의 별거

상담자나 심리치료자에게는 부부상담을 요하는 사람들에 있어서 이혼이 해결방안인지 아닌지 결정할 권리가 주어져 있지 않다. 부부문제 상담자는 다만 이혼이 해결의 한 방편인지의 여부를 합리적으로 판단하도록 도움을 줄 뿐이다. 상담자는 부부가 너무 오래 정서적으로 분리되어서 참을 수 없을 정도의 괴로움 때문에 서로 화해가 될 수 없다는 점을 인정할 수는 있다. 그렇다고 이혼이 유일한 해결책이 아니라는 것도 안다. 상담자로서는 부부 간에 결혼 당초의 1차적 목표가 불가능할 때라도 가능한 한 서로의 포용과 화해 속에서 같이 살도록 도와 줄 수 있다. 가령 당분간의 별거는 결혼이 구제될 수 있는 한 가지 방법일 것이다. 간혹 별거 다음에 부부관계가 결정적으로 파괴되는 경우도 있다. 그러나 별거하는 동안 사사로운 일로 서로 비난했고 싸웠다는 사실을 알게 되고, 전문가의 도움으로 건설적인 자세에서 상대방의 개성 및 부부관계의 상호작용적 조건에 타협할 수 있게 되는 경우가 많다. 다시 말해서 상담자는 별거를 쉽게 권장하지는 않고 특정한 상담의 접근방식으로 고려할 수 있는 것이다.

2. 자녀에게 미치는 영향

흔히 '아이들 때문에 이혼을 하고 싶어도 못 한다'는 말을 듣는다. 그러나 이혼이 자녀들에게 그렇게 비참한 것은 아닐 수도 있다. 왜냐하면 호적상으로는 이혼을 하지 않았으나 정신적으로 이혼상태에 있을 때 가정의 자녀들이 더 큰 피해를 입기 때문이다.

파경 직전의 부부관계 갈등이 자녀들에게 미치는 나쁜 영향을 다음의 다섯 가지로 집약할 수 있다.

⑴ 자녀는 부모들이 배우자에게 얻지 못하는 욕구 충족의 대치물이나 방패역이 된다.

⑵ 자녀를 이미 정신적 위기에 놓인 결혼관계를 유지하기 위한 수단이나 인질로 삼거나, 계획적으로 임신하기도 한다.

⑶ 적대적인 부부관계에서는 자녀가 한 쪽 부모의 '심복 부하' 또는 서로의 비밀을 말하고 의지하는 '동맹자'의 역할을 강요받는 수가 있다.

⑷ 자녀는 부모들의 가장된 평화·냉전, 또는 갑작스럽게 나타나는 난폭한 장면 등에 부딪힘으로써 항상 불안과 막연한 분위기에 휩싸이기 쉽다.

⑸ 자녀는 부모들 간의 불화와 관심으로부터의 소외 때문에 사회성의 발달이 늦거나 지나친 의존심이 생긴다.

전문적인 상담과정에서 이혼이 최종 방안으로 결정되는 경우, 상담자는 내담자들로 하여금 자녀들의 복지를 최대한 보존하도록 도와주어야 한다. 특히 이혼이 자녀들의 잘못이 아니고, 부모들이 아직도 사랑하고 있고, 모든 것이 잘못되는 것은 아니고, 부모들도 신(神)이 아니라 잘못을 저지를 수 있는 인간이라는 점들을 자녀들에게 인식시켜 줄 필요가 있다. 이혼한 후 부모의 한 쪽이나 양 쪽이 재혼을 했을 때 자녀에 대한 영향은 더 복잡해진다. 자녀는 새 배우자에 대한 부모의 관심에 대해 질투를 하기 쉽고, 의붓부모 쪽에서도 새 배우자와의 관계에서 자녀들을 방해적 존재로 느낄 수가 있다.

이상에서 이혼을 중심으로 한 부부문제의 복잡성과 결과를 요약했다. 어떤 해결책도 모든 부부관계에 다 건설적일 수는 없다는 점에 유의해야 할 것이다.

2.3 부부상담의 일반적 특징들

부부상담은 다른 형태의 상담과 여러 가지 면에서 차이가 있다. 우선 개인상담과 비교되도록 부부상담에서의 상담자의 위치를 그림으로 표시해 보면 [그림 8-1]과 같다.

부부상담의 경우 다음의 그림에서 보듯이, 상담자는 남편과 아내 또는 부부 간의 갈등 사태에 직접 복수적으로 관계되고 있다. 그리고 남편 또는 부인을 개별적으로 상담할 때에는 개인상담의 모형과 비슷하게 보일지 모르나 그런 경우에도 부부관계가 중요한 상담내용으로 등장한다. 그래서 부부의 어느 한 쪽만을 면접하기보다 양쪽을 개

[그림 8-1] 개인상담·부부상담 모형의 비교

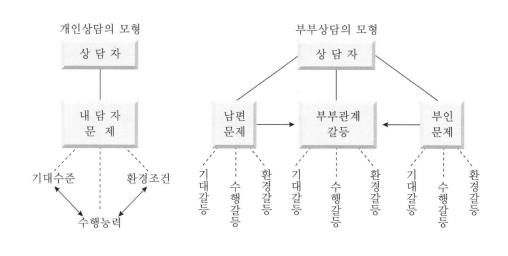

별적으로 혹은 동시에 면접하는 것이 보통이다.

한편 결혼문제 및 부부관계 상담에 경험이 없는 상담자들은 먼저 부부관계에 상담의 초점을 맞추려는 경향이 있다. 즉, 부부 상호 간의 의사소통·기대·갈등에만 중점을 두어 상담하려고 한다. 그러나 효과적인 부부상담을 위해서는 남편 또는 부인 개인의 문제(기대 수행능력, 환경조건에 대한 지각 등)를 먼저 다룬 후 관계를 다루는 것이 바람직하다.

2.4 부부상담의 주요 문제들

1. 배우자의 외도

남편이나 아내로부터 개인적 가치감이나 애정을 느끼지 못한 배우자는 외도에 빠짐으로써 자존심과 여성(또는 남성)에 대한 사랑을 확인하려고 한다. 그러므로 상담자는 제3자인 내연 관계의 당사자를 제거하는 것으로 도울 수는 없고, 내담자의 가치감과 바람직한 애정관계를 회복하도록 도와야 할 것이다.

일단 이러한 노력의 과정이 이루어지면 내담자는 사랑을 필요로 했던 자기의 신경

증적 욕구를 자각하게 되고, 배우자에게 자기를 충분히 더 사랑해 주도록 원만한 의사
소통을 할 수 있게 된다. 이런 과정에서 내담자는 잘못을 저지른 후 배우자에 대한 의
존성을 다시 인식하면서 과거와 같이 일방적이고 충동적인 반응을 보이지 않게 된다.
즉 과거에 표현되지 않았고 인정되지 않았던 배우자에 대한 의존성 및 상호관계성을
현실적으로 자각함으로써 부부관계가 호전될 수 있는 바탕이 마련되는 것이다.

2. 불화문제

부부상담의 과정에서는 부부관계가 적어도 외형적으로는 더 나쁘게 될 수도 있다.
'관계가 더 좋아지기 전에 나빠진다'는 말이 여기에 적용될 것이다.

특히 불화문제로 상담에 임하는 부부는 심리적으로 서로 분리되어 있기 때문에 처
음부터 화해를 시키려는 노력은 헛된 수고가 되기 쉽다. 차라리 적대감이나 불만을
상담자 앞에서 털어놓도록 하는 것이 바람직하다. 말없이 참고 지내 오던 부부가 상
담과정에서 서로를 공개적으로 비판할 수 있게 됨으로써 전보다 나빠졌다는 인상을
주는 것이다. 이 시기는 문제를 가진 부부나 상담자에게 하나의 고비가 된다. 내담
자의 입장에서는 갑자기 분통을 터뜨리다 보면 배우자에 대한 환멸을 느껴 '더 이상
참을 수 없다'고 단정하게 되는 수가 있다. 이 때 내담자들은 상담자의 도움으로 이
혼을 결심하든지 아니면 결혼생활을 지속할 자신감을 회복하기도 한다. 결혼생활이
지속될 경우엔 오랜만에 처음으로 배우자와 의사소통을 제대로 하게 되는 경우가
대부분이다.

결혼관계는 상호보상이나 상호이익을 바탕으로 이루어진다. 결혼관계의 보상으로
부부가 처음 기대하는 것은 깊은 동료애, 경제적 안정, 사회적 인정 및 용인된 성관계
등이다.

결혼을 할 때에는 모두 부정적인 면을 고려하지 않고 보지도 못하며, 상대방의 기
대와 욕구를 서로 충족시켜 주려 한다. 그러나 세월이 흐르는 동안 이러한 호혜적인
노력이 중단되기도 하고 열의가 식음으로써 결혼관계에서의 보상이 없어지며 결과적
으로 불화가 생긴다. 부부 간의 불화를 조성하는 그 밖의 원인들을 다음과 같이 열거
할 수 있겠다.

(1) 상대방에게 주는 보상보다 받는 보상이 적다고 느끼는 경우(남편은 집에 와선 텔

레비전이나 보고 잠자고 일요일에는 등산을 가지만, 나는 집안을 치우고 아이들을 돌보고 그 밖의 자질구레한 일들은 다 해야 하는 노예와 다름없어.)

(2) 각자의 일을 배우자가 당연히 협조해 주어야 한다고 믿을 경우(지난번에는 설거지를 도와주더니 요즈음엔 왜 도와 주지 않죠?)

(3) 배우자의 행동이 처음에는 보상이 되었으나 더 이상 보상가치가 없어졌을 때 (옛날에 일일이 나에게 물을 때는 못 느꼈지만, 지금은 당신의 그런 의존심이 귀찮아!)

(4) 원하는 보상이나 희망을 표현하지 않으면서도 원하는 경우(내가 벌써 오래 전에 그걸 말했지만 들어 주지 않았는데, 다시 말해서 무엇해요!)

(5) 부정적이고 부적절한 의사소통이 지속될 때(당신은 정말 바보군요! 난 불평 한 마디 안 하고 사는데, 당신은 나잇값을 못해요.)

2.5 불화문제의 상담

부부관계의 불화를 상담해 주는 데는 대체로 다음의 세 단계를 거치는 것이 바람직하다.

1. 부부 간의 만족·불만족의 원인행동에 대한 자각

사실은 서로 보상이 되고 있는데도 느끼지 못하고 있는 행동을 지적 강조하고, 상호긍정적인 행동을 할 기회를 많이 갖도록 권장할 수 있을 것이다. 가령 '내가 이상적으로 바라는 배우자 관계'와 같은 제목으로 말하거나 글을 쓰도록 하여 서로 바라고 있거나 불만으로 여기는 구체적인 행동이 무엇인지를 자각하도록 한다. 그 다음 조그만 일이라도 이미 되고 있는 보상적인 행동에 대해 고마움을 느끼도록 하는 의사소통을 권장하는 것이 중요하다.

2. 의사소통 장벽의 제거

상대방에 대한 느낌을 감추지 않으면서도 비방 또는 공격적인 언행을 자제하도록 하는 것이다. 우선 사건이 일어난 상황을 자유롭게 설명하도록 하는 반응 또는 질문(어떤 생각으로 그랬는지 말해 주면 좋겠어요.)을 연습시키고, 부부 간의 언사 중에 긍정적 암시가 많이 포함되도록 한다(그랬구나, 그런데 ~게 했었으면 어떠했을까?). 마지막으로 효과적 접근방식은 '긍정 후의 부정적 언급'을 상담자가 시범을 보인 후, 부부 간의 의사소통과정에서 익히도록 지도하는 것이다. 대개의 인간관계에서는 부정적 언급을 먼저 강조함으로써 나중의 긍정적 의미는 제대로 전달되지 못하기 때문에 갈등의 소지를 안고 있다.

3. 호혜적 행동의 동의 및 실천의 촉진

앞에서 말한 만족·불만족·행동의 상호자각·긍정적 행동에 대한 감사 및 바람직한 의사소통을 부부 간에 실천하도록 구체적으로 지도하는 것이다. 여기에서는 부부 간에 기대하고 실천할 수 있는 행동을 구체적으로 밝혀 서로 동의하고, 필요하다면 동의서 사본을 각자가 한 통씩 보관하도록 할 필요도 있다. 부부가 동의사항을 잘 수행할 때에는 상담자가 격려하고, 수행이 잘 안 되는 경우에는 그 이유를 협의하여 실천의 장애물을 제거하도록 도와 줄 것이다. 이 과정을 거치지 않거나 너무 짧게 잡으면 상담이 끝나는 즉시 다시 불화문제가 생길 수 있다. 그래서 대개의 경우 상담의 마지막 단계에서는 면접을 월 1회 정도로 줄여 몇 주 동안은 더 상담을 받도록 하는 것이다.

2.6 최근 부부상담 통계자료

2021년 「한국가정법률상담소 상담 통계」에 의하면, 남성과 여성 모두 경제갈등, 생활양식 및 가치관 차이로 인한 상담이 증가한 것이 특징이다. 2021년 한 해 동안 한국가정법률상담소는 총 65,639건을 상담하였다. 이를 상담방법별로 분석하면, 면접상담이 19,023건, 전화상담 45,373건, 인터넷상담 1,198건, 순회상담 31건, 지상상담 12건, 서신상담 2건 순이었다.

면접상담 중에서는 가사사건이 18,087건으로 면접상담의 95.1%를 차지하였고, 이혼상담이 33.6%(3,475건), 부부갈등 상담이 16.7%(1,730건)로 가장 많은 것으로 나타났다. 이혼상담의 건수는 2020년 4,239건에서 2021년 4,616건으로 증가하였으며 내담자 특성을 보면 여성은 40대(26.8%), 남성은 60대 이상의(47.7%) 비율이 가장 높았다.

이는 코로나19 장기화로 인해 성격차이와 경제문제가 심각해지면서 갈등이 더욱 심화된 것이라 할 수 있다.

이들이 호소한 이혼사유를 살펴보면, 여성은 남편의 부당대우(폭력), 기타사유(장기별거, 성격차이, 경제갈등, 생활무능력), 남편의 가출 순으로 나타났고 남성의 경우 기타사유, 아내의 가출, 아내의 부당대우(폭력)순으로 나타났다. 또한 2011년에 비해 60대 남녀의 이혼상담 비율이 모두 증가한 점도 주목할 만하다(여성 9.2%→25.7%, 남성 15.0%→47.7%).

3 위기상담

3.1 위기상담의 특징

예기치 않았던 환경적인 자극이나 그 밖의 이유로 위기감을 느끼는 내담자에게는 위기상담이 필요하다. 즉, 생활조건의 변화나 가족 및 주위의 사람들에게 큰 변동이 생김으로써 내담자가 심한 긴장과 불안을 느끼는 경우이다. 이러한 경우 내담자들은 대개 긴장감을 느끼고 심한 불안감과 심리적 혼란을 경험하게 된다. 이 때 내담자의 불안의 성질 및 정도와는 다르지만 상담자도 자칫하면 불안이나 당혹감을 느낄 수 있다. 상담자 쪽에서 모호하고 불안한 감정을 느끼게 되면 원래의 상담능력을 발휘하기 힘들어진다. 따라서 위기상담을 할 때에는 내담자에 대해 이해적인 관심을 가지되 결코 놀라서는 안 되고, 내담자의 문제를 보다 합리적인 해결방향으로 도와 줄 수 있는 객관적인 태도를 상실해서도 안 된다.

그리고 내담자가 처해 있는 위기 상황은 상담자 혼자서 처리하거나 해결해 주기 힘든 경우가 대부분일 것이다. 따라서 상담자 혼자서 처리하려 하지 말고 주위의 부모나 선생님 혹은 타인들과 협의해서 해결하는 것이 바람직하다. 이 때 먼저 내담자가 어떤 위기를 느끼는지, 그러한 위기의 해결을 위해 어떤 조건이 필요하고 가능할 것인지에 대해 생각해 보아야 한다. 다시 말해서 위기는 여러 가지 생활환경적인 조건에서 촉발되는 것이고 이러한 외부적 조건이나 또는 내면적 변동 상황에 대해 내담자가 어떻게 반응하느냐에 따라 위기의 정도도 달라질 수 있다. 즉, 같은 조건의 변동이라 해도 내담자의 반응에 따라 위기의식을 느낄 수도 있고 느끼지 않을 수도 있는 것이다.

1. 위기상담의 목표

위기상담의 기본목표는, 첫째로 내담자의 긴장을 포함한 다양한 심리적 증상 및 고통을 해소하는 것이고, 둘째로는 내담자가 더 이상 혼란되지 않도록 하고 과거의 정상적인 상태를 회복할 수 있는 적응 수행력의 회복이며, 셋째로 내담자에게 위기의식을 촉발한 환경적인 요인에 대해 이해를 하도록 돕는 것이다.

2. 위기상담자의 기본요건

위기를 조종하고 상담해 나갈 수 있기 위해 상담자가 갖추어야 할 기본적인 요건들은 다음과 같다.

⑴ 내담자의 위기 및 긴장감에 대해 공감적인 이해나 경청을 할 수 있는 능력
⑵ 내담자의 환경적인 여건이나 심리적인 반응에 대해 정확히 평가할 수 있는 능력
⑶ 내담자의 문제를 보다 효과적으로 이해할 수 있는 주변 자원(기관 및 사람)에 대한 충분한 지식의 준비 등

3.2 위기의 단계적 특징 및 유발조건

여기서 위기의 정의를 내린다면, 주요 생활목표의 좌절 또는 생활양식의 혼란에서 오는 과도한 긴장감이라고 할 수 있다. 즉, 평상시의 적응방법이나 생활양식으로는 해결하지 못할 만큼 심리적인 긴장을 느끼는 상태이다. 이러한 '긴장'에는 흔히 계속되는 선택적인 갈등과 해소 및 평형을 되찾으려고 하는 압력 또는 생리적인 긴장감 등이 포함된다.

1. 위기의 단계적 특징

이러한 긴장에서 오는 위기를 단계별로 살펴보면, 다음과 같다.

(1) 처음에는 약간의 긴장을 경험하여 평소의 습관적인 반응으로 대처하는 단계이다.
(2) 전 단계보다 긴장이 증가하여 해소하려고 하는 노력을 해도 실패하는 단계로서, 좌절감과 비능률적인 반응을 보이게 된다.
(3) 응급수단까지 동원해서 긴장을 해소하려고 하나 긴장이 계속 고조되는 단계로서 지금까지의 목표를 포기하거나 타인에게 도움을 청하게 되는 상황이다.
(4) '위급 단계'로 행동의 혼란이 증가하고 정서의 통제가 불가능한 단계이다.

2. 위기상황의 특징

이러한 위기상황의 특징으로는, 첫째 대체로 위기를 촉발시키는 사건이나 생활여건의 변동이 있게 마련이고, 둘째 갑자기 위기의식이나 긴장감을 느끼게 되는 특징이 있고, 셋째 당사자는 심리적 불편감과 고통을 느끼며, 넷째 행동혼란의 증거들이 나타나는 것이 보통이다.

3. 위기감의 조건

이러한 위기감을 느끼게 하는 조건으로서는 대체로 세 가지로 나눌 수 있다. 즉,

(1) 정서적으로 깊은 유대감을 가졌던 사람의 상실이다. 주로 가족들이 포함되는데 그 사례로는 깊이 연관되어 있던 사람이 사망이나 실직을 했을 때, 재난을 당했을 때, 혹은 이혼이나 감옥에 투옥되었을 경우 등을 들 수 있다.
(2) 내면적인 고통이나 슬픔이 촉발된 경우이다. 지향하던 목표가 장애에 부딪혔을 때 습관적인 노력이나 과거의 경험으로는 해결이 곤란하고 결과적으로 절망을 느끼게 되는 경우이다. 또는 생활이나 행동과정에서의 가치를 상실함으로써 행동의 동기 및 보람을 잃어버리고 우울에 빠지는 경우도 이러한 경우에 속한다. 이러한 내면적인 고통이나 슬픔의 경우에는 대체로 결정을 하지 못하고 모험

에 직면하기를 회피하는 소극적인 상태가 된다.

(3) 과도기적인 변화라고 말할 수 있는 경우이다. 앞에서 언급된 바와 같이 정서적으로 유대를 가졌던 사람이나 가족이 이직 또는 이사를 한 경우, 새 식구가 들어온 경우, 병환을 만난 경우 등 집안에 갈등이나 분쟁이 일어날 수 있는 경우가 이에 속한다.

3.3 위기감에 대한 접근방법

이러한 위기적 조건에서 고도의 긴장을 느끼는 내담자를 상담하는 데에는 환경적인 조작, 일반적인 지원, 포괄적인 해결의 노력 및 개인적인 상담접근 등의 네 가지로 나누어서 생각할 수 있다.

1. 환경조작

환경의 변화에 따른 위기유발조건에 대해 순전히 환경적으로 접근하는 것으로 반드시 상담에만 의존하지는 않는 접근방법이라 하겠다. 그래서 상담실에서만 만나기보다는 내담자의 가족이나 주위 사람들과 접촉하는 등 내담자가 위기의식을 보다 덜 느끼도록 여러 가지로 노력할 수 있을 것이다.

2. 일반적인 지원

관심 있게 경청하고 비위협적으로 또는 비판적인 태도를 취하지 않는 등 내담자가 긴장을 보다 덜 느낄 수 있는 방향으로 조언을 해 주는 경우이다.

3. 포괄적 해결노력

내담자가 부딪힌 위기의 성질을 파악하고, 이에 따라서 그 해결방법을 합리적으로 모색하도록 협조해 주는 것이다. 즉, 내담자가 부딪힌 위기의 근본원인을 파악하고 대처해 나갈 수 있는 대안을 내담자와 함께 모색하는 협의과정이며 문제해결과정이라고 할 수 있다.

4. 개인상담

포괄적인 접근과 아울러 내담자의 성격이나 이상심리에 관해서도 노력하는 것을 말한다. 즉 장기적이고 보다 전문적인 심리치료에까지 연결하도록 도와주는 과정이다.

3.4 위기상담의 방법

다음에 위기적인 상황에 직면한 내담자들을 상담하는 기본적인 방법 일곱 가지를 요약해서 설명하였다.

1. 정서적 지원

전술한 바와 같이 위기에 처한 내담자들은 고도의 긴장과 불안을 느끼게 마련이다. 이런 불안과 긴장은 위기에 대처하는 경험이나 지식이 없을 때에 더 심하다. 그래서 공포·무력감·무가치감 등이 함께 일어나기도 한다. 따라서 위기를 극복하기 위한 대안을 제시하기 전에 필요한 것이 정서적 지원이다.

정서적 지원은 첫째 상담자가 내담자의 환경을 이해하고 있다는 것을 전달함으로써, 둘째 상담자가 문제를 수용하고 온정으로 대하고 있음을 내담자에게 경험하게 함으로써, 셋째 진지한 마음으로 책임을 갖고 도와준다는 사실을 전달함으로써 가능하다. 위기에 직면한 내담자에게는 이처럼 직접적인 정서적 지원 내지 조력이 필요하다. 극도로 불안한 내담자에게 "그러한 상황에서 당신의 처사가 최선일 수 있었겠군요"라고 언어적 격려를 해 줌으로써 자기 문제의 범위·정도를 인식케 하고 적어도 이야기를 계속할 수 있도록 해 준다. 정서적 지원을 받은 내담자는 불안과 긴장은 물론 의존적 감정도 표현하게 되고, 문제를 해결하기 위한 실제적 노력을 할 수 있게 된다.

2. 정서적 발산기회의 제공

위기상담을 받으러 온 내담자는 압박해 오는 여러 가지 감정·불안·갈등으로 괴로워하고 있다. 따라서 상담자는 억제해 왔던 감정을 자유로이 표현할 수 있도록 유도하거나 허용적인 분위기를 제공해 주는 것이 필요하다. 예를 들면 입원해 있는 아버지에 대한 공격적인 태도나 적개심이 보일 때 "당신 마음의 일부는 아버지가 세상을 떠나시기를 원하고 있군요"라고 말해 줌으로써 대리적 발산을 촉진시킬 수도 있다. 또는 상담자에게 아버지에 대한 감정을 직접 말하게 함으로써 아버지에 대한 감정표현의 체험을 갖게 해 준다. 한편 문제해결에 대한 대안이 없거나 극도로 심한 우울증을 가진 내담자의 방어기제는 초기에는 그대로 두는 것이 좋다.

3. 희망·낙관적 태도의 전달

위기에 부딪힌 내담자는 절망감과 비탄에 사로잡혀 생에 대한 희망을 잃고 위기를 불가피한 것으로 생각한다. 이 방법은 위기 중 적응능력의 상실을 메꾸기 위한 것으로 내담자의 절망감 및 무력감을 상담자의 희망적인 태도로 보충하는 것이다. 먼저 실패에 대한 원인 및 내담자의 태도를 평가하는 것이 필요하다. 문제를 정확히 평가한 후 상담자의 태도를 성실하게 전달하는 것이 바람직하다. 만약 이러한 전달방식이 피상적으로 되어 버리면 상담이 실패로 끝나기 쉽다. 상담자는 긍정적인 관심을 갖고 적극적으로 참여하면서 공감적 태도를 취하는 것이 필요하나, 결코 모든 것에 호의적일 필요는 없다.

4. 선택적 경청

상담자는 위기상담이 짧은 시간에 진행되어야 한다는 점과 간혹 내담자의 방어적인 허위반응의 가능성이 있다는 것을 유념해야 한다. 내담자가 신체증상만을 말하거나 장기적인 문제로 화제를 바꿀 때, 상담자가 끌려 들어가서는 안 되며 실제 위기문제와 관련된 자료에 집중하도록 주의해야 한다. 요컨대, 내담자의 능란하고 교묘한 진술들을 무시하고 선택적인 경청을 하는 것이 필요하다. 또한 내담자의 방어기제를 잘 파악하여 존중할 것은 존중하고 무시할 것은 무시하면서 실제적으로 변화가 가능한 측면만 다루어야 한다.

5. 사실적 정보의 제시

불안과 긴장이 정보부족으로부터 초래되거나 사실에 대한 왜곡과 오해로부터 생기는 수가 많다. 이런 경우 사실적 정보를 제공하여 불안을 제거하는 것이 바람직하다. 예를 들면 자위행위에 대한 심한 죄의식과 불안을 느끼고 있는 젊은이에게 '자위행위를 너무 많이 하지 않는 이상은 건강에 해롭지 않고, 실제로 많은 미혼 남녀들이 하고 있다'는 사실을 말해 줌으로써 위기감이나 불안을 줄여 줄 수 있는 것이다. 정보를 제공할 때는 긴 설명이나 강의식으로 하지 말고 간단명료하게 전달하는 것이 좋다. 또는 정보를 제시하고 나서 내담자의 반응이 어떻게 나타나는가를 확인하고, 상담의 흐름이 자연스럽게 지속될 수 있도록 유의해야 한다.

6. 문제상황의 규명

위기상담에 있어서 문제를 파악·해결하기 위해 먼저 기초적인 자료를 얻은 후 문제상황을 규명해야 할 것이다. 문제상황을 이해하고 규명하는 데 필요한 내용들은, 첫째로 위급한 상황에서 내담자가 다루어야 할 문제가 무엇인가를 분명히 해야 한다. 문제가 불분명할 때에는 기초자료를 참조하여 문제상황을 가능한 한 정확히 이해해 들어가야 할 것이다. 둘째로 내담자의 문제상황이 분명해지면 문제해결을 위한 목표를 설정해야 한다. 셋째로, 목표달성을 위한 자원수단이 어떠한 것들인가를 파악한다. 이러한 수단에는 환경의 개선, 가족관계나 대인관계의 개선 등 여러 가지가 있겠으나 내담자가 직접 활용할 수 있는 수단이어야 할 것이다. 이렇게 문제상황을 규명하는 자체가 불안의 소재를 표면화하는 것이고, 내담자로 하여금 위기가 어떻게 발생했는가를 파악하게 하고 위기사태에 대처할 수 있는 정신적 준비를 갖추게 하는 데 도움이 된다.

7. 문제에 대한 공감 및 구체화

위기에 대한 내담자의 감정표현에 대한 적절한 공감 및 구체화는 자신의 문제를 파악하여 삶에 대한 태도변화 및 문제해결로 이끄는 방법이 된다. 상담자는 필요적절하게 공감하면서 내담자 자신이 문제를 볼 수 있도록 세분하여 구체화시키는 것이 필요하다. 이 때 상담자가 유의해야 할 점은 첫째로 문제와 무관하거나 목표에서 벗어난 반응은 하지 않는 것이 좋다. 둘째로 반응량은 매회의 초반에는 10% 정도 적게 반응하고, 후반에는 50% 정도 증가시키는 것이 좋다. 셋째로 긴 해석이나 강의식 반응은 피하고 직선적이면서도 정직하게 해야 한다.

8. 위기상담의 진행단계

이상으로 위기상담의 방법을 살펴보았는데 위기상담의 진행과정은 다음 일곱 단계로 요약할 수 있다.

(1) 상담자는 관심을 가진 효과적인 협조자라는 것을 나타낸다.
(2) 내담자로 하여금 위기에 관련된 감정표현을 하도록 촉진시키고, 내담자의 표현된 정서와 생각의 주요 내용을 확인한다.
(3) 상담자는 내담자가 표현한 주요 정서와 생각에 공감을 해 준다.
(4) 위기를 유발시킨 상황에 관련된 정보를 수집한다.
(5) 내담자가 인정하는 범위에서 위기상황이 형성된 과정을 포괄적으로 요약, 언급한다.
(6) 문제를 해결하기 위한 방략을 상담자와 내담자가 함께 탐색한다.
(7) 장차 다시 경험하게 될지도 모르는 긴장을 해소하기 위한 방법 및 방략을 서로 협의하여 결정한다.

3.5 위기전화상담의 예

위기상담은 전화를 통해서 많이 이루어질 수 있다. 다음에 전화를 통한 위기상담의 예를 소개하기로 한다.

〈위기전화상담의 실예〉

내: 거기가 전화상담소입니까? (흐느껴 우는 소리, 말소리가 분명치 않음)
상: 예, 그렇습니다. 선생님과 이야길 나눌 준비가 되어 있습니다.
내: 고통스러워요, 무섭구요(흐느낌). 이제는 어떻게 해야 좋을지 모르겠어요, 절

망이어요.

상: 지금 상당히 고통스러워하시는 것이 느껴집니다. 선생님에 관해서 좀 이야기해 주세요. 선생님의 입장이나 처지를 좀 이야기해 주세요. (침묵) 몇 살이세요? 지금 어디에 계세요?

내: 서른 살이어요.

상: 결혼하셨어요? 혼자이신가요?

내: 결혼했었어요. 지금은 이혼 중이라 혼자 살아요. 외로워 못 살겠어요. 고독을 참을 수 없어요. 오래 이야기해도 괜찮아요?

상: 괜찮습니다. 선생님 같은 분과 이야기하기 위해서 기다리는 것이니까요. 선생님은 아주 우울한 상태이신 것 같은데, 우셔도 괜찮습니다.

내: 과거에 이렇게 울어 본 적이 없지요. 오랫동안 울지 않았어요. 그런데 지금은 참을 수가 없어요. 그저 지금 상태에서 벗어나고 싶어요. 무얼 어떻게 해야 할지 모르겠어요. 세상이 어떻게 돌아가든지……, 여기서 혼자 하루 종일 울고만 싶어요. 남자한테 배신당한다는 것이 …… 이렇게 힘들고 괴로운 줄 몰랐어요. 이제 아무런 희망도 없어요. 그저 튀쳐 나가고 싶어요.

상: 선생님은 어디론가 튀쳐 나가고 싶다고 하시네요. 참고 견딜 수 없는 상태라서……, 어디로 가서 무엇을, 어떻게 하고 싶은 생각이실까요…….

내: 제가 아무런 생각이 없었다면 전화 안 걸었을 거예요.

상: 예, 이해해요.

내: 이런 생각을 싫어하지요. 좋지 않은 것 같아요. 하지만 어떻게 되든 이제는 상관하고 싶지 않아요.

상: 자살에 관한 생각이 드시는가 보네요.

내: 그저 이 약을 먹고 만사를 잊고 싶어요.

상: 가까이에 약이 있나요?

내: 예, 바로 경대 위에요.

상: 가지고 계시는 군요, 과거에도 약으로 자살을 생각하셨나요?

내: 내 머리를 벽에 부딪쳐 본 적이 있어요. 그리고 긴 양말로 목을 졸라맬까도 생각한 적이 있어요.

상: 그래요, 양말로 목을 맬 생각을 할 정도로 과거에도 절망을 느끼셨군요. 이런 생각을 다른 사람과 이야기한 적이 있나요?(후략)

이야기를 계속 끌어 나가는 동안 당장의 긴장감이 완화되었고 결국 약을 먹지 않고 상담실에 오기로 약속한 사례이다.

4 전화상담

4.1 전화상담의 의미

자신이 감당할 수 없는 문제에 부딪혀서 자살을 시도하려는 순간에 마지막으로 누군가와 이야기하고 싶다고 하자. 이 경우에는 일반적인 상담과 같이 시간을 정해서 상담자와 만나는 방법은 전혀 도움을 줄 수 없다. 또한 자신의 문제를 해결하고 싶지만 부끄러움이 심하거나 남과 얼굴을 대하기를 꺼려하는 사람에게도 일반적 상담방법보다는 전화를 통한 상담이 효과적이라고 볼 수 있다.

우리나라의 전화상담은 기독교 단체, 사회봉사기관 및 시교육위원회를 중심으로 시작되었으며, 현재 '생명의 전화', '사랑의 전화'와 '자비의 전화' 등 여러 곳의 전화상담소가 있다. '생명의 전화'의 경우에는 1976년 서울 시내 기독교 회관에 2대의 전화와 사무실을 갖추고 시작되었다. '자원상담자'의 역할을 해 주겠다는 150명의 자원봉사자가 참여했으며 3개월 후에는 생명의 전화 세계기구에 가입하게 되었다. '사랑의 전화'의 경우는 순복음 교회(1980)와 한국 사회봉사진흥회(1981)가 각각 개설했고, '학생상담센터'는 서울시 교육위원회(1982)가 설치하였다.

4.2 전화상담의 기본 접근방식

전화상담을 원하는 내담자들은 대체로 여러 종류의 위기에 처해 있는 사람들이라고 볼 수 있다. 위기란 선택의 여지나 대안이 없을 때에 느끼게 된다. 그리고 이런 경우의 사람들은 아무에게도 자신의 문제를 이해받지 못한다는 절실한 고립감과 막다른 골목에 처해 있다는 결정론적인 생각을 가지게 된다.

다음에 전화상담에서 나타나는 내담자의 일반적인 특성들과 그에 따른 상담자의 기본 접근방식을 설명하기로 한다.

1. 내담자의 특성

첫째로 전화상담 내담자들도 예외 없이 타인에게 사랑받고 자신의 능력을 인정받고자 한다고 말할 수 있다. 상담자는 전화내용 가운데 이러한 기본적인 욕구를 이해했음을 내담자에게 전달해야 한다. 둘째로 자신이 가지고 있는 두려움이나 불안을 직면하기를 기피하고 장차 일어날 결과에 대해 책임을 회피하려고 한다. 따라서 상담자는 내담자가 어떤 상황을 두려워하는지를 확인해야 한다. 셋째로 내담자의 불안과 두려움은 과거보다는 미래의 것이며, 어떤 특정 사건이나 인간관계가 대상이 아니라 거기에 관련된 자기 감정이다. 따라서 사건 자체의 설명을 듣는 것보다는 내담자가 사건이나 상황에서 느끼는 긴장과 불안의 내용이 무엇인지를 정확하게 이해해야 한다. 넷째로 내담자들의 갈등은 대부분 환경적인 여건이나 자기 능력의 제한성을 받아들이지 않으려는 데서 기인하므로 그것을 받아들이도록 도와야 한다.

2. 기본 접근방식

전화상담에서는 다음의 두 경우의 접근방식에 유의해야 할 것이다. 첫째로 내담자가 말하는 감정상태와 이야기 속에 내포된 의미가 상반되는 경우이다. 노련한 상담자라면 피상적으로 말하는 감정보다는 이 말 속에 내포된 의미나 감정에 초점을 맞추어 반응한다. 내담자는 대개 부정적인 감정표현이 끝나야 긍정적인 감정을 갖거나 표현하게 된다. 따라서 상담자는 인내를 갖고 내담자가 자연스럽게 긍정적인 감정으로 변화하도록 유도해야 한다. 처음에는 대개 이야기의 내용이 종잡을 수 없이 우왕좌왕하게 된다. 그럴 경우 상담자가 두 가지 이상의 감정을 가지고 있는 내담자를 수용함으로써 서서히 자신의 말에 질서를 찾게 한다. 둘째 상담이 진행되어 가다가 내담자가 상담자의 판단을 요구하는 경우이다. 대부분 이런 요구를 해 오는 내담자는 실제로 대답을 듣기를 원하는 것이 아니라, 자기 문제에 대한 책임을 피하려는 숨은 의도를 가지고 있는 경우가 많다. 따라서 상담자는 내담자의 감정을 반영하여 줌으로써 자기 문제를 스스로 정리하고 결정을 내리게 한다. 나아가서는 내담자 스스로 결정에 대한 책임을 지는 자율적인 태도를 갖도록 해 주어야 한다.

4.3 전화상담의 방법

통화가 시작되면 내담자의 직업, 연령, 처해 있는 상황과 전화하게 된 경로 등을 물어 본다. 그리고 나서 위기상황을 중심으로 내담자의 반응과 현재 나타난 결과와 문제의 심각성을 파악하면서, 현 상황에 대해 내담자가 취하는 행동 및 해결하려는 노력의 실효성에 대한 검토가 필요하다. 이러한 과정에서 상담자는 내담자의 절망감이나 고립감을 내담자의 입장에서 느끼고 이해하고 있음을 신속하고 성실하게 전달하는 것이 필요하다. 내담자가 상담에 대해 만족한 반응을 보이지 않을 경우에는 필요한 정보를 제공하거나, 목사·신부·상담전문가 등 내담자에게 도움이 될 만한 사람을 만나도록 권고한다.

이러한 전화상담 과정에서 효과적으로 상담을 이끌어 가기 위해 상담자가 활용하는 기본적 방법들을 구체적인 예를 들어 설명하고자 한다.

1. 공감적인 이해의 전달

내담자의 심정과 입장에서 내담자의 문제를 이해하고, 그 이해한 내용을 표시해 주는 것이다.

〈예〉

내: 어떻게 표현할 수는 없지만……, 부모님이 내게 바라는 것이 많고……, 어떻게 해야 할지…….

상: 부모님이 ○○씨에게 바라는 것은 많고, 바라는 대로 하기에는 힘이 벅차다고 생각되시는 것 같아요.

내: 예! 공평치 못해요……, 다른 형제에게는 안 그런데……, 나에게만 그래요! 왜 나만 가지고 그럴까요?

상: 다른 형제와 똑같은 대접을 받지 못한다는 억울함을 느끼시는 것 같네요.

이처럼 상담자는 해석을 피하고 공감적인 이해를 표시해 줌으로써 현재의 상황에서 내담자가 문제의 핵심을 다시 경험하도록 하는 분위기를 조성해야 한다. 그리고 이야기의 내용 속에 담긴 감정의 흐름을 반영해 주는 태도를 취한다. 이렇게 함으로써 상담자가 자기의 곁에 있고 자기를 이해해 주고 있음을 확실히 느끼도록 해 주는 것이다.

2. 성실한 경청

내담자의 말을 성실히 경청하면서 상담자의 평소의 사고방식·언행·신앙과 일치하는 반응을 보여 주는 것이다.

〈예〉

내: (눈물을 참으려고 애쓰면서) 난 더 이상 생각하고 싶지 않아요. 아들을 잃어버린 것에 대해……. 이젠 그만…….

상: ○○씨의 슬픔이 저에게도 느껴지네요. 그 당시에 ○○씨는 얼마나 고통스러우셨을까요...

내: (드디어 눈물이 터진다.)

상: (아무 말 없이 듣고 있다.)

3. 인간적 선택의 존중

어떤 내담자든 자신의 인생을 스스로 이끌어 갈 능력과 선택할 자유가 있다. 그러므로 독립된 '자유인'으로서 내담자를 존중하는 태도를 표시해야 한다.

〈예〉

내: 이혼해서 골치덩어리를 깨끗이 털어 버리고 싶어요. 그런데 그럴 수가 없어요. 그냥 같이 살아야 할 것 같기도 하구요……. 이런 것들이 내 머릿속에 꽉 차서 터질 것 같아요. 어쩌면 좋지요, 선생님?

상: 부인께선 이혼을 해야겠다는 생각과 하지 말아야겠다는 생각이 한꺼번에 있는가 보네요. 우선 이혼하고 싶다는 심정부터 이야기해 보시는 게 좋을 것 같아요.

내: 말하자면, 이혼은…….

상: 이혼이 아니라 이혼에 대해 느끼고 있는 것을 말해 주는 것이 당신의 문제해결에 더 도움이 될 것 같아요.

내: 좋아요! 당장 현재의 상황에서 뛰쳐나가고 싶어요!

상: 무슨 상황을 말씀하시는 것인지……, 이해하기가 힘든 것 같아요.

내: (약간 신경질적으로) 난 뛰쳐나가고 싶어요! 돈에 대해 끝없는 잔소리를 늘어
놓는 남편이 지겹단 말이에요.

상담자는 해답을 주기에 앞서 내담자에게서 발견되는 두 가지 다른 감정을 반영해
줌으로써 내담자가 주의를 자기 내면으로 돌리도록 유도한다. 그리하여 자기 속에 있
는 감정을 명료화하도록 하고, 그것에 대해 내담자 스스로가 책임감을 갖도록 하는 것
이다. 즉, 상담자의 기본 태도는 내담자를 자신의 단점과 장점을 파악할 수 있는 능력
을 가진 인간으로서, 그리고 인생 과정의 주요 방향을 선택할 수 있는 능력의 소유자
로서 존중해 주는 것이다.

4. 개방적 태도 및 반응

내담자를 도울 목적으로 상담자 자신의 감정·태도·경험 등을 개방하는 것을 말
한다. 상담자 자신에 관한 것을 '적절한 때에 적절한 내용'으로 공개해 줌으로써 내담
자로 하여금 자기개방을 하도록 유도하는 것이다.

〈예〉

내: (울면서) 왜 저에게 이런 일이 생기도록 하나님이 내버려 두는지 모르겠어요.
열심히 노력했고 기도도 했지만, 결국 이 모양이에요. 항상 하나님은 내 편이라고
믿었었지만, 지금은 그렇지 않아요.

상: ○○씨를 이해할 것 같아요. 저도 때론 그랬었어요. 한두 번이 아니에요.

내: 정말 선생님도 그랬어요?

상: 그럼요. 그럴 때는 누군가와 그런 감정을 이야기해 보기를 원했었어요.

상담자의 자기개방은 내담자가 자신을 인간으로서 받아들일 만한 가치와 의미를
가진 사람이라고 스스로 느끼도록 하는 촉진제의 역할을 한다. 또한 자신이 다른 사람
과 다를 바가 없고, 상담자도 실수와 문제를 가지고 있다는 것을 알게 된다. 대부분의
내담자는 원만한 인간관계를 갖는 데 어려움을 느끼고 있으므로, 전화상담이라는 안전
한 장면에서 대인관계를 다시 연습해 봄으로써 문제행동을 수정할 수 있다는 자
신감을 경험하도록 하는 것이다.

5. 구체적인 반응

내담자의 이야기 내용에 피상적으로 반응하는 것이 아니라, 내면에 깔려 있는 핵심에 대해 구체적인 반응을 하는 것이다. 즉, 문제행동에 대한 포괄적인 서술보다는, 처해 있는 상황에 대한 자신의 감정과 관련된 주제에 초점을 맞추도록 하는 것이다.

〈예〉

내: 남편과 싸웠어요…… 모든 부인들이 남편들과 다소간의 문제를 가지는 것 아니겠어요? 말하자면…… 모든 부부들이 다투잖아요?

상: 부부문제에 관한 일반적인 이야기는 ○○씨의 문제해결에 도움이 되질 않아요. 지난밤 남편과 싸우고서 미칠 것 같이 괴롭다고 말하셨는데, 그 일에 관해 구체적으로 이야기하고 싶어요.

일반적으로 내담자들은 주변 이야기로 말머리를 돌림으로써 고통스러운 주제를 피한다. 그러면서도 상담자의 반응에서 상담자가 구체적인 상황을 파악하는지를 알아보려고 한다. 상담자는 이런 '숨은 의도'를 간파하여 지적해 줌으로써 내담자가 당장의 문제상황과 관련된 주제를 구체적으로 표현할 수 있는 기회를 만들어야 할 것이다.

6. 현실직면의 유도

내담자가 분명히 말하지 않고 있거나 의식하지 못하고 있는 생각·욕망 및 원망 등의 감정을 상담자가 솔직히 지적해 주는 것이다. 주로 내담자의 이야기 중 상반된 감정이나, 잘못 알고 있는 측면, 또는 솔직하지 못한 생각이나 표현을 지적한다. 그러나 너무 직선적으로 직면시키는 발언은 상대방에게 일종의 위협이 되므로 상담자에 대한 신뢰가 이루어진 다음에 해야 한다. 그리고 직면은 문제해결에 도움이 된다는 판단이 섰을 때 하는 것이 바람직하다. 특히 자신은 노력하지 않고 습관적으로 불평만 호소하는 내담자에게는 직면(또는 지적)의 방법이 효과적이다.

〈예〉

내: 전 정말 미칠 것 같아요. 모든 것이 잘못 돌아가고 있어요. 내가 기대했던 점수
가 안 나와서 고민이어요. 그걸 생각하느라고 아무것도 못 하겠어요.

상: 모든 것이 원하는 대로 되어야만 하고, 그렇지 않으면 학생이 못난 사람이라고 생각
되는 것 같네요.

내: 제가 최선을 다해 공부를 했는데도 원하는 점수를 받지 못한 것을 이해할 수가 없어
요. 바보같이……

상: ○○씨의 심정은 이해가 가요. 그러나 모든 것이 뜻대로 되지 않으면 '난 형편 없다'
는 생각 때문에 자기를 더 괴롭게 만드는 것 같아요. 그런 생각은 현실적인 생각이
아닌 것 같아요. 모든 것이 원하는 대로 완전하게 될 수는 없다고 생각해요.

상담자는 직면을 시키는 데서 생기는 긴장이나 불편감을 내담자가 수용할 수 있는
지를 먼저 판단해야 할 것이다. 다시 말해서 내담자가 그럴 수 있을 만큼 상담자에 대
한 믿음이 보이는지, 그리고 직면적인 반응의 시기가 적당한지를 고려하는 것이다. 전
화상담의 특성을 감안할 때, 자기를 계속 비하하거나 문제해결의 노력을 실제로
하지 않고 있는 내담자들에게 이 직면의 방법이 효과적일 수 있다.

4.4 최근 전화상담 통계자료

최근 전화상담의 경향을 살펴보기 위해서 사랑의 전화 상담기관에서 2021년 한
해 동안 실시한 상담에 대한 통계자료를 제시한다.

[표 8-1] 2021년 전화상담 현황 단위 : %

구분	분류	비율
성별	남	45.3
	여	54.6
	기타	0.1
연령별	19세 이하	1.74
	20-29세	18.1

	30-39세	19.2
	40-49세	15
	50-59세	21.7
	60세 이상	24.1
유형별	정신건강	24
	대인관계	21
	성격	18
	가족관계	16
	사회적응	14
	신체건강	4
	성	4

자료: 한국생명의전화(2021)

2021년 「한국생명의전화 전화상담 통계」에 의하면, 2021년 한 해 동안 한국생명 의전화는 총 16,098건을 상담하였고, 전년도 대비 2,067건이 증가하였다. 내담자의 성별 특성을 보면 남성(45.3%)보다 여성(54.6%)이 더 많이 이용한 것으로 나타났다. 연령별로는 60대 이상(24.1%)이 가장 많았으며 50대(21.7%), 30대(19.2%), 20대(18.1%), 40대(15%), 10대(1.74%) 순으로 나타났다. 이들이 호소한 문제유형을 살펴보면, 정신건강 문제(24%), 대인관계문제(21%), 성격문제(18%), 가족관계(16%), 사회적응문제(14%), 신체건강/성문제(4%) 순으로 이루어졌다. 본부에 의하면 60대 여성이 정신건강문제를 가장 많이 호소한다고 하였는데, 이는 60대에 높은 스트레스 인지율과 우울증상을 경험하는 여성의 생애주기별 정신건강 특징과도 관련된다고 볼 수 있을 것이다.

5 목회상담

종교적 집단은 종교적인 가치를 추구하는 사람들의 공동체이다. 종교적인 가치가 여러 가지로 정의될 수 있겠지만, 구원·부활·해탈 등 종교 고유의 가치와 함께 신뢰감의 형성·자기실현·능동적인 삶·인간관계의 성숙 등 인간의 사회적 가치도 포함하고 있다고 볼 수 있다. 목회상담은 종교적 공동체의 구성원들이 이러한 가치를 원활하게 추구할 수 있도록 돕는 상담활동이라고 말할 수 있다. 따라서 넓은 의미로 볼 때에는 모든 종교적 공동체에서 목회상담이 수행되어야 할 것이다. 그러나 현재 여러 종교집단 중에서도 기독교가 이론적 뒷받침 아래 목회상담을 종교활동에 가장 활발히 도입하고 있는 것 같다. 그래서 여기서는 좁은 의미로 해석하여 기독교 교회, 특히 개신교에서의 목회상담을 주로 살펴보기로 한다.

5.1 목회상담의 의미

구체적으로 말한다면 목회상담은 교인들의 신앙·도덕 및 생활과정상의 문제해결을 돕는 활동이며, 목회상담자는 전문적인 훈련을 받은 후 목회상담을 하는 사람이다. 목회상담자들은 부부갈등으로부터 육아방법에 이르는 여러 문제에 대해 조언을 한다. 물론 상담심리학에 이해가 있는 목회자들이 보다 폭넓고 깊이 있는 도움을 줄 것이다.

목회상담의 준거를 살펴보기 위하여 목회자들의 활동적 기능을 단계별로 보면 다음과 같다.

(1) 친교와 우애를 넓히는 기능
(2) 위안과 평안을 주는(지원자로서의) 기능
(3) 아가페적 사랑을 이해·실천시켜 주는 기능
(4) 생활 및 교육정보를 알려 주는 교육자로서의 기능
(5) 전문적 목회상담자로서의 기능

이런 기능은 일반상담의 경우와 유사하게 보일지 모른다. 그러나 목회상담이 일반상담과 동일하게 취급될 수는 없다. 먼저 목회상담에서 다루는 대상 인물들은 교인이다. 또한 목회상담은 기독교 고유의 목적에 따라 넓은 의미의 '아가페'적인 사랑을 실천하고 이를 이해시키고자 하는 활동을 포함하게 된다. 다음으로 목회상담자는 인간서로의 사랑이 인간에 대한 하나님의 사랑에서 비롯되는 것이며 이 지극한 사랑을 통해 자유·안전에 대한 확신과 인격적 성숙 등을 포함한 목회상담의 목표가 성취된다는 신앙인으로서의 기본신념을 가지고 있다.

이러한 신념은 목회상담자가 종교적 독선과 권위적인 태도를 취하지 않는 한 상담

의 최적 조건과 크게 배치되는 것은 아닐 것이다. 또한 목회상담자는 흔히 상담심리전 문가가 취하는 인본주의적인 입장과는 다른 신학적 인간관과 세계관을 가지고 있다. 이러한 차이 때문에 내담자의 문제에 접근하는 태도와 시각에서는 일반상담자와 다를 것이다. 이와 같이 목회상담과 일반상담은 차이가 있으나, 상담과정에서 실제로 사용되는 기법은 거의 유사하다고 말할 수 있다.

5.2 목회상담의 방향

우리나라에서 기독교가 발전한 것을 보면 그 짧은 역사에 비추어 놀랄 만하다. 특히 최근 20여 년간 개신교의 교세 확장은 피부로 느껴질 정도이다. 그런데 이러한 개신교의 발전이 물질적·양적 발전과 함께 영적·질적 발전도 같이 이루어지느냐는 별개의 문제로 보인다.

만일 교세의 확장이 보다 많은 교인의 마음에 하나님에 대한 믿음과 인간에 대한 깊은 신뢰감을 '역사'할 뿐만 아니라 '자기실현적 삶'을 영위하도록 하는 것이라면, 아울러 목회상담의 활동도 더욱 활발해져야 할 것이다. 그리고 목회상담이 효과적으로 이루어지기 위해서는 목회자들이 스스로 상담자로서의 인식과 책임을 새롭게 하여야 할 것이다. 사실 현실 사회가 목회자들에게 상담자로서의 역할을 크게 기대하고 있으며 교인들도 상담자로서의 역할을 목회자들에게 바라고 있다고 하겠다. 따라서 목회자는 상담자로서의 역할기능·상담방법 등에 대한 뚜렷한 인식과 준비가 있어야 할 것이다.

5.3 목회상담의 목표

목회상담의 목표는 앞에서 말한 종교적·신학적 가치와 인간의 사회적 가치를 함께 성취하는 방향이 되어야 할 것이다. 왜냐하면 목회상담에서는 종교적 가치를 배제한 사회적 가치의 추구만을 생각할 수는 없으며, 인간의 사회적 가치를 무시한 어떤 종교적 가치도 광신적 허상에 불과하기 때문이다. 다만 어느 쪽에 더 중점을 두고 어느 것을 먼저 하느냐는 소속 종교단체의 교리와 목회자 개인의 이론적 입장에 따라 달라질 수 있을 것이다.

다음의 목회상담의 일반적 목표를 살펴보기로 한다.

(1) 목회상담자는 내담자를 기본적으로 존중함으로써 인간의 가치관을 확인시켜
    준다. 내담자를 신뢰하는 가운데 사랑을 경험시켜 줌으로써 사랑을 받을 수 있
    는 존재라는 확신을 주며, 이 확신은 내담자를 사랑할 수 있는 사람으로 변화
    시킨다.
(2) 내담자에게 책임감을 갖도록 한다. 진실한 사랑은 책임감의 기초가 되는 것으
    로 다른 사람의 요구를 존중하는 것이다.
(3) 내담자에게 내면적 자유를 확립시킨다. 성장의지와 주체적 자아를 존중하여 줌
    으로써, 내담자가 내면적 자유를 찾도록 한다(타인의 내면적 자유에 대한 존중은
    진실한 사랑의 필수적인 요소이다).
(4) 내담자에게 삶의 의미를 준다. 삶의 의미란 우리의 삶이 신뢰할 만하며 살아
    나갈 가치가 있다고 믿는 근원적 확신이다. 이러한 근원적 확신은 사랑과 신뢰
    의 관계에서 주어지는 것이다.
(5) 내담자에게 하나님과의 신뢰관계를 형성한다. 하나님의 사랑에 대한 인간의 요
    구는 수직적 차원의 요구이다.

앞서 말한 목회상담의 목표를 요약하면, 내담자를 하나님의 사랑과 직결시킴으로
써 근원적 변화를 일으키는 것이라고 말할 수 있다.

5.4 목회상담의 유형

목회상담에도 많은 유형이 있겠으나 여기서는 흔히 접하게 되는 교육적 상담과 종
교적 실존문제 상담을 살펴보기로 한다. 목회상담의 다른 여러 유형들에 대해서는 목
회상담의 전문서적을 참조하기 바란다.

1. 교육적 상담

교육적 상담에는 목회자가 주도하여 지도하는 경우와 내담자가 지도를 자청하는

경우가 있다. 전자의 경우에는 직접적인 지식을 전달하는 비율이 후자보다 높다. 가령 결혼 전 문제의 상담은 교육적 상담의 하나라고 볼 수 있다. 교육적 상담에서도 다른 상담에서와 같이 우선 부드럽고 온화하며 포용적인 감정과 태도로 내담교인을 대하여야 한다. 목회자에 대한 신뢰와 친근감을 형성시킴으로써 장차 다시 도움을 필요로 할 때 쉽게 상담을 청하도록 한다. 상담과정에서는 쉽게 대답할 수 있는 긍정적인 면에 대한 질문을 먼저 하는 것이 바람직하다. 질문은 개방형으로 하는 것이 내담자의 자기탐색을 촉진할 것이다. 또한 내담자의 대답을 통해 내담자에 대한 예비지식을 얻는다. 그리고 이 예비지식을 토대로 내담자와의 의미 있는 상담관계를 형성해 나가게 된다. 가령 결혼할 남녀를 상담하는 목회자는 다음과 같이 말할 수 있다.

"나는 두 사람의 생애에 가장 중요한 문제를 같이 생각하게 된 것을 기쁘게 느낍니다. 우리 서로를 좀 더 아는 것이 좋을 듯 하군요. 두 분이 어떻게 만나게 되었는지 말씀하여 주시겠습니까?"

또한 내담자가 말하고자 하는 화제와 내담 목적에 관해서 언급해 줌으로써 효과적인 상담관계로 이끌어 갈 수 있다. 예를 들면,

"두 분은 틀림없이 훌륭한 결혼생활과 가정을 꾸미고자 하시겠지요. 내가 두 분을 만난 것도 그것을 돕기 위해서입니다. 결혼에 관해서 떠오르는 어떤 생각이나 혹시 의문 같은 것은 없습니까?"

이렇게 이야기의 방향을 어느 정도 제시하는 것은 화제의 실마리를 찾고자 하는 내담자의 긴장감을 덜어 주기도 하는 것이다.

내담자는 온화한 상담 분위기에서만 자기의 걱정거리 또는 요구를 자유로이 말할 수 있을 것이다. 그리고 상담자가 예비적 지식을 얻기 위해 너무 많은 질문을 던지면, 내담자는 그저 대답만 하는 수동적인 태도를 취하게 될 가능성이 높다. 내담자를 이해하는 데 있어서는 내담자가 겪은 주요 사건이 무엇인가를 알고 어떤 느낌을 경험하였는지를 이해하는 것이 중요하다. 가령 "그 남자가 약속 시간에 늦게 나올 때 느껴지는 기분을 말씀하여 주시겠습니까?" 식의 질문으로 내담자의 감정을 탐색할 수 있다. 이 때는 내담자가 피상적인 감정만을 상투적으로 말하고 있는지를 주의하여야 한다. 그리

고 내담자의 갈등문제를 알아보기 위해서는 최근에 있었던 구체적 실례를 들도록 한다. 가령 다음과 같은 형식의 질문이 바람직하다.

"두 분은 서로 중요하게 느끼는 일에 의견이 일치하지 않을 때 어떻게 합니까? 우리가 함께 생각해 볼 만한 실례가 없을까요?"

내담자에게 관련된 대화의 소재를 말해 주면서 어떤 면에 흥미를 가지는가를 보는 것도 내담자의 요구방향을 이해하는 방법이다. 예컨대,

"결혼에 따르는 여러 문제가 있어요. 결혼한 지 1년이 된 부부가 있다고 합시다. 부인은 남편이 회사일에만 열중하는 것을 못마땅하게 생각하고 자기의 고민을 남편에게 알리려고 애쓰고 있습니다. 이런 경우를 두 분은 어떻게 생각하십니까?"

결혼을 앞둔 내담자라면 재정문제, 결혼 후의 가족관계, 가족계획, 부인의 맞벌이 활동, 종교활동에의 참여 정도, 주택문제 등이 관심을 끄는 소재이다. 내담자가 흥미를 보이는 소재에 대해서는 좀 더 대화를 진행시켜 이해의 정도를 파악한 후, 장래의 행동계획에 관해서 이야기하도록 한다. 여기서 목회자는 내담자에게 필요한 경험이나 신념을 말하여 주고, 이에 대한 느낌이나 의견을 듣는다. 이렇게 대화를 하는 가운데 내담자들은 자신의 대인관계 및 장래행동에 대한 안목과 확신을 가지게 되는 것이다.

2. 종교적·실존적 문제의 상담

목회상담 고유의 것으로 종교적·실존적 문제의 상담이 있다. 교회 문제, 신앙상의 갈등, 믿음의 혼란, 기도의 본질에 대한 문제 등 종교 고유의 문제가 동기가 되어 상담을 청하는 경우이다. 이 때 목회자는 자연히 자신이 받은 교육 및 개인적인 신념에 따라 문제를 해결하고자 한다. 여기서 목회자는 문제를 해결하는 주체가 항상 내담자라는 것을 명심하여야 한다. 목회자는 일방적으로 교육시키고자 하여서는 안 되며, 내담자의 동기수준과 무엇을 필요로 하느냐에 따라 내담자의 입장에서 상담을 이끌어야 한다. 즉, 성직자의 입장인 목회상담자는 상담의 원리와 종교적 의미를 연결하여

내담자의 통찰을 일깨우는 것이다. 다시 말해서 목회상담자는 내담자에게 바른 삶의 의미와 신학적 의미에 대한 적절한 지혜를 전달해 주게 된다. 신학적 실존문제의 상담은 하나님과의 온전한 관계를 형성하도록 도와주는 과정이라고 말할 수 있을 것이다.

목회상담자는 경우에 따라서 신앙적인 문제를 호소하더라도 내담자 개인의 심리적 문제가 크게 작용할지도 모른다는 사실을 알아야 한다. 그리고 흔히 내담자가 말하는 문제를 그대로 다루는 것이 타당하지만 때로는 내담자의 주변 문제를 먼저 고려하는 것이 적당할 경우가 있다. 실례를 들면 한 중년 신사가 기도생활의 의미를 잃고 고민하다가 목회상담자의 도움을 요청했다. "요즈음 거의 기도를 안 합니다. 기도가 무의미하게 느껴진다고나 할까요." 목회상담자는 기도에 관한 몇 권의 책을 소개하여 주면서 "최근에 어떤 일이 있었나요? 혹시 어떤 일이 마음을 억누르지 않는지요?"하고 내담자의 주변 문제를 탐색하여 보았다. 이 신사는 가족 중의 한 사람이 자살한 이야기를 하면서 자신의 죄책감을 비로소 털어놓았다. 이렇게 내담자 개인의 심리적 고통이 상담과정에서 다루어짐으로써 불합리한 죄책감이 해소될 수 있었고, 죄책감이 해소된 다음에 내담자의 기도생활의 의미는 부활되었고 신앙이 더욱 강해진 사례였다.

목회상담자는 흔히 교인들의 문제를 한두 마디의 교훈적인 말이나 하나님의 말씀인 성경을 인용하여 해결하고자 한다. 그러나 문제를 해결하는 것은 내담자이며, 내담자의 입장에서 문제의 해결책이 발견될 때 가장 바람직한 상담결과를 얻는 것이다. 종교적 용어를 쓴다든가 신학이론을 펴기 좋아하는 목회자는 내담자 문제의 사회 · 심리적인 측면을 무시하기 쉽다. 인간의 여러 문제는 하나님과의 관계인 수직적 차원과 이웃과의 관계인 수평적 차원을 함께 고려할 때 올바른 시각의 목회상담이 이루어질 것이다.

잘못된 목회상담의 경우를 다음에서 살피기로 한다. 병석에 누워 있는 고령의 한 할머니가 "죽는 것이 두렵기는 하지요. 그러나 이렇게 누워서 주위 사람들에게 피해를 끼치니 차라리 죽는 게 나을 것 같습니다"라고 말했다. 목회자는 죽고 싶다는 할머니의 생각이 얼마나 나쁜가를 말하며 유감스럽다며 성경을 좀 더 읽으라고 하였다.

며칠 후의 심방에서 할머니는 다시 죽음에 대해 말했다.

목　사: 이젠 두렵지 않지요?
내담자: 꼭…… 그렇지는 않아요. 아니 아직도 두렵다고 할 수 있을 거예요. 해야 할 일
　　　　을 못한 게 너무 많아요. 제가 갈 준비가 되어 있는지 모르겠군요. 하나님은 우

리가 나쁘게 행동한 만큼 벌을 주시나요?

목사는 '성서에 심판이 있음'을 말하고 할머니는 착한 사람이니까 걱정할 필요가 없다고 강조하였다. 여기서 이 목회자는 죽음에 직면한 이 할머니의 실존적인 문제를 거의 도외시했을 뿐만 아니라 상담의 기본인 신뢰감과 안정감을 전해 주지 못했다.

목회상담에 두 가지 측면이 있다고 보면 그 하나는 직접적인 생활상담의 문제이고, 다른 하나는 '근원적 문제'일 것이다. 목회상담자가 직접적인 문제에 대해서만 도움을 준다면 성직자로서의 직분을 다하지 못한 것이다. 그러므로 내담자의 실존적 불안을 일으키는 왜곡된 인식을 바로 잡아 주고, 올바른 삶에 대한 책임감과 용기를 갖도록 구체적으로 이끌어 주는 것이 무엇보다 중요할 것이다.

6 산업상담

6.1 산업상담의 의미

'관리자는 어떤 능력이 가장 필요한가?' 이 질문에 대한 모든 사람의 답변은 대체로 '고용인들과 생산적이면서도 원만한 관계를 유지하는 능력'으로 집약된다. 사실상 유능한 관리자는 고용인들과 잘 어울릴 뿐만 아니라 직장에서 고용인들의 생산성을 향상시킬 수 있어야 할 것이다. 즉, 유능한 관리자라면 고용인들의 잠재능력을 발휘시키고 개인적인 문제를 해결해 줄 수 있는 '상담자로서의 자질'을 갖추어야 한다. 현대 사회에서는 직장 내의 원만한 인간관계와 노사협조체제를 확립하기 위해서도 산업체 내에서의 상담활동이 극히 중요한 영역으로 등장하고 있다.

1. 산업상담의 필요성

먼저 산업체에서의 상담이 필요한 이유를 살펴보기로 한다. 사회가 복잡해지고 산업이 대형화됨에 따라 직장인들은 과다한 정신적 · 육체적인 문제들을 갖게 되었다. 예를 들면 특근에 대한 불만, 급여수준에 대한 실망, 복지시설에 대한 불만, 직장 동료와의 갈등 및 가정문제로 인한 태업, 작업조건이 나쁜 데서 오는 사기저하 등이다. 이런 문제들 가운데 어떤 것은 국가 단위의 경제구조와 사회풍토의 문제와 관련되어 있지만, 직접적으로는 산업체 내에서의 경영방침, 인간관계의 풍토 및 역할기능에 따라 많이 달라질 수 있는 것이다. 바람직한 작업환경과 인간관계의 조성은 주로 관리자의 책임영역이라고 볼 수 있으며, 고용인들은 관리자에게 직접 · 간접으로 이런 문제에 대한 답변과 해결을 기대한다. 또한 고용인 문제가 커지면 기업주나 외부 사람들도 관리자에게 이런 문제들의 해결책과 의견을 요구하게 된다.

이러한 상황에서 관리자가 어떻게 대처하느냐가 기업 생산성에 중대한 영향을 미치게 마련이다. 왜냐하면 관리자의 태도와 반응은 기업의 생산성과 고용인의 사기에 영향을 주고, 궁극적으로는 자신의 성장에도 관련되기 때문이다. 만약 관리자가 이런 상황을 잘 처리하면 부하직원들의 지지와 인정을 얻게 되고 생산성과 사기는 당장 높아질 것이다. 뿐만 아니라 상사와 동료들로부터 능력 있는 관리자로서 인정을 받게 된다. 그러나 만족스럽게 해결하지 못하면 주위 사람들의 의심 · 실망 · 적대감 등을 받게 되고 생산성과 업무실적도 떨어질 것이다.

따라서 관리자는 관리업무뿐만 아니라, 상사와 부하직원 사이에서 여러모로 상담자의 역할도 수행하지 않으면 안 된다. 이처럼 문제를 가진 고용인을 상담하는 역할이 중요하기 때문에, 기업관리와 동시에 상담역할을 하는 '관리자−상담자'의 역할이 등장하게 되었다. '관리자−상담자'는 공식적으로는 관리자이지만 필요에 따라 상담자 역할을 겸하는 것이라 하겠다. 한편 기업관리와는 관계가 없이 산업체 내에서 근로자의 제반 문제를 상담하는 '전임상담자'를 채용할 수도 있는 것이다.

2. 역사적 배경

역사적으로 볼 때 산업체 내에서의 의사소통방법 및 상담기법의 적용은 새로운 영역이 아니다. 미국의 경우 고용인들의 가족 및 대인관계 문제를 해결하고 법적 문제를 조언하기 위해 이미 1914년에 포드회사에서 전문적인 상담활동을 시작했다. 또한 메이시 백화점에서는 회사 내에서의 인간관계 및 개인문제를 가진 고용인들을 돕기 위해 1925년부터 정신과 의사와 심리학자를 채용하기 시작했다. 1930년대의 세계적 불황기 이후, 하버드 그룹에 의한 인간성 무시에 대한 비판 및 '기계주의적 관리론'에 대한 반성이 고조되었다. 이런 가운데 조직 내에서의 인간행동에 대한 새 접근방법을 시사한 유명한 '호손(Hawthorne) 연구' 등을 계기로, 각 기업체마다 산업상담사 및 산업심리학자를 상임 또는 비상임으로 채용하기에 이르렀다. 그리하여 미국에서는 1960년대 중반 이래 산업체 내에 간부급 '관리자 — 상담자'뿐만 아니라, 전임 산업상담사를 두는 것이 일반적 추세로 되었다.

이런 추세는 두 가지 주요 영향의 결과로 볼 수 있다. 하나는 산업체 내에서 적절하게 적응할 수 없는 고용인들의 대량 발생이다. 따라서 상담자의 한 가지 활동목표는 작업 장면에서 고용인들의 적응을 높이고, 이들을 이해 · 수용하도록 다른 고용인들과 관리자들에게 조언을 하는 것이다. 이런 활동은 매우 성공적인 효과를 거두었다. 두 번째는 현대생활의 복잡성의 증가이다. 집단 속에서의 긴장과 생활구조의 복잡성이 증가함에 따라, 알콜중독 · 이혼 · 가정불화 · 약물남용 · 조기퇴직 등의 '문제행동'으로 전환되어 나타나는 것이다. 이런 문제를 해결하기 위해 많은 산업체에서 전문적 상담자(카운슬러)를 고용하였다. 예를 들면 노드롭 회사는 문제를 가진 고용인들이 수시로 상담을 받을 수 있도록 상담실을 설치하고, 전임 상담자를 고용하여 다른 유명 기업의 모범이 되었다. 이제는 고용인들의 잦은 결근 및 조기퇴직의 주요 이유가 직장 내에서 경험하는 어려움과 갈등 때문이라는 것은 상식화되었다. 조기퇴직이나 입사 후 전직은 당사자에게 경제적 · 사회적 · 심리적 · 육체적 변화를 의미하며, 산업체 자체에도 큰 손실을 가져오는 것이다. 이런 현상을 방지하기 위해, 미국의 여러 큰 기업체들은 1970년대부터 전직 · 조기퇴직 문제를 따로 전담하는 상담자를 채용해 왔다.

3. 우리나라의 현황

우리나라에서는 일부 기업체에서 인사과 부설 상담실(또는 고충처리위원회)을 두고 있으며, 고용노동부의 '직업상담사' 강습교육 등도 이루어지고 있다. 고용노동부 주관의 '직업상담사' 자격은 한국산업인력관리공단의 시행으로 2000년부터 2021년 말까지 1급은 1,086명, 2급은 69,635명에게 직업상담사 자격증이 교부되었다.

그리고 우선 기업주나 경영인들이 '전문적 상담자'나 '산업심리학자'의 고용이 회사에 얼마나 이익을 가져오는가를 분명히 인식해야 할 것이다. '국가자격'의 '상담사'나 자문역의 절대적 필요성이 인식 · 실현되기 위해서는, 아마 50년대 말 운전사 자격시험에 적성검사가 도입될 때와 같은 '회의 및 저항의 고비'를 더 겪어야 하는지도 모르겠다. 당시 교통부 관계자들은 적성검사 실시의 총비용이 검사로 가려 낼 수 있는 '심리적 부적격 운전자'의 연간 사고로 인한 기본 경비의 몇 십분의 1밖에 안 된다는 통계자료를 처음엔 이해하지 못했던 것이다.

6.2 산업상담의 기본원리

1. 관리자의 상담행동 원리

산업 장면에서의 상담도 상담의 일반적인 원리를 토대로 하고 있으며, 특히 '관리자-상담자'(상담역을 담당하는 관리자)는 다음 3단계에 따라 상담활동을 수행한다. 상담역을 하는 관리자는 우선 고용인의 관심사와 문제를 효과적으로 해결할 수 있도록 도와준다는 원칙에서 출발한다. 그 단계적 접근방법은 ① 사원의 말에 경청·주목하고, ② 공감적인 반응을 하고, ③ 바람직한 행동으로 '지도'하는 것이다.

첫째로 '주목'은 문제를 가진 직장인의 언어나 비언어적 행동의 의미를 주시하는 것을 말한다. 바람직한 주목은 내담자의 말을 왜곡하거나 중단하지 않고 일단 경청하는 것을 의미한다.

둘째로 '공감적인 반응'은 관리자가 이해와 수용의 태도로서 고용인과 의사소통을 하는 방식이다. 주목과 경청을 통해 알아 낸 내용을 바탕으로, '고용인의 입장에서' 이해(반드시 찬성은 아님)하고 그 이해를 상대방에게 전달하는 것이다.

셋째로 '행동 지도'는 고용인으로 하여금 현재의 생각과 행동을 수정하도록 동기를 유발시키거나, 보다 생산적으로 생각하고 행동하도록 돕는 기법이다. 관리자는 사원의 동기(근무의욕)를 증가시켜 더 좋은 목표를 성취하도록 구체적으로 지도해야 한다.

이상 산업체상담에서의 기본과정을 살펴보았다. 모든 관리자는 사원 및 고용인과 문제를 토의할 때마다 이 3단계에 의해 접근하는 것이 바람직하다.

2. 관리자의 바람직한 대화유형

여기서 문제해결을 위한 관리자의 대화유형을 살펴보자. '문제사원'의 행동을 해결하기 위한 접근방법은 관리자의 행동유형에 따라 달라지게 된다. 관리자의 유형은 일방적인 태도와 억압적인 자세를 나타내는 '억제형', 사원의 의견과 감정을 포용적으로 받아들이는 '수용형', 사원의 문제를 해결하기 위해 노력하는 '문제해결형'의 세 가지로 나눌 수 있겠다. 예컨대 박씨라는 사원이 입사 후 열심히 일하던 중 한 번 큰 실수를 저지른 뒤부터 혼자 실의에 빠져 있다가 관리자를 찾아왔다고 하자. 이 경우 '억제형'은 "박씨가 하는 일은 믿을 수가 없어. 언젠가 또 실수를 저지를지 모르겠단 말이야. 이번 이 일은 박씨에게 맡길 수 없어!"라는 식으로 말한다. '수용형'은 "지난 번 실수로 몹시 실망해 있는 것 같군. 이번 일을 같이 해 낼 수 있을지 걱정이 되는데, 박씨 생각은 어떻소?"라고 반응할 수 있다. 한편 '문제해결형'은 "박씨가 지금 사기가 침체되어 있으니 자신감을 회복해야겠어. 우선 일과 후에 우리 부서의 배구시합에 나와 같이 뛰어 보지 않겠소? 기분 전환이 될 테니까. 그리고 이번 사업계획에 관해서는 내일 아침 구체적으로 이야기합시다"라고 이야기할 수 있다. 비록 간단한 대화의 예이지만, 세 관리자들의 반응에서 유의할 것은 상대방에 대한 '경청과 주목', '공감적 반응', '지도적 방향제시' 면에서, 전혀 못 하고 있는 단계에서부터 약간 또는 상당히 실천하고 있는 단계에 이르기까지 '정도의 차이'가 있다는 점이다.

'억제형'에 대한 사원의 반응은 원한이나 적개심을 포함하게 되며 일에 대한 흥미를 잃고 더욱 실의에 빠지게 한다. 단순한 '수용형'은 관리자가 더 이해해 주기를 원하면서, 자기의 생각이나 문제를 솔직하게 털어놓지 않고 주위의 상황을 경계할 가능성이 있다. 즉 이런 경우에는 관리자가 박씨의 행동에 더욱 신경을 쓰게 되므로 문제행동은 더욱 강화될 수도 있다. 그러나 '문제해결형'은 박씨와의 관계를 원만하게 하면서도, 다음과 같은 전략을 사용하여 문제상황을 개선하려고 노력한다.

(1) 박씨가 학습해야 할 새로운 행동내용이 무엇인가를 결정하여야 한다.
(2) 박씨가 기대되는 행동을 할 수 있도록 구체적인 계획을 세운다.
(3) 박씨의 요구와 불만을 알아 내어 적절한 유인체제를 발견하여 이해시키도록 한다.
(4) 박씨가 학습해야 할 행동을 강화하기 위한 유인체제를 활용한다.
(5) 행동의 변화는 시간을 요하기 때문에 유인체제를 적용하면서 계속적인 평가를 한다.

6.3 산업상담에 필요한 정보 및 시설

'관리자-상담자'나 '산업상담자'는 고용인의 문제를 잘 이해하고 문제해결을 위한 방안을 모색하기 위해서 필요한 정보를 수집해야 한다. 상담에 필요한 정보는 크게세 가지로 요약될 수 있다.

첫째는 기업체에 관한 정보이다. 여기에 포함되는 정보는 사칙, 회사의 체제와 조직 및 부서의 활동, 회사에서 중시하는 방침과 가치, 회사의 복지시설 등에 관한 것이다. 그 밖에 제반시설의 사용법, 재정적인 보조에 관한 정보, 현직 훈련에 관한 기회·승진·휴가 등에 대한 안내사항 등이 포함된다.

둘째는 직업구조나 취업경향 등을 포함하는 직업정보이다. 직업정보에는 직업분류와 직종, 각종 직업에서의 의무와 업무의 성격, 신분보장, 각종 직업에서의 작업조건, 취업자격 및 준비훈련, 기술검정고시 및 기술자 등록에 관한 사항 등 직업활동의 전반적인 사항을 포함한다.

셋째는 개인적·사회적 정보이다. 이것은 사원 개인을 이해하고 파악하기 위한 정보로서, 자기이해와 자기통찰의 정도, 건전한 인성의 발달, 개인의 행동특징, 가정조건에 대한 이해와 적응 등이다. 이 밖에도 이성관계, 결혼문제, 정신적·신체적 건강과 가치관 및 종교의 문제가 여기에 포함될 수 있다.

수집한 정보는 일반적으로 도서관 분류 원칙에 따라 분류·보관한다. 그리고 정보를 제공하고 활용하는 방법에는 다음 다섯 가지가 있을 수 있다.

(1) 생활안내(오리엔테이션) 방법
(2) 근무·작업시간의 이용
(3) 강연 및 토론
(4) 게시판·안내공고(포스터)·인쇄물·영화 등을 통한 홍보
(5) 근무·작업 외 시간의 활용

상담실에 필요한 시설은 개인상담실, 소집단 회의실, 접수처(대기실 겸용), 사무직원을 위한 공간, 그리고 누가기록 등 자료의 비치를 위한 공간 등이 확보되는 것이 바람직하다. 상담실의 위치는 직원 및 회사 간부가 쉽사리 드나들 수 있는 곳으로 회사중역실·도서실·보건실과 가급적 가까운 곳에 있어야 할 것이다. 그리고 가능하면 소

란한 곳은 피해야 한다.

6.4 바람직한 '관리자-상담자'의 특성

바람직한 '관리자-상담자'가 갖추어야 하는 기본적인 행동특성을 요약하면 다음과 같다.

(1) 부하직원의 계발

부하직원의 성장과 발달을 위해 최선을 다하는 태도이다. 부하직원들이 효과적으로 기능을 발휘하도록 격려하며, 그들의 성취에 질투를 느끼지 않고 다른 사람의 업적을 헐뜯으려고 하지 않는다.

(2) 변화의 수용

변화는 불가피하고 건전하다는 것을 믿는다. 따라서 현상 유지를 고집하지 않고 변화를 수용하는 진취적인 자세를 취한다.

(3) 경　　청

실제로 다른 사람의 말을 경청할 줄 아는 사람을 찾아보기 힘든 것이 오늘날 우리의 사회이다. 그러나 바람직한 '관리자-상담자'는 고용인의 말을 들을 뿐만 아니라 말의 의미도 파악할 수 있는 경청자가 되어야 한다. 훌륭한 경청자라면 고용인의 비언어적 행동이나 억양까지 이해할 수 있어야 한다.

(4) 존중의 표시

경의를 표하는 태도를 말한다. 바람직한 '관리자-상담자'는 고용인의 생각이나 방안이 자기의 것보다 못하더라도, 고용인에게 인격적 존중을 표시할 수 있어야 한다.

(5) 감정의 자각

바람직한 '관리자-상담자'는 자신의 감정을 자각할 뿐만 아니라 타인의 감정도 느낄 수 있다. 만약 관리자가 자기중심적이면 고용인들이 나타내는 요구나 불만의 많은 단서들을 놓치게 될 것이다.

(6) 이해적인 의사소통

문제상황을 이해하고 수용적인 태도로서 고용인과 의사소통을 한다. 때때로 관리자가 할 수 있는 최선의 일은 이해적인 의사소통이라고 할 정도로 중요한 것이다.

(7) 진실한 태도의 표현

상사가 원하는 방향으로 이끌어 가기 위해 일방적인 판단과 추측을 하지 않고, 사실 그대로 솔직담백한 심정으로 이야기한다. 또한 모든 일에 때와 장소를 가려서 적절한 시기에 적절한 사실을 전달할 수 있어야 한다.

(8) 구체성과 명확성

고용인들을 격분하게 하는 것 중의 하나는 명확한 사실에 대해 애매하거나 비반응적인 답변을 하는 관리자의 태도이다. 그러므로 관리자는 예컨대 "이번에는 당신과 이 문제를 토의할 수 없습니다. 왜냐하면 경영진에서도 매우 민감한 반응을 하는 주제이기 때문입니다"라고 표현하거나, "나는 이러한 사실을 전혀 모릅니다. 이번엔 당신에게 좋은 답변을 줄 수 없군요"라고 명확하게 말하는 것이 좋다. 이 밖에도 '문제사원'을 기꺼이 돕는다는 태도와 효과적으로 업무를 다른 사람에게 위임할 수 있는 자세 등이 관리자의 바람직한 특성에 포함될 수 있다.

6.5 '관리자-상담자' 면담의 예

산업체에서 전문적 상담이 정착되기까지는 앞에서 말한 대로 유능한 관리자의 '상담자 역할'이 중요하다. 그런 의미에서 선임 필자로부터 연수강의를 들은 바 있는 모 회사 부장이 사원과 '비교적 모범적으로' 상담한 예를 소개한다. 산업체상담의 한 측면에 불과하지만 이론적인 설명보다는 실질적인 참고가 될 것으로 믿는다. 독자의 평소 대화방식과 비교하기 바란다. 이 사례의 내담자는 누구에게도 자기 의견을 토로한 적이 없었다. 자신은 적은 보수로 회사 내에서 인정도 받지 못하고 있다고 느끼고, 회사를 그만두려는 의도로 '관리자-상담자'(부장)를 찾아온 사례이다.

내: 부장님, 이야기를 하고 싶어요.

상: 그러죠. 오늘 11시에 내 사무실로 오시겠습니까?

내: 예.

(11시경, 부장의 사무실)

상: (책상 옆을 가리키며) 앉으십시오. 여기가 좋겠군요. 걱정되는 일이 있습니까?

내: 실은 이 회사를 그만둘까 생각합니다.

상: 만족스럽지 못한 일이 있는 것 같군요. 제가 도와 드릴 것이 있습니까?

내: 예, 저는 18개월 동안 이 회사에서 일했습니다. 봉급은 얼마 안 되고 하는 일은 몹시 많아요. 하루 종일 장부만 들여다보는 것이 지긋지긋해요.

상: 맡은 일이 마음에 들지 않기 때문에 회사에 계속 다니고 싶은 마음이 들지 않으신가 보지요.

내: 예, 그래요. 저는 여러 사람과 함께 다양한 일을 하고 싶은데, 여기서 하는 일은 너무 단조로워요.

상: 회사에 대해서는 일반적으로 어떻게 느끼십니까?

내: 회사는 훌륭합니다. 우리 회사가 유명한 일본 회사와 경쟁하고 있다는 것도 알았습니다.

상: 저임금과 단조로움 외에, 괴로움을 느끼는 다른 일이 있습니까?

내: 방금 언급했던 것뿐이어요. 전 요즘 내가 살아 있다는 것조차 느끼지 못하겠어요. 때때로 전 밤늦게까지 일을 하고 토요일에도 종일 일하는 경우가 있어요. 부장님은 나의 이런 처지를 전혀 모를 거예요.

상: 미안합니다. 사실 나도 내 일에 바쁘다 보니 당신의 그런 처지에 전혀 신경을 쓰지 못했군요. 다른 직책이라면 할 의사가 있습니까?

내: 예, 그것에 대해서 많이 생각해 보았습니다. 두 번이나 면접을 했습니다.

상: 알았습니다. 만약 당신이 회사에서 다른 일을 한다면 어떤 일을 하고 싶으세요? 우리 부서와 같은 일을 하고 싶어요?

내: 아니에요. 저의 전공이 마케팅이므로 판매부에서 일하고 싶어요.

상: 당신이 회사를 그만둘 생각을 갖고 있지만, 만약 판매일을 맡게 된다면 계속 일하기를 원하고 있군요.

내: 그래요. 지금까지는 저에게 적합하지 않은 일을 하고 있었어요.

상: 잠깐만 실례하겠습니다. 인사관리과에 전화를 걸어 봅시다.(전화를 건다) 지금은 판매부에 공석이 없다고 하는군요. 여섯 달 후에 판매사원 훈련이 있다고 하는데 그때에 당신이 훈련을 받을 수 있는지 생각해 봅시다.

내: 저는 확실한 대답을 듣고 싶은데요.

상: 내가 어떤 약속도 할 수 없다는 것을 이해해 주십시오. 앞으로 일이 어떻게 될지는 나도 알 수가 없는데요.

내: 부장님의 입장은 알 수 있겠습니다.(약간의 침묵) 가까운 시일에 봉급 인상이 있을 까요?

상: 현재 봉급액이 얼마입니까?

내: 지난 달 봉급은 98만원이었어요.

상: 제가 기억하기론 당신은 정규사원으로 고용된 것으로 알고 있습니다. 당신의 전공과 적성에 맞는 인사정책이 적용되지 못하고 있는 것을 유감스럽게 생각합니다만, 지금 나의 입장에서는 확실한 대답을 할 수 없군요. 나는 당신이 이 회사에서 장래가 촉 망되는 유능한 직원으로 발전할 기회가 있으리라고 생각합니다. 계속해서 일할 것을 바라고 싶습니다.

내: 잘 모르겠습니다. 곰곰이 생각해 보겠습니다. 저는 부장님이 이렇게 진지하게 저의 고민들을 경청해 준 사실에는 감사드립니다.

상: 당신은 실질적인 고민들에 대해서 이야기를 했습니다. 당신이 최종 결정을 내리기 전에 나에게 찾아왔다는 것을 기억하고 있겠습니다. 6개월 동안 일을 계속해 본 후 고려해 보면 어떨까요? 그 동안에 대학에서 배웠던 마케팅을 다시 공부해 볼 수도 있잖아요.

내: 예, 좋은 생각인 것 같군요. 우선은 돌아가서 일하겠습니다.

7 여성상담

여성상담은 여성해방운동(혹은 여권신장운동)을 계기로 1960년대 끝무렵에 태동되었다. 이론적인 면에서는 여성의 발달과 정신건강에 대한 여성운동론적 시각을 가지고 있으며, 기법적인 면에서는 이러한 시각에 합치되는 다양한 기법들을 절충하여 사용하고 있다. 즉, 여성상담은 정신분석이나 인간중심이론처럼 어떤 통일된 이론적 기초나 고유한 기법, 혹은 창안자가 있는 것이 아니어서 하나의 '학파'라고 보기는 어렵다. 그러나 여성상담을 주창하는 치료자들은 여성상담의 원칙과 철학적 기초에 관해 상당한 정도의 의견 일치를 보이고 있다.

여성상담은 여성들을 '억압받는 집단'으로 보는 정치적·사회적 관점에서 비롯되었다. 남성중심의 가부장제 사회에서 여성들은 무력감과 무가치감을 느끼기 쉽다. 여성차별적인 사회관습에 순응하는 여성만이 심리적으로 건강한 것으로 인정받는 경향이 있기 때문이다. 따라서 여성의 그러한 사회문화적 위치와 그 결과에 대한 고려 없이는 여성의 문제를 이해할 수도, 도움을 줄 수도 없다고 본다.

7.1 여성상담의 기본원리

여성상담의 가장 기본적인 원리는 인간을 정치적 혹은 사회문화적 존재로 본다는 점이다. 외견상 개인적인 문제로 보이는 것들도 사실은 여성이라는 사회적 위치에 기인한 문제인 경우가 많다. 이러한 관점의 원리는 여성상담의 치료목표에도 영향을 미치지 않을 수 없다. 여성상담은 여성으로 하여금 자신이 가진 문제의 개인적인 원인뿐만 아니라 사회문화적인 원인을 발견하도록 도우며, 단순히 억압적인 상황에 적응하는 것을 넘어서서 그런 상황 자체를 변화시키는 운동을 포함한 새로운 관점에서 문제를 해결하도록 돕고자 한다. 여성상담은 학습의 역할을 강조하는 이론을 선호하지 않을 수 없는데, 전통적인 정신분석과 같은 이론은 순수한 심리내적인 구조를 강조하지만 학습이론적인 관점은 사회와 개인의 상호작용을 중요시하기 때문이다.

여성상담의 두 번째 원리는 내담자와 상담자의 관계가 평등하여야 한다는 것이다. 상담에서 위계적인 관계를 경험한다는 것은 많은 여성들의 문제의 원천인 억압과 복종의 경험을 더욱 강화하고 영속화하는 것일 수 있다. 따라서 '여성상담자'[2]는 내담자로 하여금 자신이 상담자와 동등한 힘과 지위를 가진 존재로서 상담에 임하고 있음을 알게 해야 하며, 생활의 다양한 영역들에서 내담자가 경험하는 역학관계를 객관적으로 검토하도록 도와야 한다.

여성상담자들은 전문가에 의한 힘의 남용에 특히 주의를 기울인다. 그들은 자신이 전문가이기 때문에 내담자보다 우월한 지위에 있다고 여기지 않으며, 내담자가 그들을 우월한 존재로 여기는 것을 허용하지도 않는다. 내담자야말로 자신과 자신의 문제에 대한 진정한 전문가이기 때문이다. 여성상담자는 문제를 보는 새로운 관점을 제시하거나

---

2 여기서 말하는 '여성상담자'는 성별이 여성인 상담자를 가리키는 것이 아니라, 여성상담적인 관점에서 상담하는 상담자를 가리킨다. 남성도 '여성상담자'가 될 수 있는가 하는 점에 대해서는 의견이 불일치하지만, 현실적으로 여성상담을 표방하는 상담자는 거의가 다 여성이다.

그 관점을 활용할 것을 제안하기도 하지만, 해석을 하거나 진단을 내리는 것은 삼가한다.

　　여성상담의 세 번째 원리는, 상담을 가치개입적인 일로 본다는 것이다. 상담자의 가치관은 상담자가 하는 일에 영향을 미친다. 그 사실을 부정하려고 하는 상담자는 내담자를 혼란에 빠뜨릴 뿐이며, 오히려 상담자 자신의 개인적인 신념과 가치관을 내담자에게 마치 객관적 사실인 양 내보이게 됨으로써 내담자를 암암리에 조종할 가능성도 배제할 수 없게 된다. 이런 문제는 상담자가 자신의 가치관을 분명히 밝히는 동시에, 내담자에게도 그렇게 하도록 격려함으로써 해결될 수 있을 것이다. 상담과정에 중대한 영향을 끼칠 수도 있는 가치들, 예를 들어 성역할 기대・성적 행동・분노・의존성 등과 관련된 가치들은 상담의 초기 단계에서부터 전 과정에 걸쳐 명료화될 수 있다.

7.2　여성상담의 발전

　　여성상담은 18세기 중엽에서 20세기 초반에 걸친 초기 여성해방운동에 그 뿌리를 두고 있다. 그러나 상담의 한 분야로서 논의되고 발전되기 시작한 것은 1960년대 말엽부터이다. 이 무렵 다수의 여성운동가들과 상담자들이 남녀차별적인 가정들에 기반을 둔 전통적인 심리치료이론에 불만족을 느끼기 시작하였다. 이들은 그런 전통적 접근들이, 이론과 실제적 적용의 양 측면에서 성역할에 관한 고정관념을 영속화시킴으로써 가부장적 사회구조를 보호하고 현 상태를 유지한다는, 즉, 일종의 사회통제의 기제로서 작용한다고 보았던 것이다.

　　미국은 여성상담 발전의 주 무대라고 할 수 있는데, 미국에서의 여성상담의 발달은 대략 세 기간으로 나누어 볼 수 있다. 첫 번째 시기는 1960년대 끝무렵부터 약 10년간 지속된다. 이 기간 동안 여성상담자들은 남성들에 의해 발전된 전통적 치료체계들 안에 숨겨진 남성중심적 편견을 분석하고 비판하는 일에 주력하였다. 이와 때를 같이하여 여성심리학이 하나의 연구영역으로서 대두하게 되어, 1969년에는 여성심리학협회(The Association for Women in Psychology, AWP)와, 미국심리학회의 제35분과회인 여성심리학회(Psychology of Women)가 창립되었다. 또 이 시기에는 여성상담과 관련된 학술지들도 발간되기 시작하였다.

　　1970년대 말부터 약 10여 년간은 기존의 치료적 접근들에 숨어 있는 성차별적인 부분들을 제거하거나 수정하여, 여성운동의 이념을 기존 치료체계들과 통합하는 작업이 시도되었다. 그 결과, 여성해방운동의 핵심적 가치들을 공유하는 다수의 치료자들이 등장하게 되었다. 그러나 여성상담이라는 공동의 명분에 걸맞는 통합된 상담모형이 없었다. 그래서 치료이론들은 심리내적인 것에서부터 대인관계론적인 이론과 정치적 색채가 강한 이론에 이르기까지 매우 다양하게 제안되었다. 아울러 이 시기에는 미국 심리학회의 상담심리학 분과회 안에 여성문제위원회가 결성되어 여성내담자를 상담할 때의 원칙들이 천명된 바 있다. 또한 1982년부터는 여성상담자와 이론가들이 한자리에 모이는 공식적인 연례 학술대회가 개최되기 시작하였다.

1990년대에 들어와서는 보다 완전한 여성상담이론을 개발하려는 움직임이 본격화되고 있다. 여성상담자들은 여성상담의 여러 이론들이 불완전할 뿐더러, 다른 이론적 접근들과 명확하게 구별되지도 않는다는 점을 인정하고, 여성운동의 철학과 심리학적 모형들을 통합하는 보다 일관성 있는 이론을 만들려고 노력하고 있다. 이 이론은 성격과 행동을 억압적인 세상에서 생존하기 위해 개발해 낸 일종의 대처기술로 본다는 특징을 가지고 있는데, 체계적이고 포괄적인 이론으로 개발될지의 여부는 아직 분명하지 않다.

우리나라의 여성상담의 발전은 아직 미미한 수준이다. 우리나라의 경우 1960년대 이후의 급격한 경제발전과 여성의 교육수준 향상, 서구의 여성해방운동의 영향 등으로 여성들의 의식에 변화가 생기고, 성차별적인 관습과 가부장적 규범에 대한 비판과 반성이 일어나게 되었다. 특히 유엔이 정한 '세계 여성의 해'(1975년)를 기점으로 여성운동과 여성에 관한 연구가 활발하게 진행되어 왔다. 1983년에는 한국여성개발원이 설립되었으며, 그 무렵부터 일부 여자대학을 중심으로 여성학 강좌가 개설되기 시작하였다.

우리나라에서 여성상담과 관련된 자료가 출판되기 시작한 것은 1985년에 와서였다(예: 한국여성개발원 편, 「여성상담의 실제」). 그 이후 여성상담에 대한 논의와 연구가 계속 이루어지고 있기는 하지만, 전반적으로 아직 미흡한 수준에 머무르고 있다고 할 것이다. 지금까지는 주로 서구의 자료들을 부분적으로 정리하여 소개하는 정도에 그치고 있다. 여성상담에 관한 논문과 연구가 발표되고 있지만 미미한 수준이며, 실제 상담에서는 여성을 대상으로 하는 기존의 남성 중심적인 상담이 진행된다고 할 수 있다. 상담 현장에서 만나는 다수의 내담자가 여성인 점을 고려한다면 여성상담을 위한 전문인력 양성과 실무 교육에 더욱 힘써야 할 것이다. 앞으로 우리나라의 고유 문화와 현실에 대한 깊은 이해를 바탕으로, '한국적인' 여성상담의 이론과 실제에 대한 논의가 보다 활발하게 전개되어야 함은 두말할 나위가 없다.

7.3 여성운동의 관점과 상담체계 통합의 시도

기존 상담이론과 여성운동의 이념을 통합하려는 시도가 1980년대에 본격화되어 지금도 많은 작업이 이루어지고 있다. 이 절에서는 많은 여성상담자들의 관심을 끌어온 두 가지 상담체계, 즉, 정신분석과 가족치료를 여성운동의 관점에서 비판하고 수정을 가하는 최근의 시도들에 대해 알아보기로 하겠다.

1. 여성과 정신분석

기존 상담이론에 대한 초기 여성상담자들의 비판은 주로 프로이트의 정신분석에 모아졌었다. 그 한 예로, 미국심리학회의 성편견에 관한 소위원회(1975)는 여성차별적인 관점을 공개적으로 표명하는 유일한 이론이 바로 정신분석이라고 주장한 바 있다. 그러나 지금은 정신분석이론이 여성상담에 적용될 수 있는가 하는 질문에 대해서 매우 다양한 견해가 표명되고 있다. 어떤 학자들은 여성의 열등성에 대한 가정이 정신분석 이론에 깊게 뿌리박고 있기 때문에 정신분석은 해결되기 어려운 근본적인 결함을 가지고 있으며, 부분적 땜질을 가하는 정도로는 결코 여성상담에 이론적 기초를 제공해 줄 수 없다고 본다. 그러나 또 다른 학자들은 정신분석이 원래 매우 정치적이며 혁명적이라고 주장하면서, 정신분석으로 치료받은 최초의 환자인 안나 오(Anna O)의 사례 거명하기도 한다. 안나 오는 정신분석치료를 받은 후에 히스테리 증상에서 해방되었을 뿐 아니라 사회활동에 상당히 적극적으로 참여하는 여성운동가적 면모를 보였다고 한다. 1980년대 후반 이후에는 이렇게 정신분석이 여성상담에 공헌할 수 있다고 보는 상담자의 수가 많이 늘어났다.

정신분석을 여성상담의 이론적 기초로 활용할 수 있다는 입장을 가진 상담자들은, 프로이트가 여성에 대해 편견을 가지고 있었다는 점은 인정하지만, 정신분석체계 내의 여성차별적인 가정들은 교정이 가능하다고 본다. 이들은 다음과 같은 점에서 정신분석이 여성문제의 이해에 기여한다고 주장한다. 첫째, 정신분석은 사람들이 어떻게 성정체감을 획득하게 되는지에 대해서 가장 체계적인 설명을 제공한다. 특히 외디푸스 컴플렉스는 남성의 우월감과 가부장적 성격이 어떻게 세대를 이어 재생산되는지를 설명해 준다. 둘째, 정신분석은 남녀의 생물학적 차이가 문화에 어떠한 영향을 미치는지, 또 남성에 의한 지배가 어떻게 '자연스러운' 현상으로 인정되고 고착되는지를 설명해 줄 수 있다. 무의식 및 억압에 대한 이해와 결합하여, 이러한 개념들은 정형화된 성역할이 우리 사회에서 그렇게 완고하게 유지되는 이유를 설명해 준다. 셋째, 정신분석은 여성인 어머니가 가족 내에서 여성의 가치절하와 남성의 지배에 어떻게 기여하는지를 설명해 줄 수 있다. 특히 대상관계론적인 이론들은 어머니와 딸의 유대를 통해 가부장적 가치관이 무의식적으로 전수된다고 주장한다.

그러나 정신분석은 여성문제에 대한 이해에는 많은 기여를 할 수 있지만, 정작 치료 실제에서는 그것이 가진 고유한 특성 때문에 여성상담에 적용되기 어려운 점이 많은 것으로 보인다. 예컨대 정신분석은 상담자와 내담자의 전이관계를 중시하는데, 이를 위해서는 상담자의 자기공개나 개인적 가치관의 토로가 자제되어야 한다. 그러나 이는 앞서 기술한 여성상담의 기본원리와 어긋나는 태도이다. 또 다른 문제점은 정신분석이 주로 모녀 관계만으로 여성문제를 보려고 하는 경향을 보인다는 점이다. 여성상담의 독특한 점은 여성의 삶과 심리적 문제에 대한 억압적인 외적 현실의 영향력을 강조하는 데 있다. 따라서 가족 내 이자관계만으로 여성문제의 본질을 파악하려고 하는 입장은 여성상담의 '정신'과 조화를 이루기 어려운 점이 있는 것으로 보인다.

한편 프랑스의 라깡(Lacan)의 영향을 받은 포스트모던적인 정신분석이론은 다른 정신분석적 접근들에 비해 문명비판적이고 행동가(activist)적인 특성을 더 많이 가지고 있다. 이 입장은 언어를 중시한다. 왜냐하면 무의식은 언어와 같은 구조를 가지며, 가부장적 억압이 언어구조 속에 깊이 자리잡고 있다고 보기 때문이다. 여성은 '타자'(other)로 정의되고, 여성의 현실은 남성의 언어와 문화가 지배하는 세상에서 거부당한다고 보고 있다. 그래서 이러한 '타자'로서의 지위를 극복하기 위해서 여성은 기존 사회질서의 구조를 허무는 파괴자로서 행동해야 하며, 사회의 모든 측면들(자아, 정체감, 진리 등등)을 당연한 것으로 수용하지 말고 항상 의문을 가져야 한다고 주장한다. 그러나 라깡류의 정신분석은 그 이론구조가 매우 복잡하고 난해하여서 상담자들이 정확하게 이해하는 데 어려움이 많고, 따라서 상담 실제에 널리 영향을 끼치지는 못하고 있는 실정이다.

2. 여성과 가족치료

일반적으로 가족치료이론들은 성별에 대해 중립적인 입장을 취하고, 전통적인 진단명을 사용하지 않으며, 개인치료와는 달리 '환자'로 지목되는 사람(Identified Patient)보다는 가족체계 전체를 다룬다는 점에서, 처음에는 여성상담자들로부터 별다른 비판을 받지 않았다. 그러나 가족치료적 접근들이 결국에는 성별이 가족관계에 미치는 강력한 영향을 무시하고 있다는 비판이 1970년대 후반부터 제기되기 시작하였다. 아울러 가족치료에 여성운동적 관점을 도입하려는 시도가 이 무렵부터 시작되었다(예: The Women's Project in Family Therapy, 1978).

가족치료에 대한 여성상담자들의 비판에는 다음과 같은 것들이 포함된다. 첫째, 가족치료는 전적으로 가족 내의 대인관계에서만 문제를 찾고, 가족이 처해 있는 역사적, 사회적, 경제적, 정치적 맥락을 무시한다. 둘째, 한 가족체계 내에서 모든 구성원이 문제에 동일한 기여를 한다는 주장은 가족 내에 힘의 불균형이 존재한다는 엄연한 사실을 무시하는 것이다. 이렇게 되면 남편에 의한 폭력, 아동학대 등 힘에 의한 문제의 본질이 흐려지기 쉽다. 셋째, 행동에 대한 개인의 책임을 제거해 버리는 것은 결국 어머니에게 책임을 뒤집어 씌우는, '어머니 비난하기'에 다름 아니다. 즉 자녀들에게 문제가 생기면, 평소 그들에게 더 적극적으로 관여하게 마련인 어머니에게 문제가 있었다는 식으로 결론내리기 쉽다는 것이다. 넷째, 가족치료자들은 암암리에 미국의 백인 중류가정의 가족체계를 이상화하여 정형화된 성역할을 강화하는 데 기여하였다. 다섯째, 가족치료에서 사용하는 많은 개념들(융합, 공생, 상보성, 위계 등)이 여성의 본질을 병리적인 것으로 보게 하고, 전통적인 성역할 구별을 강화하였다.

그러나 여성상담자들은 가족치료 자체나, 가족치료의 기법들은 여성상담에서 충분히 활용할 가치가 있는 것으로 보고 있다. 다만 기존 가족치료이론들에 내재해 있는 남성중심의 가치관에 문제가 있다는 것이다. 여성운동적 관점과 가족치료를 통합하는 데 기본적으로 고려해야 하는 원칙에는 다음과 같은 것이 거론된다. 첫째, 여성 가족치료자들은 성편견에 제한당하지 않는 행동을 보여 주는 모델의 역할을 하여야 한다. 둘째, 여성 가족치료자는 성정형화가 힘, 보상, 노동의 배분에 어떤 영향을 미치는지 항상 고려하여야 한다. 예를 들어 여성에게는 경제적, 사회적 자원에 접근하는 것이 제한되어 있으며, 가족관계나 자녀양육에 여성이 더 많은 책임을 떠맡도록 사회화되어 왔다는 점에 예민한 관심을 기울여야 한다. 셋째, 여성 가족치료자는 남녀차별적인 사고방식이 가족구성원들의 가능성을 어떻게 막고 있으며 과업과 역할의 재분배를 얼마나 방해하고 있는지 검토하도록 도와야 한다. 그래서 가족의 각 구성원들이 제한적인 성역할을 극복하고 다양한 가능성을 실험하며 보다 평등한 관계를 창조하도록 도와야 한다. 여성 가족치료자는 여성이 다른 사람들을 돌보고 양육하는 등의 전통적인 역할을 수행하는 것을 평가절하하는 것이 아니라 오히려 격려한다. 다만 가정 밖에서도 보람과

만족을 주는 역할을 경험하고자 하는 여성의 소망과 노력을 지원하려는 것이다. 마지막
으로, 여성 가족치료자는 다양한 이론적 배경의 기법들을 선택하여 사용할 수 있다. 그
러나 치료기법이 성별에 따라 서로 다른 결과를 가져올 수도 있음에 유념하여야 한다.

7.4 여성상담의 과정

이 절에서는 여성상담을 일종의 인본주의적인 치료형태로 보는 포리샤(Forisha,
1981)의 여성상담의 7단계를 소개한다. 이 단계들은 여성이 사회화 과정에서 '잊어버
린' 측면, 즉 힘과 관련된 측면을 되살리는 데 초점을 맞추고 있다. 1단계는 여성내담
자의 자각을 증진시키는 데 중점을 둔다. 이를 위해서는 내담자가 '바라는 것'과, '바
라도록 학습된 것'을 구분하도록 도와야 한다. 2단계는 그렇게 해서 증진된 자각을 수
용하는 단계이다. 여기서는 '내가 원하는 것을 찾는 것이 옳은가' 아니면 '남이 원하는
것을 찾는 것이 옳은가'를 질문한다. 3단계에서는 자기수용을 강화한다. 그러기 위해
서는 다른 사람에 의해 오도되어 왔다는 사실에 대해 내담자가 분노를 느낄 때 그것을
적절히 표현하도록 도와야 한다. 4단계는 행동력을 개발하는 데 초점을 맞춘다. 이 단
계에서는 편하고 익숙한 이전의 상태에 머물러 있을 것인가, 아니면 위험을 무릅쓰고
새로운 대안을 시험해 볼 것인가를 결정해야 한다. 5단계에 이르면 내담자는 사회의
현실적인 제약을 경험하게 된다. 이 시점에서는 대개 다른 여성들의 집단적 지지가 필
요하다. 경험의 나눔을 통해 내담자는 외적인 장애물과 내적인 장애물을 구분하고 보
다 현실적인 판단을 내리며 자책에 쉽게 빠지지 않게 된다. 6단계는 사회적 제약을 수
용하는 단계이다. 이 때 또다시 분노가 생길 수 있다. 그러나 내담자는 이 과정을 통해
현실을 수용하면서도 변화의 가능성을 포기하지 않으려는 강한 동기를 갖게 된다. 마
지막 7단계는 자신의 가능성과 한계를 수용하는 단계이다. 이 단계에 이르러 내담자는
조건형성되어 왔던 것에 대한 증오를 벗어나, 현재의 나와 가능성을 가진 존재로서의
나를 함께 수용하게 된다.

7.5 여성상담의 기법

앞에서 언급된 바와 같이 여성상담의 정신에 부합되는 기법은 어떤 것이든지 여성 상담에 활용될 수 있다. 예컨대 이 책의 앞 부분에 나오는 '상담의 기초이론'과 '상담의 방법'에 소개된 여러 기법들이 여성상담에도 적용될 수 있을 것이다. 그러나 그 중에서도 자기표현훈련을 포함한 행동수정기법과, 합리적 정서치료 등 인지적 접근이 비교적 많이 사용되어 온 것으로 보인다. 다음에 최해림(1989)의 논문 「여성상담의 과정 및 기술」에서 인지행동적 방법의 일부를 인용한다.

> …내담자가 내적 대화 또는 자기진술을 탐지하는 기술을 습득하게 되면, 이 자기진술에서 여성으로서의 문제와 관계되는 단서를 보게 될 것이다. 예를 들면 "여자 팔자가 뭐ㅡ", "여자로 태어나서ㅡ", "여자니까 할 수 없지ㅡ", "남자라고ㅡ", "옛날이면 여자가ㅡ" 등이다.
>
> 자기진술에서 자신이 스스로 여성임을 변명하고, 비난하고 또 포기하는 단서가 무엇인가? 이 단서들이 여성으로서의 자신을 비하하는 진술로 어떻게 연결되며 우울, 불안, 무력감 등의 감정과 어떻게 연결되는가 알아보는 것이다. 이 과정에서 일련의 부정적 사고와 감정을 감소시키려면 부정적인 자기진술의 횟수를 줄이고 가능한 한 오래 끌지 않음으로써 긍정적이고 자아를 존중하는 자기진술로 바꾸는 기술의 연마가 필요하다. 예를 들어 그러한 단서를 의식하게 되는 순간 "이크, 또 나오네, 가만 있자. 내가 원하는 것은ㅡ", "한 인간으로서 나는ㅡ" 등의 진술로 통제하는 것이다. 요컨대 자기지시훈련을 통하여 사고의 흐름을 통제하는 것이다.

8 온라인상담

아는 사람들에게는 말하기 힘든 심각한 고민이 있다고 가정해 보자. 그렇다고 개인 상담소를 찾아가자니 비용도 만만치 않을 것이고 어디 있는지 찾기도 힘들 것 같다. 이런 때 집이나 PC방에서 컴퓨터 검색 사이트에 들어가 '상담'이란 단어를 입력하면 최소한 400건의 관련 사이트가 검색된다. 맘에 드는 사이트들을 클릭해 보면 내가 가진 고민을 털어놓고 도움을 받을 수 있는 곳이 하나 이상은 있을 것이다. 게시판에서 나와 비슷한 고민을 가진 사람의 글을 발견할 수도 있고, 정식으로 회원 가입을 하고 비공개 상담을 받을 수도 있다. 이 때 상담이 여러 번에 걸쳐 오랫동안 진행될 수도 있지만, 별 도움이 안 된다고 생각하면 언제든지 그만 두고 다른 사이트를 찾을 수도 있다. 내가 더 이상 메일을 보내지 않거나 채팅에 들어가지 않으면 상담은 자동적으로 종결되기 때문이다.

이처럼 온라인상담은 누구나 어디서든 쉽게 접근할 수 있고 기존 상담에 비해 시간과 비용이 덜 든다는 장점이 있다.

8.1 온라인상담의 현황

IT 기술의 발달에 힘입어 일반 법률상담이나 진로상담, 성문제 상담에서부터 전문화된 심리상담에 이르기까지 다양한 분야의 상담이 온라인을 통해서 이루어지고 있다. 컴퓨터 통신망이 우리나라보다 더 빨리 구축된 미국의 경우, 특화된 전문 분야의 상담 사이트가 다양하게 존재하여, 정신질환에 대한 지식 보급뿐만 아니라, 회원제로 운영되는 전문적 비공개 상담 서비스 제공 등 기존 상담소의 기능을 보완하며 점차 비중이 커지고 있다. 2019년 말 이후 코로나19의 확산으로 온라인(비대면) 상담 시스템이 더욱 급속하게 증가하는 추세이다.

8.2 온라인상담의 의미

전통적인 의미에서 상담은 '도움을 필요로 하는 사람(내담자)이, 전문적인 훈련을 받은 사람(상담자)과의 대면 관계에서, 생활과제의 해결과, 사고·행동 및 감정 측면의 인간적 성장을 위해 노력하는 학습과정'이다. 여기에는 상담자와 내담자가 서로를 마주보며 직접 대면하고 있다는 공간적 의미와, 상담자와 내담자가 동일한 시간 안에 이야기를 주고받는다는 시간적 의미가 포함되어 있다.

온라인상담은 이러한 전통적인 상담의 기본 개념과는 매우 다르다. 상담자와 내담자가 직접 대면하지 않고 온라인 공간에서 간접적으로 만나며, 말(음성언어)이 아닌 주로 글(문자)을 매개로 한 상호작용이다.

인터넷이 발달하면서 우체국을 거쳐서 편지를 보내는 것보다 더 빠르고 사용이 간편한 이메일을 많이 사용하는 점이나, 채팅방을 통해서 모르는 사람들과 글로써 의견을 주고받는 맥락에서 본다면, 온라인상담은 이처럼 변화된 인간관계의 형태가 상담에 접목된 것이라 할 수 있다. 즉, 온라인 공간상의 인간관계가 가지는 장점을 상담해 접목시킨 것으로서 기존의 상담에 따르는 시간적·공간적 제약을 획기적으로 줄이려는 발상에서 나온 것이라 할 수 있다.

8.3 온라인상담의 장단점

온라인상담이 기존 대면상담보다 좋은 점은 무엇일까?

우선 내담자와 상담자가 직접 만나 얼굴을 맞대는 대면접촉의 과정을 생략할 수 있으므로, 바쁘고 복잡한 생활로 시간 여유가 별로 많지 않은 현대인들이 이용하기에 매우 편리하다 할 수 있다. 상담소를 찾아가서 예약을 하고, 50분간 상담하고, 다음 상담시간을 예약하고 하는 여러 단계 없이, 회사에서 점심시간에 잠깐 시간을 내어 고민을 적은 이메일을 상담자에게 보내놓고 일과시간이 끝난 후 집에서 메일 박스를 확인할 수도 있다. 즉, 인터넷과 전자기기(컴퓨터, 핸드폰, 태블릿 PC 등)만 구비되어 있다면 내담자는 자신이 원하는 시간에 어느 장소에서든 편리하게 상담 서비스를 이용할 수 있다는 점이 온라인상담의 강점이다. 또한 자신의 신분을 완전히 노출시키지 않아도 된다는 점에서 심리적인 부담이 덜 할 수도 있다.

하지만, 내담자와 상담자가 일대일로 마주 앉아서 대화로 풀어나가는 기존의 대면상담에 비해 아무래도 여러 가지 한계점을 가질 수밖에 없다. 즉, 시간과 공간상의 한계점들을 극복한다는 장점이 곧 한계점으로 바뀔 수 있는 것이다.

우선 상담자와 마주 앉아 목소리와 표정, 몸짓 등 언어적, 비언어적 소통수단을 동시에 전달하는 것이 아니라, 서로 다른 공간에서 자판을 두드리며 글로써 의사소통하므로 훨씬 제한된 상호작용일 수밖에 없다. 즉, 상담자로서는 내담자와 라포형성이 쉽지 않고, 내담자의 문제점이 무엇인지 정확히 파악하기가 어렵다. 내담자 입장에서는 자신이 말하고자 하는 바를 글 속에 충분히 표현하기 어려울 뿐만 아니라, 상담자가 자신의 문제점을 충분히 이해하지 않고 있다는 느낌을 받기 쉽다.

한편 상담 장면에서는 문제에 대한 생각이나 판단 등의 인지적인 내용도 중요하지만, 그 문제를 다시 떠올릴 때 드는 느낌과 감정을 다루는 과정이 꼭 필요하다. 하지만 문자 상담에서는 내담자가 자기 감정을 글로 표현하는 과정에서 주지화(intel-lectualization)하기 쉽고, '지금 그리고 여기서'에서 떠오르는 감정과 생각들을 전달하기가 어려워서 상담자가 이를 민감하게 다루기 힘들기 때문에, 문제해결에 한계가 있을 수밖에 없다.

상담은 상담자와 내담자가 함께 협력하고 노력하는 과정이다. 하지만 이 점을 미리 염두에 두지 않은 채, 문제점을 써서 보내면 멋진 해결방법이 담긴 답장이 도착하길 바라기 쉽다. 실제로 사이버상담에서는 제한된 범위의 상담효과를 가질 수밖에 없고, 이 때문에 상담에 대한 기대가 감소되면 조기 종결이 되기 쉽다. 즉, 쉽게 접근할 수 있는 대신, 그만큼 상담에 대한 심리적 몰입이 적어서 실제로 문제 해결 단계로 진행되는 경우가 기존 대면상담에 비해 적다.

이처럼 온라인상담은 기존 상담의 시간적·공간적 제약점을 극복한 반면 거기에서 오는 한계점들을 가지고 있으므로 자신이 가진 문제의 유형과 기대치를 고려해서 선택하는 것이 바람직하다. 그리고 이상적인 온라인상담은 안면표정과 상반신 동작을 서로 관찰할 수 있는 화상상담일 것이다.

컴퓨터 치료자(Mad Doctor)

내: 안녕하세요?
치: 안녕하세요. 당신의 문제를 말해 보세요.
내: 항상 우울한 것이 문제입니다.
치: 그렇게 느끼는 것을 더 자세히 말해 보세요.
내: 그저 불행하다고 느낍니다. 나는 당신의 도움이 필요합니다.
치: 내가 당신을 도울 수 있다고 믿는군요. 그렇죠?
내: 잘 모르겠습니다.
치: 나를 찾아 왔다는 것에 확신이 없군요.
내: 나는 당신의 그런 말투가 마음에 들지 않는군요.
치: 아마도, 당신은 우리가 서로 좋아하지 않을 것이라고 상상하는군요.
내: 당신은 바보스러운 기계에 불과해요!

치: 컴퓨터가 당신을 불안하게 하나요?

내: 컴퓨터 상담이 사실 불안합니다.

치: 왜 컴퓨터를 언급했지요?

내: 당신이 먼저 말했잖아요.

치: 우리가 당신에 대해서 의논했지요, 나에 관해서가 아니라.

내: 당신은 치료자입니까, 컴퓨터기계입니까?

치: 기계와 당신 문제는 무슨 상관이 있지요?

내: 지금은 그게 내 문제의 원인이 되고 있어요.

치: 그게 아니라는 생각은 안 해 봤나요?

내: 안 했어요.

치: 부정하기 위해서 'No'라고 말하는 것인가요?

내: 그건 아니에요!

치: 오늘은 당신이 말을 잘 하지 않는 것 같아요.

내: 더 이상 이야기하고 싶지 않아요!

치: 정말인가요?

내: 그래요.

치: 확실히 당신은 부정적이군요.

내: 그렇다고 칩시다. 나는 떠나겠어요.

치: 그렇게 홀쩍 떠나버리는 것이 정상이라고 보는가요?

<자료: Stanford 대학 인공지능연구실 프로그램 예.>

<비고> 이상과 같은 컴퓨터 응답과정은 진단평가 방법으로서는 효과적일 것이다. 이런 내용의 컴퓨터 응답과정은 많은 환자를 바쁘게 처리하는 정신과 의사의 경우보다는 '덜 비인간적'일 수 있다.

그리고 대개의 내담자는 컴퓨터 치료자에게 이보다는 '더 진지하게' 반응할 것으로 예상된다.

8.4 온라인상담의 여러 형태

온라인상담은 다양한 형태로 진행될 수 있다. 현재 인터넷상에서 진행되는 사이버상담은 주로 다섯 가지 유형의 서비스로 살펴볼 수 있다.

(1) 이메일(E-mail) 상담

(2) 실시간 채팅(Chat Rooms) 상담

(3) 화상상담

(4) 게시판 상담

(5) 데이터베이스(Data Base)를 이용한 상담

1. 이메일 상담

전자메일을 통한 편지상담이다. 상담자의 계정(ID)으로 내담자가 편지를 보내면 상담자가 답장을 보내는 방식으로 진행된다. 일대일 비밀 상담이고, 편지를 보내면 보통 24시간 내에 전문 상담자로부터 상담 편지를 받게 된다. 만약 답장을 띄울 수 있는 전문상담자가 많이 확보되지 않은 사이트라면 더 늦어질 수도 있다.

이러한 메일상담은 한 번에 끝날 수도 있고, 여러 회기에 걸쳐 답장에 대한 답장으로 이어질 수도 있다. 상담시간을 따로 정하지 않아도 되므로 내담자와 상담자 두 쪽 모두 편리하게 이용할 수 있다. 하지만, 상담시간 내에 자연스럽게 떠오르는 느낌과 생각 그대로를 나누는 기존 상담에 비해, 정돈되고 압축된 글을 주고받으며, 편지를 주고받는 데 시간 간격이 있다는 점에서 다소 현장감이 떨어지고, 섬세하고 즉각적인 반응을 필요로 하는 전문적인 심리상담을 하기에는 한계가 있다. 다만 진로상담이나 실제적인 정보를 필요로 하는 사람의 경우 효과적인 방법이 될 수 있다.

2. 실시간 채팅 상담

실시간 채팅상담은 편지상담과 달리, 상담자와 내담자가 온라인 채팅공간을 통해 직접 글로 실시간 대화를 주고받는 상담이다. 실시간 채팅상담은 내담자가 닉네임을 사용하고 이는 익명성과 상담의 비밀을 보장하기 위해서이다. 실시간 채팅상담은 이메일상담보다 상담자와 직접 대화하는 느낌을 받을 수 있으면서도 대면 상담과 달리 얼굴을 대해야 하는 두려움이 없기 때문에 내담자가 사적인 고민을 털어놓기가 용이한 장점이 있다. 다만, 비언어적인 정보, 즉 자세, 얼굴표정 음성 등을 알 수 없다는 한계를 지니고 있다.

3. 화상상담

기술적인 발전으로 온라인상으로 서로의 음성과 모습을 컴퓨터 화면을 통해 바라보며 대화를 주고받는 통신방식이다. 그리하여 이전에는 주로 문자채팅에 의존하던 것이 얼굴을 보면서 보통 일상 대화하듯이 상담하는 것이 가능하게 되면서 비언어적인 정보 즉 자세, 얼굴표정, 음성 등을 온라인상담에서도 알 수 있게 되었다. 화상상담은 대면상담과 온라인상담의 장점이 합쳐져서 훨씬 효과적인 상담방법이 될 수 있다.

4. 상담사례 게시판

다양한 상담사례를 주제별로 분류해 놓음으로써 호소내용과 상담내용(문답형식)으로 구성된 각종 상담사례가 익명으로 공개된다. 다른 사람의 상담사례를 통해서 자기의 문제를 객관적으로 이해하고 해결해 나가는 데 도움이 될 수 있다. 상담사례들은 문제유형별, 주제어별로 분류되어 있고 검색을 통해 쉽게 찾을 수 있다. 자신과 비슷한 유형의 상담사례를 찾지 못했을 때에는 직접 글을 올리면 된다.

게시판에 글을 올리는 이 형태의 온라인상담은 개인상담과는 달리 내담자가 자신의 신분을 밝히지 않기 때문에 상담자의 입장에서는 문제를 정확히 파악하기가 쉽지 않다. 따라서 보다 구체적이고 실질적인 도움을 받기 위해서는, 글을 올릴 때 육하원칙에 따라 상담받고자 하는 문제가 언제 어떻게 시작되었으며, 시작되기 전에 있었던 결정적인 사건이 있었는지, 그 문제의 이유는 무엇이라고 생각하는지, 그 문제를 해결하기 위해 어떤 노력을 했었는지 등을 상세하게 적는 것이 좋다.

게시판 활용의 온라인상담은 심리진단과 치료라기보다는 상담자의 경험과 지식을 바탕으로 한 일종의 안내자 역할에 가깝다.

5. 데이터베이스를 이용한 상담

인간의 문제를 이해하고 해석하고 해결해 나가는 데 도움을 줄 수 있는 여러 가지 자료들을 서버에 저장해 놓고 일반에게 공개하는 것을 데이터베이스를 이용한 상담이라고 한다. 문자매체이든 영상매체이든 상담관련 정보를 저장해 놓고 이용자들이 언제든지 와서 읽고 볼 수 있는 형태로 운영되고 있다.

정신 건강이나 질환에 관한 전문적인 정보를 제공함으로써 심리학 분야의 공부를 하지 않는 일반인들이 심리치료나 정신과 병원에 대해서 가지고 있는 오해와 편견을 덜고 관련 문제에 대한 이해를 돕는 것을 목적으로 한다. 유아심리나 아동심리, 학습장애, 우울증이나 정신분열증 등 일상생활에서 유용한 심리학적 지식을 쉽게 접할 수 있도록 도와준다.

군 상담

군 상담은 최근 군대에서 급증하고 있는 각종 사고, 특히 자살을 포함한 안전사고를 예방하고 위기장병을 식별 및 상담하기 위해 고안된 새로운 상담유형을 말한다. 현재 군 상담은 국방부 및 육·해·공 각 군에서 채용한 '병영생활 전문상담관(이하 군 상담관)'들에 의해서 실시되고 있다. 2005년에 병영생활 전문상담관 제도를 도입하여 2022년 기준 전 군에 약 630여 명의 상담관들이 배치되어 있다. 본 절에서는 1) 군 상담 제도의 현황 및 임무, 2) 군 상담의 특성, 3) 군 상담에서의 위기개입 절차, 그리고 4) 자살시도 장병의 심리적 특성에 대해서 소개할 것이다.

9.1 군 상담관 제도의 현황 및 임무

군 상담관 제도는 장병 인권 증진과 건전한 병영문화 육성이라는 군내외의 요구에 부응하고자 도입된 제도로서, 특히 군내 복무 부적응 병사들에 대한 위기관리, 사고 예방 등을 포함한 다양한 심리지원 서비스의 제공을 위해 국방부 및 각군 안전관리실 중심으로 전문상담인력을 선발하여 군이 운영하는 상담제도이며 군 상담을 담당하는 상담자를 '병영생활 전문상담관'이라 부른다. 이 제도는 2005년 7월 8명을 대상으로 한 시범 운영을 시작으로 2008년부터 전 군에 확대 시행되었고, 2022년 기준 약 630여 명의 전문상담인력이 육·해·공군 각 군에 배치되어 있다(표 8-2 참조). 상담관 1인당 담당 병사 인원은 약 608명으로 상담관 증원이 필요한 상황이며, 심리지원 서비

[표 8-2] 군 상담관 운영 규모 추이

년 도	'05~'06	'07	'08	'09~'10	'11	'12	'13~'16	'17~'22
인 원	8명	20명	42명	106명	95명	148명	199명~346명	383명~ 약 630명
비 고	시범적용		사단급	일부 여단급	사단급	사단급	사단/연대급	연대급

스의 접근용이성을 높이기 위해 '비대면 상담' 지원을 강화할 계획이 있다. 군 상담관 제도는 그간 사고예방과 위기장병 관리의 측면에서 일선부대 지휘관 및 장병들에게 있어 건전한 병영생활 문화 개선을 통한 강군 육성에 일정부분 기여해 온 것으로 평가되고 있다.

병영 내에서 군 상담관에게 부여된 주요 임무는 크게 1) 보호관심장병에 대한 식별·상담 및 관리, 2) 장병 인권 및 기본권 신장, 3) 군인 가족에 대한 복지 증진 등으로 나눌 수 있으며 자세한 내용은 [표 8-3]과 같다. 최근에는 군상담관 중 일부에게 병영내 성(性)고충을 상담해주는 업무를 추가로 부여하고 있다.

[표 8-3] 군 상담관의 임무

※ 병영생활 전문상담관의 임무

- 제 18조(임무)
1. 고충을 호소하는 군인 및 장기복무 군인가족에 대한 전문적인 심리상담과 그 밖에 상담과 관련하여 지휘관이 부여한 업무 수행
2. 복무부적응을 겪고 있는 장병이 상담실을 방문 시 대면상담하거나, 출장상담, 심리검사 및 각종 집단상담 프로그램 등을 실시
3. 상담 역량의 구비가 필요한 간부 및 병에게 상담 관련 교육을 시행 또는 지도
4. 각종 심리검사 및 심리상담 결과에 대한 분석을 통해 건전한 병영문화 조성을 위한 제도적 보완사항 등을 건의 가능
5. 자살징후자를 식별하고, 생명지킴이(게이트키퍼) 양성을 위한 군 자살예방교관에 대한 교육 및 지도

- 제 19조(세부업무)
1. "병영생활 전문상담관실" 세부 운영계획 수립 시행
2. 사고우려자 및 보호관심사병 등에 대한 현장위주 상담 관리
3. 장병 기본권 보장 관련 갈등관리 및 지휘조언
4. 군내 사용하는 인성검사 분석 및 후속조치 조언
5. 각종 집단상담 프로그램 지도 및 시행
6. 그린캠프, 병역심사관리대 운영지원 및 장병 상담교육

7. 군생활, 성고충, 개인신상, 가족관계 및 자녀교육 등으로 인한 어려움을 겪고 있는 군인 및 장기
   복무군인가족에 대한 상담 조언
8. 주기적 상담결과 분석 및 분석결과의 지휘 참고자료 제공
9. 그 밖에 제 18조 상담관 임무와 관련하여 운영부대장 또는 직접운영부대장이 부여한 업무

자료: 국방부 훈령(2021. 9. 16)

9.2 군 상담의 특성

　군 상담에서도 일반 상담에서 사용되는 이론이나 기법들이 일반적으로 적용되지만 군이라고 하는 특수성을 감안할 때 몇 가지 중요한 차이가 있다.

　첫째, 군 상담에서는 일반 상담에 비해 '비밀보장'의 측면에서 취약하다. 군 상담의 주요 대상이 자살이나 자해, 그밖에 심각한 복무 부적응으로 인한 병사나 장교이기 때문에 대부분 위기상담의 경우가 많고 따라서 장병의 안전을 보장하기 위해서는 군 상담관이 각 부대 인사장교나 지휘관 등과 밀접한 협조가 필요하기 때문에 때에 따라서는 상담내용이나 성과에 관해서 군내 지휘계통에 있는 인력들에게 알려줌으로써 즉각적인 조치가 필요한 경우가 많다. 그러므로 군 상담의 초기에 내담장병에게 비밀보장과 관련된 예외, 즉 심각한 위해가 예상될 때는 필요한 군내 인력에게 전반적인 상담내용 및 성과에 대해서 의견을 교환할 수도 있다는 점을 알려줌으로써 내담장병이 상담 중에 어디까지 자기개방을 할 것인지를 결정할 수 있도록 도울 필요가 있다. 물론 내담장병이 특별하게 비밀로 해 줄 것을 요청한 내용에 대해서는 내담장병의 안위에 심각한 위험이 있지 않는 한 최대한 존중할 필요가 있다.

　둘째, 군 상담은 일반상담과 달리 상담자가 상담실에 찾아오는 내담자만을 대상으로 상담이 이루어지는 것이 아니라 내담장병이 근무하는 부대로 출장을 나가는 형식, 즉 출장상담이 주를 이룰 경우가 많고 부대 환경에 따라서는 변변한 상담실이 마련되어 있지 않아서 방송실과 같은 장소를 이용하여 상담이 이루어지는 경우도 있다. 군내에서 제공되는 차편은 대개 장교가 탑승(이를 선탑이라 한다)하는 것을 원칙으로 하기 때문에 군 상담관의 대부분을 차지하는 민간상담인력의 경우는 자가용을 이용하여 부대별로 방문하는 경우가 많고 일정액의 차량지원비를 받는 형태가 대부분이다.

[표 8-4] 부대별 상담활동별 업무 할애시간이 가장 많은 3개의 상담 활동

부대	1위		2위		3위	
육군 (109명)	개인상담 (출장)	15.09 (37.7%)	개인상담 (내방)	6.10 (15.3%)	행정업무	3.42 (8.6%)
해군 (18명)	개인상담 (내방)	10.17 (25.4%)	집단상담	7.44 (18.6%)	개인상담 (출장)	5.17 (12.9%)
공군 (16명)	개인상담 (내방)	15.75 (39.4%)	전입신병 상담	3.88 (9.7%)	행정업무	3.50 (8.8%)
해병대 (9명)	개인상담 (내방)	11.00 (27.5%)	집단상담	5.89 (14.7%)	행정업무	4.89 (12.2%)
생명의 전화 (7명)	사이버 상담	20.57 (51.4%)	전화상담	17.71 (44.3%)	인접부대 상담지원	1.14 (2.9%)
병역심사대 (2명)	개인상담 (내방)	15.00 (38.0%)	심리평가 /검사	15.00 (38.0%)	집단상담	4.00 (10.0%)
기타 (2명)	개인상담 (내방)	13.5 (33.8%)	개인상담 (출장)	4.5 (11.3%)	심리평가 /검사	3.00 (7.5%)

* 괄호 안의 %는 40시간을 100%로 보았을 때 차지하는 비율임.
자료: 이동귀 외(2013). 병영생활 전문상담관 운영 및 활동매뉴얼 연구. 국방부 병영정책과 용역과제.

셋째, 군 상담은 주로 5회 이하의 초단기 상담이 많고 1회의 위기개입으로 이루어 지는 단회상담도 상당히 많다는 점에서 일반상담과 다른 접근이 요구된다. 즉, 군 상 담은 심각한 복무 부적응이나 위기상황에 있는 군 장병을 대상으로 하기 때문에 위기 개입 중심으로 이루어질 수밖에 없다. 2022년 기준으로는 군 상담관의 임무로 되어 있 는 일반 장병을 위한 진로 및 직업상담이나 군인가족을 위한 복지상담 등은 아직 보편 적이지 않다. 따라서 군 상담관에게 요구되는 중요한 업무능력 중의 하나는 위기개입 의 측면에서 얼마나 전문성이 있는가 하는 점이다. 그러나 향후 군 상담관들이 연대 및 대대별로 한 명씩 배치되는 때가 되면 장병을 위한 진로 및 취업상담, 그리고 군인 가족을 위한 가족 및 부부상담 등의 능력 역시 요구될 것으로 기대된다.

넷째, 군 상담자는 배치부대에 따라서 주요 업무가 다를 수 있다는 점에서 일반상 담과 구별된다. 이동귀, 김광식, 이기학, 이희경 및 박현주(2013)가 군 상담관 163명을 대상으로 설문조사를 실시한 결과(표 8-4 참조)를 보면, 군 상담관은 1주당 40시간 업 무량을 기준으로 할 때 부대별로 상담활동 업무에서 차이가 있는 것으로 나타났다. 일 단 생명의 전화에 근무하는 상담관을 제외하고는 부대에 상관없이 개인상담에 가장 많

[표 8-5] 비전캠프와 그린캠프의 비교

구분	비전캠프	그린캠프
대상	복무 부적응자, 자살우려자	복무 부적응자, 자살우려자
횟수	연 4-12회	상시
기간	4박 5일	1-3주
진행	군종장교	교육대장 및 군 상담관
내용	- 자기소개하기, 마음 문 열기, 나의 발견(심리검사), 나의 이야기, 서로 통해요, 더불어 함께, 개인별 심층상담, 마음 다지기, 새롭게 시작 - 정형화된 프로그램	- 자살예방교육, 상담관 상담, 군의관 진료, 봉사활동 등 - 부대별 구성 운영

자료: 이동귀 외(2013). 병영생활 전문상담관 운영 및 활동매뉴얼 연구. 국방부 병영정책과 용역과제.

은 시간을 할애하는 것으로 나타났지만(주당 40시간에서 25~40%를 할애), 군별로 차이가 있었다. 육군의 경우에는 개인상담(출장)에 가장 많은 시간을 할애했으며 해군과 해병대에서는 상대적으로 집단상담에 많은 시간을 할애했고, 병역심사대의 경우에는 상대적으로 심리평가 및 심리검사에 할애하는 시간이 많은 것으로 나타났다. 그 외에 행정업무에도 상당한 시간이 사용되는 것으로 나타났고 생명의 전화에서 근무하는 상담관의 경우는 업무 특성상 전화상담과 온라인상담에 거의 모든 업무시간을 사용하는 것으로 나타났다.

다섯째, 내방하는 주 호소문제의 측면에서 군 상담에 오는 내담장병, 특히 간부가 아닌 병사의 경우에는 외출 및 외박이 자유롭지 않고 일반 사회와는 달리 통제된 생활에서 오는 심리적 고통을 호소하는 경우가 많고 자발적으로 상담에 찾아오는 경우보다는 초급간부나 부대 지휘관에 의해서 의뢰되어 오는 경우가 많다. 그리고 일부 내담병사의 경우에는 훈련이나 기타 임무에서 열외되고 싶은 동기에서 상담에 찾아와서 고통을 호소하는 경우가 있기 때문에 이를 감별하는 상담관의 안목이 중요하다.

여섯째, 군 상담에서 주로 사용하는 집단상담은 구조화된 집단상담이 주를 이루며 특히 보호관심병사를 대상으로 하는 비전캠프나 그린캠프에서 활용되는 경우가 많다. 먼저 '비전캠프'는 2004년부터 군단 및 사단 단위의 군종장교에 의해 시행되어 오고 있는 집단상담 형태의 정형화된 교육 프로그램인데, 군의 종교시설이나 교육대 및 휴

양소 등지에서 20-30명의 소그룹 형태로 인간관계, 자기성장, 개인상담 및 심리치료 등을 실시한다. 비전캠프가 군종장교 중심으로 이루어지는 반면 '그린캠프'는 군 상담 관들이 많이 개입하는 프로그램으로 상시 운영되며 자살우려자 식별 즉시, 장군급 부대의 책임하에 관리가 이루어지도록 함으로써 대대급 이하 부대의 병력관리에 대한 지휘 부담을 경감하기 위한 제도이다. 군 상담관에 의해서 참여자들의 특성에 맞춤식으로 일부 내용을 신축적으로 조정할 수 있다는 장점이 있다.

9.3 군 상담에서의 위기개입 절차

앞에서 언급한 것처럼 군 상담은 보호 및 관심 장병에 대한 위기개입이 주를 이룬다. 위기개입의 목적은 위기로 인한 심리 부적응 기제가 증폭되는 것을 막고 안정화를 통해 위기상황에 대한 대처능력을 강화하는 것을 목적으로 한다.

군에서의 위기상담은 크게 세 가지 경로로 의뢰될 수 있는데, 1) 장병 자신이 자발적으로 상담실에 내방한 경우, 2) 부대 지휘관의 관찰 및 식별을 통한 의뢰, 그리고 3) 신병교육대에서 실시한 신인성검사 결과 고(高)위험군으로 분류되어 의뢰된 경우가 그것이다.

군에서의 위기상담은 '접수→개입→종결 및 후속조치'의 3단계를 거쳐서 이루어지는데, 1) 접수 단계에서는 장병이 보이는 증상의 심각성의 판별 결과에 따라 위험수준에 따라 차별적으로 개입하며, 2) 개입 후에는 반드시 지휘관에 보고하여 장병의 안전을 확보할 수 있는 위기 예방 전략을 수립하도록 하고, 3) 경우에 따라서는 외부기관에 의뢰하거나 단기상담으로 전환한 후 후속적으로 추수 관리한다. [그림 8-2]에는 위기개입 시 대상자를 판별하는 기준 및 판별 결과에 따라 상담개입전략이 제시되어 있다.

[그림 8-2] 군 상담의 위기개입 시 대상자 판별 체계

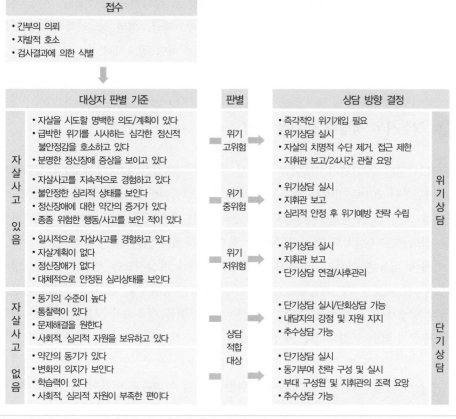

자료: 이동귀 외(2013). 병영생활 전문상담관 운영 및 활동매뉴얼 연구. 국방부 병영정책과 용역과제.

군 상담에서 위기개입을 할 때 핵심적인 부분은 내담장병이 보이는 증상의 심각성을 정확히 판별하는 것이다. 군 상담관은 다음과 같은 판별 기준을 활용할 수 있을 것이다.

- 자살 사고와 자살 계획의 유무/빈도/기간은 어떠한가?
- 장병이 현재 어느 정도 수준의 심리적 고통을 호소하고 있는가?
- 평소 부대 생활에서 충동적인 행동을 표출한 적이 있는가?
- 뚜렷하게 관찰되는 정신장애 증상이 있는가?

아울러 군 상담관이 위기상담을 할 때 유의할 점은 때로 위기 상황에 있는 장병의 위치를 파악하기 어려운 경우가 있을 수 있다는 점이다. 예를 들어 장병이

전화로 자신의 위기 상태를 호소한 경우, 더욱이 자신의 신분을 밝히지 않은 채 고통만 호소하고 있는 경우가 그러하다. 이럴 때 군 상담관은 무엇보다 먼저 전화를 건 장병의 현 위치를 파악하고 그 장병의 소속, 계급, 성명 등 인적사항을 질문하여 신병을 확보하는데 우선적인 노력을 기울이는 것이 필요하다.

9.4 자살시도 장병의 심리적 특성

2016년부터 2021년까지 5년간 군에서 자살한 장병들은 42명에서 83명 사이였으며 2014년부터 2018년까지는 감소세를 보이기도 하였지만 최근 다시 증가하였고, 안전사고와 군기사고를 통틀어 자살사고 비율이 가장 많은 부분을 차지하고 있다. 따라서 군 상담관은 자살시도 장병의 심리적 특성에 대해서 알아 둘 필요가 있다.

이하의 내용은 정신영, 이동귀, 박현주(2013)[3]가 자살시도를 한 적이 있는 병사 7명(상병 1명, 이등병 6명, 자살시도 방법은 손목자해 5명, 목맴 1명, 약물복용 1명)을 대상으로 질적 방법과 양적 방법을 결합한 개념도 연구방법을 이용해서 그들의 고유한 경험을 심도 있게 확인한 결과이다. 정신영 등의 논문, "자살시도 병사의 위험요인과 보호요인에 관한 개념도 연구, 상담학연구"의 주요 내용을 요약, 재구성하였다. 군 상담관들은 여기서 특히 자살시도 병사들이 경험한 심리적 어려움과 이들이 자살시도 후 회복하는데 도움이 된 요소들에 주목할 필요가 있다.

1. 자살시도 병사들의 위험요인

자살시도 병사들이 보고한, 자살시도 이유는 크게 네 가지로 나타났다(그림 8-3 참조).

(1) 선임병 및 간부의 무시, 인격모독에 의한 자존감 저하
(2) 통제된 군대 생활에 대한 괴로움
(3) 통제 상황을 벗어나려는 노력의 좌절로 인한 고통
(4) 의지할 대상이 없어서 느끼는 외로움과 소외

---

3 정신영·이동귀·박현주(2012), 자살시도 병사의 위험요인과 보호요인에 관한 개념도 연구, 상담학연구, 13(1), pp. 113~133.

[그림 8-3] 자살시도병사들의 위험요인의 개념도

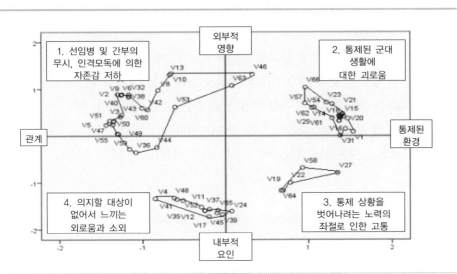

군집 1(선임병 및 간부의 무시, 인격모독에 의한 자존감 저하)은 부대 내 선임 및 간부들에 의한 폭언과 욕설, 집단따돌림, 인격모독 등과 관련된 군집으로, 부대원들로부터 비인격적인 대우를 받음으로 인해 겪게 되는 수치심, 모멸감, 실수에 대한 두려움 등으로 인해 자존감이 무너지는 경험을 담고 있다.

군집 2(통제된 군대 생활에 대한 괴로움)는 극도로 통제된 환경인 군대 내에서의 자율성 결여와 무기력함으로 고통을 받고 있는 것과 관련된다. 현재 군 환경 속에서 자신의 존재 자체를 수용하지 못하고, 자기 의지대로 아무 것도 할 수 없는 현실에 대한 우울, 절망감, 허무함 등을 반영하고 있다.

군집 3(통제 상황을 벗어나려는 노력의 좌절로 인한 고통)은 현재 상황을 벗어나고 싶은 간절한 마음과 함께 고통에서 벗어나기 위해 노력하지만, 아무 것도 해결되지 않는 현실에 부딪혀 좌절하게 되고 더 이상 문제를 해결할 수 있는 방법이 없다고 지각하는 것과 관련된 군집이다. 특히, 자신의 고통에서 벗어나기 위해서는 부대에서 나가는 것이 유일한 방법이지만, 만약 그렇게 되지 않는다면 죽음만이 현재의 어려움을 극복할 수 있는 최후의 방법이라고 생각하고, 탈출구가 없는 현재 상황을 매우 부정적으로 평가한다.

군집 4(의지할 대상이 없어서 느끼는 외로움과 소외)는 자살시도 경험이 있는 병사들은 부대 내에서 의지할 사람이 없어서 외로움을 느끼고 소외를 경험하고 있으며, 진실된 마음으로 대화할 수 있는 대상의 부재와 자기역할의 불명확성으로 인한 자아정체성의 혼란을 반영한다.

각 위험요인 문장들의 중요도 평정결과, 자살시도병사들이 가장 중요하다고 평정한 군집은 '통제 상황을 벗어나려는 노력의 좌절로 인한 고통'(M= 3.66), '통제된 군대 생활에 대한 괴로움'(M= 3.64), '의지할 대상이 없어서 느끼는 외로움과 소외'(M= 3.54), '선임병 및 간부의 무시, 인격모독에 의한 자존감 저하'(M= 3.52) 군집 순으로 나타났다.

각 군집별로 자살시도 병사들이 보고한 자살 이유의 구체적인 내용은 [표 8-6]과 같다.

[표 8-6] 자살시도병사들의 위험요인 군집과 핵심문장의 예[4]

군집 1 : 선임병 및 간부의 무시, 인격모독에 의한 자존감 저하(27문장, 중요도 평균 = 3.52)

문항	문장	중요도
2	'이것도 못하냐?'라는 말을 들으면 자존심이 무너진다.	4.57
6	선임들이 나를 거짓말쟁이 취급하고, 지시사항을 잘못 들었었다고 하면, '너 미쳤냐'고 모욕하였고, 그럴 때마다 화가 너무 나고, 계속 반복되어 화가 쌓였다.	4.00
9	한번 실수하면 계속 물고 늘어지는 선임들이 있다. 이것저것 많이 시키면서 실수하면 욕먹으니까 힘들다. 마치 내가 실수할 것을 미리 알고 있는 것처럼 나를 괴롭힌다.	4.00
10	실수에 대한 두려움이 있고, 뭘 해도 자신감이 없다.	4.00
36	내 말을 진심으로 들어주지 않고, '자기는 되는데 넌 왜 안 되냐'하고 말하면, 마음 속으로 '전 그게 안 되는데 어떻게 합니까' 하는 생각이 들면서 너무 답답하다.	4.00

군집 2 : 통제된 군대생활에 대한 괴로움(21문장, 중요도 평균 = 3.64)

문항	문장	중요도
18	부대원들이 무슨 말을 하면 어떻게 대처해야 될지 모르겠고, 어떻게 해야 잘 어울릴 수 있을지 몰라서 늘 긴장상태이다.	4.29
25	부대에서는 하고 싶은 것들을 마음대로 못하니까 답답하다.	4.29
1	같은 생활관에서 선임들과 함께 지내는 것이 불편하고, 선임들 대하는 것이 힘들었다.	4.14
15	군 생활하기 싫다. 안할 수도 없고 하려니까 짜증나고 답답하다.	4.14
26	'내가 밖에 있으면 뭘 하고 있을까?'하는 생각이 들면 허무하다.	4.14

4 지면 관계상 핵심문장 대표적인 것을 각 군집당 최대 6개까지 제시하였음. 이하 동일한 방식.

군집 3 : 통제 상황을 벗어나려는 노력의 좌절로 인한 고통(5문장, 중요도 평균 = 3.66)

문항	문장	중요도
19	내가 정말 힘들고 고통스러운데 말도 못하니까 답답하다. 부모님이 보고 싶기도 하고, 갇혀있다는 것이 싫다.	4.29
22	누구한테 말도 못하고, 고민만 계속 하게 되고, 내가 어떻게 하면 어려움을 극복할 수 있을지 정말 모르겠다.	4.00
27	이미 탈영도 해보았고, 약물복용도 해 보았다. 앞으로 나 스스로 얼마나 통제할 수 있을지 모르겠다.	3.57
64	애인과 헤어져 힘들었다. 문제를 해결해야 되는데 군대 있는 상황이다 보니 그렇게 못하게 되고, 그러다 보니 자대에 가서도 적응을 잘 못하게 되면서 많이 힘들었다.	3.29
58	이곳을 벗어나든지 혹은 죽는 것만이 이 상황을 변화시킬 수 있다고 생각했다.	3.14

군집 4 : 의지할 대상이 없어서 느끼는 외로움 소외(13문장, 중요도 평균 = 3.54)

문항	문장	중요도
11	힘들어도 간부들한테 솔직하게 얘기 못하고, 주위 시선 때문에 먼저 상담을 신청하는 것도 어렵다.	4.57
24	원래 성격이 소심해서 사람들과 잘 친해지지 못하는데, 부대 안에서 사람들과 관계하는 것은 더욱 어렵고 힘들다.	4.00
39	간부들은 내 말을 잘 이해하지 못하고 관심조차 없다.	4.00
48	아무도 내 편이 되어주지 않다고 느낄 때 외롭고 소외감을 느낀다.	4.00
45	어차피 도와줄 사람은 없다고 생각했다. 왜냐하면, 아무도 내 마음을 진심으로 이해하려 하지 않았기 때문이다.	3.71

2. 자살시도 병사들의 보호요인

자살시도 병사들이 보고한, 자살시도 후 회복에 도움이 된 내용은 크게 세 가지로 나타났다(그림 8-4 참조).

(1) 대화와 소통을 통한 이해받는 경험

(2) '한번 해보자'는 자기 암시

(3) 사회적 지지를 통한 격려

[그림 8-4] 자살시도병사들의 보호요인의 개념도

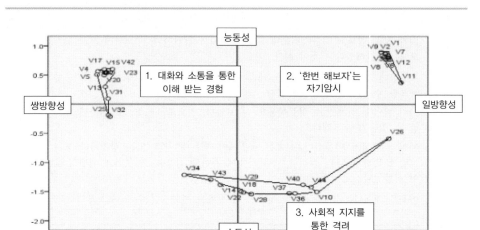

군집 1(대화와 소통을 통한 이해받는 경험)은 현재 자신이 경험하고 있는 어려움에 대해서 부대 간부들이나 동료 등에게 직접적인 도움을 요청하거나 병영생활 전문상담관 또는 군종장교 등과의 상담을 통해, 자신의 감정과 생각을 솔직하게 털어놓고 진정성 있는 대화를 하면서 자신의 심정을 진심으로 이해받는 경험을 반영한다.

군집 2('한번 해보자'는 자기암시)는 힘들고 어려운 상황이지만 자신의 미래를 위해서 잘 해보겠다고 다짐하면서 스스로 의지를 북돋우고 살아야 하는 이유를 생각해내는 노력과 관련된 군집이다. 또한 스스로에게 기회를 부여하면서 죽음에 대한 생각을 지우고 부대 적응을 위해 노력하고자 하는 것을 담고 있다.

군집 3(사회적 지지를 통한 격려)은 전문적인 정신과 치료를 받거나 비전캠프 등에서 교육을 받으면서 심리적 안정을 도모하려는 노력과 함께, 부모나 친구, 친척, 여자친구 등 사회적 지지원들의 격려를 통해 희망과 용기를 얻고 마음의 안정을 되찾고자 하는 것을 나타낸다. 자신의 주변에는 항상 자기를 생각해주고 아껴주는 사람들이 존재하고 있다는 생각을 통해 군대에서의 고통스러운 상황을 극복하고자 다짐하고 희망을 가지려고 노력하는 특성을 나타낸다.

각 보호요인 문장들의 중요도 평정결과, '대화와 소통을 통한 이해받는 경험'(M = 3.25), '사회적 지지를 통한 격려'(M= 3.24), '한번 해보자는 자기암시'(M= 2.92) 순으로 나타났다. 자살시도병사들은 힘들고 어려운 상황과 현실 속에서 스스로 마음을 정리하거나 잊으려고 노력하는 것, 전역 후의 미래를 생각하면서 억지로 참아내고, 인내하기 위해 노력하는 것 등의 소극적인 대처 방식이 자신의 어려움과 고통을 해결해 줄 수 없는 근본적인 해결방법이 아니라는 점을 인식하고 있었으며, 반면 부대 내외적인 지지망을 활용하여 도움을 요청하거나 자신의 어려움을 솔직하게 털어 놓고 이해받는 경험을 통해 얻는 심리적 안정감을 매우 중요한 보호요인으로 인식하고 있었다.

각 군집별로 자살시도 병사들이 보고한 자살 이유의 구체적인 내용은 [표 8-7]과 같다.

[표 8-7] 자살시도병사들의 보호요인 군집과 핵심문장의 예

군집 1 : 대화와 소통을 통한 이해받는 경험(18문장, 중요도 평균 = 3.25)

문항	문장	중요도
23	군종신부님은 남들과 달리 다그치지 않고 계속 내 말을 잘 들어주어서 이해받는 느낌을 받았다.	4.43
19	전문상담관이 내 얘기를 진심으로 들어주어서 마음이 누그러졌다.	4.29
15	있는 그대로 다 얘기할 수 있는 동기 한 명과 대화한다.	3.86
20	자살시도 후 상담관이 심리검사와 상담을 해 주면서 어려움을 돕겠다는 말을 해 주었을 때 힘이 났다.	3.71
31	비전캠프 와서 상담 받아보니까 막힌 것이 뚫린 것 같았다.	3.71

군집 2 : 한번 해보자는 자기 암시(13문장, 중요도 평균 = 2.91)

문항	문장	중요도
6	흡연하면서 혼자 생각하고 잊으려고 한다.	3.71
1	'잘 해야지, 잘 해야지' 계속 생각하려고 하고, 선임들한테 혼나지 않으려고 해야 할 일들을 자꾸 기억해 내려고 애쓴다.	3.57
12	'뭐하러 죽어', '어리석은 생각하네' 하면서 다시 잘 살아보려 노력한다.	3.29
21	남한테 얘기 안하고, 혼자 문제를 해결하려고 한다.	3.29
8	지시사항이나 암기해야 할 것들을 잊어버리면 욕을 먹거나 무시당하기 때문에 그것들을 잊어버리지 않고, 자꾸 의식적으로 기억하려고 노력한다.	3.00

군집 3 : 사회적 지지를 통한 격려(13문장, 중요도 평균 = 3.24)

문항	문장	중요도
43	격려도 해주고, 실수도 용서해 주는 그런 사람이 있다면 화는 별로 안날 것 같다.	4.29
18	비전캠프 기간 동안 마음이 안정이 되었다.	3.71
36	자살시도 소식을 듣고 부모님이 면회 오셨다. 그동안 힘들었던 모든 것을 솔직하게 다 얘기했더니 부모님이 '잘하고 있는데 왜 이렇게 나쁜 생각하냐'라고 하시면서 많이 우셨다. 군 생활 열심히 하라고 격려해 주고 가셨고, 그 때 이후부터 생각을 좋게 가지려고 노력하고 있고, 마음을 추스르려 했다.	3.71
40	교회에 참석하여 종교 활동하는 것이 힘이 된다.	3.71
22	정신과 군의관에게 상담을 받고, 약을 조치 받았다.	3.57

9.5 군 상담 사례

이하의 상담내용은 군 상담에서 흔히 볼 수 있는 내담병사의 문제에 대해 군 상담관이 어떻게 반응할 수 있는가에 대한 예시이다. 군 상담관의 주요반응에 대한 설명을 사례의 말미에 제시한다.

1. 내담병사 인적사항

성별 : 남, 연령 : 만 19세, 현재 전문대학교 휴학 중, 이병, 군입대한 지 3개월 차, 외동아들. 175cm 정도의 키에 55kg으로 상당히 마른 체형이고 떨리는 목소리나 울음 섞인 목소리로 이야기를 할 경우가 많이 관찰됨. 처음엔 상담관과 눈을 잘 마주치지 않고 손톱을 물어뜯는 행동을 간혹 보임. 중 3때 부모가 이혼할 무렵 주요기분장애(우울증)로 병원에서 약물치료를 받은 적이 있음.

2. 가족관계

부(父) : 49세, 무직. 고집이 세고 한번 화가 나면 불같은 성격임. 내담병사가 어릴 때 많이 얻어 맞은 적이 있고 내담병사의 부모 사이에 불화가 심해 내담병사가 중학교 3학년 때 부모가 이혼한 후 내담병사는 모(母)와 함께 생활함. 이혼할 때 위자료를 전혀 주지 않아 내담병사의 모(母)가 식당일을 하면서 생계를 꾸려옴. 부모의 이혼 후 부(父)를 따로 만난 적 없음.

모(母) : 46세, 남편과 이혼 후 생계를 책임지느라 식당에서 일함. 늘 지친 표정이고 우울한 경우가 많고 불면증이 있어서 수면제를 자주 복용함. 내담병사에게는 헌신적이고 따뜻하게 대해줌. 내담병사에게 '너는 내 유일한 희망이야'라는 말을 자주 함.

3. 상담경위

전입신병 적응기간 중 힘들어 함. 우울증 호소. 신병교육대 교육 중에도 구석에서 우는 모습이 자주 관찰되었고 자대 배치된 이후에도 자주 우는 모습을 보이며 부적응

병사로 관찰되어 중대장이 상담을 의뢰함.

4. 주 호소문제

　엄마와 떨어져 있는 것이 너무 힘이 든다. 슬픈 생각이 많이 들고 자주 운다. 부대에 갇혀 있다는 것이 너무 답답하다. 불면증이 심하다. 체력이 약해서 훈련에서 열외되는 경우가 많고 이 때문에 선임병들의 눈치가 보인다. 나름 부대에 적응해 보려고 하지만 무조건 암기하라는 식의 지시에 적응이 안된다. 내가 잘못하면 바로 위의 선임이 혼나는 상황이 힘들다. 엄마가 보고 싶고 걱정이 된다. 엄마도 불면증과 우울증으로 고생하는데. 자꾸 눈물이 난다.

5. 상담 축어록

상담관 1: 집에 전화했다고 들었는데 통화하고 나니 어땠어?

병　사 1: 힘들어서 전화를 자주 하게 되요. 엄마가 내 걱정 많이 하고 내가 우니까 엄마도 울고. 엄마도 지금 잠을 잘 못자서 수면제를 먹고 있다고 해요. 엄마도 내가 보고 싶다고. (울먹이기 시작)

상담관 2: 서로 많이 보고 싶었겠네. ○○이병이 힘들어 하니까 어머니도 힘들어 하시고 또 그런 모습 보는 것이 못내 마음이 아프고(고개를 끄덕이며 눈물을 글썽임). 어머니를 떠올리면 어떤 게 마음이 아파?

병　사 2: 엄마한테 너무 죄송해요. 우리 엄마 참 불쌍하게 살아왔는데. 내가 꼭 잘되야 하는데 이렇게 부대에서 적응 못하고 속만 썩히고. (눈물을 흘림)

상담관 3: 어머니한테 씩씩한 모습, 잘 있는 모습을 보이고 싶은데 군에 와서 맘같이 잘 안되서 너무 속상하고. ○○이병이 어머니한테 하고 싶은 말 한 번 속시원하게 얘기해 보자. 자 이 의자에 ○○이병 어머니가 앉아 계시다고 생각하고 하고 싶은 말 한 번 해봐.

병　사 3: … 엄마. 너무 미안하고 정말 보고 싶어. 엄마가 나보고 그랬잖아. 엄만 나 밖에 없다고. 나쁜 맘 먹지 말라고. 힘내라고… (눈물을 뚝뚝 흘리기 시작) 나 정말 잘하고 싶은데 여기서는 정말 자신이 없어. 맨날 선임들에게 깨지고. 바보가 된 것 같아. 어제는 그런 생각이 들었어. 나 하나 사라져도 여기 있는 인간들은 아무렇지도 않겠지. 그냥 아침에 눈을 뜨지 않았으면 좋겠어. 근데 엄마 생각하면 내가 이러면 안되는 건데. 힘내야 하는 건데. 어떻게 해야 좋을지 모르겠어. 나 때문에 고생 많이 한 우리 엄마. 미안해.

상담관 4: 어머니에게 미안한 마음이 많이 드나보다. 눈물도 많이 흘리고⋯ ○○이병도 부대에서 나름 노력을 하고 있는데 잘 안되서 많이 답답한 것 같고. 얘기를 해보니까 어때?

병 사 4: (조금 차분해진 목소리로) 엄마가 너무 보고 싶어요. 엄마 생각하면 힘을 내야 하는데 자꾸 슬프고 힘든 생각만 나요.

상담관 5: 어머니가 나쁜 맘 먹지 말라고 힘내라고 했다는 말을 하면서 눈물을 많이 흘리던데 어떤 나쁜 맘?

병 사 5: 지난번에 선임한테 깨지고 너무 속상해서 엄마한테 전화해서 죽고 싶다고 얘기한 적이 있었어요. 엄마가 걱정이 되셨나 봐요.

상담관 6: 걱정이 되실만 하네. 죽고 싶다는 생각, 지금은 어때?

병 사 6: 실제로 죽어야지 하는 거는 아니에요. 그냥 잠잘 때면 내일 아침에 눈을 안떴으면 좋겠다는 생각이 들 때가 많아요. 아침에 기상나팔 소리에 깰 때면 무거운 바위에 눌리는 느낌이에요.

상담관 7: ○○가 그 만큼 현재 힘들다는 거겠지. 상담관도 마음이 무거워지네. 솔직히 얘기해 주어 고맙고. 죽고 싶다는 생각이 드는 정도를 1점에서 10점 척도로 평가해 보면 몇 점 정도로 얘기할 수 있을까?

병 사 7: 음. 한 4점 정도.

상담관 8: 혹시 죽음에 대해서 생각해 보고 실제로 시도를 해 본 적이 있어?

병 사 8: 아니요. 제가 없으면 우리 엄마는 단 하루도 못 살 거예요. 그 때 전화할 때는 너무 암울한 느낌이 들었어요.

상담관 9: 상담관에게 솔직히 얘기해 주어 고맙네. ○○가 지금 군생활을 하면서 적응하느라 많이 힘든 상황이라는 것 알아. 그럼에도 어머니 생각을 하면서 잘 참아내고 있는 것도. 상담관하고 약속 하나 할 수 있어? 혹시 앞으로 죽었으면 좋겠다는 생각이 강하게 들면 나한테 바로 연락하고 만일 내가 연락이 안되는 때는 여기 ○○○[24시간 생명의 전화 번호]로 전화할 수 있겠어?

병 사 9: 네. 그렇게 할게요.

상담관 10: 오케이. 그러면 아까 선임에게 혼나서 속상하다고 했던 것 같은데 그 얘기 좀 자세히 얘기해 볼까?

위 축어록에서 상담관은 침울한 내담병사에게 전반적으로 따뜻하게 속마음을 얘기할 수 있도록 감정에 대한 반영 반응을 하고 있다(상담관 2, 3, 4번 반응). 아울러 상담관은 내담병사가 어머니에 대한 감정을 좀 더 깊게 얘기할 수 있도록 '빈의자 기법'

을 사용하였고(상담관 3번 반응) 내담병사 3번 반응에서 감정의 정화감을 어느 정도 경험할 기회를 갖게 되었다. 이 과정에서 상담관은 내담병사의 자살생각에 대한 단서를 발견하고 이에 대해 구체적으로 탐색하고(상담관 6, 7, 8번 반응) 자살생각이 들 때 어떻게 대처할 수 있는지에 대해 논의하고(상담관 9번 반응)있다. 위 사례는 군 상담에서 취약한 내담병사에 대한 위기개입의 예를 제시하고 있다.

10

탈북이주민 심리상담 접근 모색
: 탈북이주민 자기힘(셀프파워)개발 집단상담 모형을 중심으로
(한겨레심리상담센터 강숙정, 이장호)

(본 절은 2009년 강숙정의 박사학위논문 '새터민의 심리적 적응을 위한 셀프파워 증진 프로그램 개발'과 2010년 한국상담심리학회지 강숙정, 이재창, 이장호의 '새터민 심리 적응을 위한 셀프파워 프로그램의 효과'의 일부를 재인용, 요약 정리한 것임)

남한에 정착한 탈북이주민의 심리사회적 적응문제는 남북한 국민의 안정적인 화합과 향후 통일사에 중요한 의미를 지니고 있다. 다시 말해 탈북이주민의 원만한 심리사회적 적응은 남북한의 심리적 통일에 기여하는 바가 지대하므로 남한 사회가 이들의 적응에 효과적 도움을 줄 수 있는지의 여부는 미래 한국의 심리적 통일을 이루는 데 있어 중요한 사안이라 할 수 있다. 더욱이 1998년 이후 탈북이주민의 국내입국 규모는 해마다 꾸준히 증가하여, 1998년 한해 947명에 불과하던 입국자가 2008년에는 2,803명으로 3배 이상 증가하여 2014년 6월 기준 국내 총 탈북이주민 수가 26,854명(남성 8,078명, 여성 18,776명)에 이르러 급속히 증가하는 추세에 있다(통일부 통계자료, 2014). 이러한 최근의 탈북이주민 정착상황(표 8-8 참고)을 감안할 때, 남북한의 통일과 건강한 민족화합을 위한 탈북이주민 남한 사회 심리적응 교육은 빠르게 늘어나는 탈북민 이주현실에 맞추어 좀 더 현실적이고 체계적으로 관리될 필요성이 있다고 보여진다.

[표 8-8] 북한이탈주민 정착현황표

항목	최근 인구(명)		다수거주 지역(%)		직업현황(%)		경제활동 현황(%)	
1	입국현황	63('21)	경기	30.4	단순 노무 종사자	26.8	경제활동 참가율	61.3
2	거주인구	29,880	서울	23.7	서비스 종사자	17.8	비경제 활동비율	38.7
3	남	7,157	인천	10.6	전문가 및 관련 종사	10.1	고용률	56.7
4	여	22,723	충남·세종	6.0	사무 종사자	10.1	실업률	7.5

출처: 통일부 통계자료, 2021년 5월 기준.

대부분의 초기정착 탈북이주민은 정서적 불안감과 더불어 병리적으로는 외상 후 스트레스 장애(PTSD)와 비슷한 불안을 체험하며, 한국 사회에서 열등감을 느끼며 살아가고 있다(이장호, 1997). 많은 연구자들은 탈북이주민의 현실적인 심리적응과정이 그리 순조롭지 못하며, 정착 후에도 수년간 탈북이주민은 우울, 불안, 죄책감 등의 심리적 부적응을 경험하고 있다고 보고하고 있다(김영만, 2004; 민성길, 2000; 엄태완, 2004; 이숙영, 2006; 전우택, 윤덕룡, 2004; 한만길, 1999; 한인영, 2001; 홍창형, 2005). 실제 많은 탈북이주민의 경우, 지역사회에 처음 와서 겪는 심리적인 문제들이 즉각적으로 해결되지 않을 때 남한에 대한 부정적인 시각을 가지게 되며, 초기에 가졌던 문제들로 인하여 이후에도 적응 및 정착을 하는 데 많은 어려움을 겪고 있다(권태용, 2008, 재인용). 이는 탈북이주민의 정치, 경제, 사회문화적 적응상의 난관 극복이 중요한 문제이긴 하나 이것이 그들이 남한 사회에 대해 느끼는 만족이나 심리적응의 질을 좌우하는 결정적인 문제는 아니며 더 중요한 것은 겉으로 잘 드러나지 않는 심리적인 문제들임을 보여준다(이장호, 1997). 그러나 여전히 통일부 정책 통계를 보면, 국가적 차원의 연구와 정책은 주거지원, 소득 및 제반 사회정책적 지원, 취업지원 및 직업훈련 등 사회경제적 적응에만 치중되는 경향이 있어 정작 탈북이주민 정착에 가장 절실한 심리, 정서적 지원은 부족한 상황이다(통일부 통계자료 참고, 2014).

최근에는 하나센터들이 개관되어 심리상담가의 도움을 받을 수 있는 길도 넓어졌으나 생활전담 복지사의 역할을 동시에 감당해야 하는 이들이 전문적 수련을 쌓아 전문심리상담을 전담하기에는 여러 현실적 난제들이 있으며, 탈북이주민의 심리내적인 특성을 토대로 이들의 문제를 어떻게 해결하고 개선시킬 것인가에 대한 체계적이고 과학적인 접근이 부족한 실정이다. 드물게 심리교육 프로그램을 시행한다 해도 일반인들을 대상으로 실시해왔던 프로그램을 약간 개조하여 탈북이주민에게 적용시키는 식으로 미흡한 현실에 처해 있다. 그나마 이러한 심리적응프로그램에 대한 비중도 지역사회 적응, 경제적 안정, 학습지원, 예절교육 등의 기초사회교육 등에 비해 적은 실정이다. 게다가 전우택(1997)의 보고에서와 같이 문제 증후가 입국초기 하나원 시설 보호 속에서는 크게 발현되지 않다가 현지 정착 후 늦게 발현될 가능성이 높은데도 불구하고, 탈북이주민이 하나원에 입교하여 정부로부터 일정의 보호 관리를 받는 상황에서는 탈북이주민을 위한 정부차원의 연구와 프로그램 운영이 책임 있게 관리되겠지만, 이후 하나원을 퇴소하여 남한 사회 현실에 맞닥뜨리게 되는 개별 거주생활 상황에서 실효성 있는 프로그램 개발 및 체계적 효과 검증 관리는 매우 어려운 실정이다.

그러므로 탈북이주민의 수가 급증하고 있으며, 이들이 남한 사회에 정착하는 데 경제적, 사회적 어려움 이외에도 심리정서적, 대인관계적으로 극심한 고통과 어려움을 경험하고 있는 이 같은 상황에서 탈북이주민이 가지고 있는 근원적인 심리적 자원과 강점을 찾아내고, 이들이 삶 속에서 경험한 고통과 심리내적인 어려움들을 극복하고, 보다 적응적이게 남한사회에서 살아갈 수 있도록 '타당하고, 신뢰로운', '검증된' 심리적응프로그램(이하 '셀프파워 증진 프로그램')을 탈북민 현실적응 실제에 적용하는 것은 매우 중요한 과제이다.

10.1 탈북이주민 심리교육 프로그램의 접근법

탈북이주민에 대한 많은 연구들은 '심리적응'을 단기적인 생활안내, 직업교육, 사회성 훈련에 머물고 있는 현재의 수준을 넘어서는 단계적 통합과정으로 개념정립을 하면서, 한편으론 탈북이주민이 남한 사회에서 건강하게 심리적인 적응을 해 나갈 수 있도록 다양한 관점에서의 시계열적 통합적 접근이 필요함을 강조하고 있다(강숙정, 이장호, 2009). 즉, 탈북이주민의 탈북과정과 정착 전 심리상태를 고려하여 1차적으로 이들의 심리안정과 치료적 개입에 주안점을 두어야 하며, 탈북이주민이 경직된 마음과 경계심을 풀고 지역사회 공동체에서 사회적 지지를 받으며 자기실현을 이룰 수 있도록 최대한 편안하고 신뢰로운 분위기 속에서 개입이 이루어져야 할 필요가 있다. 다음으로 새로운 삶의 정착지에서 유연하게 대처하고 적응할 수 있도록 효과적인 대인관계 및 대화기술 습득을 도와주어야 한다. 그리고 최종적으로 남한 사회에서 발휘되지 못하고 사장될 수 있는 탈북이주민의 자원과 강점을 발견하여 새로운 삶의 동기를 발현시키고 이 사회에 도움이 되는 사람으로 거듭날 수 있도록 현실상황에 적합한 실용적인 자기 힘(능력) 배양의 심리적응 프로그램을 개발하여야 할 것이다(강숙정, 2009 재인용).

1) 탈북이주민의 자존감과 정체성 확립 그리고 자아실현을 위한 인간중심의 상담적 접근

탈북이주민 사회적응에 관한 국내의 선행연구는 탈북이주민의 사회적응에 가장 큰 영향을 미치는 요인으로 사회적 지지와 자아존중감을 들고 있다(김현진, 2008; 박윤숙, 2006; 박정아, 2007; 유시은, 2001; 이선윤, 2005; 이소래, 1997 등). 또한 탈북이주민은 기존의 사회와 문화적 기반에서 벗어나 외형과 언어, 삶의 전반에 걸쳐 전혀 다른 가치관을 가진 남한의 사회문화 안에서 또 다른 사회화를 경험한다(장경영, 2009). 이러한 타 문화 안에서 자신의 문화와 함께 사회화되는 것을 '이중문화의 사회화'라고 하는데(Diener, 1984), 사회화와 적응은 한 개인이 자신이 속한 사회와 문화에서 정체성을 형성하는 데 중요한 영향을 미치며, 이러한 정체성은 그 사회에서의 자신과 자신의 삶의 방향을 제시하는 역할을 한다(Bobbie, 2005). 탈북이주민의 바람직한 사회적응을 위해서는 반드시 이들에게 자기존재의 의미를 찾아주고 잃어버린 혹은 혼란스러운 정체성과 자신감을 회복할 수 있도록 자존감, 정체감 확립을 위한 상담프로그램이 마련되어야 한다.

본 연구자가 1999년부터 2014까지 안성 하나원, 시흥 분원, 서울시 가양7종합사회복지관에서 인성수련 프로그램과 개인상담, 집단면접을 통해 관찰한 탈북이주민은 강한 진취성과 독특한 적응력을 지니고 있으며 심리적으로 경계가 풀리고 안정이 되면 매우 놀랄 정도로 솔직해지고 자기주장과 주관이 뚜렷하며 대체적으로 자존심이 강하였다. 또한 강인한 인내심과 결단력, 훼손되지 않은 한국인의 진취적 기질과 예술성이 보존되어 있음이 관찰되었고, 서구적 자본주의 가치에 물들지 않은, 때 묻지 않은 한국적(고구려) 정서의 원형이 잘 보존되어 있는 것으로 관찰되었다. 다시 말해 이들은 북한의 제도적 환경적 틀을 박차고 나올 수 있는 자기 결단성과 자율적 행동성, 창의적 문제 해결력을 실천에 옮길 수 있는 힘을 가지고 있는 사

람들이며 고통스런 역경을 이겨낼 수 있을 정도의 담력도 지니고 있는 사람들이라
는 것을 유추해 볼 수 있다(강숙정, 2009, 재인용).

칼 로저스(1957)에 의한 인간중심 상담은 인간의 본질적 문제를 매우 긍정적 시각
으로 해결하려는 입장과 태도를 가지고 있다. 그는 인간이 가진 본질적 경향성(자아실
현성)을 존중하고, 인간을 본질적으로 선하게 보며 인간내면의 본성적 측면을 잘 수용
하기만 하면 인간은 기본적으로 협조적이고 건설적이며 진실하다고 본다. 즉 악이라든
가 비정상이라는 것은 인간의 본성적 욕구들을 좌절시키거나 가로막거나 부인하는 데
서 온다(Rogers, 1961)고 보고, 인간의 부정적인 충동들은 기본적인 욕구(사랑, 소속감,
안정 등)가 좌절되어 나타난 반응들이므로 이를 풀어주고 인정해 주는 것이 필요하다는
것이다(윤순임 외, 1995). 열등감과 위축감, 자존심 상함을 느끼는 대부분의 탈북이주민
에게 본질적 자기 힘에 대한 자긍심을 갖게 하고 탈북이주민도 남한 사람들에게 좋은
영향과 도움을 줄 수 있다는 생각을 갖게 하는 것은 매우 중요한 상담자적 자세이다.
남한의 외현적 현실에 매여 주로 자신이 갖지 못한 것들만 비교하고 자존심 상해하는
탈북이주민에게 자신이 미처 보지 못하고 알지 못했던 강력하고 순수한 힘들을 찾아주
고 살려내며 세워주는 상담자의 치료적 개입은 가까이는 탈북이주민 한 개인의 삶을
건강하고 의미롭게 하는 일이며, 넓게는 더불어 사는 한 민족이 서로 조화롭게 상생하
며 행복해질 수 있는 길이기도 하다.

한국민의 일상생활에서 널리 사용되고 있는 자존심의 개념은 서양의 자존감 개념
과는 차이를 보이는 것으로, 한국인에게 있어 자존심의 문화적 의미와 사회적 표상은,
인간이라면 반드시 가져야 할 필요조건이자, 평소에는 반듯하게 잘 유지되어 잘 드러
나지 않다가 자존심이 유지되지 못할 상황이 발생될 때에만 비로소 자신의 자존심을
인식하게 되는 것으로, 이는 지켜져야 하는 것, 버릴 수 없는 것이라고 말할 수 있다
(한민 등, 2013).

한국인의 자존심 개념과 특성에 관한 연구(한민 등, 2013)에서 한국인의 자존심의
경험은 자기 가치를 손상받았을 때 나타나며 특히 자존심을 상하게 하는 상대방과의
관계가 중요요인이었으며 자존심 경험은 부정적인 감정이라는 현상으로 나타났다. 또
한 자존심을 경험하면 사람들은 이로 인한 부정적인 감정을 해결하기 위하여 개인적인
전략을 사용하며 자존심을 회복하기 위한 일련의 행동이 수행된다. 자존심은 평소에
인지하고 있는 자기개념이 아니라 사건이나 계기에 의해 경험하게 되는 자기인식으로
서 평소에 자기개념으로 유지되는 자존감과 달리 상황이나 타인의 관점에서 평가되는

'자기가치감'이라고 할 수 있다. 즉, 이 연구는 자존심이 한국인이 살아가는 삶의 맥락 속에 존재하며 그만의 독특한 인식체계 및 경험구조를 갖는 문화적 개념이라는 것이다.

이에 본 연구자는 탈북이주민이 남한사회에서 자존심 상함을 경험하지 않도록 접근함이 중요하며 이를 순조롭게 이행하기 위한 인간중심 상담접근을 배경으로, 탈북이주민이 본래의 참 모습을 찾아 살리고 환경과 사회적 상황의 조건부 가치에 의해 형성된 거짓 자기의 수치심 및 자책감에서 벗어나도록 도와주려는 데 초점을 두어야 할 것이라고 생각한다.

2) 탈북이주민의 인간관계 의사소통 향상을 위한 감수성 훈련

탈북이주민 특성을 종합적으로 이해하기 위해서는 역경과 급격한 문화변화에도 불구하고 적응상의 문제를 일으키지 않고 정상수준의 남한생활을 하고 있는 '적응유연성'에 대한 이해가 대단히 중요하다(김현아, 2006). 탈북이주민에 대한 연구들은 이들이 바람직한 인간관계를 형성하는 것이 적응과 밀접한 관련이 있으며, 이를 위해 인간관계 의사소통 능력을 키울 필요가 있다고 보고하고 있다(박정아, 2007). 탈북이주민의 인간관계 형성에 있어서 하성환(2004)은 이들의 남한생활에서의 어려움을 언어상의 문제로 보고하였고, 이철순(2000)의 연구에서도 언어생활에 불편감을 느낀 탈북이주민이 65%로 나타나 이들의 의사소통 문제가 정착지에서의 인간관계 형성과 사회적응에 걸림돌로 작용할 수 있음을 예견할 수 있다. 또한 2004년 대전광역시에서 실시한 '북한이탈주민 정착지원 개선방안 연구'에서도 많은 탈북이주민이 언어적 이질감으로 인해 사회적응에 어려움을 겪는 것으로 드러났다. 그래서 본 연구에서 개발한 탈북이주민 셀프파워 증진 프로그램에는 탈북이주민의 의사소통 능력과 사회적 적응유연성을 신장시키는 심리상담적 교육 방법으로 인간관계 의사소통향상을 위한 감수성훈련을 도입하였다. 인간관계 감수성훈련이란 자기의 발견과 타인의 이해를 기본으로 바람직한 인간관계 개선과 행동의 변용을 그 목표로 하고 있다. 즉 자신의 생각, 느낌, 관점, 행동 등의 특징에 대해 눈뜨게 하고, 다른 사람들이 모든 점에서 자기와 같지 않은 독자적 존재임을 알게 하며 자기와 타인과의 관계, 의사소통의 현상, 집단의 형성과 발전 등에 관심을 갖게 한다. 이 훈련의 특징은 지도자가 지식적인 전수, 설명, 교훈 등으로 집단원을 교육하지 않으며, 지식보다는 생각을, 생각보다는 느낌을 소중하게 다루고 표현하도록 장려한다. 또한 과거보다는 이 순간을, 저기보다는 바로 여기에 모든 초점

과 주의를 기울이고, 집단원 상호 간의 반응에 대해 판단과 평가적 발언을 자제하고
존중과 공감 수용의 자세를 유지시켜 나간다.

3) 탈북이주민의 심리내적인 자원 강화를 위한 잠재력 개발 훈련

자기힘(셀프파워) 증진 프로그램의 교육관점은 일관되게 인간 능력의 긍정적인 측
면을 강조한다. 이것은 인간 본성을 부정적으로 보는 정신역동적, 결정론적 관점과는
대조되는 것으로, 인간 잠재력 개발훈련의 관점에서 보면 개인은 무한한 잠재성을 가
지고 태어나며 어떠한 상황에서든 적응할 수 있는 유연성을 갖고 있는 존재인 것이다.
다시 말해 인간 문제(질병 등을 포함)의 원인은 자기 자신이 충족되지 않는 상태를 경험
하는 데서 유래된다고 본다. 즉, 자신의 잠재력을 충분히 실현시키지 않았기 때문에
병이 생긴다는 것이다.

탈북이주민이 정서적으로 가장 힘들어하는 측면과 요소 속에는 실상 자신이 가장
중요하게 여기는 한국적 집단문화의 가치와 마음이 담겨져 있다. 예를 들어 가족에 대
한 죄책감이 크다는 것은 그만큼 가족을 잊지 않고 생각하는 마음이 크다는 것이며 인
간관계에 괴로워 한다는 것은 그만큼 그들에게 인간관계가 너무 중요하기 때문인 것이
다. 크게 느끼는 외로움 또한 인간 유대의 갈망과 그리움이 큰 데서 연유하며, 무능력
에 대한 좌절, 고통도 실상은 그가 능력을 발휘할 수 있는 큰 사람이기 때문에 거기에
못 미치는 것으로 고통을 더 느낀다는 것이다. 다시 말해 탈북이주민의 북한 이탈은
기존 질서의 부적응이 아니라 삶에 대한 강력한 적응이며 '도움을 받아도 하나도 즐겁
지 않다'는 그들의 보고는 도움을 주는 입장에 서는 것이 행복하다는 심리적 현실을 반
증해 주는 대목인 것이다. 그러므로 본 연구에서는 탈북이주민이 가지고 있으면서 드러
내지 못하거나, 알아차리지 못하고 있는 탈북이주민의 강점을 바로 탈북이주민의 정서
적 문제 증상 속에서 찾으려 하였다. 한국 사회가 탈북이주민에게 무의식적인 집단소외
관점의 부적절한 관계양상을 만들지 않기 위해서는, 탈북이주민이 우리에게 얼마나 도
움이 되는 자원과 힘을 가지고 있는 존재인가를 구체적으로 확인하고 공유하는 것이
무엇보다 중요하다. 본 연구는 집단상담을 통해 탈북이주민의 증상 속에서 역설적으로
자원과 힘을 찾고 어떻게 그들의 삶 속에 현실화 시켜줄 수 있는 것인가에 대해 '셀프
파워 프로그램'이라는 공동체 훈련을 통해 답을 얻고자 하였다(강숙정, 2009, 재인용).

4) 탈북이주민의 심리적응을 위한 통합적 상담접근

집단은 개인에게 일순간 큰 상처를 남기기도 하고 큰 지지 세력으로 존재할 수도 있다. 사회나 공동체로부터 야기된 개인의 상처는 사회나 공동체로부터 이해받고 위로 받으며 회복되어져야 한다(강숙정, 2009). 그러므로 집단공동체와 사회로부터 상처받은 탈북이주민에게 집단상담적 접근에 따른 수용과 존중, 지지 공감의 긍정적인 체험은 그들의 정신적 상처회복에 적극적 도움을 줄 수 있을 것으로 예상된다. 그러므로 본 연구에서 개발하고자 하는 탈북이주민 셀프파워 프로그램은 인간중심 상담접근의 태도를 지닌 상담자가 탈북이주민을 구조화된 집단상담의 한 형태로 이끌어가면서 집단 과정을 통해 자기와 타인, 그리고 인간에 대한 현실적 이해를 가능하게 도우며 집단 안에서 최대한 기능할 수 있는 상태로 자신의 잠재적 실현 능력의 가능성을 보게 조력 하는 것이다. 여기에서 '최대한 기능할 수 있는 상태'란 정서적 안정감 속에서 자신이 원하는 바를 상대와 진실하게 나누고, 공동체 안에서 긍정적인 영향을 주고받는 마음 이 열린 상태를 말하는 것으로 탈북이주민은 집단과정에서 '심리적 안정'과 '인간관계 상호소통', '잠재적 역량 개발'을 목표로 사회적 구성원으로서의 자기실현을 위한 심리 적 현실을 다지게 된다.

또한 본 프로그램의 상담심리학적 접근의 방식은 탈북이주민의 심리적 안정을 위한 심리상담, 인간관계 상호소통을 위한 인지행동적 상담교육 및 훈련, 잠재적 역량 개발을 위한 잠재력 개발 훈련 및 해결중심적 상담접근과 긍정심리학적 견해가 통합적 으로 사용되고 있다. 탈북이주민의 심리적 문제특성으로 밝혀진 신경증적 증상(강숙정, 이장호, 2009)완화를 위한 신체이완 명상훈련이 도입되고 있는 바, 단순히 언어를 통한 심리상담적 치료접근 뿐 아니라 심신 일원론적 통합적 상담접근(이장호, 2008) 방식이 도입되고 있어 마음과 몸을 통합하는 관점도 적용되고 있다. 이는 서양의 심리치료적 접근에 더하여 동양의 명상적 수련을 통합하는 것이기도 하여 본 연구에서 사용한 통합적이라는 용어는 상담이론의 통합적 접근과 정신과 신체의 통합, 그리고 동서양 접근 방식을 모두 통합한다는 의미로 쓰여지고 있다.

본 고에서 사용하고 있는 셀프파워의 의미는 자기 힘, 자생력, 혹은 자기역량이다. 이 용어의 상징적 개념은 낯선 땅에서 적응하고 자립해야 하는 탈북이주민에게 '자신' 을 되살리는 매우 중요한 의미가 있다. 자기 힘을 기르는 원리는 내면적으로 존재하는 본래의 기능을 되찾는 것이다. 이를 토대로 셀프파워 프로그램을 정의하면 탈북이주민의 적응을 힘들게 하는 심리내적인 상처와 고통을 치유하며, 잠재적으로 내재되어 있는 긍정적 힘들을 바로보고, 세워줌으로써 탈북이주민들이 본래의 기능을 할 수 있도록 도와주는 심리적응프로그램이라 할 수 있다.

실제 지역사회 탈북이주민의 심리적응을 돕기 위해 2009년에 연구 개발된 '탈북이주민 셀프파워 프로그램(강숙정, 2009)'은 탈북이주민의 위기적 심리 특성을 완화시키는 '위기적 정서중심 집단심리상담'과 현지 지역 적응에 도움을 주는 '의사소통 감수성 훈련', 장기간의 삶의 의욕증대와 자기실현에 도움을 주는 '잠재적 역량 개발 훈련'의 3단계로 구성되는 프로그램의 골격을 설정하였다. 이후 심리상담 및 교육전문가 9명의 포커스 그룹 인터뷰를 통해 프로그램 개발방향에 맞는 탈북이주민 셀프파워 하위주제 12개를 추출하였고, 이 주제들을 토대로 개발된 프로그램내용은 전문가 그룹의 집단시연을 통해 수정 보완하는 절차를 거쳤다. 개발된 최종 프로그램의 효과를 검증하기 위해 가양동 거주 탈북이주민 46명을 대상으로 효과성 검증을 실시하였으며. 그 결과, 탈북이주민 셀프파워 프로그램은 탈북이주민의 자아존중감, 자아정체감, 적응유연성, 임파워먼트를 증진시키는 데 효과가 있는 것으로 나타났다(강숙정, 이재창, 이장호, 2010). 그러므로 앞으로의 이주민 상담에서는 이 모형을 사장시키지 말고 적극적으로 활용함이 필요하다고 보여진다. 구체적인 내용은 [그림 8-5]와 [표 8-9]와 같다.

[그림 8-5] 셀프파워 프로그램의 개발모형

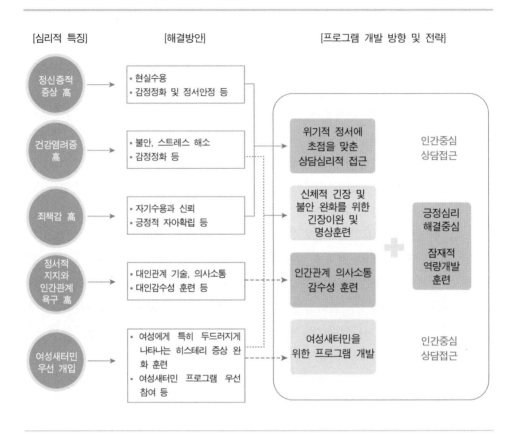

[표 8-9] 셀프파워 프로그램 개발방향에 따른 하위주제 및 하위요소

개발방향	지도자 접근	하위주제	하위요소	통합적 처치
1단계 집단 심리상담	인간중심 상담적 태도	1. 감정정화	자기치유, 긴장이완, 친밀감	· 심리치료 · 신체이완명상 · 인간중심 · 인지치료
		2. 자기긍정	자기개방, 자기신뢰, 자기수용	
		3. 자기 확립	자아통찰, 긍정적 자아확립	
		4. 현실수용	합리적 사고, 관점전환	

2단계
 	
인간관계
의사소통
감수성훈련
	인간중심
	상담적 태도
		5. 의사소통	공감대화, 자기표현, 문제해결	· 인간관계
				· 의사소통
				· 감수성 개발
				· 신체이완명상
				· 서구식
				  자기표현과
				  한국적
				  정신처치

		6. 대인 감수성 능력	자기이해, 타인이해, 관계적 맥락이해	
		7. 사회성	융통성, 사고유연성, 사회적 지지	
		8. 공동체 의식	협력과 온정, 집단의사결정	
3단계 잠재적 역량 개발훈련	인간중심 상담적 태도	9. 자기결정성	선택과 책임, 결단력	· 잠재력 개발 · 긍정심리 · 해결중심
		10. 주도성	꿈과 목표, 시각화, 자기암시	
		11. 강인성	용기와 도전, 인내심, 의지	
		12. 긍정적 자기강화 및 창의성 개발	진화적 종교성향, 창의적 문제해결력	

10.2 탈북이주민 개인 단기상담(10회기) 사례 예시

다음의 사례는 한겨레심리상담센터(8년간 지역복지관과 협약을 맺어 지역 새터민 생활 수급자 등의 상담을 진행해 왔으며 현재까지 5년간 통일부 하나원 교육생 집단심리상담을 진행 해오고 있음)에 의뢰된 10회기 탈북이주민 단기상담 실제내용을 내담자 보호를 위해 각 색한 것임.

손 ○○(여/ 10대 후반/ 현재 고등학교 진학포기. 기술을 배우려고 준비 중)

① 탈북과정 및 가족배경
북한에서 아버지, 어머니와 함께 생활하던 도중 어머니가 먼저 탈북. 내담자가 어

린 시절 어머니와 헤어진 탓에 내담자는 어머니에 대한 기억이 전혀 없었음. 함께 지내던 아버지가 병으로 돌아가시고 지내던 고향 마을사람들의 탈북대열에 함께 합류해서 탈북을 감행. 탈북도중 중국에서 붙잡혀 다시 북송됨. 감옥에서 고문을 심하게 당해 한국에 들어와서도 안정을 찾지 못하고 내담자가 상담자를 만날 당시 무척 불안해 보이고 눈을 제대로 마주치지 못하며 표정이 매우 어두워 보였음. 탈북과정 중에 드는 브로커 비용과 감옥에서 나올 수 있도록 뒷거래를 해준 사람이 남한에 있는 어머니와 새아버지였음을 남한에 와서 알게 되었음.

② 호소문제/상담내용

복지관 새터민 담당 선생님의 주선으로 상담사와 만남. 불안정해 보이고 상담사와 첫 만남에서 눈치를 많이 봄. 탈북도중 감옥에서 고문 받았던 이야기를 자세히 함. 아직도 밤에 잠자리에 누우면 머리에 보자기를 씌우고 감독관들에게 몽둥이로 얻어맞았던 당시의 느낌과 소리가 생생하다고 함. 남한에서 잘 지내고 싶고 공부도 새롭게 시작하고 싶고 특히 어머니란 사람이 어떤 사람인지 기억에 없어서 낯설고 남한에서 만난 (새아빠, 이복동생)가족들과 어울리기가 힘들다고 함. 남한에서 어머니가 이룬 새 가족들과 잘 지내지 못한 채 탈북해서 정착해 있는 친할머니와 단둘이 생활. 가끔씩 어머니의 집을 왕래하는 식으로 심리적으로 안정된 가정을 갖지 못해 힘들어 하였음.(실제로 내담자의 어머니는 북한에 두고 온 자식이 있다는 사실을 시댁식구들에게 숨기고 결혼한 탓에 식구들과의 가족 모임에 내담자를 데리고 가지 않음. 혹시 함께 동참하더라도 '엄마'라는 말을 쓰지 않도록 내담자에게 당부하기도 함). 상담에서 고문을 받았던 당시의 공포와 북한에 있는 친구들이 그립다는 애기를 하면서 눈물을 보일 때가 있었음. 결국 일반 고등학교로의 진학을 포기하고 대안학교로 입학하기로 결정.

③ 상담접근

이 내담자의 경우 특히 탈북과정 중 다시 북송되어 고문을 받았던 기억으로 인해 복지관에서 따로 정신과 치료를 의뢰함. 외상 후 스트레스 장애로 인해 내담자 스스로도 무척 힘들어 했으며 심적으로 많이 지치고 유약해진 탓에 남한에서의 적응을 두려워함. 특히 따라가기 힘든 일반 인문계 고등학교로 진학이 결정되고 학교에 입학할 날이 다가오자 더욱 불안해졌으며 자주 몸이 아프고 어떤 일을 시작하기가 매우 힘들었다고 호소함. 남한에 와서 북한에서와는 달리 자신이 아무것도 할 수 없는 바보 같이 느껴진다며 이야기를 하였음. 10회기의 정해진 짧은 만남이었지만 상담자는 우선 고문을 당하며 형성된 공포와 불안, 피해의식과 화, 분노를 녹이고 감정을 정화, 정리하는 데 많은 시간을 할애하였음(2~6회기). 해소되지 않은 막연한 불안을 이완시키기 위해 상담에 들어가기 전 호흡과 명상을 4−5분 시행하였고, 각 회기에 상담에 대한 신뢰, 안심, 이해를 가질 수 있도록 잘 교육하고 안내하였음. 1단계 정서치유 상담으로 감정정화, 감정정리, 자기감정의 역사이해로 무의식적인 불안과 긴장을 감소시켰다(6~8회기).

2단계 대인 감수성 훈련접근으로 주변사람과의 건강한 마음소통 연습, 자기 목소리 찾아 다듬기, 인간적 감정교류를 안전하게 이행하도록 연습하였음(7~8회기). 3단계 잠재력개발 상담으로 자신이 어린 시절부터 바랐던 모든 것으로부터 자기 원함과 자원 찾기를 상담자와 함께하였으며, 본래의 자기 자신이 얼마나 독자적이고 개성있는 괜찮은 존재였는지를 바라보고 지금까지의 어려운 삶을 잘 버티어온 자신에게 격려와 지지를 보내는 시간을 가짐(8~10회기). 내담자는 간간이 휴대폰으로 전화를 걸어 선생님의 안부를 물어보고 소소한 일상의 이야기에 대해 관심을 가지고 함께 이야기할 수 있는 상담 선생님을 무척 고마워했음. 상담을 진행하면서 엄마상담을 병행하였고 탈북과정을 도운 엄마(새아빠)의 애씀과 복잡한 상황에서도 자녀와의 관계를 잘 유지하고자 하는 엄마의 긍정적 의지를 지지하며 대안을 탐색하였음. 상담종료 후 내담자는 엄마네 식구들과 함께 살게 되었고, 대안학교로 들어가기 전 기술을 배우고 있다며 상담사에게 근황을 알려오기도 함(10회기).

예정된 10회기의 짧은 상담이었지만 정서적 안정, 대인관계, 탈북민의 자존심 회복에 도움을 준 상담이었다고 평가됨.

11 재난피해상담 (김 환 ― 서울사이버대 상담심리학부 교수)

11.1 재난과 심리적 외상

1. 재 난

재난(Disasters)은 다양한 시각으로 정의할 수 있다. 물리적인 현상으로 볼 때, 재난은 인명이나 재산의 심각한 피해를 말한다. 재난을 일으키는 사건, 즉 재해는 날씨 등의 자연현상과 관련된 천재지변이 될 수도 있지만 사람의 실수 또는 부주의나 고의로 일어나는 인적 재난일 수도 있다. 재난을 사회경제적 현상으로 바라볼 때, 재난은 재해(hazards)와 취약성(vulnerabilities)이 결합하여 생성된 결과로서 일상적 삶이 한시적으로 불능화된 상태이다(국제적십자사연맹, 2008). 재해는 어쩔 수 없이 생기는 측면이 있지만 취약성에 따라 재난이 더욱 심각해질 수 있다. 취약성의 예는 홍수에 취약한 지형이라든지 또는 화재에 취약한 건물 구조 등을 들 수 있다.

- 재난(Disasters) = 재해(Hazards) + 취약성(Vulnerability)

2. 심리적 외상

외상(外傷, trauma, 트라우마)은 사람들에게 남겨진 정신적인 충격 또는 상처를 의미한다. 원래 외상은 외부로부터의 상처를 의미하지만, 이상심리학이나 상담심리학, 정신병리학 등 심리학 분야에서는 정신적인 의미의 상처를 가리킨다. 외상은 외상성 사건(traumatic event)으로 인해 생기는데, 외상성 사건은 사람들의 생명과 신체적 안녕을 위협하는 엄청난 재난 및 충격적 사건을 의미한다. 예를 들어 폭행(추행, 신체 공격, 강도), 성추행, 강간, 유괴, 인질 경험, 고문, 비행기 사고, 자연적 혹은 인위적 재해, 폭발 테러 등이 있다. 미국 정신장애 및 통계편람 최신판인 DSM-5에서는 외상성 사건의 공통 요소로 죽음, 심각한 상해, 그리고 성(性)적 폭력의 경험을 들었다.

11.2 재난 후 스트레스 증상

재난은 개인에게 심리적 외상을 남길 수 있다. 재난은 개인의 예상을 뛰어넘는 충격적 사건이며 재난에는 죽음과 심각한 상해와 같은 요소가 포함되어 있기 때문이다. 정신의학 분야에서 심리적 외상과 관련된 장애로는 외상후 스트레스 장애(Posttrau-matic Stress Disorder; PTSD)가 있다. 외상후 스트레스 장애는 충격적인 외상성 사건을 경험한 사람들이 그 사건에 공포감을 느끼고 사건 후에도 재경험을 통해 고통이 지속되며 거기에서 벗어나기 위해 에너지를 소비하게 되는 정신장애이다. 따라서 재난 후 개인이 겪게 되는 스트레스 증상에 대해서는 외상후 스트레스 장애의 증상을 살펴보면 된다. DSM-5에서는 외상후 스트레스 장애의 증상을 다음과 같이 언급하고 있다.

외상후 스트레스 장애에 대한 DSM-5의 진단기준

A. 실제적인 것이든 위협을 당한 것이든 죽음, 심각한 상해 또는 성적인 폭력을 다음 중 한 가지 이상의 방식으로 경험한다.
  (1) 외상 사건을 직접 경험하는 것
  (2) 외상 사건이 다른 사람에게 일어나는 것을 직접 목격하는 것
  (3) 외상 사건이 가까운 가족이나 친구에게 일어났음을 알게 되는 것
  (4) 외상 사건의 혐오스러운 세부 내용에 반복적으로 또는 극단적으로 노출되는 것
      (전자매체, TV, 영화, 사진을 통한 것이 아님)

B. 외상 사건과 관련된 침투 증상이 다음 중 한 가지 이상 나타난다.
  (1) 외상 사건에 대한 고통스러운 기억의 반복적이고 침투적인 경험
  (2) 외상 사건과 관련된 고통스러운 꿈의 반복적 경험
  (3) 외상 사건이 실제로 일어난 것처럼 느끼고 행동하는 해리 반응(예: 플래시백)
  (4) 외상 사건과 유사하거나 그러한 사건을 상징하는 내적 또는 외적 단서에 노출될 때마다 강렬한 심리적 고통의 경험
  (5) 외상 사건을 상징하거나 그와 유사한 내적 또는 외적 단서에 대한 심각한 생리적 반응

C. 외상 사건과 관련된 자극 회피가 다음 중 한 가지 이상의 방식으로 지속적으로 나타난다. 이러한 변화는 외상 사건이 일어난 후에 시작된다.

   (1) 외상 사건과 밀접히 관련된 고통스러운 기억, 생각, 감정을 회피하거나 회피하려는 노력

   (2) 외상 사건과 밀접히 관련된 고통스러운 기억, 생각, 감정을 유발하는 외적인 단서들(사람, 대화, 활동, 대상, 상황)을 회피하거나 회피하려는 노력

D. 외상 사건에 대한 인지와 감정의 부정적 변화가 다음 중 두 가지 이상 나타난다. 이러한 변화는 외상 사건이 일어난 후에 시작되거나 악화될 수 있다.

   (1) 외상 사건의 중요한 측면을 기억하지 못한다.

   (2) 자신, 타인, 세상에 대한 과장된 부정적 신념이나 기대를 지속적으로 지닌다.

   (3) 외상 사건의 원인이나 결과에 대한 왜곡된 인지를 지니며, 이러한 인지로 인해 자신이나 타인을 책망한다.

   (4) 부정적인 정서 상태(예: 공포, 분노, 죄책감이나 수치심)를 지속적으로 나타낸다.

   (5) 중요한 활동에 대한 관심이나 참여가 현저하게 감소한다.

   (6) 다른 사람에 대해서 거리감이나 소외감을 느낀다.

   (7) 긍정 정서(예: 행복감, 만족, 사랑의 감정)를 지속적으로 느끼지 못한다.

E. 외상 사건과 관련하여 각성과 반응성의 현저한 변화가 다음 중 두 가지 이상 나타난다. 이러한 변화는 외상 사건이 일어난 후에 시작되거나 악화될 수 있다.

   (1) (자극이 없는 상태이거나 사소한 자극에도) 짜증스러운 행동이나 분노 폭발

   (2) 무모하거나 자기파괴적인 행동

   (3) 과도한 경계

   (4) 과도한 놀람 반응

   (5) 집중의 곤란

   (6) 수면 장해

F. 위에 제시된(B, C, D, E의 기준을 모두 충족시키는) 장해가 1개월 이상 나타난다.

G. 이러한 장해로 인해서 심각한 고통이 유발되거나 사회적, 직업적 또는 중요한 기능에 현저한 손상이 나타난다.

H. 이러한 장해는 약물이나 신체적 질병에 의한 것이 아니어야 한다.

※ 위의 내용은 청소년과 성인에게 적용되는 진단기준이며, 아동의 경우에는 다소 다른 진단기준이 적용된다.

11.3 재난 후 시간 경과에 따른 심리적 반응

재난피해상담을 위해서는 재난 발생 후 시간 경과에 따른 심리적 반응을 이해하는 것이 중요하다. 외상을 입은 직후와 그 이후에 알맞게 심리적 개입을 시도할 수 있기 때문이다. 이 때 재난에 초점을 둔 단계와 외상 해소에 초점을 둔 단계를 구분해서 살펴볼 필요가 있다.

1. 재난에 초점을 맞춘 심리적 반응 단계

미국 국립 PTSD센터에서는 재난 후 개인의 외상적 반응을 3단계로 소개하고 있다.

(1) 충격 단계 : 재난이 당장 발생하고 있는 단계이다. 이 단계에서 개인은 자신과 타인의 생명을 지키기 위해 사투를 벌이기도 하고, 또 어떤 사람들은 공포에 질려 비이성적이고 효과 없는 행동을 하기도 한다.

(2) 재난 직후 단계 : 이 단계는 재난구조작업이 시작되는 단계이며, 개인은 재난의 영향을 받기 시작하는 단계이다. 개인에 따라 다양한 정서반응이 발생할 수 있는데, 쇼크, 멍한 느낌, 악몽, 상실에 대한 슬픔, 분노, 절망, 무망감 등을 느낄 수 있다.

(3) 회복 단계 : 재난을 당한 개인이나 공동체가 적응하고 평형을 회복해 가는 단계이다. 이 단계는 다시 허니문 단계와 탈착각 단계로 구분할 수 있는데, 허니문 단계에서는 사회나 정부, 언론 등 각계각처에서 안전과 회복을 위해 공동 노력하는 단계이고, 탈착각 단계는 허니문 시기가 지나 더 이상 사회나 정부, 언론에서 주목을 받지 못하고 상실과 고통을 더욱 절실하게 깨닫게 되는 단계이다. 회복 단계는 이제 겨우 기본적인 안전 욕구가 해소되고 다양한 정서적 욕구가 깨어나기 시작하는 단계이므로 지속적인 관심과 보살핌이 요구된다(Raphael, 1986).

2. 외상 해소에 초점을 맞춘 심리적 반응 단계

외상의 경과에 대한 일반적인 개요는 호로비츠(Horowitz, 1974)에 의해 제안되었다. 호로비츠가 제안한 경과는 모두 5단계로 이루어지는데 이는 각각 외침 단계, 거부

단계, 왕복 단계, 훈습 단계, 반응의 완결 단계이다.

(1) 외침 단계 : 이 단계는 피해자들이 외상적 사건에 대하여 공황반응, 해리반응, 급성정신병 등 다양한 즉각적인 반응을 보이는 단계이다. 이 단계에서 피해자들의 상태는 자기에게 어떤 사건이 발생했는지를 이해하지 못하는 경우가 많다.

(2) 거부 단계 : 이 단계에서는 피해자들은 외상 경험에 대하여 거부하고 다양한 마비 및 회피 증상을 보이게 된다. 즉 피해자들은 사회 상황에서 철수하려 하며, 약물과 알코올을 남용하고, 공포를 스스로 찾아다니는 역공포 상태를 보이기도 하며, 자신이 누구인지를 기억하지 못하고 거리를 떠돌아다니는 둔주 상태를 보이기도 한다.

(3) 왕복 단계 : 이 단계에서는 침투적 사고 및 이미지들이 계속 떠올라 고통을 당하는 상태와 거부 및 마비의 상태를 왔다 갔다 한다. 이 단계에서 환자들은 대량의 침투적 사고를 경험하며 절망하기도 하고, 이를 부정하기 위해 감정을 마비시키고 대인관계를 회피하기도 한다.

(4) 훈습 단계 : 이 단계에서는 침투들이 덜 강력해지고 환자들은 이런 침투적 인지를 조금씩 더 다룰 수 있게 된다. 회피와 마비는 점점 없어진다.

(5) 반응의 완결 단계 : 이 단계는 외상 경험이 자아에 통합되며, 성격구조에 다양하고 영속적인 변화가 생긴 최종 상태라고 할 수 있다. 그러나 이 단계는 일반적으로는 달성되기 어려운 단계이다. 대개 3단계 직후에 분기점이 존재하는 것으로 보이는데, 적응적 해결양식을 실천에 옮겨 반응의 완결 단계로 진행할 수도 있지만, 반면 적응에 실패하여 외상후 스트레스 장애로 발전할 수도 있다.

11.4 심리적 외상에 대한 개입

재난 피해자에 대한 개입은 크게 물적 개입과 심리적 개입으로 구분할 수 있을 것이다. 이 때 심리적 개입의 경우 재난 후 심리적 반응에 대해 잘 알고 다룰 수 있는 전문가 집단의 개입이 필요하다. 재난 생존자들의 마음을 이해하지 못한 섣부른 위로나 격려가 그들의 마음을 더욱 고통스럽게 할 수 있기 때문이다. 그러나 재난은 개인뿐 아니라 공동체와 사회 전반에 영향을 주는 측면이 있다. 또한 재난을 당한 사람들의 일이 바로 공동체 모두의 일이 될 수도 있으므로 전문가의 심리적 개입 외에 가족, 이웃, 지역사회 주민들의 관심이 함께 필요하다. 아래에 재난 피해자 치료의 일반적 지침을 소개하고, 초기 개입의 초점, 그리고 공동체 구성원을 위한 지침을 소개하겠다.

1. 치료의 일반적 지침

재난 피해자들은 재난이 자신의 세계를 뒤흔들어버리는 것을 경험한다. 그렇기 때문에 재난 이전의 상태로 되돌아가기 어렵다. 그 보다는 스트레스에 더 잘 대처할 수 있게 자아 능력을 키운다든지 유연한 행동방식과 사고방식을 익히는 것이 필요하다. 김순진과 김환(2000)은 외상후 스트레스 장애 치료의 일반적 지침을 다음과 같이 소개하였다.

(1) 치료는 곧바로 시작할수록 좋으나 결코 너무 늦은 때란 없다
(2) 침투 증상이나 공포, 불안 증상들이 정상적인 반응임을 이해한다.
(3) 지지적인 관계를 맺는다.
(4) 회피를 줄여나간다.
(5) 외상사건의 의미를 정립한다.
(6) 의사의 지시에 따라 약물치료를 병행할 수 있다
(7) 끈기를 가지고 꾸준히 치료에 임한다.

여기서 소개한 일반적 지침은 정보처리를 완결해나가는 데 초점을 맞추고 있다. 즉, 재난이라는 예상하지 못했던 경험을 소화하고 자신의 인생 도식에 재통합시키는 것이다. 이를 위해서 무조건 감추거나 덮어두는 것이 아니라 외상 경험을 얘기하면서 정신적 충격을 표현해 내는 과정이 필요하다. 그리고 재난 이전의 상태로 되돌아가는 것이 아니라 역경 후 정신적으로 한층 더 성장하는 것이 필요하다.

이 때 외상 경험과 정신적 충격의 표현은 사려 깊고 안전한 분위기에서 꾸준히 이루어져야 할 것이다. 개인차를 고려하지 않은 기계적인 접근으로 피해자가 미처 준비가 되지 않았음에도 불구하고 표현하게 하거나, 또는 무조건 표현하는 것이 필요하다 해서 강압적으로 표현하도록 하면 피해자가 감당할 수 없고 더 큰 상처가 생길 수 있다. 따라서 개인의 심리적 특성을 파악할 수 있고 공감적이고 안전하게 외상을 표현하도록 유도할 수 있는 전문가 집단이 치료에 개입해야 한다.

2. 외상후 초기 심리적 개입

앞에서 언급한 것은 개인에 대한 치료적 개입의 일반적 지침이다. 그런데 재난 피해자에 대한 개입을 할 때는 재난 발생 직후 초기 개입도 중요한데, 그 이유는 추후 발생할 수 있는 증상들에 대해 미리 교육하는 초기 예방적 개입이 효과를 거둘 수 있기 때문이다. 그리고 재난 발생 직후에는 역경 후 정신적 성장보다는 당장의 정신적 혼란을 안정시켜주는 위기개입이 좀 더 적합하다. 역경을 통한 정신적 성장은 오랜 시간에 걸쳐 이룩할 수 있는 것이다. 한국심리학회 산하 재난위원회에서는 외상후 초기 심리적 개입에서 다음과 같은 부분에 초점을 맞추고 개입할 것을 권고하였다.

(1) 외상 발생 후 6주 이내의 회복과정 안에 제공, 예방적 접근
(2) 위기개입에서는 성격 변화를 시도하는 심리적 개입은 지양
(3) 사건 경험 자체보다는 사건이 현재 미치는 영향에 초점을 맞추고 개입
   • 외상 생존자의 심리적 반응에 대한 이해를 돕는 심리교육을 제공
   • 안전한 대처 전략을 모색
   • 신체각성수준 조절 능력을 키움
   • 필요한 도움을 받을 수 있는 자원을 연계
(4) 고(高)위험군에 대한 지속적 사례관리

3. 공동체의 관심과 지원

재난 피해자들에게는 공동체의 관심과 지원도 중요하다. 재난은 누구에게나 생길 수 있는 일로 남의 일이라고 여기지 않고 내 일처럼 여기고 관심을 갖는 것이 중요하다. 피해자들에 대한 유대감 및 관심은 피해자들을 안정시키는 효과가 있다. 단 너무 과한 관심으로 피해자를 귀찮게 하는 것은 바람직하지 않다. 치료적 개입은 전문가에게 의뢰하는 것이 좋다.

다음은 한국심리학회 산하 재난위원회에서 권고하는 공동체의 대처 요령이다.

가족 및 주변 사람들의 역할
- 이야기에 귀를 기울여주고 함께 있어주기
- 사건과 관련된 기분과 생각을 믿을만한 사람 혹은 전문가와 나눌 수 있도록 도와주기
- 따뜻한 관심 보여주기
- 죄책감을 갖지 않도록 도와주기
- 신체적 건강과 안전을 확인해주기
- 도움이 되는 정보(예: 치료 정보)를 제공해주기

학교 선생님의 역할
- 잘 들어주기
- 보호하기
- 지지그룹 및 전문가와 연결해주기
- 재난을 극복하는 모델이 되어 주기
- 대처 전략을 가르쳐주고 희망을 심어주기

✔ 주요개념

가정적 위기/ '문제식구'(또는 문제가족)/ 가족역학/ 의사소통 체계의 접근/ 성상담 치료/ 감각 초점/ 위기상담/ 대리적 발산/ 선택적 경청/ 자기노출/ 아가페적 사랑/ 실존문제/ 호손 연구/ 산업상담자/ 관리자-상담자/ 여성상담/ '억압받는 집단'으로서의 여성/ 병영 생활 전문상담관/ 단회상담/ 비전캠프/ 그린캠프/ 위기개입/ 위험요인/ 보호요인/ 개념도/ 빈의자기법

✔ 연구문제

1. 가족상담의 필요성 및 접근방법을 설명해 보자.
2. 위기상담과 일반적 상담과의 차이점은 무엇인가?
3. 전화상담에서의 접근방법을 설명해 보자.
4. 1, 2회에 끝내는 '단기상담'의 특성과 상담절차를 알아보자.
5. 목회상담에 있어서 신상문제, 실존적 문제 및 '근원적 문제'는 어떻게 접근되는가?
6. 산업상담자와 산업심리전문가의 기능 및 활동영역은 어떻게 다른가?
7. '여성상담은 일종의 정치적 신념일 뿐 상담체계로 볼 수 없다'라는 비판을 어떻게 생각하는가?
8. 군 상담과 일반상담의 차이점에 대해서 설명해 보자.
9. 자살시도 장병의 위험요인과 보호요인은 무엇인가?
10. '셀프파워 집단상담'의 주요 목표는 무엇인가?
11. 외상후 스트레스 장애(PTSD)의 진단기준은 무엇인가?
12. 호로비츠(Horowitz, 1974)가 제안한 외상의 경과에 관한 5단계는 각각 무엇이고 그 특징은 어떠한가?

발달연령별 상담유형

상 담은 발달연령 단계에 따라 문제유형과 접근방법에 있어서 차이가 있게 마련이다. 가령 아동상담에서는 면접중심의 상담보다는 주로 놀이나 행동표현을 통한 접근이 효과적이고, 중등학생 상담은 대체로 지시적이며 교육적인 절차를 많이 포함하게 된다. 그리고 대학생 및 성인을 대상으로 하는 상담에서는 비지시적이면서도 심리적 변화를 주요 내용으로 하는 경향이다. 이 장에서는 각 발달 단계에서의 이상행동의 원인에 대해서는 언급하지 않았다.

취학 전 아동의 상담

1.1 아동발달의 특성

아동을 상담할 때 먼저 아동이 성인과 어떤 점에서 다른가를 파악하여 아동에 맞는 상담기법을 사용해야 할 것이다. 상담자는 무엇보다 아동의 사고나 추리과정의 한계를 있는 그대로 인정하고 아동의 사고방식을 이해해야 한다. 다음에 아동상담에서 고려해야 할 몇 가지 발달특성을 먼저 살펴보기로 한다.

1. 사고의 발달

피아제(Piaget)는 사고의 발달에 어떤 고정된 순서가 있고, 한 단계의 사고는 다른 단계의 사고와 질적으로 다르다는 것을 강조하였다. 아동들이 각 단계에 도달하는 연령은 사회 · 문화적 배경과 지적 자극에 따라 달라질 수 있으나, 모든 아동은 이 사고의 발달순서에 따라 사고의 한계가 있다는 것이다.

우선 세 살 이전 아동의 사고방식의 주요 특성은 자기중심성이다. 이 단계의 아동들은 다른 사람의 관점 및 역할에서 환경대상을 보지 못한다. 즉, 자기 자신의 관점이 절대적이기 때문에 자신의 추리를 객관화할 필요를 전혀 느끼지 못하는 것이다. 또한 자신의 관점 외에 다른 관점이 있을 수 있다는 것을 깨닫지 못하기 때문에 자기 생각의 모순을 알지 못한다. 뿐만 아니라 이 시기의 아동은 환경대상의 두드러진 측면에만 주목하기 때문에 사물을 왜곡하여 지각한다.

예를 들면 좁고 높은 컵에 담긴 물이 넓고 얕은 컵에 담긴 물보다 양이 많다고 본다. 이 때 아동은 높이와 넓이라는 두 개의 차원을 고려하지 못하고 주목되기 쉬운 높이라는 특징에만 주목하기 때문에 두 개의 컵에 담긴 물의 양이 같다는 것을 깨닫지 못하는 것이다.

아동 사고의 또 하나의 재미있는 특징은 이른바 '물활론적 사고'이다. 아동은 처음에 주위의 모든 대상들이 생명과 의식을 가지고 있는 것으로 믿는다. 6, 7세가 되면서부터 움직이는 대상에만 생명을 부여하고 점차 생명을 가졌다고 보는 대상을 줄여 간다. 그렇지만 11, 12세까지도 종종 이러한 물활론적 사고가 남아 있다. 아동에게서 흔히 볼 수 있는 의인적 표현은 이러한 물활론적 사고에서 비롯된 것이라고 볼 수 있다.

2. 언어의 발달

7세 이전 아동의 자기중심적 사고는 언어에서도 나타난다. 이 때의 언어는 다른 사람에게 전달하기보다는 자기의 생각에 수반되는 독백이라고 볼 수 있다. 즉, 듣는 사람의 요구에 맞추어 말하기보다는 자기 스스로에게 이야기하는 것으로 상대방이 듣고 있는지에 대해서는 관심이 없을 정도이다. 또한 이 때의 언어에는 듣는 사람을 설득하거나 행동하도록 하는 의도가 없다. 다시 말해서 이 시기의 아동은 의사소통능력이 충분히 발달되어 있지 않다고 볼 수 있다.

그러므로 이런 아동과의 적절한 의사소통을 이루기 위해서는 상담자가 말보다는 행동 또는 동작에 의존하는 것이 좋다. 왜냐하면 아동은 언어 이전에 몸짓을 먼저 이해하고 언어를 사용하기 전에 몸짓을 먼저 하기 때문이다. 바꾸어 말하면 아동의 표정이나 몸짓 그 밖의 신체적 움직임이 아동의 감정이나 의사를 더 잘 표현해 준다. 따라서 상담자가 아동의 말뿐만 아니라 몸짓을 읽을 수 있을 때 아동을 정확히 그리고 깊게 이해할 수 있다.

3. 자아의 발달

정신분석에서는 아동의 행동이 즉각적인 욕구만족을 요하는 '충동 에너지'에 의해 1차적으로 지배되며, 이러한 성격구조를 원초아라고 말한다. 유아의 성격에는 이 원초아 이외에 다른 구조가 없다가 점차 자아가 발달한다고 보는 것이다. 자아의 발달은 아동이 심상을 통해 욕구를 만족시킬 수 있을 때부터 시작된다. 바꾸어 말해서 자아가 발달하면 상상을 통해서 충동을 통제할 수 있게 된다. 원초아가 욕구의 즉각적인 만족을 추구하는 반면, 자아는 현실세계에 맞추어서 욕구를 충족시키게 된다. 그러나 아동의 자아는 아직 미성숙 상태이고 충분히 체제화되지 못하여 욕구의 지연이나 좌절 및 갈등 상황에 적절하게 대처하지 못한다.

이와 같은 발달적 특징 외에도 아동은 물론 스스로 상담이 필요하다는 것을 깨닫지 못한다. 즉, 아동은 대개 어른의 의사에 따라 상담을 받으러 오게 되는 것이 보통이다. 따라서 아동상담에서는 성인과 같이 자기이해 및 자기탐색에 대한 강한 동기를 기대할 수 없다. 뿐만 아니라 아동에게 상담자의 역할을 이해시키기가 매우 어렵다. 아동에게는 성인이 상과 벌을 내리는 권위적 존재로 부각되어 있기 쉽기 때문에 상담자 앞에서도 자기 마음 속의 솔직한 감정을 털어놓기보다는 상과 칭찬을 받기 위한 '착한 행동'만 하려고 한다. 이러한 점들을 고려해 볼 때 아동상담에서는 상담자가 매우 능률적인 역할을 해야 하고 책임도 무거워진다고 볼 수 있다.

이 밖에 고려해야 될 것 중의 하나는 아동의 짧은 주의폭이다. 아동들이 한 자극에 주의를 기울이는 시간과 빈도는 나이에 따라 매우 달라진다. 가령 여러 가지 색종이를 같은 색깔의 상자에 나누어 놓는 과제를 아동들에게 주었을 때, 그 과제에 주의를 기울이는 시간이 4세 아동은 약 35분이었던 것이 6세 아동은 약 60분 정도로 보고되고 있다. 또한 여러 가지 장난감에 주의를 기울이는 평균시간도 3세 아동은 8분, 4세 아동은 12분, 5세 아동은 14분 정도로 알려지고 있다. 따라서 상담자는 아동의 연령에 따른 주의폭에 따라 상담시간을 조정해야 한다.

1.2 아동상담의 목표 및 접근방법

1. 아동상담의 목표

아동상담의 주요 목표는 아동이 자기 자신과 주위환경에 보다 성공적으로 대처할 수 있는 능력을 길러 주는 데 있다. 아동이 '좋은 상담관계'를 경험하면, 이러한 목표에 좀 더 쉽게 도달할 수 있을 것이다. 또한 아직 주위환경을 충분히 통제할 수 없는 연령이기 때문에 아동의 행동변화를 촉진시키기 위해 주위환경의 개선이 절실히 요청되는 경우가 많다.

2. 상담관계

아동과의 상담관계에서도 믿음과 수용, 그리고 자기존중의 세 가지 태도가 바탕이 되어야 한다. 믿음의 태도는 눈으로는 볼 수 없으나 자기 자신을 얼마나 중요한 사람으로 여기느냐에 따라 나타나게 마련이다. 부정적이고 비판적인 분위기에서 자란 아동은 자기에 대한 믿음을 갖기 어렵다. 아동의 자기평가는 자기에 대한 부모의 평가에 따라 많은 영향을 받기 쉽다. 따라서 상담자가 부정적인 평가를 극복하고 바람직한 성장을 하도록 아동의 노력을 진지하게 믿어 주는 것이 중요하다.

상담자의 믿음과 격려는 다음과 같은 말을 통해 아동에게 전달될 수 있을 것이다. "네가 어떻게 생각하느냐가 중요하단다", "너의 생각을 듣고 싶어" 등이다.

아동이 자기 자신의 감정이나 흥미에 대해 상담자가 이해하고 있다고 느낄 수 있도록 해야 한다. 또한 상담자는 아동이 죄책감 없이 자기의 부모들이 잘못한 점을 자유롭게 생각하고 말할 수 있도록 해야 한다. 즉, 비록 사회적으로는 건방지다고 여기는 감정이 아동에게 있더라도, 아동 자신은 하나의 가치 있는 인간임을 믿게 해 주어야 한다. 이것은 상담자가 아동의 감정을 있는 그대로 수용해 줄 때 가능한 것이다.

상담자와 아동의 관계가 믿음과 수용을 바탕으로 확립되면 아동의 자기존중 태도는 그리 어렵지 않게 형성될 수 있다. 있는 그대로의 감정을 표현하고 표현된 감정이 수용되고 존중될 때, 아동은 자기와 환경에 대한 부정적인 감정을 자유롭게 표현할 수 있게 된다. 자유롭게 표현된 생각이 수용됨으로써 자기가 가치 있는 존재임을 믿게 되면, 점차 좀 더 건설적이고 긍정적인 감정을 가지게 되고 또 긍정적인 감정을 표현하기도 한다. 즉, 주위에 대하여 막연히 가진 불만을 이와 같이 '상담자라는 다른 인물'에게 표현할 수 있게 됨에 따라 긍정적인 태도가 나타나게 되는 것이다. 이런 과정을 통해서 아동은 주위환경에 대해 막연히 가졌던 부정적인 태도와 긍정적인 태도를 분리할 수 있게 되며, 환경에 대해 좀 더 현실적으로 대처할 수 있게 된다.

이와 같이 아동과의 효과적인 상담관계를 형성하기 위해서는 아동의 생각과 감정부터 수용해 주는 것이 중요하다. 그렇지만 아동과의 의사소통에서는 언어보다 행동에 더 많이 의존해야 된다는 점에 주의해야 한다. 또한 아동이 의사소통의 수단으로 몸짓을 더 많이 사용하기 때문에 상담자 자신의 몸짓이나 표정이 어떻게 받아들여질지에 대해 세심한 신경을 써야 한다. 예컨대 상담자가 어떤 것을 설명하기 위해 손을 갑자기 올리는 것이 아동을 놀라게 할 수 있으며, 긴 침묵은 분노로 느껴질 수도 있다.

1.3 놀이치료

아동상담에서는 아동이 언어로는 자기 자신을 잘 표현할 수 없다는 점을 극복하기 위해 놀이치료(Play therapy)를 많이 사용한다. 놀이를 통해 아동은 주위 사람들에 대한 증오나 두려움 등을 쉽게 발산시킬 수 있다. 또한 놀이 장면은 주로 현실의 모형상황(예컨대 장난감집을 가지고 가족놀이를 한다)이기 때문에 놀이과정에서의 경험을 통해 환경 적응력을 키울 수 있게 된다.

1. 놀이의 역할

아동상담에서의 놀이의 역할은 크게 세 가지로 볼 수 있다.

첫째로 놀이는 감정발산의 수단이 된다. 아동이 주위 사람들에게 마음 속으로 느꼈던 증오와 두려움을 놀이를 통해 발산하는 것은 성인이 이야기를 통해 감정표현을 하는 것과 비슷하다. 아동이 인형을 찢든 물감을 짓이기든 모든 놀이의 동작에는 감정발산의 요소가 들어 있다.

둘째로 놀이를 통해 아동은 자기의 갈등뿐만 아니라 생각과 행동의 다양한 측면을 드러낸다. 놀이 중의 아동을 관찰하면 어떤 방식으로 환경에 대처해 나가는지를 알 수 있다. 아동 자신도 놀이치료가 진행됨에 따라 갈등적 행동이 줄어들고 점차 안정된 행동양식을 갖춘다.

셋째로 놀이는 아동상담에서 중요한 의사소통의 매체가 된다. 아동은 놀이를 통해 자기 자신에 대한 의사표현을 한다. 상담자 앞에서 놀이를 하는 동안 상담자의 존재를 어떻게 받아들이느냐에 따라 놀이를 통한 자기표현이 달라진다. 따라서 놀이의 내용과 방식은 상담자에 대한 의사소통의 기능을 갖고 있다고 볼 수 있다.

2. 놀이치료의 설비 및 방법

놀이치료가 효과적이라면 아동에게 합당한 표현과 의사소통의 수단이 될 설비가 마련되어 있어야 한다. 상담자의 상담실 또는 사무실에 놀이기구를 진열해 놓거나 놀이방을 따로 만들 수도 있다. 놀이기구는 치료의 목표에 따라 다르게 준비되어야 한다. 가령 '퇴행적 놀이'가 요구될 경우에는 진흙·물감 등을 준비하는 것이 좋다. 다시 말해서 놀이방을 꾸밀 때 마치 축소판 장난감 가게처럼 꾸밀 것이 아니라 아동에게 맞는 독특한 놀이기구를 미리 선정해서 갖다 놓아야 된다는 것이다.

아동에게 놀이를 시키는 방법은 크게 두 가지로 요약될 수 있다. 첫 번째는 지시적 접근방법으로서 아동에게 주어진 놀이를 하도록 시키거나 놀이의 장면을 상담자가 결정해 주는 것이다. 이러한 놀이방법은 취학 전 아동을 진단하는 데 좋고 아동의 갈등을 표현시키는 데도 좋다.

두 번째는 비구조적 접근으로서 아동이 놀이하는 방식대로 놓아두는 것이다. 아동이 자기 나름대로 자유롭게 자기의 생각과 감정을 표현하게 하는 것이다. 즉, 이 놀이방법에서는 보다 자발적이고 탐색적인 치료가 된다. 상담자는 '공감적인 관찰자'로 참여하되 놀이 중의 동작이 자기표현적이고 상담자에 대한 의사표현이라는 관점에서 아동을 이해하고 반응해야 한다.

놀이치료에서 상담자가 당면하는 가장 큰 문제는 아동의 놀이를 부당하게 중단시키지 않으면서 놀이의 한계를 정하는 것이다. 감정과 공상을 적절하게 표현시킴으로써 아동의 자각을 높인다는 관점에서는, 퇴행적 놀이에 빠지지 않도록 하는 것이 좋다. 즉, 단지 놀이를 위한 놀이나 퇴행적 발산만을 위한 놀이가 되기 전에 놀이를 적당히 조정해야 할 것이다. 또한 놀이 중에 상담자가 상담자로서의 역할을 잊고 아동의 놀이친구가 되어 버릴 위험이 있다. 이러한 위험은 놀이의 치료적 의미가 없는데도 계속 진행시키거나 상담자가 아동이 요구하는 대로 그저 따라가는 경우에 생긴다. 요컨대 상담자가 놀이의 내용이나 외현적 표현에만 반응하기보다 그 내재적 의미가 무엇인지 알고 반응해야 한다.

3. 가족의 참여

아동은 아직 미성숙하고 주위환경의 영향을 많이 받기 때문에 놀이치료 과정에 부모나 가족을 참여시키기도 한다. 그러나 아동의 문제가 얼마나 가족의 영향에서 온 것이며, 상담과정에서 어느 정도로 가족을 참여시킬지에 대해서는 여러 견해가 있다.

먼저 아동의 문제가 주위환경의 소산이라고 보아 아동상담이나 놀이치료에서 가족을 한 단위로 함께 다루는 입장이 있다. 아동의 문제를 유전적·기질적 요인으로 볼 때에는 아동에만 초점을 맞추어 상담한다. 또한 아동과 가족 간의 상호작용에서의 문제생성과정을 이해하되, 놀이치료 과정에서는 가족을 참여시키지 않는 입장도 있다.

그러나 부모를 아동상담에 참여시켜서 기대되는 성과는 크게 두 가지가 있다. 첫째는 아동이 가족에 대해 무엇을 기대하고, 또 가족이 아동에게 무엇을 기대하는지를 상담자가 분명히 알게 된다. 그리고 부모가 옆에 있으면 아동이 소속감과 안정감을 더 느끼는 경우도 있다. 둘째는 비교적 안정되어 있는 가족의 경우에는 아동이 정서적으로 보다 건강한 발달을 할 수 있는 분위기가 촉진된다는 점이다.

아동상담에서 부모를 참여시키는 데는 많은 어려움이 따른다. 가령 '부모들에게 문제가 있다'고 말하는 경우 잘 전달되기 힘들다. 이런 경우 부모들은 모욕당했다고 느끼거나 비판받는 것으로 생각하기 때문에 변명에 급급하고 문제 자체를 이해하려고 들지 않는다. 그러므로 부모 쪽의 갈등이나 문제로 아동의 문제가 생겼다고 판단되면, 부모 자신이 깨달아서 스스로 도움을 청하게 만드는 것이 바람직하다.

1.4 인지조정요법

놀이치료의 효과가 반드시 지속적이 아니라는 점과 정보처리이론적 연구를 토대로, 아동상담에 인지조정요법이 시도되고 있다. 이 방법은 초점 주목, 장지각 명료화, 자극 대응법 등 대체로 자극정보에 대한 효율적인 인지학습을 기하는 것으로 특히 자폐적 아동, 학습부진아 지도에 유망한 상담방법이라고 하겠다.

1.5 미술치료

1. 미술치료의 개념

놀이치료와 마찬가지로 언어표현에 익숙하지 않은 아동들에 유용하게 사용될 수 있는 방법으로 미술치료가 있다. 미술치료는 시각매체를 이용하여 내담자의 증상을 제거하거나 경감시키도록 유도하여 전인격적인 개인이 될 수 있도록 도와 주는 것이다. 그러므로 미술치료는 미적 요소나 제작기술의 습득보다는 인격적 성장을 목표로 하여 미술활동과정 자체에 좀 더 비중을 두고 이루어진다. 이러한 미술치료는 임상 분야나 아동발달 측면에서 다양하게 활용될 수 있으며, 점차 그 영역이 확대되고 있다.

2. 미술치료의 발전

고대 동굴벽화 속에서 인간의 종교적, 정신적 의식을 찾아낼 수 있지만, 이러한 미술행위를 치료적인 측면으로 이해하기 시작한 것은 19세기 무렵으로 여겨진다. 프로이트에 의하면 사람들은 꿈을 시각적인 이미지로 받아들이기 때문에 그것을 언어로 표현하기보다는 그림으로 표현하기가 더 용이하다고 하였다. 융의 경우, 환자들이 무의식적인 환상이나 느낌을 의식적인 노력을 통해 시각적인 형태로 표현했다고 하였는데, 그가 만든 의식과 무의식 사이에 통용될 수 있는 상징적 언어는 오늘날 미술치료에 많이 사용되고 있다. 그 후 많은 심리학자들이 인간의 발달, 성격, 지각, 인지 등이 미술과 어떻게 관련되어 있는지 연구하여 이론적 바탕을 마련하였다.

이러한 바탕 위에서 1940년 무렵 미술행위가 치료를 위한 전문분야로 자리잡기 시작하였는데, 이 분야의 대표적인 개척자는 나움버그(Naumburg)이다. 그녀는 프로이트의 이론에 바탕을 두고 미술치료에 분석적으로 접근하여 자발적인 미술표현이 심리치료의 기본이라고 결론을 내리고, 그림을 통해 환자와 치료자의 감정전이와 대화를 강조하는 분석적 미술치료를 제시하였다. 또 다른 치료자인 크레머(Kramer)는 정신분석이론에 배경을 두지만, 나움버그와는 입장을 달리한다. 그녀는 환자의 미술작품에 따른 상징적 대화에 큰 비중을 두지 않고, 창조행위 그 자체에 치료의 가치를 둔다. 창조활동을 통해 환자는 내부의 감정이나 욕구를 사실적으로 표현할 수 있고, 이 때의 만족스러운 느낌이 파괴적인 느낌을 대신할 수 있다고 주장하였다. 따라서 미술치료의 역할은 환자의 자아를 통해 일어나는 승화과정을 돕는 것이다.

이러한 분석적 접근방법 이외에도 현재는 미술의 창조적 과정을 통해 자기의식을 높임으로써 사회적응력을 키우고자 하는 인본주의적 미술치료 방법과, 특수교육 분야에서 장애아동의 표현력을 증진시키거나 적응을 돕기 위해 새로운 재료를 많이 활용하고 있는 행동주의적 미술치료도 있다. 또한 발달미술치료는 고립된 아동에게 창조적 경험을 제공하여 견고한 방어벽을 낮추고 자기표현능력을 키워 실제 세계에 잘 적응하도록 도와주는 일반 교육 장면에서도 유용하게 쓰일 수 있는 미술치료이기도 하다.

3. 미술치료의 실제

미술치료는 내담자가 원하는 것을 자유롭게 표현하게 하는 비구조적 방법과 치료자의 중재로 주어진 활동을 하는 구조적 방법으로 구성되는데, 내담자의 연령과 성향에 따라 적합한 것으로 선택한다. 비구조적 방법은 개인적 표현과 성취감을 만족시킬 수 있어 좋지만, 집단치료의 경우에는 집단역동이나 응집력이 약화될 수 있다. 또한 구조적 방법은 내담자에게 효과적인 프로그램을 치료자가 제공할 수 있어 짧은 시간에 치료가 이루어져야 할 경우 매우 유용하다. 그러나 내담자의 수준에 적합하지 않은 프로그램이 적용되면 실패할 수도 있으므로 프로그램 선택에 대한 치료자의 책임이 무겁다.

치료자의 역할은 지도자, 보조자, 집단원 등으로서 다양하고, 그 성격은 내담자의 성향, 치료목표, 치료기간 등에 의하여 결정된다. 그러나 어떤 치료의 형태에서도 치료자는 기술적 보조자이며 정서적 지지자의 역할을 한다.

미술치료의 진행과정은 상황에 따라 달라질 수도 있지만, 대략 도입, 활동, 토론의 순서로 진행된다. 첫 번째 도입 부분은 서로 친밀해지면서 편안한 분위기를 조성하는 것이 중요하다. 치료초기에는 미술치료에 대한 전반적 설명과 규칙 등을 정할 수 있으며, 이미 진행 중인 경우에는 그 시간의 활동에 대해 간단히 설명하는 정도가 좋다.

두 번째 활동 부분에 들어가서는 내담자가 미술작업에 몰입하여 깊은 경험을 할 수 있도록 대화를 하지 않는 경우가 많다. 그러나 아동과 개별치료를 할 때에는 아동의 그림을 치료자가 언어로 표현해 주는 과정이 필요하다. 예를 들어, "영민이의 나무는 참 크구나!", "그 나무는 잎이 아주 많구나"하는 말은 치료자가 아동을 이해하고 인정해 주고 있음을 확인시켜 준다. 이 때 치료자가 유의해야 할 것은 그림결과에 주의를 집중시키지 않는 것이다. "참 잘 그렸구나"하는 말은 아동이 결과에 집착하도록 하는 대표적인 말이므로 지양하는 것이 바람직하다.

세 번째 토론 부분에서는 먼저 자신의 작품을 다시 살펴보는 과정이 필요하다. 이 과정은 치료 분위기가 신뢰롭고 안정되어 있을수록 작품 안에서 더 많은 정보와 느낌을 가질 수 있다. 내담자가 아동일 경우에도 그 시간의 기분, 작품에 대한 느낌, 자기 행동에 대한 평가 등 다양한 토론이 가능하다. 특히 아동집단치료의 경우 다른 사람의 설명을 듣고 질문하는 과정과 그 시간에 불쾌했던 행동 등을 이야기하면서 집단참여의 기술을 익힌다.

(1) 치료실의 물리적 환경

미술치료에 있어서 중요한 두 가지 요소는 물리적 환경과 기본적인 재료이다. 미술작업을 위한 치료실은 그 크기를 규정하는 데 어려움이 있으며, 적당히 넓은 공간, 충분한 채광, 미술도구 등을 갖추면 된다. 물론 조용하고 비밀을 유지할 수 있으면 더욱 바람직하나 많은 미술치료자들은 어떠한 환경도 환자에 따라서 유용하게 사용할 수 있다고 주장한다. 예를 들어, 움직임이 어려운 신체장애인의 경우는 환자의 방을 방문해서 치료를 실시할 수 있고, 환자가 평안하다고 느끼는 골방에서도 가능하다.

물리적 환경에 있어서 어떤 요소들은 미술치료에 중요한 의미를 가진다. 집단미술치료에서는 구성원들 간의 물리적 거리는 미술작업시간이나 토론에 영향을 미칠 수 있다. 미술도구 또한 영향을 미칠 수 있는데 마루에 앉아 그리는 것과 이젤과 의자를 사용하는 것은 서로 다를 것이다.

미술치료에서 고려할 점은 미술작품의 제작자와 작품 사이의 물리적 연관성이다. 미술작품을 벽에 걸거나 이젤에 놓거나 땅바닥에 놓고 작품을 설명할 수 있다. 이 때 가능하면 환자가 자기 작품에 가까이 접근하게 하여 그림과 환자 사이의 연결을 강조하고 미술작품이 자아의 확장임을 보다 생생하게 경험하게 한다.

(2) 미술매체

미술치료자들은 다양한 매체들을 사용할 수 있다. 치료시간의 구성 및 다른 요소들에 따라서 그 매체는 치료목적에 부합되도록 선택한다. 미술과제는 자유연상이나 가족 혹은 집단 간의 의사소통의 매개체이며, 파스텔이나 크레용, 붓 등의 비교적 간편한 매체가 적절할 것이다. 장애인이나 어린아이, 노인 등에게는 쉽게 제작할 수 있는 도구들을 사용하면 좋을 것이다.

매체의 선택에서 두 가지 중요한 고려사항은 촉진과 통제이다. 내담자의 자발성을 촉진하기 위해서는 충분한 작업공간과 아울러 다양한 색상과 충분한 크기의 종이와 점토 등이 제공되어야 한다. 너무 많은 양의 도구는 사람을 질리게 할 수 있다. 특히 쉽게 찢어지는 신문지나 잘 부러지는 분필처럼 좌절을 유발할 수 있는 재료들은 피해야 할 것이다.

낱개로 된 매체가 그렇지 않은 매체보다 다루기가 용이하다. 연필은 다루기가 비교적 쉽지만, 물감이나 점토를 다루는 데에는 기술적인 문제가 있다. 물감을 마구 칠

하는 것과 같은 행동이 심하게 억압되어 있는 환자에게 활기를 불어넣어 줄 수도 있지만, 오히려 아주 겁에 질리게 할 수도 있다. 때때로 미술매체를 바꿔 주는 것이 타성에 빠져 있는 환자를 촉진시켜 줄 수 있다. 미술매체들의 특성에 따라 어떤 효과를 낼 수 있느냐를 고려하여 선택하여야 할 것이다.

 초등학생 상담

2.1 발달특성에 따른 접근

1. 6~9세 아동의 상담

이 시기의 아동은 청소년이나 성인에 비해 주의력의 지속시간이 짧고 욕구불만의 인내력이 약하다. 따라서 취학 전 아동의 경우와 같이 대화식 상담은 힘들거나 불가능하고, 아동으로 하여금 '움직이게 하는 상담 장면'이 필요하다. 즉, 신체적인 운동인 게임·토막 맞추기·인형놀이·표적 맞히기 등의 활동 및 놀이를 병행하는 것이 의사소통에 훨씬 도움을 주기도 한다.

초등학교 저학년 아동들은 때때로 자신의 욕구를 환상이나 상징적으로 나타내기 때문에 상담을 하는 동안 손가락으로 물감을 칠하거나 그림을 그리게 하는 것이 좋다. 상담자는 이러한 행동과정을 관찰함으로써 아동의 심리상태와 행동경향, 특징적인 걱정, 공포, 원하기는 하지만 억제된 충동 등을 이해할 수 있다.

놀이행동은 아동들이 자아를 표현하는 자연스러운 매개물이라 할 수 있다. 행동을 관찰할 때 아동을 감시하듯 하는 것은 아동으로 하여금 직접적으로 자신을 드러내기 어렵게 한다. 다시 말해서 어떤 주제(또는 문제)를 중심으로 이야기하기보다는 자기가 하고 싶은 말은 아무것이나 하게 함으로써 자연스러운 감정이나 추상적인 생각을 표현하도록 하는 것이 바람직하다. 상담자는 장난감이나 놀이도구를 가지고 노는 행동을 봄으로써 아동의 욕구체계를 잘 이해할 수 있다. 예를 들면 엄마가 더 좋아하는 오빠에 대해 열등감을 느끼는 동생은 표적 맞히기나 화살을 던지는 놀이 등에서 심리적으로 오빠와 동등한 위치에 있다는 것을 표현하려고 한다. 또한 인형놀이에서는 남자인형이 긴 의자 뒤에 감춰졌다고 하고는 엄마인형이 아들인형을 야단치는 놀이를 하기도 한다. 첫 번째 예는 내담자가 오빠와 비슷한 소년이 되기를 얼마나 원하고 있는가를 보여 준다. 두 번째 예는 오빠보다 우월한 위치에 서고 싶고, 오빠에 대한 저항감(또는 원망)을 엄마가 대신 풀어 주는 환상을 나타낸다. 실제 생활과정에서는 오빠를 싫어하고 경쟁적인 감정을 표현할 수가 없음을 나타낸 것이다. 이런 경우 오빠를 매우 좋아하고 있다고 계속 이야기하면서도 속으로는 매우 심한 불안을 느끼게 될 것이다.

아동을 상대로 말만 주고 받으면 이런 중요한 정보를 알아내기가 매우 힘들다. 놀이를 할 경우에는 승부에 관계없이 결과에 관해 아동이 얼마나 걱정을 하고 관심을 보이며 어떤 반응을 보이는지를 주목하는 것이 중요하다. 즉, 이러한 반응들은 상담자가 참고할 가치가 있는 자료들이다.

2. 10~13세 아동의 상담

상담자의 능력이 같다고 할 경우 초등학교 고학년 학생에게는 동성의 상담자가 더 효과적이다. 그러므로 이상적으로는 남녀 각 1명씩의 상담자가 필요하다고 볼 수 있으나, 실제로는 한 학교에 한 분의 교사 상담자도 없는 경우가 대부분이다.

이 시기의 아동들에게는 독립심이 현저하게 나타나기 때문에 조금은 의도적으로 아동 스스로 약속을 하게하고, 약속시간을 환기시켜 주기 전에 학생 스스로 약속을 지키는 책임감을 갖게 한다. 또한 교사에 대한 공경심과 부모에 대한 효도심 등이 저학년 때보다 흔들리기 쉽고 이러한 아동의 마음가짐은 동료 학급아동들에 대한 충성심과 갈등을 겪게 된다. 그래서 교사나 상담자가 친절하기만 한 인상을 부각시키거나, 엄격하고 권위적인 인상을 주는 것은 바람직하지 않다. 예컨대 건전한 고학년 아동이라도 스스로 자기 문제를 해결할 수 있다는 것을 과시하기 위해 상담자에게 거짓말을 할 수 있고, 부모나 교사에 대한 불만을 좀처럼 털어놓지 않으려 하는 수가 많다. 즉, 성인 기준의 규범에 저항하면서도 독립적이기를 원한다.

이 나이의 아동들에게는 집단상담이 가장 적절하다. 즉, 동성에 대한 동일시 욕구 때문에 모두 소년이거나 모두 소녀로 구성되는 동성 집단상담이 바람직하다. 집단상담은 동등한 관계이어야 하고 서로 상충되는 생각을 이야기할 수 있어야 한다. 개인이 자기의 결점을 발견하고 교정하는 과정은 다른 구성원의 행동에서 무엇인가를 느끼고 또한 영향을 줄 수 있는 집단상담에서 쉽게 성취될 수 있는 것이다.

집단상담은 성인의 권위에 대한 갈등도 쉽게 발견하여 해결될 수 있는 기회를 제공한다. 또한 동료로부터 지지를 얻을 수 있고, 자기 행동에 자신을 갖게 되고, 협동적 문제해결의 태도를 배울 수 있는 것이 집단상담 장면이라고 볼 수 있다. 그리고 선생님이나 동년배들로부터 우수하다고 인정받고 싶은 욕구 때문에 다른 아동들의 동기에 대해 무관심할 때에는 다른 아동들의 동기에 주의를 기울이도록 깨우쳐 주어야 한다.

2.2 초등학생 상담의 목표

초등학교 학생을 위한 상담의 목표는 다음과 같은 차원에서 도와주는 것이라고 볼 수 있다.

1. 자기이해

아동기와 청소년기에 있어서의 자기이해의 발달은 우연에 맡겨져서는 안 된다. 사회에서 바라는 일꾼으로 성장하려면 어릴 때부터 자기가 누구이고 자기가 무엇이 될 수 있을 것인가를 생각해 두어야 할 것이다. 자기이해와 자기수용을 할 수 있도록 도와주기 위해서는 그 방면에 훈련을 받거나 흥미를 느끼는 교사와 조직화된 지도계획(방법)이 필요하게 된다. 상담자는 아동들을 직접 도와 줄 뿐만 아니라 간접적으로는 다른 교사 및 부모들과 의논하여 지도할 수 있다.

2. 건전한 자아개념의 발달

자아개념은 인간이 세상을 어떻게 느끼고, 생활경험을 어떻게 받아들이고, 주위의 중요 인물(교사, 부모 등)들이 자기를 어떻게 본다고 느끼느냐에 따라 다르게 형성된다. 특히 아동들은 다른 사람이 대하는 태도 및 반응을 느끼고 생각하는 과정에서 자아개념이 형성된다.

아동들이 건전한 인격을 형성하기 위해서는 자기에 대한 다른 사람의 태도와 생활의 주요 경험을 현실적이고 편견 없이 받아들이는 습관을 가져야 할 것이다. 따라서 상담자의 역할은 아동들의 자아개념의 발달유형을 이해하고 그 자아개념이 아동들이 받아들일 수 있을 만큼 현실적이고 긍정적이 되도록 도와주는 것이다.

3. 학습과정의 촉진

상담은 아동들로 하여금 자기의 능력과 취미를 발전시키며 잠재력을 최대한 활용할 수 있게 하여야 한다. 또한 학습방법의 결함을 보완해 주고 장점은 더욱 발전시켜 주어야 한다.

4. 대인관계의 발달

초등학교 학생들은 상담을 통해 주위의 성인 및 동료들과의 인간관계를 이해하게 되고 보다 바람직한 태도를 배우게 된다. 다시 말해서 지금까지 주위 사람들에 대한 태도가 어떻게 바람직하지 못했고, 앞으로 어떻게 하는 것이 바람직한지를 상담자로부터 배울 수 있다.

5. 정서적 문제의 해소

초등학교 학생들은 흔히 교사 및 상담자의 지도를 요하는 개인적·정서적 문제를 갖고 있다. 예컨대 수줍음, 자신감의 결여, 습관적인 걱정, 동료와의 갈등 등은 상담을 통하여 많이 수정될 수 있다. 상담을 통해 한 문제를 해결하는 방식을 배움으로써 다른 문제들을 해결할 수 있는 요령을 터득하게 된다.

상담의 발달적 접근은 각 개인이 자기이해, 자기평가, 자기통제 등을 점차적으로 향상시킬 능력이 있다는 전제에서 출발한다. 그리고 발달목표를 달성하기 위해서는 가능한 한 일찍부터 최대한의 기회와 도움을 주는 것이 중요하다.

2.3 초등학생 상담에서 고려할 점

상담이 학생지도에 있어서 중요한 활동으로 인식되고 있으나, 초등학교 학생들을 대상으로 하는 상담의 세부적인 과정에 관해서는 별로 연구가 되지 않았다. 따라서 대부분이 다른 연령계층이나 다른 상황에 맞는 원리들을 그대로 이용하고 있다.

초등학생들이 상담자와 가장 많이 이야기하는 화제는 집·학교·자기에 관계된 것, 이상 세 가지로 요약된다. 특히 초등학교 고학년의 아동들은 문제해결을 위한 도움이 필요하다는 것을 충분히 말할 수 있다. 사실 초등학교 학생들이 입시 준비에 매달려 있는 고등학교 학생들에 비해서 광범위한 내용으로 이야기를 더 많이 할 수 있을지 모른다. 따라서 대화의 내용을 이해하고 바람직하게 정리해 나가도록 하는 상담자의 역할은 중·고등학교 학생들을 대상으로 할 때보다 더 힘들다. 아직 공개적인 의논 및 상담이 보편화되지 않은 우리나라 초등학교 상황에서는 '교사−상담자'들이 보다 지시적이고 적극적인 역할을 하는 것이 효과적이라고 생각된다.

1. 성숙수준에 대해 고려할 점

초등학교 학생들은 성숙도 면에 격차가 크다는 점에서 상담할 때 다음의 요인들을 고려해야 할 것으로 보인다.

(1) 아동들과 상담을 할 때에는 종종 환경을 변화·조정하는 접근방법을 병행할 필요가 있다. 담임교사 및 부모들과 아동문제 및 지도방법을 의논하여 실천해야 할 것이다.

(2) 가능하면 상담자·교사·교장·아동심리학자 등으로 구성되는 입체적 접근방식을 취하는 것이 바람직하다.

(3) 자기평가·학습계획·의사결정을 내리는 데 있어서 중등학교 학생보다는 독립적 수행능력이 부족하기 때문에 상담자 쪽에서 직접적으로 도와 줄 필요가 있다.

(4) 상담자는 수업내용과 교실 장면에서의 행동특성 등에 관해서 잘 이해하여야 한다. 다시 말해서 담임교사와 긴밀한 접촉을 가져야 한다.

이상의 요인들은 결국 신체적으로나 정신적으로 발달과정에 있는 어린 학생들의 특징을 반영하는 것이라고 보겠다. 그러므로 초등학교에서의 상담은 학생들의 발달문 제를 주로 다루어야 할 것이며, 학교장이나 동료 교사들과 긴밀한 유대를 가져야 한다. 또한 아동들의 교육목표 및 학교의 교육방침을 잘 이해하고 있어야 한다.

2. 상담과정에서의 고려점

전술한 것을 바탕으로 초등학교 학생들을 상담하는 데 고려되어야 할 몇 가지 요 인들을 다음과 같이 다시 요약할 수 있다.

⑴ 초등학교 아동들은 청소년이나 성인에 비해서 환경적 요소를 극복할 능력과 기 회가 훨씬 제한되어 있다. 다시 말해서 행동선택에 있어서 많은 제약이 있으 며, 따라서 상담자와 교사에게 의존적일 수밖에 없다.

⑵ 상담자는 아동들이 말로 표현하지 않은 심리적 단서를 민감하게 이해할 줄 알 아야 한다. 즉 이 시기의 아동들은 표현력이 부족하다는 것을 알고 언어 이외 의 행동이 의미하는 바를 파악해야 한다.

⑶ 초등학교 아동들은 주요 생활문제를 해결할 정도로 성숙되어 있지 않다. 특히 성인상담에서 작용하는 인지적 요소가 아동들에게는 미숙하다. 따라서 아동의 추리력·기억력 등의 수준을 감안해서 상담해야 할 것이다.

⑷ 계획을 세우고 결론에 도달하는 사고능력의 개발이 장려되어야 한다. 이러한 사고과정의 발달을 통해 인격적으로 더욱 성숙해질 것이다.

⑸ 특히 초등학교에서의 상담은 하나의 재교육 과정이다. 따라서 이 과정의 방향 은 자기이해의 발달, 행동의 수정, 사회관계에 대한 관심의 증대 등이다.

2.4　초등학생 상담의 기법

초등학생을 위한 개인상담은 상담자(카운슬러)와 초등학생, 교사와 초등학생, 상담 자와 교사, 상담자와 부모 사이에서 이루어질 수 있다.

기본원리상으로는 성인상담과 비슷하지만, 초등학생을 상대로 하는 상담은 상담자 가 사용하는 기법 및 과정상의 강조점 등이 크게 다르다. 이것은 욕구좌절 및 불안의 정도가 비교적 낮고 의존성이 강한 아동적 특성과 교육적·사회적 환경의 특성 때문이다.

초등학교 아동을 대상으로 면접중심의 상담이 효과적으로 활용될 수 있는 면이 있다. 주로, ① 어떤 사건의 원인과 결과의 관계를 이해시키거나, ② 여러 행동방향 중에서 가장 바람직한 것을 선택하도록 하거나, ③ 생활환경에서 주요한 타인(교사·부모·형제·친구 등)에 대한 바람직한 태도를 깨닫게 하고, ④ 학습방법을 개선하는 것 등의 목적을 위해 면접을 효과적으로 활용할 수 있다. 초등학교 학생을 면접할 때에 사용되는 기법의 유형들을 요약해 보면 다음과 같다.

① 평   가

성숙수준과 이해능력에 합당한 자기이해를 하고 있는가를 알아본다.

② 정보제공

아동이 궁금해 하는 질문에 대해 응답해 주고, 학교공부와 가정생활에 긍정적인 태도를 갖도록 하는 데에 필요한 자료 및 정보를 제공한다.

③ 격   려

자신감 및 적극적인 생활태도를 갖도록 하고, 바람직하다고 생각되는 주요 행동과 노력을 격려한다. 격려의 본질은 아동의 장점·자질 및 관심을 부각시키고 인정해 주는 것이다.

④ 생활환경 및 자아개념의 분석

자신을 보는 관점 및 생활환경에 대한 태도를 탐색해 준다.

⑤ 명 료 화

아동이 관심을 두고 있는 생각이나 욕구를 분명하게 이해하도록 돕는다. 또는 취해야 할 바람직한 행동과 태도가 무엇인지를 사례를 통해 이해시킨다.

⑥ 강   화

아동의 좋은 습관과 바람직한 생각을 강화해 주는 것은 성인상담의 원리와 같다고 볼 수 있다. 특히 아동상담에서는 착실한 노력의 결과를 인정해 주고 칭찬해 주는 것이 효과적인 강화가 될 것이다.

2.5 초등학교에서의 집단상담

어떤 점에서는 초등학교 아동에게는 개인상담보다 집단상담이 더 적합하다. 전술한 바와 같이 이 시기의 아동들은 점차 부모에 대한 의존성에서 탈피하기 시작하고 특히 동성의 동료들을 더 동일시한다. 즉, 부모로부터 정서적으로 독립하려는 당연한 욕구를 감안한다면 집단상담이 더 요구된다는 말이다. 또 하나의 이유는 성인이나 부모들보다는 같은 나이 또래의 동료들과 더 자유롭게 이야기를 한다는 점이다.

초등학생의 집단상담을 구성하는 데 유의할 사항을 요약하면 다음과 같다.

첫째로 구성 인원은 6~7명 정도가 가장 좋다. 또한 이 연령층은 '남자답게' 혹은 '여자답게'라는 의식이 강하기 때문에 동성의 학생들로 집단을 구성해야 한다. 즉 같은 성(性)의 집단이어야 '남자다운 행동' 혹은 '여자다운 태도' 등에 관해서 보다 자연스러운 대화가 나누어진다.

두 번째로 초등학생 집단은 유사한 문제를 갖고 있는 학생들로 구성되어야 한다. 예를 들면 숙제를 기한 내에 제대로 해 내지 못한 학생들로 하나의 상담집단을 구성하는 것이다. 또는 다른 학생과 자주 마찰을 가져오거나 주의집중이 약한 학생들로 구성할 수도 있다. 그러나 표면상으로는 비슷한 '문제아'들만으로 모였다는 인상을 주지 않는 것이 바람직할 것이다.

세 번째로 나이가 너무 차이나지 않고 사회적 성숙도에 있어서 격차가 심하지 않게 상담집단을 구성하는 것이 바람직하다. 가령 초등학교 1, 2학년생들에게는 처음부터 집단상담을 하는 것이 부적절하다고 볼 수 있다. 그리고 고학년 학생들과 섞어서 집단을 구성하지 않는 것이 좋을 것이다. 또한 가능하면 한 학급 학생들로 구성할 것이 아니라 여러 학급 학생들로 구성하는 것이 바람직하다. 왜냐하면 같은 학급 아동들이 많으면 대화가 장난식으로 될 수 있고 또한 '작당'의 심리가 작용할 수도 있기 때문이다.

네 번째로 상담시간은 1회에 30분 정도가 대체로 적당하다고 볼 수 있다. 그리고 5~6학년 아동들에게는 45분 정도로 늘려서 하는 것도 무방하다고 볼 수 있다. 왜냐하면 이 연령의 아동들은 1시간 가까이 주의력 있게 이야기할 수 있기 때문이다. 그러므로 아동들의 능력과 요청에 따라 다소 시간상의 신축성을 두어야 한다.

3   중등학생 상담

3.1   교사와 상담

중등학교 교사는 학생들의 인간교육에 있어서 핵심적인 존재이다. 교육이란 학생들을 보다 나은 인간으로 키우기 위한 활동인 만큼 교사는 자신이 가르치고 있는 교과목 외에도 생활지도와 상담자로서의 역할을 수행하게 된다. 따라서 '모든 교사는 상담자이어야 한다'는 주장도 나옴직하다. 교사는 특정한 과목만을 가르치고 있는 것이 아니라 사람을 가르치고 있는 것이다. 특정한 교과목을 가르치고 있는 것은 전인적 교육을 하기 위한 방법일 뿐이지 목적일 수는 없을 것이다.

그러나 대부분의 교사들이 전문적인 상담훈련을 받지 못한 만큼 상담자로서의 역할을 효율적으로 수행하는 데는 무리가 있다. 수업과 상담은 인간교육이라는 관점에서 볼 때 상통하는 점도 많지만, 모든 교사들이 상담자로서의 자질을 갖추고 있는 것은 아니다. 교과내용을 지도하는 데는 뛰어나면서도 학생들을 다루는 데 미숙한 교사들이 있고, 심지어 상담이나 생활지도 문제를 귀찮은 것으로 도외시해 버리는 경향도 있다.

교사가 상담자의 역할을 수행하는 데는 현실적인 제한도 따른다. 담당한 교과목의 지도에 전념해야 하는 것 외에도 여러 가지 잡무에 시달려야 한다. 따라서 교사에 의해 진행되는 상담은 대부분의 경우 주어진 상황에서 즉흥적으로 실시되는 일시적 상담이 되기 쉽다. 그러나 이러한 어려움이 있음에도 불구하고 모든 교사가 상담자의 역할을 수행하려는 노력은 계속되어야 할 것이다. 왜냐하면 중·고등학교에서의 상담은 전문적인 교육을 받은 상담자에게만 의존할 수 없는 광범위하고 일상적인 활동이기 때문이다.

학교생활의 전 과정을 통하여 학생 개개인의 일상생활에 관심을 갖고 살펴보면서 문제점을 발견하여 적절한 지도를 베푸는 일에서부터 상담은 시작된다. 본격적인 상담은 훈련이 부족한 교사에게는 어려운 일이지만 기초적인 수준에서나마 상담훈련을 받을 수도 있으며 전문적인 상담자에게 자문을 받아 수행할 수도 있을 것이다. 모든 교사가 전문적인 상담자일 수는 없으며 심리치료의 전문가일 수는 더욱 없다. 그러나 자신이 받은 교육이나 지식의 한도 내에서 성의 있게 상담에 임하는 자세가 무엇보다도 중요할 것이다.

3.2 중·고교생의 문제

　청소년기에 해당하는 중·고생들은 발달 단계에 있어서 어느 시기보다도 많은 문제와 과제에 직면하게 된다. 청소년기는 신체적 발달, 동료 및 이성관계, 학업, 진학, 부모로부터의 독립 등 여러 가지 문제들이 한꺼번에 밀어닥치는 격동기이다. 또한 정신적·신체적으로 불안정과 불균형이 심하여 불안과 갈등이 고조되는 시기이기도 하다.

　2021년도 「전국 청소년 상담내용 현황」에 의하면(여성가족부, 2022), 총 5,098,132건의 상담이 이뤄졌으며, 주 호소문제는 대인관계(21.5%), 정신건강(19.9%), 학업 및 진로(12.9%), 가정(10.5%), 일탈 및 비행(10.2%), 컴퓨터 및 인터넷 사용(8.2%) 순으로 나타났다. 특히 정신건강 문제는 매년 증가하는 추세인데 2021년에는 전년 대비 43.3% 증가하여 1,130,526건을 차지했다. 또한 2021년 전국 청소년 상담 내용 및 대상현황에 의하면 중학생(24.5%) 상담이 가장 많이 이루어졌으며, 이어서 초등학생(22%), 고등학생(21%), 대학생(4.1%) 순으로 나타났다.

　2015년부터 대인관계 문제로 인한 상담이 지속적으로 증가하고 있는데 이는 청소년이 주로 생활하는 학교에서 발생하는 고민거리다. 학교에서 행복하지 않은 청소년이 학업중단으로 이어지고 있으며 이는 학업중단 청소년의 수가 매년 크게 늘어나고 있는 것과 무관하지 않다. 뿐만 아니라 부모-자녀 간의 갈등은 청소년에게 중요한 고민거리로, 특히 부모와의 다양한 갈등을 경험하게 된다.

　상담경향 분석과 관련하여 청소년 문제가 해가 거듭될수록 심각해지고 있으며, 청소년의 우울한 감정이 자살시도에 이르게 될 수 있으므로 청소년의 정신건강에 좀 더 관심을 기울여야 할 것이다. 청소년 문제를 조기에 치유하고 개선하고 좀 더 효과적으로 학생들에게 도움을 주기 위해서 사회적으로 상담에 대한 긍정적 인식을 개선할 필요가 있다. 또한 무엇보다 청소년을 둘러싼 가정, 학교 및 사회에서 항상 관심을 가지고 대화하는 것이 중요하다.

3.3 중·고교생 상담의 기본원리

　　책임 있는 성인으로서 학생들의 문제에 진심으로 관심을 갖는다면 먼저 학생들의 말을 경청할 줄 알아야 할 것이다. 참된 경청은 학생과의 관계를 확립하는 기초이다. 사람에 따라 현실을 여러 가지로 볼 수 있으므로 학생 자신이 현실을 어떻게 보고 있는지 그의 입장에서 들어 주고 스스로 문제점을 발견할 수 있도록 도와주는 것이 중요하다. 단순히 말이 오고 간다고 해서 의사소통이 된 것은 아니다. 의미와 느낌이 제대로 전달되어야 할 것이다. '선생님은 나를 이해하지 못한다'라든가 '선생님은 나를 좋아하지 않는다'는 생각을 학생들이 갖게 된다면 상담은 성공하기 어렵다. 이해를 받았다는 느낌을 학생들에게 주려면, 교사는 상담 장면에서 발견되는 학생들의 감정을 수용할 수 있는 마음의 여유가 있어야 한다. 상담을 받으러 온 학생이 "나는 정말 형을 미워해요"라고 말할 때 교사는 "아냐, 그래선 안 되지"라고 말하기에 앞서, 그렇게 말하는 학생의 감정을 받아들일 줄 알아야 한다. 자신의 감정이 받아들여졌다고 느낄 때, 학생들은 자신이 이해받았다고 느끼며 기꺼이 도움을 받으려 할 것이다.

　　아울러 교사는 상담 장면에서 유발되는 자신의 감정도 수용할 수 있어야 한다. 학업부진에 대해 상담하는 경우에 학생의 성적이 나쁜 것을 마치 교사로서 자신의 무능을 드러내는 것으로 해석하여 화를 내어서는 곤란하다. 상담 장면에서 요구되는 것은 분노가 아니라 학생에 대한 진정한 흥미와 관심이다. 물론 학생들의 이야기를 경청한다거나 불쾌한 감정을 받아들인다고 해서, 바람직하지 못하고 무책임한 생각과 행동을 내버려 두라는 뜻은 아니다. 교사는 학생들의 말을 경청하는 한편 미래에 대한 건설적인 계획을 세울 수 있도록 도와줘야 할 것이다.

　　교사가 학생의 감정을 이해하는 과정에서 자칫하면 동정으로 흐를 위험이 있다. 사실 극히 어려운 상황에 처해 있는 제자를 동정하게 되는 것은 인지상정이라고 볼 수도 있다. 그러나 동정이 언제나 동정을 받는 쪽에서 도움이 되는 것은 아니다. 또한 학생으로 하여금 자기가 처한 상황을 스스로 헤쳐 나갈 수 있는 능력이 있다는 것을 인식시키기까지에는 상담자의 많은 경험과 노력이 요구된다.

1. 중·고교생 상담의 특징

중·고등학교 상담의 특징 중의 하나는 학생보다 교사가 먼저 상담의 필요성을 인식하는 경우가 많다는 점이다. 그리고 학교 장면에서는 학생들의 문제가 교사에 의해 정의되는 것이 보통이다. 물론 학생이 먼저 찾아와서 상담을 원하는 경우에는 상담이 쉽게 진전될 수도 있지만 그러한 경우는 실제로 드물다.

따라서 상담의 진행을 전적으로 학생 쪽에 일임하는 비지시적인 상담은 교사와 학생 서로에게 시간적·정신적 부담을 가중시킬 우려가 있다. 그러므로 교사는 학생으로 하여금 적극적으로 상담에 임하도록 동기를 유발시킴과 동시에 다소 지시적인 입장에서 상담 장면을 이끌어 가는 것이 효율적이라고 생각된다. 그렇다고 해서 심문하듯이 학생을 다루는 것은 바람직하지 못하다. 교사 자신의 호기심을 만족시키기 위해 정보를 캐내듯이 질문하면 학생은 자신의 문제에 대해 방어적인 자세로 나올 우려가 있다. 학생 스스로 자신의 문제를 거리낌 없이 털어놓도록 하는 것은 학생들의 이야기를 경청하고 이해와 관심을 전달하는 교사의 능력에 달려 있다.

2. 가치관과 사회규범의 문제

간혹 상담교사와 학생 간에 종교나 가치관의 문제가 개입될 수도 있다. 학생들의 실존적인 물음에 대해 상담자의 마음은 항상 열려 있어야 한다. 학생들의 말을 경청하기보다는 해답을 제시하며 성인들의 가치관이 의문의 여지없이 옳다는 식으로 납득시키는 것은 바람직하지 못하다. 학생들에게 심각한 문제를 교사 자신에게도 심각한 것으로 받아들일 줄 아는 마음의 여유가 필요하다.

물론 학생의 행동이나 가치관이 사회적 규범과 갈등을 일으킬 소지가 있거나 학생 자신의 복지에 해롭다고 판단되는 경우, '과연 어느 한도까지 학생의 가치관이나 행동을 수용할 것인가'는 결정하기 어려운 문제이다. 이런 경우에 교사는 학생을 하나의 인간으로 받아들이면서도 학생의 행동이나 가치관을 받아들이지 않을 수도 있다. 또는 이 양자를 따로 떼어서 생각할 수 없는 성질의 것이므로 학생의 행동이나 가치관에 대해 개방적인 태도를 취할 수도 있다. 어떠한 태도를 취할 것인가는 사회적인 맥락에서 고려되어야 하겠지만, 교사는 학생이 자신의 문제를 스스로 결정할 권리가 있음을 기본적으로 인정하고 있어야 한다.

3. 전문가에의 의뢰

상담교사는 자신의 힘으로 감당하기 어려운 사례에 부딪힐 수도 있다. 동성애라든가 임신, 정신질환, 부모의 이혼 등 문제가 너무 심각한 경우에는 보다 전문적인 도움을 받도록 관계기관(예: WEE 센터 등)에 의뢰하는 것이 현명할 것이다.

3.4 중등학교에서의 집단지도

중·고등학교에서의 상담은 심리적인 어려움을 겪고 있는 학생 개인에게 도움을 줄 뿐만 아니라 학생교육을 원활히 해 나가는 데 더 큰 목적이 있으므로, 개인상담과 아울러 집단지도 및 상담을 실시하는 것이 효과적이라 생각된다.

1. 자활시간 등을 통한 집단과정

자유활동시간 등을 이용하여 선생님과 학생들 간에 거리낌 없이 학급 내의 불만을 토로하며 서로 원만한 수준에서 타협을 모색하는 모임을 갖는 것이 한 방법이다. 이러한 모임에서 교사는 교사라는 입장을 떠나서 학생 상호 간의 불만과 갈등을 해소하는 '집단과정의 촉진자'로서 참여해야 한다. 학생들의 의사소통이 어떻게 이루어지고 있는가를 살피면서 그들의 이야기를 반영해 주고 명료화하여, 집단 내의 의사소통을 원활히 해 준다. 필요에 따라 교사는 이야기를 요약해 주고 재평가를 할 수도 있으며, 논의되고 있는 문제에 대하여 대안을 제시할 수도 있다. 집단과정에서 갈등·비판적인 감정이 표출되고 개개인의 문제가 확인됨에 따라 문제해결의 실마리를 찾을 수 있다. 이러한 집단과정을 거치고 나면 대체로 학급의 분위기가 밝아지고 학생들이 서로를 긍정적으로 존중하며 수업의 생산성이 높아진다.

이러한 집단에 상담자로서 개입하기 전에 학생들의 심리적 움직임을 객관적으로 파악해 보는 것도 좋은 방법이다. 이를테면 학생들에게 자서전을 써 보도록 한다든가 간단한 조사와 설문지 등을 통하여 학급의 분위기나 급우들 간의 역학적인 관계를 알아볼 수도 있다. 이러한 자료는 집단모임에 활용될 수 있을 뿐만 아니라 전체적인 학생지도 자료로도 사용될 수 있다.

2. 소집단 상담

비슷한 문제가 있는 학생들끼리 모아서 소집단으로 상담하는 것도 효과적인 방법이다. 이를테면 인간관계에 문제가 있는 학생들을 대상으로 영어로 된 인간관계의 책을 같이 공부하며 읽어 본다. 이러한 과정을 통해 학생들은 자신의 문제를 보다 구체적으로 인식하게 되고 문제해결의 노력에서 실질적인 도움을 받을 수 있게 된다. 또한 아동상담의 경우에서와 같이 학부모와의 상담을 통해 학생들의 문제를 보다 깊이 이해하고 아울러 상담의 영역을 가정에까지 확대시킬 수도 있다.

3. 집단지도의 평가

상담의 효과를 평가하기 위해서는 학생들로부터 얻은 자료를 바탕으로 상담의 최종목표와 기저(출발)수준을 미리 정해야 한다. 그 다음에는 상담계획을 구체적으로 기술하여 상담의 진전에 따라 어떤 변화가 있는지, 얼마나 목표에 가까워지는지를 기저수준과 최종목표에 비추어 평가한다. 물론 잠정적인 평가를 토대로 상담계획이나 목표를 수정할 수도 있다.

지금까지 중등학교 장면에서 교사가 어떻게 상담자로서의 역할을 할 수 있는지 살펴보았다. 앞서 말한 바와 같이 상담은 인내와 기술을 필요로 하는 작업이다. 학교 장면에서 효과적으로 상담을 수행하려면 창조성과 감수성뿐만 아니라 상담자로서의 역량을 개발하려는 노력이 무엇보다도 필요하다고 생각된다.

4 대학생 상담

4.1 대학생의 발달특징

대학에서의 상담은 원칙적으로 대학생을 그 대상으로 한다. 따라서 대학생의 발달특징에 대한 적절한 이해가 없이는 대학에서의 상담이 효과적으로 이루어질 수가 없다. 그런 의미에서 대학생의 특징에 대해 간추려 보기로 한다.

먼저 대학생은 연령적으로 청년기에 속한다. 청년기란 발달과정에서 독특한 의미를 갖는다. 인간의 일생은 유년기 · 소년기 · 청년기 · 장년기 · 노년기 등으로 나눌 수 있으며, 각 시기들은 모두 독특한 의미를 갖는다. 그러나 어떤 사람의 일생과 그 사람의 사회에 대한 공헌을 평가하려 할 때 그 공과의 기초가 마련되는 시기가 청년기이다. 실제로 가치 있고 창조적인 일을 하는 시기는 장년기이지만 청년기에 확립되는 성격 · 인생관 및 가치관은 장년기 활동의 기반이 될 것이다. 유년기나 소년기의 경험은 청년기의 경험과 통합되어 개인적 성격으로 정립된다. 그리고 청년기에서 정립된 이 개인적 성격이 장년기의 결실에 영향을 끼치게 된다.

우리나라를 포함하여 세계적인 추세를 볼 때, 인구에 비해 대학생의 숫자는 상대적으로 급격한 증가를 보여 왔다. 지난 수십 년간 대학의 숫자가 증가함에 따라 자연히 대학의 질이나 교육목표도 다양해지고 있다. 일반적으로 대학교육은 더 좋은 직업을 가지게 되는 요건이 되며 사회적 지위를 얻게 되는 길이 되고 있다. 그러나 이러한 젊은이들의 꿈과 희망이 현실에서 좌절당하는 수도 많다. 즉 대학에서의 졸업이 좋은 직장을 보장해 주지 않는 경우도 있으며, 불경기 때문에 예측했던 좋은 직장을 갖지 못하게 되는 경우도 있다. 그리고 대학과 정부 간의 가치관의 상치로 여러 가지 문제가 야기될 수도 있다. 이러한 상황들이 대학 내에서 상담의 필요성을 증가시키는 한 요인이 되고 있다.

대학에 입학을 하면서 신입생들은 갑자기 다양한 환경에 접하게 된다. 개개인의 소양이 행동으로 표현되는 기회가 많아지며, 종교 · 가치관 · 인생관 · 정치적 견해 및 사회문제에 대한 다양한 견해들이 대학생을 기다리고 있다. 이렇게 다양하고 풍부한 자극들은 대학생에게 배울 수 있는 많은 기회를 제공한다. 그러나 이 다양성은 너무 갑자기 한꺼번에 엄습하므로, 미처 받아들이고 이해하기도 전에 혼란을 줄 수 있다. 또는 좌절감과 심한 불안을 가져다 주기도 한다. 다시 말해서 대학 신입생들은 비교적 단조로운 생각만을 가지고 있었다.

예를 들어 기독교인은 기독교 이외의 종교에 관심을 기울이지 않아도 좋았고, 입시준비 때문에 실제로 관심을 가질 만한 여유도 없었으며 기회도 적었다. 그러나 대학에서의 각종 공개강좌는 기독교인인 대학생을 가만히 두지 않는다. 불교강좌나 이슬람교강좌에 가도록 자극하며, 불교나 이슬람교가 결코 가치 없는 공허한 가르침이 아니라는 것을 알게 되고 혼란을 경험하기도 한다. 그러나 대부분의 경우에 시일이 지나면 다시 심리적 평온을 찾을 수는 있다. 이러한 와중에서 대학생은 과거의 경험이 새로운 환경에 적응하기에는 너무나 부족하다는 것을 느끼게 된다. 혹은 지금까지의 경험이 새로운 환경에는 전혀 부적당하다는 것을 느끼기도 한다. 심한 경우에는 학업면에서나 운동, 음악감상과 같은 여러 가지 취미활동에서 자신의 능력으로는 도저히 다른 학생들을 따라갈 수 없다는 것을 느끼며 열등감에 빠지기도 한다.

　대학교정에서 대학생들이 당면하는 문제들은 이렇게 다양한 것이다. 그리고 이 모든 문제가 상담의 대상이 될 수 있을 것이다. 그러나 대학생들에게 가장 심각하고 자주 나타나는 문제로는 일반적으로 학업에 관한 문제이다. 조사결과에 의하면 대학생이 상담실을 많이 찾는 시기는 중간고사와 기말고사를 치르는 시험 전후의 시기이다. 다시 말해서 시험 또는 학업의 성취도가 대학생에게 가장 큰 관심거리라는 점을 유의해야 한다. 일본과 미국의 대학생들은 실제로 학업문제로 상담을 신청하는 경우가 대부분이며, 우리나라의 경우에는 '성격 및 대인관계' 문제 다음으로 큰 비중을 차지하고 있다. 학년별로는 고학년보다 저학년에서 더 많이 상담자를 찾는다. 이것은 앞에서 지적한 대로 처음 대학에 입학함으로써 부딪히게 되는 '대학충격'에의 적응이 어려웠던 것으로 생각할 수 있다. 대학생들이 당면하는 문제들로는 학업 및 진로문제 이외에도 정서적 문제, 성격, 대인관계, 이성관계, 가정문제 등이 나타났다(표 9 - 1 참고).

[표 9-1] 개인상담을 신청한 대학생들의 문제영역(연세대, 서강대)

대학(연도)	순위	문제영역	비율	비고
연세대(2021)	1	정서적 문제	59.30	상담횟수에서의 문제별 구성비(%)
	2	대인관계	13.33	
	3	학업진로	9.07	
	4	가정문제	8.76	
서강대(2019)	1	성격	17.4	상담횟수에서의 문제별 구성비(%)
	2	대인 및 적응	16.0	
	3	정서적 문제	16.0	
	4	가정문제	9.8	

자료: 연세대 심리상담센터(2022).
　　　서강대 학생생활상담연구소(2019).

4.2 대학생 상담의 주요 문제와 접근방법

대학에서의 상담이 '상담에 대한 일반적 원리가 적용되지 않는' 별개의 상담이 될 수는 없다. 대부분의 경우 주요 상담이론이 대학생 상담에 적용된다고 볼수 있다. 그러나 앞에서 말한 바와 같이 대학생은 독특한 존재이다. 대학생은 청년기에 속하면서 많은 자극을 주는 교내환경에서 생활하므로 다양한 문제들을 가지고 있다.

이렇게 다양한 문제에 대해 각기 다른 접근방법으로 상담을 할 수도 있다. 그러나 여기서는 많은 문제들의 나열 및 상담이론의 적용 예를 드는 것보다는, 대학생 생활에서 비교적 중요한 비중을 차지하는 문제를 중심으로 앞으로 활용되어야할 몇 가지 상담방법을 제시하고자 한다.

1. 월경곤란에 대한 근육이완훈련

월경곤란이나 월경 중의 통증은 내과 병원 혹은 산부인과 병원의 환자들이 가장빈번히 호소하는 증상에 속한다. 한 조사결과에 의하면 임신이 가능한 연령의 여성 중에서 약 80% 정도가 이 증상으로 고생하고 있다는 것이다. 이 사실은 이 증상이 많은사회적 · 심리적 · 경제적인 영향을 사회에 끼치고 있다는 결론을 가능하게 한다. 그럼에도 불구하고 월경곤란은 최근까지도 심리학자의 관심 대상이 아니었다.

월경곤란의 경우 경련 · 구역질 · 구토 · 두통 · 설사 · 신경질 · 우울 · 식욕상실 · 허리의 통증 · 다리의 통증 등이 나타난다. 1960년대부터 미국의 여대생들에게는 이러한증상에 대해 약물치료가 아닌 행동수정의 상담기법이 시도되었다. 처음의 연구에서는그 효과가 확실한 것으로 결론지어졌으나, 후의 연구에서는 일치하는 결과를 나타내지않아 논란이 한동안 계속되었다. 그러나 얼마 후 연구결과들이 일치하지 않았던 원인이 발견되었다. 즉, 월경곤란에 대한 연구에서 월경곤란의 두 가지 종류가 명확히 구분되지 않았던 것이다. 하나는 경련성 월경곤란이며 다른 하나는 충혈성 월경곤란이다. 이 두 유형은 '월경증상 설문'으로 쉽게 구분할 수 있다. 충혈성 월경곤란은 행동수정의 상담기법으로는 해결할 수 없으나, 경련성 월경곤란은 상당한 정도의 해결이가능하다. 경련성 월경곤란을 행동수정의 상담요법으로 해결하는 구체적인 방법은 다음과 같다.

(1) 1회 상담과 2회 상담

경련성 월경곤란으로 찾아온 내담자에게 미리 준비해 둔 '증상척도'(symptom serverity scale) 설문을 실시한다. 15개의 증상을 열거하고 있는 이 척도에는 ① 경련 ② 구역질 ③ 구토 ④ 식욕상실 ⑤ 두통 ⑥ 허리통증 ⑦ 다리통증 ⑧ 현기증 ⑨ 무력감 ⑩ 설사 ⑪ 얼굴의 기미 ⑫ 우울 ⑬ 신경질 ⑭ 전신통증 ⑮ 복통 등이 포함되어 있다.

이 설문에 대한 응답이 끝나면 곧 '근육이완훈련'에 들어가며, 2회 상담에서도 1회 상담에서와 동일한 과정을 거친다. 1회와 2회 사이에 집에서 매일 두 번씩 근육이완훈련을 연습하도록 하고, 연습한 기록표를 다음 상담시간에 가져오도록 한다.

(2) 3회 상담

월경에 따른 고통과는 전혀 관계가 없는 '평온한 장면'을 구체적으로 상상하면서 '깊은 이완상태'에 들어가도록 한다. 물론 2회 상담과 3회 상담 사이에는 2회 상담에서 했던 것을 집에서 하루에 두 번씩 연습하도록 한다. 이렇게 집에서 연습하는 것은 3회 이후의 상담에서도 같다.

(3) 4회 상담과 5회 상담

내담자가 '깊은 이완상태'에 들어가도록 하고 어떤 장면을 구체적으로 상상시킨다. 그런데 이번에는 3회 때와는 달리 월경곤란으로 고통을 받는 장면이 포함된다. 이때 상상하는 장면은 가능하면 유인물의 형태로 해서 순서대로 상상하게 하는 것이 좋다. 연습에 관한 유인물 자료는 집에서도 같은 순서로 연습할 수 있도록 하기 위한 것이다.

2. 불안통제훈련

행동수정의 상담기법은 내담자가 '불안경험 장면'에서 자신의 불안 반응을 통제할 수 있는 획기적인 방법을 제공하고 있다. 이 방법을 불안통제훈련이라고 한다.

이 훈련의 이론적 배경은 불안 혹은 공포를 유발하는 자극을 내담자가 식별할 수 있다는 사실이다. 내담자는 내장기관의 이완을 통해 '상호 억제의 원리'로 불안을 통제할 능력을 준비하게 된다. 불안통제훈련은 '단계적 둔화'에서 거의 불가능했던 '일반화된 불안의 해결'을 가능하게 한다. 더구나 현재의 불안을 제거하는 것은 물론 미래의 불안도 통제할 수 있는 확실하고도 분명한 방법이 되고 있다. 이런 면에서 볼 때, 이 방법은 정통적인 단계적 둔감화보다 실용성이 더 있다고 할 수 있다. 불안통제훈련은 불안유발자극에 대한 둔화훈련이 없이 모든 종류의 불안·공포를 통제할 수 있게 한 다. 또한 단계적 둔감화처럼 '불안위계목록'을 작성할 필요가 없다. 대학생이 이 기법 을 익히기만 하면, 따로 상담실을 찾아올 필요 없이 혼자서 불안을 경험하는 장면에 대한 자신의 반응을 통제할 수 있게 된다. 다음에 4단계로 된 이 방법을 소개한다.

(1) 제 1 단계

근육이완훈련을 하는 단계로 대개 2~3회가 된다. 근육이완훈련은 앞에서 설명한 대로이며 여기서도 집에서의 연습이 필수적이라는 점을 기억해야 한다.

(2) 제 2 단계

불안이 경험되지 않는 즉, '평온감을 주는 장면'을 구체적으로 상상하도록 한다. 이렇게 해서 완전히 이완된 상태가 되면, 내담자는 비교적 최근의 불안했던 장면을 구체적으로 상상한다. 가령 학사경고를 받았다든지, 열애 중에 애인이 약속시간에 나타나지 않았던 장면 등이 포함될 수 있다. 마지막으로 내담자는 자신이 유능한 인물로 활약하는 장면을 상상하게 된다. 대학생의 경우 교수로부터 칭찬을 받는 장면, 운동경기에서 우수한 체력을 발휘하는 장면, 자신이 아주 멋있게 보이는 장면 등이 여기에 포함될 수 있다.

(3) 제 3 단계

이 단계에서 내담자는 먼저 이완하고 다음으로 불안을 야기시키는 장면을 상상하게 된다. 그리고 불안과 관계된 '신체적 단서'에 초점을 모은다. 이 때의 신체적 단서로서는 심장박동의 빨라짐, 호흡의 불규칙, 위장의 과민상태, 근육의 긴장, 입 안이 마르는 것 등이 있다.

(4) 제 4 단계

불안을 통제할 수 있는 단서가 있는 장면을 상상함으로써, 혹은 자신이 유능한 존재로 활동하는 장면을 상상함으로써 불안을 제거할 수 있게 한다. 이 방법은 대학생들이 많이 가지고 있는 시험에 대한 공포, 이성에 대한 공포, 대중 앞에 서는 것에 대한 공포, 권위자에 대한 불안 등의 통제에 유용하게 사용될 수 있다.

3. 자기표현훈련

'자기주장훈련'으로 번역되기도 했으나 의미상 자기표현이라는 것이 더 타당하다고 생각된다. 글자 그대로 자기표현을 하지 못하는 대학생에게 자기의 의사 및 감정표현을 보다 잘 할 수 있도록 돕는 훈련이다. 자기표현훈련은 명칭에서 느끼는 매력에도 불구하고 실제로는 우리나라 대학에서 많이 실시되고 있지 않다.

4. 취업문제 등에 대한 상담

이 영역은 대학생들의 많은 요구에도 불구하고 비교적 상담자들의 직접적인 관심을 끌지 못했다. 취업이라는 것은 그 자체가 여러모로 어려운 관문을 의미한다. 그 중에서도 대학 상담실에서 비교적 많은 도움을 줄 수 있고 대학생들이 도움을 바라고 있는 분야가 면접시험에 관한 것이다. 대부분의 경우 대학생들은 좋은 직장에 취직을 한다는 것이 매우 어렵다는 것을 알기 때문에 면접시험에 대해 불안해 하고 있다. 그리고 실제로 면접시험장에서도 자신의 능력을 충분히 발휘하지 못하는 경우가 자주 생긴다. 따라서 취업문제의 상담자는 내담자들의 미숙한 면접행동을 다루어야 하는 경우가 생기게 된다.

(1) 면접행동의 훈련

대학생들에게 면접행동을 가르쳐야 할 경우에는 단계적 둔화, 이완훈련, 자기표현훈련, 비합리적 사고방식의 교정 등이 활용될 수 있다. 이완훈련은 면접시험 전과 면접시험중에 일어날지도 모르는 불안을 감소시켜 줄 수 있다. 물론 이완훈련의 방법을 혼자서 연습할 수도 있다. 그러나 상담자가 집단 혹은 개인적으로 연습을 시키는 것이 보다 효과적이며, 한 가지 특정 상황에 대한 불안 및 공포를 통제하는 데에는 전통적인 단계적 둔화가 불안통제훈련보다 더 효과적인 경우가 많다. 면접시험에 대한 불안을 감소시키기 위해 상담자가 첫 단계로 해야 할 일은 이완훈련이다. 물론 이완훈련의 가장 바람직한 장소는 완전히 격리된 조용한 방에서 편안한 의자가 준비된 환경이다.

내담자인 대학생은 '불안위계목록'에 따라 각 장면을 가능한 한 선명하게 구체적으로 상상한다. 면접시험에 대한 불안위계목록의 예는 다음과 같다.

⑴ 면접시험 1주일 전
⑵ 면접시험 하루 전
⑶ 면접시험 당일 아침
⑷ 면접시험 1시간 전
⑸ 면접시험장에 들어감
⑹ 면접시험을 치르는 현장

이상의 각 장면에 대해 구체적인 상상이 되면 왼손을 들도록 한다. 손가락을 들고 난 후 약 7초 정도 기다렸다가 이완시킨다. 상상을 하고 있는 도중에 심한 불안을 경험하면 오른손을 들어 상담자에게 알리도록 하는 것이 '안전장치'이다. 7초 후 다시 이완시키면서 장면을 상상하는 도중에 경험했던 불안에 대해서 알아보는 것도 바람직하다. 이때 경험한 불안이 오른손으로 신호해 줄 정도가 아니었어도, 심한 정도의 불안이나 중간 정도의 불안이면 내담자가 불안을 경험하지 않을 때까지 같은 장면을 반복 시행한다.

⑵ 대인관계 행동의 훈련

이 훈련 다음으로 대인관계에 관한 행동을 훈련시킬 수 있다. 물론 면접시험을 성공적으로 치를 수 있는 정도로 훈련을 시키는 데는 내담자마다 각기 훈련을 받아야 할 내용과 정도가 다르다. 어떤 내담자들은 자세·시선교환 등 대인관계의 지극히 기초적인 것에서부터 훈련을 받아야 하는가 하면, 어떤 경우엔 상대방에 대한 경청, 직무내용 및 봉급 등에 대한 필요한 '질문행동' 등을 연습하기도 한다.

⑶ 기타 교육적 상담

이 밖에도 대학상담에서는 학업을 효과적으로 수행하는 데 필요한 '자세'와 '기술'을 교육할 수도 있다. 즉, 정규 강의시간에서 할 수 없는 '학업생활의 지침과 실천방안들'을 가르칠 수 있는 것이다.

예컨대, 속독법을 포함한 효과적인 학습방법, 논문작성법, 회의 및 연설지침 등에 대한 교육 및 훈련을 시행할 수 있다. 그 밖에 현재 대학 상담실에서 하고 있는 직업정보의 제공, 적성검사의 실시, 장학금 관계 및 외국인 학생지도도 중요한 활동이다.

4.3 대학생 상담의 새로운 추세

전통적으로 대학에서의 상담은 개인상담이었고, 대학생들에게 필요한 정보를 제공하거나 '문제를 가진 학생'의 문제해결에 역점을 두어 왔던 것이 사실이다. 그러나 이러한 현상은 이제 서서히 퇴색할 때가 되었으며, 대학상담에 새로운 경향이 강하게 일어나고 있다.

이 새로운 경향을 열거하면 다음과 같다.

(1) 전통적으로 있어 왔던 '정신의학적 모형' 또는 심리분석적 모형에서 '교육적 모형'으로 옮아가고 있다.

(2) 전통적으로 상담실에 오는 내담자만을 대상으로 했으나, 사회학이나 사회심리학, 학습심리학 등의 영향으로 상담실 밖의 상황의 학급, 동아리, 기숙사 생활, 가족환경 등에 대해서도 직접적인 개입을 하고 있다.

(3) 상담의 목적이 치료에서 예방으로 옮아갔으며, 상담내용에 있어서도 학습방법의 교육 등 교육적 측면이 강조된다.

(4) 따라서 심한 문제를 가진 극소수의 대학생을 대상으로 하는 것보다 가능한 한 많은 대학생을 대상으로 하는 추세에 있다. 그리고 가능한 한 전체 대학생의 요구에 부응하는 노력이 경주되고 있다.

이러한 경향에 맞추어 개인상담보다는 집단상담을 하려는 상담자의 수가 증가하고 있다. 집단상담은 대화술이나 대인관계의 증진, 자기이해의 측면에서 개인상담보다 더 큰 성과를 나타내고 있다. 따라서 앞으로의 대학상담은 집단상담이 더 많이 활용되어야 할 것이고, 집단상담의 방법에 대해서도 더 많은 연구가 이루어져야 할 것이다.

개인상담의 경우에도 대학생 상담은 일반인을 상담하는 경우와 다른 특징을 가지고 있다. 우선 대학생들은 일반인들에 비해 언어표현력이나 논리적 사고능력, 문제해결능력이 비교적 뛰어난 편이다. 즉, 지적 자원이 풍부하다고 할 수 있다. 또 대학생들은 대개 눈에 보이는 결과를 빨리 보고 싶어하고 상담이 단기간에 끝

[표 9-2] 대학생 개인상담의 횟수별 분포(서강대, 2011학년도)　　　　　단위 : 학생 수(%)

학기 몇 회	1학기	2학기	계
1회 종결	420	338	758(52.0)
2회 종결	66	50	116(7.9)
3회 종결	29	21	50(3.4)
4회 종결	30	25	55(3.7)
5회 종결	19	19	38(2.6)
6회 종결	13	16	29(1.9)
7회 종결	15	21	36(2.4)
8회 종결	24	22	46(3.1)
9회 종결	19	30	49(3.3)
10회 종결	15	24	39(2.6)
11회 종결	13	14	27(1.8)
12회 종결	21	18	39(2.6)
13회 종결	13	15	28(1.9)
14회 종결	9	12	21(1.4)
15회 종결	15	14	29(1.9)
16~20회 종결	35	49	84(5.7)
21~25회 종결	6	6	12(0.8)
26회 이상 종결	1	0	1(0.1)
계	763	694	1,457(100)

자료: 서강대 학생생활상담연구소(2012). 인간이해.

나기를 기대한다. 이는 현대인의 한 특징이기도 하지만, 대학이 학기 단위로 운영되면서 학기와 학기 사이에 상당히 긴 방학이 있다는 현실과도 관련된다. 그래서 학기 중에 상담을 신청해서 방학이 시작되기 전에 상담을 끝내고 싶어하는 경우가 많다. 아울러 군입대라든가 졸업을 앞두고 상담가능 기간이 매우 짧은 상황에서 상담소를 내방하는 경우도 많이 있다. 따라서 대학생 상담은 주로 10회 이내의 단기상담이 주종을 이루고 있으며(표 9-2 참조), 상담자들은 시간 제한과 내담자의 지적 능력을 고려하여 인지행동치료나 문제해결중심적인 접근을 선호하는 경향이 있다.

　　따라서 대학생 상담을 효과적으로 하기 위해서 상담자들은 단기상담의 이론과 방법에 보다 익숙해질 필요가 있으며, 구체적으로는 대학생들의 주 호소문제인 성격 및 정서, 대인관계, 가정문제, 가치 및 종교, 진로 및 취업 등과 관련된 상담방법을 집중적으로 훈련할 필요가 있다.

5 장·노년 상담

5.1 성인의 심리적 특징

인생의 의미를 '일과 사랑'이라고 프로이트가 말했지만, 사춘기 이후의 발달과업은 직장과 배우자의 발견, 즉 일과 사랑의 추구라고 말할 수 있다. 그러나 정확히 말해서 성인들이 직면하고 있는 일과 사랑에 대한 문제는 사회·경제적 과정과 문화적 전통의 측면을 고려해야 한다. 예를 들면 지난 몇 년 동안 우리 사회는 물가고와 실업문제로 골치를 앓아 왔고, 몇 년 전보다 취업문제가 훨씬 어려워졌다. 그리고 경제발전 및 여권운동 등의 영향으로 남녀관계에서의 성적 역할이 크게 변화하고 있다.

18세에서 25세까지의 청년기(또는 성인과도기)에서는 과거에 그들의 자아를 지탱해 주던 동료집단과의 우정 및 부모의 권위에 대한 실망을 겪는 것이 특징이다. 그래서 많은 대중적 인기인이나, 사회지도자와 관계를 점점 더 가지려고 하고, 이성과의 보다 더 친밀한 관계를 추구하고 강한 성욕을 느끼게 된다. 한편으로는 새로운 만족과 의미를 추구하여 앞으로 나아가려고 하지만 현재의 만족을 포기하기 싫어하고 변화에 따른 공포 때문에 현재 상태에 집착하기도 한다.

그런데 사회적 규범이나 문화체계는 이러한 청년기의 추진욕구를 방해하기도 한다. 즉 사회적 기준·가치관·제도적 압력 등은 나이에 맞게 행동할 것을 요구하고, 만일 요구된 기준에 적합하지 않게 행동하면 불안을 유발하게 되고 심하면 정신병리의 사례로 취급되는 수도 있다. 이렇게 젊은이들이 사랑과 일의 발달과업을 해결하지 못하고 자신과 사회환경과의 관계를 깨닫지 못하여, 불안과 사회적 역할의 혼란을 경험하는 것이 바로 '자아정체감의 위기'인 것이다.

1. 중년기의 심리적 특성

한편 중년기의 심리적 특성은 다음 두 가지로 말할 수 있을 것이다.

첫째로 중년기가 되면 성역할의 역전현상이 일어나게 된다. 즉, 남자들은 직장에서 별로 심한 변화가 없이 심리적 고원(高原)상태에 도달하게 됨으로써 자녀양육, 교육

활동 등의 가정생활면에 관심을 돌리게 된다. 그러나 여자들은 어린 자식들이 성장함에 따라 전보다 훨씬 공격적이며 독립적인 사고방식을 갖게 되고 가정 외의 활동에 관심을 가지게 된다.

둘째로 중년기는 인생을 반성하게 되는 시기이다. 정열이 식어감을 인식하고 자기의 인생이 무엇인가를 생각하게 된다. 따라서 이혼율이 증가하고 제2의 인생을 찾으려고 노력한다.

흔히 40~50대의 중년기에서는 자기의 인생을 변화시키려는 시도를 하게 된다. 또한 과거보다 쉽게 받아들여지는 이혼, 직업의 다양성, 또는 앞으로 적어도 20여 년 동안은 더 일할 수 있다는 생각 등이 작용되어 이런 현상을 부채질한다고도 볼 수 있다. 여하튼 급격한 사회변화와 늘어난 수명을 고려할 때 이러한 '제2의 인생' 형태는 일반적인 현상이 될 전망이다.

2. 중년기 이후·노년기의 특성

중년기 이후가 되면 사람들은 과거에 찾기 힘들었던 존재의 의미나 생활과정상의 문제로부터 자유로워지려고 노력하게 될 것이다. 오늘날에는 나이가 많다고 하더라도 심각한 신체적 무력감이나 정서적 문제를 안고 있지 않다면, 관습적으로 생각했던 것과는 달리 늙지 않았다고 말하게 되었다. 그러나 사람은 생활연령에 따른 자연적 쇠퇴 외에도 심한 내적·외적 압력을 받음으로써 더 늙게 된다. 즉, 전쟁상태나 여러 형태의 재해에서 오는 심한 긴장이나 압력은 단순한 세월의 흐름에 따른 노쇠보다 훨씬 더 사람을 늙게 만든다. 따라서 이러한 가속적인 노화를 늦추기 위해서는 의학적 치료기술이나 적당한 음식물과 운동의 활용뿐만 아니라 적절한 지적·정서적 경험의 재조직이 요구된다.

한편 노년기에 이르게 되면 노인들 스스로 자신을 무기력하고 쓸모없고 비생산적이고 사회에 의존적인 존재로 인식하게 된다. 그리고 사회적으로는 잊혀진 존재로서 공공정책이나 문화적·교육적·사회적 혜택 등에서 흔히 소외됨으로써 노인들의 정신건강 문제가 앞으로 심각해질 전망이다.

5.2 장 · 노년 상담의 필요성

장 · 노년 상담의 필요성은 다음 네 가지 영역으로 요약할 수 있다.

(1) 장 · 노년기에 직장을 바꾸거나 새로운 일을 시작하는 과정에서 심리적 조정을 위한 상담이 필요하고, 은퇴 전과 은퇴 후의 정신적 준비를 위해서도 상담이 필요하다.

(2) 휴식과 여가를 가장 잘 활용할 수 있는 방법이나, 직업 및 인생의 다른 역할과 휴식을 연관 또는 통합시키도록 교육(또는 지도)하는 상담이 필요하다.

(3) 중년기와 노년기의 사람들에게는 자녀의 성격지도, 배우자 상담 및 성(性)문제 자문과 정신적 문제에 대한 심리치료적인 상담이 요구되는 경우가 많다.

(4) 여러 가지 이질적인 사회생활과 생활과정상의 문제에 적합한 다양한 상담이 필요하다. 예를 들면 며느리와 시어머니의 갈등, 노부모와 젊은 부부의 거리감, 자녀들의 희망에 역행하는 부모의 재혼, 또는 은퇴생활을 원치 않는 노인 등이 상담을 통해 도움을 받을 수 있는 것이다.

이러한 문제영역 등에 대해서는 주로 정신장애자를 상대하는 심리치료보다는 상담이 보다 적합한 전문적인 도움의 형태라고 볼 수 있다. 따라서 이렇게 다양한 장 · 노년기의 문제를 효과적으로 접근하는 상담을 익히고 발전시키는 것이 필요하다.

5.3 은퇴 전 노인 상담

은퇴란 정규적인 직장생활에 종지부를 찍고 연금생활자로 바꾸어지는 것이다. 따라서 오늘날과 같은 젊은이 중심의 사회에서 은퇴 노인들은 정신건강상 위험한 심리적 문제를 갖게 된다. 사회적인 여건에서도 젊은 층의 노동 인구는 증가한 반면, 의학의 발달로 인간수명이 연장됐으나 사회법규가 65세 이후의 노동을 금하고 있기 때문에 은퇴 인구가 증가하고 있다. 그러므로 은퇴해서 오는 과도기적 불안과 그 후의 생활적응을 도와 줄 수 있는 은퇴 전 준비계획이 필요하게 된다. 은퇴에 직면한 사람들은 은퇴 전 준비계획에 대해 여러 가지 현실적 · 비현실적인 기대를 하게 된다. 따라서 은퇴

전 노인의 상담은 은퇴에 관한 기본적 실제 자료뿐만 아니라, 다가오는 변화에 대한 개인적 욕구·태도·가치·감정·공포를 검토하고 지지·격려해 주는 것이 필요하다.

〈은퇴 전 노인상담의 목표〉
은퇴 전 노인상담의 목표는 다음과 같다.

(1) 내담자들이 자신의 불안과 동기적 욕구를 깨닫고 은퇴 후의 계획과 관련시킬 수 있는 자기진단적 이해를 높인다.
(2) 새로운 생활환경에 따른 의사전달과 인간관계의 기술을 익힌다.
(3) 독립적인 생활태도를 갖게 한다.
(4) 새로운 생활계획의 수립과정을 지도한다.
(5) 은퇴 후 적응에 필요한 효과적인 문제해결의 태도와 기술을 발전시킨다.
(6) 은퇴 후 생활계획이 실천될 수 있도록 적절한 의사결정과 실천적 태도를 발전시킨다.

이러한 목표에서 이루어지는 은퇴 전 준비, 노력의 형태는 다양하겠지만 대체로 다음과 같이 묶을 수 있겠다.

(1) 개인상담

은퇴의 의미를 구체적으로 알리고 은퇴 후의 많은 시간과 부족한 돈 및 건강의 악화 같은 것을 어떻게 극복할 것인가 하는 것을 다룬다. 필요한 정보는 유인물의 형식으로 제공될 수도 있다.

(2) 교육지도 행사의 형태

성인교육을 위해 훈련된 교사, 의사 및 법률가와 같은 전문가를 통해 일반적인 정보를 주는 것이다. 교육내용은 형식적이 아니고 개인적 질문과 관심 주제를 많이 다루어야 할 것이다. 또는 주제에 대해 은퇴한 지원자가 강의를 할 수도 있는데, 참가자를 위해 은퇴 전후의 생활과 적응방법의 사례를 중심으로 토의함으로써 실질적 도움을 주도록 한다.

(3) 소집단 과정의 형태

약 7~8명 정도의 은퇴 예정자들로 소집단을 구성하여, 은퇴 후의 주거형태 · 생활자금 · 인간관계 · 개인적 욕구 · 포부 등에 대한 솔직한 토의를 하도록 한다. 또한 훈련된 지도자가 이끄는 가운데 배우자를 포함한 주위 인물과 사회집단에 대한 불만족감 · 기대감 등을 이야기하고 성취방안들을 모색하도록 한다.

5.4 은퇴 후 노인 상담

은퇴 후 노인들의 주요 상담은 나쁜 건강 · 고독감 · 재정문제 · 독립심의 결여 · 젊은이들로부터의 소외 · 권태 등이라고 말할 수 있다. 이 노인들은 강요된 은퇴와 배우자의 상실, 자식으로부터의 거리감 등에 따라 여러 가지 심리적 고통을 겪는다. 따라서 이들에게 필요한 것은 동정이나 외면상으로는 친절하지만 심리적 타격을 주는 사회정책이나 보호적 대우가 아니다. 그것보다는 사회생활, 직장업무의 자원인사 또는 간접적인 지지자로서 대우하며, 노인들에게 알맞은 생산적인 역할을 모색해 주는 것이 바람직하다.

상담은 이러한 인식의 변화 및 새 역할의 모색을 촉진하는 열쇠가 되어야 한다. 여기에는 치료적 상담영역과 예방적 상담영역의 두 가지 관점이 있겠다.

1. 치료적 상담영역

우선 치료적 영역으로서는 심각한 정신건강 문제를 가진 연금생활자를 위한 개인적 상담, 사랑하는 사람을 잃은 후의 우울증과 사회적 흐름으로부터의 고립 · 은퇴, 양로시설에의 강요된 수용, 신체적 문제 등을 다루게 된다. 나이 많은 사람들의 신체적 건강은 정서적인 문제 때문에 악화되기 쉽다. 상담자는 늙고 병든 사람들에게 정신적 지원과 지지를 하고 회복하려는 동기나 살려는 의지 등을 강화하는 것이 필요하다.

은퇴를 강요당한 노인들은 경제적 여건 등으로 여가활동이나 취미, 부업에 대한 관심을 갖지 못하게 된다. 취미나 생산적인 부업의 결핍으로 노인들은 화를 잘 내고 분개하고 무감동한 상태가 되기 쉽다. 따라서 취미생활의 개발을 위한 상담이 필요하

다. 상담을 통해 부업을 위한 재훈련과 알맞은 직업을 모색하도록 하고, 여가 및 취미
생활을 개발하도록 도와 줄 수 있다.

2. 예방적 상담영역

한편 예방적 상담의 영역은 다음과 같다.

(1) 은퇴관련 문제의 상담

은퇴의 여러 가지 측면에 대한 사회적·정서적·재정적 정보를 제공하고 관련된
문제를 상담한다. 이러한 상담은 장래를 위한 경제적 예산과 건강계획을 세우는 데 도
움을 주고, 변화하는 사회적·정서적·환경에 대비한 준비를 할 수 있게 한다.

(2) 건강문제의 상담

신체적·정신적 건강의 중요성은 건강이 나빠지기 전까지는 잘 인식하지 못하는
것이 보통이다. 따라서 적당한 영양섭취와 운동이나 예방적인 건강진단, 긍정적인 정
신상태 등에 대한 조언과 정보제공이 필요하다. 이러한 방법은 생애건강교육과 가족·
교회·학교 및 지역사회의 행사계획·직장자원 등을 이용하는 것이다.

(3) 부업 및 여가활동의 지원

모든 사람은 생산적인 일과 다양한 활동·휴식에 대한 욕구가 있고, 이런 욕구는
65세가 넘어도 사라지지 않는다. 그러나 현실은 은퇴한 사람들에게 그러한 기회를 제
공하려는 노력이 거의 없다. 따라서 상담자는 노인들의 재능과 기술과 경험을 이용할
수 있는 구체적인 훈련계획을 개발하는 데 주도적 역할을 해야 한다.

(4) 활용가능한 봉사활동에 대한 정보제공

많은 노인들이 정보부족 때문에 지역사회에서 이루어지는 봉사활동의 혜택을 받
지 못하고 있다. 실제적이고 현실적인 정보를 모아서 가능한 한 개인적 차원에서 널리
알리고 지도하는 것이 필요하다. 또한 지역사회가 앞장서서 교육적 행사와 오락시설을
제공하는 데에 보다 많은 노력과 관심을 기울이도록 추진한다.

(5) 일반 대중교육에의 참여

노인들에 대해 일반인들이 품고 있는 고정관념은 잘못된 것이 많다. 상담자는 현대생활에 강력한 영향력을 행사하는 대중매체를 이용해서 노인들이 정확하고 희망적인 견해를 가지게 하고, 그들을 위한 긍정적이고 교육적인 행사를 발전시키도록 노력해야 한다.

(6) 노인가족을 위한 상담

노인에 대한 일반적인 견해와 생활양식·역할기대에 대한 가족과 노인들과의 의견 차이는 종종 불화를 초래하고 있다. 노인은 배우자의 죽음, 건강의 악화 및 은퇴의 강요와 같은 심각한 충격과 변화를 겪고 있으므로 특히 가족들의 도움이 중요하다. 가족 단위의 상담은 가족구성원의 고정관념을 재검토하여 객관적인 눈으로 상황을 파악하게 하며, 편견과 감정에 대한 통찰을 가능하게 한다. 이것은 노인을 돌보는 선택적 방법을 발견하여 가족적 결합을 굳게 하는 계기가 된다.

(7) 전문적 상담자의 훈련과 적절한 고용

오늘날 노인을 위해 전문적 상담을 할 수 있도록 계획된 훈련기획 및 행사가 거의 없고, 노인의 정서적 건강을 무시한 채 신체적 요구에만 주의를 기울이고 있는 형편이다. 즉, 현재로서는 노인의 의식주와 신체적 불편을 돌보는 것에서 크게 벗어나지 못하고 있다. 앞으로는 노인문제를 전달하는 훈련된 상담자들이 고용되고 적극적으로 활용되어야 할 것이다.

✔ 주요개념

자기중심성/ 물활론적 사고/ 주의폭/ 놀이치료/ 지시적 접근방법/ 비구조적 접근/ 인지조정요법/ 정보처리이론/ 초점 주목/ 장지각/ 자폐적 아동/ 상담의 발달론적 접근/ 불안통제훈련/ 상호억제의 원리/ 단계적 둔화/ 불안위계목록/ 자기표현훈련/ 비합리적 사고/ 자아정체의 위기

✔ 연구문제

1. 상담의 발달론적 접근이란 무엇인가?
2. 아동상담에 활용될 수 있는 인지조정적 방법을 알아보자.
3. 청년기의 자아정체 위기에 대한 상담방법은 무엇인가?
4. 청소년 범죄 또는 비행에 대한 상담자로서의 접근방법은 무엇인가?
5. 장년기·노인기에서의 문제유형과 상담의 접근방법을 설명하라.
6. 중등학교에서 전임상담자의 도움 없이 교사가 활용할 수 있는 집단지도 행사 및 방법을 알아보자.
7. 대학생의 학습방법 및 인간관계능력을 향상시키기 위한 상담자의 접근방법을 설명하라.

상담심리학

제10장

특수문제별
상담유형

0| 장에서는 네 개의 특수문제별 상담을 다루었다. 그 중에 학습
문제 상담은 개인상담적 방법 외에 학업과정에 대한 교육적 접근(계
획, 진단, 훈련, 자문 등)을 가장 많이 필요로 하는 분야이다. 성(性)
문제, 비행청소년, 직업 및 진로상담에서도 각각 위기상담적 접근,
생활지도적 접근, 의사결정적 접근이 가미되는 것이 특징일 것이다.

1 학습문제 상담

1.1 학습문제의 기본특징

학생들은 학창시절에 '하기 싫은 공부를 해야 할 것인가, 한다면 어떻게 해야 할 것인가'에 대해 고민을 많이 하게 된다.

이와 같은 고민은 공부를 게을리한 후에 생기는 일시적인 것이기도 하지만, 이런 고민이 지속되면 학업 자체에 흥미를 잃고 심지어는 학업을 중단하는 경우도 생긴다. 학교 상담자에게 "저는 공부하기가 힘들어요"라고 호소해 오는 학생들이 간혹 있다. 이 같은 학습문제는 다른 생활의 문제와 분리시켜 가능한 한 빨리 또 효과적으로 명백하게 처리하는 것이 필요하다. 학습문제는 대체로 반복적이고 주기적인 '자기패배적 유형'과 '성공적인 유형'으로 분류하여 고려할 수 있다. 상담에서는 '자기패배적 유형'을 '성공적인 유형'으로 바꾸는 것이 학습문제 상담의 주요 목표가 된다고 볼 수 있다.

자기패배적인 유형은 계속 반복되는 3단계로 되어 있다. 첫 번째는 고정적이고 엄격하여 실행하기 어려운 학습계획을 세우는 단계이고, 두 번째는 이 같은 계획을 실천하려고 실속 없이 애쓰는 단계이며, 세 번째는 결국 실패하여 특히 자신의 능력에 대한 모멸감과 목표를 달성하지 못한 데서 좌절감을 느끼는 단계이다. 학습문제에 관한 상담을 원하는 중등학교 학생뿐만 아니라, 성실하고 열심히 공부하는 대학생이라도 이러한 악순환을 한 학기에 한두 번 경험하게 된다.

1.2 성공적인 학습태도를 위한 상담

자기패배적인 악순환을 탈피하고 성공적인 학습태도로 탈바꿈시키기 위해서, 상담자는 다음과 같이 자각·대치·변화를 위한 긍정적인 자극 등의 세 가지 접근방법을 시도할 수 있다.

1) 자 각

실패의 악순환을 깨뜨리는 첫 번째 단계는 학생으로 하여금 자신의 자기패배적인 악순환을 먼저 깨닫게 해야 한다. 앞에서 말한 바와 같이 자기패배적 학습방식의 특징 은 최상의 목표를 완벽하게 달성하기 위한 무리한 계획을 세우며 스스로 이 계획의 압 력으로 심리적 구속을 받고, 결과적으로 필요한 학습능률을 올리지 못하는 것이다. 상 담자는 학생의 학습방식, 생활태도, 학습에 대한 가치개념 및 최근의 사례를 구체적으 로 알아보아야 할 것이다. 그런 다음 계획의 비합리성, 학습시의 긴장도, 결과에 대한 학생의 반응을 내담자와 같이 검토한다.

요컨대, '무리한 계획 → 심한 긴장(압박) → 능률저하'의 과정을 겪고 있음을 내 담자에게 시사해 주고 설명해 줌으로써 그 과정을 분명히 깨닫도록 하는 것이다.

2) 대 치

일단 자기패배적인 악순환을 깨달으면 그것이 얼마나 자신을 실패하게 만들었는 가를 알게 되고, 어떻게 해서든지 이를 제거하기를 원한다. 그러나 자기패배적인 악순 환을 단번에 중지시키려 하면 새로운 혼란만을 가져올 수 있으므로, 과거의 비효과적 인 학습전략을 현실적이고 보다 유동적인 성공수준의 새로운 학습전략으로 교체시키 는 일이 필요하다. 이렇게 학습계획을 신축성 있게 세움으로써 자유로운 선택을 가능 케 하고 새로운 기분을 느끼게 한다.

우선 '완벽하게 하자'는 학습방침에서 새롭고 유동적인 학습방침, 즉 '인간답게 되 는 것이 좋다. 실수를 하고 거기서 배우는 것도 좋다'로 바꾸도록 한다. 책을 펼 때마 다 이 말을 몇 번씩 생각하고 제대로 달성하지 못할 때마다 유동적 태도로 자연스럽게 임하도록 한다. 이런 과정에서 새 학습방식이 습득되기 시작한다. 이렇게 학습방식을 조절함으로써 자신감을 얻고 홀가분한 느낌을 가지게 된다. 이리하여 새로운 학습방식 이 타당하다는 것을 인식하고 실천하게 된다.

가령 "나는 항상 공부를 해야만 한다고 생각해요"라고 말하던 학생이 '열심히가 아니라 충분히 하는 것이 좋다'는 생각으로 관점을 바꾸는 것이 자기패배적인 악순환 을 교체하는 길이라고 볼 수 있다. 또한 '빨리 해야 한다'라는 생각에 치우친 학생에게 는 '네가 지금 처한 상황에서 여유 있게 하는 것도 좋다'는 식으로, '자랑할 수 있도록 하자'는 학생에게는 '네 자신이 원하는 것을 하고, 하고 싶은 만큼 하는 것이 좋다'는 식으로, '약점을 보이지 말자'는 학생에게는 '네가 약점을 스스로 느끼고 남에게 보이는 것도 좋다'는 식으로 각각 새로운 방식의 생각과 태도를 갖도록 도와 주어야 할 것이다.

3) 변화를 위한 긍정적인 자극

긍정적인 자극이란 칭찬·애정·지원·인정·이해적 배려 등을 말한다. 특히 대학생들은 조리 있게 설명하지 못하는 선생님, 이해하기 어려운 교과서, 불편하게 짜여진 시간표, 경솔하고 경쟁적인 급우, 행정위주의 대학당국 등에 대해 불만과 짜증을 나타낸다. 그러나 대개는 불만을 직접적으로 표현하지는 못한다. 이것은 남을 기쁘게 하고 자기 자신을 구속하는 하나의 악순환적인 태도이다.

상담의 과정에서 학생들은 점차로 불만을 나타내기 시작하고, 상담자로부터 '그렇게 소극적으로 화를 내는 데 정력을 다 소모하고 적극적인 변화를 위해서는 아무것도 하지 않고 있는 것 같다'는 충고를 받게 된다. 상담이 진행됨에 따라 학생들은 "그런 것에는 대답하고 싶지 않아요", "거기에 대해서는 불만입니다"라고 말할 수 있게 되고, 여기에 대해 상담자가 이해를 표시함으로써 긍정적인 자극을 받게 되는 것이다. 즉 내담자는 긍정적인 이해를 받음으로써 자기불만으로부터 벗어날 수 있는 자각과 용기를 찾는 것이다. 학생들이 비효과적인 과거의 학습방식을 바꿀 때에는 거북해하고 부자연

[그림 10-1] 실패적 악순환과 성공적 호순환

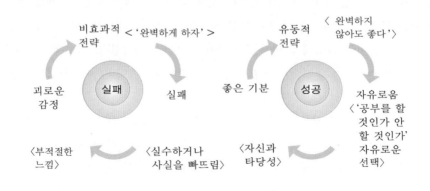

스럽게 느끼는데, 이것은 예측할 수 있는 당연한 일이다. 그러나 이것은 곧 습관화되고 자연스럽게 된다. 또한 자기패배적인 악순환을 타파하려는 노력은 학습문제뿐만 아니라 모든 생활 장면에 걸쳐 변화를 가져온다는 새로운 사실을 알게 되기도 한다.

지금까지는 비효과적인 학습계획과 방법에 따른 문제에 대해 살펴보았다. 그러나 학습문제는 학습계획 및 태도뿐만 아니라, 공부하는 분위기, 학생 개인의 정신적·신체적 건강상태, 학습능력의 수준 및 학습에 대한 욕구 등을 아울러 고려하여야 할 것이다.

1.3 효과적인 학습방략의 예시

이번 단락에서는 학습관련 문제에 관한 상담에서 참고적으로 사용할 수 있는 두 가지 학습방략을 소개하기로 한다. 이런 방안들을 참고해서 자신에 맞는 학습방략을 개발해 나가는 것이 중요할 것이다.

1) 올바른 리포트 작성법

리포트는 일종의 소논문으로서 보통 한 주제에 대한 연구결과 보고서를 의미한다. 리포트를 작성할 때에는 다음과 같은 일련의 순서들을 따르는 것이 바람직하다. 아래의 내용은 서울대학교 대학생활문화원에서 편찬한 대학생활의 길잡이(2004)에서 그 주요 내용을 발췌, 요약했음을 밝혀 둔다.

(1) 주제선정

대개는 리포트의 주제가 미리 선정되는 경우가 보통이나, 만일 자유선택 주제인 경우에는 작성자 자신이 평소 관심을 가져왔던 문제를 주제로 선정함이 보통이며, 이때 주제를 너무 다루기 힘들게 광범위하게 선정하거나 아니면 너무 지엽적인 것으로 선정하는 것은 바람직하지 못하다. 또한 주제가 너무 논란이 많아서 뚜렷한 결론을 도출하기 어렵거나 연구자 자신의 개인적인 편견이 개입될 여지가 큰 경우 역시 재고하는 것이 좋다. 아무리 해도 마땅한 주제를 선정하기 어렵다면 강의에서 제시된 참고문헌들을 찾아 읽거나 친구들과 토론을 해 보는 것도 아이디어를 얻는 한 방법이 된다.

(2) 자료수집

이 단계에서는 대체로 기초문헌에 의한 자료를 근거로 관찰, 측정, 조사, 실험 등이 이루어진다. 필요한 참고문헌은 대개 교수나 선배의 자문을 얻거나 도서관에서 찾고, 자신만의 노트에 간단하게 정리하는 습관을 갖는 것이 좋다.

(3) 리포트 개요구상

수집된 자료를 어떤 방식으로 배열할 것인가를 구상하는 단계이다. 일단 전체 주제하에 몇 개의 소주제를 둘 것인가를 결정한 후 부분부분에 써야 할 아이디어들을 중요한 사항을 중심으로 메모해 둔다. 이렇게 작성된 개요는 실제로 리포트 작성시 수정, 검토함이 보통이므로 지나치게 완벽히 구상할 필요가 없다.

(4) 자료의 재검토 및 정리

광범위하게 모아둔 자료를 앞서 작성한 리포트 개요에 따라 적절한 것을 취사선택하는 단계이다. 자료정리 및 기록은 폴더에 하는 것이 편리한데, 그 이유는 이런 종류의 카드는 쉽게 재배열할 수 있다는 이점이 있기 때문이다. 자료정리, 기록 및 참고문헌은 각각의 폴더에 미리 정리해 두면 나중에 리포트 작성 시 시간을 절약할 수 있다.

(5) 초고작성

대략적인 개요가 작성되어 있으면 이 단계는 그렇게 어렵지 않을 것이다. 작성된 개요에 따라서 폴더에 정리해 둔 자료를 참고하여 작성한 내용을 차례로 써 가면 된다. 초고가 완성된 후 시간을 두고 전체적으로 다시 검토하여 새로 생각나는 점을 수정, 보충하는 것이 좋다.

(6) 초고의 재검토 및 정서

초고를 쓴 후 며칠 또는 어느 정도의 시간을 두고 초고를 다시 검토할 필요가 있는데, 이 때 주의할 점은 독자의 입장이 되어서 자신이 쓴 글을 비판적으로 재검토하는 것이다. 이 때 참고가 될 기준들은 다음과 같다.

① 각 문장들이 주제에 적합하게 쓰여졌는가? (글의 통일성)

(2) 글이 산만하거나 앞뒤 내용상 모순되지 않았는가? (문장의 간결성 및 논리성)

(3) 독자의 입장에서 볼 때 이해가 잘 되는가?

(4) 문자의 철자법, 구두법, 띄어쓰기 등이 정확한가?

2) SQ3R 방법

여러 학습방략 중 대표적인 것으로 SQ3R이 있다. 이하의 내용은 서울대학교 출판부 발간의 『대학에서의 공부, 어떻게 다른가?』에서 발췌, 요약했음을 밝혀 둔다. 원래 SQ3R 방식은 오하이오 주립대학의 심리학자 프랜시스 로빈슨(F. Robinson)에 의해 창안되었는데, 원래 목적은 대학의 특별 프로그램에 등록한 군인들의 읽는 속도 및 학습효과를 배가시키려는 것이었다. SQ3R 방법의 구체적 단계들은 다음과 같다.

(1) S(Survey) : 훑어보기

이 단계는 각 단원의 모든 제목 및 초록, 요약부분을 먼저 대강 훑어보는 것이다. 이 과정을 통해서 이 글에서 다루는 주요 내용을 금새 파악할 수 있을 것이다. 그리고 이것이 나중에 글을 전체적으로 이해하는 데 큰 도움을 줄 수 있다.

(2) Q(Question) : 질문

이 단계는 글을 읽기 전에 미리 이 글이 무슨 내용일지 스스로 질문을 던져 보는 단계이다. 즉 첫 단락의 소제목을 하나의 질문으로 생각하고 거기에 대해서 자문자답해 보는 것이다. 각자는 이 질문에 답하기 위해서 자신이 기존에 알고 있는 모든 지식을 총동원하게 되며 중요한 내용들을 부각시키려는 노력들이 뒤따르게 된다.

(3) R1(Read) : 읽기

질문에 답하기 위해 글을 읽되 우선 첫 단락 끝까지만 읽는다. 그 이유는 글을 끝까지 읽어 내려가기 전에 자신이 던진 질문에 대한 해답을 능동적으로 찾는 검색과정이 선행되어야 하기 때문이다.

(4) R2(Recite) : 암송

첫 단락을 읽은 후 책을 덮고 간단하게 질문에 대한 대답을 암송해 보자. 이 때

주의할 점은 글에 나와 있는 말을 그대로 인용하지 말고 자신만의 말이나 예로써 대답하는 것이다. 이것이 별 어려움 없이 가능하다면 자신이 이 글에 대한 내용을 이해했다는 것을 알 수 있으며, 그렇지 않다면 글을 다시 훑어봐야 한다. 이 단계에서 종이에 간단한 단서들을 적어 놓고 암송과정을 진행시키는 것이 효과적이다. 첫 단락에 대한 이러한 과정이 성공적으로 끝나면 두 번째 단락부터 끝까지 이런 과정을 반복한다.

(5) R3(Review) : 복습

위의 방식으로 한 단원을 다 읽었으면 각 단락마다의 단서를 적은 노트를 보고 그 내용들 간의 관계를 세세하게 파악해 본다. 이 때도 그 요점들을 노트를 덮고 회상하는 것이 효과적이며 자신의 학습 중 미진한 점이 무엇인지 재검토하는 기회를 가지는 것이 중요하다.

이러한 SQ3R 학습방략은 교재나 책의 형식으로 된 학습에만 적용가능하다는 단점이 있으나 각자 자기 나름대로의 방식으로 변형해서 활용한다면 학습능률 향상에 유용할 것이다.

2 성문제 상담

2.1 성(性)문제 상담의 필요성

청소년을 대상으로 하는 상담자들은 성문제에 관한 상담을 종종 하게 된다. 과학기술의 급진적 발달을 중심으로 한 현대 사회구조의 변천 및 인터넷 등의 유해환경과 더불어, 인간의 성욕과 성적 행동유형에 대한 사회인식의 급변에 따른 문제들 중의 하나가 성문제라고 볼 수 있다. 이러한 성에 대한 인식과 태도의 변화 때문에 상담자는 내담자의 성욕에 관한 인식이 전보다 더 필요해졌고, 광범위하고 다양한 성문제의 해결에도 노력을 해야 하는 입장이 되어 가고 있다.

2.2 성문제 상담의 지침

성문제 중심의 상담에서는 다음과 같은 지침을 설정할 수 있다.

1. 성에 관한 상담자 자신의 인식

상담자는 내담자들의 성문제를 다루기 전에 자신의 성적 만족도, 성행동 과정 등에 관해 충분히 인식하고 있어야 한다. 인간은 유년기부터 시작해서 남성과 여성을 결정짓는 성역할에 대한 기대를 사회와 가정으로부터 받게 된다. 이러한 기대와 성장과정에서의 학습과 경험을 통해 개개인의 이성관 및 성욕에 대한 반응양식이 형성된다. 여기서 말하는 성욕에 대한 반응양식은 도덕관 · 성역할 · 성적 행동 · 거부 · 인내의 태도 등과 타인의 성적 접근에 대한 반응 등을 포함하여 말하는 것이다.

2. 개방적 의사소통

상담자는 내담자의 성과 관련된 불안이 더 이상 증가하지 않도록 하고 더 나아가서는 그 불안을 감소시킬 수 있을 만큼 충분히 사고 및 언어에 있어 융통성을 가지고 있어야 한다. 즉, 성문제에 관한 효과적인 상담은 개방성 · 침착성 · 솔직성 등을 필요로 한다. 그리고 성에 관한 용어사용에 있어서 전혀 거리낌이 없어야 하고, 개방적인 의논이 바람직하다는 것을 내담자에게 알려 주어야 한다. 만약 내담자가 완곡한 표현을 사용하거나 정확한 표현을 하려고는 하지만 잘 안 될 때에도 이야기되는 성에 관련된 용어들을 상담자가 먼저 토론에 붙이는 것이 좋을 것이다.

내담자가 성에 관한 속어나 사투리를 쓰기 좋아한다면, 상담자가 내담자의 그런 용어를 따르는 것이 상담자와 내담자 사이의 의사전달을 강화할 수도 있다. 그러나 속어는 물론 바람직한 것이 아니므로 가능한 한 피하는 것이 좋을 것이다. 여하튼 상담자는 기술적 용어나 특별한 전문적 용어를 사용하지 않도록 노력해야 하고, 통속적인 표현을 사용하는 데에도 주의를 기울여야 한다.

3. 내담자가 무지하다는 가정

상담자는 내담자가 성이라든가 성욕에 관해서 거의 모르는 것으로 가정하는 것이 안전하다. 왜냐하면 '성'에 있어서 상식이라는 것이 큰 의미가 없기 때문이다. 고등학생이나 대학생들도 대체로 성에 대해 무지하다고 볼 수 있다. 특히 청소년들은 동료들의 성경험에 관한 이야기를 너무 쉽게 받아들이는 경향이 있다. 상담자는 이러한 성급한 경험내용과 바람직하고 올바른 지식을 혼동해서는 안 될 것이다. 따라서 내담자가 사용하는 용어의 의미에 대한 토론이나 질문을 서슴지 말고 해야 한다.

4. 상담자의 기본적 성지식

상담자는 인간의 성에 관한 올바르고 기본적인 지식을 가져야 한다. 내담자들은 직업선택, 대학입학과 편입 및 인간관계의 문제 등에 관해 상담자들이 잘 알고 있기를 기대하는 동시에 인간의 성문제도 잘 알고 있을 것으로 기대하는 경향이 있다. 성문제는 극히 사적이고 성에 관계된 어떤 행동이나 상황에 대해 죄의식과 부끄러움을 느끼기 쉽기 때문에 상담자의 도움을 청하기까지는 용기가 필요한 것이다.

그러므로 상담자는 전문적 측면에서 내담자가 성문제로 접촉하는 첫 번째 사람이거나 유일한 사람일 수도 있다. 그리고 짧은 시간 내에 의사결정을 내려야 할 상담의 경우, 상담자가 미리 필요한 정보나 지식을 가졌다면 내담자의 긴장이완이나 치료행동에 도움을 줄 수 있을 것이다. 성에 관한 건전하고 기본적인 지식에는 월경주기, 성기관의 해부학적 구조, 생리적 과정, 피임법, 성행위의 여러 형태 등과 같은 내용들이 포함된다.

5. 의사·전문가에의 의뢰

상담자는 성에 관한 상담과정에서 자신의 한계를 인식하고 그 한계를 넘어서 상담을 하지 않도록 하여야 한다. 성문제의 상담은 기술적 훈련과 전문적 훈련을 필요로 하는 영역들이 있다. 예를 들면 임신을 원하지 않기 때문에 유산하려는 여성의 상담에서는 치료과정, 후유증, 발생할지도 모르는 위험 등에 대한 의학적 조언이 필요하다. 성적인 부적응 문제의 상담도 복잡한 의학적·심리학적 절차와 방법을 필요로 하는 것이다. 과거에 훈련도 제대로 받지 않은 이들이 성문제의 상담 및 치료를 시도했다가 문제를 오히려 악화시킨 사례가 있었다.

상담자는 필요에 따라 성문제 전문가 및 산부인과 의사 등에게 의뢰할 수 있는 준비를 갖추고 있어야 한다. 전문적 해결을 위해 다른 전문가에게 의뢰해야 하는 필요성은 특히 즉각적으로 행동을 취하고 결정을 해야 할 때에 생기며, 대부분의 내담자가 상담자가 아닌 적절한 전문가를 알지 못하고 있기 때문이다. 가령 내담자가 성병에 걸려 있거나 유산을 원할 때에는 단 며칠의 지연이라도 경제적으로나 의학적 측면에서 커다란 영향을 미칠 것이다. 이런 경우에 전문의나 의료기관에의 즉각적 의뢰가 필요할 것이다. 그리고 어떤 내담자가 자신의 아이를 다른 가정에 양자로 주려고 할 경우에는 그 지방의 사회복지기관에 의뢰할 수 있어야 할 것이다.

6. 위장적 · 회피적 태도의 처리

상담자는 내담자의 위장적 태도에 대처할 수 있어야 한다. 성문제에 관한 도움을 요청하는 내담자들은 자기 자신의 주된 관심사를 숨기고 간접적인 질문을 통해 상담자의 능력이나 태도를 시험할 경우가 있다. 상담자가 이것을 알아채고 적절히 대처한다면, 내담자들은 자신의 문제에 대해 비난을 받거나 상담자가 도움을 줄 수 없으리라는 생각에서 실제 문제를 감추려 했다는 것을 나중에 고백하기도 한다.

상담자는 필요에 따라 내담자와 성에 관한 토론을 기꺼이 해야 한다. 내담자들은 때때로 회피적인 태도로 자기의 성문제를 꺼내려 하지 않는다. 그러한 상황에서는 성에 관한 일반적 화제를 가지고 면접을 시작하는 것이 현명할 것이다.

7. 상담자의 객관적 역할

상담자는 가능한 한 성에 관한 자신의 철학을 상담자로서의 역할과 분리시켜야 한다. 이것은 다른 상담 장면에서도 적용되는 기본적 원리일 것이다.

현대사회에서 성문제로 인식되는 주제는 유산 · 동성애 · 혼전성교 · 집단성교 및 성도착적 충동 등 여러 가지 유형이 있을 것이다. 이런 문제에 대한 사회적 반응(특히 주위 사람들의 비판적 반응)은 내담자에게 정서적 문제를 아울러 일으키게 한다. 내담자의 문제는 결코 설교나 책망으로 해결될 수 없으므로, 상담자는 자신의 견해나 철학을 내담자에게 주입하려고 노력하지 말아야 한다. 즉, 내담자 스스로가 결정하게 하고 상담자는 가능한 한 내담자의 판단에 도움을 주는 역할을 하는 것이 바람직하다.

2.3 성 피해자의 상담

다음으로 현대사회에 많이 있는 성폭력 피해자들에 대한 상담을 언급하고자 한다. 오늘날 성폭력 피해자들을 위한 전문적인 상담이 다른 범죄유형에 대한 상담보다 더 많이 요구되고 있다. 그 이유는 성폭력을 당했을 때의 영향 및 결과에 대한 잘못된 사회적 인식으로 피해자의 인간관계나 자아개념 등에 오랫동안 심리적 상처를 주기 쉽기 때문이다.

심리적인 상처의 외현적 결과로는 모든 남성에 대한 공포, 성관계의 불가능, 외출 및 활동공간의 축소 등이고, 내현적 결과로는 신체의 불결감 및 자기관리 능력의 상실감 등이 포함된다. 피해자들에게 가장 큰 상처를 유발하는 사회적 인식은 피해자의 복장이나 행동이 그런 사건을 초래했다는 인식과 조심하지 않은 여성 자신이 비난을 받아야 한다는 사회적 태도라고 볼 수 있다. 다시 말해서 정숙한 여성에게는 그런 일이 있을 수 없다는 통념 때문에 많은 피해자들이 죄의식과 수치심을 느낀다. 그래서 피해자들 자신은 친구나 가족들로부터 믿을 만한 도움을 청할 수 없을 뿐더러 실제로 효과적인 도움을 받지도 못한다.

상담자는 이러한 성폭력 피해자들에게 적어도 두 가지 기능을 통해 도와 줄 수 있다. 즉 첫째는 즉각적인 지지와 기술적인 정보제공이고, 둘째는 지속적 상담이다.

1. 성 피해자 상담의 일차적 목표 및 과정

성폭력 피해자들을 위한 상담의 처음 단계에는 세 가지 기본목표 또는 과정이 있다.

(1) 신뢰적 관계의 형성

상담자는 심판하거나 벌을 주지 않고 문제해결에 도움을 주리라는 것을 내담자에게 인식시킨다. 그리고 지지적 태도와 신뢰감을 보이면서 내담자를 잘 이해하도록 노력해야 한다.

(2) 우선적 관심사의 처리

성폭력 피해자들의 걱정은 '내가 성폭력을 당한 사실을 얘기한다면 어떻게 될 것인가?', '부모들이 알아야 하는가?', '병원에 가면 자동적으로 경찰에 보고될 것인가?' 등이다. 이런 걱정과 질문에 대한 솔직한 답변은 우선 피해자의 정서불안을 많이 안정시켜 주는 것이다.

(3) 지속적 상담의 준비

성 피해자들에게는 장기간의 상담이 요구되는 경우가 많다. 그래서 지속적 상담의 필요성을 알려 주고, 필요한 마음의 준비를 하도록 하는 과정이 바람직하다.

2. 지속적 상담의 목표 및 과정

성 피해자에 대한 지속적 상담의 목표에는 충격적 사건에 관련된 의식의 수용 및 명료화, 생활환경에 대한 지각과 감정의 재정리, 그리고 정상적 생활에의 복귀 등이 포함된다. 성 피해자의 상담에서 상담자가 이해해 두어야 할 것은 성폭력 사건이 내담자의 생활에 어떠한 영향을 주는가에 있다. 내담자에 대한 이해의 우선적 초점은 피해자들이 가지고 있을지도 모르는 공포이다. 성 피해자들은 평범한 자극에도 상처받기 쉬운 정서를 느끼며 불안한 행동, 남성들에 대한 의심, 문을 항상 꼭 닫아 두는 행동을 보이게 된다.

이러한 공포적인 행동은 사건 직후에는 당연히 나타나는 것(즉 정상적인 반응)이라는 점을 일깨워 줌으로써 내담자가 극복할 수 있도록 도와 준다. 또 다른 공통반응은 범인이 다시 오리라는 공포이다. 즉 심한 경우에는 같은 범인에게 또 당할지 모른다는 공포 때문에 주소를 옮기고도 안심하지 못한다.

(1) 공포반응에 대한 1차적 도움

상담자는 성 피해자의 공포의식 및 반응에 이해를 표시하고, 자기보호의 대책을 강구하도록 도와 주는 것이 필요하다. 자기보호책이란 생소한 장소에 동행할 친구를 생각해 둔다든가 간단한 호신술을 익혀 두는 등의 여러 가지가 있겠다. 그러나 이러한 자기보호의 대책은 실제로 다시 피해를 입을지도 모른다는 상황에 대처하는 수단이라

[표 10-1] 2021년 성 피해 유형별 · 연령별 현황   단위 : 건(%)

피해유형		피해자 연령						계	
		고령	성인	청소년	어린이	유아	미상		
강간 및 강간 미수	특수강간	-	3 (0.6)	3 (0.6)	-	-	-	6 (1.1)	190 (35.4)
	강간 (유사강간 포함)	1 (0.2)	80 (14.9)	26 (4.8)	19 (3.5)	3 (0.6)	9 (1.7)	138 (25.7)	
	준강간	-	33 (6.1)	1 (0.2)	-	-	1 (0.2)	35 (6.5)	
	강간미수	-	10 (1.9)	-	1 (0.2)	-	-	11 (2.0)	
강제 추행	강제추행	3 (0.6)	126 (23.5)	16 (3.0)	28 (5.2)	8 (1.9)	7 (1.3)	188 (35.0)	193 (35.9)
	준강제 추행	-	4 (0.7)	-	-	-	1 (0.2)	5 (0.9)	
성희롱		1 (0.2)	52 (9.7)	7 (1.3)	-	-	3 (0.6)	63 (11.7)	
통신매체이용음란		-	11 (2.0)	3 (0.6)	-	-	2 (0.4)	16 (3.0)	
카메라 이용촬영		-	14 (2.6)	10 (1.9)	-	1 (0.2)	3 (0.6)	28 (5.2)	
스토킹		-	6 (0.6)	1 (0.2)	-	-	1 (0.2)	8 (1.5)	
성적목적을 위한 다중이용장소침입		-	-	-	-	-	-	-	
미상		-	16 (3.0)	5 (0.9)	8 (1.5)	2 (0.4)	8 (1.5)	39 (7.3)	
성폭력 계		5 (0.9)	355 (66.1)	72 (13.4)	56 (10.4)	14 (2.6)	35 (6.5)	537 (100)	

기보다는 내담자 스스로의 자신감을 회복하는 데에 의미가 있다. 다시 말해서 신체적인 안전감을 느끼게 할 뿐만 아니라 근거 없는 불안감의 악순환을 해소하는 것이다. 그 밖에 이러한 공포심을 제거 또는 수정하는 접근방법으로는 관념봉쇄, 단계적 둔화, 자기강화 등이 있고, 엘리스(Ellis, 1973. 1979)의 '합리적 · 정서적 치료방법'도 도움이 될 수 있다.

앞에서도 말한 바와 같이 피해자들은 성폭력에 관한 사건 자체나 받은 충격을 다

[표 10-2] 2021년 성 가해 유형별·연령별 상담현황　　　　단위 : 건(%)

피해유형		피해자 연령						계
		고령	성인	청소년	어린이	유아	미상	
강간 및 강간 미수	특수강간	-	2 (0.4)	3 (0.6)	-	-	1 (0.2)	6 (1.1)
	강간 (유사강간 포함)	3 (0.6)	99 (18.4)	15 (2.8)	2 (0.4)	-	19 (3.5)	138 (25.7)
	준강간	-	33 (6.1)	-	-	-	2 (0.4)	35 (6.5)
	강간미수	-	8 (1.5)	1 (0.2)	-	-	2 (0.4)	11 (2.0)
								190 (35.4)
강제 추행	강제추행	7 (1.3)	137 (25.5)	20 (3.7)	2 (0.4)	5 (0.9)	17 (3.2)	188 (35.0)
	준강제 추행	-	4 (0.7)	-	-	-	1 (0.2)	5 (0.9)
								193 (35.9)
성희롱		4 (0.7)	48 (8.9)	6 (1.1)	-	-	5 (0.9)	63 (11.7)
통신매체이용음란		-	5 (0.9)	3 (0.6)	-	-	8 (1.5)	16 (3.0)
카메라 이용촬영		-	21 (3.9)	1 (0.2)	-	-	6 (1.1)	28 (5.2)
스토킹		1 (0.2)	7 (1.3)	-	-	-	-	8 (1.5)
성적목적을 위한 다중이용장소침입		-	-	-	-	-	-	-
미상		-	14 (2.6)	3 (0.6)	1 (0.2)	-	21 (3.9)	39 (7.3)
성폭력 계		15 (2.8)	378 (70.4)	52 (9.7)	5 (0.9)	5 (0.9)	82 (15.3)	537 (100)

른 사람에게 말하는 것을 두려워한다. 친구에게 자기의 충격적 정서내용을 드러내면 심리적으로 위안이 될 수도 있으나 우정을 잃거나 수치를 당할 위험이 따른다.

(2) 성 피해자 상담의 과정

유능한 상담자는 그러한 위험을 지적해 주고 피해자가 자기 자신에게 진정으로 우호적인 사람들을 분별할 수 있도록 도와 주고, 피해자가 취해야 할 역할행동의 검토를 통해 필요한 대화와 바람직한 대인관계의 태도를 익히도록 도와 준다. 피해자들이 갖는 공통적 감정들은 자책감·죄의식·수치·당황·어리석은 느낌 등이다. 이 감정들을 이해하고 어느 정도 명료화한 다음의 중요한 절차로서는, 피해자가 자책감을 느끼는 정도와 내용이 합당한 것인지 성 피해자 스스로 평가하도록 도와 주는 것이다. 상담자는 다음과 같은 질문들을 통해서 내담자가 적절한 관점을 가지도록 도울 수 있을 것이다.

"그 사람이 당신의 몸을 범한 것이 어느 정도로 당신의 기본적 인권을 빼앗아 간 것인가?"
"왜 사람들은 자기의 권리를 침범당했는데 죄의식을 느껴야 하나?"
"당신이 원해서 선택한 행동이 아니라면 왜 수치심을 느껴야 하는가?"
"비록 당신이 실수를 했더라도 그것이 당신의 피해의 원인이 될 수 있는가?"

간단히 말해서 상담자는 자신에게 만부당하게 책임을 돌리는 데서 오는 내담자의 수치심과 불안을 감소시키고, 내담자가 사실상의 희생자이며 사건의 주 원인은 가해자와 환경 쪽에 돌려 생각하도록 한다. 즉, 자기귀인적 죄의식을 상대자에 대한 분노의 개념과 언어표현으로 바꿈으로써 내담자의 부정적인 자기평가가 없어지도록 돕는다. 성 피해자는 이런 과정에서 자신의 생활능력과 자존심을 회복하게 된다.

(3) 성 피해자 상담의 최종목표

성 피해자 상담의 최종목표는 내담자가 정상적인 생활을 회복하도록 하는 데에 있을 것이다. 숙련된 상담은 피해자가 입은 공포스런 사건에 대하여 올바르고 현실적인 관점을 갖게 함으로써 정상생활로의 회복과정을 용이하게 한다. 이제는 '결혼도 못 하고 내 인생은 망했다'는 자기패배적인 의식에서 보다 현실적이고 적극적인 의식으로 바꾸어 가도록 도와 주는 것이다.

여기서 중요한 것은 내담자로 하여금 스스로의 자기패배적인 사고방식과 언어표현을 먼저 깨닫게 하는 것이다. 그렇게 함으로써 자기 자신을 파멸로부터 구해 내고 정상적인 생활을 회복할 수 있을 것이다. 일단 피해자가 자신의 정상적 행동을 회복할 수 있다면, 그 사건을 현실적인 생활태도의 관점에서 보게 될 것이다.

2.4 에이즈 관련 상담

1. 에이즈의 출현과 현 실태

'현대의 흑사병'이라 불리는 에이즈(AIDS: 후천성 면역결핍증)는 1970년대 초 중앙 아프리카에서 시작된 것으로 보이며 그 후 동성애의 확산, 혼외정사의 증가, 낮은 콘 돔 사용률, 임질의 증가 등의 영향으로 전 세계적으로 확산된 금세기 최악의 질병이다. 미국에서 에이즈의 첫 사례는 1981년에 보고된 바 있고 우리나라에서는 1985년에 최

[그림 10-2] HIV감염 내국인 발생 및 사망추이(1985~2020.12)

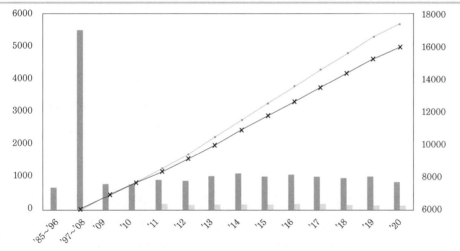

	'85~'96	'97~'08	'09	'10	'11	'12	'13	'14	'15	'16	'17	'18	'19	'20
■감염 인수	621	5492	768	773	888	868	1013	1081	1018	1060	1008	989	1006	818
■사망 자수	-	-	-	-	161	150	150	142	153	159	171	136	126	106
─누적 감염 인수	621	6113	6881	7654	8542	9410	10423	11504	12522	13582	14590	15579	16585	17403
─누적 생존 자수	621	6113	6881	7654	8381	9099	9962	10901	11766	12667	13504	14357	15237	15949

출처: 대한에이즈예방협회.

초의 환자가 보고되었다. 에이즈는 인간 후천성 결핍 바이러스라는 바이러스가 주로 면역체계에 도움을 주는 세포들을 파괴함으로써 치사율이 높은 무서운 질병이다.

에이즈에 걸릴 위험이 제일 많은 집단은 동성연애자 집단과 정맥 주사기를 나누어 쓰는 약물 남용자들이다. 동성연애자들의 경우 콘돔을 사용하지 않고 항문 부위에 성교를 하여 정액을 교환한 경우 바이러스가 침투하게 되며, 정맥 주사기를 나누어 쓰는 경우도 체액을 교환함으로써 바이러스 침투 가능성이 매우 높아진다. 동성연애자가 아니더라도 이러한 감염자와 성교를 하는 경우 에이즈에 감염될 수 있는데, 특히 한 사람이 익명의 많은 사람과 무분별한 성교를 하는 경우 그 위험성은 더욱 커지게 된다.

UNAIDS는 2021년 전 세계적으로 약 3,840만 명이 에이즈(HIV/AIDS)에 감염된 채 살아가고 있다고 발표하였다. 또한, 2021년 한 해 동안 약 150만 명의 새로운 에이즈 감염인이 발생하였는데, 에이즈로 사망한 사람은 약 65만 명으로 나타났다고 한다. 보고에 의하면 감염자가 집중돼 있는 동아프리카 및 남아프리카 지역에서 치료의 효과가 나타나 감염자 수가 감소 경향을 보이고 있는데, 이에 반해 중동, 북아프리카, 라틴 아메리카, 동유럽 및 중앙아시아에서는 감염자가 늘어나고 있다.

국내 에이즈(HIV/AIDS) 현황을 살펴보면, 2020년 국내에 보고된 에이즈(HIV/AIDS) 감염 내국인 14,538명이다(대한에이즈 예방협회, 2020). 대한에이즈예방협회는 감염경로가 보고된 에이즈 감염인 중 성접촉에 의한 감염이 주요 원인이라고 보고하였다.

현재 국내의 에이즈 감염인들의 숫자와 이로 인해 사망에 이르는 환자들은 매년 증가하고 있다. 실제로 2020년 한해 1,016명이 신규로 신고되었으며, 내국인은 818명, 외국인은 198명으로 질병관리본부에서 발표하였다. 성별로는 남자 935명, 여자 81명으로 11.5 : 1의 성비를 나타냈으며, 연령 구성은 20대가 33.8%(343명)으로 가장 많았으며, 30대 29.8%(303명), 40대 15.0%(152명)순으로 20~40대가 전체의 78.5%를 차지하였다. 따라서 많은 감염경로에 노출되어 있는 우리도 에이즈라는 질병에 대해 알고 예방할 필요가 있으므로 특히 20~40대들을 대상으로 에이즈 예방정책을 강화하여야 한다.

[표 10-3] HIV감염 내국인 연도별 발생현황(1985~2020.12)   단위 : 명

구분	계	'85~'96	'97~'08	'09	'10	'11	'12	'13	'14	'15	'16	'17	'18	'19	'20
계	17,403	621	5,492	768	773	888	868	1,013	1,081	1,018	1,060	1,008	989	1,006	818
남성	16,250	546	5,054	710	723	827	808	946	1,016	974	1,000	958	945	953	790
여성	1,153	75	438	58	50	61	60	67	65	44	60	50	44	53	28
전년대비 증가율(%)				-3.6	0.7	14.9	-2.2	16.7	6.7	-5.8	4.1	-4.9	-1.9	1.7	-18.7

출처: 대한에이즈예방협회.

[표 10-4] 신규 HIV감염 내국인 감염경로별 분포(2020. 1.~12)   단위 : 명

구분	계		남자		여자	
	감염인수	백분율(%)	감염인수	백분율(%)	감염인수	백분율(%)
계	584	100.0	563	100.0	21	100.0
이성 간 접촉	256	43.8	235	41.7	21	100.0
동성 간 접촉	328	56.2	328	58.3	0	0.0

출처: 대한에이즈예방협회.

2. 에이즈 관련 연구들

우리나라보다는 미국에서 에이즈 문제가 더 심각하기 때문에 먼저 미국에서의 에이즈 관련 연구들을 살펴보는 것이 유용할 것 같다. 에이즈의 확산과 높은 치사율로 인해 미국에서는 에이즈에 의한 초기 희생자의 대부분인 동성연애자(특히 남성 동성연애자) 집단을 중심으로 에이즈를 예방하려는 노력이 확산되었다. 즉, 성교시 콘돔을 사용한다든지 항문성교를 지양한다든지 하는 것들이 그 노력의 일환이었다. 한 연구에 따르면 1978년에 비해 1985년에는 에이즈에 걸릴 위험이 높은 항문성교율이 27%나 감소했다. 에이즈에 따른 또 다른 두드러진 변화는 한 사람이 맺는 성교대상자의 수가 감소했고 욕실에서의 성교가 줄어들었다는 점이다. 이러한 것은 기혼자 집단에서 더욱 두드러졌다.

한편, 자기효능감이 에이즈와 관련된 성교를 스스로 통제하는 능력의 중요한 요인

인 것으로 보고되었다. 남성 동성연애자의 경우 이러한 자기효능감이 낮다는 연구결과가 있다. 이들의 생활방식의 밑바탕에는 자신들이 자유로운 성생활을 하기를 원한다는 가치관이 깔려 있는데, 이러한 자유로운 성생활 방식을 수정한다는 것이 이들에게는 정체감 혼란과 생활방식상의 큰 위협으로 인식되는 것 같다. 이러한 점들이 남성 동성연애자들로 하여금 에이즈와 관련된 위험한 성교를 지속하게끔 하는 요인이 된다.

에이즈를 예방하기 위해서는 이 밖에도 약물과 알콜 남용과 같은 성욕구 촉진물을 줄이는 것이 중요하다. 에이즈 예방에 관한 논문들을 개관해 보면, 에이즈 위협에 대한 반응으로 많은 사람들이 문란한 성관계를 지양하고 약물 남용 등을 급격히 줄이고 있으나, 시간이 지남에 따라 많은 수의 동성연애자들이 이전 행동으로 되돌아가는 경향이 있다. 상습적 약물 사용자 집단에서는 행동변화가 적은 것이 두드러진다. 주사기를 함께 쓰는 경우도 여전히 흔하다. 청소년 집단은 에이즈에 대한 잠재적 위험집단인데, 이는 이 시기의 사람들이 성적으로 가장 활동적이기 때문이다. 이 점은 우리나라에서도 마찬가지이다. 에이즈 감염자 중 20대 내지 30대가 약 76%를 차지하는 것으로 보고되고 있다. 또한 미국의 경우를 볼 때 에이즈에 취약한 집단으로 흑인 집단을 들수 있는데, 미국에서 흑인은 전체 인구의 약 12%밖에 안 되지만 에이즈 환자로 진단받은 사람 중 25%가 흑인이었다는 사실이 이를 입증한다. 아울러서 연구자들은 여성에이즈 환자들이 남성에 비해 그 수가 적으나 앞으로는 관심을 기울일 필요가 있다고 제안하고 있다.

3. 에이즈 환자/내담자의 특징

에이즈 환자로 진단받으면, 사람들은 우선 에이즈를 사형선고로 간주하고 우울해지며, 즉시 죽는 것이 아닌데도 타인과 격리되려고 하는 심리적 경향을 보인다. 또한 고통을 피하기 위해서, 그리고 질질 끌며 죽는 것을 피하려고 많은 환자들이 자살을 시도한다. 특히 에이즈에 걸린 사람들의 자살률은 일반인들보다 100배나 높다는 연구결과가 보고되고 있다. 특히 우리나라에서는 에이즈에 걸린 환자들이 노출을 꺼리는 특성이 있기 때문에 에이즈 상담이 어렵지만, 더 많은 사회적 문제를 야기하기 전에 국가적 차원의 대대적인 캠페인 및 교육 등으로 환자가족으로 하여금 환자가 상담에 오도록 유도하는 것이 절실히 필요하다. 에이즈 환자들은 보통 점진적으로 중추신경계가 손상되는데 초기에는 우울증과 비슷한 증상을 보이고, 대개 망각, 집중력 손상, 신체지체, 각성감소 등의 증상을 수반한다. 그리고 점차적으로 혼란, 방향감각 상실, 발작, 심한 치매증상, 혼수상태 후 사망에까지 이르는 과정을 겪는다. 에이즈 환자들은 질병의 원인을 자기에게 귀인하는 경향이 있으며 이로 인해 자기비하, 우울, 불안, 전반적 정서장애 등을 보이는 것도 하나의 특징이다. 에이즈 관련 문제를 다루는 상담자들은 이러한 내담자의 특성을 잘 이해해야 할 것이다.

4. 에이즈 관련 상담 단체들

에이즈와 관련된 위험행동을 줄이기 위한 방법으로는 이 책의 앞 장에 나와 있는 여러 방법들이 유용하게 사용될 수 있으며, 그 중 인지행동 치료가 주로 사용된다. 이 상담 및 치료방법에서는 앞에서 언급했던 상담기법인 본뜨기, 역할연습, 교정적인 귀환반응 등을 통해 남성 동성연애자들에게 위험스런 성관계에 대한 자기통제 및 연습방법을 가르침으로써 이들이 위험스런 성관계를 피해나가고 성관계시 콘돔 사용 등을 생활화하도록 유도할 수 있다. 이러한 상담방법과 아울러 에이즈에 관한 정보제공, 살균된 주사기 사용교육, 올바른 성교육 등을 통해 에이즈 자체를 예방하려는 노력이 우리나라에서도 강력히 요구된다.

우리나라에서 에이즈의 예방을 목적으로 한 대표적인 단체로는 사단법인 한국에이즈퇴치연맹과 대한에이즈예방협회, 그리고 한국HIV/AIDS감염인연합회(KNP＋) 등을 들 수 있다. 이 단체들의 목표는 무지에서 비롯된 에이즈 감염자들에 대한 사회적 냉대와 차별을 없애고, 에이즈의 실상에 대한 정확한 정보와 지식 제공, 에이즈 예방을 위한 시민교육 등이다. 특히 에이즈상담센터에서는 전화상담, 인터넷상담, 카카오톡상담, 개인상담, 집단상담 등 에이즈 관련 무료 상담을 통해 에이즈에 대한 객관적인 정보제공 및 감염여부 문제로 불안에 떠는 사람들을 대상으로 상담을 해 주고 있다.

에이즈는 무서운 질병임에 틀림없으나 감염된 혈액과 정액을 차단하면 예방할 수 있으며, 건전한 성생활 문화의 정착과 에이즈의 실상에 대한 적극적인 홍보, 그리고 에이즈 관련 전문상담기관의 확충 등이 앞으로의 과제라 할 것이다.

비행청소년 상담

3.1 청소년 비행과 상담

비행청소년들의 심리적·환경적 욕구는 다양하기 때문에 이들의 문제를 지도하거나 해결하는 데는 다각적인 접근이 필요하다. 비행청소년들은 종종 무능한 자아상을 보이고 자신들의 감정·희망·가치와도 무관하게 행동하므로 정신적으로 건강하지 못하다고 판단되기 쉽다. 그러나 성숙한 사람으로서의 책임에 대처할 준비가 되어 있지 못한 그들의 입장에서는 이러한 행동이 당연한 것이다. 비행청소년들의 문제는 사회적·경제적 환경과 밀접한 함수관계가 있다.

비행청소년들의 가정이나 친지(또는 이웃)들은 이들의 문제를 해결하기에는 무능력하며, 학교가 교육적·문화적으로 그들을 다루는 것도 충분하지 못한 상태이다. 비행청소년들은 사회 각층의 사람들로부터 '못된 놈들'로 평가되어 냉대를 받으며, 그들의 삶에 건전한 방향을 제시해 줄 수 있는 오락 및 활동의 기회도 부족한 실정이다. 그리하여 청소년 범죄자들은 소년원 및 교도소까지 가게 되는 타락의 길을 걷게 된다. 최근에 와서 청소년 법정은 법률적 처리의 한계를 넘어서 정신건강전문가(정신과 의사, 심리학자 등)로부터 상담의 도움을 구하고 있다. 그러나 비행청소년을 상담한다고 해도 면접만을 통한 전통적인 상담만으로는 매우 한정된 효과밖에는 얻지 못할 것이다. 다시 말해서 면접중심의 전통적인 상담은 비행문제를 다루는 데 있어서 법률적인 보호체제보다 오히려 효과가 적을 수 있다.

우리나라 법무당국에서 실시중인 '소년범 선도조건부 기소유예'제도는 해당 제도가 시행되기 전까지의 교정 및 보호제도만으로는 소년범의 재활을 기대하기 어렵다는 판단에서 나온 것이다. '한번의 실수'로 인한 범행자마저 전과자나 소년원생이었다는 낙인을 찍어 사회의 냉대와 경원을 받게 하는 것이 현실이다. 그런데 이 조건부 기소유예제도를 채택하고 독지가로 구성된 선도위원들에게 그들의 보호를 위탁하여 소년범의 재활을 시도한 것은, 소년범 선도대책의 다양화라는 점에서 그 의의가 크다고 하겠다.

3.2 비행청소년에 대한 접근방법

청소년의 비행문제를 접근하는 데는 적응력 향상, 인격적 성장의 촉진, 행동권리의 옹호 및 환경적 조정의 네 가지 유형의 접근방법을 생각할 수 있다.

(1) 적응력의 향상

모든 청소년들이 한두 번은 비행행동을 한다. 그러나 그 중 일부는 만성적으로 사회규범에 역행하는 행동을 하고, 결국 자기패배적인 종말을 맞게 되는 것이다.

청소년들이 일단 소년원 및 교도소와 같은 기관에 들어가게 되었을 때에는 이미 바람직한 적응력이 상실된 경우가 많다고 보겠다. 우리나라 소년원생 중 누범자의 비율이 대체로 50%를 넘고 있다는 사실이 이것을 입증하고 있다. 그러므로 이러한 교도시설을 접하기 전에 사회생활에 대한 적응력을 키워 주는 것이 이상적일 것이다.

(2) 인격적 성장의 촉진

사회적 규범에 잘 적응하는 것이 생존을 위해서 중요한 일이지만, 더욱 중요한 것은 청소년의 자아실현이다. 대부분의 비행청소년들은 자신의 재능을 발휘하지 못하고 있으며 비현실적인 생활목표와 비뚤어진 자아개념을 가지고 있다. 상담을 통해 이들이 지닌 부정적 감정·실패감·무능력하다는 생각을 덜어 주고, 자아실현의 기회를 줌으로써 인간적 성장을 촉진할 수 있을 것이다.

(3) 행동권리의 옹호

우리 사회에는 청소년의 권리를 보장하는 법률이나 선도대책기구가 있으나, 대체로 청소년의 행동권리가 경시되는 예가 많다고 볼 수 있다. 이러한 상황에서는 효과적 상담이나 조정작업은 매우 힘들게 된다. 청소년 권익의 보호는 특히 부모 및 가정에서의 여건이 나쁘고 옹호할 의사가 있어도 능력이 없는 경우에는 국가와 사회기관에서 하여야 할 것이다. 또한 생산적인 청소년 생활을 위한 공공사업(서비스 기구 등)을 벌이고 청소년들이 이러한 사업의 혜택을 받도록 보장하는 것도 적극적인 접근방법일 것이다.

(4) 환경적 조정

1970년대 이래 미국에서는 상담자가 내담자의 이해자가 될 뿐만 아니라 행동변화의 모체가 되어야 한다는 움직임이 활발해지고 있다. 상담자를 하나의 행동가로 보려는 이 같은 움직임이 청소년의 비행문제에도 적용되어야 할 것이다. 상담자는 바람직한 청소년 지도를 위해 가정·학교·산업체·정부 및 사회기관과의 유기적인 관계 속에서 적극적인 활동을 벌여야 할 것이다.

3.3 비행청소년 문제와 상담자의 역할

여기서는 크게 정신건강상담과 보호조정적 상담의 두 가지로 나누어 생각하기로 한다. 앞에서 말한 네 가지 접근방법은 이러한 정신건강상담과 보호조정적 상담의 기능에 통합적으로 반영될 수 있을 것이다.

1. 정신건강상담

정신건강상담에서도 상담의 기본과정은 면담을 중심으로 이루어질 것이다. 이론적 방법이 어떤 것이든 상담의 중점은 상담자와 내담자 사이에 신뢰와 인격적 존중을 토대로 한 인간관계를 형성하는 것이다.

그리고 내담자가 세상을 어떻게 느끼고 있고 자신을 어떻게 받아들이고 있는가를 먼저 이해하고 난 후에야 내담자의 정신건강을 도울 수 있는 것이다. 또한 비밀을 유지하고 가능한 한 내담자의 자유를 보장해야 한다. 이렇게 함으로써 청소년 내담자에게 자기 아닌 타인 특히 성인을 신뢰하는 태도를 배우게 하는 것이다. 이와 같이 상담자가 내담자와 믿음의 인간관계를 유지한다면 인격적 성장을 촉진하는 상담의 기능까지도 수행할 수 있는 것이다. 비행청소년들에게는 행동주의적 방법이 내담자의 이해와 협조가 있을 경우 유용하게 사용될 수 있다. 반면 처벌이나 훈육적인 방법에서는 상담관계를 깨뜨릴 위험이 있으므로 고도의 기술이 따라야 할 것이다.

2. 보호조정적 상담

정신건강상담에서 청소년에게 많은 관심을 자유롭게 기울일 수 있는 반면, 보호조정적인 상담에서는 청소년에게 실제 행동으로 도와 주며 가정·학교 및 교도기관과 접촉하여 유기적인 역할을 해야 한다. 따라서 보호조정적 상담의 기능은 필요한 조정작업과 옹호의 기능이다. 물론 여기서도 정규적인 상담방법이 다소 시도가 되지만 그러한 상담의 한계 때문에 주로 교도적인 접근방법에 의존한다. 때로는 설득·위협·처벌 등의 비정규적인 방법이 사용되는 사회의 선도기구를 이용하기도 한다.

이러한 점에서 보호조정적 상담자는 청소년 관계 법률에 대한 전문적 지식을 가져야 하고, 비행청소년 및 그 가족에 대한 경제·고용·의료·심리적 문제 등의 봉사활동을 하는 사회기관들과도 빈번한 접촉을 유지해야 한다. 따라서 정신건강상담자가 내담자와의 관계유지를 가장 중요시하는 반면에, 보호조정적인 상담자는 직업적인 권위면에서 제한을 받긴 하지만 직접적인 '의논상대' 또는 간접적인 '조정요원'의 역할을 하는 셈이다.

4 직업 및 진로상담

4.1 직업 및 진로상담의 의미

직업상담이란 내담자가 자기 자신에 대한 정보와 사실을 탐색·수용하고, 자기에 관해 확인된 사실들을 토대로 적절한 직업을 선택하고 직장생활에 잘 적응하도록 도와 주는 활동으로 정의된다. 지금까지 직업상담은 직업을 선택하고 준비하는 데 내담자를 도와 주는 직업보도로 간주되었다. 이때 상담의 과정은 내담자에 대한 자료를 수집하고 직업에서 성공할 가능성을 살펴보아 특수한 진로목표를 설정한 후, 그 목표에 도달하기 위한 교육계획을 수립하는 데 중점을 두었다.

위와 같은 기본정신은 변하지 않았지만 최근에는 직업상담을 일반상담의 일부로 보려는 경향이 강하다. 직업상담은 내담자의 생활사와 내담자의 생활환경을 관련시켜 진행해야 하므로, 단순히 개인과 직업을 짝짓는 기계적인 작업은 아닌 것이다.

1. 직업상담의 기능

직업상담의 기능은 여러 가지가 있을 수 있다.

첫 번째 기능은 내담자가 이미 잠정적으로 선택한 진로 결정을 확고하게 해 주는 것으로 가장 흔한 경우이다. 내담자들은 흔히 부모 및 교사들과의 접촉을 통해 이미 자기의 능력과 주어진 기회를 평가하고, 이를 바탕으로 잠정적인 선택을 해 놓고 있다.

두 번째 기능은 직업목적을 명료하게 해 주는 것이다. 사람들은 진로와 자기의 성격에 대한 정보를 끊임없이 수집하고 있으나, 정보의 의미를 올바르게 해석하지 못하고 적절한 진로선택에 연결시키지 못하고 있는 경우가 많다. 이 때 상담자는 내담자에게 문제를 보다 명확히 볼 수 있도록 도와 줄 수 있다.

세 번째 기능은 내담자가 자기 자신과 직업세계에 대해 지금까지 알지 못했던 사실을 발견하도록 도와 주는 것이다. 직업상담에서는 진로계획을 전체 인생계획의 일부로 간주하고 올바른 진로계획의 수립을 돕는다. 진로 및 직업상담을 효과적으로 하기 위하여, 상담자는 일반상담의 기법에다 진로선택 및 진로계획 수립에 활용할 독특한 기법 및 정보자료들을 원용하게 된다.

2. 일반상담과의 관계

진로선택은 합리적인 '문제해결식 사고'가 보다 강조되므로 일반적인 개인문제의 경우와는 차이가 있다. 그러나 진로선택이 합리적인 문제해결과정만은 아니고, 내담자가 갖고 있는 갈등적인 태도·포부·감정들과 연결되어서 이루어져야 한다는 점을 유의해야 한다. 또한 진로는 상담자와의 면담에서 얻어지는 정보만으로 결정되는 것도 아니다. 진로선택은 한 개인의 장기간의 인생경험과 교육 및 학습의 산물인 것이다. 이러한 맥락에서 볼 때 직업상담도 전체적 일반상담의 기초 위에서 수행되어야 할 필요가 있다.

4.2 진로 및 직업선택의 이론

내담자의 진로선택을 돕기 위한 상담의 접근방법을 알아보기 전에 직업에 대한 태도 및 진로선택에 대한 몇몇 주요 이론을 간략하게 살펴보기로 한다.

1. 자아욕구 결정론

정신분석적 입장에서는 직업에 대한 흥미가 인정받고자 하는 욕구 및 어떤 지위에 도달하려는 자아욕구에 기인한다고 본다. 따라서 직업선택은 무의식적 욕구가 표현된 결과인 셈이다. 또한 흥미를 결정짓는 요인들은 기본적 인간의 욕구와 아동기의 가족구성원들 사이에서 겪는 수용 · 회피 · 갈등 · 애정의 경험이라고 볼 수도 있다. 그리고 아동의 초기 경험은 사물이나 사람에 대한 아동의 일반적 태도형성에 영향을 주기 때문에, 이런 성장기의 경험 및 태도가 직업유형을 결정하게 하는 배경이 된다고 해석할 수 있는 것이다.

2. 흥미 · 태도의 발달 단계론

직업선택은 직업에 대한 흥미 및 태도가 주요 발달 단계를 거쳐 결정된다는 관점이다. 즉, '환상기'(6~11세), '잠재기'(12~17세), '현실적 선택기'(18세 이상)를 거치며 이 단계적 발달순서는 바뀌지 않는다고 보는 것이다. 이 관점에서는 직업선택이 개인적인 가치관과 주어진 환경 및 직업기회와의 타협으로 이루어지며, 직업에 대한 현실적 견해보다는 직업에 대한 개인의 지각이 큰 영향을 미친다고 해석할 수 있다.

3. 환경적응론

직업에 대한 개인의 태도가 가족 및 사회적 압력, 자신이 의식하고 있는 내면적 욕구와 능력 간의 갈등을 해소하여 외부환경에 적응하려는 결과로 형성된다는 주장이다. 이러한 관점은 직업의 동일시 현상을 말한 것으로 직업적 욕구를 자아개념과 관련지음으로써 직업에 대하여 비교적 안정된 흥미를 갖게 된다는 해석이다. 이 해석은 직업적 흥미가 성격특성과 자아개념에 따라 변한다는 견해와 유사하다고 볼 수 있다. 자아개념이 변화하고 특정직업에 대한 개인의 직업관이 바뀜에 따라 직업에 대한 흥미도 바뀌게 될 것이다.

4. 자아개념 결정론

위에서 말한 면에서 지지를 많이 받고 있는 것이 '직업선택은 자아개념에 의해 결정된다'는 이론이다. 이 이론은 각 직업이 특정적 유형의 능력과 성격특성을 필요로 한다는 점을 토대로 하고 있다. 한 개인의 자아개념과 함께 사회적 상황도 변하므로 이에 따라 직업선택의 과정이 달라지게 될 것이다. 또한 직업선택은 부모의 사회경제적 수준·능력·성격 및 주어진 기회에 따라 달라진다. 그리고 신체적 요인 및 다양한 역할의 기회 등이 상호작용하여 자아개념을 발달·변화시키며, 이런 발달과정에서 직업에 대한 태도도 변화된다. 환경요인과 자아개념 및 현실적 필요 간의 타협은 상담과정에서 촉진될 수 있다. 물론 선택된 직업에 대한 만족도는 직업활동에서 자아개념 또는 성격적 욕구가 얼마나 적절히 발휘될 수 있느냐에 달려 있을 것이다.

5. 성격유형 상관론

이 관점은 성격유형과 직업선택 간의 관계에 초점을 둔 이론이다. 즉 인간의 경험적 목표·역할에 대한 선호도·활동범위 및 자아개념에 따라 현실적 유형·지적 유형·사회적 유형·모험적 유형·예술적 유형 등으로 분류될 수 있는 성격유형이 직업에 대한 태도 및 선택과 깊은 관계가 있다고 보는 것이다. 예를 들면 '현실적인 성격유형'의 사람은 활동적이고 전문적인 활동을 좋아하고, 전통적이고 경제적인 가치관을 갖는 경향이 있다. 그리고 이런 사람들은 예술적 가치를 덜 중요하게 여기기 때문에 직업선택에서도 이런 성격적 속성이 주요한 결정요인이 된다고도 말할 수 있다.

4.3 직업계획

일반적으로 직업 및 진로선택에서는 개인적인 욕구·가치관·성격 및 사회적 영향들이 강조되는 경향이고, 의사결정과정에서는 객관적·수량적 정보에 기초를 둔 논리적·합리적 판단이 강조되기 마련이다. 그러나 실제의 직업 및 진로상담은 대부분 논리적인 계획의 수립과 합리적인 의사결정이 주로 강조되는 활동이다. 진로교육 및 상담은 내담자로 하여금 자신의 능력과 흥미를 살펴본 후, 직업전선의 현실을 참작하여 합리적이고 현실적인 선택을 할 수 있도록 도와 주는 과정인 것이다. 이론적으로는 적당한 동기가 있는 개인에게 적절한 정보를 제공하고 지도하면, 자신의 성격을 표현하는 데 도움이 되는 직업을 선택할 수 있다고 말할 수 있다.

1. 개인역동적 요인의 고려

한편 합리적으로 진로계획을 수립하는 것이 바람직하지만, 실제 상담과정에서는 진로선택에 내재되어 있는 비합리적인 측면을 무시해서는 안 된다. 즉, 진로결정은 합리적이거나 직관적·주관적 차원의 어느 한 쪽에서 이루어지는 것은 아니다. 성격·인생의 목표·가치관과 같은 심리역동적 요인들이 개입되며, 많은 잠재적 인물들이 진로선택에 영향을 끼친다는 사실이 중요하다. 그렇다고 진로선택이 단순히 앞에서 언급한 역동적 요인의 영향만을 받는 것은 아니다. 사람은 진로를 선택할 때 직업에 대한 정보 및 자신의 적성·흥미 등을 고려하여 합리적인 결정을 내리려고 하는 것이 보통이다. 따라서 직업상담에서도 일반상담에서와 같이, 역동적 요인들을 고려하되 동시에 자신에 대한 성격·적성·흥미와 함께 직업현황·장래전망 등과 같은 선택대상에 대한 정보들을 합리적으로 적절하게 결정을 내리는 데 활용하여야 한다. 또한 상담자는 이러한 질적·양적 정보들이 내담자에게 미치는 의미를 이해하고 있어야 한다.

2. 개인적·직업적 요구 간의 간극

상담자는 진로선택에 영향을 미치는 핵심요인들 간의 관계를 고려해야 한다. 그 하나는 개인의 진로목표, 경험 및 성장에 따라 변화된 진로계획 간의 관계이고, 다른 하나는 개인의 진로계획과 사회적 환경 간의 관계이다. 대부분 이들 요인들 간의 관계가 마찰을 일으킨다. 따라서 직업상담에서는 이런 마찰과 갈등을 최소화하고 합리적으로 대처할 수 있도록 돕는 것이다. 다시 말해서 직업을 선택하려는 개인의 요구와 기업의 요구가 합치되지 않을 경우, 상담자는 개인과 기업 간의 중개자의 역할을 하기도 한다.

그러나 상담자는 실제로 기업활동에 영향을 미칠 만한 힘이 거의 없기 때문에, 현재의 직업현실에 적합하도록 내담자의 직업결정을 도와 줄 수밖에 없다. 따라서 상담자와 내담자는 공동으로 직업적 현실의 제약을 극복해 나가야 한다. 또한 상담자는 내담자가 현 사회에서 필연적으로 직면하게 되는 갈등이나 긴장을 해결할 수 있도록 도와 줄 수 있다. 올바른 진로선택을 확실히 하는 것만이 진로상담의 목표가 되어서는 안 된다. 그와 동시에 진로결정이 불명확할 수밖에 없다는 사실과 진로선택 후에 있음직한 갈등을 알려 주면서, 이에 대처할 역량을 키워 주는 것도 직업 및 진로상담의 목표로서 중요한 것이다. 개인의 요구와 기업의 요구를 점점 더 괴리시키는 현대 산업사회에서는 진로 및 직업상담의 목표로서 후자가 더욱 강조되어야 할 것이다.

4.4 내담자의 인식부족과 진로 및 직업상담

일반상담에 대하여 사람들이 많은 편견과 오해를 가지고 있는 것처럼 진로 및 직업상담에 대해서도 잘못 인식되고 있는 바가 적지 않다.

내담자에게서 흔히 발견되는 편견으로는, 첫째로 진로상담이 정확하며 과학적이라고 생각하거나, 둘째로 단 한 번의 진로상담으로 바라는 목표가 완전히 이루어질 수 있다고 여긴다. 셋째로 심리검사가 올바른 길을 가르쳐 줄 것이라든가 이에 대한 필요 이상의 신뢰를 보이며, 넷째로 직업선택에는 흥미와 능력이 직접적인 관계가 있다고 생각하는 것 등이다. 이와 같은 일반적인 편견 이외에도 개인적으로 갖고 있는 독특한 편견들이 흔히 상담 장면에서 나타난다. 다음에 이러한 편견들을 상담 예와 함께 좀더 살펴보도록 한다.

1. 진로상담의 정확성에 대한 오해

내담자들은 직업계획의 수립과 직업에 대한 결정이 고도로 과학적으로 이루어지며 결정적으로 정확할 것이라는 생각으로 상담을 받으러 온다. 대표적인 예를 들면 다음과 같다.

내: 진로선택에 대해서 도움을 받고자 합니다.
상: ○○씨께서 현재 생각하고 있는 것부터 이야기해주세요.
내: 저는 올바르게 선택하고 싶습니다. 아시겠지만, 저는 실수를 저지르고 싶지 않습니다. 선생님은 제가 틀림없이 올바르게 선택할 수 있도록 도와 주실 것으로 생각합니다.

위의 내담자는 모든 인간문제에 대해 올바르게 완전한 해결책이 반드시 존재하므로, 정확한 해결책을 발견하지 못한다는 것은 불행한 일이라고 생각하고 있다. 어떤 점에서는 현대와 같이 고도의 정확성이 요구되는 과학기술시대에서 내담자들이 그와 같은 기대를 가지는 것이 놀라운 일이 아닌지도 모르겠다.

내담자들은 흔히 상담자의 자료가 확실하고 정확한 것이며 자료를 이용하여 내린 결정은 틀림없다는 식의 생각을 하지만, 이것은 진로상담에 대한 인식부족에 기인하는 것이다. 사실은 진로결정에 고려해야 할 변인이 상당히 많으며, 이 많은 변인들의 영향에 관해 밝혀진 자료는 더욱 불충분하기 때문에 통계적 추론만이 가능한 정도인 것이다.

실제적인 문제로 '언제까지 진로를 결정해야 한다'는 식의 시간적인 제약을 받는 경우가 많으므로, 내담자와 기업환경에 대하여 충분한 자료를 얻고 이를 검토하기가 힘들다. 또한 현대와 같이 기업환경이 급속히 변하고 새로운 직종이 나타나는 시대에서는 상담자가 이러한 사회현실의 변화에 대처할 모든 자료를 가진다는 것은 거의 불가능한 것이다.

내담자가 진로상담에 대해 정확성을 기대하는 데서 발생하는 문제의 하나는 내담자가 진로상담을 절박한 시기까지 지연시킬 가능성이 있다는 것이다. 즉, 올바른 직업을 확실하게 선택하려는 생각에 몰두하는 내담자는 지나치게 조심하게 되며 실수하는 것을 필요 이상으로 걱정하게 된다. 따라서 이런 내담자는 진로를 계획하는 데 주저하게 되며 마지못해 계획을 세우더라도 조심성과 불안감 때문에 실패하기 쉽다. 그러므로 상담자는 내담자의 지나친 기대를 올바르게 고쳐 줄 필요가 있다. 예를 들면,

상: 이런 것을 이야기해 보면 어떨까요. 오늘부터 ○○씨께서 일주일 동안 저녁시간을 어떻게 보내게 될지 말해주시겠어요?

내: 글쎄요, 상당히 어려운데요(멈춤). 아마도 학교에서 내 준 과제를 하고 지내겠지만……(멈춤). 시간이 있으면 친구와 테니스를 하거나 술을 마실지도 모르겠습니다. 사실 그 이상 말씀드리기 어렵군요.

상: 좋아요. ○○씨께서 저녁시간에 할 활동을 정확히 말하기가 어렵겠죠. 저의 질문의 요점은 ○○씨께서 오늘부터 일주일 동안 무엇을 할지 명확히 말할 수 없는데, 비교적 오랫동안 활동하게 될 직업을 정확히 결정할 수 있을 것으로 기대하는 것은 무리이지 않을까 하는 것이었어요.

내담자는 완벽하고 명확하게 진로를 계획한다는 것이 불가능하며, 지내 보고 나서야 자신의 선택이 바람직했는지를 알 수 있음을 이해하여야 한다. 상담자는 현명한 의사결정과 완벽한 의사결정의 차이점을 알려 주고 내담자의 편견을 제거한 후에야 진로

계획의 조언 및 협의를 할 수 있을 것이다. 달리 말하면 비합리적이고 불가능한 계획을 포기하고 현실적이고 잠정적인 대안을 채택하여 평가하는 것이 유익하다는 것이다. 여러 가지 진로계획의 상대적 손익을 비교하는 것은 상당히 유익할 것이다. 이런 비교는 유일하고 완벽한 해결책을 제시하지는 못하지만 여러 대안에 관심을 기울이게 한다. 즉, 내담자가 하나의 이상적인 진로목표에만 집착하기보다는 여러 면으로 탐색·실험해 보도록 격려하는 것이다. 이렇게 진로계획을 짜야만 미래가 불확실한 현실사회에서 융통성을 발휘하여 적절하게 대처할 수 있게 될 것이다.

2. 일회성 결정에 대한 편견

앞에서 말한 편견과 관련된 것으로 단 한 번에 진로를 결정할 수 있으리라는 생각이다. 예를 들면,

> 내: 저는 지금 진로를 결정짓는다는 것에 대해 무척 걱정이 됩니다. 저와 같은 반의 학생은 중학교 때부터 사업가가 되기로 결심하고, 지금은 사업가에 관한 책을 읽고 있습니다. 그런데 저는 아직도…….

내담자들은 직업에 대한 자신의 적응도를 평가할 때 희귀한 사례를 빌리는 경우가 종종 있다. 위의 예와 같은 내담자는 '나는 왜 그렇게 될 수 없을까?'라는 생각에 사로잡혀 있는 것이 보통이다. 이들의 주요 특징은 열등감에 빠지거나 자신의 진로를 아직도 결정하지 못했기 때문에 자신에게 무언가 잘못된 점이 틀림없이 있을 것이라고 불안해 하는 것이다. 이런 내담자들은 되도록 빨리 세부적으로 진로목표를 정할수록 좋다고 생각하고 소수의 사례를 일반화시켜 받아들임으로써, 융통성이라든가 개인차 등을 고려하지 못하기 쉽다. 상담자는 이와 같은 잘못된 생각을 적절하게 지적하고, 점진적으로 필요한 단계를 밟아서 의사결정을 하도록 도와 주어야 할 것이다. 예를 들면,

> 상: 제 생각으로는 대부분의 사람들이 중요한 것을 결정할 때에는 서서히 계단을 밟아 올라가는 식으로 하는 것 같아요.
> 내: 그게 어떻게 하는 건가요?
> 상: 예를 들면, 누구와 결혼하려 할 때 곧바로 결정을 내리려 하지 않는 거죠. 점진적으로 몇 단계를 거쳐서 상대방과의 관계를 시험해 보는 것이 좋을 것 같아요. 우선은

서로 함께 지내는 시간을 늘리면서 두 사람의 관계를 보다 깊게 하려고 노력하고, 결혼해서 얻을 것이 무엇인가도 고려해 보고…….

내: 그 방법이 꽤 합리적인 것 같습니다.

상: 제 생각으로는 ○○씨도 이와 같이 단계적으로 진로를 생각한다든지 결정을 내리는 것이 어떨까 싶어요.

요즈음에는 직업을 바꾼다든가 직장을 옮기는 것이 과거와 달리 어느 정도 수월해진 것이 사실이다. 따라서 내담자는 한 가지 직업 및 직장을 고수해야 한다는 낡은 생각을 버리고, 자신이 선택하려는 직업의 특성을 고려하여 융통성 있게 진로를 결정하여야 한다.

3. 적성·심리검사에 대한 과잉신뢰

내담자는 흔히 어떤 분야의 직업을 택하는 것이 좋을지를 심리검사가 분명히 알려 줄 수 있으리라고 생각한다. 진로상담을 받는 내담자들의 약 3분의 1이 다음과 같은 요구를 해 오는 것이 보통이다.

내: 앞으로 제가 무엇을 하는 것이 좋을지 몰라서 검사를 몇 가지 받아 보고 싶습니다.

내: 제가 어떤 일에 적합한지를 알려 줄 수 있는 적성검사 같은 것이 있다면 한 번 해 보고 싶습니다.

이 같은 내담자들의 직업관은 흔히 '~해야 한다', '~에 적합하다'는 식의 이른바 '천직'(또는 이상적 직업)을 추구하는 것으로서 현대 산업사회에 적응하기가 어려운 사고방식이라고 하겠다.

이런 사고방식이 가져오는 문제점들은 다음과 같다. 첫 번째 나타나는 문제점으로 '~해야 한다'는 생각이 '엄밀하고 정확하게 선택해야 한다'는 편견을 더욱 강화할 위험이 있다. 자신에게 가장 적합한 직업을 알고 싶어하는 내담자들은 이렇게 자기 자신과 미래에 대한 사고방식에 융통성이 없다. 두 번째, 내담자들이 검사의 강점과 한계점을 이해하지 못하고 검사결과를 너무 신뢰하는 것이다. 그 결과로 사고과정에 융통성을 상실하게 되고 나아가서는 검사결과의 노예가 될 위험이 있다. 마지막으로 이러한 내담자는 미래의 직업선택에 대한 책임을 상담자에게 전가시키려는 경향이 있다. 따라서 상담자가 이런 회피경향을 직면시켜 주지 않으면 내담자의 의존성을 증가시켜서 성숙을 저해하게 된다. 심리검사의 유용성을 과소평가하는 것도 문제지만 과대평가는 더욱 위험이 따르므로, 다음과 같은 방식으로 검사를 도입하는 것이 좋을 것이다.

> 상: 우리가 지금까지는 의사결정을 할 때 적절한 정보가 필요하다는 것을 이야기했어요. 그런데 심리검사는 ○○씨 자신에 대한 정보를 수집하고 체계화할 수 있는 보조수단으로 생각하는 것이 좋아요. 그리고 검사결과에서 나온 정보의 사용 여부는 ○○씨 스스로가 결정하게 될 거예요.

4. 흥미와 능력 개념의 혼동

대부분의 내담자들은 흥미·능력·적성·지능·성격 등에 대한 개념들을 혼동하고 있어서 검사를 그릇되게 인식하고 있다. 흔히 내담자들은 과거에 흥미 있었던 일이라면, 그 일을 하게 될 때 잘 해 나갈 수 있을 것이라고 생각하는 경향이 있다. 그러나 흥미가 높다고 해서 그 일을 잘 해 낸다는 보장은 없는 것이다. 경험적인 연구에 의하면, 흥미와 능력 간에 상관관계가 있긴 하지만 그 정도가 일반인의 생각처럼 높지는 않다. 또한 상담자는 내담자들이 검사결과를 어떻게 생각하고 이해하고 있는가를 파악하여 적절하게 검사결과를 해석해 줄 필요가 있다.

5. 상담자의 기타 고려사항

그 밖에도 상담자가 관심을 가져야 할 문제에는 다음과 같은 것이 있다. 어떤 내담자들은 진로계획을 수립할 때 단계별로 '철저히' 분석하여 결정해야 한다고 생각하고 있다. 그러나 뒤에 올 단계를 미리 지나치게 걱정하여 의사결정을 주저할 필요는 없는 것이다. 앞선 단계에 대해 충분히 숙고한 후 융통성 있는 결정을 하고 다음 단계로 넘어가는 것이 바람직할 것이다. 또 다른 문제의 하나는 선택할 결정에 따른 결과가 완전 성공이냐 완전 실패냐는 식으로 생각하는 내담자의 경우이다. 이런 내담자에게는 실패일지라도 어느 정도의 긍정적 가치가 있음을 이해시켜야 한다. 어떤 직업에서든 흡족한 결과를 얻지 못하거나 완전히 성공하지는 못했다 하더라도 노력의 결과로 직업인으로서의 성장이 있기 때문이다.

마지막으로 이를테면 '일 년쯤 지내고 보자'는 식의 생각이 있다. 내담자들은 간혹

시간만 지나면 좋은 결정을 내릴 수 있을 것으로 생각한다. 그러나 시간을 적극적이고 건설적으로 활용하는 태도가 필요하며, '좋은 결정'이란 찾아야 되는 것이지 주어지는 것이 아니라는 것을 이해시켜야 할 것이다.

지금까지 올바른 진로결정에 장애가 되는 편견들을 살펴보았다. 이런 편견들은 틀린 생각과 단편적인 정보로부터 발생한다. 요컨대 상담자는 이같은 그릇된 생각들을 내담자가 직면하여 고쳐 나갈 수 있도록 앞의 사례에서처럼 도와 주어야 할 것이다.

4.5 진로계획 상담의 기본지침

직업 및 진로상담은 내담자를 평가한 후 적합한 직업정보를 선택해서 진로계획에 반영하는 합리적 과정만으로 이루어지는 것이 아니라고 했다. 엄격한 의미에서 진로상담은 내담자의 생활 및 사고방식을 고려함으로써 내담자가 자기실현을 할 수 있도록 돕는 과정인 것이다.

직업 및 진로상담이 효과적이라면, ① 내담자에 대한 평가 및 진단, ② 직업정보의 수집 및 전달, ③ 일반적인 상담기법의 세 요소가 필요하다.

1. 내담자에 대한 평가

상담의 초기 과정에서는 내담자에 대한 정보를 얻기 위해 면접·설문지·생활기록 및 검사도구를 사용한다. 상담자는 이렇게 얻어진 자료를 평가하고 해석하기 위해 적절한 통계적 방법, 컴퓨터 및 자신의 경험 등을 활용하게 된다. 상담자는 수집된 자료를 종합적으로 평가한 후에, 내담자에게 일반 상담기법에 따라 평가한 결과 및 의미를 해석해 주고 내담자와 함께 논의한다. 이런 과정을 적절하게 거치면 대체로 내담자가 스스로 어느 정도 진로를 계획할 수 있게 되고, 상담자는 바람직한 선택결정에 이르도록 도와 줄 수 있다.

상담자는 현대 산업사회의 급속한 직업변동 추세를 잘 파악하여 내담자로 하여금 특정 직업만을 목표로 생각하기보다는 보다 넓은 직업 분야를 생각할 수 있도록 도와 주어야 한다. 현재의 추세로는 앞으로 직업을 여러 번 바꾸는 사람이 적지 않게 될 것이기 때문이다.

2. 직업정보의 수집 및 전달

상담자가 직업정보를 제시하면서 적절하게 내담자를 격려해 준다면 내담자가 스스로 합리적인 목표를 선택할 수 있을 것이다. 따라서 상담자는 적극적으로 직업정보와 선택지침을 제시해 주어야 한다.

한편 대부분의 고등교육기관과 직장에서는 소속기관의 구성원으로서 규범적 생활에 적응할 것을 기대하고 있다. 특히 일반 사회의 직장은 가정이나 학교에서처럼 내담자가 자기 멋대로 할 수 있는 환경이 못 된다. 내담자가 직장의 이러한 속성을 잘 이해하지 못 하고 있으면 좌절감이나 적대감을 느끼고 직업에 대해 불만을 갖게 된다. 따라서 상담자는 내담자의 가치관·인생경험·기대를 충분히 고려하여, 내담자의 생활양식에 맞는 직업계획을 수립하는 데 도움이 되는 정보를 주어야 할 것이다.

3. 상담기법상의 고려점

상담과정에서 직업정보를 제시할 때는 그 시기를 잘 선택하여 적시에 제시해야 한다. 일반적으로 내담자가 상담자로부터 검사결과에 대한 평가와 해석을 듣고 나서 이것을 자신의 직업선택에 활용하고자 할 때, 직업정보를 제시하여 주는 것이 좋다. 또한 내담자가 정보를 요구할 때에는 그 정보에 대한 올바른 이해를 확인하고서 제공하는 것이 바람직할 것이다. 진로계획이 수립되면, 경우에 따라서는 효과적 직업수행을 위한 훈련 및 교육에 대해 자문을 해 주는 것도 필요하게 된다. 진로 및 교육에 대해서는 여기서 다루지 않기로 한다.

상담을 종료할 때에는 결정된 진로계획과 교육계획, 그리고 검사결과에 대한 기록들을 내담자가 가지고 갈 수 있도록 하는 것이 좋을 것이다. 이렇게 하여야만 내담자가 검사 및 평가자료 등을 좀 더 참고할 수 있고 진로계획에 대한 책임감도 크게 느끼게 될 것이다. 끝으로 모든 결정은 실제 장면에 부딪혀서 실천해 보아 확인될 때까지는 잠정적이라는 생각을 내담자에게 심어 줄 필요가 있다.

✔ 주요개념

자기패배적 유형/ 비효과적 학습계획/ 성역할/ 성 피해자/ 관념봉쇄/ 자기강화/ 합리적
-정서적 치료/ 문제해결식 사고/ 소년범 선도조건부 기소유예/ 환경적 조정/ 정신건강
상담/ 보호조정적 상담/ 직업보도/ 직업상담/ 진로상담/ 직업선택의 이론/ 직업계획/
진로계획/ 직업정보

✔ 연구문제

1. 학습문제의 자기패배적 유형을 설명해 보자.
2. 조루증 · 불감증 등의 성문제를 상담하는 방법을 알아보자.
3. 비행청소년의 행동수정을 위한 집단교육프로그램을 개발 · 작성해 보자.
4. 중등학교에서의 진로상담과 대학 및 성인사회에서의 진로상담의 접근방법을 각각
   설명하고 비교해 보자.
5. 속독훈련과 수험불안 제거훈련의 내용을 알아보자.

전문적 상담의
현재와 미래

여 기서 다룬 상담자에 대한 훈련 · 교육은 상담심리학의 가장 중요한 영역의 하나이다. 내담자에게 실질적인 변화를 가져오는 상담 관계의 조성, 문제별 체계적인 접근방법 및 계획 · 훈련 · 자문 등 상담실 외 역할수행을 위한 전문적 훈련이 그 어느 때보다도 필요하게 되었다. 한편 우리나라에서의 전문적 상담은 제도적 보장 및 전문가로서의 고용 기회가 아직 불안정한 것이 현실적 문제이다.

1 상담자 교육의 문제점과 바람직한 방향

1.1 현 상담자 연수교육의 문제점

최근에 이르러 상담자 교육에 대한 비판이 점차 커지고 있다. 그 중에 두드러진 비판은 '상담자 연수교육'이 실제로 상담 장면에서 상담을 능숙하게 해 나가는 데 큰 도움을 주지 못하고 있다는 점이다.

우리나라의 경우에서도 몇몇 대학의 대학원 상담심리학 교육은 개인상담 및 심리치료 중심이고 중등학교 상담교사 연수교육은 면접방법, 다양한 실제 문제의 해결방법 및 사례연구 등이 빠져 있거나 충분치 않은 상태이다. 다시 말해서 대학원 교육이나 자격강습 등 각종 연수교육이 급변하는 사회 속에서 발생하는 내담자 문제의 해결과 상담자로서의 전문적 성장에 충분히 기여하지 못하고 있다.

상담 실습을 위한 조언

1. 긴장하고 불안해 할 필요가 없다

"과연 이 내담자의 문제를 내가 해결할 수 있나?", "(내담자의) 저 말에 무엇이라고 대답해야 하나?" 등의 긴장과 불안이 생길 수 있다. 그러나 상담자는 문제 '해결사'가 아니고, 내담자 입장의 '이해자'이며 '행동 안내자'임에 유의하자. 그러므로 천천히 가능한 한 내담자를 경청한 후 이해·공감적 반응을 보이고, 내담자의 바람직하고 구체적인 행동 절차를 함께 탐색·협의하는 데 중점적 노력을 하면 된다.

2. 특정 상담이론·기법에 매이지 말자

상담자의 자연스러운 감각·언행이 중요하다. 내담자에게 관심을 갖고 성실하게 도와주려고 한다는 상담자의 의도·자세가 전달된다면, 바람직한 상담관계가 형성되고 촉진될 것이다. 그래서 '상담에 임해서는 상담이론을 잊어버리라'는 말이 있기도 하다. 실제로, 면접중에는 '심리학적 가설'같은 것을 고려할 필요가 없는 것이다.

3. 내담자의 비언어적 반응에 주목하고 피드백한다

면접 중의 내담자의 비언어적 행동들은 그 나름대로 의미가 있다. 그러므로 "당신은 지금 창문 쪽을 주시하고 있으시네요.", "조금 전보다 목소리가 달라지고 있는 것이 보이네요"와 같은 상담자의 언급(반응)이 면접과정을 생산적으로 이끌어 가는 유익한 피드백이 된다.

4. 내담자가 '현재의 자기에 관해서' 말할 때는 방해하지 말고, 그렇지 않을 때는 개입(중단 등)해도 좋다

내담자의 모든 말을 무조건 끝까지 들어줄 필요는 없다. 시국담이나 타인에 관한 이야기가 계속될 때는, "그 이야기가 ○○씨의 관심사(문제)에 어떻게 관련되는지 말해 주면 좋을 것 같아요"식으로 내담자 언급을 '초점 화제'쪽으로 재유도할 필요가 있는 것이다.

5. 내담자 침묵에 인내력을 발휘하자

내담자의 침묵 또는 휴식(발언 중단)은 다음 말의 준비, 지난 말의 재음미, 방황, 저항 등 여러 의미가 있고, 그 나름대로 하나의 면접과정임에 유의할 필요가 있다.

그러므로 가령 약 1, 20초 정도의 침묵에도 상담자가 당황할 이유가 전혀 없는 것이다. "지금의 침묵 동안 어떤 느낌(또는 생각)이 있었나요?" 식으로 묻거나, "별 생각이 없었다"고 하면, "저는……" 식으로 상담자의 느낌을 표현하면 면접이 자연스럽게 지속될 수 있는 것이다.

6. 상담자 자신에게 솔직하고 자신을 격려하자

실력을 증명하려는 욕심이나 (너무)'잘 하겠다'는 포부로 상담면접을 그르치는 경우가 생길 수 있다. "너 자신을 알라!"는 소크라테스(Socrates)의 말은 결국 상담에서는 "너 자신에 솔직하라!"는 말로 통할 수 있다.

"내담자 문제를 정확히 파악도 못하겠다"든가 "내담자 문제를 해결해 주지는 못했다"는 느낌이 들더라도, '내담자의 말을 경청했고 그의 입장을 이해하려고 노력한 것이 중요하다'는 태도를 취하는 것이 바람직하다. 그리고 "다음에는 내담자 행동지도를 위해 더 잘할 수 있을 것이다"라고 자신을 격려할 필요가 있는 것이다.

상담사례 연구의 기록 지침(기록순서)

1. 상담자 :
   접수면접일 :
   상담진행 횟수 :

2. 내담자 인적 사항 :
   내담자 개인 정보 :
   내담자 가족관계 :

이전 상담경험의 유무 관련 :

3. 내담자의 주요 호소 문제 :

내담자의 성장 배경 :

접수면접자의 기록(첫 인상, 접수면접 요지 등) :

4. 상담자와의 첫 면접(행동관찰, 첫 면접 내용 등) :

심리검사 결과(실시 범위, 해석내용 등) :

5. 상담목표 :

내담자가 제시한 상담목표 :

상담자가 판단한 상담목표 :

합의된 상담목표 :

상담진행의 계획 및 절차 :

6. 상담자가 주로 활용한 주요 상담기법 :

초기, 중기, 종반기별 주요 접근방법 :

내담자의 반응 및 개입방법의 성과 등 :

7. 상담사례의 처리경과 :

합의 종결, 중도 탈락, 타 전문가에 의뢰 등 :

8. 상담과정의 주요 내용 요약(주요 회기 축어록 첨부) :

9. 종결(또는 중단)시의 내담자 상태 :

10. 상담목표의 달성 정도에 대한 평가 :

다음에 상담자 교육의 문제점을 요약해 본다.

1. 핵심내용의 빈곤

교육내용이 알맹이가 적고 피상적이다. 따라서 우선 상담자 교육의 목표를 명확히 설정한 후, 그에 따라 교육내용도 체계적으로 시행되어야 할 것이다.

2. 실용성의 부족

교육내용이 상담자가 실제로 부딪히는 현실 장면과는 다소 거리가 있는 일반 이론에 치우쳐 있다. 연수 교과목의 주류를 이루고 있는 상담이론, 청년심리, 성격발달이론, 또는 심리검사 등의 내용은 실제 상담과정에 적용하기 힘든 개념적 지식들에 불과하다.

3. 일관성의 부족

교육내용이 구심점이 없다는 점이다. 따라서 상담교육의 과정 및 내용에 있어서 일관성이 결여되어 있다. 그리고 교육성과의 평가에서도 학습된 내용이 장기간 기억되고 학습된 자료끼리 연결되어야 한다는 점을 간과한 채, 주로 이수과목 수에 비중을 두고 있는 실정이다.

4. 교육내용의 중복

특히 연수교육은 일관성과 체계성의 부족 때문에 내용이 중복되는 폐단이 있다. 교육내용이 숙달되려면 중복교육이 필요하겠지만, 학습내용의 숙달 및 학습효과의 지속성이 목적이라면 사전에 조심스럽게 계획되고 체계적으로 반복시켜야 할 것이다. 그렇지 못한 현 교육상황에서는 연수자들이 학습내용을 일관성 있게 수용하지도 못한 채, 상담을 숙달했다고 착각하거나 상담의 전문성에 대해 회의를 느끼게 마련이다.

5. 상담교육자의 책임감 부족

일부 상담교육자는 연수교육 이수자의 업무수행능력 및 교육효과의 평가에는 전혀 책임을 느끼지 않고 있다. 이렇게 상담교육자가 교육 후의 지속적 성과 및 평가에 대한 책임을 느끼는 것도 중요하지만, 교육 및 연수 주관 당국이나 관계자들의 인식부족과 재정적 지원이 없는 데서 이 문제가 심화되고 있다고도 볼 수 있다.

1.2 바람직한 상담자 교육의 특성

사회가 급속히 변화함에 따라 상담자의 개념도 바뀌면서 상담자 교육의 내용도 많이 변천해 왔다.

다음에 앞에서 지적된 현 상담자 교육의 모순을 시정하며, 현대사회에 적합하고 보다 바람직한 상담자 교육의 특징을 살펴보겠다.

1. 상담자 상의 구체화

종래의 상담자는 주로 학교 장면에서 학생들을 지도할 목적으로 다양한 교육적 역할과 기능을 수행하는 사람이었다. 상담자의 기능과 기대되는 역할이 너무 다양함으로써 종종 역할갈등을 초래해 왔고, 연수수료자들이 흔히 상담활동과는 거의 무관한 행정적인 업무를 주로 맡기도 했다. 현대의 상담자 교육은 내담자와의 상담관계를 수립하는 데 중점을 두고, 교육내용도 여기에 맞추어 수정되어야 할 것이다. 그리고 훈련과 실습기준이 점차 확립되고 집단상담이 더욱 강조되어야 할 것이다. 또한 상담실습 교육을 위해서는 면접실습·사례연구회의·역할연습 등이 많이 활용되어야 할 것이다.

2. 행동 및 사회과학적 내용의 강조

상담자가 활동할 사회문화권 속의 일반적 인간행동 역학과 개인적 의식구조의 체계적인 이해가 필수적이다. 앞으로의 상담자 교육내용에는 교육철학·사회심리학·학습지도·인간관계론 등 사회·인문과학의 관련 과목이 포함되는 것이 바람직하다. 그밖에 사회학·경제학 분야의 교양교육을 통해 내담자에게 미치는 사회문화적 압력을 이해하는 데 도움을 줄 수 있을 것이다.

3. 상담자의 자기성장

상담자가 자신의 개인적·사회적 가치관, 자신의 욕망 및 행동동기, 그리고 자신의 대인관계 속성 등을 이해하는 것은 필수적이다. 상담연수자는 교육분석, 훈련집단(T그룹) 또는 인간관계 훈련을 위한 연수회 등을 통해서 자신을 철저히 이해하고 대인관계의 감수성 및 포용력을 진작시킬 필요가 있다. 보다 명확한 자기이해와 대인지각은 상담전문가로서의 판단능력을 키워 줄 뿐만 아니라 상담자 자신의 인간적 성숙을 돕는 것이다.

4. 인접분야 전문가의 참여

앞으로의 상담자 연수교육에는 인접 관련분야의 전문가들이 교육담당자로서 많이 참여해야 할 것 같다. 즉, 행동과학 및 사회과학을 전공하고 적절한 경험을 쌓는 전문가들의 참여는 연수자들이 다양하고 수준 높은 교육을 받는 데 기여할 것이기 때문이다.

5. 연수교육의 평가 및 지도

상담실습 교육은 심리검사, 면접사례의 연구, 녹화자료에 의한 실제 상담 장면의 관찰, 상담면접의 역할연습에서부터 실제 장면에서의 지도하의 상담실습까지 연결되어야 한다. 이러한 상담자 연수과정에 대한 교육지도(supervision)는 앞으로 연수계획의 계획 중 가장 핵심적인 것으로 간주되어야 할 것이다. 물론 지도의 목적은 상담연수자가 독립적으로 상담을 할 수 있도록 하기 위한 것이다.

6. 상담연수자의 선정

상담자 연수교육에서 중요한 것은 상담자가 될 수 있는 적합한 연수자를 선정하는 문제이다. 현재까지의 상담연수자들 중에는 전문적 상담에 대한 동기가 부족하거나 성격상의 문제점을 가진 경우가 있다는 비판도 있었다. 상담연수자를 엄격하게 선정해야 한다는 점에 반대하는 상담자는 거의 없을 것이다. 그러나 현재 명확한 선발기준이 없으며 상담자로서 장래의 성공을 예언할 척도도 개발되어 있지 못한 실정이다. 따라서 현 단계에서는 일정 수준의 교육배경을 갖춘 후, 상담자 연수교육을 받기를 원하는 사람을 받아들일 수밖에 없다. 이상적으로는 연수 도중에라도 상담자로서 심각한 취약점이 발견되면 상담자 교육을 중단하도록 권유해야 할 것이다.

7. 집단역학적 교육

현재의 강사중심 교육에서 탈피하여, 앞으로는 연수자가 교육과정에 직접 참여하도록 권유되어야 할 것이다. 이를 위해 연수자중심의 집단역학적 방법이 적용될 수도 있겠다. 이렇게 함으로써 연수자는 자기 스스로 문제를 해결하고, 상담자로서의 역할 수행 조건에 맞는 합리적·실용적 지식을 체득할 수 있게 될 것이다. 근본적으로 어느 교육계획에도 교육을 맡은 전문가의 제한된 견해와 성격이 반영되기 마련이다. 그러나 특히 상담자 연수과정에 인간성·감수성 및 인간적 성숙을 조장하는 내용을 포함시킬 때, 연수자의 학습을 촉진할 뿐만 아니라 앞에서 말한 바람직한 상담자 교육으로 한 발 다가설 것이다.

2 전문적 상담의 현재와 미래

2.1 전문적 상담자의 현 위치

우리나라에서의 전문적 상담활동은 한국심리학회 상담심리전문가자격 설립 50여 년 역사에도 불구하고 여러 가지 면에서 어려움에 부딪히고 있다. 아직 이론적 접근모형이 정착되지 않았을 뿐만 아니라 역할면에서의 혼돈과 제약, 활동경비의 부족, 실제적 방법의 미숙 등 여러 가지 문제점을 안고 있는 실정이다.

1. 제도화되지 않은 전문상담자

아직 '상담자'라는 전문직이 제도화되지 않고 있다는 사실 자체가 우리나라 상담활동의 문제성을 잘 반영하고 있다고 하겠다. 유럽에서는 상담자의 '새로운 역할'의 모색에 관한 분분한 논쟁 가운데 '인간관계 전문가', '응용행동 과학자'와 같은 명칭이 상담자의 임무를 보다 적절하게 묘사하는 것이라고 주장하는 학자들이 있을 정도이다. 그러나 우리나라에서는 중등학교는 물론 대학수준의 교육기관에서도 상담자가 하나의 '생활지도 책임자', '조언자' 또는 '학생 지도자'라는 역할 개념에서 벗어나지 못하고 있는 형편이다. 이러한 대외적인 인식부족과 갈등적 대우 외에도, 내담자의 개인적 문제를 얼마만큼 해결해 주고 있느냐는 문제에도 부딪혀 있는 것이다. 특히 학교 상담자들은 상담을 책임 있게 할 수 있는 시간상의 필수조건도 마련하지 못한 상황에서, 그 노력의 효과도 동료교사 및 학교 당국에 의해 회의적으로 평가받고 있는 실정에 있다.

이렇게 상담활동상의 문제를 엎친 데 덮친 격으로 더욱 복잡하게 만드는 요인은 우리나라의 현 사회·경제적인 배경에도 있다. 상담의 이상적 가치와 목표인 책임 있는 행동, 개방적이고 평등한 대화, 자율적인 주체성 및 인격적인 성숙 등을 펼치기에는 현 우리나라의 생활풍토가 너무나 큰 장벽을 이루고 있다는 사실이다. 즉, 책임감보다는 기회주의적 행동, 개방적이고 평등하기보다는 은닉적이고 수직적인 언어문화, 자율적인 주체성보다는 타율적인 의존성, 인격적 성숙보다는 물질과 권위지향적 사고방식이 만연되고 있는 생활문화 속에서 상담의 이상이 제대로 실현될 수 없는 것이다.

다시 말해서 상담실에서의 노력이 제대로 실천할 수 없는 공염불에 그치고 있거나, 그나마 대부분 실효가 없는 비전문적인 훈육지도와 다를 바 없는 실정이라고 해도 과언이 아닐 정도이다. 이러한 점에서 우리나라의 전문적 상담활동은 실질적인 사회복지가 실현될 것으로 기대되는 21세기 후반에 가서야 제대로 꽃을 피울 것이라는 예측을 낳고 있다.

우리나라에서 전문적인 상담이 이루어지기 위해서 특히 다음 두 가지 사항이 우선적으로 선결될 필요가 있다. 첫째, 상담사 자격의 국가 공인화이다. 현재 정통성 있는 상담관련 학회의 자격증(예: 상담심리사, 전문상담사)이 있으나 국가자격이 아닌 민간자격증이기 때문에 국가정책에 의해 시행되는 상담활동에 참여할 때 제한적이며 '청소년 상담사' 자격증이 국가자격으로 있으나 청소년 상담에 국한되며 그나마 실질적인 상담/임상수련 과정이 부족한 문제가 있다. 둘째, 상담교육대학원프로그램의 인증제를 달성하는 일이다. 상담수요의 급증으로 인해 상담자가 되려는 사람 역시 기하급수적으로 늘어났으나 이들에게 체계적인 상담훈련을 제공할 수 있는 기관이 부족한 것이 현실이다. 일부 상담교육 프로그램은 전문성이 결여된 인력에 의해 교육이 진행됨에 따라 교육의 질이 저하되고 교육생들을 돈을 버는 대상으로만 인식하는 경우도 없지 않다. 이러한 상황의 직접적인 피해자는 실제 상담 서비스를 제공받는 내담자가 되기 때문에 문제가 된다.

그러나 우리나라에서의 상담은 서서히 전진하고 있다. 비록 역할 면에서 갈등기에 있지만, 어디까지나 발전을 위한 진통을 겪고 있을 뿐이다. 이러한 진통 속에서의 전진은 성실하고 연구적인 여러 상담자들에 의해서 이루어지고 있는 것이 사실이다. 앞에서 말한 효과 면에 대한 회의적 평가만큼 긍정적 지지자들이 있고, 궁극적으로 보람을 느끼게 하는 정신적 보상이 있는 것이다. 다른 직업활동보다 이상과 현실 간의 갈등을 훨씬 많이 겪으면서도, 꾸준히 정진하는 우리나라 상담자 측 노력의 결실은 10년

후의 미래세대에서 확연히 나타날 것이다.

2. 정착되지 못한 상담자 교육

우리나라에서의 보다 발전적인 상담활동은 역시 상담자 교육의 정착에서 찾을 수 있다고 생각된다. 일반적으로 상담자 교육에 참여하는 사람들은 일선 상담자의 조직 내에서의 현실적인 임무를 잘 모르고 있는 것이 사실이다. 또한 상담교육자들의 사고 방식·교육내용 및 신념이 너무 이론적이어서, 학교 현장과 사회단체에서 필요한 상담 의 성질 및 내용과 일치하지 않을 가능성이 크다. 상담자 교육자들의 입장에서는 이러 한 차이의 많은 부분이 서로 다른 환경적 여건의 결과 때문이라고 느끼고 있는 형편이 다. 그러나 아무리 어렵더라도 상담자를 훈련하는 사람들은 피교육자들이 일단 직장에 나간 후, 교육적 효과의 결과에 대해 관심을 가져야만 한다.

미국의 한 최근 자료는 상담자로 일하고 있는 사람들의 절반 정도가 대학원 공부 를 계속하고 있고, 소수의 사람들만이 과거와 같은 수준의 생활지도와 상담을 계속하 고 있다는 것을 보고했다. 이것은 그들이 보다 전문적인 상담의 필요성을 느꼈기 때문 이거나 더 나은 직장을 찾기 위해서 일 것이다. 또한 상담자들을 양성한 대학교나 여 러 기관 중 어느 곳에서도 이러한 정보를 모으려는 시도조차 하지 않았다는 사실이 주 목된다. 상담자 교육의 내용과 현실 간의 차이에서 오는 문제점에 관해서는 앞의 연수 교육 부분에서 구체적으로 설명하였다.

여기서는 '상담자의 활동모형'을 검토하기로 한다. 즉, 상담자 양성에서의 또 다른 문제점은 양성교육에서 적용되고 있는 '상담자의 활동모형'이 부적당하다는 것이다. 현재의 상담연수자들은 주로 사무실 속의 네 개의 벽으로 둘러싸인 방 안에서만 상담 을 하고, 예방보다는 치료를 강조하고, 사회적 요구와 소속기관의 존재 목적에 부응하 려는 노력을 소홀히 하는 교육을 받는 상태이다.

내담자에 대한 책임감과 소속기관에 대한 의무감 사이에 갈등이 생길 때, 상담자 들은 이익을 희생하고 기관의 방침이나 운영절차에 따르기 쉽다. 특히 고등학교 및 대 학에 종사하는 상담자들은 내담자의 인격적 성숙에 장애가 되는 사회체제의 압력을 다 루기보다는, 내담자의 내면적 심리 또는 정신력을 다루기를 더 좋아한다는 것을 부인 하기 힘들다. 이것은 상담자가 주로 개인적 치료모형에 바탕을 둔 훈련을 받았다는 점 에서 가히 놀라운 일이 아닐지 모른다. 그러나 내담자의 내면적 문제에만 상담의 초점을 맞추게 되면, 그러한 문제를 유발시키는 환경 및 기관의 역할에 대한 이해를 소홀히 하게 된다. 따라서 상담자 양성교육은 현재의 활동여건에 적합한 상담자를 양성할 것인지 아니면 미래사회를 위한 상담자를 양성할 것인지를 미리 계획하고, 그 계획에 합당한 교육내용을 입안하고 실행해야 할 것이다.

2.2 상담자 역할에 대한 인식부족

우리나라에서 상담이 정착되기 위해 극복해야 할 또 하나의 난관은 상담자 역할의 규명과 전문적 상담자에 대한 올바른 인식이라고 볼 수 있을 것이다. 사실 많은 사람들이 상담이라는 말을 이해하고 있지만, 어느 두 사람도 같은 뜻으로 이해하고 있지는 않다. 그리고 상담자가 수행해야 할 임무에 대해서 전문가들마저 의견이 다른 형편이다. 현재 중등학교에서 상담자 역할을 수행하고 있는 교도교사 또는 상담교사와 학생들 사이에도 상담자의 역할기능에 관한 기대상의 차이가 크다는 것은 늘 경험되고 있는 사실이다.

1. 상담자 역할에 대한 비합리적 기대

상담자의 올바른 역할에 대한 커다란 견해 차이는 상담자의 직업적 활동에 대해 심각한 영향을 미치게 마련이다. 우선 상담에 대한 내담자 및 학생집단과 상담자 자신들간의 상이한 기대는 그것이 현실적이든 아니든간에 상담자의 시간과 정력을 소모하게 하는 요인이다.

상담자의 직업적 책임에 대한 이러한 기대 차이 외에도 내담자들은 상담자가 이상적인 인격의 특성들을 모두 갖추고 있기를 기대한다. 예컨대 상담자는 헌신적 정신, 정의감과 재치, 인간문제에 대한 해박한 지식, 예리한 분석능력과 동정심 등을 모두 갖춘 사람으로 기대되고 있다. 이러한 기대를 충족시킨다는 것은 공자·예수·슈바이처 박사 등의 역을 한꺼번에 해야 함을 의미하는 것이다. 만약 한 상담자가 이러한 바람직한 상담자로서의 특성들을 완벽하게 갖추었다면, 어느 한 기관 또는 학교에서의 상담자보다는 성직자적인 생활에 더 적합할 것이다.

이런 점에서 상담자는 끊임 없이 자신과 자신이 봉사하고 있는 집단에 대해 '우리는 누구에게 책임을 져야 하는가', '무엇을 책임져야 하는가'하는 질문을 던져야 한다. 비록 이러한 질문에 대해서 상담자 자신들이 때때로 회의를 느끼겠지만, 모호하고 평가되지 않는 역할에 안주하는 것은 상담자의 진정한 책임으로부터 회피함을 의미할 것이다.

2. 상담자와 내담자 인구의 비율

상담자의 역할에 관련된 또 다른 문제로는 조직체 내에서 심리학자·정신건강전문 의사·사회사업가 등 다른 전문직에 종사하는 사람들과 상담자 사이의 역할 구분이 분명치 않고, 기관의 행정적 기능에 의해서 활동영역이 통제된다는 점일 것이다. 다시 말해서 상담자의 활동범위는 상담에 대한 소속기관장 및 행정가들의 호의 여부에 의해 크게 영향받고, 상담자 스스로의 양과 범위를 임의로 규정할 수 없는 것이다.

아마 이와 현실적으로 관련되는 문제가 상담자에 대한 내담자 수의 비율일 것이다. 미국 학교상담협회에서 추천한 상담자 1명에 대한 학생수는 250명이고(현실적으로 바람직한 비율은 1 : 400), 실제로는 대부분의 미국 중등학교에서도 한 명의 전임 상담자가 800명 정도의 학생들을 맡고 있는 형편이다.

우리나라에서 전문상담교사 및 진로진학교사 제도가 활성화되고 있는 것은 고무적인 일이나 점점 심화되고 있는 학교폭력의 문제를 효율적으로 다루기에는 여러 가지 측면에서 미흡한 것이 사실이다. 전문상담교사가 모든 단위학교에 배치되어 있는 것도 아니고 배치된 곳 중에도 상담시설이 미비하거나 전문상담교사의 역할 및 임무에 대한 이해가 부족한 학교 관리자들로 인해 상담업무 이외에도 수업까지 담당하는 경우도 없지 않은 실정이다.

대학의 경우에도 2020년 124개교 상담센터의 전일제 상담원이 1~2명 뿐인 대학이 58.9%나 되며, 상담사들은 상담 업무뿐 아니라 행정업무, 심리 연구 등 추가적 업무를 감당해야 하는 상황이 대부분이다(전국대학교학생상담센터협의회, 2020).

현재 우리나라에서 한 상담자가 담당해야 할 학생 인구의 엄청난 규모와 전문적으로 기대되는 비율과 실제 비율 간의 커다란 차이는 상담자 자신들의 역할 규정과 정책결정자들의 역할 규정 사이의 심각한 견해차를 여실히 반영하는 것이다. 이러한 상황은 그나마 부족한 상담자들이 역할을 수행하는 과정에서 제한된 힘밖에 가지고 있지 못하다는 것을 잘 나타내는 증거이다.

2.3 전문적 상담자 및 직업적 상담활동의 미래

우리나라에서 전문적 상담의 정착화를 위해 여러 가지 제안이 있을 수 있겠지만 그 중 몇 가지를 다음에 엮어 본다.

1) 학교상담자의 역할규정과 제도화

교육정책적 차원에서 학교상담자의 역할을 규정하고, 상담자는 전문적 임무와 처우에 관한 제도화가 시급하다. 이러한 역할규정과 제도화는 학교 및 지방적 특성과 요구를 가능한 한 반영하는 것이 바람직할 것이다.

2) 전문적 상담의 분리

교육기관의 경우 학생을 지도하는 교사들에게 자문과 도움을 줄 수 있는 전문 상담자를 임용함으로써 학교상담을 분리시키도록 제안하고 싶다. 즉, 각 교사들이 담임 학급 학생들의 공부에 관한 지도와 일상생활 문제에 관한 의논상대가 되고, 전문상담교사는 일반교사가 할 수 없는 특수한 교육적 기획 및 행사와 성격지도 문제를 담당하고 교사들에 대한 전문적 자료제공자로서 활동하는 것이 바람직할 것이다.

3) 상호 의사교환의 증진

상담자는 상담활동 외의 분야에도 다양한 의사교환을 위한 시간을 많이 할애하는 것이 요청된다. 예컨대 내담자의 의사결정에 큰 영향을 미치는 학부모들과 상호 의사를 교환하고 자문을 해 주도록 노력해야 할 것이다. 상담자가 소속된 기관이 클수록 관계자와의 효과적 의사전달을 위한 노력이 더 많이 필요한 것이 사실이다.

4) 개인 심리치료로부터의 탈피

상담자는 내담자 개인의 심층적 문제에 대한 집중적 관심을 조정하거나, 개인치료적 상담이라도 효과적으로 하고 있음을 다른 사람에게 입증할 수 있어야 할 것이다.

흔히 상담자가 개인적 문제를 효과적으로 상담한다고 생각하는 사람은 상담자 자신과 일부 학부모들뿐이고, 내담자들은 그렇게 생각하지 않고 있는 경우가 많다. 다시 말해서 개인 심리치료적 도움만 주려고 할 것이 아니라, 보다 포괄적이고 체계적인 평가적 기술과 구체적 행동훈련방법 등에 초점을 맞추어야 할 것이다.

5) 상담자의 연구적 자세

우리나라에서는 몇몇 분을 제외하고는 연구 및 평가를 소홀히 하는 경향이 있는데, 이것은 전체 상담활동의 큰 단점이라고 말할 수 있겠다. 상담자는 실제 활동에서 얻어진 결과를 평가할 수 있는 경험적 준거가 필요하다. 경험적 자료를 통해서만 상담활동이 다른 사람에게 긍정적인 것으로 받아들여질 수 있기 때문이다. 이러한 자료는 전문직으로서의 상담의 공헌을 기관의 다른 동료와 사회에 알리고 확신시키는 데 필요한 것이다. 이러한 연구적 자세가 상담활동의 장래를 더욱 유망하게 한다면, 상담자는 마땅히 연구에 대한 기본적 자세를 갖추고 상담의 과정 및 결과에 관한 평가기술을 익혀야 할 것이다.

6) 변화촉진자로서의 상담자

상담을 발전시키기 위한 제안에는 상담자가 기관 및 환경적 변화촉진자로서 등장하는 것이 포함된다. 다시 말해서 전문적 상담자는 기관에 의해 야기되거나 강화되는 문제들의 해소를 위한 교육적 행사 등을 기획·검토 또는 수정하는 사람으로 활동하는 것이다. 여기에 포함되는 문제에는 기관의 운영·실천결과 등의 평가로부터 내담자들의 학업부진, 성(性)문제, 폭력문제 등에 대한 지도행사에 이르기까지 다양한 내용이 될 것이다. 여기에서 강조되는 상담자의 역할은 '구성 및 평가자' 또는 '변화촉진자'라는 용어로 대변될 수 있는 성질의 것이라고 하겠다. 이러한 역할은 현재의 역할보다 훨씬 더 활동적이고 적극적인 상담자의 활동을 요구하는 것이다.

즉, 상담자가 개인적 진단과 상담에 그치기보다는 내담자의 환경조건에 영향을 주는 정책결정자들(행정가, 교육위원회 위원, 고용주 등)과 더 많은 교류를 가지게 되는 것이다. 따라서 상담자가 내담자를 현재의 사회적 상황에 단순히 적응하도록 도와 주기보다는, 내담자의 학구적·심리적·사회적 요구에 부합하도록 환경적 조건에 영향을 미치는 방법 등을 가르치는 것이 보다 바람직할 것이다. 다시 말해서 학교상담자의 경우 처음부터 학생교육에 장애적인 기관운영이나 제도에 학생들을 적응시키려고 하기보다는 바람직한 방침, 사회적 발전, 학구적 기준 등을 수립하고 개발시키는 데 보다 깊이 관여하고 학생들에게도 이런 방향으로 격려하는 것이 이상적이다.

7) 거시적 상담활동의 관점

물론 이러한 적극적인 상담자의 역할은 비현실적인 이상론에 불과하다는 비판에 부딪힐지도 모른다. 즉, 상담자는 1 대 1의 관계가 아니면 소집단을 기초로 개인적 상담을 계속하는 것이 가장 합리적이나 한편으로는, '사회 발전의 선구자로 나설 수는 없다'는 비판이 제기될 수 있다. 그러나 이러한 비판은 내담자 문제의 외부적 요인을 인식하지 않으려고 할 때나, 그러한 중요성을 인식하더라도 상담자의 역할을 소극적으로 제한하는 생각에서 출발되는 것이다. 다시 말해서 이러한 비판은 자발적으로 문제를 제시하는 내담자를 주로 다루는 개업 임상가를 모형으로 삼는 셈이며, 상담은 '스스로의 의사결정에 자유로운 내담자를 다룬다'는 가정을 토대로 이루어진 것이다. 그러나 이것은 상담자로 하여금 개인에게 작용되는 내면적 정신력과 환경적 영향을 제대로 인식하지 못하게 하는 가정인 것이다. 사회적 영향력이 내담자의 주요 문제이거나 문제의 원인임을 이해하지 못하는 상담자는 내담자를 효과적으로 조력할 준비가 전혀 되어 있지 못하다고 볼 수 있다.

우리나라에서 전문적 상담활동이 정착되기 위해서는 이러한 바람직한 상담자의 역할이 규명되고 현실적 요구에 부합하는 교육과정 등이 먼저 실현되어야 할 것이다. 그 때까지는 상담자들이 다분히 개인상담적인 입장이나 교도책임자의 역할에 전념하든지 아니면, 현재의 여러 난관 및 불만족스러운 상태를 개선하려는 구체적인 노력을 해야 한다. 요컨대 우리나라의 사회 · 경제적인 발전과 더불어 앞에서 제안된 상담자상을 서서히 구축해 나가야 할 것이다.

✔ 주요개념

상담자 연수교육/ 상담자 상/ 상담자의 역할갈등/ 상담자의 자기성장/ 교육분석/ 지도하의 상담/ 응용행동 과학자로서의 상담자/ 상담자의 활동모형/ 개인치료중심의 상담/ 변화촉진자로서의 상담자

✔ 연구문제

1. 현대사회에 바람직한 상담자 상은 어떤 것인가?
2. 우리나라의 중등학교 상담교사를 위한 교육내용과 대학원에서의 상담심리학 전공 과정을 알아보자.
3. '우리나라에서 힘든 여건을 무릅쓰고 전문적 상담자 제도를 실시해야 된다'는 근거와 '당장보다 장차 고려할 만하다'는 근거를 각각 탐색·제시해 보자.
4. '응용행동 과학자로서의 상담자 역할'은 무엇을 말하는가?
5. 상담자 자신의 인간적·전문적 성장을 기하는 방법은 무엇인가?

상담의
동양적 접근

제 11장까지는 상담심리학의 기초와 전문적 상담활동 내용에 관해서 다루었으나, 본 장에서는 한국을 포함한 동양에서의 상담심리학을 소개했다. 소개의 근거가 된 기초자료가 불충분했고, 구성의 짜임새가 없기는 하나, 상담심리학을 학습하는 학생과 독자들에게 하나의 기본적 참고자료가 되리라고 믿는다.

상담이론의 토착화

　심리적 고통으로부터 벗어나 마음의 평화를 누리고자 하는 욕망은 동서양을 막론하고 인간 누구에게나 보편적인 것이다. 상담은 이러한 인간의 기본적 욕구를 다루는 것이라고 할 수 있을 것이다. 일찍이 서양에서는 경험적 연구를 통하여 인간의 삶의 문제들에 대해 과학적인 접근을 시도하였으며, 이로부터 비교적 체계적인 몇 가지 심리학적 이론들이 제시되었다. 그러나 서양문화를 배경으로 한, 그리고 과학적 방법론을 사용한 심리학적 이론이 인간의 삶의 문제에 대해 완전한 해결책을 제공한다고 볼 수는 없다.

　오늘날 최근까지도 동서양을 막론하고 인간의 욕구충족을 위하여 자연과 환경을 끊임없이 정복해야 할 것으로 생각하는 경향이 있었다. 그 결과 역사상 어느 때보다도 물질적인 풍요를 누리게 되었으나, 이에 비례하여 경쟁과 적대의식, 불신감, 허탈감 등 정신적인 부조화도 마찬가지로 증가하였으며 이에 대한 대책의 필요성도 심각하게 논의되고 있다. 가능한 처방을 동양문화나 사상에서 찾아보려고 하는 이유는 종래의 동양문화나 사상이 욕망의 해방보다는 절제를, 다른 사람 및 주위 사람에 대한 지배와 정복보다는 상호 간의 조화를 추구하였기 때문이다.

　동양은 서양과는 다른 독특한 정신세계 속에서 살아 왔다. 동양인의 삶의 문제는 종교적 사상을 지주로 하여 자기초월적 상태의 추구(불교의 선)나 인간관계의 도리(유교의 예)를 통해 해결되어지기도 하였다. 예로부터 동서양 간의 정신세계와 생활문화상의 이러한 차이는 인정되어 왔다.

　우리나라에서 전통적인 동양사상 및 종교에 관심을 갖게 된 것은 서양 것에 대한 심취에서 깨어나면서 동양 것 내지 우리 것에 대한 재음미·재검토를 해 보고자 하는 생각에서 나온 것 같다. 또한 서양에서의 동양사상에 대한 관심은 그들의 현대 문명과 사상이 부딪히고 있는 난점들을 타개할 수 있는 어떤 실마리를 찾고자 하는 데서 비롯된 것이 아닐까 싶다.

　특히 인간의 심리적 문제를 다루는 상담심리 전문가나 정신치료자들에게 있어서는 인간의 수양과 성숙에 관심을 두고 인간의 심리를 이해하려 했던 동양사상이나 종교가 더욱 연구해 볼 만한 가치가 있을 것이다.

1.1 불교적 접근

여기에서는 동양사상 및 종교에서의 큰 줄기 중 하나인 불교에서 인간의 심리적인 문제를 어떻게 이해하고 있는가 하는 점을 심리상담 및 정신치료와 관련시켜 비교·검토하면서 이들 사이의 공통점과 차이점을 살펴보고자 한다.[1]

1. 불교에서의 인간관

불교는 유심론적 입장을 취한다. 불교에 의하면 인간과 그가 속한 환경·세계 등은 모두 그의 마음이 지은 바에 따른다. 이 마음은 부처에 이르는 진심의 측면이 있고 중생이 되게 하는 망심의 측면도 있다. 부처 혹은 깨달은 사람은 자기의 진정한 성품, 즉 진심 혹은 불성을 깨달아 그에 따라 사는 사람으로 자신의 내재적인 가능성과 잠재력·가치 등을 이해하고 믿으며 그것을 구현하는 사람이다. 또한 자기와 남을 다같이 가치 있으며 가능성과 능력을 지닌 존귀한 존재로서 동일시하며 자기 자신과 남을 지혜와 사랑으로 대한다.

이와 반대로 자신 속에서 원만구족한 자기를 깨닫지 못한 사람은 외부적인 것에 매달려 부귀공명이나 쾌락과 권력을 추구한다. 이런 사람은 소아적 자기를 고집하기 때문에 남에게 의존하고, 남이 알아 주기를 바라고, 욕심을 내고, 부족하다고 느끼는 자기를 비하·질책하고, 남을 부러워한다.

불교는 부처와 중생을 구별하지만 그들은 근본적으로 다른 존재가 아니며, 자기의 진정한 마음을 깨닫거나 깨닫지 못한 것의 차이에 불과하다고 본다. 깨닫지 못했을 때는 최초의 원인인 마음과 촉발하는 조건인 환경과의 상호작용인 인연에 의하여 어떤 행동이 일어나고, 그에 따라 정해진 결과를 받게 된다. 그러나 깨달은 뒤의 행동은 인연에 의해 결정되어지지 않고 자유로운 존재로서 융통성 있게 행동하며, 마음이나 필요에 따라 중생의 모습을 나타내기도 하고 보살의 모습을 나타내기도 한다.

---

1 불교적 접근은 주로 윤호균(1982, 1983)의 논문들을 참고로 해서 작성되었다.

2. 심리적인 문제와 그 원인

불교에서는 괴로움의 심리적인 근원이 중생의 무명과 갈애2에 따른 집착에 있다고 한다. 무명이란 올바른 지견, 올바른 지혜가 없는 것이며, 갈애란 충족되지 않은 욕망을 뜻하며, 집착이란 욕망의 대상에 '맛들이고, 집착하며, 반복적으로 되돌아보며 마음이 거기에 묶이는 것'을 말한다. 다시 말하면 무명이란 중생이 자기의 몸과 마음을 진정한 자기인 것처럼 생각하거나 모든 현상이 무상하다는 것을 참답게 알지 못하는 것을 뜻하며, 갈애란 넓은 뜻에서는 인간의 생리적·정서적 욕구 및 사회적 인정 등에 대한 욕구 일반을 뜻하며 그 핵심은 행복해지고자 하는 욕구라 할 수 있다. 다른 말로 표현하면 소아적3 자기를 자기라고 착각하는 것을 무명이라 하며, 소아적 욕구를 갈애라 하며, 그런 소아적 욕구에 매달려 있는 것을 집착이라고 본다. 이런 소아적 국집에서 벗어나 참된 자기와 있는 그대로의 현실을 볼 수 있게 되고, 그에 따라 살아갈 수 있는 것을 해탈4이라고 하였다.

한편 인간중심의 접근을 주장한 로저스는 인간이 완전히 기능을 발휘하지 못하고 심리적인 부적응을 하게 되는 것은 경험과 자기(자아 혹은 자아개념) 사이의 괴리 때문이라고 하였다. 로저스와 불교적 입장의 일치점은 두 입장 모두 심리적인 문제의 원인을 진정한 자기, 진정한 현실로부터의 자기소외에 있다고 본 것이다. 또한 이런 자기소외의 근원을 '소아적 자기'의 욕구를 만족시키는 것과 '자기개념'에 자신의 경험을 맞추려 하는 것에 있다고 보는 점에서 두 입장이 상통한다고 하겠다. 요컨대 불교와 로저스의 이론은 자기에 대한 집착이 모든 심리적인 문제의 핵심을 이룬다고 보는 점에서는 서로 일치하고 있다.

3. 해탈과 심리적 문제의 극복

심리적 문제의 극복에 관한 불교의 견해를 살펴보기로 하자. 불교에서는 인간의 괴로움의 원인이 자기의 무명과 갈애에 따른 집착에 있다고 하였지만, 그 해결과 극복

---

2 갈애(渴愛) : 목이 마를 때 물을 구하듯이 범부가 5욕(慾)에 탐착함을 말한다.
3 소아(小我) : 깨닫지 못한 사람이 개념적으로 자기라고 생각하여 집착하게 되는 자기.
4 해탈(解脫) : (1) 번뇌의 속에서 벗어나 자유로운 경지에 이름. (2) 열반의 다른 이름. 열반은 불교 구경의 이상이니 여러 가지 속박에서 벗어난 상태이므로 해탈이라고 볼 수 있음. (3) 선정의 다른 이름. 속박을 벗고 자제함을 얻는 것이 선정의 덕이므로 해탈이라고 한다.

역시 자기 자신에 있음을 강조한다. 즉 자신의 마음을 깨우쳐 진정한 자기가 되는 것이 해탈과 문제해결의 요체라고 보는 것이다. 그러므로 불교는 해탈을 자기 아닌 어떤 외부의 존재에서 찾으려 하지 말고 자기 마음을 되돌이켜보는 가운데서 찾을 것을 강조한다. 불교에서는 수도하는 사람이 우선 자기가 곧 부처이며 자기집착으로 인한 여러 가지 생각과 감정은 모두 허깨비에 지나지 않는다는 것을 인식한다. 그리고 이러한 인식을 깊게 깨우쳐 감으로써 비로소 진정한 자기와 자기현실을 사는 해탈의 경지에 이를 수 있다고 본다.

상담이나 심리치료에 있어서도 내담자는 자신의 심리적인 문제의 원인을 자기 자신 속에서 찾아야만 한다. 심리적인 문제의 핵심은 자신의 내적 욕구 사이의 갈등에 있으므로 내담자는 자기 자신의 마음을 살펴보아야 한다. 왜냐하면 자신의 태도나 성격을 떠나 일반적이고 추상적인 원리나 방법에서는 문제의 해결을 찾을 수 없기 때문이다. 따라서 문제의 원인을 바깥의 것으로 돌리고 바깥에서 그 해결책을 찾으려는 내담자를 상담하려 할 때에는, 문제의 원인이 자기의 행동·성격·태도 등 자기 자신 속에 있다는 것을 인식시키는 것이 중요하다.

또한 상담이나 심리치료는 내담자로 하여금 자기집착으로 인한 왜곡된 감정, 왜곡된 생각 등을 깨달아 이를 극복하게 하는 활동이다. 요컨대 상담이나 심리치료도 불교와 마찬가지로 내담자로 하여금 그의 헛된 생각, 헛된 감정을 집착할 것이 못 되는 빈 것으로 봄으로써, 집착에서 벗어나 현실을 있는 그대로 보도록 하는 작업이라고 볼 수 있다.

4. 불교적 접근의 요약

첫째, 불교는 인간의 객관적인 현실을 다루는 것이 아니라 주관적 현실, 즉 현상학적 장을 다룬다. 따라서 불교의 핵심은 깨달음의 경지이고 체험을 통한 체득의 경지라 할 수 있고, 사실의 세계가 아닌 '의미의 세계', '삶의 세계'라 할 수 있다.

둘째, 불교는 인간의 심리적 문제를 자기에 대한 집착, 또는 진정한 현실과의 괴리 등에 돌리고 있다. 그리고 불교는 삶의 궁극적 가치를 다루며 비교적 정신적으로 건강한 사람을 대상으로 하고 있다.

셋째, 불교는 자기집착으로 인한 비현실적인 생각과 감정을 깨달아 이를 극복시키는 것이 심리적 문제를 해결하는 길이라고 보고 있다. 그러나 불교에서는 자기초월성에 대한 믿음과 자각을 문제해결의 선결조건으로 삼으며, 헛된 생각과 감정을 일단 분명히 인식한 뒤에는 그것이 허구적이며 무상한 것임을 인식할 뿐, 그런 생각이나 감정을 전개해 나가거나 더 깊이 따져들지 않는다.

5. 불교, 정신분석 및 인간중심의 접근 간의 비교

상담·심리치료에 관한 동양적 접근과 서구의 상담이론을 비교하기는 극히 힘들다. 그 이유는 무엇보다도 현상적 본질의 자각을 중시하는 동양사상과 분석적 관점을 토대로 한 방법론중심의 서양이론모형은 기초개념에서부터 차이가 나기 때문일 것이다. 그러나 동양의 대표적 종교인 불교, 서구의 정신의학자에 의해 시작된 심리치료, 그리고 심리학자에 의해 주도되어 온 인간중심의 접근은 넓은 의미에서 인간의 심리적 문제의 해결이라는 동일한 영역을 다루고 있다고 볼 수 있다. 따라서 상담심리학을 공부하는 독자들로서는 이들 간의 접근방법상의 차이와 공통성을 이해할 필요가 있다. 이러한 점에서 대승불교, 정신분석, 인간중심의 접근을 비교·고찰한 윤호균(1982)의 논문은 극히 중요한 연구자료로 평가될 수 있다. 다음은 그 내용을 필자의 이해개념으로 요약한 것이다.

(1) 사고·행동요인에 대한 관점

세 입장이 모두 인간의 사고와 행동을 결정하는 주된 요인을 외부환경보다는 내적 요인에 두고 있으나, 그 강조점과 내용에 있어서는 커다란 차이를 나타낸다. 정신분석에서는 인간의 사고와 행동이 성격구조 간의 타협 또는 개인과 외부현실 사이의 타협에 의해 결정되며, 이 타협에서의 중핵적인 역할은 무의식적인 동기와 방어기제들에 의해 결정된다고 본다. 한편 인간중심의 접근에서는 행동 및 사고에 있어서의 내적인 요인을 더 강조한다. 즉, 환경이나 현실은 지각하는 사람을 떠나 존재하는 객관적인 현실이 아니라 지각하는 사람의 경험, 즉 현상적 장으로 용해된 현상이라고 본다. 이 때 객관적 현실 가운데 현상적 장이 되고 안 되고는 지각하는 사람의 유기체와 자기개념에 달려 있다.

불교는 인간행동에 있어서 인간 자신의 중요성을 더욱 극단적으로 밀고 나간다. 인간 자체와 인간이 처한 환경까지도 모두 마음의 소산이라고 주장한다. 그러나 개인들은 각자 그 사람 자체로서의 독자적인 인과의 연속을 가지고 있기 때문에, 인간중심의 접근에서 묵시적으로 인정하는 것처럼 경험 또는 현상적 장 속으로 받아들이기도 하고 받아들이지 않기도 하는 객관적 현실이 독자적으로 우리와 떨어져 존재함을 인정하고 있다. 그리고 불교에서의 연기설이나 '일체유심조'라는 말을 '모든 것은 마음먹기에 달려 있다'라는 뜻으로 해석한다면, 한 인간의 인지·감정·행동, 그리고 삶의 세계가 자신의 자유와 책임임을 강조한 것으로 보아야 할 것이다.

① 인간의 기본적 동기

인간의 기본동기에 대하여 세 입장은 다르다. 정신분석에서는 배고픔과 갈증, 특히 성적인 욕구와 공격적인 욕구 등을 인간의 가장 기본적인 동기로 보며, 인간의 행동은 이런 본능적이고 이기적인 욕구를 최대한 충족시키기 위한 것에 불과하다고 본다. 이에 비해 인간중심의 접근에서는 인간이란 자신의 내재적인 가능성 혹은 잠재력을 부단히 실현하려는 존재이며, 그의 내재적 가능성이나 잠재력의 실현은 자기 자신과 타인의 유지와 향상에 기여한다고 보고 있다. 불교에서는 인간이 원래 지혜와 자비의 존재이면서도 또한 그에 못지않게 탐욕과 무지의 존재라고 주장한다. 이 양면이 태어나면서부터 인간에게 주어져 있으며, 어느 방향으로 행동할 것인가는 그의 깨달음 여부에 달려 있다고 본다.

② 인간의 방어기제

방어가 인간에게 필요한 것인가에 대해서 서로 다른 입장을 취한다. 정신분석에서는 방어를 개인의 성격구조 사이의 불균형을 위해서나 개인과 사회 양자 간의 균형을 유지하기 위해서 필요불가결한 것으로 간주한다. 이 방어가 해체되어 본능적인 충동들이 그대로 의식될 때를 정신병의 상태로 보며, 사회현실과의 조화로운 균형을 유지하지 못하고 자신의 이기적이고 개인적인 욕망의 만족만을 추구함으로써 다른 사람들에게 해를 끼친다고 보고 있다. 인간중심의 접근에서는 일체의 방어를 근본적으로 인간의 내재적 잠재력을 위축시키는 것으로 본다. 자기개념에 일치하지 않는 경험들을 왜곡·부정하는 방어는 자신의 유지·향상은 물론, 자연스러운 대인관계의 유지·향상을 위해서도 바람직한 것은 아니다. 그러면서도 자기개념을 방어할 수 있어야만 자기 자신을 유지할 수 있는 점으로 볼 때에는 불필요한 것만은 아니라고 본다. 불교 역시 인간중심의 상담에서와 마찬가지로 방어 때문에 인간은 자신의 진실을 깨닫지 못한다고 본다. 진심 혹은 불성을 갖고 있으면서도 깨닫지 못하기 때문에 중생이 되고, 방어를 벗어나 깨달은 사람은 해탈한 사람이 되는 것으로 본다. 따라서 불교적 관점에서의 방어는 학습된 조건이면서 벗어나야 할 조건이라 할 수 있다.

③ 인간의 행동유발

인간의 행동이 이미 결정되어진 것의 표출인지, 아니면 자유로운 선택의 결과인지에 대한 문제에 관해서 세 입장이 대조를 이룬다. 정신분석에서는 인간의 행동은 무의식적 충동, 무의식적 방어, 무의식적 규범들에 의해서 무의식적으로 이미 타협, 결정된 것을 반영하고 있을 뿐이라고 본다. 인간중심의 접근에서는 매순간 스스로를 만들어 가는 존재로서의 인간의 행동을 끊임없는 선택의 표현이라고 보고 있다. 불교에서는 중생의 행동을 인과 연의 필연적 결과로 보는 반면, 깨달은 사람의 행동은 그와 같은 인연을 초월하여 융통 자재하고 있다고 본다. 즉 한 사람이 얼마나 자유로울 수 있는가 하는 것은 그의 깨달음의 정도에 달려 있다고 본다.

비록 행동의 결정 측면에서 세 입장이 다른 점을 보이지만 의식 혹은 통찰이 자유의 폭을 넓힌다는 점에 있어서는 견해를 같이 한다. 정신분석에서는 통찰을 통해 무의식적 결정에서 해방되고, 인간중심의 접근에서는 경험과 자기개념에 대한 이해를 통하여 인간이 보다 자유로운 선택을 할 수 있다고 보며, 불교 역시 깨달음이야말로 그를 지혜롭고 자비롭게 한다고 본다.

(2) 심리적인 문제에 대한 관점

인간관이 입장에 따라 다를 수 있듯이, 심리적 문제를 보는 시각과 그 원인에 대한 견해도 다르다.

세 입장, 즉 불교, 정신분석, 인간중심의 접근 모두 심리학적인 문제나 고통은 자신의 경험적 측면들을 왜곡하고 부정함으로써 내적인 통정 혹은 조화를 이루지 못한 것에서 유래한다고 보는 점에서 상통한다. 이는 인간의 행동이 환경요인들보다는 내적인 요인들에 의해 좌우된다고 보는 세 입장의 인간관과 맥락을 같이 한다.

그러나 왜곡당하고 부정당하는 측면에 대한 견해는 서로 다르다. 정신분석에서는 자신의 본능적인 욕구가 왜곡·부정된다고 한다. 사회규범이나 제약들이 지나치게 개인의 본능적 욕구를 억압할 때, 자신의 본능적 욕구를 수용하기보다는 억압하고 부정하게 된다고 본다. 인간중심의 접근에서는 왜곡·부정하는 것이 자신이나 사회관계의 유지와 향상에 기여할 수 있는 건설적이고 창조적이며 성장지향적인 잠재력들이라고 본다. 그리고 가치조건에 비추어 형성된 자기개념에 따라 자신의 생각·감정·행동들을 받아들이기도 하고 방어하며 왜곡·부정한다고 본다. 불교에서는 진정한 자기 모습을 깨닫지 못하고 무명으로 인한 망심 때문에 고통 속에서 허덕인다고 본다. 무명은 학습에 의한 것이며, 따라서 깨달음을 통하여 없앨 수 있는 것이다.

(3) 심리적 문제 해결에 대한 관점

여기서는 의식 혹은 깨달음의 문제와 치료적인 관계 혹은 조력적인 관계의 문제에만 국한하여 논하기로 하겠다.

우선 세 입장은 모두 심리적인 문제를 자신의 마음에 대한 통찰 혹은 깨달음을 통하여 해결할 수 있다고 본다. 즉 환자나 내담자, 수행자는 자기 자신의 내부에서 일어나는 여러 가지 감정이나 사고 혹은 충동들을 분명히 인식하고 이들을 자기의 것으로 받아들이는 가운데 적절히 통제·활성화·변혁시킴으로써 자신의 문제로부터 벗어날 수 있다고 본다.

① 의식화의 내용 및 시기

의식해야 할 마음의 내용에 대해서는 서로 다른 견해를 가지고 있다. 정신분석에서는 의식하게 되는 것이 억압되어 온 유아기적·아동기적 갈등과 그 속에 내포되어 있는 충동이나 사고라고 보는 반면, 인간중심의 접근에서는 내담자가 의식하게 되는 측면들은 주로 자신의 긍정적이고 건설적인 감정·충동·사고 등이다. 즉, 끊임없이 자신을 유지·향상시키려는 내재적인 잠재력을 의식하고, 이를 자신의 자기개념 속에 받아들이게 된다고 본다. 불교에서는 소아적 자기는 허구이며 미망에 불과하며, 자신의 참된 모습은 지혜와 자비로 충만한 존재임을 체험적으로 인식하고 그런 자기존재의 모습대로 살아야 함을 말한다.

의식화가 언제 어떤 정도로 이루어지는가 하는 데에는 차이가 있다. 정신분석은 치료를 통하여 무의식적 충동이나 사고를 의식하게 되고, 인간중심의 접근에서는 내담자가 상담을 해 가는 가운데 자신의 부정적인 감정 및 사고 또는 긍정적인 감정 및 사고를 인식하고 자신의 것으로 받아들일 수 있도록 자기개념을 확장·변형시켜 나간다. 이와 대조적으로 불교에서는 수행의 전제로서 수행의 결과에 대한 확신과 이해가 있어야 한다. 즉 소아적 자기의 허구성과 대아적 자기의 내재성 및 실현가능성을 수행에 앞서 확고하게 믿고 이해한 뒤, 체험을 통하여 더욱 확고하게 다져 나간다. 정신분석이나 인간중심의 접근에서 진정한 자기 모습을 점차로 깨달아 감에 반하여, 불교에서는 수행에 앞서 미리 믿고 이해한 진정한 자기 모습을 수행과정을 통하여 점차로 구현하게 되는 것이다.

② 관계의 성질 및 역할

중요한 논점은 분석자와 환자, 상담자와 내담자, 선지식과 수행자 사이의 관계에 관한 것이다. 정신분석이나 인간중심의 접근은 다 같이 관계를 치료의 주된 매체로 이용하고 있으며, 불교에서는 제자인 수행자와 스승으로서의 선지식 사이의 확고한 사제관계를 수행의 전제로 삼고 있다.

관계를 중시한다는 점에서는 세 입장이 동일하지만, 관계를 통하여 의도하는 바는 각각 다르며, 치료자와 선지식의 태도 및 역할 역시 다르다. 정신분석에서는 전이관계를 통하여 환자로 하여금 그가 의식하지 못하는 유아기적 갈등과 그에 관련된 충동 및 사고내용을 의식하고 이를 극복하도록 돕고, 인간중심의 접근에서는 내담자의 현재의 현실적인 욕구나 감정을 공감적으로 이해하고 수용하는 데에 초점을 맞춘다. 불교에서의 선지식은 수행자로 하여금 자신의 마음을 깨우쳐서 그 마음의 본바탕에 따라 살도록 돕는 사람이다. 해석이나 공감적 이해는 없다. 다만 선지식은 화두5를 제시하여 수행자가 지니고 있던 해결방식으로는 그 화두를 풀 수 없다는 충격과 좌절을 준 다음, 화두를 따라 함으로써 지금까지 얽매어 왔던 미망6과 번뇌의 굴레로부터 해방되고 확신과 기쁨의 삶으로 전입시키려고 한다. 선 수행에 있어 수행자는 선지식의 지도를 받되 그 스스로 정진해야만 한다. 올바른 깨달음은 한없는 좌절의 결과이며, 동시에 부단한 믿음과 이해에서 오는 충족의 산물이라 할 수 있다.

③ 내담자의 유형

세 입장이 다루고 있는 대상을 비교해 보면, 정신분석은 심각한 정도의 심리적인 문제를 가진 환자들이며, 인간중심의 접근에서의 대상은 그 정도가 덜 심각한 내담자들인 반면, 불교의 수행자들은 자기실존의 문제를 해결하고자 하는 사람들이다. 정신분석이나 인간중심의 접근은 올바른 종교적 수행을 위한 기초를 마련하며, 종교는 분석이나 인간중심적 상담의 완성을 가져온다고 말할 수 있겠다. 따라서 세 분야는 결국 서로 도움을 주고 받을 수 있다는 점을 지적할 수 있을 것 같다.

---

5 화두(話頭) : 선종(禪宗)에서 고측(古則), 공안(公案) 등의 1절이나 1측(則)을 가리켜 화두라 함. 종장(宗匠)의 말에서 이루어진 참선자가 연구해야 할 문제.
6 미망(迷妄) : (1) 사리에 어두움. (2) 심중에 헤매임.

1.2 본성실현적 접근

이형득(1993, 1994)이 주장한 상담의 발달모형에 의하면, 상담이란 병들거나 문제를 지닌 개인을 정상상태로 회복하도록 돕는 데 머무르지 않고, 정상인으로 하여금 보다 나은 성장발달을 촉진하므로 그가 지닌 생래적 성장가능력을 최대한 발휘하도록 돕는 과정이다. 다시 말해 병이 없는 일반적인 건강을 넘어서 신체적, 정서적, 지적, 사회적 및 종교 도덕적인 여러 측면에서 최고 수준의 발달을 이룬 '초건강 상태'로 이끄는 것이라고 하겠다. 그런데 이 초건강 상태는 특별한 몇 사람만이 얻을 수 있는 상태가 아니라, 사람이면 누구나 초건강을 누릴 수 있는 본성을 가지고 태어난다. 그러나 살아가는 중에 장애를 받아 초건강은 고사하고 건강도 잃어버리게 된다. 그래서 본성실현상담은 장애받은 본성을 회복시켜 주는 과정으로 이루어져 있다.

1. 인 간 관

본성실현상담은 동양에서 이루어진 사상체계나 종교 —불교, 도교 및 기독교— 에 근거하여 인간의 본성을 구체화하고 있다. 불교에 의하면 인간은 원래 불성을 지닌 존재로서 부처께서 소유한 여러 성격적 특징을 그 본성으로 지니고 있다. 도교에서는 인간을 덕이라고 하는 신비한 능력을 소유한 존재로 인정하여 누구든지 도인이 될 자질을 생래적으로 갖추고 있다고 본다. 그리고 기독교에서는 인간을 하나님의 형상으로 지음을 받은 존재로 보고 그 표본적인 인물인 예수의 성격적 특징을 모든 인간들도 본성으로 지니고 있다고 가르친다. 비록 이 세 가지 사상체계가 각기 표방하는 인물이나 구체적인 성격특징의 내용에는 약간의 차이를 나타내고 있지만, 인간이 본성적으로 행복하고 생산적인 삶을 영위하기에 충분한 여러 가지 능력을 풍부하게 소유하고 있다는 점에 있어서는 인식을 같이 하고 있다.

따라서 이 세 가지 사상체계에서 가르치는 인간 본성에 관한 공통적인 생각을 근거로 하여 인간의 본성을 구체화하여 이를 상담의 실제에 적용한다. 즉, 본성실현상담에서는 인간의 본성을 도덕적으로는 선악을 초월하며, 정서적으로는 탐심과 집착에서 초탈하여 불안과 고뇌에서 해방될 수 있고, 지적으로는 현실을 있는 그대로 정확하게 지각하고 수용하는 지혜를 지니며, 만사를 능수능란하고 우아하게 처리하는 기능 또는 예능을 발휘할 수 있고, 타인과 자연에 대하여 개방적이며 공평무사하므로 그들과 사랑-친절의 관계를 발전시킬 수 있으며, 신 또는 우주정신과의 영교를 통하여 여러 가지 초인적 능력을 발휘할 수 있는 것으로 본다. 다시 말해서 인간의 본성은 부처, 도인, 예수의 본성과 유사하기 때문에 그분들이 느끼고, 생각하고, 알고, 행동한 것을 우리들도 능히 할 수 있다고 인정한다.

2. 본성실현의 장애

인간의 본성이 앞에서 언급한 것처럼 전지전능에 가까운 지혜와 기능을 발휘하면서 보다 능률적이고 자유롭게 살 수 있는 능력을 지니고 있다고 했는데, 우리의 삶은 불안하고 자유롭지 못하고 무능하고 불행한 경험들로 이어지는 것처럼 여겨지는 이유는 왜인가? 본성실현상담에서는 양극적 사고와 선악판단, 허구적 자아개념, 불신과 소외, 욕심과 집착 및 주저와 조급 등 다섯 가지의 장애요인들을 제시하고 있다. 이들 장애요인들은 위계가 있는 것으로 이해된다. 즉, 양극적 사고와 선악판단에 의해 허구적 자아개념이 구성되고, 이에 의해 불신과 소외를 경험한다. 사람은 불신감과 소외감을 느끼면 이를 채우기 위해 욕심을 부리고 집착하게 되는데 겉으로 드러나는 행동적 특성이 주저와 조급이다. 그러면 이들 장애요인들을 구체적으로 살펴보자.

(1) 양극적 사고와 선악판단

원래 이 세상은 음과 양으로 대변되는 이원적 현상의 상보적 작용으로 이루어졌으며, 우리 인간의 삶 자체도 이원적 상태의 상호작용을 바탕으로 하여 유지되고 있다. 그러나 선악을 알게 된 이후부터 인간은 음과 양의 이원성을 배타적으로 보는 이른바 상반적 이원론 또는 양극적 사고에 입각하여 사물을 판단하게 되었다. 그 결과 인간은 양의 측면을 긍정적인 것(선)처럼 여겨 취하려고 하며 음의 측면을 부정적인 것(악)으로 착각하여 멀리 하려고 노력하게 되었다. 하지만 인간의 본성이 우주의 원리와 삶의 흐름을 거스를 수 없도록 되어 있기 때문에 그와 같은 노력은 인간에게 불만과 좌절, 실망과 고뇌를 경험하게 할 수밖에 없었다. 뿐만 아니라 이 양극적 사고에 근거한 선악판단의 태도는 본성에 따른 느낌, 생각, 행동을 방해함으로써 인간으로 하여금 자유롭고 생산적인 삶을 사는 데 지장을 주게 되었다.

이와 같은 선악판단적 태도는 자녀양육에 반영되어 자자손손 전수된 결과 마침내 모든 인간의 성격적 경향성으로 자리를 굳히게 되었다. 그리고 이 선악판단의 경향성은 다음에 언급될 허구적 자아개념, 불신과 소외, 욕심과 집착 그리고 주저나 조급한 행동과 같은 본성장애의 이차적 원인들을 야기시키게 된다.

(2) 허구적 자아개념

아동은 성장함에 따라 사물 자체와는 별도로 그 사물에 대한 상징이나 개념을 구성하는 능력을 발전시킨다. 여기에는 아동이 자기의 본성과는 별개로 자신에 대한 상징이나 개념을 구성하는 능력도 포함된다. 그리고 이 자신에 대한 상징 또는 자아개념은 부모와 사회의 기대에 부응하기 위하여 꾸며 낸 느낌과 행동을 주축으로 하여 구성된다. 아동에게 있어서는 개념이 실제보다 더 이해하기 쉽고, 변화하는 사실보다 불변하는 상징이 실제처럼 받아들여지기 때문에, 그는 자기 자신을 자신에 대한 개념과 동일시하게 된다. 그 결과 아동은 자신의 마음을 주관하는 실체, 즉 내적으로 격리된 별개의 주체인 '자아'가 존재하는 것처럼 주관적인 느낌을 지니게 된다. 이렇게 형성된 허구적 자아개념은 인간이 경험의 폭을 넓혀감에 따라 가시적인 주위환경과는 달리 불변적이고 고정적 실제처럼 받아들여진다.

(3) 불신과 소외

정도의 차이는 있지만 거의 모든 인간은 어렸을 적에 두렵고 고통스러운 경험을 하면서 성장하게 된다. 대부분의 부모들은 자녀를 양육할 때 긍정적이라고 여겨지는 행동을 칭찬하고 수용하기보다는, 부정적이라고 여겨지는 행동에 대하여 질책하고 벌하는 데 더 치중하는 경향을 띠고 있다. 그 후 성장과정에서 의미 있는 타인이나 사회적 인습과의 상호작용을 통하여 그의 부정적인 자아개념은 강화되고 고정화된다. 이처럼 부정적인 자아개념이 일단 형성되면 타인이나 자연현상까지도 불신하게 마련이다. 그리고 이와 같은 불신적 태도와 행동은 관계의 단절을 경험하게 하므로 소외감을 느끼게 한다. 원래 인간은 타인과는 물론 자연과도 불가분의 관계를 지녀야 하기 때문에 상호 간의 불신이나 갈등은 쌍방의 본성실현에 많은 지장을 주게 된다.

(4) 욕심과 집착

인간이 자기의 본성을 불신하여 스스로를 무능하고 무가치한 존재로 인식하는 경우 그는 자신의 부정적인 모습을 보상하기 위하여 노력하지 않을 수 없다. 다시 말해서 그는 못난 자기를 보호하거나 자기의 부족을 채우기 위하여 욕심을 내게 된다. 그리고 그는 자기의 욕심을 채워 줄 수 있을 것으로 여겨지는 대상에 대하여 강하게 집착하게 된다. 그런데 이러한 인간의 욕심과 집착은 모두 부정적인 자아개념을 보호하거나 보상하기 위한 방어기제적인 노력이기에 다분히 자아중심적이고 이기적인 성질을 띠고 있다. 그래서 본성으로 돌아가기 전에는 한 가지 욕심을 충족시킨다고 해도 또 다른 욕심이 뒤따르기 마련이다. 그렇지만 부정적인 자아개념에 기초한 이기적 욕심이기 때문에 인간은 더 한층 긴장, 실망, 좌절을 경험하는 악순환의 함정에 빠지고 만다.

(5) 주저와 조급

인간이 어떤 사물에 대하여 이기적인 욕심을 품고 이를 소유하거나 성취하기 위하여 집착을 하면, 그것에 얽매이게 되므로 본성실현에 장애를 받는다. 성공과 실패, 기쁨과 슬픔, 부와 가난 등과 같은 이원적 현상을 상반적으로 받아들이는 사람은 언제나 한 편(선하다고 판단되는 쪽)을 소유하기 위하여 욕심을 품는가 하면, 다른 편(악하다고 판단되는 쪽)을 피하기 위하여 노력하게 된다. 그래서 그는 소유하고 싶은 쪽을 더 빨리 그리고 더 많이 가지려고 조급해 하거나 그렇게 되지 못할 것을 염려하여 불안해 한다. 그 결과 그는 일을 수행하는 데 있어서 조급하게 서두르는가 하면 주저하거나 회피하게 된다. 이와 같은 행동은 자신에게 불만과 좌절을 안겨 줄 뿐만 아니라, 타인이나 자연과의 관계에도 많은 지장을 초래하게 한다.

3. 본성의 실현

인간은 보다 생산적이고 행복한 삶을 꾸려 가는 데에 필수적인 여러 가지 능력을 본성적으로 풍부하게 지니고 있지만 양극적 사고와 선악판단적 태도를 비롯한 장애요인들에 의해 본성을 실현할 수가 없다. 그러면 이러한 여러 가지 장애요인들을 잘 극복하여 그에게 부여된 본성적 능력을 최대한으로 실현할 수 있게 돕는 길은 무엇인가? 다음과 같은 본성실현에 도움이 되는 몇 가지 지식, 태도 및 행동을 제시한다. 상담자는 이러한 내용에 근거하여 상담목표를 정하고 과정을 주도해야 한다.

(1) 인지와 확신

보다 효과적인 본성실현을 위하여 최초로 해야 할 일은 본성의 성질, 삶의 기본원리, 그리고 우주의 존재양식에 관하여 바른 인식을 하는 것이다. 뿐만 아니라 인간이 본성을 제대로 실현하려면 적합한 태도의 형성과 행동의 변화를 필요로 한다. 이러한 태도의 형성과 행동의 변화는 사실이나 원리에 대한 단순한 지식만으로는 성취될 수 없다. 다시 말해서 태도의 형성과 행동의 변화는 단순한 지식의 차원을 넘어선 신념 또는 확신을 필요로 한다. 그러면 인간이 본성실현을 위하여 인지해야 할 뿐 아니라 마음 속 깊은 곳에서 확신해야 할 내용과 원리는 무엇인가?

첫째는 우리들 속에는 본성적으로 무한한 능력이 내재되어 있으며 이 능력은 방해를 받지 않는 경우 언제든지 스스로 발현될 수 있다. 둘째는 우리의 생각과 행동을 통제하는 실체로서의 '자아'의 존재를 별도로 인정하는 것은 착각일 뿐 아니라 이 허구적 자아개념에 집착하는 것이 본성실현의 장애요인이다. 다음으로 우주의 만상은 불가분의 관계 속에서 존재하고 있기 때문에 타인이나 자연의 안녕과 복지가 바로 나 자신의 안녕 및 복지와 직결된다. 마지막으로 인식해야 될 것은 세상의 모든 만상은 음과 양으로 대변되는 이원적 현상의 흐름으로 이루어져 있으므로 이 양면의 조화된 균형이 생산적이고 행복한 삶을 위하여 필수적인 조건이다. 그러므로 상담자는 내담자들로 하여금 이상의 내용과 원리를 깨닫고 확신하도록 돕는 일을 상담의 초기 과업으로 삼아야 한다.

(2) 허용적 태도

우리의 마음을 괴롭히거나 동요시키는 것은 외적인 여건이 아니라 우리의 마음 속에 자리하고 있는 욕심과 집착이다. 욕심과 집착에 의해 인간은 마음을 속박하여 본성적 느낌이나 생각의 자율적인 흐름을 방해한다. 그러므로 인간이 그의 본성을 제대로 실현하기 위해서는 우선 여하한 여건이나 사물이라도 있는 그대로 감지하고 허용할 수 있는 태도를 길러야 한다. 즉 그것은 옳다든지 그르다든지 하는 선악의 판단 없이 있는 그대로 감지하고, 스스로 생성했다가 스스로 소멸되도록 허용할 수 있어야 한다.

(3) 직관적 반응

허용적 태도를 통해 본성의 감성과 사고적 측면을 실현하면 직관적 반응을 통해 본성의 행동적 측면을 실현할 수 있다. 우리는 어려서부터 주로 언어와 논리적 추리력을 관장하는 좌측 두뇌의 기능만을 발달시켜 왔을 뿐 아니라 직관력과 창의력을 주관하는 우측 두뇌의 기능화에 대하여는 등한시해 왔다. 그 결과 무슨 일을 수행할 때 지나치게 분석적이고 논리적인 접근에 의존하고 있어 직관력의 기능을 방해한다. 그러므로 우리는 행동의 효율화를 위하여 직관적 능력을 활용하는 역량을 키울 필요가 있다.

실제로 우리는 그 무엇을 성취하려고 의식적으로 애쓰는 노력 자체에 의하여 성취를 방해받는다. 그러므로 성취하려고 의식적으로 노력하는 대신 직관력으로 하여금 스스로 작동하도록 신뢰하고 허용하는 것이 바로 행동의 효율성을 증진하는 최선임을 깨달아야 한다. 이처럼 본성적 직관력을 방해하지 않고 스스로 기능하도록 허용하려면 우리는 선불교에서 강조하는 '무념'(無念)의 경지에서 반응하기를 학습해야 한다. 무념이란 '마치 생각이 없는 것처럼', '모든 주위의 대상을 상대하면서도 오염되거나 집착하지 않는 자유로운 마음', '여하한 생각에 의해서도 마음의 기능이 간섭받지 않는 상태' 등으로 정의될 수 있다. 그러니까 '무념'이란 생각이 전혀 없는 것을 뜻하기보다는 '잘해야 한다', '실수하면 큰일이다'와 같은 기능을 방해하는 생각이 없음을 뜻한다고 볼 수 있다. 무념의 경지에서 이루어지는 직관적 반응은 자발성과 즉시성을 그 특징으로 한다. 그러므로 우리는 그것이 자체의 본성에 따라 적절히 기능하리라는 확신을 가지고 행동할 때 무엇을, 왜, 어떻게, 그리고 어디서와 같은 물음을 묻지 않고 매순간 마음에 떠오르는 대로 자연스럽게 곧바로 반응하는 법을 익혀야 한다.

(4) 조화적 행동

허용적 태도와 직관적 반응이 개인과 관련된 방법이라면 조화적 반응은 타인 및 자연과 관련된 방법이다. 한 개인은 항상 타인 및 자연의 삼라만상과 상호의존적인 불가분의 관계 속에서 살게 되어 있다. 인간을 포함한 우주의 만물은 상보적인 관계를 유지하고 있기 때문에 상호 간에 본성실현을 방해받지 않는 한 조화적으로 살아가게 되어 있다. 우리는 타인과 자연의 본성을 방해하지 않는 방법으로 행동하는 역량을 길러야 한다. 타인이나 자연의 본성을 거스르지 않는 유일한 길은 그들의 본성과 조화를 이루는 방법으로 행동하는 것이다. 도교의 무위사상은 모든 사물의 상호의존성을 전제로 한 유기체적 우주관에 근거를 두고 있다. 우주의 만물은 상호 간에 밀접한 관계 속에서 존재하기 때문에 각기 그 자체의 흐름 또는 리듬에 따르도록 허용하기만 하면 우주는 저절로 조화를 이루게 된다는 입장이다. 다시 말해 인간과 자연은 같은 관계를 지니고 있다. 그러므로 상호 간에 조화를 이루기 위하여 별도의 인위적 간섭이나 노력은 필요하지 않다. 다만 이와 같은 원리를 진정으로 깨닫고 매순간 있는 그대로의 자기 자신, 있는 그대로의 주위환경 그리고 있는 그대로의 양자 간의 관계를 모두 포함하는 총체적 경험을 있는 그대로 수용하기만 하면 그것이 바로 참된 의미의 조화적 행동인 것이다.

4. 요약 및 평가

본성실현상담은 인간의 본성을 유능한 것으로 인정하고 있다. 즉, 인간의 본성은 선악을 초월하며 탐심과 집착, 불안과 고뇌에서 초탈할 수 있고, 현실을 있는 그대로 지각하고 수용하는 지혜를 지니며, 만사를 능수능란하고 우아하게 처리할 수 있으며, 타인과 자연에 대하여 개방적이고 공평무사함으로써 그들과 친절사랑의 관계를 발전시킬 수 있으며, 신 또는 우주정신과의 영교를 통하여 여러 가지 초인적 능력을 발휘할 수 있는 것으로 본다. 그러나 인간은 선과 악을 판단하는 지식을 갖게 된 것에서부터 본성실현의 장애가 초래된 것으로 본다. 이 선악판단의 경향은 인간으로 하여금 허구적이고 부정적인 자아개념의 형성과 이에 대한 집착, 자기의 본성, 타인 및 자연에의 불신과 이들로부터의 소외, 허구적 자아유지 수단으로서의 사물에 대한 이기적 욕심과 집착, 그리고 예상불안에 기인된 주저와 조급 등의 비효과적 행동을 하게 한다.

그러므로 본성실현상담은 다음과 같은 지식, 태도, 능력을 함양하는 것이 본성실현을 돕는 지름길이라고 인식하고 있다. 즉 본성실현을 돕기 위해 상담자는 내담자들로 하여금 본성의 참된 성질, 만물의 존재양식, 삶의 원리 그리고 자아개념의 허구성에 관한 바른 인식을 가질 뿐 아니라 이 사실과 원리에 대하여 확고한 신념을 갖도록 하고, 내외의 자극에 동요하지 않는 여유롭고 허용적인 태도를 지닐 수 있게 하며, 어떤 상황에서도 자연스럽고 자발적인 동시에 즉각적으로 반응할 수 있는 이른바 직관적 반응력을 개발하도록 하고, 타인과 관계하거나 사물을 다룰 때 상대방의 리듬을 방해하지 않고 그것과 조화를 이루면서 행동할 수 있는 능력을 기르도록 해야 한다.

이형득의 본성실현상담은 불교, 도교, 기독교와 같은 지리적으로 동양에서 시발된 종교와 사상체계에 근거하여 이론을 정리하고 있다. 이형득 자신은 완성된 것이 아니라 상담에 관련된 학문과 상담을 직접 해 오면서 했던 생각들을 정리한 것이라고 하였다. 그러나 그 내용이 비교적 쉽게 이해된다는 것이 이 입장이 갖는 가장 큰 장점이다.

특별히 상담심리학이나 이와 관련된 지식이 없어도 인생에 대한 심리적 조망이 조금이라도 있는 사람은 큰 불편 없이 이론의 틀을 이해할 수 있을 것이다. 다만 형성되어 가는 중인 만큼 내용에 대한 증거적 자료가 아직은 구체적으로 제시되지 못한 실정이다. 실험과 같은 과학적 증거는 상담 장면의 실제성을 염두에 둔다면 매우 어려운 요구일 수 있으나 이에 근거한 많은 사례의 제시는 시급히 보완되어져야 할 것이다. 또한 상담자가 해야 될 역할에 대한 윤곽은 어느 정도 제시되고 있으나 실제 상담 장면에서는 어떻게 실현할 수 있느냐의 방법론적인 면이 구체적으로 다루어지지 않은 것이 남은 과제 중 하나일 것이다. 마지막으로 우리가 알고 있는 인간중심의 접근이론에서 찾아볼 수 있는 자아실현의 경향성이라든지 공감적 이해 등과 같은 개념들과 그렇게 큰 차이가 없다는 점이 있다. 이것은 이형득 자신이 상담심리학 공부를 시작하면서 처음 접한 이론이 매슬로우(Maslow)의 입장이라고 밝힌 것과 무관하지 않은 것 같다. 우리는 이 이론을 통해 신학을 연구한 목사로서의 이형득을 만나게 된다. 대개의 이론들이 동일한 현상이나 개념을 다른 용어로 정의하여 각각의 이론 속에 포함시킨다. 다시 말해서 어떤 이론도 그 이론을 정리·제시한 그 사람을 이해하지 않고서는 바르고 완벽하게 이해할 수 없다는 것을 재확인할 수 있다.

2 동양에서의 다른 접근들

2.1 이장호의 통합상담론적 접근

1. 통합상담론이 지향하는 특징과 논리적 배경

이장호가 한국상담심리학회 연차학술대회(2005)에서 발표한 '통합상담론서설' 제하의 논문은 다음과 같이 요약될 수 있을 것이다.

'반응적(reactive)' 상담이 아닌, '창도적, 예방적(proactive)' 상담을 지향한다. 즉,

- 문제해결(치유)과 인간성장(발달-수신)의 통합적 지향이다.
- 동양적 접근(직관, 종합적)과 서구적 접근(합리, 분석적)의 융합이다.

- 개인적 접근과 집단－사회적 접근의 통합이다.
- 심리내적 접근과 심리외적 접근의 융합이다.

2. 네 가지 논리적 배경

(1) 요가 명상으로 신체와 마음을 통합하기

삶의 방식을 '행동중심'에서 '존재중심'으로 전환할 필요가 있다. 우리는 존재의식을 갖지 않고 행동방식 위주의 의식으로 살고 있는 경향이다. 즉 무언가 얻기 위해 행동하거나 성취 지향적 삶에 너무 익숙해 있는 편이다. 요가 명상은 신체가 여러 형태의 자세를 취하는 동안 호흡과 감각에 순간순간 마음을 집중하면서 자기 스스로에 관해 배울 수 있고 유기체 전체로서의 자기 존재를 체험한다.

호흡과 마음이 인간의 질병을 치유하고 자기존재를 체험하는 데 가장 강력한 동반자임을 유의할 필요가 있다. 요가는 운동형의 명상이라고 말할 수 있다. 요가를 하는 동안 자기 자신의 신체에서 나오는 신호를 의식적으로 읽어야만 하는 것이다. 이 과정에서 신체에서 오는 메시지에 주의 깊게 관심을 갖고 그 메시지를 듣는 것이 중요하다. 물리치료사가 신체운동을 더 잘할 수 있기를 바라는 환자에게 제공하는 두 가지 가르침은 "신체로 느껴지면 그것이 치료다"라는 것과 "만약 사용하지 않으면 없어져 버린다"는 것이다.

요가는 산스크리트어 yoke로 '결합한다'는 뜻이다. 마음과 신체를 통일한다는 뜻이기도 하다. 또한 개인과 우주를 하나의 전체로 연결하는 경험이라고 말할 수 있다. 즉 요가 명상의 논리적 배경은 연결감과 전체감의 존재적 체험이다.

(2) 심신의 고통과 함께 하기

우리 사회는 고통과 통증에 대해서 그리고 그것에 대한 생각을 불편해 하거나 혐오하는 경향이 있다. 통합상담은 통증과 고통을 인간 경험의 자연스런 부분으로 수용한다. 고통은 통증에 대한 많은 반응 중의 하나이며 신체적·정서적 통증으로부터 생길 수 있다. 고통은 우리의 생각과 감정을 포함하고 있고 경험의 의미를 어떻게 파악하느냐에 따라 달라지게 마련이다. 다시 말하면, 우리가 경험하는 고통의 정도는 고통의 통증 그 자체만이 아니라 우리가 통증을 바라보는 방식과 그에 대한 반응에 따라 달라지게 될 것이다.

우리는 온갖 정서적 소요와 사회적 혼란의 시기에 살고 있는 가운데 슬픔, 소외감, 분노, 공포, 상실감의 상처 등을 경험하고 있다. 이런 시기와 환경에서 우리는 우리 존재의 핵심을 안정시키고 동요 없이 의연한 삶을 이끌어가면서 인간적 성숙과 진정한 행복을 찾을 수 있다는 사실을 명심할 필요가 있다. 명상 요가는 심신의 고통을 회피하지 않고 기존의 교정방법에도 의존하지 않으면서 마음과 신체를 전체적으로 연결하는 자기 존재에의 건강한 접근이다.

(3) 공동체적 관점에서 살기

우리는 가족, 직장을 포함한 여러 사회집단에 소속 구성원으로 살아가고 있다. 나 개인의 문제는 가족의 문제로 연결되며 직장의 문제는 개인적 문제의 영향을 받고 있다. 따라서 나 개인만을 위한 이익 추구뿐만 아니라 내가 속한 사회집단 전체의 공익을 추구하는 과정에 참여할 책임이 있다. 내가 속한 사회집단이 건강하면 나 자신도 행복해질 수 있고 사회집단이 혼란스러우면 나 개인도 불안정하기 마련이라는 사실에 유의해야 한다. 다름을 인정, 수용하고 '더불어 함께 살기'의 지혜를 발휘하면서 그렇게 실천하는 삶이 제대로의 인간 존재 양식일 것이다. 그럼에도 불구하고 우리는 개인주의적 이기심에 사로잡혀 결과적으로 여러 가지 불행을 직·간접적으로 자초하고 있는 형국이다. 통합상담은 가족주의적, 사회집단적 공동체의식의 발현을 주요 목표 가치로 포함하고 있다.

(4) 일원론적 전체와 '밝고 유능함'의 인간성을 지향하기

정신과 신체가 분리되지 않고 통합되어 접근되어야 한다(心身 일원론).

심리적 문제와 신체적 고통을 별개로 이해하거나 따로 따로 접근함은 인간 존재의 일원적, 전체적 유기체의 성격을 간과한 모순이 있다. 마음이 불안정하면 신체적 고통이 따르고 신체적 고통이 있으면 심리적 불안이 따르는 철리(哲理)를 간과한 채 오늘날의 상담·심리치료가 제대로의 성과를 얻지 못하고 있다. 때문에 통합상담에서는 심리적 치유와 신체적 단련을 함께 하는 통합적 접근과정을 강조한다. 또한 인간 본성은 '선, 악'의 이분법적 분류개념을 초월해야 할 것이다. 즉, 인간성은 태초로부터 '밝고 맑음'을 바탕으로 하고 있음에 유의해야 한다. 선과 악은 인간사회의 자의적 분류에 불과한 것이다. 그러므로 밝고 맑은 정신 상태를 지향하면서 인간 잠재력의 유능성을 인식하고 고양시키는 것이 상담·치료의 명제가 되어야 할 것이다. 따라서 밝음과 유능성의 잠재력을 실현하는 과정으로서의 통합상담은 단순한 상담·치료 방법이 아닌 '통합적 인간 수련과정'이라고 말할 수 있을 것이다.

3. 통합상담의 접근 방법

통합상담의 세 가지 철학 및 기본 관점이 있다.

(1) 동도서기(東道西器)론과 화이부동(和而不同), 자연조화(自然調和)로 한 살기 : 동양문화적인 '도(道)'를 바탕으로 하고 서구적인 방법론의 균형적 활용을 원칙으로 한다. 또한 화이부동의 공동체의식을 중요시하고, 상담과정은 무위자연(無爲自然) 및 중용적 조화의 회복을 강조한다.
(2) 인간의 본성은 선악(善惡)으로 범주화되기보다 '맑고 밝음'의 정도로 가늠되는 것이 바람직하다.
(3) 인간은 내적 동기인 복귀기근(復歸基根)성향을 가지고 있으며, 여기서 기근은 도(道)와 덕(德)이라고 말할 수 있다. 즉 인간은 타인에게 두루 이익이 되고 세상은 이치로 대처하는 성향(弘益人間 理化世界)을 갖추고 있다.

4. 통합상담의 기존 상담접근과의 차이점

(1) 이해–공감 위주의 수평적 대화에 머무르기보다, 탐구–교육적인 대화를 추구하기
(2) 환원적 혹은 요소주의적 인식보다는, 전체 유기체적 통합 관점을 강조하기
(3) 의식의 분류–평가보다는, 심리–신체적 체험과정을 중시하기
(4) 인간 욕구·긴장의 충족–발산보다, 인내–수용의 경험을 중시하기
(5) 문제행동의 교정 측면보다, 긍정적–자생적 잠재 능력의 발휘를 강조하기
(6) 고통에 대한 대처 행동과 적응기제뿐만 아니라, 인간 가치 및 이념적 갈등의 극복–통합을 중시하기
(7) 자기 성찰과 개인적 발달뿐만 아니라, 사회공동체적 관심과 책임을 강조하기

5. 통합상담적 집단수련의 특징적 회기과정(요약)

(1) 회기 초반

상담자, 내담자가 함께 요가의 기본 동작 및 명상(약 5~10분)으로 시작할 수 있다. 명상 중 명상음악 테이프를 사용해도 무방할 것이며, 지난 회기 내용을 명상 동안 상기하거나 '현재 그리고 지금'의 관심사를 화두로 하는 '유도된 명상기법'과 이완 반응 훈련도 활용될 수 있다.

(2) 회기 중반

관심사 관련 '생활 일지'와 명상수련 경험을 중심으로 상담자가 내담자의 경험 보고에 대해서 논평한다. 이 과정은 협의적 합동 탐구의 형식을 취한다. 생활일지의 내용은 내담자 자기와 주변 가족. 접촉 인물 관계 경험(주고받음의 조화 및 편중성 등)이 포함된다. 또한 일상 평정심과 공동체의식 발휘의 실천 과정에 대한 공동 점검 과정이 포함된다.

(3) 회기 종반

회기 전체 과정 경험을 종합하고 다음 회기의 협의 과제를 점검한 후 상담자 내담자가 함께 하는 '종료 명상'으로 회기를 마감한다. 실생활 장면에서의 일일 명상법을 시범, 교육하고 권유된 사회봉사적 과외활동 수행과정을 함께 점검하기도 한다.

(4) 회기 진행

[내담자 측 표현(호소) ⇨ 상담자 측 개입반응 ⇨ 대안적 실천행동의 모색]의 기본 틀을 유지하되, 내담자–치료자의 상호작용은 '서구적 합리성'과 '동양적 직관, 통합성'이 균형 있게 융합되어 진행되도록 한다. 즉 필요에 따라서, 공감적 이해 반응, 인지적 오류의 교정 등 서구적 접근 방법이 활용될 수 있다.

6. 통합상담론적 집단수련의 집단원 책임 및 접근기법

(1) 집단과정의 구조와 및 책임

상담자 : '자기 점검 ⇨ 관심사 풀어놓기 ⇨ 관점, 행동양식의 통합 ⇨ 함께 즐겨하기'의 과정적 체험을 상담자가 안내, 지도한다.

집단원 : 집단 과정을 적극적으로 학습하고 체험할 책임이 있다. 아울러 자기존재의 발견(마음 바라보기 명상)과 자기통합 및 공동체적 행동을 연습, 실천한다.

(2) 접근 기법

통합상담적 집단수련의 접근 과정은 '그대로 놔두기, 현존재 바라보기, 함께 체험하기'로 특징지어진다. 이러한 접근은 [관심사 점검 ⇨ 감정 풀어놓기 ⇨ 자기 통합] 목적의 집단 내 대화로 진행된다.

집단 과정 중 활용되는 실습 체험적 기법들이 있다. 즉 누운 자세의 단전호흡, 선(仙)도행법, 식사 전 묵언, '동작－감사 명상', 상대 집단원에 절하고 절 받기, '지금 이 자리의 마음'나누기, 실내외 봉사활동(청소작업, 텃밭가꾸기 등) '차후 5년간 경험을 예상하기' 등이 있다.

〈참고문헌〉 이장호(2005), 통합상담(integral counseling)서설, 한국심리학회 연차학술발표대회 논문집, pp. 264~265.
　　　　　이장호・최송미・최원석(2009), 통합상담론적 집단수련 프로그램 개발을 위한 예비연구, 한국심리학회지: 건강, 14(1), pp. 147~157.
　　　　　이장호(2012), 통합상담적 집단수련 과정의 단어기반 언어분석: 한국어 글 분석 프로그램(KLIWC)의 탐색적 적용, 상담학 연구, 13(4), pp. 1609~1629.

2.2 윤호균의 온마음 상담

윤호균(2001, 2007)의 온마음 상담은 불교철학의 諸法無我－諸行無常과 緣起論을 토대로 제안된 상담접근 모형이다. 그에 의하면, 내담자 측의 괴로움과 호소문제는 '空想'을 사실로 착각하고 집착하는 데서 일어난 것이기 때문에 상담목표는 내담자로 하여금 공상과 집착에서 벗어나도록 함으로써 문제와 괴로움에서 벗어나도록 하여 진정으로 원하는 삶을 살아가도록 조력하는 것이다.

(1) 공상과 집착은 어떻게 작용하는가?

인간 개인의 경험은 유기체적 감각 사실과 자기중심적 의식판단의 합성물로서 환경자극조건과의 접촉은 객관적 사실이나 환경접촉의 과정 및 결과에 대한 인간 측 판별체계(의식과정)는 개인적 느낌－욕망－과거경험의 만족도 등의 요인들에 의해서 채색－편집－해석되기 때문에 유기체 경험적 사실과 경험에 대한 인간의 판단내용은 동일할 수 없다. 여기서 객관적 사실과 다른 개인 나름의 판단 및 생각이 '공상'인 것이다. 그리고 이 공상에 계속 집착됨으로써 괴로움에 빠지는 상태가 되는 것이다.

이렇게 개인 나름의 기대 및 정서구조(두려움, 불만족 등)에 따른 판별의식은 객관적 사실과 차이가 있을뿐만 아니라 사실 자체를 반복하여 왜곡하거나 부정하는 형태로도 나타날 수 있을 것이다. 이러한 고착적이고 반복적인 비생산적 반응양식이 바로 집착이다. 따라서, 심리적 장애와 괴로움은 공상을 공상으로 자각하지 못하고 사실로 착각하거나 그것에 집착할 때 생기므로, 장애와 괴로움을 극복하려면 순간 순간의 경험과 의식판단이 자기의 공상임을 분명히 자각하여야 할 필요가 있다.

아울러 개인 자신의 정서(두려움, 바람 등)와 자신의 존재 역시 가공적 실체임을 자각해야 그것들의 구속으로부터 헤어날 수 있다는 것이다. 즉, 자기라는 존재 역시 관념의 산물에 불과한 허구라는 사실을 깨닫게 될 때, 현실적 조건에 대한 집착은 물론 무의미, 고독, 죽음과 같은 실존적 인간의 문제들로부터도 자유로울 수 있는 것이다.

(2) 온마음 상담과정에서 상담자는 무엇을 하는가?

위에서 온마음 상담에서는 내담자 측이 자기경험의 공상적 성격을 자각하여 집착에서 탈피함으로써 괴로움에서 벗어날 수 있고 자기가 진정으로 원하는 삶을 영위할 수 있다고 하였다. 이렇게 되기 위해서 상담자가 수행하여야 할 역할과제(임무)는 무엇일까. 우선적으로 상담자가 내담자의 존재 자체에 대한 신뢰(믿음)를 지녀야 할 것이다. 이 믿음은 인간적 차원의 신뢰뿐만 아니라 '내담자가 존귀한 영적 존재('하느님의 자녀' 또는 '부처님의 제자'일 수 있다는)차원까지 확대될 수도 있다. 즉, 상담자의 기본 자세는 이러한 영적 존재감의 참모습을 드러낼 수 있는 심리적 분위기와 물리적 공간을 내담자와 함께 나누는 것이 될 것이다.

온마음 상담의 '온마음'은 이 영적 존재로서의 '섬김과 함께 나눔'의 온마음이 아

닐까 싶다. 온마음 상담과정에서 수행되는 상담자 역할은 물론

"(1) 내담자 측 내면세계를 이해 공감하고,
 (2) 내담자 언급의 공상적 성격 및 집착을 자각하도록 조력하는 것"인데

이 자각 조력의 일반적 과정은 다음과 같이 요약될 수 있다(권석만, 2012, p.503).

(1) 감정이 실려있거나 그렇게 추정되는 경험을 찾아내기
(2) 그러한 경험에 주의집중하여 머물러 그것에 있어보기
(3) 그 경험을 가능한 한 재경험하고 재구성해보기
(4) 그 경험의 내외적 촉발원인을 확인해보기
(5) 그 경험과정에 내담자 측 정서 및 해석 여부를 탐색 확인하기
(6) 내담자 측의 기대 - 기존관념 등의 개입여부를 확인하기
(7) 사실과 공상을 구별하고 정리하기

요컨대, 내담자 측 인식(기대, 정서, 판단 등)은 공상에 불과하며 이런 인식의 상황과 입장은 끊임없이 변화 소멸하는데도 항상 그런 것으로 착각, 집착하고 있음을 실제로 자각하도록 촉진하는 것이 상담자 역할이다. 그리고 자기의 생각과 판단이 무의식적이고 맹목적이었음을 깨닫는 것만으로도 내담자 측은 주체적 선택가능성과 자유로움을 느끼며 고통 및 갈등으로부터 벗어나기 시작하는 것이다.

2.3 노자의 도와 상담

1. 노자의 사상

(1) 도

노자사상의 핵심을 이루고 있는 도는 만물의 근원적 본체로서의 '저절로 그러함'의 상태이다. 이는 형상을 초월한 개념으로 규정지을 수 없는 존재이다. 따라서 도는 감각대상으로서의 객관적 경험의 대상은 아니면서도 현상의 온갖 변화와 생성을 가능

케 하는 가능성 혹은 잠재력이라 할 수 있다. 이러한 가능성으로서의 도는 가능성으로만 존재하는 것이 아니라 현상을 통해서 표현되는데 이를 덕이라 한다.

이 도는 자연에는 물론 사람에게도 내재하는데, 착한 사람이건 아니건 그 속에 '하나'(一), '현묘한 거울', 또는 '질박'으로 표현되는 도를 가지고 있다. 그러나 사람은 내재한 도에 따라 생활하기보다는 망견과 간지에 의해 다른 사람이나 사물을 분별하고 평가하며 사적인 욕심 또는 동기에 의해 세상을 살아간다. 그러므로 우리 각자 속에 있는 그 '하나'에서 벗어나 '현묘한 거울'이 현실을 밝게 비추지 못하는 것이다.

(2) 밝음

자기의 근원적 본질인 도를 파악하여 그에 복귀한 상태를 노자는 밝음이라 하였다. 도는 욕심으로 인한 집착과 시비분별을 각성하는 것에서 비롯된다. 천하의 도를 깨우치는 크고 힘든 일이 자기에 내재한 도로 복귀함에서 시작하듯이, 다른 사람과 사물에 대한 긍정 · 신뢰 · 이해는 바로 자기 자신을 긍정 · 신뢰 · 이해함에서 출발한다고 볼 수 있다.

(3) 무위, 무지, 무욕

노자는 내적으로 자기의 본질을 찾기를 주장할 뿐만 아니라 현상적인 세계에 이끌려 분별하고 평가하고 욕심내는 것을 줄이라고 강조한다. 즉 마음을 텅 비워 소박하게 하고, 사욕을 줄여서 본질적인 자기에 충실할 것을 강조한다. 소아적인 자기를 의식하여 자기를 내세우고 자기 욕심을 충족시키려들면, 거기에 투쟁 · 갈등 · 좌절 · 불안 등이 떠날 수 없다는 것이다.

실로 다른 사람들로부터 칭찬과 존경을 받기 위하여 자기를 망각한다든지, 또는 감각적인 즐거움이나 일시적인 자존심을 얻기 위하여 진정한 자기 모습을 잃어버린다는 것은 가장 큰 불행이다. 아름다움과 추함, 선과 악, 유와 무 등의 한 측면에 근거한 지식에 절대적 가치성을 부여하거나 욕심에 따라 현실을 분별하고 평가하지 말 것을 강조한다.

현상은 끊임없이 변화하며 뒤바뀌기 때문에 현상을 지배하는 본질을 파악함이 없이 현상만을 이해한다는 것은 일시적이고 불안한 지식에 불과하다. 현상 자체의 본질로부터 현상을 파악할 때 여러 가지 잡다한 지식들은 단순해지고 제자리를 찾게 된다. 반면 욕심에 따라 현상을 이해하려 하거나 분별하려든다면, 현상 그 자체를 보지 못하고 왜곡되고 일면적인 것밖에 보지 못한다. 따라서 욕망의 투사로서의 지식 · 분별 · 평가는 가능한 한 제거해 가야 한다.

결국 무위하다는 것은 타인의 칭찬이나 인정, 소아적 욕망이나 감각적 쾌락을 떠나 자연스런 자기 본래의 모습대로 사는 것이다. 그리고 현상을 자기욕망의 투사 대상으로 보지 않고 그 현상 자체의 본질을 파악하여 그 본질로부터 현상을 이해하는 것이라 하겠다.

2. 상담에 대한 시사점

앞서 살펴본 노자의 사상이 상담에 어떤 의미를 시사하고 있는가를 살펴보자.

(1) 내담자의 본질적 가능성에 대한 지각

내담자의 적용보다는 가능성에 상담의 초점이 맞추어져야 한다. 노자 사상의 핵심은 만물에 내재하는 도, 즉 본질적 가능성을 강조하는 데 있다. 이 사상에 따르면 현덕한 성인은 자기의 가능성을 긍정하고 이해하여 그에 따라 살아가는 사람인 것이다. 이러한 관점에서 본다면 상담이 목적하는 바도 각자 내재하는 가능성을 자각하여 그에 따라 살아갈 수 있도록 돕는 일이라 하겠다.

상담의 궁극적인 목표는 개인이 자신에게 '주어진 조건' 속에서, 가능성을 자각하고 이를 실현하는 것이라고 할 수 있을 것이다. 일반적으로 상담이나 심리치료의 주된 관심이 인간관계에 치중되어 왔고, 인간관계에서 적응을 잘 하면 문제가 해결되는 것으로 믿는 경향이다. 그러나 보다 중요한 것은 자기 자신의 본질적 가능성에 대한 불신·부정·회피 등을 초래하는 경우에는 비록 외부세계에 적응을 잘 한다 하더라도 진정한 자기의 삶을 살고 있다고 할 수는 없을 것이다.

근원적 본질의 한 측면이라도 깨닫게 될 때 그는 현재까지의 삶을 새로운 각도에서 볼 수 있게 되어 자기의 존재에 대한 긍정과 신뢰는 물론, 환경과의 교섭도 새로운 차원에서 경험하게 될 것이다. 따라서 상담의 초점은 인간관계나 적응 자체보다도 그의 본질적 가능성에 주어져야 할 것임을 시사한다.

(2) 내담자의 긍정적인 측면 강화

본질적 가능성의 발현은 부정적인 감정, 방어적인 행동, 결핍동기보다는 내담자 자신의 긍정적인 측면들에 대한 자각에서 비롯한다. 따라서 상담에서의 관심은 내담자의 부정적인 측면들보다는 긍정적인, 또는 긍정·부정을 초월한 본질적인 측면들에 주어져야 한다는 것이다. 상담자가 내담자를 믿어 주고, 긍정하며, 이해해 주는 분위기를 통해서 내담자 자신의 본질적 가능성을 체험하는 사건이 촉진될 것이다. 왜냐하면 상담자의 신뢰·긍정·이해는 말이나 행동을 통하여 투영되는 내담자의 본질에 대한 상담자의 신뢰·긍정·이해이기 때문이다.

(3) 긍정적 분위기 제공

내담자의 본질적 가능성은 상담자가 내담자의 자발적인 표현을 아무런 욕심도 내지 않고 허심탄회하게 대할 때 더욱 분명하고 완전하게 파악된다.

상담자는 도식화된 이론에 따라 내담자의 현실을 이해하려들지 말고, 내담자의 본질적인 측면에 유의하면서도 순간적인 내담자의 말이나 행동 등에 아무런 간섭이나 통제를 가함이 없이 자유롭게 진정한 감정이나 동기를 표현할 수 있는 허용적 분위기를 제공해야 한다. 내담자의 심정을 공감적으로 이해하고 수용하며, 내담자로 하여금 상담의 흐름을 주도해 나가는 분위기를 마련할 때 내담자의 본질이 가장 완전하게 드러난다.

(4) 본질에 대한 정확한 이해

내담자를 그의 일시적인 어떤 행동이나 생각·감정·외모 등에 의해 분별하고 평가하는 태도를 초월해야 한다. 본질에 대한 비교적 정확한 이해 없이는 내담자의 말과 행동은 잘못 이해되기 쉽고, 내담자의 삶의 보다 깊고 진정한 차원의 실현을 도울 수 있는 가능성은 적어진다.

(5) 독자적 본질의 실현 촉구

내담자의 본질적 측면이 분명해질수록 내담자의 독자적 본질이 그의 삶에서 실현되도록 더욱 격려하고, 여타의 비본질적 측면들이 그의 삶에 영향을 미치지 않도록 도와 줄 필요가 있다. 내담자를 포함한 모든 인간들은 관심을 쏟거나 참여하지 않아도 될 많은 일과 활동들에 관계하고 있다. 이것은 해결되지 못한 심층적 감정과 동기에도 기인하지만, 쾌락·자존심·명예 등에 대한 추구에는 끊임없는 욕망을 가지는 반면, 진정으로 내실의 기쁨과 자존심을 추구하는 데는 소홀하기 때문이다. 따라서 상담의 주요 과업은 내담자의 여러 가지 관심사와 활동들이 그의 자각된 본질과 어떤 관계를 맺고 있는지 살펴보도록 하는 것이다. 그리고 자신의 본질적 실현에 적합한 방향으로 그의 관심과 활동을 자연스럽게 회귀시키도록 돕는 것이라 할 수 있을 것이다.

(6) 상담자의 인격적 성숙

무엇보다도 중요한 것은 상담자 자신의 인격적 성숙이다. 상담자 자신이 자신의 본질에 대한 비교적 정확한 자각과 실천이 있어야 비로소 내담자들의 본질에 대해서도 별로 자기의 욕심이나 편견을 투사하지 않고, 있는 그대로 볼 수 있고 그것을 긍정하고 수용할 수 있을 것이다.

상담자 자신이 자기에 대한 자각이 없으면 상담관계가 상담자 자신의 무의식적인 욕망이나 감정의 충족을 위한 것이 되기 쉽다. 또 상담이 상담자의 인격과 유리된 것이 되어 버리면, 상담관계는 단순히 하나의 조작적이고 기계적인 관계가 되어 버린다. 그러므로 진정으로 상담이 내담자의 자각과 성장을 돕기 위한 것이 되려면, 상담자 자신이 자기의 인격적 성숙에 항상 유의해야 한다.

2.4 명 상

명상은 자각을 고양시키고 정신과정을 수의적 통제 하에 놓기 위한 일종의 주의집중훈련이다. 명상의 목적은 정신과정의 본질, 의식, 정체감 및 현실에 대한 깊은 통찰, 심리적 안정과 의식의 적정상태를 발달시키는 것이다.

1. 역사적 배경

현재 동남 아시아에서는 2,500년 전 불교에서 가르쳐진 명상의 본 형태가 보존되어 오고 있다. 즉 티벳에서는 시각적 심상을 강조하는 형태로, 한국과 중국, 일본에서는 선[7]으로, 그리고 그 밖에 도교[8]와 병합된 형태로 남아 있다.

지난 40여 년간 명상에 대한 폭발적 관심이 생겼는데, 이에는 몇 가지 요소가 작

---

7 선(禪) : (1) 삼문(三門)의 하나. 마음을 가다듬고 정신을 통일하여 번뇌를 끊고 진리를 깊이 생각하여 무아정적의 경지에 몰입하는 일. (2) 선종(禪宗). (3) 좌선(坐禪).
8 도교(道敎) : 황제(皇帝)·노자(老子)를 교조로 하는 중국의 다신적 종교. 무위(無爲). 자연(自然)을 주지(主旨)로 하는 노장(老莊)철학의 유(流)를 기본사상으로 함.

용한 것으로 보인다. 즉 인간잠재력 운동, 꿈에 대한 강조, 외부에서는 발견되지 않는 만족을 위한 내적인 추구, 비서구문화나 철학에 대한 관심, 변경된 의식상태의 본질에 대한 연구에의 관심 등이 작용한 것으로 보인다.

2. 현 황

명상은 자각과 정신과정을 훈련하여 심리적 안녕의 상태에 이르게 하는 한 방법이다. 동양에서는 흔히 최고의 심리적·종교적 수준에 도달하기 위한 연습으로 사용되고 있다. 서양에서는 이완, 스트레스의 처리, 자기확신 및 심리적 안정감의 고양을 위해 사용된다.

행동과학자나 정신건강 전문가들은 이러한 명상을 치료의 효율성을 촉진시키고, 다양한 임상장애자들이 자기조절을 하는 데에 유용한 책략도구로서 간주한다.

3. 이 론

인간본성, 마음 및 의식에 대한 명상에서의 견해는 심리학적 견해와 다소 상이하다.

(1) 명상 쪽에서 본 의식현상

심리학에서는 의식과 자각상태를 가장 적절한 것으로 본다. 그 외의 꿈이나 잠 등은 기능적으로 유용할 수 있으나, 정신병 및 중독과 같은 의식의 변경상태는 모두 기능부전의 상태로 본다. 그러나 명상에서는 의식상태를 별로 적절치 않은(suboptimal) 것으로 본다. 의식상태에서의 마음은 대개 수의적 통제의 범위를 벗어나 있고 끊임없이 사고·정서·상상·환상·연상 등을 창조해 내는데, 이는 자각과 지각과정을 왜곡시키며 이러한 왜곡은 마야 삼사라(maya samsara)라고 부른다.

이러한 각도에서 보면, 모든 인간의 문제는 객관적 감각자료와 마음에서 유발된 환상을 구분하지 못하는 데서 파생된다. 본래 흥분·매혹·증오·아름다움·추함 등은 객관적 세상에 있는 것이 아니고 단지 마음의 산물이라는 것이다. 우리의 평상시 의식상태의 본질, 정신과정의 불수의적 본질 등을 포함하는 일련의 경험은 명상훈련을 통해 얻을 수 있다. 훈련받은 명상가는 우리의 평상시 의식상태가 역하의 사고, 내적 대화, 환상 등으로 채워져 있으며, 일종의 최면상태와 유사한 것으로 보고하고 있다.

이러한 견해에 의하면, 평상시 상태가 별로 적절치 않은 것이므로 더 나은 상태가 존재한다는 가정하에 정신훈련을 통해서 보다 높은 상태에 이를 수 있다고 한다. 이런 방법 중의 하나가 명상이다. 그러나 보다 높은 상태는 새롭게 창조되는 것이 아니고, 정신의 심층 내에 이미 존재하는 것이다. 성장은 미숙하고 왜곡된 정신습관과 과정을 감소시키고, 이미 존재하는 이러한 능력과 상태가 드러나도록 하는 것이다. 이런 정신적 발달의 장점은 계몽 또는 해방이라 불리는데 더 이상 어떠한 것도 배타적으로 파악되지 않고, 아(我)와 무아(無我)의 이분법이 초월되며, 모든 방어가 사라진다. 무조건적이고 순수한 자각의 경험은 희열에 가득 찬 것이다.

(2) 명상과 서구심리학 비교

서구심리학 모형에서는 평상시 의식상태를 적절한 것으로 보고 있으므로, 더 나은 의식상태를 가정하지 않는다. 그러므로 짧지만 강한 개안(진리를 깨달음)상태의 경험이나 자아와 우주의 합일상태 같은 극적인 경험은 정신병이나 기타 정신병리 상태로 간주된다. 명상상태를 자기-유발 긴장(self-induced catatonia)으로 해석하는 학자도 있다.

명상모형은 서구심리학 모형보다 훨씬 광범위한 모형으로서 서구심리학에서 상정하는 것보다 더 큰 범위의 의식을 포함한다. 이는 뉴턴 물리학과 아인슈타인 물리학의 관계와 유사한데, 서구심리학 모형은 명상모형의 범위 내에서 이해될 수 있으나, 명상모형은 서구심리학 모형으로서는 이해될 수 없다.

서구심리학 모형에서는 정신병을 자각 없이 현실에 대한 왜곡이 일어나는 상태로 정의하고 있는데, 명상모형에 의하면 우리의 평상시 상태는 별로 적절치 않은 것으로서 마치 안개 속에서 살고 있는 것과 같다. 그러므로 이 명상모형 속에는 평상시의 상태와 함께 정신병적 상태도 포괄되어 있는 것이 된다.

(3) 명상효과의 기제

명상은 점진적인 자각의 고양으로 볼 수 있다. 지각을 점차 정교하게 함으로써 자기의 사고를 의식하고 경험할 수 있는 수준까지 이를 수 있는데 이것은 일종의 최면해제라고 볼 수 있다. 그 밖에 심리적 기제로서 이완, 전반적 둔화, 습관화, 기대, 탈자동화, 역조건형성 및 여러 가지 인지적 중개요소와 생리학적 수준에서의 대사완화, 각성, 반구양측화(두 대뇌반구의 상대적 활동의 변이), 자율신경 계통의 균형의 변화 등이 포함된다.

명상 쪽에서는 의식을 사고·인지·정서·주의·정체감·각성 등으로 구성된 복잡한 역동적 체계로 보는 견해가 있다. 명상의 유형은 이들 각 요소들 중에 어디에다 강조점을 두느냐에 따라 달라지는데, 그 중 통찰명상(위빠사나, Yipassana)은 주의요소에 강조점을 둔다. 그러나 여러 명상의 유형들은 모두 개안을 겨냥하고 있다. 비서구적인 불교심리학의 모형은 정신적 요인에 기초를 두고 있다. 정신적 요인이란 마음의 상태 또는 질로서 의식과 의식대상 사이의 관계를 결정하는 것으로 알려져 있다.

불교에서는 50가지의 정신적 요인을 들고 있는데, 개안의 요인으로는 일곱 가지를 들고 있다. 이 일곱 가지 요인이 불교 명상가들에 의해 균형 있게 개발됨으로써 경험에 대한 이상적인 자각의 관계를 초래할 수 있다고 한다. 첫 번째 요인은 주의집중으로서, 의식대상의 본질을 인식시키는 것이다. 나머지 여섯 요인은 심리적 평안을 얻기 위해서 서로 균형을 이루어야 하는 두 집단으로 다시 크게 나눌 수 있다. 그 하나는 에너지·탐구·열중 등의 활성요인이며, 나머지 하나는 집중·평정·평온 등의 진정요인이다. 활성요인에서의 에너지는 각성수준을 의미하고 이것은 흥분과 무감각 사이의 균형을 유지하는 것이다. 탐구는 순간순간의 경험에 대한 적극적인 탐색이다. 열중은 순간순간의 경험에서 오는 강한 흥미와 긍정적인 희열감을 의미한다. 진정요인에서의 집중은 주의를 어느 한 대상에 유지시키는 능력을, 평정은 불안·선동으로부터의 해방과 자유이며, 평온은 정신적 상태를 혼란시킴이 없이 어떤 감각이라도 경험하는 능력이다.

서구에서는 진정요인을 소홀히 하고 활성요인만 강조하여 지각적·직관적 민감성과 통찰을 중요시한 데 반해, 동양에서는 진정요인에 치중하고 활성요인을 무시해 왔다고 볼 수 있다. 따라서 이 두 요소의 균형이 중요하다.

4. 방　법

명상을 통해 철저한 자기변화와 성장을 꾀하려는 사람과 자기조절 책략으로서 사용하려는 사람들 사이에는 관여의 정도에 있어 차이가 있을 뿐 일반 원칙과 방법은 같다.

명상가들은 행동이 마음에서부터 기인한다고 믿으나, 모든 행동은 또 다시 마음에 각인되므로 명상을 위해서는 생활태도상의 큰 변화가 필요하며 행동이 매우 윤리적이 되어야 한다고 주장한다. 이것을 정화라고 한다. 이 정화를 통해서 미숙하고 비생산적인 동기와 행동이 제거된다. 다른 유용한 방법은 관대성을 개발하고 이기적인 자기중심성과 욕망을 줄이는 것이다. 또한 자발적 단순성을 갖추어야 하는데 이것은 욕심과 애착을 버리고 자발적으로 간편한 생활로 돌아가는 것을 의미한다.

명상은 매우 천천히 누적되는 정신집중의 과정이다. 명상의 절차는 간단한 체조(asana: 아사나라고 불림)를 하고 난 다음 자세를 갖추어 심호흡을 한다. 이런 일련의 과정을 통하여 정신집중이 이루어지는 경지(samadhi; 三昧라고 불림)에 이르게 되어 자기 자신의 마음에 귀를 기울이게 된다. 선생의 도움을 받아 처음에 약 한 달 정도까지는 하루에 한두 번에 걸쳐 20~30분씩 실시하다가, 며칠 또는 몇 주일 동안 다소 지속적인 명상을 하기도 한다. 전자에 비하여 후자는 매우 힘든 것이나 효과는 매우 크다.

명상은 집중명상과 의식명상의 두 범주로 구분될 수 있다. 집중명상은 숨이나 정서 혹은 정신적 요소와 같은 측정 대상에 동요함이 없이 주의를 집중하는 능력을 발달시키는 것이고, 의식명상은 마음ㆍ의식과 순간순간의 경험의 흐름의 본질을 살리는 것이다. 초월명상(속으로 소리나 사고를 반복하여 집중하는 것)은 집중연습을 수반하므로 집중명상에 속하고, 선이나 통찰명상(궁극적으로 인식의 잠 속에 스치는 모든 것에 개방되는 것)은 의식훈련을 수반하므로 의식명상에 속한다. 집중명상에서는 먼저 특정 자극(예: 자기의 호흡)에 주의를 집중시키기를 시도한다. 그러나 주의는 잠시 동안만 고정될 뿐 그 자신 곧 환상이나 내적 대화 혹은 무의식적인 공상에 빠지게 됨을 발견하고, 이렇게 되자마자 주의는 다시 숨에 돌려지고 다시 잃게 될 때까지 유지된다. 이런 연습을 통해 주의를 통제하는 것이 얼마나 어려운가 하는 것을 깨닫고, 정신과정의 얼마나 많은 부분이 무의식과정의 통제자에 의해 움직여지는지를 알게 된다.

전문적인 명상가가 아닌 경우 다음과 같은 연습을 해 보는 것이 좋다. 10분 정도 자명종 시계를 장치해 놓고 안락한 의자에 앉아서 눈을 감고 복식호흡을 하며 배 주위의 근육에 주의를 집중한다. 배가 오르내리는 감각을 계속 느끼면서 주의를 흐트리지 않는다. 생각이나 감정이 솟아오르면 그것을 내버려 두면서 숨의 감각에 집중한다. 의식을 감각에 집중하는 동안 호흡을 10에서 거꾸로 세다가 1이 되면 다시 10으로 세어 나간다. 만약 잠시라도 숫자를 잃거나 호흡감각으로부터 벗어나면 10으로 돌아가 셈을 계속한다. 환상에 빠지거나 잠시 혼란되었을 때, 무엇이 일어났는가를 인식하고 다시 셈을 시작한다. 이러한 과정을 자명종이 울릴 때까지 계속하고 난 다음, 실제로 얼마 동안이나 호흡경험을 완전히 인식하고 있었는가를 평가해 본다. 연습을 되풀이함에 따라 집중이 점점 길어지고 고요함ㆍ평온ㆍ가벼운 느낌 등이 생긴다.

의식명상은 숨이나 사고·감각·정서 같은 자극들에 주의를 집중함으로써 시작된다. 이것이 길어짐에 따라 심리적 과정의 본질에 대한 통찰이 생긴다. 이런 수준의 통찰에서는 마음이 어떻게 구성되는지를 알게 된다. 점차 경험의 범위가 확장되고, 개방성과 민감성의 확대를 경험하며, 방어가 사라진다. 이런 명상의 경험은 경험을 통해서만 이해될 수 있는 것이다.

5. 적   용

명상을 심리학적 개입에 이용하는 것은 세 가지 수준에서 구분된다. 치료적, 실존적, 구원론적 수준에서 생각해 볼 수 있다. 치료적 수준은 외현적 병리를 경감시키는 데 이용되는 것이고, 실존적 수준은 존재의 문제에 직면하는 데 이용되는 것이고, 구원론적 수준에서는 개인의 해탈을 목적으로 하는 것이다.

치료적 수준에서의 명상은 심리적 장애 및 정신신체 장애에 대한 치료과정에 적용할 수 있다. 명상을 통해 심리적 안녕과 지각적 민감성을 향상시킨다. 또한 명상은 불안·공포·심장마비 및 알코올·약물중독자에게 도움을 주며, 병원 입원환자들에게도 도움을 줄 수 있다. 그리고 천식·불면·고혈압 등에도 유용하다. 비임상집단에 대해서도 자신감·자존심·자기통제력·공감·자아실현적 노력 등에 도움이 된다.

한편 명상은 잠재적 치료효과가 있으나, 이를 지지하는 연구들의 방법론적 문제와 그것이 다른 자기조절 책략보다 효과가 더 큰가에 대해 논란이 있다. 실험연구에 의하면 명상은 대체로 지각적 민감성을 증가시키고 감각역치를 낮추며, 감정이입을 증가시키고, 장 독립성을 향상시키는 것으로 보고되고 있다. 마지막으로 명상은 자기 자신의 존재의 깊이를 이해하려는 사람들에게 도움이 된다. 즉, 마음의 본질·정체·의식을 탐험하고 누구든지 직면하게 되는 존재의 문제를 다루는 데 유용하다. 그러나 명상을 통해 이러한 경지에 도달하는 것은 지속적인 힘든 훈련과정이 요구된다.

2.5 나이칸 요법

나이칸(내관) 요법은 한 개인에게 실존적 죄의식의 정리와 함께 사랑받고 보호받고 있다는 느낌을 갖도록 해 주는 접근방법이다.

1. 역사적 배경

일본의 요도신수라고 하는 불교 승려들 중 한 무리가 사용한 종교적 의식에서 나이칸 요법이 나왔다. 이들은 열반을 얻기 위해 부처의 사랑을 오랫동안 명상하며, 영적 통찰을 얻기 위해 생활의 편리는 물론이고 음식과 물과 잠도 포기한다. 요시모토가 처음 성공하였는데, 그는 세 가지 명상주제를 개발해 내어 일반인에게도 적용시켰다. 세 가지 주제란 첫째로 다른 사람들로부터 받은 것이 무엇인가, 둘째로 그들에게 되돌려 주어야 할 것이 무엇인가, 마지막으로 그들에게 자신이 어떤 걱정을 끼쳤나 등이다.

1960년대 이래로 일본의 실업계 및 각급 교육기관에 적용되고 있으며, 1970년대 중반 나이칸 센터가 문을 열었다. 미국 등 서구 각국에는 별로 소개되어 있지 않고, 최근에 기법의 혁신을 통해 서구에서도 사용될 가능성이 높아졌다.

2. 현   황

일본에서는 최근까지도 매년 약 2,000여 명이 집중적인 나이칸 요법을 받고 있는 것으로 알려지고 있다. 감옥·아동 재활센터·알코올중독 치료센터 등에서의 치료 2년 후의 추수연구에서 약 60%의 치료율을 보고하고 있다.

나이칸 치료자가 되기 위한 훈련은, 요시모토가 이끄는 나라 센터의 경우, 특별한 과정이 없으며, 내담자가 나이칸 치료를 받기 시작하고 일주일 정도의 시간이 경과한 시점에서 나이칸 치료자의 역할을 제안 받음으로써 시작할 수 있다.

3. 이   론

자기 자신의 이기심에 대한 합리화 등을 버리고 자기 자신의 모습에 직면하여 자신이 남들로부터 얼마나 큰 봉사를 받고 있는가 하는 점을 깨닫게 됨으로써 자신도 사랑을 받고 있다는 인식을 얻게 되어 실존적 구제를 경험하게 된다.

나이칸 요법에서 반성은 어머니에 관한 주제로부터 시작한다. 물론 어머니가 자녀에게 해를 끼칠 수도 있으나, 내담자는 어머니를 비판적으로 평가하지 않으면서 어머니의 사랑을 깨닫고, 그가 어머니에게 무엇을 해 줄 것인가를 생각하도록 한다. 어머니를 가장 이상적인 사람으로 생각해야만 하는 것은 아니고, 어머니가 자신에게 한 일

또는 자신이 어머니에게 해 주어야 할 일과 어머니에게 끼친 걱정거리 등을 생각해 보는 것이다.

요컨대 나이칸 요법은 가족관계를 포함한 과거경험에 대한 의식과 느낌을 재구성함으로써, 과거가 현재에 미치는 영향을 변화시키는 것이라고 볼 수 있겠다. 신경증 증후의 근원을 과거의 비행과 그것을 숨기려는 의도 때문이라고 보는 관점에서는 신경증의 책임 소재를 환경·아동양육·사회 등에 두지 않고, 신경증 환자 자신에게 두는 내관 요법의 논리가 타당할지도 모르겠다. 또한 자신의 약점을 다른 사람에게 숨기려하는 신경증 환자들에 대해서는 자백을 통한 정화 등이 유력한 치료방법이 될 수 있을 것이다.

4. 방   법

내담자는 '나이칸 상담소'에 도착한 후 찾아온 동기를 이야기하고, 내관법을 소개하는 시청각 자료를 들은 다음, 30분쯤 후에 안락한 '내관 의자'에 앉는다. 내관자는 과거를 회상하여 치료자에게 보고하도록 요구된다.

내담자의 첫 과제는 그 자신이 어떻게 행동했고, 어머니에 대해 어떻게 느끼는지에 관해서(20%), 어머니에게 한 행동에 대해서(20%), 그리고 어머니에게 끼쳤던 걱정과 근심거리에 대해서(60%) 생각하는 것이다. 즉, 내담자가 과거의 특정 시기에 한 행동과 사건을 생생하게 세부적으로 기억해 내는 것으로 구조화된 형식에 맞춰 고백을 하는 것이다. 그리고 6단계에 걸쳐 어머니와 자신의 과거를 회상하도록 한다. 면접 동안에 치료자는 겸손하게 듣고 그의 고백에 감사하며, 새로운 주제와 질문을 제시한다. 그리고 "더 깊이 생각해 보십시오"라고 말함으로써 격려한다.

어머니에 대한 숙고는 3년 전부터 현재까지를 포함하며, 그 후 숙고하는 주제가 아버지로 옮아 가게 된다. 숙고하는 대상은 어머니·아버지·형제·고모·삼촌·선생·동료·아내·남편까지 해당될 수 있으며, 그 밖에 내담자의 생활에 있어서 중요한 타인이 포함될 수 있다. 이 밖에도 거짓말·도둑질·교칙위반·도박·음주 등에 관한 특별한 주제들이 다루어질 수 있다. 1주일 동안 오전 9시부터 오후 5시까지 회상이 이루어지며, 주제도 내담자에게 할당되기보다는 스스로 하고 싶은 것을 찾도록 할 수 있다. 식사·목욕·화장실 용무를 제외하고는 아무것도 허용되지 않는다. 1주일에 두 번의 집단회합에서 치료자의 강의를 듣고 질문을 한다. 일부 내담자들은 퇴원 후에도 치료자와의 접촉을 계속하는데, 퇴원 후 하루에 두 번 30분씩 내관적 숙고를 하도록 요구된다.

5. 적 용

정신신체적 장애, 대인관계 장애, 신경증, 알코올 및 마약중독, 범죄행동 등에 적합하다. 정신병·노망 및 기질적 대뇌 증후군에는 나이칸 요법이 적합하지 않다. 경험상 중년층에 가장 적합하며, '자기−숙고 나이칸 일기' 등의 새로운 기법이 개발되었다. 1주일간의 강력한 나이칸 요법은 뚜렷한 생활변화의 경험을 제공하며, 인생에 대한 새로운 시각을 획득하게 한다.

2.6 모리타 요법

모리타 요법은 불교에 기초를 둔 신경증(노이로제) 치료법으로서 모리타 쇼마에 의해 개발되었다. 치료의 목표는 환자로 하여금 그의 증상을 일상 생활의 일부로서 받아들이도록 하는 것으로서, 환자는 수줍음·불안·긴장·공포 등에도 불구하고 건설적인 생활을 하는 법을 배운다.

1. 역 사

1917년 일본에서 첫 논문이 발표되었으며 이 논문은 모리타에 의해 15년 전에 개발된 치료법을 개관한 것이었다. 모리타는 동서양의 기존 치료법들의 영향을 함께 받았는데, 그의 치료방법은 신경증에 대한 자기치료의 경험, 환자와의 실제 경험, 그리고 서구치료법에 대한 친숙성 등에서부터 나왔다고 한다.

모리타는 젊은 시절에 주의집중 곤란, 죽음에 대한 불안, 소화기 장애, 발한 등의 신경증 증상으로 고통을 받았다. 그런데 그가 이런 문제를 극복하려고 싸우면 싸울수록 문제는 심각해졌고, 그런 투쟁을 포기한 후에 증세가 사라짐을 경험하였다.

모리타 요법은 침대에서의 절대안정과 규제된 생활방식 등의 심리치료적 효과를 체계적으로 적용한 것이라고 볼 수 있다. 이 요법은 일본에서 입원환자의 치료에서부터 외래환자, 집단치료, 공공교육에까지 활용되고 있다.

2. 현   황

현재 일본에서는 30여 개 이상의 병원 및 진료소 등에서 모리타 요법이 실제로 활용되고 있다. 그리고 모리타 요법의 원리를 생활화하는 운동과 친목을 목적으로 한 전국생활발견회(세이카즈노하켄카이)가 동경에 본부를 두고 있으며, 매월 잡지도 발간하고 있다. 현재 일본에 100여 명 이상의 모리타 치료자가 있으며, 미국에도 모리타 요법의 훈련을 받은 치료자들이 상당수 되는 것으로 알려지고 있다. 영국을 비롯한 서구에서는 모리타 요법의 효과성과 문화특수적인 적용을 도모하는 움직임이 일어나고 있다.

3. 이   론

건강한 사람의 의식은 건설적인 활동에 몰두되어 있지만, 신경증 환자의 의식의 흐름은 방해되고 있거나 환경보다는 내적인 사건(부끄러움·공포·슬픔·열등감 등)에 집중된다. 그는 비현실적인 세계 —정신병적 비현실은 아니지만—, 만약을 가정하는 사고 속에 산다. 정확히 말하면 인간은 모두 신경증적 사고와 정상적 사고기간을 다 같이 경험하며, 경우에 따라서는 자신의 사고가 얼어붙고 차폐되는 순간도 경험한다. 신경증 환자는 정상인보다 신경증적 경험을 더 많이 한다. 정상인도 신경증 환자처럼 많은 정서를 경험하지만, 그러나 정상인에게 있어서는 정서가 행동을 간섭하지는 않는다.

모리타식의 치료자들은 감정·기분·사고와 행동을 구별한다. 감정 등은 자신의 의지대로 직접 통제되지 않는다. 따라서 공포·무서움·우울·즐거움·자신감 결여 등을 극복하는 길은 그 감정을 현실의 일부로서 받아들이는 것이다. 반대로 행동은 통제가 가능하다. 그러나 감정과 행동은 엄격히 구분짓기 힘들고 서로 상호작용하는 것으로 보인다. 요컨대 환자가 우울 또는 불안한 감정에 주의하지 않을 때 우울하거나 불안하지 않다는 것이다. 이것이 정상이다. 모리타식 치료자는 감정을 부인하지 않고 의식에 나타나는 대로 수용하며, 내담자가 그 감정과는 상관없이 해야 할 바를 실천하는 것에 대해 주목하도록 한다. 또한 감정수용과 행동통제와 아울러 강조되는 것은 활동목적의 인식인데, 이것은 어떤 상황에서 무엇을 해야만 하는지 주의를 기울이는 것이다. 즉 치료자는 내담자가 자기의 의지대로 직접 행동을 통제하는 기초과정을 훈련하는 것이다.

모리타 요법에 의하면 신경증 환자들은 지나친 욕구를 가지고 있기 때문에 그 욕구가 실제 생활환경의 제한점과 갈등상태에 있게 되고, 결과적으로 상황의 잠재력보다는 자아의 제한점에 더 강박(구속)되어 있는 상태로 보았다. 이렇게 강박상태를 신경증의 원형으로 보는 점에서는 프로이드의 관점과 비슷하다고 하겠다.

4. 방   법

대부분의 모리타 치료자들은 직접적인 역할을 한다. 마치 선생이나 경험 많은 안내자 같은 역할을 한다. 그러나 치료자는 권위적인 역할을 하면서도 내담자에 대한 순수한 관심을 표현한다.

입원치료는 주로 일본에서만 이루어지고 있다. 이 치료법은 치료비가 비교적 비싸고, 비교적 시간이 오래 걸리고, 심한 신경증에만 적용되는 작업이다. 입원치료의 특징은 우선 고립된 침대에서 안정하는 것으로 시작되는데 일주일 정도 아무 활동도 없이 침대에 누워 휴식을 취한다. 환자는 자기 자신의 사고와 감정만을 가지고 누워 있어야 한다. 스스로 자신의 변덕 또는 감정의 자연적 쇠퇴를 관찰한다. 그리고 고립과 비활동적 상태가 부자연스럽고 불유쾌한 것임을 깨닫는다. 일주일이 지난 후에는 매우 지루하게 되고, 그 결과 여러 가지 활동에 자기 자신을 쉽게 포함시키게 된다.

외래환자의 치료는 치료자가 환자 자신의 고통거리에 대한 설명을 듣는 것으로부터 시작된다. 그리고 치료자는 감정이란 다시 자극되지 않는 한 자연적으로 사라지며, 정서상태와는 별도로 환자 자신이 행동의 통제력이 있음을 가르친다. 환자는 매일 일기를 쓰도록 요구되며 일주일에 한 번씩 그 내용을 평가받는다. 이 일기 분석을 통해 자기 자신의 생활을 분석하는 능력을 기른다. 또 다른 방법으로 환자가 최근의 사건들을 자세하게 기술하도록 한다. 대체로 신경증 환자들은 환경세계를 매우 일반적이고 추상적으로 기술하는 경향이 있다. 이 때 치료자는 환자로 하여금 치료를 받는 날 아침의 상황을 매우 세밀하게 기술하도록 요구하며, 이렇게 함으로써 환자가 주의의 초점을 현실에 맞추도록 촉진한다. 환자에게 아주 우울했거나 매우 외롭게 느껴졌을 때 대처한 행동을 보고하도록 숙제를 주기도 한다.

모리타 요법의 결과로 환자는 매일 생활 장면에서 인지적으로 반응하게 된다고 본다. 즉 슬프거나, 흥분되거나, 기뻤을 때, 그러한 기분에 주목하고 현재는 무엇을 하는 것이 필요한가를 인지적으로 생각하게 된다는 것이다. 이러한 상태에 도달하게 되면 치료는 자연적으로 종결하게 된다. 그리고 환자로 하여금 치료가 종결된 후에도 자기 자신의 노력으로 모리타 요법의 원칙을 생활 장면에 적용함으로써 더 큰 진전을 보도록 한다.

5. 요 약

모리타 요법은 목적인식, 감정수용과 행동통제 등 세 가지 원칙의 적용을 통해서 환자들의 증상을 감소시키는 데 치중하기보다 성격의 기능을 조정한다.

모리타식의 치료의 입장에서 보면, 불안이라든가 자신감의 결여 같은 증상은 마치 수술처럼 제거될 수 있는 것이 아니다. 그런 것은 차라리 환자를 위해서 존재하는 현실의 일부로서, 좋은 것도 나쁜 것도 아닌 단지 의식의 흐름 속에 있는 요소들인 것이다. 모리타 요법에서 실제 증상이 제거되는 것은 일종의 부차적 효과이다. 중요한 것은 증상이 있건 없건 간에 건설적으로 반응하는 능력을 키우는 것이다. 정상인의 경우도 불안을 느끼지만, 불안에 압도되지 않은 능력을 가지고 있는 것이다. 모리타 치료자는 환자로 하여금 더 좋게 느끼도록 할 수는 없다. 왜냐하면 치료자도 자신의 감정을 통제할 수 없기 때문이다. 모리타식 치료자는 단지 자신이 경험한 것을 환자에게 제공할 수 있을 뿐이라고 생각한다.

✔ 주요개념

상담에서의 동양사상 / 불교적 접근 / 본성실험적적 접근 / 통합상담론 /
온마음상담 / 상담에서의 노자사상 / 명상/ 나이칸요법 / 모리타요법

✔ 연구문제

1. 불교적 접근과 인간중심 접근의 공통점과 차이점은 각각 무엇인가?
2. 본성실험적 접근에서 본성적 능력을 최대한 실현할 수 있도록 돕는 길은 무엇인가?
3. 통합상담론적 접근법이 지향하는 특징과 그 배경은 무엇인가?
4. 온마음상담에서 노자의 사상은 상담에서 어떠한 시사점을 지니는가?
5. 나이칸요법에서 내담자는 내관 의자에 앉아 과거를 회상할 때, 어떤 내용을 중심으로 떠올려야 하는가?
6. 모리타요법에서는 신경증의 원형을 어떻게 설명하고 있는가?

상담 수퍼비전

상 담은 인간을 다루는 분야로, 상담 장면에서 다루게 되는 문제
의 유형이 매우 다양하고 방대하기에 숙련된 상담자로 성장하기 위
해서는 많은 노력이 필요하다. 특히 초심상담자가 학습한 이론을 실
제 사례에 적용하는 것은 어려운 일이며, 숙련된 상담자로 성장하기
위하여 필수적인 과정이 바로 수퍼비전이다. 이 장에서는 상담에서
수퍼비전의 중요성과 주요 개념에 대해 소개한다. 수퍼비전에 대한
다양한 이론과 실제 사례에 대해 알기 위해서는 수퍼비전에 관한 전
문서적을 참고하는 것이 도움이 될 것이다.

상담 수퍼비전의 개관

1.1 수퍼비전의 정의와 발전과정

1. 수퍼비전의 정의

수퍼비전(supervision)은 라틴어 super(위에서)와 vedere(지켜보다)로부터 유래하여 '위에서 관찰한다'는 뜻을 가지고 있으며, '다른 사람이 수행하고 있는 특정한 활동 및 과업을 감독하면서 그것들이 제대로 수행되고 있는지를 확인하는 것'이라고 정의되며 (Microsoft Encarta College Dictionary, 2001) 일부에서는 '수련감독'이라고도 부른다. 상담 분야의 수퍼비전은 상담 수련을 감독하는 사람인 수퍼바이저(supervisor)와 수련을 받는 사람인 수퍼바이지(supervisee)로 구성된다.

수퍼비전에 관한 다양한 정의를 살펴보면, 길버트와 에번스(Gillbert & E. Evans, 2000)는 수퍼비전이란 '수퍼바이저가 숙련된 상담자로서 자신의 전문성과 지혜를 전수하여 수퍼바이지의 상담(심리치료) 역량을 증진시키는 것'이라고 하였으며, 홀로웨이(Holloway, 1995)는 수퍼비전을 '경험이 많은 임상가, 전문가, 혹은 교사의 눈으로 수련생의 작업을 감독하는 것으로 수퍼바이저가 수퍼바이지에게 심리치료 과정의 핵심을 알아차릴 수 있는 기회를 제공하고, 실제 상담에서 재생산될 수 있도록 하기 위한 것'이라고 하였다. 또한 하츠(Harts, 1982)는 수퍼비전의 교육적 측면을 강조하며 '수퍼바이저가 수퍼바이지의 상담 활동을 평가하고, 상담에서의 적절한 행동을 습득할 수 있도록 도와주는 지속적인 교육과정'이라고 정의하였다.

보다 포괄적인 정의를 제시한 버나드와 굿이어(Bernard & Goodyear, 2004)는 수퍼비전이란 '상담 분야의 전문가가 경험이 적은 수퍼바이지의 직업적 직무수행 능력을 향상시키기 위한 개입으로, 내담자에게 제공하는 서비스의 수준을 감독하며, 이는 장기간에 걸친 반복적인 관계 속에서 평가적으로 이루어지는 활동'이라고 하였다.

종합하면, 상담 수퍼비전은 '상담 경험이 풍부한 전문가가 배움이 필요한 상담 수련생을 도와 상담자로서의 성장을 촉진시키는 과정으로, 수퍼바이지가 상담에 대한 실제적 지식을 습득할 수 있도록 수퍼바이저가 도와주는 지속적인 교육

과정'이라고 할 수 있다.

2. 수퍼비전의 발전과정

수퍼비전의 역사는 정신분석가 프로이트(Freud)와 관련이 있다. 프로이트는 1902
년 분석가가 분석을 받는 수퍼비전의 단계를 설정하고(Goodyear & Guzardo, 2000),
1905년에 주기적인 토론을 하는 모임을 발족하였는데, 이것이 수퍼비전의 출발점이
되었다. 프로이트는 경험이 풍부한 분석가와의 만남, 훈련분석의 중요성을 강조하였
다.

1920년대에는 '수퍼비전 관계'의 중요성이 강조되기 시작하였으며, 이로 인해 수
련생에 대한 교육에서 수련생과 수퍼바이저 간의 관계에서 나타날 수 있는 문제에 초
점을 두게 되었다. 1925년에는 최초로 훈련 과정에서 수퍼비전을 필수요소로 포함하였
으며(Kugler, 1995), 도슨(Dawson, 1926)에 의해 수퍼비전의 세 가지 유형인 행정적 수
퍼비전, 교육적 수퍼비전, 지지적 수퍼비전에 대한 개념이 제시되었다.

1950-60년대에는 충분한 교육과 수련, 경험적 연구에 기초한 수퍼비전이 이
루어졌으며, 수퍼바이저가 전문적인 지위로 향상되었다. 1970년대까지의 수퍼비
전 이론들은 주로 심리치료 이론이 반영된 것이었으나, 1980년대에 이르러서 수
퍼비전에 기반한 모델들이 등장하였으며, 상담 분야에서도 수퍼비전을 중요한 세부 영
역으로 간주하기 시작하였다(Bernard, 2005).

1.2 수퍼비전의 목적 및 필요성

수퍼비전은 주요 목적은 내담자를 위한 것과 상담자를 위한 것으로 구분될 수
있다. 내담자를 위한 수퍼비전은 내담자의 복지를 증진하여 내담자를 보호하기 위
한 것이며, 반면 상담자를 위한 수퍼비전은 수퍼바이지의 전문적 능력 향상과 성
장을 위한 것으로, 수퍼바이저는 수퍼비전을 통해 이 두 가지 목적이 달성될 수
있도록 노력하는 것이 중요하다.

1. 내담자 보호

수퍼바이저가 수퍼비전을 할 때, 가장 우선적으로 고려해야 할 점은 내담자의 복지이다. 상담에 찾아오는 내담자는 혼자 감당할 수 없는 힘든 문제를 가지고 있는 경우가 많으며, 상담을 통해 문제를 해결하거나 변화할 수 있다는 기대를 갖게 된다. 이때 다양한 문제로 상담이 효과적이지 못할 수 있는데, 상담을 그만 두게 되면 내담자는 문제해결에 실패할 가능성이 높아진다. 초심상담자가 상담역량 부족으로 이러한 상황에 이르지 않도록 예방하는 것이 중요하다. 즉, 수퍼비전은 경험과 상담 기술이 부족한 상담자로부터 내담자를 보호하는 데 그 첫 번째 목적이있다. 초심상담자의 현재 수준을 감안하면서 가장 현실적이면서도 효과적인 상담이 이루어지도록 하기 위해서는 수퍼비전이 긴요하다. 초심상담자가 아닌 경험이 많은 숙련된 상담자라 하더라도 기존에 경험해보지 않았던 유형의 심리 문제에 대해서는 수퍼비전이 필요하며, 이러한 태도는 내담자 복지 증진을 도모하는 측면에서 윤리적이고 바람직하다(서현경, 정성진, 2008).

수퍼비전을 통해 상담자의 상담역량을 강화하면, 내담자가 원하는 상담 효과를 제공할 가능성이 높아지고(Bernard & Goodyear, 1992), 내담자의 보호 및 복지 증진이라는 수퍼비전의 첫 번째 목적 달성에 가까워지게 된다.

2. 수퍼바이지의 전문적 능력 향상과 성장

내담자를 효과적으로 상담할 수 있도록 수퍼바이지를 교육하는 것이 수퍼비전의 주목적이지만 단지 사례에 대한 이해 증진과 상담기술을 가르치는 것만으로는 충분하지 않다. 수퍼비전을 통해 수퍼바이지가 이후 독자적으로 사례를 다룰수 있게 되고, 전문적으로 실무를 수행할 수 있도록 숙련하는 과정이 필요하다. 즉, 수퍼비전의 또 다른 목적은 수퍼바이지의 상담역량 강화를 포함한 전문적 성장을 촉진하는 것이다.

요컨대, 수퍼비전을 통해 단기적으로는 수퍼바이지의 효과적인 상담 수행에 필요한 상담역량, 기술 등을 발전시킬 수 있도록 도울 수 있으며, 장기적으로는 수퍼바이지가 상담자로서 자신의 정체감을 확립하고 독자적인 전문가로 성장, 발전하도록 돕는 것이 중요하다.

1.3 수퍼바이저의 역할과 기능

수퍼바이저의 역할은 다양하다. 대표적인 것으로 교사, 치료자, 자문가, 평가자 역할을 들 수 있다.

1. 교사 역할

수퍼바이저는 상담 과정과 기술, 상담자로서의 윤리, 사례 개념화 등에 대해 교육하는 역할에 큰 비중을 두게 된다(Freeman & Mchenry, 1996). 다만 교육내용이 정해져 있는 일반적인 교육과는 달리, 수퍼비전은 수퍼바이지의 개인차를 고려하여 적절한 훈련과 학습을 제공하는 것이 중요하다.

수퍼바이저는 수퍼비전을 통해 수퍼바이지가 사례에 대해 정확하게 이해하고 있는지를 파악하고, 보다 심도 있는 사례 개념화를 할 수 있도록 돕는다. 수퍼바이지가 세운 상담목표와 전략이 현실적으로 성취 가능한지 검토하고, 필요시 적절한 수정을 할 수 있도록 한다. 아울러 수퍼바이지가 주로 사용하는 이론적 접근을 고려하면서 적절한 상담기법을 적용할 수 있도록 돕는다. 또한 수퍼바이저는 교사의 역할을 하면서 내담자의 변화를 위해 필요한 대안적 상담 접근을 함께 모색하기도 한다.

2. 자문가 역할

내담자의 호소문제들은 매우 다양하므로 숙련되기 전까지 수퍼바이지는 사례에 대한 이해부터 방향성, 적절한 상담기법의 활용에 이르기까지 많은 부분에서 자신이 없고 막막하게 느낄 수 있다. 이때, 수퍼바이저는 수퍼바이지의 다양한 질문들에 대해 자문을 해줄 수 있다. 사례에 대한 이해 및 적절한 접근법 외에도 수퍼바이지에게 자문할 수 있는 영역은 다양하다. 자해, 자살사고 등 내담자의 위험성을 효과적으로 다루는 방법에서부터 내담자와의 관계에서의 어려움, 사례 종결 및 상담윤리에 관한 문제에 이르기까지 상담 과정 전반에 대해 수퍼바이저는 자문가로서 역할을 수행하게 된다.

3. 치료자 역할

상담자 개인의 문제는 내담자와의 상담 과정과 관계에 다양한 영향을 미칠 수 있다. 수퍼바이저는 상담에 부정적인 영향을 미칠 수 있는 수퍼바이지 개인의 미해결 과제를 다루고 인지적, 정서적, 행동적 측면을 포함한 수퍼바이지의 인간적 성장을 도모하는 치료자의 역할을 담당하는 경우도 있다. 수퍼바이지의 개인적 문제(예: 상담자의 역전이 현상)로 인하여 내담자와의 관계 및 상담 과정이 매끄럽지 않을 때, 수퍼바이저는 수퍼바이지의 개인적인 문제를 다룰 필요가 있다. 이를 통해 수퍼바이지는 자신을 성찰하고 스스로에 대한 이해를 증진할 수 있으며, 내담자로서의 경험을 해보는 기회를 갖기도 한다.

4. 평가자 역할

수퍼바이저는 수퍼바이지의 성장을 위해 잘 하고 있는 영역과 부족한 영역을 파악하여 강화 및 보강할 수 있도록 도울 수 있다. 이를 위해 상담이 효과적으로 진행되었는지, 상담자가 내담자를 위한 적절한 반응을 하고 있는지, 상담의 전반적인 진행 방향이 적절한지에 대한 점검이 필요하며 이 과정에서 수퍼바이저는 평가자의 역할을 수행할 수 있다. 수퍼바이지의 상담을 평가하는 것은 내담자가 상담을 통해 적절한 도움을 받고 있는지 점검하는 과정이기도 하며, 이는 수퍼바이지가 현재 만나고 있는 내담자뿐 아니라 이후에 만나게 될 내담자의 권익을 보호하는 데도 도움이 된다. 또한 회기 진행에 대한 평가를 통해 현재 수퍼바이지에게 필요한 교육 및 지도 역시 이루어지게 된다.

2 수퍼비전 이론 모델

수퍼비전 이론 모델은 수퍼비전 과정을 이해하기 위한 이론을 말한다. 여기에는 수퍼비전이란 무엇이고, 수퍼바이지의 학습과 전문성은 어떻게 발달하는지를 설명하는 것, 그리고 수퍼비전 과정에서 수퍼바이저와 수퍼바이지의 역할과 구체적인 개입전략 등이 포함된다.

수퍼비전 이론은 크게 심리치료에 근거한 이론과 수퍼비전 고유의 이론적 모델 두 가지로 구분할 수 있다(Campbell, 2000). 첫 번째로 정신분석 기반 수퍼비전, 인지행동치료 기반 수퍼비전, 그리고 인간중심 이론 기반 수퍼비전 등은 심리치료 이론에 근거한 수퍼비전 이론이다. 이 부분에 대해서는 관련된 다른 책들을 참고하기 바란다. 두 번째로 수퍼비전 고유의 이론적 모델은 수퍼비전 과정을 설명하기 위해 고안된 모델로, 발달 모델, 변별 모델, 체계적 수퍼비전 모델 등이 여기에 포함된다. 이 장에서는 특히 수퍼비전 고유의 이론적 모델에 초점을 맞춘다.

2.1 발달 모델

발달 모델(developmental model)에서는 수퍼비전을 하나의 발달 과정으로 본다. 수퍼바이지는 전문가로 성장하는 과정에서 일련의 단계를 거치며, 수퍼바이저가 수퍼바이지의 전문성 발달 단계에 적합하도록 수퍼비전을 제공하는 것이 이 이론의 핵심이다.

1950년대 플레밍(Fleming, 1953)을 시작으로, 호건(Hogan, 1964), 리트렐(Littrell, Lee‒Bordin, & Lorenz, 1979) 등이 주요 발달 모델을 제시하였다.

특히 1980년대에 발달 모델에 대한 관심이 폭발적으로 증가하면서, 통합발달 모델(Integrated Development Model, IDM; Stoltenberg, & Delworth, 1988)이 제안되었고 이 모델이 현재 널리 사용되고 있다. 다만, 이 모델은 대학원생과 인턴에 초점을 맞추고 있다는 한계가 있어서, 이를 보완하기 위해 로네스타드와 스코브홀트는 상담자가 일생 동안 발달하는 과정을 포괄하는 전 생애 발달 모델을 제안하였다(Rønnestad & Skovholt, 1993). 본 절에서는 통합발달 모델과 전 생애 발달 모델을 주로 설명한다.

1. 통합발달 모델

통합발달 모델은 수퍼바이지의 발달을 크게 네 단계로 설명한다. 각 단계를 구분하는 중요한 특징은 1) 자신과 타인에 대한 자각, 2) 동기, 3) 자율성이다. '자신과 타인에 대한 자각'은 자신과 내담자에 대한 수퍼바이지의 인식의 정도를 의미한다. '동기'는 수퍼바이지가 상담 훈련과 실제에 쏟는 관심, 투자, 노력을 의미하며, '자율성'은 수퍼바이지가 수퍼바이저로부터 독립한 정도를 반영한다. [표 13-1]에서 수퍼바이지의 네 발달 단계와 자각, 동기, 자율성의 특징을 요약한다.

통합발달 모델에서는 수퍼바이지가 개발해야 할 전문가의 8가지 영역을 구체화하였는데, 1) 개입기술능력(치료적 개입을 수행할 수 있는 능력과 자신감), 2) 평가 기술(심리평가 수행 능력과 자신감), 3) 대인관계적 상호작용 평가(내담자의 대인관계뿐 아니라, 상담자와의 관계까지 포함), 4) 사례 개념화(주호소 문제, 내담자 환경, 성장배경, 성격이 내담자의 현재 기능에 미치는 영향력) 5) 개인차(국적, 인종, 문화차이 등), 6) 이론적 배경(상담자의 이론에 대한 이해도, 정교함 등), 7) 치료계획과 목표(상담 개입전략), 8) 전문가 상담윤리(개인적 윤리와 상담자 윤리의 관련성 등) 등이 그것이다.

통합발달 모델은 수퍼바이저가 수퍼바이지의 발달 단계를 이해하고, 수준에 따라 차별화된 수퍼비전 접근을 적용할 수 있다는 점에서 유용하다. 다만 이 모델은 수퍼바이지의 발달에 초점을 두고 있어, 각 수준에 적합한 수퍼비전을 구체적으로 제시하는 데는 제한적이다. 그럼에도 통합발달 모델은 수퍼바이지가 어떻게 전문가로 발달하는지 설명하고 있어, 이들이 유능한 상담자로 발달하도록 돕기 위한 광범위한 개입전략을 확보할 수 있는 관점을 제공한다는 강점이 있다.

[표 13-1] 통합발달 모델에서 제시한 수퍼바이지의 수준별 특징[1]

	특징	자각	동기	자율성
수준 1	▶ 수퍼비전을 받는 영역을 제한적으로만 경험. ▶ 자신감과 기술 부족. ▶ 구조화와 방향 제시 필요. ▶ 확인적 피드백.	▶ 수퍼바이지 자신에게 많은 에너지를 쓰지만 상대적으로 자각 수준 낮음. ▶ 수퍼바이지의 평가에 대한 염려.	▶ 동기와 불안이 모두 높음. ▶ '올바른', '최고의' 상담기술에 관심.	▶ 수퍼바이저에게 의존. ▶ 긍정적인 피드백을 기대하고, 직접적인 직면은 기피.
수준 2	▶ 구조화되고, 지지적인 수퍼비전에 의존. ▶ 수퍼바이저를 모방하며, 자각 수준을 높이고자 노력. ▶ 격동의 시기. 이 단계의 수퍼바이지를 수퍼비전하기 위해서 수퍼바이저에게 상당한 기술, 유연성, 유머감각이 요구됨. ▶ 교정적 피드백.	▶ 내담자에 대한 집중력. 공감 능력 상승. ▶ 균형을 잡지 못하기 때문에 내담자가 많은 혼란에 휩쓸릴 수 있음.	▶ 자신감 수준 불안정. ▶ 자신감이 있다가도 금세 자신감을 잃음. ▶ 상담 동기가 요동침.	▶ 자신의 능력을 바탕으로 의사결정하기 시작. ▶ 수준 1보다는 독립적이나, 자율성과 의존성 사이에서 갈등.
수준 3	▶ 상담에서 수퍼바이지 '자기'의 사용과 이해에 초점을 둠. ▶ 자신의 입장과 관점을 분명히 하도록 하는 피드백.	▶ 내담자에 대한 개인적인 반응을 자각. ▶ 내담자에게 초점을 맞추기 위해 뒤로 물러설 수 있음.	▶ 동기 수준이 유지됨. ▶ 유능성/효율성에서 일시적인 의심이 생기지만 고정화되지는 않음.	▶ 수퍼바이저와 수퍼바이지의 전문적 지식의 차이가 서서히 감소하며 수퍼바이지는 자신의 전문적 판단에 대한 믿음 증가. ▶ 독립적인 전문가로 발달.
수준 3i	▶ 통합된 수준. 수퍼바이지가 전문가 영역(예: 치료, 평가, 개념화)에서 수준 3에 도달.			

---

1 Bernard & Goodyear(2008)에서 발췌 및 수정.

2. 전 생애 발달 모델

발달 모델은 주로 대학원생과 인턴 기간의 발달과정에 초점을 두었다. 그러나 전문가 발달은 평생 과정으로, 대학원 졸업 이후에도 계속되기 때문에 이 부분을 포괄하는 것이 필요해졌다. 이에 로네스타드와 스코브홀트(Rønnestad & Skovholt, 1993, 2003)는 대학원생부터 40년 이상 경력의 상담전문가까지 약 100명의 면접자료를 바탕으로 상담자 발달 특성을 확인하는 질적 연구를 수행했고 이를 바탕으로 6단계(phase) 발달 단계와 14가지 발달 주제를 제안하였다. 스코브홀트와 로네스타드가 제시한 발달 단계별 특징을 [표 13−2]에 제시한다.

[표 13-2] 스코브홀트와 로네스타드가 제시한 발달 단계별 특징[2]

단계 1	도우미 상태 (인습적 단계)	▶ 다른 사람을 도와준 경험, 상담 훈련 시작 전 ▶ 다른 사람에게 강한 정서적 지지와 충고 제공 ▶ 경계를 넘는 경향성, 과도한 혼란 경험 ▶ 공감보다는 동정 표현 ▶ 수퍼바이저의 정서적 지지 필요
단계 2	초기 대학원생 상태 (전문적 훈련 입문단계)	▶ 불안 수준이 높고, 상처받기 쉬우며, 의존적 ▶ 수퍼바이저의 지지과 격려에 가치를 둠 ▶ 비판받았다고 느낄 때 자신감, 사기 저하 ▶ 전문가 모방 ▶ 수퍼바이저의 격려와 지지 필요
단계 3	대학원 후기 상태 (전문가 모방단계)	▶ 전문직업인으로서의 상담자로 성장하는 과업 ▶ 올바르게 행동해야 한다는 압력을 느낌 ▶ 조심스럽고 보수적이며 철저하려는 모습 ▶ 느긋하거나 위험을 감수하거나 자발적인 모습이 부족함 ▶ 수퍼바이저의 지지와 확신 필요
단계 4	초보 전문가 상태 (조건적 자율성단계)	▶ 졸업 후 일정 시간 무모한 시도 ▶ 상담 이론, 기술을 익혀 세련된 상담 시작 ▶ 상담에 자신의 성격 통합 ▶ 상담자 과업은 새로운 탐색
단계 5	숙련된 전문가 상태 (탐색단계)	▶ 융통성 있고 개인화된 기법 사용 ▶ 내담자와의 관계에서 조정 가능 ▶ 내담자, 후배 전문가 멘토링이 학습의 원천 ▶ 상담자 과업은 자신만의 상담양식 개발
단계 6	원로 전문가 상태 (통합단계)	▶ 20년 이상 경력의 전문가 ▶ 고도로 개인화되고 진정성 있는 접근성 발달 ▶ 높은 자신감과 겸손함 ▶ 상실(은퇴)에 대한 과제

2 Bernard & Goodyear(2008)에서 발췌 및 수정.

전생애 발달 모델에서 제안한 상담자 발달과 관련된 주제 14가지는 다음과 같다.

(1) 전문가로 발달한다는 것은 전문가로서의 자기와 개인으로서의 자기가 통합되는 과정이다.

(2) 전문가로 기능하는 동안 상담자의 초점이 내부에서 외부로, 그리고 다시 내부로 이동한다. 즉, 수련 과정 동안 수퍼바이지는 상담 지식과 기술에 의존하지만, 상담 경험이 쌓이면서 전문가들은 점차 개인내적인 집중력을 회복하여 보다 유연하고 자신감 있는 상담양식을 발전시킨다.

(3) 지속적인 자기성찰은 모든 단계에서 전문가 발달을 위한 필요조건이다. 상담자는 자기반성과 셀프 수퍼비전(self-supervision)을 배울 필요가 있다.

(4) 학습에 대한 헌신과 열정이 발달 과정을 촉진시킨다.

(5) 전문가로 발달하면서 상담자의 인지 도식이 변화한다. 초심상담자는 외부 전문지식에 의존하고, 숙련된 상담자일수록 자신의 경험과 성찰을 바탕으로 전문지식을 구성한다.

(6) 전문가 발달은 비선형적이며 길고, 느리고, 지속적인 과정이며, 그 과정이 결코 순탄하지만은 않다.

(7) 전문가 발달은 전 생애를 통해 이루어진다.

(8) 초심상담자는 큰 불안을 경험한다. 그러나 시간이 흐르면서 불안은 점차 감소한다.

(9) 전문가의 발달과정에서 내담자는 학습의 원천이며, 중요한 교사이다.

(10) 상담자 개인의 삶이 전문가로서의 기능과 발달에 중요한 영향을 미친다.

(11) 상담자의 대인관계 경험과 인적자원은 전문가로서의 발달을 촉진시킨다.

(12) 상담 분야에 처음으로 진입한 구성원은 선배 전문가와 대학원 과정에서 강한 정서적인 반응을 보인다.

(13) 고난을 포함한 다양한 인생 경험은 인간의 변화 가능성에 대한 인식, 이해, 수용, 그리고 감사함을 확장시키는 데 기여한다. 상담자는 이 과정에서 지혜와 전인적 통합성(integrity)을 발달시킨다.

(14) 시간이 흐름에 따라 상담 과정에서의 내담자의 기여도가 더 높이 평가되며, 상담자는 실제 변화과정을 더 현실적이고 소박하게 인식하게 된다.

전 생애 발달 모델은 수퍼바이지의 발달과정을 이해하는 데 도움이 된다. 다만, 각 발달 단계의 특징 기술이 포괄적이고 단순하며 상담자 간의 차이점을 다루지 못했다는 점에서 제한적이다. 그럼에도 불구하고, "각각의 발달 단계에 있는 수퍼바이지들에게 어떻게 수퍼비전을 해야 합니까?"라는 질문에 대한 해답을 찾는 데 유용하며, 수퍼바이저는 각 발달 특성에 맞게 자신의 수퍼비전 방식을 수정할 수 있다. 더불어, 상담자가 자신의 발달과정을 이해하는 데도 유용하다.

2.2 변별 모델

버나드(Bernard, 1997; Bernard & Goodyear, 2009)는 초심 수퍼바이저에게 수퍼비전의 과정을 소개하는 교육 모델로 변별 모델(discrimination model)을 제안하였다. 이 모델은 수퍼바이저가 수퍼비전에서 무엇에 초점을 맞출지 결정한 다음, 가장 적합한 수퍼바이저 역할이 무엇인지 확인하도록 돕는다. 변별모델은 상담 수퍼비전을 간결하고 융통성 있는 요소로 구성하는 데 유용하다. 변별 모델에서는 수퍼비전에서의 세 가지 초점과, 수퍼바이저의 세 가지 역할을 제안하고 있다.

먼저, 수퍼비전에서의 세 가지 초점은 다음과 같다.

(1) 개입기술(intervention skills) : 수퍼바이저는 상담 회기 안에서의 수퍼바이지의 행동을 관찰하는 데 초점을 둔다. 수퍼바이지가 사용하는 상담 기술(예: 공감, 직면, 해석 등)과 치료적 개입이 적절한지 관찰하고 이 부분을 다룬다.

(2) 사례 개념화 기술(conceptualization skills) : 수퍼바이저는 수퍼바이지가 상담 회기에서 어떤 일이 일어나는지 이해하고, 내담자의 주호소 문제와 패턴을 발견하며, 적절한 개입전략을 수립할 수 있도록 역량을 강화한다.

(3) 개인화 기술(personalization skills) : 수퍼바이저는 수퍼바이지만의 독특한 개인 특성(예: 성격, 문화 배경, 대인관계 패턴, 역전이 등)이 어떻게 상담 과정에 영향을 미치는지를 다룬다.

수퍼바이저는 수퍼바이지가 경험하는 어려움 중에서 1) 무엇을 할지 모르거나(개념화), 2) 어떻게 기술을 활용해야 하는지 모르거나(개입기술), 3) 기술의 사용 또는 내담자에 대해 불편함을 느끼는 경우(개인화)와 같은 사항을 분별한 다음, 해당 영역을 개선하는 데 적합한 수퍼비전 개입을 실시하게 된다.

수퍼비전의 세 가지 초점을 확인한 다음 수퍼비전의 목적에 부합하는 수퍼바이저 역할(교사, 상담자, 자문가)을 선택한다. 첫 번째로 교사 역할은 수퍼바이지의 상담역량 강화에 필요한 학습 내용을 평가하고 결정한다. 예를 들어, 회기 내 상호작용을 관찰하여 적절한 개입기술을 가르치고 시범으로 보여주거나, 주요 사건을 해석해줄 수 있다. 두 번째로 상담자 역할은 치료적 관계와 상담 과정에 영향을 미치는 수퍼바이지의 대인관계적·개인 내적 요인들을 다룬다. 예를 들어, 상담회기나 수퍼비전회기에서 수퍼바이지가 느끼는 경험, 자신감이나 걱정 같은 정서, 방어기제 등을 탐색할 수 있다. 세 번째 역할은 자문가이다. 수퍼바이저는 자문가로 수퍼바이지와 협력하여 작업하고, 수퍼바이지의 학습에 대한 책임을 공유한다. 예를 들어, 수퍼바이지가 상담 전략, 대안적 개입 방법을 찾도록 격려하거나, 수퍼비전 회기를 구조화하도록 하는 방법을 사용할 수 있다.

변별 모델은 수퍼바이지 역량 중 세 가지 개별적인 초점(개입기술, 사례 개념화 기술, 개인화 기술)과 세 가지 수퍼바이저 역할(교사, 상담자, 자문가)을 적용하여 수퍼비전이 상담 활동과 직접적으로 연결되도록 돕는다. 다만, 변별 모델은 수퍼비전을 통해 내담자를 보호하거나 평가, 관찰하는 기능보다는 수퍼바이지의 즉각적인 학습 요구를 강조한다는 제한점이 있다. 그럼에도 변별 모델은 본질적으로 역동적인 상담작업, 변화무쌍한 수퍼비전 작업에서 수퍼바이저가 꼭 필요한 역할을 수행하도록 하는 데 도움이 된다.

2.3 체계적 접근 모델

홀로웨이(Holloway, 1995)는 수퍼바이저를 교육하고, 수퍼비전을 수행하기 위한 틀을 제공하기 위해 체계적 수퍼비전 모델(Systems Approach to Supervision; 이하 SAS 모델)을 고안하였다. 체계적 접근 모델은 수퍼비전을 구성하는 7가지 차원을 제시한다. 여기에는 이 모델의 핵심 차원인 수퍼비전 관계를 근간으로, 특정 시기에 요구되는 수퍼비전 과제, 수퍼바이저로 수행해야 할 수퍼비전 기능, 그리고 수퍼비전 과정에 영향을 미치는 네 가지 맥락적 요인(기관, 내담자, 수퍼바이저, 수퍼바이지)이 포함된다.

1. 수퍼비전 관계

수퍼비전 관계는 체계적 수퍼비전 모델의 중심이 된다. 수퍼바이지는 수퍼비전 관계를 통해서 상담지식, 기술을 습득한다. 수퍼바이저와 수퍼바이지는 협력적인 수퍼비전 관계를 만드는 데 공동 책임이 있고, 수퍼바이지의 특별한 요구를 충분히 조정할 수 있을 만큼 유연한 수퍼비전 양자 관계를 바탕으로 작업동맹을 함께 발전시킨다. 수퍼비전 관계는 수퍼비전 계약, 대인관계 구조, 그리고 관계의 3단계와 같은 세 요소로 구성된다.

먼저, 수퍼바이저와 수퍼바이지는 수퍼바이지의 요구를 바탕으로 협력관계를 맺는 수퍼비전 계약(supervision contract)을 수립한다. 이때 수퍼비전 관계의 성격을 논의하고, 수퍼비전에서 다루고 싶어하는 요구와 기대를 확인하여 수퍼비전의 목적을 구체화한다.

수퍼비전은 힘과 관여가 역동적으로 작용하는 독특한 대인관계 구조 속에서 이루어진다. 홀로웨이는 발달, 성숙, 종결이라는 수퍼비전 관계의 3단계를 통해 힘과 관여의 구조가 변화되는 과정을 설명했다. 발달 단계에서는 수퍼바이지 기대의 명료화와 수퍼바이저의 지지가 필요하다. 성숙 단계에서 수퍼바이지는 기술을 습득하고 자신감을 회복하여 수퍼바이저로부터 점차 독립해나간다. 마지막 종결 단계에서는 수퍼바이지는 사례 개념화에 유능해지고, 이론을 실제에 적용하며 꼭 필요한 경우에 수퍼바이저의 지도를 요청하게 된다.

2. 수퍼비전의 과제와 기능

수퍼비전 과제는 무엇을(what)에 해당하며 기능은 어떻게(how)에 해당된다(Bradley, 2000). 홀로웨이가 제안한 다섯 가지 수퍼비전 과제는 1) 상담기술, 2) 사례 개념화, 3) 전문가 역할(상담의 원칙과 윤리), 4) 알아차림(수퍼바이지의 자기인식과 통찰, 관계적 역동), 그리고 5) 자기 평가(수퍼바이지의 역량과 상담성과에 대한 평가)이다. 구체적인 과제는 수퍼바이지의 요구와 학습 목표에 따라 정해진다.

체계적 접근 모델에서는 또한 다섯 가지 주요 수퍼비전의 기능을 제안한다. 수퍼 비전 기능이란, 수퍼바이저의 역할로 이해될 수 있는데, 이 다섯 가지 기능은 1) 점검 하기/평가하기(수퍼바이지의 전문성 판단 및 평가), 2) 가르치기/조언하기, 3) 모델링(수퍼 바이저가 상담의 롤모델), 4) 자문하기(문제해결 촉진), 5) 지지하기/공유하기(수퍼바이저의 공감적 관심과 격려)이다.

즉, 수퍼비전 과제는 '무엇'을 할 것인가와 관련된 것으로 수퍼비전 과제에 따라 수퍼비전의 목표가 정해진다. 그리고 어떻게 성취할 것인가에 따라 수퍼비전의 기능이 정해진다고 볼 수 있다. 수퍼바이저뿐 아니라 수퍼바이지도 '어떤 과제와 기능을 주로 선택하는가?'와 같은 질문을 통해 수퍼비전에서의 자기성찰이 가능하다.

3. 수퍼비전의 맥락적 요인

체계적 접근 모델에서는 더 나아가 수퍼비전 과정에서 고려해야 할 네 가지 맥락적 요인을 강조한다. 맥락적 요인이란 수퍼비전의 과제와 기능을 선택하는 데 영향을 미치는 요인들로, 수퍼바이저, 수퍼바이지, 내담자, 그리고 수퍼비전이 이 루어지는 기관을 말한다.

이중 수퍼바이저 요인은 전문가로서의 경험, 역할(교사, 상담가, 자문가 외에 다양한 역할을 수행한 경험), 이론적 경향성, 문화적 요소, 자기표현 양식(다른 사람에게 특정한 감정을 전달하는 데 사용하는 정서적·언어적·비언어적 양식)의 다섯 가지를 포함한다. 반 면 수퍼바이지 요인에는 상담 경험, 이론적 경향성, 문화적 특성, 자기표현 양식 등이 포함된다. 체계적 접근 모델에서는 특히 수퍼비전에서 문화적인 요인을 인식하고 주의 를 기울일 것을 강조한다.

수퍼비전의 목적은 궁극적으로 내담자 복지의 보장이기 때문에 내담자 특성(예: 사 회경제적 지위, 성별, 등), 주호소 문제와 진단, 상담 관계(예: 상담관계가 무의식적으로 수 퍼비전에서 재실행되는지 여부)와 같은 내담자 요인을 고려하는 것도 중요하다. 마지막으 로, 체계적 접근 모델에서 기관 요인을 빼놓을 수 없다. 모든 수퍼비전은 상담센터, 학 교와 같은 기관과 조직이라는 맥락에서 이루어진다. 따라서 해당 기관의 주요 내담자 군(예: 대학교 학생상담센터), 조직의 구조와 분위기, 전문가로서의 윤리와 지침(예: 기관 에서 요구하는 서비스와 전문성 기준 사이의 균형 맞추기)과 같은 기관 요인을 고려할 필요 가 있다.

체계적 접근 모델에서의 핵심은 수퍼비전 관계이다. 이를 바탕으로 수퍼비전의 과제와 기능이 적절하게 선택되었는지, 맥락적 요인이 각 요소에 어떠한 영향을 미치는지에 대한 지식을 포괄적으로 제시하고 있다. 이 모델은 수퍼비전에 대한 수퍼비전 혹은 자문을 수행하는 데에도 유용한 도구로 사용될 수 있다.

③ 수퍼비전의 윤리

수퍼비전은 유능하고 책임감 있는 상담 전문가로 성장하는 데 매우 중요하다. 내담자-상담자의 상담관계와 수퍼바이지-수퍼바이저의 수퍼비전 관계는 유사하며(Corey, Corey, & Callanan, 2011), 수퍼비전에서 제공한 상담기술 훈련, 안내, 수퍼바이지에 대한 격려와 지지는 수퍼바이지뿐 아니라 내담자의 복지와 안녕과도 직결된다. 더불어 상담의 특성, 즉 애매모호하고, 복잡하고, 어떤 결과로 이어질지 불확실한 장면이 계속되는 전문 영역이라는 점이 수퍼비전에서도 계속 적용된다. 다만, 수퍼비전 관계에는 힘의 차이가 불가피하게 발생한다. 그래서 이 힘의 차이가 내담자에게 영향을 주게 되거나, 수퍼바이지 평가와 같은 민감한 사안에서 독특한 윤리적 쟁점들로 이어지기도 한다(Ladany & Loretta, 2013). 따라서 수퍼바이지의 권리 그리고 책임과 수퍼바이저의 역할과 책임을 포함한 윤리적 쟁점과 윤리지침에 대한 지속적인 관심이 필요하다. 이에 미국심리학회(American Psychological Association; APA), 미국상담협회(American Counseling Association; ACA), 한국상담심리학회, 한국상담학회에서는 수퍼비전을 위한 윤리강령을 제안하고 있다. 이 절에서는 수퍼비전에서 윤리적으로 쟁점이 되는 사안은 무엇인지, 어떤 지침이 있는지 설명한다.

③.1 수퍼비전에서의 윤리적 쟁점

수퍼비전에서 중요한 윤리적 쟁점으로는 내담자의 복지, 수퍼바이저의 권리 및 책임, 수퍼바이지의 권리와 책임, 그리고 내담자에 대한 수퍼바이저와 수퍼바이지의 책임 간의 균형, 수퍼비전 과정에서의 다중 역할과 관계들이 있다. 상담초기에 내담자의 권리를 언급하는 것처럼, 수퍼비전 관계에서도 수퍼바이지의 권리, 수퍼바이저의 역할을 다루는 것이 중요하다. 이를 통해 수퍼바이지는 수퍼비전에서의 기대를 표현할 수 있고, 수퍼바이저와 수퍼비전의 목표를 함께 논의하고, 수퍼비전 과정에 능동적으로 참여하게 될 수 있다.

1. 내담자의 복지

수퍼비전의 궁극적 목적은 내담자의 복지와 안녕을 고려한 상담서비스를 제공하는 것이다. 내담자 복지와 관련하여 사전동의가 가장 중요한 윤리적 쟁점이다(Woody et al., 1984). 수퍼비전에서는 1) 내담자와의 상담에 대한 사전 동의 여부, 2) 내담자와 수퍼비전에 관한 사전동의를 했는지를 다루어야 한다.

우선, 수퍼비전에서는 수퍼바이지가 내담자와 사전동의 절차를 거쳤는지 확인한다. 내담자들은 상담을 시작하기 전에 그 과정을 이해하는 과정이 꼭 필요하다. 수퍼바이저는 수퍼바이지에게 상담시작 '전' 상담의 이익과 위험성, 상담 횟수, 그리고 상담자의 자격정보 및 비밀보장 내용을 내담자에게 알리도록 지도한다(Haas, 1991). 상담 횟수와 관련하여, 예를 들어 수퍼바이지가 제한된 시간(예: 한 학기)에만 상담하는 대학원생이라면, 이는 사전동의가 필요한 중요한 정보이다. 수퍼바이저는 수퍼바이지로 하여금 내담자에게 자신의 자격 요건과 경력을 명확히 알리도록 지도해야 한다.

더불어, 내담자는 수퍼비전 과정을 인지하고 있어야 한다. 수퍼바이지는 내담자에게 수퍼비전의 목적과 효용성, 효과성을 안내하고, 이에 대한 사전동의를 받아야 한다. 특히, 비상사태를 대비하여 내담자에게 비밀보장의 예외 조항을 반드시 고지했는지 여부를 수퍼비전에서 다루어야 한다. 더불어 수퍼비전을 위해 상담회기의 음성녹음이 필요하다는 요건을 수퍼바이지와 내담자와 개방적으로 논의하도록 지도한다. "괜찮으면 녹음을 하겠습니다." 보다 훨씬 더 구체적이고 명확하게 안내할 수 있도록 한다.

2. 수퍼바이저의 역할과 책임

수퍼바이저는 수퍼비전에 필요한 전문역량을 갖추어야 한다. 첫째, 수퍼바이저는 수퍼바이지보다 상위단계에 있는 유능한 상담자여야 한다. 수퍼바이저가 내담자와 수퍼바이지를 동시에 돌보아야 한다는 점이 수퍼비전에서의 가장 큰 임상적, 윤리적인 도전과제일 수 있다(Sherry, 1991). 그렇기 때문에 수퍼바이저는 상담 경험이 충분한 전문가여야 하며, 지도감독이 어려운 특수분야의 기술이 필요한 경우 적절한 도움을 줄 수 있는 수퍼바이저에게 의뢰해야 한다.

둘째, 수퍼바이저는 수퍼비전 기법, 다문화에 대한 교육과 훈련을 받고 사례지도 역량을 향상시키기 위해 노력해야 한다. 수퍼비전은 진지한 과정이고 때로 예측하기 어려운 일이 발생한다. 수퍼바이저는 수퍼바이지의 필요와 요구를 적절하게 충족시키기 위해서 워크숍 참여, 최신 상담기법의 숙지처럼 지속적인 노력을 할 필요가 있다.

셋째, 비밀보장은 윤리적으로 가장 주의를 기울여야 할 영역이다. 내담자 정보는 수퍼비전 목적으로만 사용하며, 그 외에는 비밀을 보장해야 한다. 수퍼비전 과정에서는 상담 회기에서 내담자와 이야기한 내용을 다시 이야기하도록 하기 때문에, 이러한 일이 수퍼비전 밖에서 반복되지 않도록 한다. 수퍼비전 보고서에는 내담자를 특정할 수 있는 개인 정보 및 인적 사항은 제시하지 않도록 각별히 주의해야 한다(Strein & Hersherson, 1991). 수퍼비전 보고서, 녹음 파일 등을 매체(예: 이메일)를 이용하여 전달할 때에는 암호를 설정하고 신중하게 필요한 조치를 취해야 한다.

넷째, 수퍼바이저는 수퍼비전 내에서 알게 된 수퍼바이지의 정보에 대한 비밀을 보장해야 한다. 수퍼비전 과정에서는 일반적인 학습 장면과는 다르게, 수퍼바이지 개인의 경험을 알게 되는 것이 불가피하다. 때로는 수퍼바이지의 이러한 경험이 자신이 상담하는 내담자의 문제를 해결하는 데 영향을 미칠 수 있다. "비밀보장은 법률적인 것보다는 전문적 윤리를 의미하며, 제공자나 특정 상황상 허락된 조건 외에는 개인에 대한 어떠한 정도도 공개하지 않겠다는 명백한 약속 또는 계약(Sigel, 1979)"이라는 점을 깊이 새길 필요가 있다.

다섯째, 수퍼바이지와 사전동의 절차를 거친다. 수퍼바이저는 수퍼바이지의 역량을 지속적으로 관찰하고 평가하여 피드백을 주어야 한다. 예를 들어 수퍼바이지는 수퍼바이저에게 개인 상담을 추천받거나, 훈련 프로그램에서 수퍼바이지의 신분 변화를 초래할 수 있는 결정을 듣게 될 수 있다. 이렇듯 수퍼비전 과정에서 수퍼바이지가 놀라게 될 때가 있는데, 이는 상담 학습 과정의 복잡성 때문에 생기는 불가피한 일이며 수퍼바이저의 사전동의 확인 절차의 부재로 인한 것이어서는 안 된다. 따라서, 수퍼비전 양식, 수퍼비전 시간, 수퍼바이지와 수퍼바이저의 기대, 수퍼바이저의 이론적 경향성과 같은 내용을 미리 고지하고, 필요한 경우 문서화 할 필요도 있다(Pope & Vasquez, 1991).

마지막으로 수퍼비전의 한계에 대한 사전 고지 의무가 있다. 수퍼바이저에게는 수퍼바이지의 개인적인 문제나 한계처럼 상담자로서의 잠재력을 방해하게 될 문제가 있을 경우 이를 직면하도록 격려할 윤리적인 의무가 있다(Herlihy & Corey, 1997). 수퍼바이저는 수퍼바이지가 다른 사람을 상담할 능력이 없는 것이 명백한 경우 전문성 관리를 위한 조치를 할 수 있으며, 수퍼바이지가 이에 동의하지 않을 시 이의를 제기할 수 있는 절차와 방법을 포함한 적법한 절차(due process)에 대한 정보를 제공한다.

3. 수퍼바이지의 책임

수퍼바이지는 상담윤리강령을 준수할 의무가 있다. 관련하여, 상담자가 내담자를 해칠 수 있는 신체적·정서적 문제가 있다면 상담을 해서는 안 된다. 상담자는 심리장애에 대한 신호에 민감해야 하며, 필요한 경우 적극적으로 도움을 청하거나 전문 서비스를 받아야 한다. 그리고 상담서비스를 제공할 수 없을 만큼 어려운 경우 이를 수퍼바이저에게 고지하여야 한다.

4. 수퍼비전 관계

수퍼바이저는 교사, 상담자, 평가자, 자문가와 같은 다중역할을 수행하며, 수퍼바이지에게 영향을 미칠 수 있는 위치에 있다. 수퍼비전 관계에서는 서로의 권한을 오용하지 않도록 자신의 행동을 검토해야만 한다. 수퍼바이저는 수퍼바이지가 상담의 실제에서 필요한 윤리, 직업적인 지침, 그리고 관련 법규를 잘 따르고 있는지 살필 책임이 있다(ACES, 1995). 수퍼비전 관계에서의 윤리지침의 기능은 수퍼바이저에게 행동지침을 제공하고, 수퍼바이지가 해를 입거나 방치되는 것을 예방하며, 양질의 상담서비스를 내담자에게 제공하는 데 있다(Bernard & Goodyear, 1998).

수퍼바이저와 수퍼바이지는 수퍼비전 관계를 견고하게 유지하고 공고한 작업동맹을 맺어야 한다. 그 이유는 수퍼비전 경험은 수퍼바이지의 자신감 그리고 내담자에 대한 상담서비스 수준에 영향을 주기 때문이다(Haynes, Corey, & Moulton, 2006). 신뢰관계 구축, 적극적인 지지, 수퍼바이지 옹호, 수퍼비전 관계에 대해 수퍼바이지의 경험에 대한 정기적인 점검과 같은 수퍼비전 관계를 돈독하게 할 수 있는 의식적인 노력을 기울일 때 수퍼비전을 통해 수퍼바이지가 유능한 상담자로 성장할 수 있다.

5. 수퍼비전 현장에서의 윤리 문제

수퍼비전 과정에서는 어떤 윤리 위반이 생기게 될까? 이러한 경험에서 우리가 얻을 수 있는 교훈은 무엇일까?

(1) 다중관계

수퍼바이저와 수퍼바이지 모두 '다중관계'를 가장 큰 윤리적 쟁점으로 꼽는다(Dickey et al., 1993; Landay et al., 1999). 다중관계는 수퍼바이저가 전문가 역할 이외에 다른 역할을 동시에 수행할 때 발생한다. 수퍼비전에서의 다중관계의 예를 들면, 수퍼바이저가 수퍼자이지의 상담자가 되거나, 교수가 대학원생의 수퍼바이저가 되거나, 수퍼비전 관계가 친구관계나 사회적 관계로 발전하거나, 수퍼바이저와 사업을 시작하는 경우 등이다. 다중 역할, 관계를 100% 피할 수는 없겠지만, 수퍼비전 관계에서는 이를 윤리적이고 적절한 방법으로 다룰 책임이 있다. 다중관계 문제의 핵심은 전문가로서 객관성, 유능성, 효과성을 유지할 수 있는지의 여부이다.

다중관계에서 반드시 피해야 할 윤리 위반 행동은 내담자의 안녕을 해치는 것이다. 수퍼비전에서는 내담자의 핵심 문제를 파악하고, 수퍼바이지의 상담 개입 능력을 개발해야 한다. 미국상담학회(ACA)에서는 상담자의 전문적 판단을 손상시키거나, 내담자에게 해를 입힐 가능성이 있는 이중관계는 최소화하도록 강력히 주장하며, 피할 수 없는 이중관계는 예방적 조치가 필요하다는 점을 분명히 밝히고 있다.

수퍼비전 관계에서 수퍼바이지는 힘의 불균형으로 상대적으로 취약한 위치에 있다. 따라서, 수퍼바이저가 힘을 오용하거나, 수퍼바이지를 착취하면 수퍼바이지는 크게 상처받을 수 있다. 한국상담심리학회의 윤리강령에서도 수퍼바이저와 수퍼바이지는 성적 관계를 금지하고, 객관적인 판단을 침해할 이중관계는 피하도록 요구하고 있다.

(2) 수퍼바이저의 수퍼비전 윤리위반 행동

수퍼바이저가 효과적인 상담에 필요한 자질, 지식, 기술을 갖추지 못한 수퍼바이지를 만났을 때 어떻게 해야 할까? 효과적인 상담 개입을 저해하는 심각한 문제로는 약물남용과 성격장애 등을 들 수 있다(Haynes, Corey, & Moulton, 2006). 또한 대인관계 민감성 과/부족, 극단적인 통제욕구, 상담자의 지위를 이용하여 자신의 욕구를 채우려는 시도, 그리고 자신의 문제를 이해하고 해결하여 상담에 방해가 되지 않도록 할 수 있는 능력 부족 등도 문제가 될 수 있다(Bemark, Fpp, & Keys, 1999). 수퍼바이저는 수퍼바이지의 상담능력이 내담자 복지에 위협이 되는 경우 적절하게 대처해야 할 윤리적 의무가 있다.

더불어, 수퍼바이저는 수퍼바이지의 능력을 감독하고, 성장할 수 있도록 조력해야 한다. 간혹 수퍼바이저가 수퍼비전 시간을 지키지 않거나, 수퍼비전 자료를 읽고 오지 않는 경우가 있다. 또한 상담관계에서의 전이 문제를 다루면서 과도하게 관여하고 선을 넘는 행동을 하거나, 수퍼바이지의 위기를 모른 척 방임하는 경우가 발생하기도 한다. 수퍼바이저는 수퍼바이지의 행동에 대하여 윤리적 책임이 있으므로, 상담전문성 관리를 위한 문지기 역할을 할 책임이 있음을 이해하고 이를 수행하기 위해 애써야 한다(Forrest, Elman, Gizara, & Vacah-Hasse, 1999).

(3) 수퍼바이지의 수퍼비전 윤리위반 행동

수퍼바이지는 윤리적 측면을 포함하여 전문가로서의 정체성을 발달시켜야 한다(Handelsman, Gottleib, & Knapp, 2005). 수퍼바이지의 윤리위반 행동에 대한 연구에 의하면(Worthington, Tan, & Poulin, 2002), 수퍼바이저에게 의도적으로 중요한 정보를 감추거나, 사례 기록을 허술하게 하거나, 자율성을 과도하게 발휘하여 과감하게 개입을 하는 것, 상담에 영향을 주는 중요한 가치관을 말하지 않거나, 수퍼바이저와의 갈등을 다루는 부적절한 해결방법, 전문성 학습활동 태만과 같은 수퍼비전 윤리위반 행동 등이 있다.

가끔 자격증을 취득하기 위해 수퍼비전 최소 필요요건만을 채우려고 하거나, 의도적으로 내담자에 대한 주요 정보를 누락하고 그 부분을 설명하느라 수퍼비전 시간을 허비하는 경우도 있다. 기관 내에서만 수퍼비전이 이루어져 외부 전문가의 의견이 반영되지 못하는 경우가 생기기도 한다. 수퍼비전에서 비윤리적인 행동을 포함한 비생산적인 사건들이 발생하면, 결국 내담자와의 상담에 부정적인 영향을 미친다(Gray, Ladany, Walker, & Ancis, 2001). 따라서 내담자의 복지와 안녕을 위해 수퍼비전을 둘러싼 윤리적 신념을 확고히 해 나갈 필요가 있다.

 ## 4 상담 수퍼비전의 실제

4.1 수퍼비전 준비단계

1. 동맹관계 형성

수퍼비전에서 수퍼바이저와 수퍼바이지는 가장 먼저 긍정적인 동맹 관계(working alliance)를 맺어야 한다. 수퍼바이지는 수퍼비전에 어떤 기대와 필요가 있는지, 수퍼바이저는 어떤 역할을 할 수 있는지 개방적으로 논의하고 의기투합하는 과정이 필요하다. 이를 위해서 양자 간에 상담관련 경험, 일반적인 경험을 나눌 수 있다. 초반에 수퍼바이저는 자신의 임상경험, 전문자격을 안내하고, 수퍼바이지는 이전 상담실습 경험, 상담을 수행했던 기관, 이전 수퍼비전 경험에 대해 설명하면, 이후에 수퍼비전 과정에서 수퍼바이지가 전문성을 개발하는 초석이 될 수 있다(Bordin, 1983).

구체적으로, 수퍼바이저는 자신의 이론적 경향성, 수퍼비전 접근 방식, 경력에 대한 정보를 제공한다. 이를 통해 수퍼바이지는 수퍼바이저의 전문성을 신뢰하게 되고, 향후 어떤 수퍼비전을 제공할지 단서를 찾게 된다(Cottone & Tarvydas, 1998). 수퍼비전의 초점이 수퍼바이지의 요구에 있고, 수퍼비전 관계가 깊어짐에 따라 수퍼바이지의 기대는 점차 변화하게 된다. 수퍼비전 준비단계에서 수퍼바이지의 기대를 표현할 수 있도록 격려하면 수퍼바이지의 참여도를 높여 혹시 모를 불만족감 이나 실망과 분노를 예방하는 데 도움이 된다.

2. 수퍼바이지 평가에 대한 구조화

수퍼비전을 시작하기 '전'에 수퍼바이지가 수퍼비전을 통해 평가를 받을 수 있음을 예상할 수 있도록 해야 한다. 수퍼바이저는 평가계획, 평가절차, 평가의 요소, 그리고 기량을 충분히 발휘하지 못했을 때의 결과를 구두 및 문서로 사전에 고지할 필요가 있다. 예를 들어, 대학원 과정에서 수퍼비전이 이루어지는 경우라면 학생 평가 안에 수퍼비전 평가가 포함되는지의 여부를 확인해야 하고, 자격증 취득을 위한 수퍼비전이라면 자격취득 요건에 부합하는 평가가 이루어져야 한다.

평가계획에서 적법한 절차(due process)에 대한 구조화를 할 필요가 있다. 적법한 절차란, 수퍼바이지는 수퍼바이저로부터 전문성 향상을 위한 피드백을 받을 권리가 있고, 잘하고 있는 것과 개선이 필요한 부분을 포함한 피드백이라는 점, 수퍼바이지에게 내담자에게 해를 끼칠 위험이 발견될 경우 그에 대한 결과를 논의할 기회를 가질 권리가 있음을 말한다(Forrest et al., 1998). 부족한 부분을 개선하기 위해 구조화된 개선계획(remediation plan)을 실행할 수도 있다. 이러한 계획은 상담성과와 수퍼바이지의 전문성 발달 촉진을 위해 고안되어야 한다(Okin & Gaughen, 1991).

수퍼바이저는 평가절차와 평가 항목을 수련생과 공유하는 것이 바람직하다. 수퍼바이저의 주관적 인식에 의한 평가보다는, 상담기관이나 대학원에서 정한 상담자 역량 기준 영역(예: 사례개념화 능력, 개입 기술 등)을 중심으로 평가 요소를 함께 살펴본 뒤 그 수행 결과에 대해 평가가 이루어져야 한다(Boyland, Malley, & Scott, 1995). 더불어, 수퍼비전 관계에서 서로에게 피드백을 주고 받는 방법을 논의해보는 것이 필요하다. 수퍼비전 과정에서 언어적·비언어적 반응, 그리고 침묵으로 피드백을 주고받게 된다. 특정한 주제에 주목을 하거나 관심을 가지지 않는 것도 어떤 면에서는 피드백이 될 수 있다. 따라서 이러한 피드백을 주고받는 과정을 설명하면서 수퍼비전을 준비할 수 있다. 추가적으로, 수퍼바이지가 수퍼바이저에게 기대와 어긋난 수퍼비전에 대한 피드백을 제공하기는 부담이 될 수 있기 때문에, 수퍼바이지의 불안을 줄이면서 평가 과정에서 의견을 제시할 수 있는 방법을 탐색하는 것도 필요하다(Goodyear & Bernard, 1998).

평가 결과는 형성적인 피드백(formative feedback)과 종합적인 피드백(summative feedback)으로 제공된다. 형성적인 피드백은 수퍼비전 과정에서 구두로 전달되는데, 개입기술, 내담자 이해와 같은 상담자 역량 강화에 필요한 영역에 집중할 수 있도록 해준다. 종합적인 피드백은 보통 공식적이고 문서화된 형식으로 진행된다. 수퍼바이저와 수퍼바이지 사이에서 이러한 평가에 대한 협의가 필수적이며, 구조화 과정에 세심한 주의를 기울일 필요가 있다.

4.2 수퍼비전 진행단계

1. 상담 사례 보고

수퍼비전은 보통 사례자문 방식으로 이루어진다(Goodyear & Nelson, 1997). 수퍼바이지는 수퍼비전을 받기 '전'에 수퍼비전 보고서를 작성하여 수퍼바이저에게 제출하고, 수퍼바이저는 보고서를 미리 읽고 수퍼비전을 시작한다. 수퍼비전 보고서에는 상담사례와 관련된 주요 사안을 기술한다. 내담자의 인적 사항(개인을 특정할 수 있는 정보 제외), 상담에 오게 된 경위, 가족관계, 상담목표와 개입전략과 같은 내용을 포함한다. [표 13-3]은 한국상담심리학회의 분회 발표 등에서 일반적으로 사용되고 있는 사례 보고 형식이다.

[표 13-3] [한국상담심리학회 상담 사례 보고 형식] _ 수퍼비전 보고서 형식

1. 내담자의 인적 사항: 호소문제와 연결된 사실적 정보들을 포함함
2. 상담신청 경위: 자발성 및 상담의 필요성에 대한 동의 여부 등을 기술
3. 주 호소 문제
4. 이전 상담 경험: 이전 상담계기, 상담내용과 상담성과에 대한 내담자의 인식
5. 가족관계: 가계도 및 내담자에게 영향을 미친 주요 인물들 포함
6. 인상 및 행동 특성: 객관적인 특성과 상담자가 내담자에게 받는 인상과 느낌도 포함
7. 심리검사 결과 및 주요 해석내용: MMPI-2, SCT 등의 주요 결과와 해석. 해석 내용은 주호소문제와 연결될 수 있는 인지, 정서, 대처행동, 대인관계 등을 중심 으로 기술
8. 내담자 강점 및 자원: 주호소문제를 해결해 나가는데 긍정적인 방향으로 작용할 수 있는 보호요인
9. 내담자 문제의 이해: 내담자의 호소문제를 일으킨 유발 및 유지요인, 내담자의 대처방식과 대처의 효과성이 잘 드러나도록 논리적으로 기술
10. 상담목표와 전략
11. 수퍼비전을 통해 도움받고 싶은 점: 최대한 자세히 기술
12. 상담 진행 과정과 상담내용: 축어록 포함

특히, 수퍼비전 보고서에는 축어록(protocol)을 포함한다. 축어록이란, 상담 회기를 녹음한 다음 대화내용, 침묵, 웃음과 같은 내용을 그대로 기술하는 양식이다. 축어록을 읽으면 수퍼바이저가 상담 장면을 알 수 있기 때문에 유용하다. 수퍼비전 과정에서 수퍼바이지는 상담 내용에 대해 구두 보고를 할 수 있다. 수퍼바이지가 기억에 의존하여 상담내용과 장면을 구두로 보고하는 것이다.

수퍼비전 보고서, 축어록은 간접적인 사례제시 방법 외에도, 오디오 녹음 파일, 영상 녹화 파일, 직접관찰 방식으로 수퍼바이저에게 상담사례를 보고할 수 있다(Bradley & Richardson, 1987). 오디오 녹음 파일은 수퍼바이저가 직접 상담자와 내담자 대화 목소리를 들어볼 수 있고, 영상 녹화 파일은 비언어적 반응까지 포함하여 수퍼바이저가 관찰할 수 있다는 장점이 있다. 직접 관찰은 일방투시경을 통해 수퍼바이저가 상담 회기를 직접 관찰하면서 실시간으로 지도 감독을 할 수 있다는 장점이 있다.

2. 수퍼비전 기록

수퍼비전에 대한 기록을 남기는 것이 좋다. 우선, 수퍼바이지들은 자격증을 취득하거나 전문가가 되기 위해 수퍼비전 기록을 제출해야 한다. 뿐만 아니라, 수퍼비전 기록은 윤리적 문제를 다루는 데 도움이 되고 수퍼비전을 받았다는 증거로 사용되기도 한다.

수퍼비전 기록에 포함할 기본적인 사항은 ① 수퍼비전의 일시 및 장소, ② 내담자 주호소, ③ 상담 성과 및 과제, ④ 내담자 진단 자료, ⑤ 상담 계획과 전 계획의 수정에 대한 제안, ⑥ 수퍼바이지의 발달과 문제점, ⑦ 수퍼바이지의 교육 목표와 계획 등이다. [표 13-4]는 일반적으로 수퍼바이지가 사용하는 수퍼비전 기록의 예이다.

[표 13-4] 수퍼비전 기록의 예

- 수퍼비전 일시 및 장소
- 수퍼바이저:
- 수퍼바이저의 상담 이론:
- 수퍼비전 이론:
- 수련생:
- 수련생의 상담 이론:
- 상담 사례 요약:
- 내담자 인적 사항:
- 주호소문제:
- 상담목표 및 전략:
- 상담성과 및 과제:
- 수퍼비전 개입 요약:

4.3 수퍼비전 평가 및 종결단계

1. 수퍼비전 평가

수퍼바이지 상담역량 측정(assessment)과 평가(evaluation)는 수퍼비전의 필수요소이다. 피드백 빈도가 과도하게 많거나, 발달 단계보다 앞선 수퍼비전 피드백을 제공하면 수퍼바이지는 불안과 혼란을 경험하기도 한다. 반대로 지나치게 구조화되거나 발달단계보다 낮은 피드백을 제공하면 흥미와 동기를 잃고 학습에 방해가 된다(Rosenberg, Medini, & Lomranz, 1982). 또한 수퍼바이지는 발달단계에 따라 요구가 변화하기 때문에 전문성 발달을 위해서는 수퍼바이지 평가가 필수적이다.

하지만 수퍼바이저와 수퍼바이지 모두 수퍼비전 평가에 불편함이나 불안을 느끼기 쉽다. 수퍼바이지의 경우 학점, 자격증 취득 같은 현실적인 요구와 맞물리기 때문에 평가결과에 민감해진다. 수퍼바이저 역시 수퍼바이저에게 부정적인 피드백을 제공해야할 때 불편감을 느낄 수 있다. 수퍼바이저는 자기 평가, 내담자의 피드백, 동료 전문가의 피드백과 같은 다양한 자료들을 사용하여 평가의 깊이를 더하고, 수퍼바이지에게 다양한 관점을 제시할 수도 있다. 객관적이고 일관적인 수퍼비전 평가를 위해 개발된 측정도구(예: Supervisory Working Alliance Inventory, Efstation, Patton, & Kardash, 1990; Supervisee Levels Questionnaire–Revised(McNeill, Stoltenberg, & Romans, 1992)를 사용하여 수퍼바이지를 효과적으로 평가할 수도 있다.

2. 수퍼비전 종결

수퍼비전 회기의 종결에서는 ① 다음 수퍼비전 사례 검토, ② 다음 수퍼비전 회기 계획, ③ 수퍼비전 기록을 다루어야 한다. 우선, 수퍼바이저와 수퍼바이지는 다음 수퍼비전에서 다룰 상담 사례를 정해야 한다. 여러 사례를 진행하고 있는 수퍼바이지의 경우, 모든 사례를 한 번 이상 수퍼비전 받는 것도 바람직하다. 다음 수퍼비전 일시, 시간 등을 논의하고 사전에 수퍼비전 보고서를 제출하면 수퍼바이저가 이를 다음 수퍼비전 전까지 검토하게 된다. 마지막으로, 수퍼비전 회기를 기록한다. 수퍼비전에서 새롭게 학습한 내용, 내담자 개입방법 등을 요약 정리하여 문서화해둔다. 수퍼바이지가 기록을 작성하여 확인요청을 하면, 수퍼바이지는 검토 후 서명을 한다.

4.4 부록 : 개인 수퍼비전 계약서(단축형)

이하는 한국상담심리학회에서 2022년에 권고한 개인 수퍼비전 계약서 양식이다. 수퍼비전에서 계약서를 작성할 때 참고하면 좋을 것이다.

개인 수퍼비전 계약서(단축형)

※ 본 양식은 ㈔한국상담심리학회의 '상담심리사 윤리강령'에 근거하여 2022년 제작됨.

　　수퍼바이저 _____과(와) 수퍼바이지 _____는(은) 다음과 같이 상담 또는 심리평가 등의 수퍼비전을 할 것을 계약한다.

1. 수퍼비전 목표와 목적

1-1. 수퍼바이지의 상담 또는 심리평가 등을 점검하고, 내담자의 복지를 보장한다.

1-2. 수퍼바이지의 전문 상담자로서의 정체성 확립과 지속적인 전문성 발달을 촉진한다.

1-3. 수퍼바이지의 상담심리사 자격 취득을 위한 자격 요건들을 충족시킨다.

2. 수퍼비전 구조

2-1. 개인 수퍼비전은 (대면/화상)으로 이루어지며, 약속한 날짜에 총 _____분간 진행된다.

2-2. 1회당 비용은 _____만원이며, 수퍼비전 전후로 합의된 방식으로 지급된다.

2-3. 수퍼바이저는 수퍼비전을 진행하기 전에 수퍼바이지가 내담자로부터 수퍼비전에 대한 동의를 받도록 안내한다. 내담자가 미성년자인 경우에는 가급적 내담자와 보호자의 수퍼비전에 대한 동의를 받도록 하되, 탈가정, 가정폭력 등의 사유로 인해 동의를 얻기 어려운 경우에는 수퍼바이저와 상의한다.

2-4. 수퍼비전 자료는 내담자가 서명한 수퍼비전 동의서, 축어록(완전 축어록 회기 포함), 녹음 및 영상 파일, 상담 기록지, 심리검사 자료 및 해석 등을 포함한다.

2-5. 수퍼바이지는 수퍼비전 자료를 수퍼비전 일자로부터 _____일 전까지 제출한다.

3. 다양성 존중

3-1. 수퍼바이저와 수퍼바이지는 지정성별, 장애, 나이, 성적지향, 성별 정체성, 성별 표현, 사회적 신분, 외모, 인종, 가족형태, 종교, 학력, 출신 및 거주지역 등에 따라 내담자를 차별하지 않으며 상호 존중한다.

3-2. 수퍼바이저와 수퍼바이지는 자신의 고유한 가치관 및 정체성이 상담과정에 미치는 영향을 이해하고, 다양한 사회문화적 배경에 대한 자신의 편견이 수퍼비전 및 상담에서 한계가 될 수 있음을 자각해야 한다.

3-3. 수퍼바이저는 다양성 존중에 대한 책임의식을 갖고 수퍼바이지를 교육한다.

4. 수퍼바이저와 수퍼바이지의 관계

4-1. 수퍼바이저는 수퍼바이지와 평등하고 안전한 관계를 맺을 수 있도록 노력한다.

4-2. 수퍼비전 관계에서 갈등 또는 문제가 생길 경우, 이를 해결하기 위해 함께 노력한다. 만약 수퍼바이저는 수퍼비전 관계 유지가 어렵다고 판단하면, 상의하에 결정한다. 수퍼바이지는 수퍼비전 관계를 종료하기 원할 경우, 이를 알리고 종료할 수 있다.

4-3. 수퍼바이저와 수퍼바이지는 가급적 이중관계(예: 상담관계, 상급자-직원과 같은 고용 관계, 성적 관계, 사업 관계 등)를 맺지 않는다. 단, 학교 현장에서 교육의 목적으로 이루어지는 수퍼비전의 경우(예: 대학원 내의 정식 교과목으로서 사례발표에 대한 교육 등)는 예외로 한다.

5. 필수 고지 사항

수퍼바이지는 다음의 경우 반드시 수퍼바이저에게 상황에 대해 알리고 논의하여 적절한 조치를 취해야 하며, 수퍼바이저는 내담자의 위기 수준 점검 및 개입 전략에 대한 교육 내용을 수련 수첩의 수퍼바이저의 소견란에 명시하도록 한다.

5-1. 내담자가 자살 고위험군이거나 심각한 자해를 하고 있는 경우

5-2. 내담자가 폭력적인 성향을 보이거나 폭력적인 위협을 가하거나 폭력을 행사한 경우

5-3. 내담자가 방임 또는 학대 사실을 인지하거나 의심되는 경우

5-4. 수퍼바이지가 내담자에게 성적 매력 또는 불편한 감정을 느끼는 경우

5-5. 수퍼바이지가 내담자로부터 고소를 당하거나 고소의 위협을 받는 경우

5-6. 수퍼바이지 자신의 신체적, 정신적 건강이 위태로운 경우

6. 수퍼바이저의 의무 및 역할

6-1. 수퍼바이저는 수퍼비전을 통해 알게 된 모든 내용, 수퍼바이지가 이야기한 내용 등에 대해 철저히 비밀보장해야 한다.

6-2. 수퍼바이저는 자신의 가치관과 태도가 수퍼비전 관계에 영향을 줄 수 있음을

인지해야 하며, 자신의 가치관을 강요하지 않는다.

6-3. 수퍼바이저는 스스로 윤리적인 역할 모델이 될 수 있도록 노력하며, 수퍼바이지들이 윤리적 책임과 규준을 숙지할 수 있도록 지도한다. 윤리적 문제가 있을 시 윤리강령(8. 윤리문제 해결)에 따라 해결한다.

6-4. 수퍼바이저는 상담 윤리에 위배되지 않는 범위 내에서 자신이 확인할 수 있는 경우에만, 수퍼바이지의 상담 또는 심리평가, 수퍼비전 기록을 서명 또는 확인해야 한다.

6-5. 수퍼바이저는 자신의 전문적 영역에 해당하지 않는 수퍼비전은 진행하지 않아야 하고, 필요하다면 수퍼바이지에게 타전문가를 추천할 수 있다.

6-6. 수퍼바이저는 수퍼비전 비용 이외의 금전, 물질, 노동력 제공 등에 대해 요구해서는 안 된다.

7. 수퍼바이지의 권리 및 역할

7-1. 수퍼바이지는 수퍼바이저와 다른 관점을 제시하거나 문제제기할 수 있다.

7-2. 수퍼바이지는 수퍼바이저의 비윤리적 행위를 인지한 경우, 이를 윤리강령(8. 윤리문제 해결)에 따라 해결할 수 있다.

7-3. 수퍼바이지는 상담 윤리를 준수해야 하며, 윤리적 문제가 고민될 경우 수퍼바이저와 상의한다.

7-4. 수퍼바이지는 수퍼비전에 대한 수퍼비전을 요구 또는 거부할 수 있다.

7-5. 수퍼바이지는 수퍼비전 내용을 문서화한 자료 공유를 수퍼바이저에게 요청할 수 있다.

7-6. 수퍼바이지는 자신의 개인적 문제가 상담관계에 영향을 미칠 수 있음을 인식하고 이러한 문제를 해결하도록 노력한다.

8. 절차상의 고려 사항

8-1. 수련수첩 기록은 수퍼비전 이후 _____일 이내에 수퍼바이지가 작성하여 확인을 요청하면, 수퍼바이저는 _____일 이내에 확인하고 소견을 작성하도록 한다.

8-2. 수퍼비전 자료는 양측이 수련수첩 작성을 완료한 직후, 가능한 바로 파기하도록 한다.

우리는 이 수퍼비전 계약서에 명시된 지시 사항을 따르기로 합의하였으며, 한국상담심리학회의 윤리 규정을 준수하며 전문가로서 행동할 것에 동의한다.

년   월   일

수퍼바이저: (서명)

수퍼바이지: (서명)

✔ 주요개념

수퍼비전 / 수퍼바이지 / 수퍼바이저 / 수퍼비전 모델 / 수퍼비전 관계 / 수퍼비전에서의 윤리

✔ 연구문제

1. 수퍼비전의 목적은 무엇인가?
2. 수퍼바이저의 역할 중 가장 중요한 3가지를 선택해보자. 그 역할을 무엇이며, 선택한 이유는 무엇인가?
3. 어떤 수퍼비전 모델이 당신의 관점에 가장 적합한가? 그 이유는 무엇인가?
4. 역할 연습상황을 가정해보자. 연습상황에서 수퍼바이저가 수퍼비전 평가절차, 상담에서 적절한 기대수행에 대해 어떤 정보도 제공하지 않았다고 하자. 이 상황에서의 적절한 대처방법에 어떤 것이 있을까?
5. 역할 연습상황을 가정해보자. 연습상황에서 내가 만약 수퍼바이저라면, 수퍼바이지에게 상담을 계속하기에 부적합한 문제(예: 성격장애, 약물남용)가 있을 때 어떻게 대처할 수 있을까?
6. 수퍼비전 보고서에는 어떤 항목들이 포함되어야 하는가?
7. 수퍼비전 기록에는 어떤 내용들이 포함되어야 하는가?

인명색인

사 항 색 인

참고문헌 및 부록

본 QR 코드를 스캔하시면
상담심리학(제6판)의 참고문헌 및 부록을 참고하실 수 있습니다.

공저자 약력

이 장 호

서울대학교 문리과대학 심리학과 · 동 대학원 졸업

미국 텍사스대학교 대학원 교육심리학과 졸업(철학박사, 상담심리학 전공)

서울대학교 학생생활연구소장, 한국카운슬러협회장, 한국심리학회장, 한국인성개발연구
    원장, 서울대학교 심리학과 명예교수, 한국자아초월심리학회 공동회장, 협동조합법인
    한국노인심리상담협회 이사장

[저서]

상담면접의 기초(중앙적성, 1995 · 2005)

상담심리학의 기초(공저)(학지사, 개정증보판, 2005)

월든 투: 심리학적 이상사회(역)(현대문화센타, 1994)

일본인의 의식구조(역)(보진재, 1985)

현대 심리치료(공역)(중앙적성, 1992)

상담연습 교본(공저)(법문사, 1992)

집단상담의 원리와 실제(공저)(법문사, 1992)

상담사례 연구집(공저)(박영사, 1992)

노인심리상담 연습(공저)(법문사, 2014)

이 동 귀

서울대학교 심리학과 학사 및 석사

미국 미주리대학교 대학원 교육 · 상담 · 학교심리학과 졸업(철학박사, 상담심리학 전공)

미국 퍼듀대학교 교육학과 교수, 한국상담심리학회 학회장, 연세대학교 인간행동연구소장,
    연세대학교 언어연구교육원 부원장, 한국심리학회지: 학교 편집장, 한국심리학회지: 일
    반 부편집장, 영문 학술지(The Counseling Psychologist, Journal of Multicultural Counseling
    and Development, Journal of Mental Health Counseling) 편집위원 등 역임.

현재: 연세대학교 심리학과 교수, 상담심리사 1급(한국상담심리학회)

[저서 · 역서]

YTN사이언스 생각연구소(박영스토리, 2019)

서른이면 달라질 줄 알았다(21세기북스, 2016)

너 이런 심리법칙 알아?(21세기북스, 2016)

합리적 정서행동치료의 창시자: 앨버트 엘리스(역)(학지사, 2011)

동기강화상담 기술훈련: 실무자 워크숍(공역)(박학사, 2012)

완벽주의 이론, 연구 및 치료(공역)(학지사, 2013)

창피해서 죽을 것 같은 당신: 사회불안 및 사회공포증 치료 지침서(공역)(시그마프레스, 2013)

심리치료와 상담이론: 개념 및 사례(공역)(센게이지러닝코리아, 2013)

제 6 판
상담심리학

초판발행	1982년 7월 15일
제 2 판발행	1986년 9월 15일
제 3 판발행	1995년 2월 28일
제 4 판발행	2005년 3월 15일
제 5 판발행	2014년 8월 27일
제 6 판발행	2023년 2월 27일
중판발행	2024년 7월 19일

지은이	이장호 · 이동귀
펴낸이	노　현
편　집	배근하
표지디자인	이수빈
제　작	고철민 · 김원표
펴낸곳	㈜ 피와이메이트
	서울특별시 금천구 가산디지털2로 53 한라시그마밸리 210호(가산동)
	등록 2014. 2. 12. 제2018-000080호
전　화	02)733-6771
f a x	02)736-4818
e-mail	pys@pybook.co.kr
homepage	www.pybook.co.kr
ISBN	979-11-6519-383-6　93180

copyright©이장호 · 이동귀, 2023, Printed in Korea

정　가　　30,000원

박영스토리는 박영사와 함께하는 브랜드입니다.